존 페어맨 프레스톤
선교사 부부 편지 I
1903~1905

내한선교사편지번역총서 **21**

# 존 페어맨 프레스톤 선교사 부부 편지 I
## 1903~1905

존 페어맨 프레스톤 부부 지음
송상훈 옮김

## 역자 서문

저는 1986년에 전남 순천에 있는 순천매산고등학교에 입학했습니다. 1학년 때는 학교에서 상당히 떨어진 곳에서 자취 생활을 하고, 2, 3학년 때는 학교 내에 있는 기숙사에서 살았습니다. 기숙사의 일정은 이른 시간 일어나서 단체 운동하는 것으로 시작했습니다. 보통은 학교 운동장을 몇 바퀴 돌고 씻고 아침 먹고 일과를 시작하는 것인데, 가끔은 바로 옆에 있는 매산여고와 매산중학교 쪽으로 달려가기도 하고 어쩌다가 죽도봉까지 갔다 오기도 했습니다.

제 기억이 맞다면 그때는 매산여고 기숙사와 음악실이 보통 건물과는 다른 석조건물이었습니다. 매산중학교 본관 건물도 일반 콘크리트 건물이 아니고 석조건물이었습니다. 당시는 특이하다는 정도만 생각했지 특별한 관심을 두지는 못했습니다. 그 기숙사가 프레스톤 가족이 살던 곳이었고, 음악실이 로저스 의사가 살던 곳이었고, 매산중학교 건물이 와츠(Watts) 기념학교였고, 도서관으로 알고 공부하던 곳이 저 유명한 '안력산병원'이었다는 설명을 들었어도, 저는 큰 의미로 받아들이지 않았을 것입니다. 10대 후반의 그 당시 저는 낯선 환경에서 적응하고 남들보다 더 공부를 열심히 해서 부모님 고생시키지 않게 해드려야 한다는 생각뿐이었습니다.

고등학교를 졸업하고 많은 시간이 흐른 지금 저는 남이 시킨 것도 아닌데 어디서 생겼는지 모를 책임감과 소명감을 갖고 미국남장로회 한국선교회 선교사들을 연구하고 관련된 자료를 번역하고 있습니다. 전주선교부는 기전학교 교장이었던 랭킨 선교사의 편지를, 군산선교부는 불 선교사 부부의 편지를 번역했습니다. 어느 날 전라남도에서 1903년부터 1940년까지 선교한 프레스톤 선교사 부부의 편지를 번역해야겠다는 생각이 강하게 들어서 번역을 시작했습니다. 2년 정도의 번역 기간에 여러 어려움이 있었지만, 그때마다 잘 해결되었고 마침내 책이 세상에 나오게 되었습니다. 이 모든 일은 프레스톤 선교사 탄생 150주년이 되는 올해에 그를 기념하는 뜻깊은 일을 계획하신 하나님의 섭리(攝理)였음을 고백(告白)합니다.

편지를 번역하며 세운 원칙 중 하나는 독자가 맥락을 최대한 이해할 수 있도록 편지에 등장하는 인물들의 생몰 정보와 사건에 대한 기본적인 정보를 각주 형식으로 제공하는 것입니다. 그러기 위해 ancestry.com, findagrave.com, newspapers.com 등의 자료에서 정보를 구했습니다. 이런 과정을 거쳐 편지의 인물과 사건이 손에 잡힐 듯하게 되었습니다. 또한, 가능하면 이미 알려진 정보가 아닌 새로운 정보를 주려고 노력했으며 영문을 같이 배치해서 번역과 비교할 수 있도록 했습니다.

이 책이 나오기까지 도움을 주시고 격려해 주신 모든 분께 감사드립니다. 그중에서도 특별히 내한선교사 편지 번역과 DB 작업을 주관하는 연세대학교 한국기독교문화연구소의 허경진 교수님께, 전남 동부 지역 기독교 문화유산과 지역사회를 연구하여 종교역사문화총서를 낸 종교역사문화센터가 속한 국립순천대학교 인문학술원 강성호 원장님께, 선교학을 가르치시다 은퇴하신 후 미국남장로회 한국선교회를 연구하시며 많은 가르침을 주시는 한일장신대학교 임희모 교수님께 감사드립니다. 또한 더욱 특별히, 투박하게 번역된 글을 하나하나 꼼꼼하게 살펴서 내용과 형식에 관한 질문과 의견을 주시고, 정성껏 편집하여 보기 좋은 책으로 만들어 주신 보고사 김태희 선생님께 깊이 감사드립니다.

2025년 6월
송상훈

# 차례

역자 서문 / 5
차례 / 7
해제 / 11
주요 인물 소개 / 16

## 1903년

| 번역문 | | | | | 원문 | | | | |
|---|---|---|---|---|---|---|---|---|---|
| 1903년 | 7월 | 17일 | … | 23 | July | 17, | 1903 | … | 379 |
| 1903년 | 9월 | 30일 | … | 26 | Sept. | 30, | 1903 | … | 381 |
| 1903년 | 10월 | 4일 | … | 30 | Oct. | 4, | 1903 | … | 384 |
| 1903년 | 10월 | 10일 | … | 33 | Oct. | 10, | 1903 | … | 386 |
| 1903년 | 10월 | 13일 | … | 40 | Oct. | 13, | 1903 | … | 392 |
| 1903년 | 10월 | 25일 | … | 42 | Oct. | 25, | 1903 | … | 393 |
| 1903년 | 10월 | 25일 | … | 49 | Oct. | 25, | 1903 | … | 398 |
| 1903년 | 10월 | 29일 | … | 52 | Oct. | 29, | 1903 | … | 400 |
| 1903년 | 10월 | 29일 | … | 54 | Oct. | 29, | 1903 | … | 402 |
| 1903년 | 11월 | 6일 | … | 56 | Nov. | 6, | 1903 | … | 403 |
| 1903년 | 11월 | 6일 | … | 61 | Nov. | 6, | 1903 | … | 407 |
| 1903년 | 11월 | 10일 | … | 64 | Nov. | 10, | 1903 | … | 410 |
| 1903년 | 11월 | 10일 | … | 69 | Nov. | 10, | 1903 | … | 414 |
| 1903년 | 11월 | 17일 | … | 72 | Nov. | 17, | 1903 | … | 417 |
| 1903년 | 11월 | 17일 | … | 75 | Nov. | 17, | 1903 | … | 419 |
| 1903년 | 11월 | 24일 | … | 78 | Nov. | 24, | 1903 | … | 421 |
| 1903년 | 11월 | 28일 | … | 80 | Nov. | 28, | 1903 | … | 423 |
| 1903년 | 12월 | 3일 | … | 85 | Dec. | 3, | 1903 | … | 426 |
| 1903년 | 12월 | 14일 | … | 90 | Dec. | 14, | 1903 | … | 430 |
| 1903년 | 12월 | 18일 | … | 92 | Dec. | 18, | 1903 | … | 431 |

## 1904년

| 번역문 | | | | | 원문 | | | | |
|---|---|---|---|---|---|---|---|---|---|
| 1904년 | 1월 | 13일 | ⋯ | 99 | Jan. | 13, | 1904 | ⋯ | 436 |
| 1904년 | 1월 | 15일 | ⋯ | 103 | Jan. | 15, | 1904 | ⋯ | 439 |
| 1904년 | 2월 | 4일 | ⋯ | 107 | Feb. | 4, | 1904 | ⋯ | 442 |
| 1904년 | 2월 | 6일 | ⋯ | 110 | Feb. | 6, | 1904 | ⋯ | 444 |
| 1904년 | 2월 | 10일 | ⋯ | 113 | Feb. | 10, | 1904 | ⋯ | 446 |
| 1904년 | 2월 | 10일 | ⋯ | 115 | Feb. | 10, | 1904 | ⋯ | 448 |
| 1904년 | 2월 | 10일 | ⋯ | 117 | Feb. | 10, | 1904 | ⋯ | 450 |
| 1904년 | 2월 | 17일 | ⋯ | 120 | Feb. | 17, | 1904 | ⋯ | 453 |
| 1904년 | 2월 | 19일 | ⋯ | 124 | Feb. | 19, | 1904 | ⋯ | 456 |
| 1904년 | 2월 | 29일 | ⋯ | 128 | Feb. | 29, | 1904 | ⋯ | 459 |
| 1904년 | 3월 | 3일 | ⋯ | 132 | Mar. | 3, | 1904 | ⋯ | 462 |
| 1904년 | 3월 | 17일 | ⋯ | 135 | Mar. | 17, | 1904 | ⋯ | 465 |
| 1904년 | 3월 | 17일 | ⋯ | 138 | Mar. | 17, | 1904 | ⋯ | 468 |
| 1904년 | 3월 | 19일 | ⋯ | 139 | Mar. | 19, | 1904 | ⋯ | 469 |
| 1904년 | 3월 | 26일 | ⋯ | 142 | Mar. | 26, | 1904 | ⋯ | 472 |
| 1904년 | 3월 | 26일 | ⋯ | 146 | Mar. | 26, | 1904 | ⋯ | 475 |
| 1904년 | 3월 | 26일 | ⋯ | 149 | Mar. | 26, | 1904 | ⋯ | 477 |
| 1904년 | 4월 | 2일 | ⋯ | 153 | Apr. | 2, | 1904 | ⋯ | 480 |
| 1904년 | 4월 | 4일 | ⋯ | 156 | Apr. | 4, | 1904 | ⋯ | 482 |
| 1904년 | 4월 | 10일 | ⋯ | 160 | Apr. | 10, | 1904 | ⋯ | 486 |
| 1904년 | 4월 | 26일 | ⋯ | 168 | Apr. | 26, | 1904 | ⋯ | 492 |
| 1904년 | 5월 | 3일 | ⋯ | 171 | May | 3, | 1904 | ⋯ | 495 |
| 1904년 | 5월 | 11일 | ⋯ | 176 | May | 11, | 1904 | ⋯ | 498 |
| 1904년 | 5월 | 14일 | ⋯ | 182 | May | 14, | 1904 | ⋯ | 502 |
| 1904년 | 5월 | 21일 | ⋯ | 185 | May | 21, | 1904 | ⋯ | 504 |
| 1904년 | 5월 | 21일 | ⋯ | 188 | May | 21, | 1904 | ⋯ | 507 |
| 1904년 | 5월 | 28일 | ⋯ | 191 | May | 28, | 1904 | ⋯ | 510 |
| 1904년 | 5월 | 28일 | ⋯ | 194 | May | 28, | 1904 | ⋯ | 512 |
| 1904년 | 6월 | 4일 | | 196 | June | 4, | 1904 | ⋯ | 514 |

| | | | | | | | | | |
|---|---|---|---|---|---|---|---|---|---|
| 1904년 | 6월 | 4일 | ⋯ | 201 | June | 4, | 1904 | ⋯ | 518 |
| 1904년 | 6월 | 28일 | ⋯ | 204 | June | 28, | 1904 | ⋯ | 521 |
| 1904년 | 7월 | 13일 | ⋯ | 206 | July | 13, | 1904 | ⋯ | 523 |
| 1904년 | 8월 | 2일 | ⋯ | 210 | Aug. | 2, | 1904 | ⋯ | 526 |
| | 날짜 없음 | | ⋯ | 214 | Date Unknown | | | ⋯ | 529 |
| 1904년 | 8월 | 15일 | ⋯ | 215 | Aug. | 15, | 1904 | ⋯ | 530 |
| 1904년 | 8월 | 30일 | ⋯ | 219 | Aug. | 30, | 1904 | ⋯ | 533 |
| 1904년 | 9월 | 8일 | ⋯ | 222 | Sept. | 8, | 1904 | ⋯ | 536 |
| 1904년 | 9월 | 11일 | ⋯ | 226 | Sept. | 11, | 1904 | ⋯ | 540 |
| 1904년 | 9월 | 14일 | ⋯ | 229 | Sept. | 14, | 1904 | ⋯ | 542 |
| 1904년 | 9월 | 23일 | ⋯ | 231 | Sept. | 23, | 1904 | ⋯ | 544 |
| 1904년 | 10월 | 8일 | ⋯ | 233 | Oct. | 8, | 1904 | ⋯ | 546 |
| 1904년 | 10월 | 18일 | ⋯ | 238 | Oct. | 18, | 1904 | ⋯ | 550 |
| 1904년 | 10월 | | ⋯ | 241 | Oct., | | 1904 | ⋯ | 552 |
| 1904년 | 10월 | 25일 | ⋯ | 243 | Oct. | 25, | 1904 | ⋯ | 554 |
| 1904년 | 11월 | 9일 | ⋯ | 246 | Nov. | 9, | 1904 | ⋯ | 556 |
| 1904년 | 11월 | 17일 | ⋯ | 251 | Nov. | 17, | 1904 | ⋯ | 560 |
| 1904년 | 11월 | 28일 | ⋯ | 254 | Nov. | 28, | 1904 | ⋯ | 563 |
| 1904년 | 12월 | 14일 | ⋯ | 258 | Dec. | 14, | 1904 | ⋯ | 567 |
| 1904년 | 12월 | 31일 | ⋯ | 262 | Dec. | 31, | 1904 | ⋯ | 571 |

## 1905년

| 번역문 | | | | | 원문 | | | | |
|---|---|---|---|---|---|---|---|---|---|
| 1905년 | 1월 | 26일 | ⋯ | 265 | Jan. | 26, | 1905 | ⋯ | 574 |
| 1905년 | 2월 | 19일 | ⋯ | 269 | Feb. | 19, | 1905 | ⋯ | 578 |
| 1905년 | 3월 | 3일 | ⋯ | 272 | Mar. | 3, | 1905 | ⋯ | 581 |
| 1905년 | 3월 | 27일 | ⋯ | 274 | Mar. | 27, | 1905 | ⋯ | 583 |
| 1905년 | 3월 | 27일 | ⋯ | 279 | Mar. | 27, | 1905 | ⋯ | 587 |
| | 날짜 없음 | | ⋯ | 284 | Date Unknown | | | | 591 |
| 1905년 | 5월 | 15일 | ⋯ | 286 | May | 15, | 1905 | ⋯ | 593 |
| 1905년 | 6월 | 2일 | ⋯ | 291 | June | 2, | 1905 | ⋯ | 597 |

| | | | | | | | | | |
|---|---|---|---|---|---|---|---|---|---|
| 1905년 | 6월 | 15일 | … | 295 | June | 15, | 1905 | … | 600 |
| 1905년 | 6월 | 17일 | … | 299 | June | 17, | 1905 | … | 603 |
| 1905년 | 6월 | 17일 | … | 303 | June | 17, | 1905 | … | 607 |
| 1905년 | 7월 | 17일 | … | 307 | July | 17, | 1905 | … | 611 |
| 1905년 | 8월 | 23일 | … | 311 | Aug. | 23, | 1905 | … | 614 |
| 1905년 | 8월 | 25일 | … | 318 | Aug. | 25, | 1905 | … | 620 |
| 1905년 | 8월 | 27일 | … | 322 | Aug. | 27, | 1905 | … | 623 |
| 1905년 | 9월 | 23일 | … | 326 | Sept. | 23, | 1905 | … | 626 |
| 1905년 | 9월 | 25일 | … | 331 | Sept. | 25, | 1905 | … | 630 |
| 1905년 | 9월 | 26일 | … | 332 | Sept. | 26, | 1905 | … | 631 |
| 1905년 | 9월 | 27일 | … | 336 | Sept. | 27, | 1905 | … | 634 |
| 1905년 | 10월 | 7일 | … | 338 | Oct. | 7, | 1905 | … | 636 |
| 1905년 | 10월 | 11일 | … | 342 | Oct. | 11, | 1905 | … | 640 |
| 1905년 | 10월 | 21일 | … | 344 | Oct. | 21, | 1905 | … | 642 |
| 1905년 | 10월 | 23일 | … | 346 | Oct. | 23, | 1905 | … | 644 |
| 1905년 | 10월 | 23일 | … | 353 | Oct. | 23, | 1905 | … | 651 |
| 1905년 | 10월 | | … | 356 | Oct., | | 1905 | … | 654 |
| 1905년 | 11월 | 12일 | … | 360 | Nov. | 12, | 1905 | … | 657 |
| 1905년 | 11월 | 26일 | … | 363 | Nov. | 26, | 1905 | … | 660 |
| 1905년 | 12월 | 17일 | … | 367 | Dec. | 17, | 1905 | … | 664 |
| 1905년 | 12월 | 28일 | … | 369 | Dec. | 28, | 1905 | … | 666 |

# 해제

## 자료 소개

원자료는 미국 장로교역사연구소(Presbyterian Historical Society)에 보관 중인 John Fairman Preston Papers에 들어있다. 한남대학교 사학과 교수를 역임한 서의필(John Nottingham Somerville) 박사와 그의 아내 서진주(Virginia Bell Somerville) 여사가 자료를 확보하여 한남대학교 인돈학술원에 보관하였다. 이 두 사람의 수고와 헌신이 없었으면 번역은 불가능했을 것이다.

## 편지의 저자

여권 신청서에 있는 사실을 토대로 하면, 프레스톤 목사는 1875년 4월 30일 미국 플로리다 퍼넌디나(Fernandina)에서 태어났다. 퍼넌디나에서 태어난 것은 목사인 그의 아버지(Samuel Rhea Preston)가 그곳에서 목사로 안수받은 것과 관련된다. 프레스톤 목사는 1903년 10월 7일 미국을 출발하여 1903년 11월 4일 목포에 도착하였다. 한국에 온 목적은 미국남장로회 해외선교부 실행위원회를 대신하여 선교 사역을 하기 위함이었다. (I am now residing for the purpose of missionary work, on behalf of the Exec. Com. of For. Missions of the Presbyterian Church in U.S). 도착 당시 나이는 28세, 키는 5.6피트(약 177센티미터), 눈 색깔은 푸른색, 코는 보통, 입과 턱은 작고, 머리는 짧게 잘랐고, 피부는 흰색이며, 얼굴은 어려 보였다.

프레스톤 목사는 1903년 11월부터 1907년 4월까지 목포와 광주에서 선교하다 안식년을 떠났고, 안식년 후 1907년 9월부터 1912년 1월까지 목포와 광주에 머물며 선교 활동을 했으며, 이후 두 번째 안식년을 가진 후 1912년 9월부터 1913년 4월까지 광주에 있으면서 선교하였다. 두 번째 안식년은 편지에 쓰여 있는 것처럼 장모가 위중하여 서둘러 가게 된 것이다. 이후 1913년 4월 15일 순천에 와서 줄곧 순천에서 선교 사역을 하였다.

프레스톤 목사의 자녀는 모두 7명이었는데, 1904년 8월 19일 서울에서 태어난 첫째 리아는 같은 해 9월 24일에 사망하는데 이 일은 부부에게 큰 충격이었다. 이후 미리암은 서울에서, 애니 섀넌은 프레스톤 부인의 고향인 솔즈베리에서, 존 페어맨은 광주에서, 플로렌스는 솔즈베리에서, 윌리엄 와일리와 막내 리아 섯폰은 순천에서 태어났다.

프레스톤 목사의 묘비에는 다음 글이 새겨져 있다.

THE REV. JOHN FAIRMAN PRESTON
APRIL 30, 1875 - JUNE 6, 1975
MISSIONARY TO KOREA 1903-1946
2 TIM. 4:7-8

프레스톤 목사는 1905년 10월 7일 편지에서 "두 분께서는 과거 진실한 이스라엘인들이 그랬던 것처럼 장자를 내어놓았기 때문에 축복을 받지 못하실 것이 없습니다"라고 한 것에서 보듯, 부모가 자신을 하나님께 바친 것으로 믿고 최선을 다했다. 그래서 디모데 후서 4장 7절과 8절 "나는 선한 싸움을 싸우고 나의 달려갈 길을 마치고 믿음을 지켰으니, 이제 후로는 나를 위하여 의의 면류관이 예비되었으므로 주 곧 의로우신 재판장이 그날에 내게 주실 것이며 내게만 아니라 주의 나타나심을 사모하는 모든 자에게도니라"가 그의 묘비에 딱 맞는 적절한 표현이라고 생각한다.

한편, 프레스톤 부인의 묘비에는 다음 글이 새겨져 있다.

ANNIE SHANNON WILEY PRESTON

JAN. 15, 1879 - OCT. 31, 1983

MISSIONARY TO KOREA 1903-1946

PSALM 91: 14-16

유복한 집안의 막내로 태어난 프레스톤 부인은 시편 91편 14~16절 "하나님이 이르시되 그가 나를 사랑한즉 내가 그를 건지리라. 그가 내 이름을 안즉 내가 그를 높이리라. 그가 내게 간구하리니 내가 그에게 응답하리라. 그들이 환난을 당할 때에 내가 그와 함께하여 그를 건지고 영화롭게 하리라"라는 말씀처럼, 하나님의 도구가 되어 선교 동역자로 남편을 돕고, 자녀를 양육하였으며, 미국에 있는 시댁과 처가 식구들의 경제적 형편까지도 신경 썼던 하나님의 사람이었다.

한 가지 덧붙이면, 프레스톤 목사는 전라남도 선교에 핵심 역할을 하면서도 다른 선교부 예를 들면 전주선교부에 큰 도움을 주기도 했는데 이는 신흥학교연혁지(新興學校沿革誌)에 "1925년에 위인사 변요한(J. F. Preston) / 두 분의 안식년으로 귀국하는 때에 본교 학교 건물 / 증축 자금 모집위원이 되다"는 내용으로 알 수 있다.

### 3. 편지의 내용

프레스톤 목사 부부의 편지는 사역 보고서 일부를 제외하고 대부분 개인적인 편지이다. 따라서 편지에 나오는 인물 관계 파악과 맥락 이해가 필수적이다.

우선 330여 기록물 중에 프레스톤 목사가 쓴 글이 202개이고, 프레스톤 부인이 쓴 글이 89개, 프레스톤 목사의 장모가 작성한 것이 19개이며, 나머지는 연례 보고서 등이다.

프레스톤 목사가 어머니께 쓴 글이 58개인데 대부분 어머니의 건강과 가족 소식 등을 묻는 소소한 일상의 이야기이다. 아버지께 쓴 글은 35개로 건강뿐 아니라 아버지께서 하시는 대학 관련 일, 사업 등에 대한 조언하는 내용이 많다. 동생들에게 쓴 글은 형으로서 해주는 조언이 대부분이다.

편지에는 개인적인 가정사만 나오는 것이 아니라 시대적 배경을 알 수 있는데 목포에서의 파업, 한일합방, 러일전쟁, 제1차 세계대전, 경제대공황 등 지역사와 세계사적인 사건들에 대해서 조심스럽지만 자신의 견해를 밝히기도 한다.

또한, 프레스톤 목사의 영향력을 알 수 있는데, 그가 교류하던 사람들이 미국남장로회 해외선교에 핵심적인 역할을 하는 것을 알 수 있고, 이들에게 영향력을 발휘하여 한국선교회의 선교에 큰 도움을 받았음을 알 수 있다. 대표적인 예는 그레이엄(Graham)에게서 대학 설립을 위해 1만 달러를 후원받은 것, 스파턴버그(Spartanburg) 제1장로교회로부터 목포남학교 건축에 도움을 받은 것, 그리고 박애주의자 와츠(Watts)에게서 순천남학교 건축과 운영에 도움을 받은 것이다.

프레스톤 부인의 편지는 어머니에게 36개, 언니에게 10개, 시어머니에게 22개, 시아버지에게 3개, 기타 시댁 식구들에게 보낸 것이다. 대부분 남편, 자녀들, 동료 선교사들과 관련된 소소한 이야기가 있으며, 미국 내 자산 처리 등의 사업상 편지도 있다. 후자의 경우 프레스톤 부인의 사회경제적 위치를 짐작할 수 있으며 당시 경제 사정을 알 수 있는 자료가 된다.

사역보고서는 연례회의 때 선교회에 제출한 1년 사역보고서와 선교부에 제출한 분기 보고서가 있다. 이 보고서를 보면 당시 사역이 어떻게 되고 있었는지를 객관적으로 파악할 수 있다.

### 4. 편지의 가치

첫째, 우리나라 근현대사 역사 연구 자료로 활용할 수 있다. 프레스톤 목사가 활동한 목포, 광주, 순천에서 일어난 사건뿐 아니라 국내외 정치, 경제적 문제에 대한 개인 입장과 선교회의 전반적 태도를 알 수 있다.

둘째, 교회사 연구 자료로 활용할 수 있다. 1903년 11월 목포선교부에서 선교를 시작한 프레스톤 선교사는 일제에 의해 1940년 강제 출국 때까지 주로 전라남도를 중심으로 선교했다. 특히 순천선교부에서 핵심적 역할을 했기에 순천을 포함한 전남 동부 지역 기독교역사 연구에 도움이 될 것이다.

셋째, 프레스톤 목사가 가진 신앙관을 엿볼 수 있는 글을 통해서 미국 남장로회가 가진 신앙 전통이 한국기독교 특히 전라도 지역 기독교에 어떤 영향을 끼치는지를 유추해 볼 수 있다.

마지막으로, 편지를 읽으면서 프레스톤 부부뿐 아니라 선교사들을 인간적인 면에서 더 잘 이해하고 그들이 전하고자 하는 것에 더 관심을 가질 수 있게 된다.

# 주요 인물 소개

· **프레스톤 목사의 부모와 형제자매**

부모: 1874년 6월 30일 결혼
　　　Samuel Rhea Preston(1849.9.4~1929.12.6)
　　　Ida Sutphen Preston(1854.1~1930.6.20)

1. 페어맨(프레스톤 목사 본인, 1903년 9월 2일 결혼)
　Rev. John Fairman Preston(1875.4.30~1975.6.6)
　[아내: Annie Shannon Wiley Preston(1879.1.15~1983.10.31)]
2. 리아: 1909년 결혼
　Samuel Rhea Preston Jr.(1877.3.23~1938)
　[아내: Mecca Elizabeth Cooper Preston(1886.4.25~1959.5.25)]
3. 플로이: 미혼
　Mary Florence "Floy" Preston(1879.5.15~1965.1.3)
4. 짐(Jim, Jamie): 1914년 5월 26일 결혼
　James Brainerd Preston(1882.5.27~1925.12.23)
　[아내: Margaret Stewart Preston(1894.7.28~1980.4.15)]
5. 로버트
　Robert James Preston(1884.4~1884.8.31)
6. 바크먼(N.B): 1919년 9월 9일 결혼
　Nathan Bachman Preston(1887.8.10~1967.1.18)
　[아내: Ethel S "Spiffy" Preston(1896.9.28~1953.3.5)]
7. 아이다(Ida Two): 1915년 10월 27일 결혼
　Ida Sutphen Preston Warden(1889.9.16~1971.1.9)
　[남편: Arthur Hills Warden(1888.7.21~1956.5.19)]
8. 야네프: 미혼
　Janef Fairman Newman Preston(1897.10.22~1973.5.22)

· 프레스톤 부인의 부모와 형제자매

부모: 1861년 7월 4일 결혼
    Samuel Hamilton Wiley(1826.5.11~1894.7.2)
    Miriam Colburn Murdock Wiley(1838.12.22~1912.5.11)

1. 윌리(Willie): 1877년 결혼
    William Murdoch Wiley(1863.7.27~1915.11.25)
    [아내: Marion Easton Paterson Wiley(1864.2.20~1939.11.29)]
2. 샌디
    Sandie Wiley(1867.1.30~1872.3.6)
3. 존
    John M. Wiley(1869.1.13~1898.3.29)
4. 샘(Sam): 1898년 결혼
    Samuel Henderson Wiley(1872.3.1~1938.8.6)
    [아내: Beulah Bernhardt Wiley(1876.1.12~1945.3.19)]
5. 미리암: 1897년 결혼
    Miriam Wiley Murphy(1874.11.27~1919.11.28)
    [남편: Nettleton Payne Murphy Sr.(1865.4.17~1926.7.17)]
6. 애니(프레스톤 부인 본인, 1903년 9월 2일 결혼)
    Annie Shannon Wiley Preston(1879.1.15~1983.10.31)
    [남편: Rev. John Fairman Preston(1875.4.30~1975.6.6)]

· 프레스톤 목사 가정

Rev. John Fairman Preston(1875.4.30~1975.6.6)

Annie Shannon Wiley Preston(1879.1.15~1983.10.31)

[1903년 9월 2일(화) 결혼, 1903년 11월 8일(일) 전라남도 목포 도착]

1. 리아 3세
    Samuel Rhea Preston(1904.8.19~1904.9.24)
2. 미리암: 1938년 9월 2일 동생 플로렌스 부부와 합동결혼식
    Miriam Wiley Preston St. Clair(1905.9.26~2005.3.22)
    [남편: Dr. Kenneth Edson St. Clair(1908.7.3~1996.11.14)]
3. 애니 섀넌: 1934년 5월 19일 결혼
    Mrs. Annie Shannon Preston Cumming(1907.10.21~2003.12.8)
    [남편: Daniel James Cumming(1892.12.17~1971.1.8)]
4. 존 페어맨 주니어: 1939년 11월 18일 결혼
    John Fairman Preston Jr.(1909.8.22~2009.1.2)
    [아내: Imogen Bird Preston(1915.3.28.-2006.3.6)]
5. 플로렌스: 1938년 9월 2일 결혼
    Florence Preston Bockhorst(1911.9.16~2010.10.9)
    [남편: Roland Walter Bockhorst(1905.1.16~1995.5.31)]
6. 윌리 와일리: 자녀 없음
    William Wiley Preston(1915.4.26~2000.3.1)
    [아내: Sarah Tankersley Tolson Preston(?~?)]
7. 리아 섯픈: 1947년 6월 3일 결혼
    Colonel Rhea Sutphen Preston(1923.3.16~1995.1.5)
    [아내: Mary Kathryn Gaines Preston(1925.11.1~1997.5.14)]

**일러두기**

1. 이 책 번역문의 저본은 한남대학교 인돈학술원에 보관된 자료이다.
2. 판독하기 어려운 원문은 〔illegible〕로, 번역문에는 〔판독 불가〕로 표기했다.
3. 필요에 따라 원문 또는 한자를 '( )'에 병기하였다.
4. 이해를 돕기 위해 역자가 추가한 내용은 '[ ]'에 병기하였다.
5. 원문의 철자 오류는 가급적 수정하지 않고 그대로 두었다.
6. 원문에는 이름이 기재된 경우라도 우리나라 독자의 정서에 맞게 남편, 아내, 사부인, 도련님, 아가씨 등으로 호칭을 바꾸어 적었다.
7. 'Korea(Corea)'는 대한제국을 선포한 1897년 이전에는 '조선', 이후에는 '한국'으로 번역하되, 문맥상 '조선'으로 번역하는 것이 더 자연스러운 경우 '조선'으로 번역하였다.

번역문

# 1903년

1903년 7월 17일
테네시, 내슈빌

친애하는 와일리 부인(Mrs. Wiley)[1],

부인이 보내신 편지의 봉인을 떼고 부인의 이름을 읽었을 때, 저의 마음은 〔판독 불가〕. (제가 '애니(Annie)'[2]라고 편하게 불러도 따님이 뭐라고 하지 않겠지요?) 저는 애니가 "고요한 아침의 나라" 선교사로 임명되었다는 소식을 들은 이후, 부인과 따님 애니에 대해 생각했답니다. 사랑하는 제 남편[3]의 가까운 친지가 남편이 영원히 쉬고 있는 곳에서 아주 가까운 곳으로 곧 간다는 것을 알고 제가 얼마나 위로를 받았는지 부인은 아실 것입니다.

제 남편은 평양에 있는 미국북장로회 소유 선교사 묘지에 잠들어 있습니다. 그런데 한국에서는 남북장로회를 묶는 유대감이 아주 긴밀하여서 두 장로회가 서로 다르다는 것을 거의 깨닫지 못하고 있습니다. 그래서 저는 애니와 프레스톤(Preston) 목사 부부가 우리 미국남장로회 한국선교회[4]에 속한 다른 사람들이 하듯이 언젠가 평양에 가서 그 훌륭한 사역에

---

1   Miriam Murdock Wiley(1838.12.22~1912.5.11). 프레스톤 목사의 장모.
2   Annie Shannon Wiley(1879.1.15~1983.10.31). 프레스톤 부인.
3   Rev. David Cyrus Rankin(1847~1902.12.28). *The Missionary*의 편집장이었으며, 일본, 중국, 한국의 선교지를 돌아보던 중 폐렴으로 평양에서 사망함.
4   The Southern Presbyterian Mission in Korea. '미국남장로회 조선선교회'가 공식 용어로 확인되지만, 관례를 따라 '미국남장로회 한국선교회'로 번역함. '미국남장로회 조선선교회'라는 명칭은 조선예수교장로회 전북노회 제32회 제2차 임시회(1938년 10월 31일, 전주중앙교회) 회록에 선교사들이 노회의 신사참배 결정에 반대하며 "하나님이 주신 양심과 성경교리를 따라서 당회권과 노회에서 맡긴 책임을 사임하오니…"라고 사임서를 제출하는 것이 기록되어 있음. 동 회록 6쪽에 "미국남장로회조선선교회장 마로덕"이라는 표현이 있음.

동참하게 되리라는 것을 의심하지 않습니다. 애니의 사촌[5]인 저의 소중한 남편이 잠든 곳으로 두 사람이 갈 것을 저는 확신합니다.

애니가 제 남편을 알았었더라면 좋을 텐데요. 프레스톤 목사는 제 남편을 알고 있었습니다. 저는 애니가 남편 프레스톤 목사로부터 또한 앞으로의 삶을 함께 보낼 사람들로부터 제 남편이 정말 사랑스럽고 그리스도를 닮은 사람이었다는 것을 알게 되리라 생각합니다. 제가 얼마나 강하게 따님 부부와 함께 한국으로 가고 싶었는지 애니에게 말을 못 하겠습니다. 나이 드신 아픈 어머니만 아니면, 저를 가지 못하게 붙들 것은 어느 것도 없을 것입니다. 프레스톤 목사와 애니가 내슈빌에 오기를 무척 바랍니다. 두 사람이 한국으로 가기 전에 저의 집에서 만난다면 제게 큰 기쁨이겠습니다.

두 사람은 언제 결혼할 예정이며, 언제 멀리 떨어져 있는 그들의 집으로 갑니까? 사랑하는 따님을 부인에게서 멀리 떠나보내시면서 부인이 어떤 느낌일지를 저는 전적으로 이해할 수 있습니다. 누군가가 제게 "하나님께서 그대에게 내려주신 영광을 생각하라"고 하였듯이 부인도 그렇게 느끼려고 하셔야만 할 것입니다. 그렇더라도 우리의 마음은 너무도 인간적이고 우리의 사랑은 너무도 강하고 깊지 않은가요! 복을 주시는 아버지께서 그분의 영원한 팔로 사랑스러운 부인의 자녀를 감싸주시고, 오래고 오랜 세월 동안 보호해 주시며, 때때로 따님을 안전하게 부인에게 데려오시기를 기도합니다. 애니가 떠나기 전에 제가 애니를 볼 수 없다면, 애니에게 편지를 보내겠습니다. 제 남편의 이 세상에서의 마지막 날들 동안에 정말 잘 해줬던 친구분들에 대해서 또한 제 남편을 따스하게 사랑해 준 예쁜 어린이들에 대해서 애니가 알았으면 하는 것이 있어

---

5    Rev. D. C. Rankin 목사의 어머니가 Cathrine Carlyle Wiley(1823.2.1~1854.11.4) 이며, 애니의 아버지가 Samuel Hamilton Wiley(1826.5.11~1894.7.2)임. 즉 두 가문이 연결되어 있음을 말함.

서입니다.

　위로의 말씀 주신 것에 대해서 외지선교회(Foreign Mission Society)에 있는 부인들에게 고마운 마음을 전해주십시오. 심심한 위로의 말씀을 정말 고맙게 생각합니다.

　언젠가 부인을 뵙기를 원합니다.

메리 C. 랭킨(Mary C. Rankin) 배상

1903년 9월 30일[6]
기차에서

1903년 10월 1일 오후 4시 30분 덴버(Denver)에서 보냄.

사랑하는 어머니,

저희는 캔자스(Kansas) 어딘가에 있는데 여기가 정확히 어딘지는 모릅니다. 이곳 전체가 아주 아름다운 시골입니다. 비옥한 땅이 있고 아름다운 나무들이 있습니다. 저는 항상 캔자스를 아주 평평한 곳이라고 생각했는데, 그렇지는 않습니다. 동산이 몇 군데 보입니다.

저희가 출발할 때 다소 불운이 따랐습니다. 저희가 그린빌(Greenville)에 도착해서 관계자에게 예약했던 버밍엄(Birmingham)행 기차표를 요청하자, 예약된 것이 없다고 하면서 애틀랜타(Atlanta) 철도회사의 침대차에 있는 침대를 이용해야 하며 오전 5시 30분이나 6시에 일어나야만 한다고 했습니다. 때문에 저희는 2시간 이상을 못 자서 어제 하루 종일 정말 졸렸습니다. 그래도 서너 번 낮잠을 잘 잤고 어젯밤에는 아주 잘 쉬었습니다. 저희가 멤피스(Memphis)에서 떠나기 전에 저는 잠들었고, 제 침대칸에

---

6 프레스톤 목사 부부 출국 여정
(솔즈베리에서 그린빌로 이동)
그린빌 출발: 1903년 9월 29일(화) 01:35
캔자스시티 도착: 1903년 9월 30일(수) 09:45
캔자스시티 출발: 1903년 9월 30일(수) 10:50
덴버 도착: 1903년 10월 1일(목) 07:00
덴버 출발: 1903년 10월 1일(목) 08:00
솔트레이크시티 도착: 1903년 10월 2일(금) 09:40
솔트레이크시티 정차: 1903년 10월 2일(금) 09:40~13:40
솔트레이크시티 출발: 1903년 10월 2일(금) 13:40
샌프란시스코 도착: 1903년 10월 3일(토) 18:25
샌프란시스코에서 "도릭" 출항: 1903년 10월 7일(수) 12:00

서 희미한 달빛으로 미시시피강을 봤습니다.

저희는 열차를 두 번만 갈아탔습니다. 한 번은 애틀랜타에서 그리고 오늘 아침 캔자스시티에서입니다. 캔자스시티는 역 주변이 더할 나위 없이 더러웠습니다. 그곳에서 시간이 약간 있어서 조금 걸었습니다. 역에서 멀리 가지 않았는데도 눈길을 사로잡는 것을 발견했습니다.

지난 봄에 들쑥날쑥해진 강 하나를 저희가 따라 걷고 있었는데, 강이 할퀴고 간 잔해가 정말로 괴이했습니다. 많은 나무가 진흙 펄에 묻혀있고, 다리들이 휩쓸려 갔으며, 집들은 옆으로 기울어져 있었습니다. 오늘 아침 캔자스시티 근처에서 사이클론 대피소 몇 곳이 눈에 들어왔습니다.

이렇게 아름다운 시골에서 아름다운 날을 보내고 있습니다. 어머니께서 이곳에서 저희와 함께 즐겁게 지내시면 좋겠다는 아쉬움이 있습니다. 오늘 어머니께서 훨씬 더 기운이 있으시고, 고향에 있는 모든 사람이 건강하시길 바랍니다. 제가 배를 탔을 때 고향에서 제게 보낸 편지가 몇 통은 있도록 해주세요. 그 배는 7일 늦은 시간 출항하는 도릭(Doric)입니다.

기차에서 글을 쓰기가 어렵습니다만 이 편지를 어머니께서 알아보실 수 있기를 바랍니다. 저는 저의 증권(notes)이 어떻게 되었는지 모릅니다. 증권 중 일부를 제가 발행할 수 있겠지요.

저희는 덴버에 아침 8시 정도에 도착합니다. 그런 다음 기차를 갈아타고 솔트레이크시티(Salt Lake City)로 갈 것입니다. 내일 가장 아름다운 풍경을 보게 될 것 같습니다. 파이크스 피크(Pikes Peak)를 잘 볼 수 있을 것입니다.

남편(Fairman)이 목축을 하는 이 지역을 아주 좋아해서 이곳에서 살고자 할 것 같습니다. 이곳 사람들은 예쁜 집을 갖는 것에 대해서 그다지 신경 쓰지 않는 듯합니다. 집과 집 사이가 아주 많이 떨어져 있고, 집은 특색이라곤 없습니다.

## 목요일 아침

오늘 아침에는 덴버에 있을 것으로 예상했지만 그렇지 않습니다. 상당히 많은 시간이 지나도 그곳에 도착할 것 같지 않습니다. 그렇지만 저희는 조바심을 내지 않습니다. 이른 아침 가까스로 사고를 면했기 때문입니다. 기차 엔진에서 휠(wheel) 하나가 빠져나왔고 모든 것이 심하게 찢겼지만, 선로에서 기차가 벗어나지는 않았습니다. 엔진을 갈고 다시 출발하는데 상당히 많이 지연되었지만, 저희는 신선한 공기 속에서 산책하는 기회를 가졌습니다. 대평원에서 꽃을 몇 개 모았는데 어머니께 몇 개 보내드리겠습니다. 이곳은 정말 대평원입니다. 나무는 거의 없으며 메마른 것으로 보이는 풀이 수 마일 뻗어있었습니다. 프레리도그(prairie dogs)를 재미있게 봤습니다. 언니와 오빠들에게 제가 한 마리 잡아다 주고 싶어 한다고 말해주세요. 구멍 위에 앉아있는 모습이 정말 귀엽습니다.

물론, 이렇게 지연되어서 저희는 덴버에서 연결되는 기차를 놓치게 될 것입니다. 저희는 그곳에서 밤을 보내고 솔트레이크시티에서 중간에 머무르지 않고 곧바로 갈 것입니다. 오늘 밤에 갈 수도 있습니다만 그러면 이곳에서 정말 아름다운 부분들을 못 보게 될 것입니다.

캔자스에 있는 작은 산들과 큰 산들 일부를 보니 애런섬(Arran)[7]이 떠올랐습니다. 캔자스의 산에는 나무가 없었으며, 소 떼가 산에서 풀을 뜯고 있었습니다. 높은 산 중 몇 개는 아주 울퉁불퉁했는데, 스카치(Scotch) 산맥이 생각났습니다. 이렇게 좋은 것을 보시려면 어머니께서 내년에 한국으로 오셔야만 할 것입니다.

캔자스시티를 떠난 이후 풀먼(Pullman) 객차에는 한 사람을 제외하고 저희만 있습니다. 그래서 저희 소유의 객차 같습니다.

큰오빠[8]는 어떤가요? 저 대신 모든 이에게 사랑을 전해주세요. 집에서

---

7 스코틀랜드에 있는 섬(Isle of Arran).
8 William Murdoch Wiley(1863.7.27~1915.11.25).

오는 소식을 들었으면 하고 간절히 바라고 있습니다.

  남편은 같이 여행하는 사람에게서 덴버에 있는 호텔에 관한 자료를 얻고 있습니다. 제가 이곳에서 잭(Jack)을 마주치게 된다면 정말 웃기지 않을까요? 잭은 지금부터 약 1년 전에 이 열차를 타면서 제게 편지를 하고 있었습니다. 저희는 잭을 덴버에서 만날지도 모릅니다.

  편지를 썩 그렇게 재미있게 쓰지는 못한 것 같습니다. 이 편지를 남들에게 공개하지는 않았으면 합니다. 그래도 이 편지에는 사랑이 가득하답니다.

사랑하는 애니 올림

1903년 10월 4일

오후 5시 45분

미 대륙 서부 웨스트 네바다 철도노선(West Nevada-Line) 근처

사랑하는 장모님,

덴버에서 아내가 장모님께 편지했다고 저는 믿습니다. 그런데 장모님께서 아내가 보낸 편지의 힘만으로 더 이상 마음의 양식을 받지 못한 채 그렇게 오랫동안 지내시게 한 것은 저희의 의도는 아니었습니다. 잘못은 제게 있습니다. 그렇지만 저도 적당한 핑곗거리가 있습니다.

덴버에서부터의 여정은 다소 불운하였습니다. 기차 엔진의 파손 때문에 저희가 어쩔 수 없이 그 도시에서 오후와 저녁에 하염없이 기다려야만 했던 것을 아시죠. 저희 기차가 오그든(Ogden)[9]에 도착했을 때는 예정보다 4시간 30분이나 늦었기에 연결 열차를 놓치고 말았습니다. 따라서 풀먼 기차와 관광용 기차가 합쳐져서 여정의 두 번째 부분이 되었습니다. 불행히도 기차 엔진이 밤 동안에 계속 고장 났기에, 저희는 월요일 아침이 되어서야 샌프란시스코에 도착하게 될 것입니다. 그러면 저희는 길 위에서 6박 7일을 보내게 될 것입니다. 오늘은 기근으로 고생했습니다. 저희가 있는 기차에는 어떤 식당칸도 추가되지 않았습니다. 그래서 저희는 네바다 최악의 읍내 두 곳에 있는 식당에 가서 아침과 점심을 허겁지겁 먹어야 했습니다.

그런데 최악은요. (이제야 제가 편지를 하지 못한 이유를 말씀드립니다.) 제가 덴버에서 떠난 이래로 계속 아팠다는 것입니다. 심각한 것은 아니었지만 심한 감기와 그것에 동반한 고열과 끔찍한 두통이 있었습니다. 아내도 며칠간 몸이 좋지 않았습니다. 그런데 지금은 괜찮습니다. 아내가 이 여

---

9  유타(Utah)주에 있는 도시.

정을 정말 놀랍도록 견디어내는 것에 대해서 저와 함께 자랑스러워하셔도 됩니다. 동병상련이라는 말이 있는데 아내가 건강해졌을 때 저는 정말 안타까웠습니다. 아내는 건강해졌는데 제가 수치스럽게도 건강이 좋지 않게 되어서 다소 면목 없었습니다. 아내는 확실히 "소중히 여긴다"라는 것에 대해서 럼플 박사님(Dr. Rumple)[10]이 하신 말씀을 잘 기억하고 있었습니다. 처음 가진 인형을 소중히 여기는 아이처럼 저를 잘 대해주었습니다.

그렇지만 경치가 좋아서 이 모든 일이 괜찮아졌으며, 이쪽 방면으로 온 것이 정말로 가치 있었습니다. 다음 편지에 그 내용을 쓰도록 남겨두겠습니다. 그렇지만 우리 동부 사람들은 제대로 된 산을 못 봤다는 점만 말씀드려도 됩니다. "장엄한"이라는 형용사가 서부에 있는 이렇게 거칠고, 산이 많은 곳을 묘사할 수 있는 유일한 것입니다. 테네시 고개에서 저희는 10,000피트 이상의 고도에 올라갔으며, 두 시간 동안 심한 눈폭풍을 뚫고 가야 했습니다. 또 다른 곳에서, 저희 주변에 온통 눈이 있었는데, 덴버에서 (덴버부터 두 번째 밤에) 오그든을 지나는 밤까지 눈 덮인 산들이 시야에서 사라진 적이 없었습니다.

저는 불평을 늘어놓으며 편지를 시작하고 훌쩍이면서 편지를 끝나는 것을 좋아하지 않습니다만 장모님께서 저의 이런 형편없는 편지를 너그러이 이해해 주시기를 부탁드립니다. 머리가 멍하기 때문입니다. 그러나, 지금 기운이 나고 있으며, 내일 아침 샌프란시스코에서 깨어날 때는 몸이 괜찮을 것으로 예상합니다.

주일에 여행하는 것이 유감입니다만, 달리 어찌할 방법이 없습니다.

---

10  Jethro Rumple(1827.3.10~1906.1.20). 솔즈베리 제1장로교회 목사를 역임함. 프레스톤 부인의 이웃 사람임.
A reception in honor of Rev. and Mrs. J. F. Preston, was given Tuesday afternoon at the home of Dr. Rumple. (*Salisbury Semi-Weekly Truth-Index*, Fri, September 25, 1903)

장모님과 모든 가족에게 저희의 사랑을 담아 보냅니다.

사랑하는 페어맨(Fairman) 올림

제가 편지했듯이, 상자들의 〔판독 불가〕 마침내 도착했습니다. 다음 주소로 보내주십시오.

    J. F. 프레스톤, 증기선 "사가미(Sagami)"
    브루클린, 애틀랜틱 베이신, 웨스트 센트럴 부두
    뉴욕 브로드웨이 17, E. W. 필립스에게 맡김.

선하증권 사본 하나를 제게 보내주십시오. 또한, 제가 보험을 들어야 하니 보낸 상자 숫자와 대략적인 가치도 알려 주십시오.

뉴욕까지의 화물비를 미리 내시고 화물비 영수증을 저에게 보내주십시오. 저에게 화물비가 있습니다.

상자 안 내용물이 가정용품이라고 하여 보내십시오.

이렇게 하는 것은 중요합니다.

화요일 그 상자들을 보내시는 데 방해되는 일이 없었으면 합니다.

1903년 10월 10일
도릭(Doric)에서

사랑하는 어머니,

출항한 지 4일째인데, 누구에게도 편지하지 못했습니다! 당연히도 첫 번째 편지는 어머니께 드립니다.

집에서 보낸 편지들을 받고 정말로 기뻤습니다. 가족들에 대한 무슨 소식이라도 들은 지가 한 달은 되어 보였고 소식을 간절히 듣고 싶었던 중입니다. 저희는 어머니에 대한 정말 좋은 소식을 듣게 되어서 기뻤습니다. 저희가 떠났을 때 어머니께서 아프셨다는 것을 알고 있어서 어머니를 떠나는 것이 더 어려웠습니다. 어머니께서 그린빌로 되돌아가시길 바랍니다. 어머니와 시어머니께서는 아주 친한 친구이셔야 하니까요.

연결 기차를 두 번 놓친 것과 이틀 밤과 하루 동안 식당칸이 없는 기차를 이용했다는 것을 제외하고는 대륙을 횡단하는 여정이 매우 즐거웠습니다. 저희가 음식을 찾아서 다녔던 그런 장소는 전에 본 적이 없는 곳이었습니다! 네바다의 작은 읍내들은 주로 술집으로 이루어졌는데, 살고 있는 사람들이 모두 외국인이었습니다.

이런 불편한 점들이 있었지만, 풍경은 장엄함을 전혀 잃지 않았습니다. 덴버에서 네바다까지 먼 길을 오는 동안 눈 덮인 산맥들을 보며 저희의 눈이 즐거워졌습니다. 콜로라도 사막(Colorado Desert)은 정말로 매우 장엄합니다. 바위들과 절벽들이 작은 요새와 큰 성처럼 보이며, 색상이 훌륭합니다. 아칸소 강(Arkansas River)에 있는 협곡은 엄청난데, 이런 곳을 관통하는 기찻길을 만들 배짱을 인간들이 갖고 있다는 것이 놀랍습니다.

그렇게 아름다운 풍경에도 불구하고, 아무리 많은 금이 있다고 해도 저는 그런 곳에서 살고 싶은 마음이 없습니다. 읍내가 너무도 참혹한 곳이며 목장들이 너무도 외롭게 보입니다. 덴버는 아름다우며 기후가 정말 상쾌하여서 그곳에 살라면 살 수도 있을지도 모릅니다.

저희는 샌프란시스코에 월요일 아침 일찍 도착했으며, 엘리너(Eleanor)와 왓킨스 박사(Dr. Watkins)[11]가 저희를 위해서 노드호프(Nordhoff)에 방을 예약한 것을 알게 되었습니다. 그 호텔은 제가 본 중에서 가장 예술적으로 꾸며진 곳입니다. 호텔 주인은 남부 출신의 여성이었는데 그녀와 그녀의 어머니께서 저희에게 특별한 관심을 주셨습니다. 어머니께서 (한국으로) 나오실 때 그곳에 꼭 머무르십시오. 사장님의 어머니는 72세인데, 본인이 노인이 아니라고 하십니다. 그분은 켄터키(Kentucky)에 있는 고향에 가고 싶지 않다고 하는데 그 이유는 그곳의 모든 그분과 같은 나이의 사람이 본인들이 늙었다고 생각하기 때문이랍니다. (제가 이 영국 배를 타고서 글을 영국식으로 쓰는 것에 주목하세요.) 그 할머니께서는 고향 사람들을 흉내 내기 시작하시더니 의자를 이용해서 스스로 일어나십니다. 참 대단한 분입니다. 어머니께서도 아시면 좋을 것 같습니다.

욕조를 오랫동안 사용하지 못했기에 저는 월요일 아침 대부분 시간을 제대로 씻는 데 썼습니다. 월요일 오후에는 엘리너가 저희를 클리프 하우스(Cliff House)와 씰 락스(Seal Rocks)로 데리고 갔습니다. 그곳에서 저는 처음으로 태평양을 봤습니다. 그곳은 절벽에 파도가 부딪치는 곳이었는데 정말 아름다웠습니다. 태평양이 대서양보다 더 많은 색을 가지고 있는 것처럼 보입니다. 해안 쪽으로는 대서양보다 더 분명한 녹색이며 먼바다는 쪽빛이었습니다.

가장 훌륭한 거주시설들이 나무로 지어진 것을 보고 저희는 놀랐습니다. 엘리너가 지진 때문에 그런 것이라고 저희에게 말해주었습니다.

---

11  Eleanor Fairman Preston Watkins(1876.8.11~1952.6.9)와 James Thomas Watkins (1871~1934.2.18) 부부. Eleanor는 프레스톤 목사 첫째 큰아버지 Robert John Preston(1841.1.25~1906.8.20)의 딸임. 두 사람은 1903년 9월 15일 Anne Arundel Co., Maryland에서 결혼함.

화요일에 저희는 왓킨스 클럽(Dr. Watkins Club)에서 점심 먹은 시간을 제외하면 물건을 사면서 시간을 보냈습니다. 그런 다음에는 짐을 싸야 했죠. 수요일 막바지에 겨우 배에 서둘러 올랐습니다. 엘리너가 배에 있는 저에게 아름다운 노란 장미를 가져왔습니다.

도릭은 컬럼비아(Columbia)만큼 크지는 않습니다. 겨우 6천 톤이며 특별실에는 약 75명의 승객이 있습니다. 식당칸이 있는 특별실은 너무도 좁아서 가장 먼저 먹어야만 합니다. 선원과 종업원 거의 모두가 중국인입니다. 식당칸에 있는 종업원들은 모두 긴 옷을 입고 변발입니다만 일은 잘합니다. 그들은 확실히 매우 추해서 처음에는 그들에게 관심 두는 것을 상상하기가 어렵지만, 곧 그들의 얼굴에 관심을 갖게 되며, 조금만 알게 되어도 이전과는 큰 차이가 납니다. 샌프란시스코의 선교회에 있는 어린 소녀들은 매우 예쁩니다.

바다가 매우 거칠어서 도릭이 심하게 출렁거렸습니다. 가장 거친 날씨에 컬럼비아를 탔을 때 느꼈던 것보다 훨씬 심했습니다. 거의 모두 뱃멀미를 했지만, 남편과 저는 그렇지 않았습니다. 저희는 갑판에 머물렀고, 걸었고, 셔플보드와 고리 던지기를 했는데 마치 아흔 살 먹은 사람처럼 쑤시고 뻐근해질 때까지 했습니다. 그렇지만 저희는 아프지 않았습니다.

플로렌스 로드(Florence Rodd)[12]는 사랑스러운 여인입니다. 같이 있는 것이 즐거웠습니다. 그녀는 제가 우울하고 향수병에 걸려서 고향 말고는 한국이나 중국 다른 그 어떤 곳에 대해서도 듣고 싶지 않다고 느낄 때 저를 도와줬습니다. 이 배에는 약 16명의 선교사가 있는데, 저희가 아직 개인적으로 알게 된 것은 아니지만 같이 있다는 것이 기운을 북돋아 줍니다. 결혼하지 않은 여자들에게 말씀해 주세요. 선교사 중 몇은 아주 아름

---

[12] Florence Smith Rodd(1877.1.24~1918.1.7). 중국 선교사. 프레스톤 목사의 친구 Stuart의 아내 Alina Hardy Rodd와 프레스톤 목사의 친구 Moffett의 아내 Kate Hall Rodd의 언니.

답고 매력적이며 그들 모두가 뱃멀미 때를 제외하고는 생기가 넘치는데, 뱃멀미 때는 어떤 것도 남아있지 않다고요.

갑판에서 저 자신이 무의식적으로 어머니와 큰올케(Marion)를 찾고 있었습니다. 어머니께서는 이런 거친 날씨를 좋아하실 것입니다. 해가 빛나고 있으니 거칠다고 할 수는 없겠네요. 그래도 물결이 심하게 일렁입니다. 사람들이 갑판 여기 저기에서 넘어지며 저희 짐은 객실 한쪽에서 다른 쪽으로 뒹굴고 있습니다. 지난밤에는 침대에서 떨어지는 것이 아닌지 정말 겁이 났습니다. 그렇지만 너무도 피곤해서 제 침대의 "난간"도 올리지 못했습니다.

**10월 13일**

편지를 드린 후 아름답고 고요한 날씨가 이어졌습니다. 어머니께서도 여행하셨다면 즐기실 그런 여행입니다. 정말 따뜻하여서 심지어 밤에도 저희 모두는 싸매는 옷을 입지 않고 갑판에서 흰색 블라우스를 입습니다. 오늘 고급 선원 전원이 하얀 제복을 입고 나왔으며 갑판에는 차양들을 세워야 했습니다. 어제 저는 셔플보드를 하면서 햇빛을 받고 서 있었는데, 얼굴에 거의 물집이 잡혔습니다.

배 위에서 할 수 있는 경기가 아주 많으며 저희는 정말 즐겁게 지냅니다. 지금은 셔플보드 경기가 한창입니다. 딱 한 번 경기했을 뿐인데 여전히 살아 남아있습니다.

저희는 내일 호놀룰루(Honolulu)에서 시간을 보낼 것입니다. 해안에 상륙하여서 그곳에 머무르도록 시도하려고 합니다. 가족 한명 한명에게 편지를 쓰려고 했었지만, 짧은 문장으로 된 몇 통이라도 써야지 양심이 괴롭지 않을 것 같아서 시간을 내서 썼습니다. 그렇게 쓴 편지 대부분이 짧은 글이 아니라 작은 규모의 편지며 그런 편지가 50통이 되니 제가 바빴다는 것을 아시겠지요.

저의 사진을 보냈으면 하는 사람들의 목록을 적을 것입니다. 제가 더 많은 목록을 만들 기회가 있을 때까지 어머니께서 사람들을 그대로 쌓아두고 계십시오.

면사포를 쓰고 있는 사진들

1. 어머니(Mamma)
2. 언니(Sister)
3. 큰올케(Marion)
4. 시어머니(Mrs. Preston)
5. 작은올케(Beulah)
6. 남편(Fairman)

면사포가 없는 사진들

1. 루시(Lucy)
2. 헬렌(Helen)
3. 미리암(Miriam D.)
4. 엘리너(Eleanor)
5. 애니(Annie P.)
6. 설린(Selene)
7. 아델(Adele)
8. 플로이(Floy)
9. 마가렛(Margaret)
10. 릴리(Lily)
11. 미리암 시웰(Miriam Seawell)
12. 캐서린(Katherine)
13. 메리 마틴(Mary Martin)

14. 남편(Fairman)

15. 리아(Rhea Preston)


선교사 사진들

1. 윌리엄스(Mr. H. F. Williams) 목사─『미셔너리』

2. 로라 코잇(Laura Coit)[13]

3. 존 코잇(John Coit)[14]

4. 이디스 웨스트(Edith West)─서배너(Savannah)

5. 시어머니(Mother Preston)


서배너만 써도 이디스 웨스트에게 도착할 것입니다.

어머니께서 필라델피아로 꼭 가실 수 있기를 정말로 바랍니다. 어머니께 엄청 좋을 것이기 때문입니다.

배에서 상당히 많은 선교사를 만났습니다. 대부분이 아주 좋은 사람들이었지만 드물게 몇은 탈출한 사람들 같았습니다.

드리고 싶은 말씀은 훨씬 많지만, 시간이 늦었고 저희는 내일 아침 일찍 일어나고자 합니다. 가족 모두에게 저의 최고의 사랑을 전해주시고 보내준 편지에 관한 고마움을 전해주세요. 편지를 써서 일본에서 붙이겠습니다.

큰올케[15]에게 기관장이 괜찮은 스코틀랜드 사투리 영어를 쓴다고 말해주세요. 제가 오늘 그와 짧은 말을 나누었는데, 그는 제가 목포에 오래 있을 것은 아니라고 예언했습니다. 저를 즉시 데리고 가고자 하는 사람

---

[13] Laura Hill Coit(1875~1944). Robert Thornwell Coit(한국명: 고라복, 1878.12. 21~1932.5.12) 목사의 누나.

[14] John Knox Coit(1872~1945). Coit 목사의 형.

[15] 프레스톤 부인의 큰올케 Marion의 아버지는 스코틀랜드(Scotland)에서 출생하여 William Murdoch Wiley와 1887년 결혼하고 1888년 미국으로 이민 옴.

을 만날 것이기 때문이랍니다. 그래서 저는 그 사람에게 누군가가 이미 저를 "데리고 갔다"고 부드럽게 말해줬습니다.

   저희가 호놀룰루를 통과한 후 저는 어머니를 위해 항해일지를 기록하고 싶습니다. 이 일지에 매일 뭔가를 덧붙이겠다고 의도했지만, 기록(notes)의 일부를 제 마음속에서 지워야만 했습니다. 저는 아직 끝내지 못했습니다.

   어머니부터 마이크(Mike)까지 모두에게 사랑을 전합니다.

애니 올림

   추신: 제가 주문한 수저들이 그린빌로 오면, 한국에 있는 남장로회 선교회로 가는 첫 배편으로 보내라는 지시문과 함께 샌프란시스코의 스미스 캐쉬 스토어(Smith's Cash Store) 앞으로 해서 저에게 보내주세요. 만약 그 수저들이 그린빌에 오지 않으면 고먼(Mr. Gorman) 씨에게 알아보세요.

1903년 10월 13일
하와이 호놀룰루, 도릭에서

사랑하는 장모님,

아내가 장모님께 길게 편지해서 저는 짧은 글을 덧붙이려고 합니다. 오늘 밤 "쓸 글들을 거의 써버렸기" 때문입니다.

샌프란시스코에서 장모님의 편지를 받고 느꼈던 것과 같은 만족을 다른 어떤 것에서도 느낀 적이 없습니다. 그 편지는 저희에게 정말로 대단한 도움이 되었고 큰 위안이 되었습니다. 저희는 장모님에 관해서 매우 풀이 죽은 채 떠났으며, 장모님께서 "하나님의 은총에서 멀어져 죄에 빠진 것"은 아닌지 걱정했습니다. 저는 큰 슬픔에 잠겼지만, 모두를 기운 차리게 하려고 분투했습니다. 그렇지만 애써 즐거운 표정을 짓는 것은 살면서 해본 일 중 가장 힘든 일이었습니다.

아내(Annie)는 아름답게 이겨냈습니다. 아내는 매우 심각하게 아프지는 않았던 몇 안 되는 여인 중 한 명이었습니다. 저도 또한 평상시처럼 어려움을 벗어났습니다. 저희는 여정의 모든 시간을 즐겼는데, 여정은 정말로 충분히 이상적이었습니다. 이런 상황에서 향수병에 걸리는 것은 어려울 것입니다.

최대한 이른 시일 내에 많은 편지를 목포에 있는 저희에게 보내주세요. 저희에게 그 편지들이 필요할 것입니다. 제가 장모님께 아내의 기운을 북돋는 편지를 써달라고 말씀드린 것을 잊지 말아주세요. 처음 몇 달이 아내에게는 정말 중요한 시기일 것입니다. 저는 저희의 최종 목적지에서 장모님의 도움을 믿고 있습니다. 장모님께서 우울하다고 느끼실 때면, 편지하는 것을 다음 날로 미루십시오. 다음 날이 되면 우울감이 끝날 가능성이 있습니다.

태평양 여행에서 대단한 것들이 장모님을 기다리고 있습니다. 장모님

일생 최고의 경험일 것입니다. 동양으로 오는 것을 고대하며 계획하시는 것을 잊으시면 안 됩니다.

아내는 매일 더 사랑스러워지며, 효녀였던 때와 마찬가지로 사랑스러운 아내가 될 것입니다.

저희 둘의 사랑을 모아 보냅니다.

사랑하는 사위 페어맨 올림

1903년 10월 25일
도릭에서

사랑하는 어머니,

도릭에서는 누구도 지루해서 죽을 가능성이 없습니다. 직원들이 항상 모든 사람이 무언가에 열중하게 해주니까요. 게임과 좋지 않은 날씨 사이에서 편지할 기회가 거의 없었습니다. 가족 각자에게 편지를 보내려고 의도했었지만, 가족 모두에게 드리는 편지를 어머니께 대신 보낼 것입니다.

호놀룰루에 내렸고 해변에서 정말 좋은 시간을 보냈습니다. 저는 꽃, 과일, 야자나무로 된 이런 천국을 본 적이 없습니다. 앞에는 바다가, 뒤에는 산이, 그리고 옆에는 적도의 정원이 있어서 이곳은 모든 멋진 것들을 합쳐놓았습니다.

저희는 우선 우체국으로 가서 편지를 부쳤습니다. 그런 다음에 약간의 쇼핑을 했습니다. 상점은 매우 좋은 최신식이었지만, 가격은 본국보다 더 높았습니다. 해변으로 가는 데 차를 탔습니다. 도중에 낯선 꽃들과 과일들로 가득한 정원으로 둘러싸인 많은 아름다운 작은 집들을 지나가게 되면서 저희가 너무도 많이 감탄하는 소리를 내서 누구라도 저희가 이방인인 것을 알 수 있었습니다. 제 옆에 있는 어느 부인이 나무와 꽃의 이름을 저희에게 말해주기 시작했습니다. 히비스커스(hibiscus) 울타리, 밤에 꽃이 피는 선인장, 활짝 핀 봉황목(royal poinciana), 보리수나무, 대추야자나무, 코코넛 등 제가 들었던 모든 것을 생각해 보십시오! 란타나(Lantana, 맞는 단어겠지요?)가 야생으로 자라는데, 고향에서 데이지가 귀찮은 존재인 것처럼 여기서는 란타나가 그만큼 성가신 것이라고 그 부인이 말해주었습니다.

장관을 이루는 거주시설이 몇 개 있었지만, 저희에게 가장 인상 깊었던 집들은 야자 숲과 열대의 꽃으로 둘러싸인 넓은 베란다를 갖춘, 층이 낮은 집들이었습니다. 백합과 월하향(月下香)의 향기가 그곳에서 얼마나 달콤한지 상상하시기 어려울 것입니다.

원주민들은 모자에 신선한 꽃을 화환으로 만들어 두릅니다. 그래서 원주민들은 대부분의 짙은 피부를 가진 인종들보다 더 좋은 냄새가 납니다. 여자들은 길고 헐렁한 가운(Mother Hubbard)을 입는데, 그 가운 중 몇 개는 매우 예쁜 하얀색입니다. 그런데 형태는 모두 같습니다.

호놀룰루에는 온갖 나라 사람과 온갖 종류의 옷을 보실 수 있는데, 멋쟁이 외국인들, 중국인, 일본인, 포르투갈인, 그리고 원주민들을 보실 수 있습니다.

저희에게 큰 흥미를 보였던 그 부인이 해변까지 가는 긴 길에 함께했고, 차에서 내려서 저희와 함께 해변으로 갔습니다. 바다의 색이 암초 안에는 독특한 초록빛이고 암초 밖은 아름다운 깊은 푸른색이라서 큰올케(Marion)가 있었다면 그 바다를 좋아했을 것입니다. 바다가 정말로 거대한 단백석(opal, 蛋白石) 같았습니다. 툭 튀어나온 부분은 너무도 울퉁불퉁해서 전체가 장엄한 그림이었습니다. 해변을 따라서 정말 멋진 집들이 몇 채 있었으며 야자 숲이 거의 바닷물까지 다다랐습니다. 어머니와 큰올케가 너무도 자주 생각나서 두 사람이 저희와 같이 있었으면 하는 생각이 들었습니다. 호놀룰루보다 더 아름답고 관심을 끄는 곳은 없다고 저는 생각합니다.

그 부인은 저희와 같이 머물렀으며 안내인 역할을 했습니다. 그녀는 호놀룰루 근처에서 몇 년째 살고 있었기에 그녀가 알려주는 것들이 무척이나 흥미로웠습니다. 그녀는 캐나다 사람으로 미국에서 살고 있습니다. 현재 그녀의 남편은 사탕수수 농장에 있습니다.

저희는 차이나타운으로 가서 온갖 종류와 상황에 있는 중국인들을 봤습니다. 저희가 동양에 더 가까이 가면 갈수록 중국인들이 좋아지고 일본인들이 싫어졌습니다. 사람들이 말하길 위생 담당 공무원들이 중국인들을 청결한 상태로 계속 있게 하는 데 어려움이 거의 없다고 합니다만, 일본인들은 자신들의 거주지를 깨끗하게 하려고 하지 않는다고 합니다.

저희는 어느 식당으로 가서는 현지인들의 음식인 포이(poi)를 먹었습니다. 포이는 우리의 칼라디움(caladium)과 흡사하게 생긴 식물의 뿌리로 만듭니다. 이 음식은 두께에 따라서 "두 손가락 포이", "세 손가락 포이", "네 손가락 포이"라고 불립니다. 물론 포이가 매우 얇다면 먹는 데 더 많은 손가락이 필요합니다. 그렇지만 저희는 손가락을 사용하지 않고 수저를 사용했습니다.

점심을 먹는데 그 부인이 자신에 관한 모든 이야기를 저희에게 했습니다. 그녀는 보스웰 부인(Mrs. Boswell)입니다. 보스웰 부부는 원래 오친렉(Auchinleck)에서 왔습니다. 제가 그곳에 가봤다는 것을 알고서 그녀는 큰 관심을 보였습니다.

저희는 코코넛, 사탕, (쿼른과 같은 맛이 나는 토착 과일) 파파야를 가득 싣고, 카네이션과 달콤한 냄새가 나는 백합으로 만든 화환을 두르고 배로 돌아왔습니다. 저희는 갑판에서 사람들이 던지는 돈을 찾아서 물속으로 뛰어드는 어린 토착민들을 지켜봤습니다. 둘 사이에 의견이 맞지 않을 때 이따금 물에서 싸움도 있었습니다. 그들은 정말 헤엄을 잘 치고 잠수를 잘합니다.

아주 멋진 해넘이로 하루를 끝냈습니다. 저는 그곳의 아름다움과 그곳 사람들의 환대로 정말로 취한 느낌이었습니다. 보스웰 부인이 말하길 원주민들은 호놀룰루에 대해서 사람들이 좋은 인상을 받을 수 있도록 낯선 사람들에게 잘 대해준다고 했습니다. 부인은 저희에게 반나절 이상의 시간을 내어주었습니다. 그녀는 단지 그날 하루 동안 시내에 있었습니다.

저희가 호놀룰루를 나선 이후, 날이 좋을 때면 갑판에서 하는 스포츠를 너무도 많이 해서 글을 쓰거나 읽을 시간이 거의 없었습니다. 배에서 일하는 의사는 "예방"이 중요하다는 것을 믿는 것처럼 보입니다. 그래서 승객들이 다른 일에 많은 관심을 가지게 하여 뱃멀미를 하지 않게 합니다. 세 개의 셔플보드 대회에 더하여, 여자들을 위하여 못 박기, 수저로 계란 옮기기, 냄새 맡아 물건 맞추기 대회가, 남자들을 위하여는 정말 많은 대회가 있습니다. 남편(Fairman)이 상 두 개를 탔으며, 플로렌스는 하나를 탔습니다. 저는 하나도 없습니다. 제가 식초를 알았더라면 냄새 맡아 물건 맞추기 대회에서 상을 받을 수도 있었는데요. 우리 집에 그런 것은 전혀 없다고 제가 계속 우기니까 배에서 일하는 의사가 저를 계속 놀립니다. 저는 그 물건이 어떤 약이라고 생각했습니다. 상품은 은으로 된 아주 예쁜 일본제품이었습니다. 남편이 받은 상품은 용이 겉에 장식된 작은 은잔과 손톱 다듬는 물건이었습니다.

어머니께서 도릭을 타고 오실 수 있으면 좋겠습니다. 선원들이 모두 성격이 좋은 사람들입니다. 상당히 많이 흔들리기는 합니다만 그것이 신경 쓰이지는 않습니다.

어제는 바다가 가장 거친 날이었습니다. 파도가 (1등 승객용) 유보갑판을 넘어왔습니다. 조타실 옆에 서서 몇 분마다 배의 앞부분이 파도를 가르는 것을 지켜보는 것은 정말 대단했습니다. 승객 중 일부가 말한 "도릭에서의 일"에 관한 농담 중의 하나가 있는데 "화물을 옥시덴탈 오리엔탈(Occidental Oriental) 회사 소속의 배로 보내시오. 그 회사는 모든 물건을 배에 싣습니다. 5분 또는 10분마다 바다도 배에 싣습니다"입니다. 그 어느 때보다 어제 그 농담이 정말로 인상적이었습니다.

선교사들이 거의 모든 대회에서 지도자들인 것처럼 보입니다. 저희는 처음으로 해외로 나가는 젊은 부부에 대해서 매우 만족했습니다. 감리교회의 페리 핸슨(Perry Hanson)[16] 목사 부부입니다. 두 사람 모두 총명하고 잘 생겼으며 모든 것에서 잘합니다. 그들은 일본에서 일주일간 머무를 것인데, 그들을 더 많이 보기를 저희는 바라고 있습니다. 저는 여기서 잠시 멈추고 핸슨(Mr. Hanson) 목사의 설교를 들어야만 합니다.

핸슨 목사는 히브리서 "너희도 함께 갇힌 것 같이 갇힌 자를 생각하고"[17]를 본문으로 삼았으며, 다른 사람들의 삶에 대해서 연민을 가져야 한다는 것에 대해 짧고 굵은 말씀을 전하였습니다. 그는 그리스도의 기준에 따르면 하나님과 우리의 동포를 위해 살지 않으면 우리가 진정으로 사는 것이 아니라고 설교했습니다.

제가 한국인들에 대해서 들었던 모든 것을 종합해 보면, 한국인들은 미국으로 이주한 중국인 대다수보다 매우 우수하다는 것입니다. 배에서 일하는 의사는 한국인들이 중국인들보다 더 크고 더 잘생겼다고 합니다.

이 편지에 얼룩이 있어서 죄송합니다. 제 만년필을 새롭게 채웠는데 잉크가 쏟아졌습니다. 지우개가 이 종이에서 어떤 도움도 되지 않습니다.

누군가가 방금 오늘 오후 네 시와 다섯 시 사이에 육지를 볼 수도 있을 거라고 말했습니다. 제가 정말 일본을 보게 될 것이 실감이 나지 않습니다. 존(John)이 이곳에 와서 도지(Toji)[18] 씨를 만날 수 있었으면 하고 바랍

---

16   Perry Oliver Hanson(1875.11.24~1967.2.22). 중국 선교사. Ruth Stevenson Ewing (1880.5.4~1951.4.8)과 1902년 6월 26일 결혼함.
17   히브리서 13장 3절, "너희도 함께 갇힌 것 같이 갇힌 자를 생각하고 너희도 몸을 가졌은즉 학대 받는 자를 생각하라(Remember them that are in bonds, as bound with them; and them which suffer adversity, as being yourselves also in the body)." (KJV)
18   Toji Takada. 일본 고베에서 사역하는 일본인.
     In Kobe the independent church continues to grow, and in the eastern and western ends of the city are to be found the promising nuclei of the second and third churches. Mr. Price reports special difficulty in getting suitable workers. Mr. Cameron Johnson, with the aid of Mr. Toji Takada, is organizing an English night school, which promises to be a great help to the Kobe work. Kochi was the first station opened by our mission, and it has by far the largest number of Christians connected with any of our stations. (*Central Presbyterian*, Vol. 37, No. 45, November 5, 1902)

니다. 저희는 고베(Kobe, 神戶)에서 카메론 존슨(Cameron Johnson)[19]과 함께 머무를 것입니다. 저희가 그곳에 얼마나 오래 머물지, 도지 씨를 보기 위해 저희가 갈지는 몇 가지 일에 달려있습니다.

배에 있는 선교사 중 일본으로 가는 사람은 단 두 사람입니다. 북감리교회의 빙(Miss Bing)[20] 선교사와 캡틴 비클(Captain Bickel)[21] 선교사입니다. 비클 선교사는 다른 선교사들이 가지 않는 섬들을 다닙니다. 그는 어느 날 저녁 자신의 사역에 대해서 저희에게 말했습니다. 그에 따르면 몇 년 전에 어떤 신사분이 자신의 요트를 타고 일본 주변을 유람했으며, 누군가에게 작은 섬들에서 어떤 선교 사역이라도 진행되고 있는지를 묻더라는 것입니다. 사람들이 그 신사에게 섬에 있는 사람들을 위해서 어떤 일도 행하여지지 않고 있다는 말을 하자, 그 신사는 선교국(Mission Board)이 관리한다면 배 한 척을 꾸며주겠으니, 그 배의 선장을 찾아보라고 제안했습니다. 선장으로 캡틴 비클이 선발되었고 섬 사역에 자신의 모든 시간을 보내고 있습니다. 그의 아내와 자녀들이 그와 함께 그 배에서 살고 있습니다.

배에 타고 있는 어린아이들은 좋은 시간을 보내고 있습니다. 해기사들이 어린이들에게 잘해주고 중국인 갑판원이 어린아이들을 잘 돌보아줍니다. 언니의 "천사들"을 편하게 데려올 수 있고 이렇게 긴 여정보다 더 좋은 것이 작은오빠(Sam)에게는 없다는 것을 언니에게 말해주세요.

---

19　Cameron Johnson(1869.12.1~1947.12.21). Hampden-Sydney 대학을 졸업했고, 1891년에는 Union 신학대학을 졸업함. 소위 7인의 선발대 등과 각별한 사이였음. Junkin, Reynolds와는 대학, 신학대학에서 공부한 사이로, Linnie Davis를 한국 선교사로 가게 만든 장본인임. 목회는 하지 않았으나 일본, 한국 등지에서 선교사로 일했으며, 1904~1905년에는 전 세계의 해외 선교지를 돌며 강의 자료를 모았음. 아내는 Belle Richardson Johnson(1871.9.25~1950.5.5)으로 1897년 12월 31일 미국 시카고에서 결혼함.
20　Miss A. B. Bing. 삿포로에서 사역함.
21　Captain Luke Washington Perry Bickel(1866.9.21~1917.5.11). 고베에서 사역함.

만약 가족 서너 명이 같이 오면, 증기선과 다른 증기선 사이에 호놀룰루에서 정박하고 오시는 것이 좋습니다.

    저희는 내일 요코하마(Yokohama)에서 하루 보낼 예정입니다. 도쿄로 서둘러 갈 수도 있습니다. 수요일에 저희는 도럭과 그 배에 타고 있는 친구들을 떠나서 고베에 내릴 것입니다. 러시아와 일본 사이의 분쟁에 대한 소식을 정말로 듣고 싶습니다. 혹시라도 한국에서 분쟁이 있다면 저희는 중국으로 갈 것입니다. 호놀룰루에서 고향으로 가는 2백 명의 일본인이 가장 싼 선실에 있습니다. 그들에게 어려움이 있을 것이라고 저는 생각합니다.

    고향에 있는 모든 가족에게 사랑을 한가득 드립니다. 비록 몸은 떠나 있지만 제 마음은 대부분 고향에 있습니다. 마이크부터 쭉 위로 가족 모두로부터 소식을 듣고자 합니다.

몹시도 사랑하는 애니 올림

1903년 10월 25일
일본, 요코하마

사랑하는 아버지와 어머니,
 (일주일 전인 지난 화요일) 호놀룰루를 떠난 후 줄곧, 상당히 많은 권태감을 느껴서 저는 요코하마에 도착해서는 어떤 편지도 하지 않고 있습니다.
 아내(Annie)와 저는 가벼운 감기를 제외하고는 둘 다 건강하며 전체 여정을 아주 재미있게 보냈으며, 푹 쉰 느낌입니다. 어제는 심한 돌풍이 있었고 하루 종일 파도가 거칠었습니다. 그러나 그것 말고는 날씨가 좋았습니다. 저희는 남쪽으로 방향을 잡았습니다. 그래서 낮은 따뜻했고 여름옷이 적합했습니다.
 호놀룰루에서 보낸 하루가 지금껏 가장 좋았던 경험 중의 하나였습니다. 저희는 거리를 걷고 전차를 타면서 시간을 보냈습니다. 호놀룰루는 제가 본 곳 중 가장 아름다운 곳입니다. 비록 비와 진흙 속에서 저희가 그곳을 봤음에도 그렇다고 말씀드립니다. 열대 지역이잖아요. 모든 뜰에 멋진 꽃, 바나나, 대추야자 나무가 풍성히 있습니다. 바나나 나무와 대추야자 나무는 특히 눈에 띄는데 모든 종류가 있습니다. 봉황목(Royal Poinciana), 코코넛, 대추야자, 비드(Bead), 야자나무(Palmetto) 등이 있습니다. 저희는 운 좋게도 이웃에 있는 사탕수수 농장에서 온 어떤 부인과 함께하게 되었습니다. 그분은 시내에서 하루를 보내고 있었는데요, 저희와 함께 타고 다니면서 관심 지역에 대해서 알려주셨습니다. 저희가 처음에는 낯선 친절한 행동에 상당히 당혹해했지만, 해가 저물기 전에 이 방인에게 드러내고 따뜻하게 대하는 것이 호놀룰루에 사는 사람들의 도드라진 특색이라는 것을 알았습니다. 이 부인은 영국인이었습니다. 이곳은 매우 다양한 세계 사람들이 있는 곳입니다. 4만 명의 인구 중 약 6천 명이 유럽인이며, 나머지는 주로 일본인과 중국인입니다. 원주민 인구는

적으며 소멸하고 있습니다. 영어는 모든 공립학교에서 가르치고 있습니다. 저는 우리 나라가 새로 갖게 된 섬의 겉모습을 보고 매우 뿌듯했습니다.²² 어느 곳에서나 보이는 좋은 상점과 훌륭한 호텔과 사업에 종사하는 많은 우리나라 사람을 보면, 미국 본토에 있는 큰 도시 중 하나에서 돌아다니고 있다는 생각이 듭니다. 최근 어느 호텔은 짓는데 1백만 5천 달러가 들었습니다.

승객 대부분이 참가하는, 갑판에서 하는 스포츠와 게임 때문에 배에서 보낸 날들은 활기찼습니다. "눈 감고 돼지 눈 그리기", "냄새 맡아 물건 맞추기", "사격", "수저에 계란 올리고 달리기", (남자들이 참가한) "돼지 씨름", "감자 자루 안에 들어가 달리기" 등이었습니다. 저는 수저에 계란 올리고 달리기에서 1등을, 감자 자루 안에 들어가 달리기에서 2등을 했습니다. 셔플보드 게임을 제외하고 이 두 게임이 제가 참여한 유일한 것이었습니다. "도릭 노래 모임"이 몇 번의 저녁을 즐겁게 만들어주었습니다. 제가 마지막 노래 모임을 주관하는 영광을 가졌습니다. 선교사들이 저희에게 두 번의 저녁 시간을 마련해 주었는데, 한 번은 일본, 다른 한 번은 한국에 관한 시간이었습니다.

이런 것을 하다 보니 고향을 떠나와서 하루에 350마일의 속도로 내달리고 있다는 것을 깨닫기가 어렵습니다. 여기의 생활은 곧 끝나게 되는 밤샘 파티처럼 보이는데, 이 파티가 끝나면 저희를 집 문 앞에 내려놓을 것 같습니다.

바깥세상으로부터 어떤 소식이라도 들은 지 10일이 되었습니다. 저희가 착륙할 즈음에 일본과 러시아 사이에 전쟁이 진행되고 있을지 누가 알겠습니까? 그런 일이 있다면 저희는 확실히 귀국하는 것을 생각하기 시작할 것입니다.

---

22  하와이는 1900년에 미합중국의 준주(準州)로 편입되어, 1959년 8월 21일 미합중국의 50번째 주(州)가 됨.

허드슨(Hudson)[23] 목사 부부와 플로렌스 로드(Miss Rodd) 선교사는 지내보니 정말 매력적인 사람입니다. 저희는 좋은 분들과 함께 있다고 생각합니다. 고베에서 그들과 헤어질 때면 몹시도 그들을 그리워할 것 같습니다. 고베는 요코하마에서 하룻길입니다. 저희는 한국으로 갈 만족스러운 증기선을 탈 때까지 카메론 존슨과 그곳에서 머무를 것입니다. 그와 10일간 머무를 수도 있습니다. 그곳에서 편지를 드릴 것이고, 목포에 도착하자마자 즉시 편지하겠습니다.

아버지와 어머니께 깊은 사랑을 드립니다. 모든 친구에게 특히 그레이엄(Graham)[24] 부부에게 안부 전해주세요.

사랑하는 페어맨 올림

---

[23] Waddy Hampton Hudson Sr.(1867.2.9~1960.11.6).
[24] Charles Edgar Graham(1854.10.16~1922.8.23). 1907년 미국남장로회 한국선교회에 1만 달러를 기부하는 등 많은 도움을 주었음.

1903년 10월 29일
일본, 고베

사랑하는 어머님,

미국으로 가는 다음 우편이 오늘 오후 4시에 마감된다고 사람들이 방금 저희에게 말해줬습니다. 편지 쓸 시간이 많지 않지만 이번에 제가 쓴 편지를 어머님이 받으실 수 있게 해야겠다고 결심했습니다. 제가 배에서 쓴 편지의 대부분은 저희에게 결혼 선물을 보내주신 분들에게 보낸 것이었습니다. 감사 인사 편지를 드리지 못해 너무 오래도록 그분들을 기다리게 했다고 생각했기 때문입니다.

저희가 안전하게 고베에 내렸고 카메론 존슨과 같이 있는 것을 아시겠죠. 그 부부는 매력적인 집을 가지고 있는데 그 집 가구가 대부분 미국제입니다. 존슨 부인이 말하길 자신들에게 오는 선교사들에게 자기 집이 고향처럼 보이게 하려고 한다고 합니다. 그래서 그 부부는 정말로 아름다운 것이 아니면, 일본 것은 어느 것도 집에 들이지 않습니다. 저희가 이곳으로 오는 여정을 전적으로 즐겼지만, 또 한번 고향 같은 곳에 있는 것은 아주 좋아 보입니다. 태평양을 건너오는 여행이 어머님께 꼭 맞는 것일 것입니다.

요코하마에서 하루를 잘 보냈습니다. 인력거를 타고 현지인들이 사는 곳을 다닌 것은 정말 흥미로웠습니다. 집은 인형이 사는 집을 닮았고 사람들은 인형 같았습니다. 특히 어린이들이요. 저녁에는 인력거를 타고 극장가(Theater Street)를 따라 지나갔는데 저는 꿈이 아니라는 것을 믿기가 어려웠습니다. 요코하마에는 아름다운 호텔들이 있습니다. 유럽인을 아주 많이 볼 수 있어서 항구 근처는 외국처럼 느껴지지도 않습니다. 그렇지만 저희는 현지인들이 사는 곳을 가능한 많이 지나갔습니다. 문명이 그리워 병에 걸리면, 저희는 요코하마로 달려올 수도 있습니다.

고베는 (요코하마만큼) 크지는 않지만, 많은 외국인이 있습니다. 바닷가 뒤로 높은 산들이 겹겹이 배경으로 있는 고베는 아주 예쁩니다. 쇼핑하는 것을 제외하고는 아직 많이 돌아보지 않았습니다. 존슨 선교사, 도지 다카다(Toji Takada) 씨, 남편(Fairman) 그리고 저는 오늘 아침 집에서 쓸 물건 몇 개를 사려고 외출했습니다. 아름다운 물건이 정말 많이 있어서 가게 안으로 들어가는 것이 겁이 났습니다. 오늘 아침에 아주 예쁜 깔개와 아주 훌륭한 가림막, 등나무와 새들이 수놓아진 블랙실크를 샀습니다. 저희의 깔개와 차 세트를 사기 위해서 도지 씨가 저희와 함께 다시 갈 것입니다.

　다음번에는 더 괜찮고 긴 편지를 어머님께 보내드릴 수 있으면 합니다. 지금 어느 선교사가 사람을 보내 저희를 불러서 제가 가야만 합니다. 다음 우편은 남편이 보낼 것입니다.

　시댁 식구들에게 많은 사랑을 전합니다.

사랑하는 애니 올림

1903년 10월 29일
일본, 고베

사랑하는 장모님,

증기선 엠프레스(Empress)가 두 시간 후에 미국으로 떠난다고 합니다. 그래서 나중에 더 길게 쓰겠다고 약속드리며 장모님께 짧은 글을 보내드립니다.

저희는 어제 고베에 도착했습니다. 카메론 존슨 선교사가 저희를 맞이해 주었고 자기 집으로 데리고 갔습니다. 그 부부는 매력적인 사람들이며 친절 그 자체입니다. 다음 주 수요일까지 그들과 같이 머물고 그날에 경성환(Keijo, 京城丸)을 타고 목포로 출발할 예정입니다. 3일 후에 다른 증기선을 구할 수도 있었지만, 그 배가 그리 좋지는 않습니다.

도지 다카다 씨가 그의 아내와 함께 이곳에 있어서 매우 기분 좋게 놀랐습니다. 그들은 지금 고베에 살고 있으며, 존슨 선교사의 사역을 돕고 있습니다. 존슨 선교사가 저희를 만나러 왔을 때 도지 다카다 씨가 함께 있었고, 저희에게 많이 신경 써주고 있습니다. 오늘 아침에는 아내(Annie)의 쇼핑을 도왔으며, 오후에 다시 함께 외출할 것입니다. 도지 다카다 씨의 건강이 많이 좋아졌으며, 괜찮은 개인 사역을 할 수 있습니다. 그는 장모님에 대해서 많은 질문을 했으며, 사랑의 마음을 전합니다.

저희는 요코하마에서 아주 좋은 시간을 보냈습니다. 어떻게 보냈는지는 다음번 편지에 말씀드리겠습니다. 로드(Miss Rodd) 선교사가 저희와 함께 있었습니다. 그녀는 어제 저희와 함께 육지에 내렸고 하루를 보냈습니다. 저희는 그녀를 무척 좋아합니다. 부산에서 온 어빈(Irvin) 선교사 부부[25]가 존슨 선교사의 집에 머무르고 있어서 저희는 한국에 관한 중요

---

[25] Dr. Charles Husted Irvin(1869~1933.2.9)와 Bertha Kimerer Irvin(1868.7.29~1940.2.17) 부부.

한 사안에 대해서 직접 알아가고 있습니다.

아내는 이번 여정을 몹시도 즐기고 있는 듯이 보입니다. 아내는 배에서 걸린 감기를 제외하고는 완벽하게 건강해 보입니다.

저희는 이번 주에 일본에서 가장 유명한 곳 중 하나인 교토(Kyoto)에 다녀올 계획입니다.

저희가 목포에 도착하면 장모님께서 보내신 편지가 저희를 기다리고 있을 거라고 희망합니다.

사랑하는 J. 페어맨 프레스톤 올림

1903년 11월 6일
일본, 나가사키(Nagasaki)

사랑하는 장모님,

고베에서 쇼핑, 방문 그리고 관광을 하느라 너무도 바빠서 편지 쓸 시간이 없었습니다. 도지와 예쁘고 귀여운 그의 아내 그리고 그 부부가 저희에게 베푼 친절에 대해서 아내(Annie)가 장모님께 말씀드릴 것입니다. 고베에서 일주일 머문 것이 정말 즐거웠다는 말씀을 드립니다. 저희는 존슨 선교사 부부와 도지 다카다 부부가 보여준 눈에 띄는 친절함에 대해서 깊은 고마움을 느낍니다. 그곳에서 프라이스(Price) 목사 부부[26]도 만났습니다. 그들은 이동 중이었으며 프라이스 부인이 병으로 누워있었습니다. 그래서 저희는 그들을 많이 보지는 못했습니다. 아내는 프라이스 부인을 아주 좋아하게 되었는데, 그녀는 노스캐롤라이나 사람입니다. 결혼 전에 페이트빌(Fayetteville)에서 살았고 아버지의 성은 로버트슨(Robertson)이며, 매우 성격이 좋습니다.

일요일에 저희는 고베에 있는 연합장로교회 목사님의 말씀을 들으러 갔습니다. 그는 캐나다 토론토(Toronto) 출신 장로교도인 위처(Mr. Wicher) 목사입니다. 그는 강한 젊은이로, 저는 그 사람의 세 번의 설교보다 더 나은 설교를 들은 적이 없습니다. 성만찬을 하는 주일이었으며 저희에게는 마음을 다잡는 아주 소중한 시기였습니다. 그날 저희가 비기독교 국가에 있다는 것을 깨닫기가 어려웠습니다. 그렇지만 그 지역의 유럽 거주민들의 불신앙이 비참했습니다. 유럽인들이 1,000명 이상 있는데, 단지 두 개의 교회 즉 감리교회와 연합장로교회만 있으며, 연합장로교회의 집회에는 매번 한 줌의 사람들만 있습니다. 주일에는 25명이, 수요일

---

[26] Rev. Henry Butler Price(1864.5.3~1906.6.26)와 Mariah Louise Robertson Price(1864.2.14~1930.2.13) 부부.

에는 6명이 평균입니다. 일본인들은 유럽인들을 모두 기독교인으로 보는데, 우리와 피를 나눈 사람들이 일본인들에게 보이는 예시가 어떤지 장모님께서 상상할 수 있을 것입니다. 그곳에 있는 유럽인들 대부분은 그들이 가지고 있는 얼마 안 되는 신앙을 버려둡니다.

저희 경험 중 가장 재미있었던 것은 다카다 부부와 교토까지 간 것이었는데, 교토는 일본의 고대 수도입니다. 그곳에서 저희는 오래된 사원을 몇 개 봤습니다. 그 사원 중 하나인 산주산겐도(三十三間堂)에는 일본 신 33,333개가 있다고 하더군요. 먼지에 뒤덮인, 모두가 비슷한 모습을 하고 있는 끔찍한 모습의 부처가 열 줄씩 있는 곳을 저희가 줄지어서 지나갈 때, 인간이 만든 종교의 유치한 것들에 대한 경이로움과 역겨움의 감정이 뒤섞여서 저를 가득 채웠습니다. 거짓 신의 잔혹함과 불합리한 것들을 보기 전까지는 진짜 신을 제대로 알 수가 없습니다. 그날 특별한 관심을 끌었던 것은 예술품이었습니다. 저희는 많은 곳을 방문했으며 칠보, 상감 도자기, 도자기 채색, 자수, 그리고 컷 벨벳(cut velvet)과 같은 일본의 유명한 공예물들이 제조되는 것을 봤습니다. 정말 우아했습니다. 아내는 비단에 수놓은 것이 너무도 아름답다며 쓰러질 뻔했습니다. 그곳 사람들은 벽에 걸어놓으면 유화 그림인지 구별할 수 없을 정도로 수를 놓습니다.

교토에서 돌아오다가 저희는 오사카(Osaka) 기차역에서 맛 좋은 차를 몇 개 구입했습니다. 네다섯 잔의 차가 들어가는 아담한 찻주전자에 차를 넣어 팔았습니다. 찻주전자와 찻잔을 포함해서 3센(미화 1.5센트) 입니다. 역 근처에서는 항상 가격이 높습니다.

어제는 내해(Inland Sea)에 있는 바쿠로(Bakku)라는 곳에서 하루를 보냈습니다. 아침 이른 시간에 조후(Chofu, 調布)[27]에서 사역하는 스테드먼

---

27  여기서 말하는 Chofu는 도쿄 근교의 지역이 아니라 시모노세키 근교에 있는 지역임. Baptist educational work in Japan is not yet extensive, but most excellent work

(Steadman)²⁸ 목사 부부로부터 저희가 있는 증기선에 연락이 왔습니다. 그들은 저희가 경성환(京城丸)에 있다는 소식을 듣고 함께 시간을 보내는 게 어떠냐며 저희를 정중히 초대했습니다. 그래서 저희는 육지에 내렸고 인력거를 타고 조후로 향했습니다. 그곳은 바쿠로에서 2마일 떨어진 곳입니다. 조후로 가는 길은 해안선을 따라 이 아름다운 땅의 가장 아름다운 풍경을 지나서 이어졌습니다. 아름다운 날이었으며 저는 도중에 멈춰서 그곳 해안 사진 두 장을 찍었습니다. 제가 그렇게 하는 동안에, 한 남자가 지나가면서 인력거꾼에게 매우 흥분하며 뭔가를 말했습니다. 저희가 조후에 갔을 때, 인력거꾼들이 큰 건물 앞에 멈추더니 몇 명의 경관들에게 말하기 시작했습니다. 저는 그 사람들이 스테드먼 목사의 집으로 가는 길을 묻는 것이라고 생각했습니다. 저는 곧 창구로 가서 그들을 도와주려고 했는데 그들 모두가 흥분하면서 저의 사진기를 가리키고 있는 것을 발견했습니다. 저는 곧 구금되었습니다. 인력거꾼들이 저희를 경찰서를 데리고 간 것이었습니다! 한 시간 후에 영어를 사용하는 경관이 왔으며, 제가 그 위치에서 사진을 찍어서 군법을 어겼다는 것과 그래서 제가 체포 중이며 바쿠로로 다시 돌아가서 판사 앞에서 재판받아야 한다고 일러주었습니다. 저는 두 시간 후에 스테드먼 목사에게 연락할 수 있었으며 그러자 그는 또 다른 선교사인 힐(Mr. Hill)²⁹ 목사를 데리고

---

is being done by the Baptist theological seminary at Yokohama, in the preparation of preachers for the Baptist missions. A Baptist academy has been established at Tokyo, a boys' school in Osaka, and most excellent service is being done for Japanese girls in the Sarah Curtis Home at Tokyo, the Mary L. Colby Home at Yokohama, in the Heinrich Memorial Home at <u>Chofu, a suburb of Shimonoseki in south western Japan</u>, and at the Ella O. Patrick Home in Sendai. (Edmund F. Merriam, *A History of American Baptist Missions*, 1900, p.226)

28  Rev. Frederick Webster Steadman(1871.10.10~1948.9.19). 캐나다 출신으로 1896년 한국에 선교사로 파송되어 1901년 4월까지 사역하고, 1902년 일본 선교사로 파송됨. Agnes T. Bryden과 1897년 9월 29일 서울에서 결혼함.

왔습니다. 두 사람은 심각한 표정이었으며 제가 잘못 걸렸다고 말해줬습니다. 스테드먼 목사가 아내(Annie)를 자기 집으로 데리고 갔습니다. 그곳에서 아내는 점심을 먹고 스테드먼 부인과 힐 부인과 즐겁게 지냈습니다. 그러는 동안 힐 목사는 경관과 함께 바쿠로까지 저와 동행했습니다. 저희는 곧바로 법정으로 갔으며, 약간 지체한 다음 검사 앞에 출두하여서 검사로부터 아주 엄격한 심문을 받았습니다. "계급이 뭡니까?"라는 것부터 몇 가지 질문은 터무니없었습니다. 저는 미국 버지니아에서 양육되었으며 그곳에서는 모두가 유력 가문(First Families)에 속한다고 말했습니다.

상황이 매우 나빠 보였습니다. 제가 어느 군사 시설 근처에서 사진을 찍었다는 정보를 알게 되었고 그 일은 경범죄에 속했습니다. 처벌은 몇 달간 투옥되거나 50엔(미화 25달러) 이상의 벌금을 내고 사진기를 몰수당하는 것이었습니다. 법을 몰랐다는 것이 변명거리가 되지 않는다고 그들이 말했습니다. 저는 사실관계를 꾸밈없이 말하고 진심으로 사과했습니다. 저는 제 친구가 제게 전해준 다른 사람의 경험을 들었기에 전적으로 무거운 벌금이 나올 거라고 예상했습니다.

판사는 제가 생각 없이 사진을 찍었고 다른 숨은 의도가 없다고 믿어 주었으며 그래서 저를 방면하고 사진기도 돌려주겠다고 판결했습니다. 사진은 그들이 보관했습니다. 사진이 잘 나왔는데요!

저는 결과에 대해서 매우 안도했으며 관대함에 감사했습니다. 어떤 법정 관리가 힐 목사에게 말하길, 이런 일에 대해서 벌금형을 피한 사람은 자신이 알기에 제가 유일하다고 했습니다. 힐 목사는 똑같은 일에 대해서 최근에 100달러짜리 사진기를 잃고 50엔 벌금까지 받은 영국인 선장(Captain English)의 사례를 말해줬습니다.

---

29　Rev. G. W. Hill. 감리교 목사로 Chofu에서 사역함.

이렇게 겉보기에 별것도 아닌 것이 야단법석인 일이 되는 것이 제가 볼 때는 말도 안 되어 보이는 면도 없지는 않지만, 웃어넘기는 것이 되었습니다. 관리들과 값비싼 하루의 경험을 했는데, 그들 모두가 친절했고 예의를 지켰습니다. 6시간의 구류와 즐거운 시간 후에, 저는 배를 탈 시간에 딱 맞춰서 부두에서 아내를 만났습니다.[30]

저희는 목포에 일요일 도착할 예정입니다. 저희 둘 다 건강하며 기운이 좋습니다. 매일의 일정을 즐겼습니다. 동양으로의 이 여정에서 장모님께 좋은 것이 많이 준비되어 있습니다.

저희 모두 장모님과 모든 가족에게 큰 사랑을 전해 드립니다.

사랑하는 J. 페어맨 프레스톤 올림

추신: 원하신다면, 친정어머니께 이 편지를 보내주시면 좋겠습니다.

추신: 저희는 모두 남편이 잘생기고 상대방에게 호감을 주기에 어제 풀려났다고 봅니다. 경찰들마저도 바뀌는군요!!

애니 올림

---

30  이 사건은 프레스톤 목사가 쓴 1904년 2월 10일 자 첫 번째 편지와 비교할 것. 러일전쟁 취재차 온 미국인 기자가 시모노세키에서 겪은 일과 같음.

1903년 11월 6일
일본, 나가사키

사랑하는 아버지와 어머니,
고베에서 단 한 주간 존슨 선교사 부부와 머문 후에, 저희는 수요일 일본 배 경성환을 타고 한국으로 향했습니다. 저희는 진짜 동양적 방식으로 저희의 시간을 보내고 있습니다. 배가 낮 동안에는 항구에 머물고 밤에 다닙니다. 그래서 이틀이면 될 일이 나흘이 걸립니다. 보름달이 뜨고 유명한 내해를 따라서 풍경이 장엄합니다. 아내(Annie)와 제가 주변에 있는 유일한 유럽인입니다. 따라서 저희는 계속해서 개인 요트를 타고 있다고 생각합니다. 한국으로 가는 이 배의 일등칸에 일본인 신사 두 명이 각자의 아내와 함께 있습니다. 그래서 저희는 많이 고립되었다는 생각은 들지 않습니다.

오늘 저희는 나가사키에 있습니다. 나가사키는 육지로 둘러싸인 항구를 내려다보는 예쁜 도시로, 높은 동산들 위에 세워져 있습니다. 이 산들은 매우 가파르지만 일본인들은 산꼭대기까지 계단모양으로 만들었는데 그곳에 집과 밭이 점점이 박혀있습니다. 나가사키항의 정박지에 미국 유람선이 있는데, 선원들이 갑판에 앉아있습니다. 이 먼 곳에서 미국 국기를 보니 좋습니다.

고베에 있는 동안 편지를 드릴 마음이 충분했지만, 항상 너무도 바빴기에 기회가 없었습니다. 쇼핑하느라 아주 많은 시간을 소비했습니다. 저희는 이곳에서 필요한 많은 작은 물품들에 더하여 매트들, 칸막이들, 깔개들, 욕조, 화로(stove)들을 확보했습니다. 그러다 보니 시간이 좀 걸렸습니다. 제가 보기에 일본에서 아주 합리적인 가격에 구하지 못할 가재도구들은 큰 가구를 제외하고는 거의 없는 것 같습니다. 아내는 다음 여름에 이곳으로 다시 오겠다고 합니다. 그런데 물건을 살 때는 일본어를 할 수 있는 사람과 함께하는 것이 아주 필수적입니다. 영어를 사용하는 일본인들은 외국인들 특히 미국인들이 돈 속에서 뒹군다고 생각하여서 무자비하게 벗겨 먹기 때문입니다. 예를 들어서, 어느 극장의 입장료가 현지인에게는 15센(미화 7.5센트)인데, 붙어있는 안내문에는 "외국인 성인 50센트"라고 적혀있습니다. 다른 안내문에는 "외국인에게 특별한 관심을 둘 것"이라고 적혀있었습니다. 외국인은 그것을 곧 알아차리게 됩니다. 제가 그것을 처음 알게 된 것은, 요코하마에 내렸을 때입니다. 저는 인력거 네 대를 빌렸습니다. 인력거당 (정상가보다 1/3이 높은) 60센으로 협상을 했습니다. 그들을 단지 두 시간만 부렸을 뿐인데, 정산할 때가 되자 그들은 (인력거 한 대당 인력거꾼이 두 명인데) 각자에게 60센을 달라고 요구했으며 비용이 총 4엔 80센이 되었습니다. 저는 그 돈을 줄 수밖에 없었습니다. 그렇지 않으면 싸우게 되는데 싸우면 이방인에게 항상 굉장히 좋지 않게 끝납니다. 그들과 미리 협상했느냐는 중요하지 않습니다. 그들은 틀림없이 지급하는 것 이상을 요구합니다. 이 사람들은 야수들처럼 비정상적으로 발달한 근육을 가지고 있습니다. 말이 할 일을 하는 사람들을 보면 저는 항상 역겹습니다. 이곳에서는 이것이 규칙입니다. 짐 끄는 동물을 보는 일이 예외적입니다. 전신주, 철, 짐꾸러미 등과 같이 더 무거운 짐들도 다 이러한 막노동꾼이 처리합니다.

그런데 상거래에 있어서 신뢰할 수 없다는 것이 일본인들의 국민적 특색이라는 말이 있습니다. 그런데 그들은 공식적인 삶에 있어서는 매우 정직하며 올바릅니다. 이런 면이 중국인들과 정반대인 경우입니다. 중국인들은 상거래에서는 정직하나 공식적인 거래에서는 부패하다는 속설이 있습니다.

저는 고베에서 보낸 한 주보다 더 좋은 시간은 모릅니다. 존슨 선교사 부부는 친절함 그 자체였습니다. 그들은 집도 개방해 주었을 뿐만 아니라 쇼핑하고 관광하는 데 그들 시간의 많은 부분을 저희에게 할애했습니다. 그들은 가까운 미래에 한국을 방문할 예정이며 그러면 저희는 그들을 목포에서 보게 될 것입니다. 처가 가문(Wiley)의 친구인 도지 다카다 씨가 현재 고베에 있으며 저희를 헌신적으로 도와줍니다. 저희 부부가 일본에서 세 번째 도시인 교토를 아주 즐겁게 방문했을 때 그들 부부가 함께했습니다. 교토는 고베에서 철도를 이용하여 갈 수 있고 내륙으로 50마일 떨어져 있습니다. 이 편지를 이미 충분히 길게 썼기에 기회가 되면 그 여행에 대해서 다른 편지에 쓰겠습니다.

저희 둘 다 건강합니다. 약속에 관한 것인데요, 목포에 도착하자마자 두 분께 전보를 드리겠습니다. 아직 향수병에 걸릴 시간이 없지만 두 분을 몹시도 뵙고 싶고, 목포에서 두 분의 편지를 애타게 기다리고 있습니다. 저는 충분히 쉬었으며 바로 일하고 싶습니다.

두 분께 그리고 모든 이에게 사랑을 전합니다.

사랑하는 페어맨 올림

1903년 11월 10일
한국, 목포

사랑하는 어머니,

마침내 여정의 끝에 도착했으며 저는 제 방에서 편지하고 있습니다. 다시 한번 정착하고 있으며, 조금은 몸을 뻗을 수 있고 짐 가방들 속에서 살지 않을 수 있어서 좋습니다.

비록 존슨 선교사 부부와 다카다 부부와 좋은 시간을 보냈지만, 일본에 머물렀기에 고향을 떠나온 후 여행이 훨씬 길어진 것처럼 보였습니다. 도지 씨가 어머니께 드릴 말씀이 많았습니다. 비록 자신이 편지는 하지 않았지만, 어머니를 자주 생각하고 있다고 말씀드려달라는군요. 그는 항상 볼 수 있는 곳에, 아름다운 중국 액자에 어머니의 사진을 두고 있으며 저희가 차 마시러 그곳에 갔을 때 저희 곁의 마룻바닥에 사진을 내려놓았습니다. 그와 그의 아내는 존슨 집에 있는 저희를 방문했고 저희는 그의 아내가 무척 마음에 들었습니다. 그녀는 아주 예쁜 얼굴을 한 작은 여인으로 영어를 잘합니다. 그들은 그들의 집에서 저희를 대접하기를 원했습니다. 그래서 오후에 차를 마시러 오라고 초대했습니다. 저희는 일본인 집에서 신발을 신은 채 들어갈 수 없기에 가방에 실내화를 가지고 갔습니다. 그들은 공손히 머리 숙여 인사하며 문에서 저희를 맞아줬고, 집으로 들어가 2층으로 안내했습니다. 어머니께서 그들의 집을 좋아하실 것 같습니다. 집 안은 최소한의 것들만 한 점 먼지도 없이 유지되고 있었습니다. 바닥은 깔개로 덮여있는데, 부드럽고 경쾌하도록 깔개에 속이 채워져 있었습니다. 2층에는 방이 두 개 있었는데 방과 방 사이에 미닫이문이 있었습니다. 조그마한 베란다(piazza)들에는 미닫이문들이 있었습니다. 뒤에서 본 풍경이 아름다웠습니다. 그 집 바로 뒤에는 작은 호수가 있고, 그 호수 너머에는 아주 높은 동산이 있었습니다. 앞쪽 베란다에서 작은 정원이 보였습니다. 일본인들은 바닥에 깔개를 펴고 그 위에서 자는 것을 아시죠? 낮 동안 깔개는 접어서 장에 넣어둡니다. 유일한 가구는 탁자, 책꽂이, 선반과 앉을 방석이었습니다. 아주 다양한 음식이 있었고 일본식 과자와 사탕이 있었는데 일본인들이 센베이(sembai)라고 부르는 과자는 특히 아주 좋았습니다. 모든 음식이 별도의 접시 위에 놓였고, 접시는 모두 달랐습니다. 저희는 바로 그곳에서 일본 목재들과 일본 그릇들에 대해서 많은 것을 알게 되었습니다.

차를 마신 후, 남편(Fairman)과 존슨 선교사는 테니스를 치러 갔습니다. 그러나 존슨 부인과 저는 다카다 부부와 같이 있었습니다. 다카다 부인이 존슨 부인에게 말하길 저에게 보여줄 예쁜 것이 없지만, 제가 그녀의 결혼 예복을 보고 싶어할지도 모른다고 했습니다. 물론 저는 그 옷을 보고 싶었습니다. 그래서 그녀가 그 옷을 가지고 나왔습니다. 붉은색이 안감으로 들어간 아름다운 라벤더 크레페(lavender crepe) 실크였습니다. 오비(Obie)라고 하는 장식띠(sash)는 옅은 노란색 양단(brocade)이었습니다. 그들은 결혼 예복과 같은 재료로 만든 옷[31] 두 벌을 가지고 있었습니다. 그중 한 옷을 안에 입고 다른 옷은 위에 걸쳐 입습니다. 아주 길며 아래쪽에 면이 들어가 있습니다. 그녀는 저에게 다른 옷들도 보여주면서, 푸른색 비단이 안감으로 되어야 하는데 검은색 비단으로 되어있어서 현재 유행하는 옷은 아니라고 했습니다. 일본에서 유행이 변한다는 것은 저에게는 새로운 사실이었습니다. 그녀는 헬렌(Helen)이 가지고 있는 흰 비단과 매우 비슷한 다른 옷도 가지고 있었습니다. 그런데 그 옷이 너무도 밝은 색이라 지금 유행하지 않는다고 했습니다. 여성들이 거리에 나갈 때는 그 옷보다 더 진한 색의 옷을 입기 때문이랍니다. 일본인들은 밝은 안감이 있는 진한 회색 옷과 바람이 불면 보이는 매우 밝은 속옷

---

31  여기서 옷은 "robe"를 번역한 것으로 일본 전통의상 기모노를 말함.

(petticoat)을 입습니다.

저희는 괜찮은 작은 일본 증기선을 타고 11월 4일 고베를 떠났습니다. 저희는 그 배에 탄 유일한 외국인들이었는데, 일본인 몇 명이 영어를 사용했습니다. 그들 중 한 명이 매우 흥미롭고 지적이었습니다. 그는 미국에서 영사(consul)였으며, 즉위식(Coronation)[32]에 파견되었으며, 현재는 한국에 있는 진남포(Chinnampo)[33]로 가는 길이었습니다.

제가 언니에게 보낸 편지에 일본인들에 대해서 약간 너무 심하게 쓴 것 같습니다. 그러나 제가 어떤 사원에서 군중들을 뚫고 나왔던 때라서 일본인들이 전혀 문명화되어 보이지 않았습니다. 일본이 30년 만에 이룬 진보는 놀랍습니다. 일본인 대부분이 매우 지적이며 모두가 공손합니다.

저희는 토요일에 한국을 처음으로 봤으며 동해안에 있는 부산에서 한국에서의 첫발을 디뎠습니다. 해안선을 따라 전역에 산이 있었으며, 산과 바다 풍경이 아름답습니다. 산은 민둥산인데, 햇살에 매우 아름답게 보입니다. 저희는 먼저 북장로회 선교회로 갔으며, 남편은 그곳에서 프린스턴(Princeton) 대학 동문 몇 명을 만났습니다. "일본인 거주지", "중국인 거주지", 그리고 한국인 마을들을 걸어서 지나갔습니다. 오물(dirt)과 사람들의 원시적인 방식을 봤을 때, 저는 끔찍이 우울해졌습니다. 저는 부산이 목포보다는 훨씬 좋은 곳이라고 들었습니다. 그래서 저는 목포는 도대체 어떤 곳일지 궁금해졌습니다. 저희는 바닷가에서 오래 머물지 않고 배로 되돌아왔으며 고베를 잊고 다시금 미국에서 살아보려고 『표범의 얼룩무늬』[34]를 읽었습니다.

---

32  1902년 8월 9일에 열린 영국 왕 에드워드 7세 즉위식(Coronation of Edward VII and Alexandra).
33  평안남도 진남포시(남포시). 대동강 하구에서 상류로 30km 지점에 위치함.
34  *The Leopard's Spots: A Romance of the White Man's Burden 1865-1900*은 1902년 Thomas Dixon Jr.가 출간한 소설로, 그가 미국 남북전쟁 이후 재건 시대(Reconstruction Era)를 다룬 3부작 소설 중 첫 번째임. 표범이 반점을 가지고 태어나듯,

다음 날 저희가 배를 타고 위로 갔을 때, 한반도 반대쪽에서의 풍경보다 풍경이 더 예쁜 것을 알게 되었습니다. 저희가 예쁜 목포항에 닻을 내리자마자, 두 명의 신사와 두 명의 숙녀가 탄 거룻배(sampan)가 저희 쪽으로 오고 있는 것을 봤습니다. 남장로회 선교사들이라고 생각했는데 저희의 생각이 맞았습니다. 그분들이 저희를 따뜻하게 환영해 줘서 저희는 정말로 기분이 좋아졌습니다. 두 신사분과 남편이 짐을 챙기는 동안, 두 숙녀분이 저를 벨(Bell)[35] 목사의 집으로 데리고 갔습니다.

벨 목사는 작고 아담한 집을 가지고 있었는데, 제가 좋아하는 바로 그런 집으로 많은 책과 그림과 안락의자가 있었습니다. 시간이 더 많을 때 이 모든 것에 대해서 말씀드리겠고, 사진도 몇 장 보내드리겠습니다.

어제 저희는 빌려온 가구와 저희가 일본에서 구입한 것들로 저희 침실을 꾸미느라 시간을 보냈습니다. 침실이 벌써 아늑해 보입니다.

어제 편지 몇 통을 받아서 아주 기뻤습니다. 고향 소식을 샌프란시스코에서 들은 이후 오랜 시간이 흐른 것처럼 보입니다.

한 가지 제가 말씀드려야만 하는 것이 있습니다. 남편과 제가 화이트 헤드 박사님(Dr. Whitehead)을 만나러 갔으며 그분과 자세히 말씀을 나눴는데, 그분은 어머니께서 저희가 결혼식을 연기하기를 원하지 않는다면 결혼식을 연기하지 않고 저희 계획을 실행하는 것이 더 좋겠다고 생각한다고 하셨습니다. 저희가 집에 가서 어머니께 저희가 결혼식을 연기하는 것에 동의하냐고 물었을 때, 어머니께서는 결혼식 연기를 원하지 않는다고 했습니다. 화이트 헤드 박사님이 제게 결혼해서는 안 된다고 말했더라면 저는 어머니를 떠나지 않았을 것입니다.

---

흑인들의 성품도 바뀌지 않는다는 점을 말함. 이 책은 Harriet Beecher Stowe가 1852년 출간한 *Uncle Tom's Cabin*에서 보이는 흑인에 대한 입장과 반대적 입장을 취하는 것으로 볼 수 있음.

35  Eugene Bell(1865.4.11~1925.9.28).

어머니와 언니가 지금 필라델피아(Philadelphia)에 있으며 새로운 귀 (new ears)를 구하고 있기를 바랍니다. 저는 오늘 아침 모든 새로운 한국 소리를 들을 수 있는 귀가 한 쌍이 더 필요하다고 느꼈습니다.

어머니의 눈이 좋은 상태이기를 간절히 바랍니다. 어머니의 편지가 없으면 제가 살 수 없기 때문입니다.

저희는 편지를 보내려고 아래쪽으로 내려갈 것입니다. 그래서 이제 한국 소식을 더 많이 말하려고 해서는 안 됩니다. 그렇지만 한 가지만 말씀드릴게요. 제가 일본을 방문하면서 정말 정말 즐거웠던 것은 같은 곳에 어머니를 모시고 갈 기쁨을 계속 마음속에 두고 있었기 때문입니다.

저희 두 사람의 사랑을 가득 담아 보냅니다.

사랑하는 애니 올림

1903년 11월 10일
한국, 목포

사랑하는 어머니와 아버지,

저희는 고베에서부터 나흘간 조용하게 항해하여 이곳에 주일 아침 안전하게 도착했습니다. 이곳에 있는 모든 선교사 즉 벨 목사, 오웬(Owen) 의료선교사 부부[36], 스트래퍼(Miss Straeffer)[37] 선교사가 저희를 맞이했습니다. 너무도 많이 돌아다니다가 마침내 정착하게 되어서 정말 평온했습니다.

저희는 주변 여건을 좋아합니다. 벨 목사에게 매우 편안하며 편리한 집 한 채와 좋은 하인들이 있습니다. 저희는 벨 목사와 함께 그 집을 같이 쓰도록 허락받아서 매우 운이 좋다고 느낍니다. 이 집과 오웬 목사의 집은 만(灣)을 내려다보는 동산의 맨 꼭대기에 있고, 남향입니다. 목포는 반도 지형 위에 세워져 있습니다. 그래서 저희는 바다와 섬 그리고 산을 잘 볼 수 있습니다. 현재 만조라서 바닷물이 약 20피트 높이이며, 썰물이 되면 황량한 펄이 펼쳐집니다. 목포는 인구가 4천에서 5천인데, 그중 약 1천 명이 일본인입니다. 우편, 전보, 전신 시설이 꽤 괜찮게 있어서 고립되어 있다고 느끼지 않습니다.

어제 일본에서 구매한 몇 가지 물건과 빌린 가구로 저희 침실을 꾸몄습니다. 침실은 정말 아늑하고 편안하게 보입니다. 크리스마스까지도 저희 화물 상자는 도착하지 않을 것입니다.

저희 동료 사역자들은 저희에게 매우 친절하며 모두가 잘 어울립니다.

---

[36] Dr. Clement Carrington "Oh Giwon" Owen(1867.7.19~1909.4.3)과 Georgiana Emma Whiting Owen(1869.9.12~1952.1.24) 부부. 오웬은 목사이며 의사였음. 광주선교부 개설(1904년 12월 25일) 이전 오웬은 의료선교사로, 이후에는 목사로 주로 활동했던 것을 고려하여 번역함.

[37] Fredrica E. Straeffer(1868.6.24~1939.5.15).

저희는 이렇게 좋은 외국 땅에 저희의 운명을 던질 수 있게 해주신 하나님께 정말 감사드립니다. 저희는 오늘 언어 공부를 시작했습니다. 저희 둘 다 언어 공부를 좋아합니다. 아내(Annie)는 물 만난 오리처럼 언어 공부를 합니다. 아내는 아주 좋은 기억력을 가지고 있기에 언어 공부에 있어서 저를 이길 것을 저는 알고 있습니다.

주일에 현지인 교회[38]에 참석했습니다. 오후에는 주일학교에 참석했으며 저녁에는 벨 목사의 설교를 들었습니다. 각 예배에 50명이 넘게 참석했습니다. 참석한 한국 기독교인들의 깊은 순종과 명백한 진정성을 보는 것이 아름다웠습니다. 그들은 교회에 성경을 가지고 옵니다! 저는 (벨 목사가 통역하여) 몇 마디 인사를 했습니다. 예배가 끝나자, 사람들이 저를 둘러싸고, 그들 속에서 사역하려고 저희가 왔다는 것에 대한 그들의 즐거움을 표현했습니다. 그래서 전보에 있는 "현지인들의 열심" 부분은 결국에는 틀리지 않았습니다.

저희는 어제 "Kangaroo"라고 쓴 전보를 보냈습니다. 잘 받으셨기를 바랍니다. 제가 생각했던 것보다 더 비싼 15엔(미화 7.5달러)이 들었기 때문입니다. 어제 고향에서 온 첫 우편물을 받고 기뻤습니다. 아버지께서 보내신 편지 한 통, 제이미(Jamie)[39]가 전송해 준 편지들, 솔즈베리에서 온 두 통의 편지, 그리고 몇 가지 신문들이었습니다. 그 우편물은 저희와 같은 증기선으로 왔으며, 한 달 만에 도착했습니다. 얼마 걸리지 않은 시간입니다. 모두의 건강이 좋다는 말을 듣고 기뻤습니다. 아버지 귀 문제가 단지 일시적인 것이기를 바랍니다. 저희가 매일 기도할 때 두 분을 기억합니다. 어머께서 건강을 되찾기 위해서 반드시 버지니아로 가실 것이라는 말을 듣게 될 것을 기대합니다. 리아(Rhea)[40]가 건강하며 지금은

---

38 목포 양동교회(木浦 陽洞敎會).
39 James Brainerd Preston(1882.5.27~1925.12.23). 프레스톤 목사의 둘째 동생. Jamie는 James의 애칭. Jim 또는 Jimmy로 부름.

자리를 잡았으면 합니다.

두 분에게 일본 나가사키에서 편지를 드렸습니다. 그 편지를 보낼 때 사공을 통해서 보냈는데 저희는 그 사공이 편지를 보내지 않을 수도 있을 거라고 약간 걱정했습니다. 그러니 그 편지를 받으셨는지 알려주십시오. 저희가 배를 타고 떠날 때 캘리포니아(California)에서 장모님께 전보를 보냈습니다. 장모님이 받으셨는지 궁금합니다. 그 전보를 장모님께서 두 분께 보내시기를 기대했습니다. 그곳에서 저희는 너무도 바빠서 편지할 시간이 없었습니다.

제가 어머니와 아버지께 편지를 보내고 있지만 그 편지들은 가족 모두가 보라는 것입니다. 제가 앞으로는 가족 모두의 반응에 대해서 답을 하기 위해서 가족 중 다른 사람들에게 교대로 보낼 수도 있습니다. 제가 프린스턴에 있었을 때보다 더 자주 가족이 편지하기를 바랍니다.

지난 1년 6개월 동안 정처 없이 떠돌아다녀서 이곳에서 정착한 것이 큰 충격은 아니었습니다. 제 아내와 같이 있으면 그냥 편안한 집입니다. 아내는 매일 더 사랑스러워집니다. 저희는 서로의 사랑 안에서 말할 수 없는 행복을 누리고 있습니다. 때때로는 너무 좋아서 꿈이 아닐까라는 생각도 듭니다.

어머니와 아버지께 저희 두 사람의 사랑을 가득 담아 드립니다.

사랑하는 페어맨 올림

그레이엄 부부에게 사랑의 인사를 전해 주십시오.

---

40  Samuel Rhea Preston Jr.(1877.3.23~1938).

1903년 11월 17일
한국, 목포

사랑하는 어머니,

어머니께서 보내신 10월 15일 자 편지가 어제 도착했습니다. 꼭 한 달이 걸렸습니다. 너무도 좋은 편지라서 서너 번 읽었어도, 그 편지를 읽고 느낀 좋은 감정에서 아직 헤어나지 못하고 있습니다. 어른들 전부와 "천사들" 그리고 올리(Ollie)[41]와 마이크(Mike) 이렇게 가족 소식 전체를 들어서 아주 좋았습니다. 어린 조카[42]가 성홍열(scarlet fever, 猩紅熱)을 피했다니 정말 감사드립니다. 조카는 언제 스코틀랜드 정장을 입고 사진을 찍을 것인가요?[43] 그 아이가 "섀넌 이모(Aunt Shannon)"라고 부르는 것을 제가 들을 수 있다면 뭐든지 주고 싶습니다.

어머니께서 고향집에 대한 소소한 모든 것에 대해서 편지하실 때면 고향이 멀리 떨어져 보이지 않습니다. 그러니 계속 편지해 주세요.

그래요. 저는 매우 행복합니다. 그런데 제가 행복한 것은 어머니께서 저를 보러 오실 것을 학수고대하고 있는 것이 큰 이유입니다. 물론 남편(Fairman)도 저의 행복에 큰 역할하고 있습니다. 벨 목사도 저희에게 아주 잘해주며 저희는 편안하게 있습니다. 스트래퍼 선교사도 제게 매우 친절했으며, 틀림없이 저에게 큰 도움이 될 것입니다. 다음 편지에 저희가 목포에 도착한 후 어떻게 지내는지 더 많이 말씀드리겠습니다.

---

41  1920년 인구총조사에 따르면 Ollie Goodwin, Servant, Female, Black, 78, Single이 프레스톤 목사 가족과 같이 Virginia Richmond에 살고 있음. 같은 시기 다른 기록에 Olive Goodwin, Widowed라고 하는 걸로 보아 Mike는 Ollie의 자녀일 가능성이 높음.

42  Shannon Wiley Murphy(1898.1.6~1974.7.25) 또는 Nettleton P. Murphy Jr.(1899.12.10~1967.9.6). 프레스톤 부인 언니의 아들.

43  애니의 조상이 스코틀랜드 출신임.

한국어를 가르치는 선생님과 매일 오전 10시부터 오후 1시까지 함께 합니다. 그런데 저희는 그것 말고도 더 많은 공부를 하려고 하기에, 매우 바쁜 날을 보내고 있습니다. 현재 저희 언어 교사는 성이 김(Mr. Kim)[44]인 사람인데 그 사람에 대해서는 얼마 전에 『미셔너리(The Missionary)』[45]에 자세히 소개되었습니다. 그는 목포에서 가장 지적이며 진보적인 한국인입니다. 그런데 목포(Mokpo)의 'o'는 장음 'o'로 발음합니다.

그래요. 어머니께서 찰스(Charles)의 편지를 소각하셔도 됩니다. 남편이 허락했습니다!

어머니의 파티에 저희가 참석할 수 있었다면 좋았을 건데요. 어머니께서 준비하신 음식이 좋았습니다.

저희가 오고 난 후 날이 아주 좋았습니다. 벨 목사가 그러는데 겨우내 좋은 날이 많을 것이라고 합니다.

저희 물건이 아직 도착하지 않았지만, 벨 목사와 스트래퍼 선교사가 당분간 저희를 아주 편하게 해주고 있습니다. 저희가 진짜로 자리 잡게 되면, 저희 집 사진을 어머니께 몇 장 보내려고 해보겠습니다.

이 편지가 매우 자주 끊기는 편지가 됩니다만 어머니께 말씀드리고 싶은 것이 너무도 많은데 일본행 증기선은 약 두 시간 후에 떠납니다.

어머니 생신에 쓰시도록 어머니께 20달러 수표를, 올리에게는 5달러 수표를, 매기(Maggie)와 스콧(Scott)[46]에게는 각 1달러 수표를 동봉할 것입

---

[44] 김윤수(金允洙, 1860~1919).
[45] *The Missionary*(October 1911), p.499에 실린 편집장의 글 참조. 해외선교지와 미국교회의 매개 역할을 할 목적으로 해외실행위원회에 의해 1867년에 설립된 월간 소식지 *The Missionary*의 역사와 역할에 대해서 설명함. 1911년 10월호를 마지막으로 발행하고 1911년 11월부터 *The Missionary Survey*로 통합됨.
About forty-forty years ago the Executive Committee of Foreign Missions, in the beginning days of our foreign mission activities, felt the necessity of a medium of com-munication between the field and the churches, and THE MISSIONARY was established.

니다.

  어머니의 기운을 북돋아주기 위해 말씀드립니다. 목포에서 켄터키 루이빌(Louisville)까지 가는 데 21일이면 됩니다. 목포에서 런던까지는 시베리아 철도를 이용하면 18일이면 갑니다. 어머니와 제가 함께 지구를 한 바퀴 다 돌고 나면 좋지 않을까요?

  저는 어머니께서 지금 필라델피아에 계실 것을 생각하고 있으며, 어머니의 새로운 눈과 귀에 대한 소식을 기대하고 있습니다.

  말로 다할 수 없는 사랑을 드립니다.

사랑하는 딸 올림

---

46  Scott Carr(1858.10~?). 1900년 인구총조사에 따르면 결혼한 흑인으로 프레스톤 부인 집의 하인. 하는 일은 Yardboy.

1903년 11월 17일
한국, 목포

사랑하는 어머니,

"어머니"를 위한 편지를 쓰려고 계속 의도했습니다. 증기선이 지금 항구에 있습니다. 그래서 제가 이 편지를 서둘러 써야 하지만 이 편지를 보내려고 노력할 것입니다.

이 편지를 쓰는 시점에, 저는 저희가 샌프란시스코를 떠난 이래로 어머니께 직접적인 말을 듣지 못했습니다. 이번 주에 제이미가 보낸 기분 좋은 편지가 왔고, 지난주에는 아버지께서 보내주신 편지가 도착했습니다. 아내(Annie)는 장모님에게서 편지 두 통을 받았는데, 모두 더할 나위 없이 밝고 활기찬 내용이었습니다. 장모님께서는 어머니께서 버지니아에서 되돌아오는 길에 장모님을 방문하기를 기대하고 계십니다. 이런 방문이 어머니께서 전에 가지셨던 왕성한 건강을 회복하는 출발점이 될 것이라고 저희는 기대하는 바가 큽니다.

저희는 이곳 목포에서 아주 행복하게 자리 잡았습니다. 벨 목사의 집은 매력적이고 편안하며 실용적입니다. 그 사람 자체도 친절하고, 사려 깊고 실용적입니다. 그에게는 괜찮은 요리사가 있습니다. 하인들을 서양식으로 훈련만 시켜놓으면 동양에서 집안 살림이 얼마나 부드럽게 진행되는지를 어머니께서 보시면 기쁘실 것입니다. 현재 상태는 제가 예상했었던 것처럼 이상적입니다. 아내는 책임져야 할 어떤 짐도 없으며 한국식 살림살이의 세세한 것을 모두 배울 기회를 가지고 있습니다. 아내는 기뻐하며, 더할 나위 없이 행복하고 만족스러워 보입니다.

자기의 아내를 깊이 사랑하는 어떤 남자가 있다면, 제가 그렇습니다. 이런 사랑은 처음부터 지독한 사랑이었습니다. 아내를 더 알아갈수록, 저는 더 깊이 사랑에 빠집니다. 나의 아내는 어느 남자라도 자기 아내에게 원하는 것 전부이며 그 이상입니다.

어머니, 제가 결혼 후 최근 몇 주 동안에 무엇을 생각하고 있었는지 아시나요? 남자는 결혼 전에 자신의 어머니에 대해서 제대로 평가할 수가 없고, 결혼하여 아내를 얻은 후에라야 어머니가 얼마나 소중한지 제대로 안다는 것입니다. 저는 제 자신이 다른 성(性)을 가진 사람들에 대해서 더 가까운 동정심을 갖는다는 것과 특히 어머니에 대해서 사랑이 더 깊어진 것을 인식하고 있습니다. 이런 것이 일반적인 경험인지 아닌지 모릅니다.

저희는 도착 후 두 번째 날에 언어 공부를 시작했습니다. 공부는 지금 모든 것을 삼키는 시간이며, 저희 시간의 대부분은 이런 식으로 쓰입니다. 그러나, 저는 신경 써서 바깥에서의 운동과 기분 전환할 것을 많이 계획하고 있습니다. 지난주에는, 우리는 오후 시간을 이용하여 두 번 오리 사냥을 했습니다. 우리라고 하면 아내와 벨 목사와 저입니다. 어제 오후에는 아내, 스트래퍼 선교사, 벨 목사 그리고 제가 이웃하고 있는 산꼭대기까지 올라갔습니다. 장관이었습니다. 아내와 스트래퍼 선교사가 그 산에 오른 최초의 여자들이었는데 우리는 그들의 성취에 대해서 우쭐해졌습니다. 여러 곳에서 밀어주고 끌어주고 해야 했습니다. 특별히 아내를 그렇게 해야만 했습니다. 저는 166파운드가 얼마나 무거운 것인지를 어쩔 수 없이 느끼고 말았습니다.[47] 이곳의 산에는 나무와 관목이 전혀 없으며 아무것도 없는 바위산이 단조롭게 하늘로 솟아있습니다.

저희가 온 이후로 날씨는 아주 좋습니다. 지금 편지하는 순간에, 이 시기의 그린빌 또는 솔즈베리처럼 맑고 상쾌합니다.

저희는 임시 언어 교사로 김 집사를 데리고 있는데, 그 사람에 대한 자세한 내용과 그 사람의 사진을 『미셔너리』에서 어머니께서 보신 기억

---

47   166파운드는 약 75kg. 프레스톤 부인의 몸무게를 말하는 듯함.

이 있으실 수도 있습니다. 그는 아주 특출한 사람입니다. 그 사람에 대해서는 곧 자세히 말씀드리겠습니다.

어머니께서 편지하실 때, 어머니께서 아시는 모든 개인적인 내용을 알려주세요. 장모님께서 만드신, 신문 기사 오려낸 뭉치를 보내셨습니다. 이렇게 하시는 것은 매우 사려 깊고, 현명한 일입니다. 그래서 저희는 매우 기뻤습니다. 장모님께서 계속 그렇게 하셨으면 합니다.

어머니께서는 편지가 잘 전달될 것이라는 확신을 가지고 어느 때나 편지하실 수 있습니다. 편지는 샌프란시스코나 시애틀이나 밴쿠버를 경유해서 보내집니다. 일본에서 오는 우편선(郵便船) 몇 척이 매주 목포항에 들릅니다. 고향에서 쓴 편지는 고작 한 달이 지나서 받았습니다. 2년 전에 벨 목사는 루이빌로 가는 데 21일이 걸렸습니다.

모든 이에게 많은 사랑을 전합니다. 저희 두 사람 가슴속에 가득한 사랑을 어머니께 전해 드립니다.

사랑하는 페어맨 올림

1903년 11월 24일
한국, 목포

사랑하는 어머니,

미국침례회 일본선교회의 스테드먼 목사가 군산을 통해 이곳으로 왔습니다. 그러면서 타고 온 증기선이 정오에 떠날 것이라고 말해서 이 편지도 또다시 서둘러 작성하게 될 것입니다.

벨 목사, 남편(Fairman), 그리고 오웬 의료선교사가 추수감사절 만찬에 쓸 재료를 얻기 위해 강을 따라 올라가서 이틀간 오리와 거위 사냥을 할 것입니다. 스트래퍼 선교사가 6시 만찬에 저희 부부를 초대했으며, 오웬 의료선교사 부부가 저녁 식사 이후 사교 모임을 위해 올 것입니다. 저희가 목포에서 추수감사절을 잘 보낼 것을 아시겠죠! 야생 오리와 야생 거위는 칠면조에 대한 아주 훌륭한 대체제가 될 것입니다.

그분들이 사냥하는 동안, 저는 아주 많은 편지를 쓸 예정입니다. 현재, 저는 이렇게 해가 짧은 날에 언어 공부와 실외 운동을 하느라 시간 대부분을 써서 편지를 거의 쓰지 못했습니다. 남편이 나가 있는 동안에는 아마도 언어 교사가 오지 않을 것입니다. 그러면 저는 훨씬 많은 시간을 갖게 될 것입니다.

이 증기선 편에 몇 가지 작은 꾸러미들을 보낼 것인데, 크리스마스까지는 어머니께 도착하기를 바랍니다. 언니 앞으로 된 상자에는 고베에 있는 아름다운 상점에서 구매한, 상아로 조각된 작은 동물들이 있습니다. 그것 중 하나는 언니, 하나는 큰올케, 하나는 작은올케 불라(Beulah), 하나는 첫째 작은시누이 플로이(Floy)에게 줄 것입니다. 저에게 작은 상자가 하나도 없어서 그것들을 한꺼번에 보냈습니다. 다른 꾸러미에는 어머니를 위한 드론워크(drawn work), 새 아가를 위한 베갯잇, 어린아이들을 위한 자그마한 물건 몇 개가 있습니다. 일본에서 살 수 있는 아름다운 것들이 아주 많은데 이러한 작은 것들만 보내는 일이 매우 어렵습니다. 그렇지만 저는 많은 것을 보내기 전에 우표 요금 등이 어떻게 되는지 알아보고자 했습니다. 이 꾸러미들에는 저희 둘로부터의 엄청난 사랑과 크리스마스에 대한 소망이 들어있습니다.

어머니께서 허치슨 부부에게 사진 중의 하나를 보내주시면 고맙겠습니다. 세이(Mr. Seay)[48] 씨는 제가 성공할 때까지 저를 신뢰할 것입니다.

큰올케에게 이 증기선을 이용하여 제가 긴 편지를 보낼 계획이었으나, 이 배가 오늘 오후에 떠난다는 것을 알게 되었다고 말해주세요.

모두에게 많은 사랑을 전하며, 크리스마스에 이루고자 하는 것이 다 이루어지기를 소망합니다. 제가 그곳에 없다는 사실을 생각하니 견디기 어렵습니다.

무척이나 사랑하는 애니 올림

---

[48] Leon Ernest Seay(1861.7~1930.8.12). 프레스톤 부인의 고향 솔즈베리에 거주했으며 사진작가이자 건축가였음.

1903년 11월 28일
한국, 목포

사랑하는 짐(Jim)[49]에게,

네가 지난달에 보내서 최근에 형이 받은 너의 좋은 편지 두 통에 대해서 형은 빚을 졌다. 형이 지금 쓰는 이 편지 이전에 너에게 답장을 보내려고 했으나, 방해를 받았단다. 그러나, 형이 강[50]을 따라 올라가 사냥하려고 화요일 집을 나설 때 네 형수(Annie)가 너에게 짧은 글을 보냈다.

벨 목사, 오웬 의료선교사, 그리고 형이 사냥하는 무리였단다. 정말 재미있는 시간을 보내고 목요일이 돌아왔다. 크고 가벼운 거룻배(Sampan)를 타고 갔는데, 그 배에 노꾼이 세 명 있었단다. 우리는 또한 우리 집 심부름꾼 아이를 데리고 갔다. 그 배에서 먹고 자고 했다. 사냥감이 정말 풍부하고 다양해서 형은 그저 놀랐을 뿐이다. 물에는 기러기, 온갖 종류의 오리들, (크고, 긴 목을 가진, 왜가리와 같은 새인데 흰색과 검정색이 있는) 두루미(Tooramies), 도요새, 마도요, 왜가리, 검은머리물떼새 등이 있고, 땅에는 꿩, 메추리, 비둘기, 그리고 사슴이 있다. 사냥감이 우리 눈에 띄지 않은 적이 없었다. 아침과 저녁에 기러기들이 머리 위로 날아다니며, 기러기들이 앉아서 쉬는 곳과 먹이 사냥하는 곳을 오갔다. 그런 때는 하늘 전체가 그 새들로 생기가 있어 보인다. 기러기들은 쐐기 모양의 대형을 이루어 단일 대오로 날아가는데 그 무리의 지도자는 경험이 풍부한 나이 많은 수컷이다. 다음 "형상" 중 하나에서 세어보니 기러기가 200마리가 넘었다.

---

49　James Brainerd Preston(1882.5.27~1925.12.23).
50　영산강(榮山江). 전라남도 담양군 월산면 용흥리 병풍산(屛風山, 822m) 북쪽 용흥사 계곡에서 발원하여 장성군, 광주광역시, 나주시, 영암군 등을 지나 영산강 하구둑에서 서해로 유입하는 하천임. 본류의 총 길이는 약 150km, 유역 면적은 약 3,551km$^2$으로서, 유역 면적이 전라남도 총면적의 약 29%를 차지함. (『한국민족문화대백과사전』)

　물론, 그 새들은 우리 총이 닿을 수 없이 아주 높이 날았다. 우리는 우화집에 나오는 "브레어 여우"[51]와 비슷한 느낌으로, 그 장면을 올려다볼 수밖에 없었다. 아주 머리가 좋은 새들이라서 총을 쏠 만큼 가까운 거리로 가는 것이 어려웠다. 그래서 형은 "기러기 쫓기"라는 말의 의미[52]를 곧 알게 되었다. 그렇지만, 우리는 한국 옷(흰색)을 입고는 몇 무리가 있는 곳으로 걸어가는 데 성공했으며, 먼 거리에서 총을 쐈다. 모두 해서 우리가 다섯 마리를 사냥했는데, 두 마리는 형이 한 발 한 발로 맞췄단다. 나머지 세 마리는 다른 사람들과 함께 총을 쏴서 맞췄다. 한 번은 우리가 고니(swan) 무리를 마주쳤다. 고니는 왕에게 성스럽게 여겨지는 것으로, 서울 근교에서는 고니를 죽이면 체포되곤 한다. 고니는 아주 큰데, 놀란 우리 눈에는 강둑에서 걷고 있는 양보다 더 커 보였다. 우리가 처음 여섯 발을 쐈을 때 세 마리를 잡았다. 그런데 두 마리가 도망쳐 버렸다. 그렇지만 모두가 집중해서 사격하여서 한 마리를 확보했다. 그 수컷은 양 날개를 벌린 길이가 7피트이고 꼬리에서 부리까지가 4.5피트였고 무게가 17파운드였다. 우리는 그 새를 추수감사절 만찬으로 먹었는데 고기가 맛있었다. 형이 총을 가져와서 기뻐한다는 것을 네가 확신해도 된다. 형의 사격 솜씨는 형편없지만 좋아지고 있다. 그렇지만 그 사냥에서 형이 가장 많은 사냥감을 획득했단다. 그 사냥이 한국에서의 형이 한 첫 번째 사냥이었기에 항상 형에게 기억할 만한 것일 것이다. 새 사냥용 개를 데리고 오지 않았던 것을 아주 많이 후회한다. 그런 개가 없으면 꿩을 사냥하는 것이 거의 불가능하다.

---

51　Brer Fox. 미국 남부 흑인의 구전 전통에 나오는 가상의 동물.
52　"wild goose chase"는 '별 소득 없는 노력' 즉 '허탕'을 의미함.

우리는 틸먼(Tillman)[53]에 대한 배심원의 평결에 대해서 많이 놀랐다. 그 평결은 사우스캐롤라이나 주에 있어 지워버릴 수 없는 치욕이다. 이것 때문에 앞으로 문제가 있을 것이다. 사우스캐롤라이나는 기독교를 믿지 않는 나라들에서나 하는 것들과 크게 다르지 않은 몇 가지 사례를 제공할 수도 있다.

최근(10월 28일) 받은 신문들에 일본과 러시아 사이의 전쟁이 있을 것이라는 강한 이야기가 있는 것을 발견했다. 형이 (11월 4일) 일본에 있을 때는, 전쟁이 없을 것이라는 느낌이 팽배했다. 적어도 가까운 미래에는 말이다. 최근에 우리는 어떤 놀라운 사실도 듣지 못했고 그래서 아무런 걱정을 하지 않는다. 만약 전쟁이 일어나더라도 우리의 안전에 관해서는 걱정할 아무런 근거가 없을 것이다.

학교로부터 고무적인 소식을 들어 매우 기쁘다. 네가 아버지의 곁에서 학교 사역[54]을 함께하고 있다는 것을 생각하니 위로가 된다. 내년에 그 학교에 더 많은 사람이 다닐 수 있도록 지금 당장 계획하여 실행하여라. 대학 요람에 들어갈 가치 있는 사람들을 구해라. 아버지께서 겨울 동안 새로운 몇 군데와 접촉하시면 좋겠다. 우리는 어머니에 대해서 몹시 걱정한다. 어머니께서 버지니아로 가지 않으셨다는 사실을 알았기 때문이다. 어머니는 자신의 몸을 돌보지 않으시니 어머니께서 자신을 돌보시도록 너희 모두가 어떻게 해야 한다.

리아(Rhea)[55]로부터의 짧은 편지를 기다리고 있었다만, 그 아이에게 곧

---

53 1903년 1월 15일 사우스캐롤라이나 부지사 James H. Tillman(1868.6.27~1911.4.1)이 자신을 비판하던 신문사 편집장 N. G. Gonzales를 맨정신인 상태에서 총으로 살해한 사건이 일어남. 이후 Tillman은 자신에게 유리한 지역에서 재판받고 살인 혐의에 대해 무죄 선고를 받음. 이 일로 이 재판과 Tillman은 사우스캐롤라이나와 전국 언론으로부터 비난의 대상이 됨. 이 사건은 언론의 자유(freedom of the press)와 관련한 세기의 재판이라고는 평가를 받기도 함.
54 프레스톤의 아버지가 치코라 대학(Chicora College) 학장으로 일하는 것과 관련됨.
55 Samuel Rhea Preston Jr.(1877.3.23~1938).

편지를 보낼 것이다. 곧 플로이(Floy)⁵⁶도 나의 빚 목록에 올려야 할 것이다. 대학⁵⁷에 있는 사람들에게 그리고 다른 친구들에게 형의 안부를 전해주렴. 그레이엄 부인에게 형이 곧 편지를 하겠노라는 것을 말해주렴. 형은 평상시와 같이 통신 편지에 많이 뒤처지고 있다. 바크먼(N.B)⁵⁸에 대한 좋은 소식을 들어 기쁘다. 그 아이는 괜찮은 어른 남성이 될 것이다. 하나님께서 너를 축복해 주시고 하나님을 위한 삶을 네가 살도록 너를 도우시길 바란다.

사랑하는 형 J. 페어맨 프레스톤

크리스마스 축하를 하기에 그렇게 이른 것은 아니지만, 크리스마스 축제 기운 속으로 형이 들어가기에는 너무도 이른 시기구나. 형이 지난 2년간 고향에서 크리스마스를 보내는 큰 영광이 있었기에 정말이지 집에서 크리스마스를 보내고 싶구나! 그렇지만 형은 12월 25일에 가족 모두를 생각할 것이다. 즐겁게 지내면서, 고향에서 해가 뜨는 시간이, 여기서는 해가 지는 시간임을 기억하기 바란다. 그러다 보면 프레스톤 가문이 지금껏 보냈던 가장 긴 크리스마스가 될 것이다.⁵⁹

이번에는 고향에 어떤 기념품도 보내려고 하지 않았다. 우편물을 통해서 보낼 만한 조그마한 것을 구하는 데 어려움이 있다는 것도 일부 있지만, 주요 이유는 형이 아직 재정적인 면에서 자립하지 못했다는 것이며, 몇 달은 그런 처지일 것이기 때문이다.

---

56 Mary Florence "Floy" Preston(1879.5.15~1965.1.3).
57 치코라 대학(Chicora College)을 가리킴.
58 Nathan Bachman Preston(1887.8.10~1967.1.18).
59 당시 서신이 왕래하는 데 한 달 정도가 걸렸던 점을 고려하면, 편지를 하는 11월 28일자 편지가 미국에 도착하는 때가 12월 25일 크리스마스 즈음이라 이런 말을 하는 듯함. 미국 동부 현지 시각과 한국 현지 시간 차이가 14시간이라는 점을 생각하고 말하고 있음.

네 형수가 우편을 통해서 자그마한 것 몇 개를 보냈다.

필립스(Phillips) 회사에 전송된 화물에 대해서는 문제가 없기를 바란다. 화물이 오기를 우리는 간절히 기다릴 것이다. 우리가 조금만 더 노력했었더라면 그 물건 상자를 소화물로 가져올 수도 있지 않았었겠나 하고 생각한다. 그 상자에 네 형수가 필요로 하는 옷이 몇 벌이 있어서 우리는 그렇게 했어야만 했었는데 그렇지 못해 아쉽다. 3월이 되어서야 그 화물 상자를 받을 수 있을 거다.

1903년 12월 3일
한국, 목포

사랑하는 장모님,

저에게 있어서 편지를 쓰는 것은 메밀떡을 먹는 것과 같습니다. 편지 쓸 시간과 편지 쓰고 싶은 마음이 꼭 맞지 않는 것은, 메밀떡과 조청 비율을 균등하게 맞추는 것이 어려운 것과 같습니다. 특히 장모님께 편지하기가요. 그렇지만 오늘 저녁은 답장을 기다리는 편지가 산더미처럼 쌓여있어도 장모님께 편지를 꼭 쓰겠습니다.

아내(Annie)가 장모님께 무엇을 썼던가요? 장모님과 저만 알고 있으니, 만약 저희 부부가 장모님께 충분히 알려드리지 않고 있다면, 궁금한 것들을 속 시원히 말씀해 주세요. 그러면 저희에게 도움이 되겠습니다.

목포의 위치에 대해서 말씀드리겠습니다. 목포는 반도에 있는데, 목포의 가장자리를 따라서 세로 방향에는 나무도 없고 가파르며 바위투성이인 큰 산이 있습니다. 남, 북, 서쪽으로는 눈에 보이는 저 멀리까지도 섬들이 쭉 펼쳐있습니다. 조류는 이들 수십 개의 섬을 지나서 오는데, 목포에 도착할 때는 매우 빠르고 높으며 높이가 약 23피트가 됩니다. 그 결과로 여기에는 해수욕장이 없으며, 바닷물이 빠져나가면 황량한 펄이 길게 드러나 있을 뿐입니다. 목포가 위치한 반도 지형에 이 나라 전역에 그렇듯이 높은 동산들이 점점이 박혀있습니다.

목포는 두 집단으로 구성되어 있습니다. 일본 거류지(concession, 居留地)는 꼭짓점에 위치하며, 한국인들이 사는 목포 지역은 "조계지"에서 내륙으로 길게 뻗어 나온 한 무리의 마을들로 되어있습니다. 여기에 보내는 그림을 보시면 전반적인 것을 아실 것입니다. 저희 집은 이런 마을 두 개 사이에 있고, 상당한 높은 곳에 있는데, 남향입니다. 집에서 남쪽으로는 아주 넓은 바다가 있는데 만조가 되면 정말 아름답습니다. 서쪽으로는 동산들이 톱니처럼 연이어 있으면서 우리가 있는 곳 위에 솟아있습니다. 동쪽과 북쪽으로는 높은 산이 몇 개 있고, 저 멀리에는 솟아오르는 산맥이 있습니다. 현지인의 교회[60]는 작고 편안한 구조물인데 우리 선교사들의 집들과 인접해 있고, 같은 산등성이에서 서쪽 편에 있습니다. "조계지(settlement, 租界地)"[61]에 가려면, 우리는 긴 제방을 넘어가야 합니다. 그 제방은 바닷물이 논으로 들어오는 것을 막아줍니다. 그런데, 일본인들이 목포에 있기에 "유럽 사람들"의 삶이 훨씬 편해집니다. 일본인들은 훌륭한 숙련공이며 상인입니다. 비록 규모는 훨씬 적지만 일본의 축소판이 우리가 있는 곳의 발치에 있습니다. 목포에서 구할 수 없는 필수품들은 거의 없습니다.

한국인들에 대해서입니다. 저희가 언어장벽 때문에 가까이 접촉할 수가 없기에 아직 확정적으로 뭐라고 드릴 말씀이 없습니다. 한국인들은 뛰어나게 좋은 성품을 지니고, 평화를 사랑하며, 열린 마음을 가지고 있습니다. (한국인들 사이의 싸움에 대해서 들은 바가 거의 없습니다.) 그런데 두 가지가 가슴 아프게도 확실합니다. 그들이 찢어지게 가난하다는 것과 너무도 불결하다는 것입니다. 집 대부분이 그저 짐승의 우리 같은 것으로, 진흙으로 만들어지고 짚으로 지붕을 덮었는데, 8×8피트 정도의 방이 두 개 있습니다. 우리 집 흑인들도 보통의 한국 집을 제공받는다면 콧방귀도 뀌지 않을 것입니다. 이런 환경을 바꾸는 데 기독교가 어떤 영향을 끼칠지 저는 아직 살펴보지 못했습니다만, 이곳에 있는 기독교

---

60  현 목포 양동교회.
61  조약에 따라 상대방 국민의 거주와 영업 등을 허가한 지역. 일반적으로 거류지는 조계지(租界地)와 동일한 의미로 사용됨. 조계지와 거류지가 거의 혼용되어 사용되었지만 한국의 경우, 조계지는 외국인의 거주와 영업 등을 허용한 지역을 지칭하였고, 그 가운데 일본, 중국 등 특정 국가 국민의 거주지를 거류지로 지칭하기도 했음. 거류지 제도는 1914년 조선총독부의 시가지 개정으로 폐지됨. (우리역사넷, http://contents.history.go.kr)

지도자인 김 집사의 가정을 전형적인 것으로 또는 앞으로 있을 변화로 볼 수 있다면, 이렇게 변모하는 것은 경탄스러운 일입니다. 그에게는 빈틈없이 깨끗하고 널찍한 집과 흥미로운 가족이 있습니다. 이 글을 보시고 한국인 자체가 더럽게 생겼다고 생각하지 마십시오. 막노동꾼들을 제외하고, 저희가 만나는 사람들은 하얀 옷을 입고 있을 때 상당히 품행이 단정해 보입니다. 사실, 제가 그들의 집을 봐서 아는데 그들이 어떻게 그렇게 깨끗하게 보이는지 항상 놀라울 뿐입니다.

저희의 관심을 온통 끄는 일은 현재 물론 한국어입니다. 저희는 최근에 각각 언어 교사를 확보했으며, 다행히도 그들은 지능 면에서 평균 이상입니다. 아내의 언어 교사는 다름 아닌 김 집사이며, 그는 저희가 지금껏 지켜본 "가장 생기 있고" 가장 진보적인 한국인입니다. 아내는 기막히게 언어 공부를 합니다. 아주 빨리 배우면서 배운 것을 다 기억합니다. 좋은 기억력이 있고 프랑스어를 공부해서 아내는 잘합니다. 아내가 머지않아서 한국어를 쉽사리 말하리라고 저는 예상합니다. 한국인들은 아내가 이룬 성취에 대해서 대단히 "야단법석"입니다.

그런데, 김 집사가 깨어있다는 것을 보여주는 예가 있습니다. 어제 아내가 김 집사에게 "모친 보고 시푸오"(어머니 보고 싶습니다.) 라고 하자 김 집사는 "사진 보오", "어머니 사진을 보시오"라고 응답했습니다. 그 사람은 보통의 한국인과는 상당히 다른데, 정말로 침착합니다.

저희가 이곳에 온 이후 좋은 사진을 찍는 데 성공했습니다. 그렇지만 그 사진들을 인화할 시간이 없었습니다. 곧 장모님께 몇 장 보내드리겠습니다. 저희가 호놀룰루 항구에서 막 벗어날 때 찍었던 좋은 사진 한 장을 동봉해서 보내드립니다.

신문 기사 오린 것들을 보내주셔서 정말로 고맙습니다. 아주 즐겁게 읽고 있는데, 장모님께서 내용을 선택하는 데 안목이 있으시다고 생각합니다.

저희는 이곳에서 아주 행복합니다. 저는 말할 나위 없이 행복합니다. 그런데 아내도 저와 같은 마음 상태에 있다는 것을 알아서 저는 더욱 행복해집니다. 저희는 장모님께서 오시길 학수고대하고 있으며, 종종 그것에 대해서 말합니다. 장모님이 오실 때면 저희가 한국어를 하고 있을 것이며 틀림없이 집안 살림도 하고 있을 것입니다. 저는 장모님께서 이곳의 삶을 즐기실 것을 알고 있습니다. (불 선교사의 어머니) 불 여사께서는 당신의 인생에서 가장 즐거운 한 해를 군산에서 보냈다고 말씀하셨습니다.[62] 저희는 장모님을 고향집에 있는 것처럼 편안하게 할 것이며, 이곳의 기후는 바람이 심하게 그리고 자주 부는 것을 제외하고는 솔즈베리의 기후와 아주 흡사합니다.

저희는 장모님을 위해 매일 기도하며, 장모님께서도 저희를 위해 매일 기도하시는 것을 알아서 큰 위로가 됩니다. "하루의 일에 충분한" 힘을 주시는 데 있어서 주님께서는 말씀처럼 선하시다는 것을 저희는 알았습니다. 장모님에게 "재앙"[63] 같은 이가 장모님을 사랑하며, 장모님이 하셨듯 "주님께 모든 것을 맡기는" 사람들에게 하신 약속의 풍성함을 장모님께서 경험하시기를 바라고 있습니다. 결국 주님의 손으로 하시는 일이지, 저 페어맨의 손으로 하는 것이 아니기 때문입니다!

많은 사랑을 보내드리는데, 이 사랑에 아내도 함께합니다.

사랑하는 J. 페어맨 프레스톤 올림

---

62  윌리엄 불 저, 허경명 가족 역, 『윌리엄 불이 알렉산더에게 보낸 선교 편지』(보고사, 2022), 152~153쪽에 1902년 겨울 불 선교사의 어머니(Mary Cornelia Holland Bull, 1841~1912.3.1)와 누나(Margaret Whitaker Bull Bell, 1873.11.26~1919.3.26), 여동생(Mary Augusta Bull Priest, 1879.9.16~1947.6.1)이 한국에 와서, 누나 마가렛이 여학교에서 스트래퍼 선교사를 도와 매일 근무했다는 것과 불 목사의 누이들이 1903년에 남학생들을 도왔다는 것을 알 수 있음.

63  재앙(calamity)은 사랑하는 딸을 데려간 사위 페어맨을 말함.

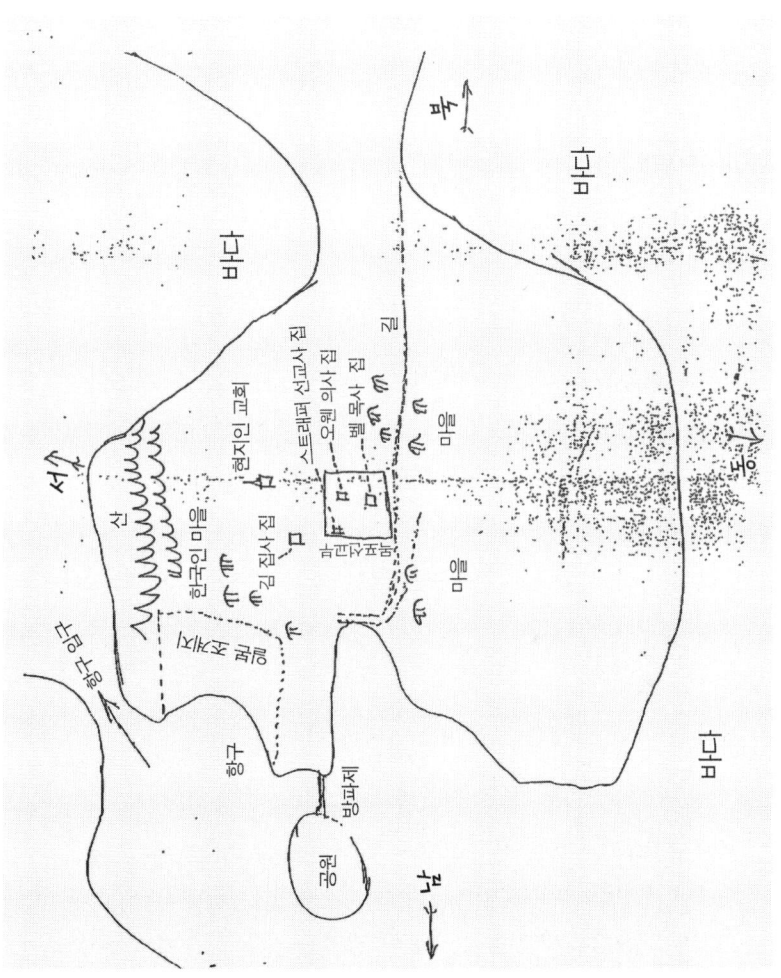

1903년 12월 14일
한국, 목포

사랑하는 어머니,

지난주는 제가 어머니께 편지를 쓰지 못하고 지나갔네요. 이유는 지금 카메론 존슨 선교사 부부가 저희를 방문하고 있기 때문입니다. 저희는 그 부부에게 저희 시간의 대부분을 사용하고 있습니다.

저는 두 분 모두 마음에 드는데, 특히 존슨 부인이 마음에 듭니다. 제가 만난 선교사 중에서 가장 호감이 가는 사람입니다. 그 부부는 오웬 의료 선교사 집에서 머물며, 이곳에서 점심을 먹고, 저녁은 스트래퍼 선교사 집에서 먹습니다. 오늘 점심을 먹고 있는데, 스트래퍼 선교사가 "외국인 숙녀"에 대해 호들갑스럽게 말했습니다. 그래서 저희가 깜짝 놀랐습니다. 다름 아니라 선교사 마을에 있는 선교사들의 집으로 향하는 길을 따라 한 외국인 숙녀가 걸어오고 있다는 말이었습니다. 그 외국인은 북장로회 소속의 서울에 사는 브라운(Miss Brown)[64] 선교사였습니다. 그녀는 오늘 오후 떠납니다. 그래서 저는 그녀가 타고 갈 증기선에 이 편지를 보내려고 합니다.

저희는 아주 건강합니다. 오늘까지 좋은 날씨였습니다.

저희 방을 좀 더 살 만한 곳으로 만들 수 있도록 저희 짐이 오기만을 매우 초조히 기다리고 있습니다.

지난번 어머니께서 보내주신 편지들을 재미있게 읽었습니다. 아주 길고 잘 써주셨으며 새로운 소식들이 많았습니다. 큰오빠에게서도 아주 긴 편지를 받고 기뻤습니다.

---

64  Mary E. Brown(1871.2.20~1907.7.1). 미국북장로회 선교사(간호사). 1902년 9월 1일 서울 도착, 이후 Sprue에 걸려서 힘들어하다 미국북장로회 선교국의 권고에 따라 1905년 10월 26일 귀국함. 병세가 악화되어 1907년 7월 1일 사망함.

최근 받은 소식은 필라델피아에서 언니가 보낸 엽서입니다. 어머니께서 그곳으로 가서서 크게 도움받으시길 기대하고 있습니다. 그 엽서는 아주 빨리 왔습니다. 한 달이 못 되어 이곳에 도착했습니다.

저는 지금 브라운 선교사와 함께 그녀가 타고 갈 증기선으로 가야만 합니다.

사랑하는 애니 올림

1903년 12월 18일
한국, 목포

사랑하는 어머니,

지난 1~2주 동안 제가 이뤄놓은 것이 전혀 없습니다. 존슨 선교사 부부와 최대한 즐겁게 보내려고 어학 공부를 며칠 포기했습니다. 제 생각에 저희가 그 면에서는 성공한 것 같습니다. 그 부부가 이곳에 있는 동안 아주 즐거웠거든요.

존슨 선교사는 내년에 고향으로 가서 사용할, 환등기에 쓸 많은 슬라이드를 준비하고 있습니다. 그에게 중국, 일본, 그리고 한국에 대한 슬라이드가 1,500장 이상 있을 것이며, 인도에 대한 것도 몇 개 있을 수도 있습니다. 저희는 가지고 있는 코닥 사진 중 몇 개를 그에게 빌려줘서 슬라이드를 만들게 할 것입니다.

그 부부가 이곳에 있는 동안 저희는 축제를 즐겼습니다. 우리 모두가 적어도 하루는 오웬 의사 부부와 만찬을 즐겼고, 그런 후 하루는 다른 사람 모두가 저희와 만찬을 즐겼습니다. 존슨 선교사 부부가 떠난 오후에는, 너무 폭풍이 심해서 증기선이 입항하리라고 생각하지 않았습니다. 그래서 우리 모두가 오웬 의사 집에서 플린치(Flinch) 게임[65]을 하고 있었고 오웬 부인이 오후 차를 대접하려고 하고 있었습니다. 그런데 그때 한 일본인이 증기선회사 쪽에서 보낸 소식을 가지고 왔는데, 내용은 존슨 선교사 부부가 타고 갈 증기선이 입항했으며 그 배가 곧 떠날 거라는 것이었습니다. 그 부부에게 단단히 줄로 고정해서 싸야 할 것들이 몇 개 있었고, 하인들은 짐꾼들을 찾을 수가 없어서 아주 혼잡스럽고 부산했습니다. 그 부부가 증기선으로 갔을 때는 안개 때문에 증기선이 떠나

---

65  카드 게임의 일종.

지 않을 거라는 것을 알게 되었습니다. 해안에서 운행하는 이런 작은 증기선들은 안개가 끼거나 파도가 거친 때에는 운항하지 않고, 폭풍이 지나갈 때까지 섬 뒤에서 그냥 정박합니다. 때때로 하루면 갈 거리가 거의 일주일이나 걸립니다.

저희는 이달 15일에 군산으로 갈 것을 생각했었습니다만 폭풍우 치는 날씨가 시작되었고, 작은 증기선들에 대해서 들었기에, 봄에 가는 것으로 미뤘습니다.

며칠 전 브라운 선교사가 배를 놓쳤습니다. 선박회사 관계자가 브라운 선교사의 배가 5시에 출발한다고 그녀에게 말했었는데, 실제로는 4시 30분에 떠났습니다. 우리가 도착했을 때 그 배는 떠나고 있었습니다.

러시아와 일본 사이의 문제에 대한 소식을 알기 위해서 저희는 『고베신문』[66]을 보려고 합니다. 바로 지금 이곳 목포에서 우리 모두 상당히 흥분되어 있습니다. 일본인들이 "조계지"의 다수입니다. 조계지는 외국인들에게 개방되었던 곳의 일부입니다. 그런데 일본인들이 모든 것을 좌지우지하려고 합니다. 일본인들은 한국인 막노동꾼들 위에 관리하는 사람을 뒀습니다. 그런데 관리하는 사람들이 한국인들을 속였습니다. 속은 한국인들이 한국인 감리(kamni, 監理)[67]에게 호소했을 때, 일본인들은 감리가 막노동꾼을 관리하는 일본인들을 두도록 허락하려는 것을 거절

---

66  고베신문(神戶新聞, *Kobe Daily*). 1898년 2월 11일에 창간된 고베시의 지역 신문.
67  해관(海關)은 항구에 설치한 관문의 뜻으로, 이후 세관(稅關)으로 이름이 바뀜. 감리서(監理署)는 개항장의 외국인 상업활동에 관한 업무뿐만 아니라 해관에 대한 관리 감독을 위한 기구였음. 감리서의 수장인 조선인 감리는 해관의 감독자였지만 직제상 하급자인 외국인 세무사에게 영향력을 행사하지 못했음. (「조선해관의 기원과 역사」, 『관세사지』 봄호, 김재석, 2022년 4월). 여기서 말하는 한국인 감리는 무안감리서(務安監理署) 6대 감리인 김성규(金星圭, 1863~1936)로 "1903년 무안감리서의 감리로 부임하여 개항장 내에서 외교 및 통상 사무를 처리하였다. 특히 1903년 일본 상인들의 횡포에 대항하는 조선인 부두 노동자의 노동쟁의 시 조선인의 입장을 옹호하는 자주적인 태도를 보였다." (한국학중앙연구원, 김성규에서 검색) 이 시기 지방조직 중 "무안부(府)"의 청사가 목포에 있었음.

했습니다. 일본인들은 막노동꾼들이 조계지에서 일을 하려고 하기 전에 반드시 (조계지) 자치단체에서 허가증을 받아야만 한다고 말했습니다. 다른 어떤 항구에서도 그런 것은 요구되지 않습니다. 따라서 한국인들은 자신의 나라에서 일본의 허가서를 받는다는 것을 거절했습니다. 그래서 파업[68]이 있었습니다. 일본인들은 자신들의 화물을 부리는 데 있어 한국인 막노동꾼들에게 매우 의존하고 있습니다. 그래서 일본인들은 한국인 막노동꾼들이 일터로 가도록 만들기 위해서 모든 수단을 시도했습니다.

어느 저녁, 많은 일본인이 한국인 감리의 집으로 올라갔는데, 감리가 그들의 요구를 들어주지 않는다면 그를 죽일 준비를 한 상태였습니다. 누군가가 홉킨스(Mr. Hopkins)[69] 씨를 부르러 갔으며, 홉킨스 씨가 현장에 나타나자, 상황은 끝났습니다. 일본 신문은 감리를 방문한 일본인들을 방해한 유럽인에 대해서 아주 좋지 않게 논평했습니다. 일본인들이 찾아온 일로 감리는 겁을 먹어 서울로 떠났습니다. 그는 감히 일본 배를 타지 못하고 육로로 올라갔습니다. 감리가 떠난 후, 상당한 시간이 흘렀습니다. 어느날 일본 막노동꾼 무리가 한국 경찰서로 쳐들어가서 경찰 두

---

68 "1903년 8월, 목포 부두노동자들은 '반십장 운동'에 나섰다. 십장은 일자리 알선 대가로 임금의 10%를 소개비로 뜯어 왔는데, 그것을 20%로 올리겠다고 했기 때문이다. 부두노동자들은 이제 십장이 자신들의 대변자가 아닌 중간착취자임을 깨달았다. 노동자들은 십장 수취율 인상을 반대하고 십장제 폐지 요구까지 나아갔다. 궁지에 몰린 십장들은 일본인 자본가·일본인 순사들과 한 패가 돼 '일본패'를 차도록 강요하며 부두노동자들을 탄압했다. 11월16일 조선노동자들은 "우리들은 모두 대한 인민이다. 우리는 감리서가 만든 패를 찰 수 있을 뿐, 일본패는 찰 수 없다"고 외치면서 △임금인상 △대우개선 △일본패 착용 금지를 요구하며 동맹파업을 벌였다. 파업 노동자들은 일본인 거주지에 일본인을 배척하는 격문을 뿌리고, 일본 자본의 앞잡이 노릇을 하는 조선인들을 응징했다." (목포시민신문, http://www.mokposm.co.kr/news/articleView.html?idxno=32918, 2024.05.18 접속)
69 당시 목포 해관 세무사로 일한 홉킨스는 영국 켄싱턴 출신으로 1884년 중국으로 왔다가 1886년 인천 해관원으로 채용돼 1889년 인천 해관 서기로 승진했음. 그가 작성한 해관 문서도 다수 존재하며 10여 년 후 서리세무사까지 승진했음. (https://kihoilbo.co.kr/news/articleView.html?idxno=954924)

명을 죽였습니다. 다른 날에는, 일본 막노동꾼 폭도들이 조계지 밖으로 와서 17명의 한국인을 너무도 심하게 때려서 그중 서넛이 사망했습니다.

일본인들은 그 일로 처벌을 받아야 합니다. 조계지 밖에서 그들이 관여할 것이 없기 때문입니다. 그러나 한국인들은 아주 형편없는 정부가 뒤에 있기에 일본인보다 더 많이 잃을 수도 있습니다. 한국인이라면 응당 해야 할 만큼의 일을, 아니 그 이상의 일을 할 새로운 감리가 올 예정입니다. 그 사람은 밴더빌트(Vanderbilt) 대학에서 교육받았고, 아주 능력 있는 사람[70]입니다. 그 사람에 대해서 김 집사는 "소금이 그 맛을 잃었다"고 생각합니다. 새로 올 감리는 스스로 기독교인이라고 말하지만 자신의 빛을 아주 밝게 비치게 하지는 않기 때문입니다. 새 감리가 오면, 우리는 그를 교회로 초청하여 기독교인들과 입장을 같이할 수 있도록 설득하려고 합니다. 불쌍한 한국인들이 자신들의 편을 들어줄, 약간의 기개가 있는 사람을 갖게 된다는 것에 우리는 기쁩니다. 일본인들이 한국인들을 너무도 경멸하며 다룹니다.

저희가 일본에 머물러 그곳에서 좀 더 좋은 일본인들을 보지 않았었다면, 저희가 일본에 대해 갖는 관점은 매우 나쁠 것입니다. 한국에서는 일본인들이 정말 비열한 무리들이기 때문입니다. 한국인들은 좋은 천성을 가진 어린아이들처럼 보입니다.

우리는 아주 괜찮은 작은 크리스마스를 보낼 계획을 하고 있습니다. 스트래퍼 선교사와 저는 어린아이들을 위해서 캔턴 플란넬(canton flannel)로 개를 만들어줄 것이고, 사탕 등을 담을 가방을 사내아이들에게 만들어줄 것입니다. 홉킨스 부인은 소녀들에게 좋은 크리스마스 나무를 만들어줄 것입니다. 선물 중 몇 가지를 보시면 흥미로우실 것입니다. 비누,

---

70　윤치호(尹致昊, 1865.1.23~1945.12.6). 미국남감리회 소속 교인. 테네시 내슈빌에 있는 Vanderbilt 대학에서 수년간 공부함. 천안군수(天安郡守)로 있다가 1904년 2월 무안감리(務安監理)로 임명되었으나 곧이어 1904년 3월 외부협판에 임명됨.

머릿기름, 가위, 신발, 장갑, 옷감 이런 것입니다. 크리스마스 전야에 그렇게 할 것이고요, 크리스마스 당일에는 홉킨스 부인 집으로 건너가서 거기의 크리스마스 나무에 저희 선물을 달아둘 것입니다. 목포선교부에 있는 모든 사람이 이곳으로 와서 만찬을 즐길 것입니다. 저는 요리사(Mr. Cook)와 함께 준비해야 합니다. 벨 목사가 시골로 나가 있기 때문입니다. 장식하는 데 쓸 호랑가시나무가 있고, 식탁 위에 저의 은제품을 몇 개 사용할 것입니다.

남편과 오웬 의사가 크리스마스에 쓸 사냥감을 잡기 위해 오늘 사냥하러 갑니다. 둘이 사냥을 가지 않으면, 소고기를 먹어야만 하는데, 썩 좋지는 않습니다. 그래서 즐기는 것뿐 아니라 뭔가 잡으려고 사냥 갑니다.

존시(Johnsie)에게 말씀하셔서 그녀가 준 요리책을 제가 다시금 잘 쓰고 있다고 해주세요. 크리스마스에 쓸 만한 요리법을 제가 찾을 수 있는지 알아보려고 했습니다. 제가 그 책을 볼 때마다 그 책의 섬세함과 그 책에 나온 작품이 대단하다고 생각합니다.

존슨 선교사 부부가 이곳에 있는 동안 제가 저의 과일 케이크를 잘랐고 우리 모두 맛있게 먹었습니다. 밤늦게 아주 큰 케이크 조각을 먹었기에 온갖 꿈을 꿀 수도 있을거라 기대했지만, 꿈을 꾸지는 않았습니다. 크리스마스에 그 케이크를 더 많이 먹을 것입니다.

어머니께서 저를 위해 해주셨으면 하는 두 가지가 있습니다. 하나는 케슬러 부인에게 부탁하셔서 주름이 위와 아래에 있는 저의 셔츠를 만드는 모형을 보내달라고 하는 것입니다. 스트래퍼 선교사가 그 모형을 따라 만들어보겠답니다. 다른 것은 저에게 얼굴 가리개 두 개를 보내주시는 것입니다. 목포에는 "바람이 세게 부는데", 제가 어쩌다가 얼굴 가리개를 잊어버리고 챙기지 못했습니다.

저희는 『샬럿 옵저버(Charlotte Observer)』를 구독했는데, 한두 부만 받았습니다. 어머니께서 보내주신 신문들과 오려 보내신 기사들을 즐겁게 봤습니다.

제 사진은 어떤가요? 세이 씨가 저에게 어떤 것도 보내지 않을런가요? "자매들"은 어떤가요? 그것들이 좋지 않던가요?

외삼촌(Uncle Will)[71]에게 신문들이 든 하나의 소포에 있는 외삼촌의 손 글씨를 알아봤다고 말씀해 주시고, 매우 감사하다고 해주세요.

어머니께서 오늘 목포를 보실 수 있었으면 좋을 건데요. 아주 파란 하늘에 해가 빛나고 있었는데, 강을 가로질러 저 멀리에는 눈으로 덮인 산맥이 있었습니다. 스트래퍼 선교사의 집에서 돌아오고 있는데, 한 무리의 기러기가 오웬 의사의 집 바로 위를 빙빙 돌고 있었습니다. 사냥하러 간 사람들이 기러기를 찾아서 15에서 20마일을 갔는데도 아무것도 잡지 못하면 너무 아쉽겠죠?

솔즈베리에서 있었던 집회(campaign)의 결과에 대해서 매우 궁금합니다. 앨버트 시드니(Albert Sidney)와 테디(Teddy)는 자신들의 이름이 명예로운 사람들(honor roll)에 속해 있어서 창피했음에 틀림없었을 것입니다. 앨버트 시드니가 적합한 여자를 만나기를 바랍니다.

내년 9월 서울에서 대규모 선교회 회합(Conference of Missions)이 있을 것인데, 전 세계에서 "중요 인물들"이 올 것으로 기대합니다. 증기선 회사들이 아마도 좋은 가격을 제시할 것입니다. "죄인들(you sinners)"[72]을 위한 기회가 있습니다. 모든 것을 볼 때, 참석할 만한 가치가 있습니다. 데이비스(Dr. Davis) 목사[73]가 초대되었고, 두보스(Dr. DuBose) 목사[74]와

---

71　William Alexander Murdoch(1844.12.13~1911.4.13).
72　야고보서 4장 8절, "하나님을 가까이하라. 그리하면 너희를 가까이하시리라. 죄인들아 손을 깨끗이 하라. 두 마음을 품은 자들아 마음을 성결하게 하라."
73　Rev. John Wright Davis(1849.7.25~1917.2.24). 미국남장로회 중국 선교사로 쑤저우(Soochow, 蘇州)에서 사역함.
74　Hampden Coit Dubose(1845.9.30~1910.3.22). 미국남장로회 중국 선교사로 쑤저우에서 사역함.

존 모트(John R. Mott)[75]도 초대되었습니다.

### 12월 19일

사냥하러 갔던 사람들이 어젯밤 돌아왔는데, 35마일 다닌 것에 값할 만한 사냥감은 거의 없었습니다.

오늘 사냥한 것을 먹자고 오웬 의사 집으로 초대받았습니다.

제가 편지를 보니 별의별 것을 쓰고 있고, 잘못된 단어 등을 쓰고 있네요. 그런데 책상이나 글 쓸 용도의 탁자 없이 글을 쓰기가 여간 성가신 일이 아니라서 편지를 고쳐서 다시 쓰지는 않습니다.

저희 물건이 오늘 들어오기를 희망하고 있습니다. 3주 전 고베에서 제물포로 보내졌는데, 이곳으로 확실히 올 것입니다.

윌킨슨 박사(Dr. Wilkinson)[76]에게서 어떤 것도 듣지 못했습니다. 며칠 전 고베에 도착한 배 "코리아(Korea)"에 그가 있었다는 것을 알고 있었습니다. 그 사람이 상하이에서 저의 수저들을 보낼 가능성이 높습니다.

오웬 의사 가족은 딸 메리(Mary)[77]가 두 살이 되기 전에 배를 타고 가기를 원해서 저희보다 먼저 갔습니다. 헷지(Hedge) 부부는 오지 않았으며, 나중에 윌킨슨 박사와 같이 오겠다는 말을 보내왔습니다. 그런데 그들에게서 저희는 어떤 말도 듣지 못했습니다.

오웬 의사 집으로 가려고 옷을 입어야만 해서 이만 줄입니다.

많은 사랑을 담아 애니 올림

---

75 John Raleigh Mott(1865.5.25~1955.1.31). 미국의 기독교 교육자. 1946년 노벨평화상 수상. 그가 1910년 에딘버러 세계선대회를 개최하며 내건 '이 세대 안에 세계복음화(The Evangelization of the World in this Generation)'가 세계 선교의 주제어가 됨.

76 James Richard Wilkinson(1862.52.2~1935.1.21). 미국남장로회 중국 의료선교사로 쑤저우에서 사역함.

77 Mary Virginia Owen(1901.10.3~1995.3.9).

# 1904년

1904년 1월 13일
한국, 목포

사랑하는 장모님,

저는 이번 주에 장모님 가정에 편지를 쓰는 특권이 저에게 있다고 주장하고 있습니다. 비록 쓸 시간이 더 있었으면 하지만요. 최근에 저희의 모든 여유 시간을 방 꾸미는 데 쓰고 있습니다. 이런 큰일은 정말 유쾌한 일이며 엄청나게 많은 기분 전환이 됩니다. 저는 모든 것이 아내(Annie)에게 최대한 매력적이고 편안하게 될 수 있게 하려고 마음을 굳게 먹었습니다. 장모님께서 오실 때, 이런 저의 수고에 "참 잘했다"는 평가를 받을 것을 기대하겠습니다.

"장모님께서 오실 때"라는 말씀을 보면, 저희는 장모님께서 오실 거라고 이미 아주 확실하게 믿고 있다는 것을 아시겠죠. 장모님께서 약속을 지키시는 분이라고 저희는 생각하고 있으며, 내년 가을 스튜어트(Stuart)[78] 목사와 함께 오실 것을 기대할 것입니다. 분명한 계획을 하기에는 약간 이르지만, 저희 둘은 전체적으로 그런 기대를 하고 살아갈 것입니다. 장모님께 아주 좋은 여정이 될 것이며, "명분"도 괜찮을 것입니다. 저희는 장모님이 『미셔너리』 직원으로 임명되도록 한 다음, 장모님의 유려한 글솜씨로 선교지에서 겪은 일들을 잘 묘사하여 교회가 도움을 받게 할 수도 있습니다.

---

[78] John Leighton Stuart(1876.6.24~1962.9.19). 중국에서 선교사와 대학교수로 50년을 사역함. 미국 Truman 대통령 재임 시 중국대사를 역임함. 프레스톤, Lacy Irvine Moffett(1878.2.10~1957.10.2)과 더불어 진흥운동(The Forward Movement)의 주역임. 1910년 7월 19일 자 편지 참조.

이 말을 하다 보니 제가 장모님께서 보내주신 정기적인 편지들을 얼마나 재미있게 보는지 말씀드려야겠네요. 아내가 제게 그 편지들을 읽어주기 때문입니다. 저희는 도착하는 미국 우편마다 장모님의 편지가 확실히 있다고 기대할 정도가 되었습니다. 신문 기사를 오려서 보내신 것들도 저희의 기운을 북돋아 주고 고향과 더 밀접하게 만들어 줍니다. 지금껏 『샬럿 옵저버』를 2부만 받았는데, 아마도 주소를 잘못 써서 그랬을 것입니다. 목포 대신 무포(Moupo)라고 했습니다.

아름다운 크리스마스 달력을 보내주신 점에 대해서도 감사드립니다. 다름 아닌 달력이었다는 면이 장모님의 사려 깊음에 대한 이중 증거입니다. 이곳에서 달력은 구할 수도 없는데, 저희는 달력을 가져와야 한다는 것을 잊어버렸었습니다.

현재 저희의 사역에 대해서 덧붙일 새로운 것이 없습니다. 아내와 저는 매일 아침 언어 공부를 합니다. 언어 공부가 저에게는 아직 공부같지는 않습니다. 저희가 이용할 수 있는 몇 안 되는 책에서 얻을 수 있는 것은 거의 없으며, 열정적이지만 보통의 지능을 가진 "선생님들"로부터 오가는 말을 파악해야만 하기 때문입니다. 아내는 저보다 훨씬 빨리 언어를 습득합니다. 이따금 밖에 나가서는 아는 모든 것을 사용합니다. 벌써 한국인들이 "변 부인"[79]을 우러러보고 있습니다. 아내는 며칠 전 오후에 저와 함께 사냥을 나가서 딱 한 마리를 쏘았는데 큰 까마귀를 맞췄습니다. 아내가 동산들을 넘어서 7마일을 가서는 되돌아왔는데, 얼굴을 붉혔으며, 장밋빛 얼굴에 행복한 표정이었습니다. 그것이 사냥의 묘미입니다. 아내가 상당히 걷기를 잘하는 사람으로 되어가는 것이 보이시죠.

사람들이 그러는데 한국에서는 아내를 자랑하는 것이 적절한 것으로 여겨지지 않는다고 합니다. 그런데 저는 계속해서 이 관습을 무시하고자

---

[79] 원문에 "Pe-un Poo-en", "Preston lady"라고 되어 있음.

합니다. 그 증거로, 저는 아내가 여왕처럼 이곳에서 지배하고 있다는 말을 덧붙입니다. 만약 장모님께서 제가 아내를 사랑하는 것보다 더 많이 사랑하신다면, 그 이유는 단지 장모님께서 저보다 더 오랫동안 사랑하고 계셨기 때문입니다. 장모님께서 좀 더 좋은 대우를 받으실 수 있으셨으면 하고 제가 바라지만 저는 제가 했던 것과 다른 것을 할 수 없었습니다. 저를 낳아준 어머니를 떠나는 것이 무정했듯이, 장모님을 떠나는 것이 무정했던 것처럼 보였습니다. 장모님이 이 편지를 받으실 즈음에는, 장모님이 상황을 있는 그대로 받아들이셨기를 바랍니다. 원한을 마음속에 품고 계셔서 저희를 힘들게 하지 말아주십시오. 저희가 장모님을 너무도 사랑하기에 그러한 자기 처벌을 바라지 않기 때문입니다.

한국에서의 사역에 대해서 제가 생각하는 것에 대해서 말씀드릴 것이 많지 않습니다. 사역에 대해서 아는 것이 거의 없기 때문입니다. 지금이 제게는 몹시 힘든 시기이며, 가끔 낙담합니다. 이런 것은 아마 자연스러울 것입니다. 아주 활동적인 삶을 살다가 (일시적으로) 강요된 비활동적인 삶으로 들어왔기 때문입니다. 한 달에 몇 차례 영어로 설교하는 기회가 있습니다. 제가 아내와 네 명의 동료 사역자들에게 "설교"하는 것을 상상하실 수 있는지요. 그래도 저는 이런 것마저도 감사합니다.

목포에서 기도 주간을 막 마쳤습니다. 꼭 1년 전에 제가 했던 것과 다르게 하려고, 제가 매일 저녁 참석했다는 말씀을 드립니다. 아내는 대부분 시간을 저와 함께했습니다. 제가 생각하기에 이 기도회 주간은 적은 수의 회중에게 정말 도움이 되었으며, 필요했습니다. 자족(自足)과 "불평"의 기운이 이전에는 확연히 눈에 띄었기 때문입니다.

사진들은 좋은 상태로 왔습니다. 저희는 그 사진들을 매우 좋아합니다. 선교사 사진이 저의 사진과 함께 『미셔너리』에 들어가지 못해서 안타깝습니다. 솔즈베리로부터 그 사진이 보내지지 않았다는 것은 오해였습니다.

작은처남댁(Beulah)이 보낸 편지를 받았습니다. 저 대신 고마움을 전해 주시고, 작은처남 부부[80]에게 곧 편지를 하겠다고 말씀해 주세요.

아내와 저는 더할 나위 없이 건강합니다. 전쟁에 대한 어떤 소문에도 놀라지 마십시오. 혹시 전쟁이 정말 일어날지라도, 우편물이 불규칙한 점을 제외하고는 저희에게는 전혀 영향을 끼치지 않을 것입니다.

장모님의 자녀 둘 다가 많은 사랑을 보내드립니다.

변치 않는 J. 페어맨 프레스톤 올림

---

[80] Samuel Henderson Wiley(1872.3.1~1938.8.6)와 Beulah Bernhardt Wiley(1876.1.12~1945.3.19) 부부.

1904년 1월 15일
한국, 목포

사랑하는 어머니,

오늘은 저의 생일입니다. 그래서 제가 어머니께 편지 쓰는 것을 적어도 시작해야만 합니다. 어머니께 편지를 하며 저녁 시간을 보내려고 생각했는데, 남편(Fairman)이 저에게 생일 잔치를 열어줄 것이기에 오늘 저녁은 시간이 조금밖에 없습니다.

오늘 아침 남편이 저에게 저의 생일이라는 것을 일깨워 주었습니다. 그리고 아침 먹을 때 저에게 공개적으로 말하길 자신이 서 부인을 초대해서 사탕 만드는 데 재능을 사용하도록 할 것이며, 벨 목사는 풍로 달린 냄비(the chafing dish)와 재료들을 제공할 것이라고 했습니다. (서 부인은 스트래퍼 선교사의 한국 이름으로 우리 선교사들은 스트래퍼 선교사를 부를 때 절반 이상 Miss Saw라고 부릅니다.)

## 1월 16일

바로 그때 벨 목사가 들어와서는 『크리스천 옵저버(Christian Observer)』에 교인 중 한 명의 아내에 대해 그가 기고한 글을 읽어주었습니다. 남편이 교인이 되었을 때, 아내는 완벽한 이세벨[81]과 같은 사람이 되어서 남편에게 많은 괴로움을 주었습니다. 남편은 교회 안에서 아내를 위해서 기도하면서 "주님, 주님께서는 제 아내가 저를 얼마나 심히 욕하는지를 아십니다. 제 아내는 정말 이세벨과 같습니다"라고 하곤 했습니다. 스트래퍼 선교사가 그 사람 아내를 보러 갔을 때, 그녀는 스트래퍼 선교사와 전도지

---

[81] 열왕기상 16장 29절~21장 16절 참조. 이세벨(?~기원전 842년경)은 고대 가나안인들이 숭배하던 풍요와 폭풍우의 남신인 바알(Baal)을 섬긴 사람으로 북이스라엘 7대 왕인 아합의 아내였음. 성경에 그녀는 악하고 잔인한 인물로 기록됨.

에 대해서 전혀 관심이 없었습니다. 그랬던 그녀는 약 1년 전부터 교회에 다니기 시작했으며 이번 주에는 세례에 지원했습니다. 그녀에 대한 문답은 아주 만족스러웠습니다만 그녀는 세례교인이 되기 전에 6개월 동안 학습교인반(catechumen class)에서 공부할 것입니다.

어머니께 편지드린 이후 한국 집을 몇 군데 방문했습니다. 첫 번째 집은 제가 남편과 벨 목사와 함께 사냥하러 갔던 먼 시골에 있었습니다. 한 남자 어른과 두 명의 어린 남자아이들이 저에게 집으로 들어오라고 계속 말했습니다. 매우 추웠기 때문입니다. 저는 여자들을 보게 될 것을 예상하며 그 집으로 갔습니다만, 그 남자는 여자들이 없는 방으로 저를 초대하면서, 자신의 담배를 피우라고 요청했습니다! 저는 최대한 빨리 여자들이 어디 있는지 물었습니다. 그 남자와 함께 있는 것을 원하지 않았기 때문입니다. 그러자 어린 남자아이가 여자 두 명이 있는 방으로 저를 데리고 갔습니다. 그 여자들이 저를 어찌나 쳐다보던지요! 그들이 제 신발과 장갑을 만지면서 저에 대한 온갖 것에 대해 말을 해서 저는 전혀 좋지 않았습니다. 그 여자들은 대개가 너무도 더러워서 저는 그들이 저를 만지는 것을 원하지 않았습니다. 이곳 목포에서는 사람들이 저희를 붙잡는 일이 거의 없습니다.

제가 했던 다른 방문들은 훨씬 더 좋았습니다. 저는 스트래퍼 선교사가 가르치는 학생들의 어머니 몇 명을 보려고 그녀와 함께 갔습니다. 단 세 곳만 갔을 뿐인데, 첫 번째 집은 새집이라 매우 깨끗했습니다. 그곳 여자는 매우 우둔해 보였지만 저희를 봐서 매우 기뻐했습니다. 다음 장소는 끔찍하게도 더러웠습니다. (그 집은 어머니께서 '끔찍하게도'라는 말을 사용하는 것도 그럴 만하다고 생각하실 곳입니다.) 또한 그 집 여자는 매우 단정하지 못했습니다. 그녀는 저희에게 매우 잘해주려고 했습니다만, 스트래퍼 선교사는 그 여자가 스트래퍼 선교사가 가르쳤던 학생인 그녀의 며느리가 교회 가는 것을 허용하지 않으려는 것을 알게 되었습니다.

다음으로 간 곳은 큰 집이었는데, 아마도 양반집 중 하나였습니다. 그곳에서 저희는 좋은 대접을 받았습니다. 긴 방에 대여섯 명의 여자가 있었는데 모두 매우 우호적이며 상냥해 보였습니다. 저희가 앉으라고 깨끗한 자리를 펴놓았으며 저희에게 먹을 것을 가져다줄 때까지 저희를 내보내지 않으려고 했습니다. 저는 한국인의 집에서 먹는 것을 좋아하지 않았습니다만, 그들의 마음을 상하게 할 수는 없었습니다. 그래서 저희가 기다렸습니다. 그들이 잘라놓은 귤, 일본 케이크가 있는 낮은 상을 내왔을 때 저는 안심했습니다. 저희는 어떤 어려움 없이 그것들을 먹을 수 있었습니다. 한국 음식도 있었지만, 저희는 한국 음식을 가볍게만 손 댔습니다. 젓가락과 숟가락을 언제 씻었는 지 확신할 수 없었기 때문입니다. 저는 젓가락으로 아주 쉽게 삶은 달걀을 먹을 수 있었고, 스트래퍼 선교사가 저에게 김치 한 조각을 줬기에 그 여자들은 저희가 그들의 음식을 소홀히 했다고 생각하지 않을 것입니다.

저희가 막 떠나려고 할 때, 나이 드신 할아버지께서 들어오셨는데, 어린 손녀의 선생님을 보고 몹시 기뻐하셨습니다. 저는 겸손한 자세로 아무 말도 하지 않았습니다. 제가 혹시 잘못된 표현을 사용할지 모르겠다고 생각했고, 교회 밖에 있는 이런 사람들이 제 말을 이해하지 못할 수도 있다고 생각했기 때문입니다.

전쟁에 대한 소식은 최근 아주 위협적입니다. 그래서 어느 때나 전쟁이 발발하는 것을 들을 수도 있다고 생각합니다. 한국인들은 쌀 가격이 올라갈 것에 대해서 걱정하며 가격이 올라가기 전에 미리 사 두려고 합니다. 벨 목사는 제물포에서 식료품을 구매합니다. 그래서 그는 당장 쓸 것을 절대 많이 가지고 있지 않습니다. 그렇지만 정말 전쟁이 일어나면 저희가 어려움을 겪지 않도록 6개월분의 식료품을 주문하라고 저희가 벨 목사를 설득했습니다. 저희가 전쟁을 느낄 유일한 길은 우편물의 불규칙성일 것입니다. 더 좋은 증기선들 대부분이 운송선으로 바뀔 것입니다. 물론, 저희가 한국에 머무는 데 어떠한 어려움이라도 있다면, 저희는 중국이나 마닐라(Manila) 또는 전쟁에서 벗어난 어떤 곳으로건 갈 것입니다. 비록 혹시라도 한국이 전쟁터가 된다면, 한국의 북쪽 지방이 전쟁터가 될 것이고, 일본과 러시아는 중립국 시민의 재산이나 사람을 감히 건드리지 않을 것입니다. 저희는 미국 국기를 두르고 있을 것이며, 건드릴 수 있으면 건드려 보라고 할 것입니다!

저는 지금 서울에 있는 모든 공사관의 수비대들을 보고 싶습니다. 미국, 영국, 러시아, 일본 군대가 서울에 있으며, 서울 사람들의 눈이 모두 그곳을 보고 있다고 저희 선생님들이 저희에게 말했습니다. 저는 "모든 눈이 보고 있다"는 한국어 표현을 듣고 많이 놀랐습니다.

스트래퍼 선교사가 와서 조계지로 가자고 합니다. 그래서 이 편지를 급하게 그만 멈춰야 합니다.

많은 사랑을 전해 드립니다.

애니 올림

1904년 2월 4일
한국, 목포

사랑하는 "바크먼"[82]에게,

너에게서 편지를 그것도 아주 좋은 편지를 받게 되어 형은 매우 기뻤다. 모든 것과 단절되고 멀리 떨어진 이곳에서, 가족 누구에게든 소식을 들으면 정말로 기운이 솟는단다.

형은 네가 더할 나위 없이 자랑스럽다. 겨우내 너로부터 아주 좋은 보고를 계속 듣고 있었고, 아버지께서 너의 진보에 대해서 언급하며 정말 만족스러워하신다며 보내신 편지를 이제 막 읽었다. 동생아, 바로 그렇게 하는 거란다. 너에게는 대단한 인물이 될 소질이 있다고 형이 항상 말했지. 네게 기회가 있으면 너는 대단한 인물이 될 거다. 사람들에게 네가 할 수 있는 것을 보여주렴. 프레스톤 가문에서 네가 가장 대단한 기록을 남길 것이라 형은 기대한다. 해보렴.

네가 여름 방학 동안 이곳을 방문하면 좋겠다. 네 형수와 형이 우리 방을 아주 좋게 꾸며놨다. 그래서 적어도 그 방들을 보면 고향이 생각난다. 네가 이곳에 오면 즐길 것이 얼마나 많은지! 한 가지 말하면 네가 이곳에 오면 재빨리 훌륭한 사냥꾼이 될 것을 형은 확신한다. 이곳에 있는 온갖 사냥감들은 "개의 등에 난 털만큼 빽빽하다." 형이 벨 목사와 함께 시골로 일주일간 전도여행을 막 다녀왔다. 우리는 총을 가지고 가서는 새를 120마리나 잡았는데, 거위, 오리, 야생 칠면조, 고니, 꿩, 비둘기였다. 형은 재장전하지 않고 여섯 번 사격할 수 있는 연발 산탄총을 가지고 있다. 그래서 형이 절반 이상을 잡았다. 우리는 셔틀랜드 포니같은 조그마한 조랑말을 타고 다녔는데, 위험한 구덩이와 도랑이 이따금

---

[82] Nathan Bachman Preston(1887.8.10~1967.1.18).

있는 좁고 작은 길을 따라 다녔다. 이곳에서 여행하는 방식은 침구류, 요리도구, 개인 물품을 조랑말이 보이지 않을 만큼 쌓아올린 다음, 그 짐 위에 사람을 앉히는 거란다. 발은 조랑말 머리 위에 걸려있고, 조랑말의 뒷발이 갑자기 내려가면, 타고 있는 사람은 뒤로 굴러떨어지기 일쑤다. 벨 목사가 한 번 이렇게 되었다. 한 번은 형이 타던 조랑말이 다리에서 구멍에 빠졌다. 그러자 그 말이 다리 밑 협곡으로 굴러떨어졌다. 형은 조랑말에서 뛰어내려서 다리 밑으로 빠지는 것을 피했다. 그리고 우리는 조랑말을 아무런 피해 없이 끌어올렸다. 고향에서 이랬다면 말이 죽었을 것이다. 우리는 이번 전도여행에서 한국의 진면목을 많이 보았다. 복음이 매우 빠르게 퍼져가는 것과 모든 사람이 기꺼이 복음을 들으려는 것을 발견했다.

여기 사람들은 끔찍이도 가난하다. 형이 유일한 화폐인 한국 엽전 한 "푼"[83]을 동봉한다. 이런 것 700개가 있어야 우리 돈 50센트가 된다. 이런 것 200개가 한 사람의 노동자가 하루 일하고 받을 수 있는 최고의 임금이다. 그런데도, 여기 사람들은 자신들이 하는 복음사역을 기꺼이 경제적으로 지원하려고 한다.[84]

네가 성경을 규칙적으로 공부하고 있고 좋아한다니 매우 기쁘다. 사람이 할 수 있는 어떤 것보다 성경 공부가 더 가치 있는 것이라고 형은 믿는다. 우리는 네가 강하고, 깨끗하며, 순결하고, 남자다운 사람이 되기

---

83  원문에 "cash"라고 되어 있는데, cash는 1푼을 말함. 1전=10 cash, 10전=1냥(yang)임. 즉, 1냥=10전=100푼. Miss Straeffer가 쓴 "Shopping in Seoul"(*The Missionary*, July 1902, pp.334~337에 보면 당시 서울에서는 5전짜리 엽전이, 내륙 지역에서는 구식 1푼 엽전이 사용되었음을 알 수 있음. Miss Straeffer에 따르면 1 dollar gold(미국 화폐 1달러) ≒ 2 dollar silver(일본 화폐 2엔) ≒ 1,000 cash(한국 10냥). 당시 1냥은 노동자의 일당임. 당시 목포선교부에 같이 근무하던 Miss Straeffer가 언급한 화폐의 가치와 프레스톤이 이 글에서 언급한 화폐의 가치가 다름은 주목할 만함.

84  네비우스(Nevius) 선교 정책 세 가지, 즉 1. 자립(自立, Self-Support) 2. 자전(自傳, Self-Propagation), 3. 자치(自治, Self-Government) 중 자립을 말하고 있음.

를 바란다. 네가 그런 사람이 될 수 있는 방법은 성경과 기도를 통해서 하나님과 밀접한 관계를 계속 맺는 것이란다. 네가 이러한 것들을 소홀히 하면, 큰 어려움에 빠진다.

2년 전에 너를 가르치신 선생님을 만났다. 맥코넬스빌(McConnelsville)에 사는 맥코널(McConnell) 교수였는데, 나는 그분을 아주 좋아하게 되었단다. 그분에게 매우 따뜻한 마음으로 형의 안부를 전해주렴. 그러면서 네가 선생님으로 그분을 모셔서 형이 기뻐한다고 말해주렴.

한국 우표를 원하니? 그렇다면, 형에게 알려주렴. 몇 개 보내줄게.

사진을 현상할 시간이 있으면 너에게 사진 몇 장을 곧 보내주마.

형수가 많은 사랑을 보낸다. 물론 형도 보낸다. 우리에게 자주 편지하는 것을 잊지 말고, 네가 무엇을 하는지 알려주렴.

사랑하는 형 페어맨

1904년 2월 6일
한국, 목포

사랑하는 어머니,

이곳에서는 제가 하기로 계획하는 것들 절반도 못하고 몇 주가 그냥 지나가 버립니다. 제가 답장하지 못한 편지들이 높이 쌓여만 갑니다.

뭔가를 하는 데 있어서 늦어지는 이유는 "동양 사람들에게 뭔가를 서둘러 하게 하는 것"은 치명적이며, 저희는 그저 기다리기만 할 뿐 불평하지 말아야 함을 배워야만 한다는 사실 때문입니다. 크리스마스를 한참 앞두고 저희가 액자를 주문했는데, 이번 주에야 액자에 사진을 넣을 수 있었습니다. 거실에다가는 액자를 거의 다 매달아 놨는데, 침실에는 아직 하나도 걸지 못했습니다. 그래도 침실은 훨씬 아늑해 보입니다. 어머니 사진은 제 책상 너머에 그리고 언니 사진은 책상 위에 있습니다. 큰올케와 큰오빠의 사진은 아직 달지 않았습니다. 오늘 작은올케와 조카 로라(Laura Linn)[85] 그리고 '천사들'의 사진을 넣을 액자를 주문했습니다. 작은오빠와 작은올케(little "Sister") 사진을 액자에 넣을 것입니다. 존(John)[86] 오빠의 사진은 액자에 넣었습니다. 외삼촌과 사무엘(Samuel)이 사진을 보내주고, 형부(Mr. Murphy)와 언니가 사진을 보내준다면, 저는 고향에 있는 모두의 사진을 갖게 될 것입니다.[87] 올리가 저를 위해 자기 사진을 한 장 찍으면 좋겠습니다.

이 우편물을 통해 존슨 선교사가 찍은 세 장의 사진을 보내려고 합니다. 선교사들 집을 찍은 사진이 아주 좋습니다. 겉모양으로는 오웬 의사

---

85  Laura Linn "Lala" Wiley Lewis(1898.7.11~1979.12.29).
86  John Marion Wiley(1869.1.13~1898.3.29).
87  프레스톤 부인은 4남 2녀의 막내로, 오빠가 4명인데 이 중 둘째 Sandie는 5세에, 셋째 John은 29세에 사망함. 바로 위에 언니가 1명 있음. 1900년 인구총조사에 따르면 의사인 외삼촌이 같은 집에 살고 있음.

의 집이 훨씬 예쁘지만, 집 안의 모습은 벨 목사의 집이 더 예쁩니다.

교회 사람들을 찍은 사진도 좋습니다. 교인 얼굴들 대부분이 제게 매우 친숙해졌습니다. 김 집사 옆의 노인은 김 집사의 어머니인데, 교회에서 가장 좋은 사람입니다. 김 집사 뒤에 오른쪽으로는 이 서방입니다. 이 서방은 남편(Fairman)의 언어 교사입니다. 아기를 데리고 있는 오른쪽 첫 번째 사람은 저희 요리사이며, 그 사람 옆에 어린 딸과 함께 있는 사람은 스트래퍼 선교사의 하인입니다. 스트래퍼 선교사는 그 어린아이를 무척 좋아합니다.

벨 목사의 현관에서 찍은 선교사 단체 사진은 좋지 않습니다. 보시면 아실 것입니다.

존슨 선교사가 저희에게 보내준 달력을 보실 수 있으면 좋을 것입니다. 달짝지근한 1904년 달력인데, 그 달력에는 고베에서 그가 저희를 찍어준 사진들이 연달아 있습니다. 첫 번째는 "순수하게 훈계를 받아들이기", 두 번째는 "신부의 모습", 마지막은 "한 번 더 행복한"이라는 사진입니다. 그 아래에 그는 "남자가 새로운 것을 알기에 결혼만한 것은 없습니다. 왜냐하면 신랑은 신부가 자기 것이라고 생각하지만, 반대로 자기가 신부의 것이라는 것을 알게 되기 때문입니다"라고 썼습니다.

다른 사진들과 함께 사진 몇 개를 동봉하겠습니다.

밤이 깊어가고 있습니다. 그래서 우편물에 이 편지를 보내려면 더 이상 쓸 수가 없습니다. 아마도 사진들을 내일 떠나는 증기선에 보내지 않을 수도 있습니다.

작은오빠 부부가 보냈다는 물건들은 도착하지 않았습니다. 그것들을 잃어버려 무척 마음 아픕니다.

고향에 계신 가족들께 사랑이 가득한 마음을 전합니다.

사랑하는 애니 올림

남편이 전할 소식이 너무도 많아서 그 소식들을 전하려면 편지지 한 장이 더 필요할지도 모릅니다. 남편은 어머니의 편지를 아주 재미있게 읽고 어머니께 편지드리겠다는 내용을 쓰려고 합니다. 제가 어머니 편지를 정말 재미있게 읽습니다. 물론 저는 고향에서 일어나는 가장 작은 일에도 관심이 있으며 어머니께서 모든 것에 대해서 편지해 주시길 바랍니다. 오늘 제가 "자나 깨나, 나는 잊을 수 없다"라는 말을 새롭게 표현하는 것을 배우고 있었습니다. 저의 언어 교사가 어머니 사진을 가리키면서 "당신은 자나 깨나, 당신의 어머니를 잊을 수 없다"고 했습니다. 그 사람 말이 맞았습니다.

1904년 2월 10일
한국, 목포

사랑하는 장모님,

제가 장모님께서 아내(Annie)에게 보내주신 편지를 아주 재미있게 읽었기에 장모님께 아주 긴 편지를 빚지고 있다고 느끼지만, 우선은 처형(Miriam)에게 쓰는 편지에 장모님께 짧은 글을 동봉합니다. 장모님의 편지에 건강한 기운이 느껴지고 장모님의 힘든 싸움에서 주님께서 장모님께 주신 확실한 승리에 저희는 기뻐합니다. 장모님에 대해서 깊이 공감하지만, 기도 말고는 또한 장모님과 제가 사랑하는 아내에게 최대한 헌신하는 것 말고는 장모님을 따로 도와드릴 방도가 없음을 느낍니다. 기도와 아내를 사랑하는 일은 지금까지 해왔고 앞으로도 계속할 것입니다.

전쟁이 진행 중이나, 장모님께서 절대 크게 염려하며 걱정하지 마십시오. 제가 받은 지난번 편지를 보면 본가 가족들도 흥분하고 있는 것처럼 보이기에, 장모님께서도 그러시리라 생각합니다. 진실은 이렇습니다. 저희는 한국에서 가장 안전한 곳인 목포에 있고, 이곳은 전쟁터에서 가장 멀리 떨어져 있습니다. 혹시라도 위험이 일어난다면, 저희는 신속히 통보받고 안전한 곳으로 갈 것입니다. 아내가 한국에서 안전하지 않다는 것이 확실해지면 제가 아내를 고향으로 데리고 갈 것을 확신하고 계십시오. 현재로서는 다른 어느 곳에서나 마찬가지로 안전하다고 느낍니다. 다만 우편물이 불규칙한 점은 아쉽긴 합니다.

어제 어떤 미국인 신문기자가 목포를 통해서 왔는데, 그는 많은 어려움을 겪고 있었습니다. 그는 미국의 신문사 네 곳을 대표해서 왔습니다. (제가 우여곡절을 겪었던) 시모노세키에서 그는 길에서 놀고 있는 몇몇 어린이 사진을 찍었다는 이유로 체포되었습니다. 일주일 동안 구류되었고, 사진기는 압수당했으며, 사진 찍는 틀은 으깨졌습니다. 물론 그 사람은 타고 갈 증기선도 놓쳤습니다. 그가 한국 부산에 마침내 도착했지만, 그는 전쟁이 벌어져서 그가 타고 갈 증기선이 더 이상 가지 않는다는 말만 들었습니다. 바다에서 뭍으로 가면서, 그는 목포로 가는 작은 배를 탔습니다. 그 배는 도착하자마자 정부 수송선으로 탈취되었고, 그 불행한 사람은 다시금 바다에서 뭍으로 가게 되었습니다. 모든 증기선이 취소되었다는 것을 듣고는 자포자기한 그 사람은 조그마한 거룻배를 하나 고용해서 서울에 도착하려고 해안을 따라 올라갔습니다. 그 일은 어제 있었는데요, 오늘 놀랍게도 (서울의 항구인) 제물포로 가는 한 척의 한국 증기선이 기적을 울리며 들어왔습니다. 그 배를 그 신문기자가 쉽게 탈 수도 있었을 것입니다. 요즈음 이곳에서 여행자의 삶은 이렇습니다.

저희는 어제 제물포에서 일본 해군과 러시아 해군이 벌인 큰 전투에 대한 자세한 소식에 대해 호기심을 가지고 기다리고 있습니다. 오늘 일본의 승리를 축하하는 깃발이 날리고 있습니다.

일본이 아주 이른 시간에 한국을 소유할 것이고, 바다를 휩쓸어 버리고, 운송수단(communication)을 계속 열어놓을 가능성이 높습니다. 저희는 이 군사적 갈등이 이들 두 강대국에만 한정되기를 바라고 기도합니다. 다른 강대국이 끼어들면 언제 끝날 지를 알 수 없기 때문입니다.

럼플 박사님과 코잇 부인과 다른 사람들에게 저의 사랑을 전해주십시오. 작은처남댁(Beulah)에게 제가 편지 한 통을 빚지고 있으며 제가 잊지 않고 있다고 말해주세요. 작은처남댁의 안전한 회복 소식을 들어서 저희는 기쁩니다.

많은 사랑을 전합니다.

사랑하는 페어맨 올림

1904년 2월 10일
한국, 목포

사랑하는 어머니,

저녁 전에 제가 큰올케(Marion)에게 편지를 쓰면서, 벨 목사가 서울에 방문하는 것에 대한 내용을 적고 있었습니다. 저녁 때 벨 목사가 알렌(Dr. Allen)[88] 공사로부터 절대 "불가"를 알리는 전보를 받았습니다. 그래서 그가 서울로 가는 것은 현재로서 불가능합니다.

저희에 대해서 걱정하지 마십시오. 저희는 목포에서 전적으로 안전하며, 앞으로도 계속 그럴 가능성이 큽니다. 만약 어떤 두려움이라도 갖게 된다면, 저희는 이곳을 떠나서 미국 항구나 영국 항구로 갈 것입니다.

저희에게 한국어는 어떻게 되고 있는지 물으셨지요. 현재, 제게 아주 훌륭한 언어 교사가 있어서 한국어에 문제가 없습니다. 그 선생님은 상류층 출신이고 드물게 지적이며, 중국어와 일본어를 알고 있고 일본에 다녀온 적도 있습니다. 선생님의 아내는 에비슨 박사(Dr. Avison)[89]와 함께 서울에서 공부하고 있으며, 부부가 의학을 공부하러 미국으로 가기를 원합니다. 선생님께선 제가 잘하고 있다고 하시는데, 사람들 말로는 한국 선생님들은 다른 사람이 듣기 좋은 소리를 잘한다는군요.

이번 여름에 집안 살림을 할 것을 기쁜 마음으로 고대하고 있습니다. 스트래퍼 선교사가 저에게 요리를 조금 가르쳐 줄 것입니다. 벨 목사에게는 많은 딸기가 있으며, 이곳에서 토마토도 잘 됩니다. 그래서 저희는 이곳에서 고상한 삶을 살 것이며 저장해 놓을 것이 많을 것입니다. 우편과 화물이 불확정적인 상태에서 패터슨 부인(Mrs. Paterson)에게 물건을 사달라고 할지 말지 모르겠습니다. 이곳에서 많은 것을 살 수는 있지만,

---

88　Horace Newton Allen(1858.4.23~1932.12.11).
89　Oliver R. Avison(1860.6.30~1956.8.29).

가격이 매우 높습니다.

저희는 서재에 쓸 거친 모포를 제외하고 방을 전부 꾸몄습니다. 모포는 일본에 있는데 언제쯤 그것을 보게 될 지 모릅니다. 아마도 곧 오겠지요. 다른 증기선들이 일본 증기선의 자리를 대체할 가능성이 크기 때문입니다.

오늘 어머니로부터의 편지를 받지 못해 실망했습니다. 미국 우편물이 오면 항상 어머니 편지가 있을 것으로 기대합니다.

저희는 저희가 보내는 편지가 먼저 제물포로 보내지는 것을 알게 되었습니다. 벨 목사가 한국인 우체사(郵遞司) 장을 호되게 나무랐습니다. 그런데 지금은 우편물이 어떻게든 꼭 보내지기만을 바랍니다.

저희 편지를 증기선으로 보내야 할 시간이 되어서 이만 작별을 드립니다.

　　　　　　사랑하는 애니 올림

1904년 2월 10일
한국, 목포

사랑하는 어머니,

어머니께 일찍 편지하지 못한 것에 대한 사죄의 말씀으로 이 편지를 시작하고 싶습니다. 저는 시골에 8일간 다녀왔습니다. 돌아와서는 편지를 거의 쓰지 못했습니다. 뒤처진 사역을 따라잡느라 바빴기 때문입니다. 사과를 드리면서도, 타자기에 대해서 한 말씀드리려고 합니다. 이번에는 용서해 주세요. 이 편지를 오늘 예상치 못하게 입항한 증기선 편으로 보내려고 하기 때문입니다.

일본과 러시아 사이의 전쟁이 결국은 발발했습니다. 비록 저희가 겉보기에는 전쟁과 아주 가까이 있는 것 같지만, 한국의 통신이 좋은 것은 아니라서 어느 것도 아주 신속하게 들리지는 않습니다. 어제 서울에서 전보가 왔는데, 어제 제물포 앞바다에서 격한 해전이 있었다는 것이며, 아마도 일본 쪽이 승리했다는 것입니다. 일본군이 서울로 들어오고 있었답니다. 오늘 들어보니 일본이 러시아 군함을 서너 척 파괴했으며, 이곳의 남쪽에서 상선을 세 척 사로잡았다고 합니다. 오늘 이곳 조계지에서는 승리를 축하하는 일본 국기가 휘날리고 있습니다. 어디에서 이 전쟁이 끝날지는 물론 아무도 장담 못하지만, 저희는 목포에서 완전히 안전하다고 느끼고 있으며 서울에 있는 알렌 공사가 이곳에 있지 말라고 충고할 때까지는 계속 이곳에 있을 것입니다. 어떤 위험이라도 있으면 알렌 공사가 저희에게 신속하게 통보할 것입니다.

제가 전에도 편지에서 말씀드렸듯, 저희에게 있어서 이 전쟁의 가장 큰일은 이곳에 들르는 증기선들의 불규칙성에 의해서 생기는 고립이라는 성가심과 불편함입니다. 이곳에 기항하는 증기선들 대부분은 일본기를 휘날리고 있는데 그 배들이 이미 기약 없이 취소되었습니다. 오늘 아침까지 일주일간 우편물을 전혀 받지 못했는데, 오늘 아침에야 부산에서 오는 한국 증기선에 실린 우편물을 약간 받았습니다. 이 증기선은 제물포로 가는 것인데 이 배편으로 편지 몇 통을 보내려고 합니다. 언제 다른 기회가 생길지 저희가 확신할 수 없기 때문입니다.

멀리 떨어진 이곳의 정치적 상황에 대해서 더 이상 어떤 것을 말하는 것은 거의 가치 없습니다. 어머니께서 새로운 소식을 알게 될 것이고 이곳에 있는 저희보다 더 일찍 상황을 이해하실 것이 거의 확실하기 때문입니다. 어머니께서는 직접 연락이 닿는 전신 업체들이 있습니다. 일본이 한국을 즉시 손에 쥐게 될 것입니다. 이것은 의심할 나위 없습니다. 어제 수천의 일본군이 서울로 진입했습니다. 오지(娛地)에서 약간의 반란이 일어날 가능성이 높습니다. 그러나 그래도 이곳에 있는 저희에게 영향을 주지는 않습니다. 일본인들이 이 상황을 성공적으로 다룰 수 있을 것은 확실합니다. 한국 정부는 무능합니다. 국왕은 그저 장식품이며, 한국이 전쟁에서 선포한 "영원한 중립"은 한 편의 소극(笑劇)입니다. 한국이 "영원한 중립"을 실제로 행할 수 없기 때문입니다. 한국은 적어도 초기에는 전쟁터가 될 것입니다. 그리고 서울의 북쪽은 가장 험한 군사 갈등의 일부가 될 것입니다. 현재 저희는 이 전쟁에서 가장 멀리 떨어져 있으며, 아마도 계속 그렇게 할 것입니다.

저희에 대해서 전혀 걱정하지 마십시오. 걱정할 일이 전혀 없습니다. 어떤 어려움이 있어도, 저희가 빠져나가는 데는 충분한 시간이 있습니다. 알렌 공사는 매우 신중한 사람이며, 모든 미국 시민권자의 안전을 보장하기 위한 어떠한 예방책도 소홀히 다루지 않을 것입니다.

아내와 저는 더할 나위 없이 계속 건강하며 언어 공부에 매진하고 있습니다. 한국어는 매우 어렵습니다. 한국어는 제가 생각했던 것보다 훨씬 더 어렵지만 점차로 제 처방을 잘 듣고 있습니다. 저희는 저희 방에서 아주 편하게 지내며, 고향집에 있는 것처럼 느낍니다. 벨 목사가 가장이던 곳에서 약 2개월 뒤면 저희가 주인으로서 살림할 것을 기대하고 있는데, 가을까지 그렇게 할 것입니다. 이런 일에는 엄청난 책임이 따를 것입니다. 저희가 한국어는 "완전 초보"이기 때문입니다. 그래도 어떻든 이 일로 엄청난 진보와 경험이 있기를 저희는 바라고 있습니다. 벨 목사가 가을에 다시 살림을 시작할 것이기에 단지 일시적으로 살림하는 것이 안타깝습니다. 따라서 저희 계획은 아주 불확실합니다. 벨 목사는 4월 1일 이곳에서 미국으로 떠날 예정입니다. 그는 4월 1일 버지니아 노폭(Norfolk)의 마가렛 불(Miss Margaret Bull)과 결혼할 예정이고 새 신부와 두 자녀[90]를 8월에 데려올 것입니다. 그런데 약혼이 아직 공식적으로 발표된 것이 아니니, 그곳에서는 이 일에 대해서 어떤 것도 말하지 마세요.

뉴욕에서 보낸 저희의 마지막 화물에 대해 전혀 듣지 못했습니다. 선하증권이 보내지지 않아서 제가 매우 혼란합니다. 뉴욕의 필립스(Phillips) 회사가 제이미(Jamie)에게 선하증권을 보냈을 것인데 그 아이가 책상 속에 처박아 놓았는지도 모릅니다. 제게 그 증권이 있다면, 일본 고베에서 그 물건을 목포로 직접 보낼 수 있을 것입니다. 그런데, 지금 전쟁이 진행 중이라 저희가 그 화물 상자들을 언제 받을 지 모르겠습니다.

지난주에 받은 아버지의 편지를 잘 읽었고 곧 답장할 것입니다.

모든 이에게 저희 부부가 많은 사랑을 전해 드립니다.

사랑하는 페어맨 올림

---

90  Eugene Bell 목사는 결혼을 세 번 하는데 첫 아내는 Charlotte Ingram "Lottie" Witherspoon Bell(1867.5.13~1901.4.12)로 두 사람은 1894년 6월 26일 결혼하였으며 아들 Henry Venable Bell(1896.5.27~1967.6.8), 딸 Charlotte Witherspoon Bell Linton(1899.1.6~1974.5)이 있었음. 첫 번째 아내가 병사한 후 결혼한 두 번째 아내 Margaret Whitaker Bull Bell(1873.11.26~1919.3.26)은 군산에서 사역한 Bull 선교사의 누나로, 이들은 1904년 5월 9일 신부 쪽 고향인 Norfolk에서 결혼함.

1904년 2월 17일
한국, 목포

사랑하는 아버지,

아버지께서 보내주신 1월 4일 자 좋은 편지가 신속하게 도착했습니다. 이 편지는 직접 손으로 쓰셔서 더 고마웠습니다. 손으로 쓰신 편지를 아버지께 받아본 것이 참 오랜만인 것 같습니다. 편지를 읽는 데 아무 문제가 없었습니다. 아버지의 손글씨를 알아보는 데에 어떠한 어려움도 없었습니다. 제가 아버지의 편지에 대해 응답하고 있는 것 보이시죠!

대학[91] 문제에 있어 아버지의 조치에 관한 소식은 예상 밖이 아니었습니다. 저는 그렇게 되리라 예상했으니까요. 확실히 최선이었습니다. 아버지께서 그 사역에 대해 아주 열정적으로 하신 말씀과 그 일을 끝까지 완수하겠다는 아버지의 결심을 들어서 매우 만족스럽습니다. 아버지께서는 하실 수 있습니다. 사우스캐롤라이나에는 고무적인 것이 많지 않습니다. 그런데 그런 곳이 활기찬 사람을 필요로 하는 바로 그런 곳입니다.

---

[91] 1901년 6월 5일 자료에 따르면 프레스톤 목사의 아버지는 그린빌 소재 치코라 대학(Chicora College)의 학장이었음. 당시 치코라 대학은 여자대학이었으며, 프레스톤의 아버지는 교회 목사로 치코라 대학을 노회(presbytery) 또는 대회(synod)에서 운영하는 기독교 대학으로 만들고자 하였고 1906년 마침내 노회에서 운영하는 학교로 만드는 데 성공함.

He was called in connection with the pastorate in Greenville to the presidency of Chicora College in prospectus. He began in a rented residence in 1896, and closed his administration in 1906 with two boarding pupils, and eighty-six boarders, besides a large number of day pupils. All who know its history concede that Dr. Preston was the leading spirit in the building of Chicora College. For years Dr. Preston labored to make Chicora a presbyterial or synodical college, and he succeeded in 1906, the health of his family and his own health requiring him to retire from the presidency. Chicora College stands today as a monument to Dr. Preston's eleven years of laborious effort and great sacrifice. (*Richmond Times-Dispatch*, February 7, 1909)

해가 지날수록 그 대학의 명성은 더 높아지고 그 대학의 미래가 좀 더 확실해집니다. 일이 어떻게 되어가는지 저에게 계속 알려주십시오.

아버지께서 일본과 러시아의 전쟁에 대해서 요즘 더 많은 관심을 보이실 거라 생각합니다. 사실, 아버지께서는 그 상황의 소식을 저보다는 훨씬 더 잘 아실 위치에 있습니다. 그리고 아버지께서는 실제로 저보다 더 일찍 무슨 일이 일어나고 있는가에 대한 소식을 듣고 계십니다. 이달 9일 전투가 시작된 후, 저는 일본에서 어떤 우편물도 받지 못했으며, 오고 가는 배도 매우 산발적입니다. 제가 『고베신문』을 구독하는데, 내일 일본에서 들어올 것으로 예상되는 증기선에서 공식적인 소식 몇 가지를 받기를 바라고 있습니다. 저희에게 도착한 보도를 보면, 일본이 바다에서 러시아를 휩쓸어 버리고 있는 것처럼 보입니다. 저희는 일본이 제물포항에서 러시아 배 두 척을 침몰시켰다는 것, 지뢰를 가진 배로 뤼순항(Port Arthur)[92]의 러시아함대를 공격하여 그중 몇 척에 심하게 타격을 입혔다는 것, 일본 홋카이도 연안의 해협을 통과하려고 시도하는 1만 톤이 넘는 전투함 세 대를 침몰시켰다는 것, 그리고 러시아 군인 1,100명이 넘게 타고 있던 두 척의 수송선을 부산 근처에서 나포했다는 것을 알았습니다. 일본군이 서울에서 러시아군을 휩쓸어 버렸다는 것도 알고 있습니다. 저희는 이 모든 것에 대한 세세한 내용과 공식적인 확인을 초조히 기다리고 있습니다. 만약 이것이 사실이라면, 이곳 바다에서는 일본 해군의 우월성이 확고해 보입니다. 바다에서의 우월성은 일본에게는 모든 것을 의미합니다. 러시아가 수많은 군대를 한국으로 쏟아부어서 일본군을 박살내느냐 마느냐는 다른 문제입니다. 저희는 일본 해군이 그렇듯 일본 육군도 능력을 발휘할 것이라고 믿는 경향이 있습니다.

---

92  뤼순(旅順, 여순, Port Arthur)은 중국 랴오닝성 다롄시의 행정 구역임. 중일전쟁과 관련하여 1894년 11월의 뤼순 대학살(Port Arthur Massacre)과 러일전쟁과 관련하여 1904년 2월의 뤼순항 해전(Battle of Port Arthur) 참조.

다시 한번 앞선 편지에 쓴 것을 말씀드립니다. 즉, 저희에 대해서 어떤 걱정하실 일도 없다는 것입니다. 저희는 한국에서 가장 안전한 곳에 있습니다. 저희가 군사적 전략 지역 관점으로 가장 후미진 구석에 있기에 전쟁의 영향이 이 지방까지는 전혀 오지 않을 확률이 높습니다. 만약 전투가 이곳으로 향하게 된다면, 저희는 충분한 경고를 받게 될 것이고, 안전을 위해 필요한 예방 조치를 취할 것입니다.

한국의 동해안을 따라서 쭉 올라가다 3분의 2지점에 있는 원산에서 서해안을 따라 올라가다 중간 지점에 있는 제물포까지 작은 증기선들이 운영되고 있다는 것을 제가 말씀드리면 아버지께서는 일본이 현재 상황을 매우 잘 관리하고 있다는 것을 추측하실 수 있습니다! 뤼순항에 있는 요새들의 대포로부터 보호받는 러시아 배들이 항구 밖으로 나오는 것을 보는 것보다 일본이 기뻐할 것은 아마도 없을 것 같습니다. 뤼순은 지브롤터(Gibraltar)[93]와 같다고들 합니다.

저희의 언어 공부는 더디게 진행되며 때때로 매우 지루합니다. 다른 사람이 설교하는 것을 옆에서 지켜봐야만 하는 것은 제 몸에 대한 시련입니다. 저희가 경계해야 할 가장 큰 위험은 시야가 좁아져 가는 것입니다. 이러지 않기 위해서, 책과 신문은 저희의 주요한 피난처입니다. 아버지께서 저를 너무도 잘 알고 계시니 목포선교부가 침울해질 위험은 없다고 생각하십시오. 벨 목사도 저와 같은 기질을 가지고 있으며, 우리는 계속 이곳의 삶을 밝게 만들고 있습니다. 저는 몇 사람 되지 않는 우리 선교사들에게 한 달에 서너 번 영어로 설교하는 기회를 가집니다. 그 시간을 제가 기쁜 마음으로 활용합니다. 다섯 명의 청중에게 익숙해지는 것이 어려웠지만, 지금은 적응하고 있습니다.

지난가을에 보내졌어야 할 저희 상자에 대한 선하증권에 관한 저의

---

93  지중해의 대서양 방향으로, 이베리아반도 남부에 있음. 대서양과 지중해를 잇는 지브롤터 해협의 군사 요충지로 1713년 4월 11일 영국에 양도됨.

편지를 아버지께서 받으셨기를 기대합니다. 관계자들에게서 어떤 말도 아직 없는데, 지금 전쟁이 진행 중이기에, 저희가 그 상자들을 언제 받게 될지 알 수가 없습니다. (1일에 보내드린) 저의 편지를 아버지께서 받으시자마자 선하증권을 제게 보내셨다면, 제가 상자들에 대해서 듣기 전에 그 선하증권을 받는 일이 전혀 불가능한 일은 아닐 것이며 그것들이 어디에 있는지 추적하는 것도 가능할 것입니다.

저는 현재 고향에 있는 모든 이에게 편지를 빚지고 있습니다. 곧 어머니께 편지를 드릴 것입니다. 아버지의 건강뿐 아니라 어머니의 건강이 크게 향상되기를 바랍니다. 아이다(Ida Two)[94]와 야네프(Janef)에게 말씀하셔서 저희에게 편지하라고 해주세요. 바크먼에게서 좋은 소식을 들어 기뻤습니다.

아내(Annie)와 저는 둘 다 건강하며 행복합니다.

모든 이에게 사랑의 입맞춤을 전합니다. 그리고 소식을 묻는 친구들에게 안부를 전합니다.

사랑하는 아버지의 아들 페어맨 올림

추신: 아버지께서 저에게 목화씨 약 12개를 그것도 (큰) 좋은 품종으로 보내주시면 좋겠습니다. 전킨 목사의 안부를 전합니다. 전킨 목사는 아버지와 "어린 딸"을 애슈빌(Asheville)에서 한 번 만났으며, 기차에서 아버지와 함께 여행했습니다.

---

94　Ida Sutphen Preston(1889.9.16~1971.1.9). 프레스톤 어머니와 이름이 같기에 프레스톤의 집에서는 Ida를 Two라고 부른 것으로 보이며 편지에도 "Two"로 표시된 것이 대부분임.

1904년 2월 19일
한국, 목포

사랑하는 어머니,

오늘 아침에 일본으로 가는 증기선이 있습니다. 증기선은 적어도 가려는 시도는 할 것입니다. 일본이 바다를 휩쓸고 있는 것으로 보이기에, 그 배는 아마도 안전하게 갈 것입니다. 저는 저희 언어 교사들이 오기 전에 몇 통의 편지를 쓰려고 합니다. 요즈음 증기선이 너무도 불확실하기에 편지 없이 그냥 증기선을 보낼 수가 없습니다.

요즘이 한국의 새해[95]인데, 모두가 축제 복장을 하고 있습니다. 적어도 겉모습으로는 그렇습니다. 한국인의 옷은 새것이고 깨끗할 때 매우 예뻐 보입니다. 결혼 적령기 즉 약 14세나 15세 처녀들은 안에 통으로 된 하얀 바지를 입고 그 위에 밝은 색깔의 치마를 두릅니다. 그리고 머리에는 하얀 천이나 치마를 씁니다.

어제는 몸이 아주 좋지 않았고 끔찍한 향수병이 생겼으며, 한국이 너무도 싫어졌습니다. 남편(Fairman)이 저를 치료해 주려고 데리고 나갔습니다. 조계지를 지나 내려가서 방파제를 따라 바닷가 바로 옆에 있는 작은 소나무 숲으로 가면서 즐거웠습니다. 저희는 햇빛을 받으며 따뜻한 바위에 걸터앉았고, 햇살과 바다와 소나무 향을 즐겼습니다. 어떤 한국인도, 한국 집도 눈에 보이지 않았습니다. 제가 진정되고 나서, 저희는 해안을 따라 계속 걸었습니다. 일본인 거류지에 가깝게 나무들이 있었으며, 바위들을 보니 케이프 앤(Cape Ann)[96]이 생각났습니다. 저희는 작고 예쁜 마을에 갔는데, 그곳 사람들이 저희에게 아주 잘해주었고, 매우 격식 차린 언어를 사용하였으며, 그곳 관리가 머무르는 곳으로 저희를 초

---

95  1904년 2월 19일은 음력으로 1904년 1월 4일임.
96  매사추세츠 주의 북동쪽에 있는 바위투성이의 반도에 위치함.

대했습니다. 그 관리도 아주 잘 대해주었으며, 저희에게 들어오라고 재차 말했습니다만 저희가 그곳에 있는 것이 흥미롭거나 도움이 될 만큼 언어를 이해하기에는 너무도 많은 어려움이 있어서 이번에는 거절했습니다. 계속 걸어가다 증기선이 들어오는 것을 봤으며, 예쁜 작은 해변 몇 개와 야생 명자나무를 발견했고, 정말 좋은 시간을 보냈습니다. 저희가 끔찍한 작은 집을 지나가고 있었을 때, 어느 여자가 밖으로 나오더니 누군가가 아프다고 말하면서 그 집으로 들어오라고 계속 말했습니다. 그녀에게 육체적으로나 영적으로나 어떤 것도 할 수가 없었고, 늦어지고 있어서 저희는 거절했습니다. 다음 작은 집에서, 사람들이 또 집 밖으로 나와서는 저희더러 들어오라고 재촉했습니다. 마침내 늙은 남편이 나와서는 "그래요. 여기 천연두가 있습니다. 꼭 들어오세요"라고 했습니다. 저희가 아니요, 괜찮습니다다라며 거절했다는 것은 말할 필요가 없습니다. 저희 둘 다 지난달에 접종받았습니다. 그리고 저의 접종은 잘 됐습니다. 그것에 대해서 저는 어제 오후 매우 고마워했습니다. 물론, 저희는 신선하고 차가운 바람을 맞으며 나갔습니다. 그리고 사람들과 매우 가깝게 다가가지는 않았습니다만 저희가 최근에 접종받았다는 것이 저는 기뻤습니다.

    목포에서 제가 그렇게 좋은 산책을 한 적은 없었다고 생각합니다. 저희는 2시부터 6시 이후까지 있었으며, 등산하며 적어도 5마일을 오르락내리락했습니다. 되돌아오는 길에 꺾꽂이하려고 명자나무 가지를 많이 가지고 왔습니다. 그러고 나니 훨씬 기분이 좋아졌습니다. 어젯밤 남편이 『자스민 신부』[97]를 벨 목사와 저에게 크게 읽어줬습니다. 그 일 후에 저는 너무도 졸려서 제 편지를 쓰지 못했습니다.

---

97  *The Jessamy Bride*는 Frank Frankfort Moore(1855~1931)가 1896년에 쓴 소설로, 18세기 후반 영국 사교계가 배경인데, 사랑하지 않는 남자와 강제로 결혼하게 된 Jessamy라는 젊은 여성에 관한 이야기임.

어머니께서 한국으로 오실 때, 우리는 함께 책을 읽으며 아주 좋은 시간을 보낼 것입니다. 남편과 저는 에더스하임(Edersheim)이 쓴 『메시아, 예수 그리스도의 생애와 시대』[98]를 지금 읽고 있습니다.

제가 제 사진을 얼마나 좋아하는지 어머니께 말씀드렸는지 모르겠습니다. 저는 『미셔너리』에 있는 결혼 예복 머리장식(wedding dress heads) 중 하나를 가질 수 있었으면 하고 바랍니다. 언니 사진이 아름답네요. 언니는 아주 상냥하고 자연스러워 보입니다. 평소 사진에서 보이는 그런 꾸민 모양이 아닙니다. 언니에게 말해서 세이 씨에게 전해달라고 하세요. 그 사진들이 제 마음에 쏙 든다는 것을요.

저는 패터슨 부인(Mrs. Paterson)에게 보내지 않고, 런던에 있는 화이트비스(Whitebys)에게 보낼 것을 거의 결정했습니다. 홉킨스 부인은 상품 목록을 많이 가지고 있습니다. 그래서 저는 누구든 신경 쓰게 만들지 않을 수 있습니다.

얼마 전 영국(England)의 스톤브릿지(Stonebridge)에 있는 메이 존스(May Jones)로부터 아주 좋은 편지를 받았습니다. 그녀는 제가 큰올케에게 자기 소식을 전해주기를 바랐습니다.

제가 살림하는 데 있었으면 하고 바라는 요리법 목록을 동봉하려고 합니다. 잠시 살림을 할 기회를 갖게 되어 기쁩니다. 이번 겨울에 벨 목사 집에 있었던 것도 아주 좋았지만, 저라면 오랫동안 집에 다른 사람을 묵게 하는 것에 동의하지 않을 것입니다.

언어 교사들이 왔는데, 다른 편지는 쓰지 못했습니다. 어머니께 드리는 편지를 항상 먼저 써야 합니다. 부산에서 증기선이 들어오기에 오늘

---

[98] 유대교에서 기독교로 개종한 유대인 철학자 Alfred Edersheim(1825~1889)이 써서 1886년 출판된 1,600쪽이 넘는 책으로 원제목은 *The Life and Times of Jesus the Messiah*. 당시 유대교 랍비와 탈무드의 글을 참조하며 예수의 생애와 예수가 행한 일들을 생생하게 다루어서 당시 시대를 잘 묘사했다는 평을 받음.

편지 한 통을 받기를 희망합니다.

많은 사랑을 담아 보냅니다.

사랑하는 딸 애니 올림

저희는 전쟁에 대해서는 아무것도 모릅니다. 어머니께서 저희보다 전쟁 소식을 더 많이 아실 수도 있습니다.

1904년 2월 29일
한국, 목포

사랑하는 어머니,

어머니께서 저희 편지를 이전에 충분히 많이 받으셔서 저희에 대한 모든 두려움을 마음속에서 지우셨기를 바랍니다. 어머니께서 신문 기사를 보실 때 저희에 대해 불안하게 생각하실 것 같아서 많이 걱정되었습니다. 저희는 어떤 위험 속으로 들어갈 의도가 없습니다. 따라서 저희는 서울로 가지 않을 것입니다. 혹시 있는지는 모릅니다만, 서울로 오도록 명령받은 선교사들은 저 멀리 북쪽 지방의 시골에서 살거나 그곳에서 순회전도여행을 다니는 사람들입니다. 아마도 그들에게도 실제적 어려움은 없었을 것입니다만 한국의 미국선교회들과 알렌 공사는 매우 신중합니다. 안전을 위해서 서울로 가라는 말은 우리에게는 낯섭니다. 알렌 공사가 벨 목사에게 전보를 보내서 서울로 올라오지 말라고 했기 때문입니다. 만약 러시아가 북쪽에서 벌어지는 전투에서 승리한다면 곧바로 서울에서 전투가 일어날 것이며, 외국인들은 서울을 떠날 것입니다. 우리는 어제 네다섯 가정을 어디로 피신시킬 것인지에 대해서 계획하고 있었습니다. 전시 상황에 대해서 우리가 얻는 소식으로 보면, 일본군은 러시아군에게 서울을 공격할 기회를 주지 않을 것으로 보입니다.[99]

혹시라도 러시아가 승리한다고 해도, 우리에게는 러시아군이 목포에 관심을 가지기 전에 탈출할 시간이 충분할 것입니다. 목포는 러시아가 주목할 중요한 곳이 아니며 목포에는 한국인 강도들이 거주민들을 괴롭히지 못하게 하기에 충분한 일본인들이 있습니다. 한국인들은 일본인들을 매우 두려워합니다. 따라서 항구 둘레의 한국 마을들은 대개 강도들

---

99  러일전쟁(1904.2.8~1905.9.5)에 대한 내용.

에 의해 괴롭힘을 당하지 않습니다. 위쪽 군산 주변의 마을들은 강도들로부터 몇 차례 공격을 받았습니다만 강도들이 외국인들은 전혀 건드리지 않습니다. 강도들이 천주교 사제를 위협했는데, 그 사제가 군대를 불러왔습니다. 그래서 강도들이 그 사제를 괴롭히지 않았습니다. 강도들은 천주교 교도들을 좋아하지 않습니다.

저희의 우편물이 제대로 오가고 있지 않습니다. 많은 정기 우편선(郵便船)이 징집당했기 때문입니다. 3주에 겨우 편지 두 통을 받았습니다. 어머니가 보내신 매우 우울한 편지 한 통과 미리암(Miriam Goodwin)으로부터의 짧은 편지입니다. 제발 더 이상 걱정하지 마십시오. 이곳 바다에 미국 전함들이 있고, 매우 신중한 미국 영사가 서울에 있는 한, 우리 모두는 안전합니다. 어제는 어머니께 전보를 보낼 생각도 했습니다만 제가 "안전합니다"라는 한 단어만 보내면, 어머니께서는 저희가 어떤 끔찍한 경험을 했던 것이 아닌지 생각하실 것 같았습니다.

진실을 말씀드리자면, 봄날처럼 날이 좋고, 우리는 사경회(Bible Study Class)에서 재미를 보고 있습니다. 마치 노회 같습니다. 저희 집에 전킨(Junkin)[100] 목사와 테이트(Tate)[101] 목사가 머무르고, 해리슨(Harrison)[102] 목사는 오웬 의사의 집에 있습니다. 한국인 성인 남자 75명 정도가 이곳에 있는데 모두가 매우 열심입니다. 그들을 보면 우리 모두에게 도움이 되며, 우리의 사역이 얼마나 가치 있는 일인가를 알게 됩니다. 가족들과 떨어져 있는 것을 견디어 내려면 이 일이 가치 있는 일일 필요가 있습니다. 저희가 사용되고, 저희의 사역이 복을 받아서 어머니의 희생이 쓸모없는 것이었다고 느끼지 않게 하는 것이 저의 기도입니다. 저는 아이들을 대상으로 사역을 할 수 있으면 좋겠습니다. 아이들을 인도하면, 다음

---

[100] Rev. William McCleery Junkin Sr.(한국명: 전위렴, 1865.12.13~1908.1.2).
[101] Rev. Lewis Boyd Tate(한국명: 최의덕, 1862.9.28~1929.2.19).
[102] William Butler Harrison(한국명: 하위렴(河衛廉), 1866.9.13~1928.9.22).

세대의 기독교가 보장되기 때문입니다. 한번은 저의 언어 교사가 제게 저의 사역이 무엇이기를 원하냐고 물었습니다. 답을 하면서 저는 가장 먼저로는 변 목사의 아내지만 아이들과 여성들을 위해 사역했으면 한다고 말했습니다. 다른 어떤 곳에서 어떤 일을 하건, 가정을 소홀히 하면 안 된다고 저는 확신합니다만 이곳에서는 다른 교회 사역도 없고 사회적 의무도 많지 않기에 성인 여성도 교육에 어느 정도 참여할 수 있습니다.

며칠 전 밤에 정말 예쁜 꿈을 꾸었습니다. 어머니와 제가 정원을 걷고 있었는데 등나무꽃(wisteria)이 활짝 피어있었습니다. 꿈이 너무도 좋고 생생해서 깨어나기가 싫었습니다. 저희가 정착하자마자, 저는 일본에서 등나무를 가지고 올 것입니다. 요코하마에 꽃씨를 많이 주문했습니다. 그것들과 제가 집에서 가져온 씨앗을 가지고 저희는 이번 여름 이곳을 아주 예쁘게 만들 것입니다. 남편(Fairman)이 벌써 상추와 무를 심었고, 토마토와 배추는 상자 속에 넣어두었습니다. 텃밭에 많은 채소가 있었으면 합니다. 어머니와 제가 텃밭을 가꾸면서 좋은 시간을 보낼 것입니다.

어머니께서 저의 건강에 대해 질문하셔서 말씀드립니다. 저는 목포에 오고 난 후로는 한 차례의 기침도 없었습니다. 오래전에 감기가 한 차례 있었지만, 그때는 너무도 옛날이라서 그것에 대해서 거의 잊어버렸습니다. 그런데 제가 사냥해 온 것들을 너무도 많이 먹어서 일주일간 소화불량에 걸렸습니다만 식이조절을 하고 소다민트를 먹었더니 소화불량이 모두 없어졌습니다. 제가 겪었던 유일한 병들을 말씀드렸습니다. 사실입니다만, 저는 이상하리만큼 건강합니다.

"천사들(Angels)"이 지금은 건강해졌기를 바랍니다. 저 대신 꼭 그 아이들을 안아주시면서 전킨 목사가 저희에게 가져온 귀엽고 예쁜 강아지를 보면 좋겠다고 말씀해 주세요. 그 강아지는 베시(Bessie Preston)인데 사냥개가 될 것입니다. 오웬 의사의 딸 메리에게도 강아지가 한 마리 있는데 이름이 "빨리 빨리(Quick Quick)"입니다. 그 강아지가 아주 재빠르고 활력이 있어서입니다. "천사들" 사진은 그 아이들 엄마 곁에 걸려있고, 조카 로라와 "어머니" 사진은 제 책상 위쪽 벽에 있습니다. 남편과 저는 그 사진들의 위치에 대해서 의견이 서로 달랐습니다. 저는 그 사진들을 잘 볼 수 있도록 사진 전부를 낮은 곳에 두려고 했기 때문입니다. "천사들"의 사진은 제가 말을 걸 수 있게 내려져 있고, 조카 로라 사진도 마찬가지입니다. 그런데 "귀부인" 옷을 입고 있는 언니 사진은 너무 높은 곳에 걸려있어서 저와 얼굴 보고 말하는 관계가 아닙니다. 언니의 사진 속 모습이 얼마나 이쁜지를 알아야만 합니다.[103]

저희는 최근에 물건을 주문하면서 많은 시간을 썼습니다. 어젯밤에는 11시까지 했는데 그렇게 하는 것은 마지막이라고 저희는 결심했습니다. 저희는 7시 30분에 아침을 먹습니다. 그래서 고향에서 했던 것처럼 늦게까지 잠자지 않고 있을 수는 없습니다.

조카 사라(Sarah)[104]와 그 아이가 크는 모습에 대해서 제게 말해주세요. 작은오빠에게 말해서 사라와 로라의 사진을 몇 장 찍으라고 해주세요.

교회 갈 시간이 가까워집니다. 그래서 저는 어머니께 말씀드리고자 하는 다른 모든 것은 다음 편지에 쓰도록 남겨두겠습니다.

고향에 있는 모든 사람과 저의 모든 친구에게 사랑을 전해주세요.

몹시 사랑하는 딸 애니 올림

추신: 알렌 공사가 한국에 온 최초의 선교사라는 것을 아시지요?

---

103 1904년 2월 6일 자 편지 참조.
104 Sarah Sherburne Wiley(1903.12.23~1981.4.14). 프레스톤 부인의 작은오빠 Sam의 둘째 딸로 Laura Linn "Lala" Wiley Lewis(1898.7.11~1979.12.29)의 동생.

1904년 3월 3일
한국, 목포

사랑하는 어머니,

제가 평소 지체되는 시간보다 더 오랫동안 고향으로 편지를 하지 않았다는 느낌이 듭니다. 이유는 제가 최근에 엄청 많은 글을 써야 했기 때문입니다. 게다가 증기선들이 매우 불규칙적이었습니다. 저는 한 달이 넘게 고향에서 편지 한 통을 받지 못했습니다. 아버지께서 보내신 1월 4일자 편지가 제게 도착한 가장 최근의 편지였습니다. 그러나, 우편 서비스가 다시 시작되었으며 저희는 매일 한 달 치 우편물을 싣고 일본에서 출발하는 증기선을 매일 기다리고 있습니다.

지금은 목포에서 연례 사경회가 진행 중인데 75명이 넘는 성인 남자들이 참석했습니다.[105] 그들 대부분은 사경회에 참석하기 위해서 100마일 넘게 걸어 왔습니다. 이것이 바로 한국 기독교인들이 지닌 자질입니다. 우리 모두에게 가장 좋은 점은 사경회 때문에 전킨 목사, 테이트 목사, 해리슨 목사가 목포로 오게 되었다는 것입니다. 그들과 정말 즐겁게 지냈습니다! 어울려 사는 삶(society)의 중요성을 가슴 깊이 깨닫게 하는 데는 외국 땅만 한 것이 없습니다. 아내(Annie)와 저는 전킨 목사에게 푹 빠졌습니다. 그는 제가 기대한 바로 그런 사람이며 우리 선교사 중에서도 최고이

---

[105] *The Missionary*(November 1904), pp.546~547에 프레스톤이 사경회에 대해서 기고한 글이 있음. 이 글에 따르면 1904년 2월 25일에서 3월 9일까지 사경회(Bible Study and Workers' Training Class)가 열렸고, 프레스톤은 사경회가 한국 사역의 강한 오른팔이라고 함.
THE SAH KYENG HOI (by Rev. J. Fairman Preston)
A strong right arm of the Korean work is the Sah Kyeng Hoi (pronounced San Keung Hooa), or annual Bible Study and Workers' Training Class. 양응칠(Yang Ung Chil), 김필수(Kim Pil su), 최중진(Choi Cheung Cheni), 김윤수(Deacon Kim)가 주목할 한국인임.

기에 참 만족합니다. 여가로 테니스를 조금 쳤습니다. 테니스는 제가 한국에 와서 첫 번째로 즐기는 것입니다. 선교부 내에 좋은 테니스장이 있습니다. 목포를 찾아온 형제들이 왔던 곳으로 되돌아가면서 저희더러 같이 가서 며칠 있자고 요청했습니다. 그런데 벨 목사가 미국으로 머지않아 떠날 것이라서 저희는 그 사람들과 같이 갈 수가 없을 것입니다. 그래도 저희는 4월에나 그 사람들을 방문할지도 모르겠습니다.

최근 아내와 저는 어느날 저녁 내내 사진을 몇 장 현상하느라 보냈습니다. 현상했다기보다는 "출력(print)"했습니다. 저희의 첫 시도는 큰 성공이었다고 생각합니다. 견본을 하나 동봉합니다. 저희는 아주 좋은 원판(negative)을 많이 가지고 있지만 사진들을 인쇄할 시간이 없었습니다. 나중에 몇 장 보내드리겠습니다.

곧 텃밭을 만들 시기가 됩니다. 저는 벨 목사가 없는 동안 텃밭을 만들려고 얼마 전 일본에서 씨앗을 주문했습니다. 그런데 다른 모든 것과 마찬가지로 씨앗이 제때 도착하지 않았습니다. 그래도 배추와 토마토씨를 구하게 되었는데, 그것들은 이미 자라고 있습니다. 또한 상추씨도 조금 구했습니다. 수피리어(Superior) 면화 씨앗 서너 개를 즉시 저에게 동봉하여 보내주시면 좋겠습니다. 제가 이곳에 도입하고 싶습니다. 한국 면화는 매우 작기 때문입니다.

저희는 지난가을에 배로 보내진 저희 상자들에 대해서 아무것도 모릅니다. 제가 고베에 있는 서너 회사에 편지를 하여서 그 상자들이 도착하면 즉각 목포로 보내달라고 요청했습니다. 3월 1일에 저의 의뢰인 앞으로 해서 제게 보내진 2월 4일 자로 된 전보를 받았습니다. 그 전보는 제가 선하증권을 보내면, 그들이 물건을 즉시 보내겠지만, 그렇지 않으면 제물포로 보내겠다는 것입니다. 저의 대리인이 편지에 그 전보를 동봉하여 제게 보냈는데, 그 편지는 저에게 도착하는 데 한 달 걸렸습니다. 동양에서는 이런 식으로 일을 처리합니다! 한 달 전에 상자들이 일본에 도착했다는 것을 알고서 위로가 되었습니다. 그런데 그 상자들이 지금 어디에 있는지 알기 힘듭니다. 곧 행방에 대해서 듣기를 바라고 있습니다.

저희는 우리 선교회에 증원군을 보내달라는 활기찬 싸움을 하고 있습니다. 선교회 전체로 볼 때, 4년 전에 사역지에 있었던 사역자들보다 현재 세 명이 더 적다는 것을 어머니께 말씀드리면 이 점에 대해서 어머니께서 상황이 얼마나 심각한가를 아실 것입니다, 그래서 제가 왜 이렇게 서두를 수밖에 없는지 아시겠지요. 다양한 기독교 신문에서 또한『미셔너리』에서도 이 문제에 대한 몇 가지 글을 보시게 될 것입니다. 올해 증원 인력을 보내달라는 우리의 기도에 함께해주십시오. 좋은 재목(材木)이 될 젊은 목사들이나 의사들을 아시면 증원군에 관한 기사가 실린 신문들을 그 사람들에게 우편으로 보내주세요.

전쟁에 대해서 저희가 듣는 바는 거의 없습니다. 저희는 한국에서 가장 안전하며 가장 조용한 곳에 있습니다. 그러니 어머니께서는 저희 때문에 어떠한 걱정도 하실 필요가 없습니다. 아내가 장모님께 받은 마지막 편지는 1월 16일 자였는데, 내용이 아주 우울했습니다. 장모님께서는 몇 신문에 인쇄된 터무니 없는 억측에 기반하여서 가능하지도 않은 별의별 것에 대해서 상상하고 계셨습니다. 이 상황에 대해서 가족들 모두 저희를 믿을 수 없으신지요. 만약 믿을 수 없다면 우리 모두 하나님을 조금 더 믿고 인간의 능력에 대해서는 신뢰를 조금 덜 합시다. 저희가 위험에 대해서는 모든 방비를 하고 있으며, 결코 "하나님을 시험하지" 않을 것이라는 것을 확신하셔도 좋습니다.

저희 둘 다 건강하며, 둘 다 많은 사랑을 보내드립니다.

속히 어머니로부터 소식 듣기를 바랍니다.

사랑하는 페어맨 올림

1904년 3월 17일
한국, 목포

사랑하는 아버지와 어머니,

요즘 우편선의 불확실성 때문에 편지를 썼다고 해도 언제 보내졌을지는 알 수 없었을 것입니다만, 이례적으로 저희에게 손님들이 찾아와서, 부모님께 편지드리는 것이 최근 약간 태만했습니다. 그런데, 약 일주일 전에, 증기선 한 척에 오랫동안 지연된 우편물이 왔습니다. 적어도 우편물의 일부는 왔습니다. 5주 만에 저희가 받은 첫 번째 우편물이었습니다. 저희 생각에 그 우편물 중 일부는 분실되었습니다. 신문 몇 개는 확실히 사라졌습니다. 그러나 처가 사람들이 보낸 몇 통의 편지 말고도 부모님께서 아내(Annie)에게 보낸 편지, 어머니께서 저에게 보내신 (1월 25일자) 편지, 그리고 짐이 저에게 보낸, 고향에서 온 편지를 몇 통 받아서 기뻤습니다. 우편물이 연착되면 저희가 너무 힘들기에, 저희는 이러한 일이 반복되지 않기를 바라고 있습니다.

저희 화물이 마침내 도착했습니다. 짐이 제 편지에 신속하게 답장을 해서 선하증권이 지난번 우편물로 들어왔습니다. 제가 당일 제물포로 선하증권을 보내서 어려움을 면하게 되었습니다. 그렇지만 많은 추가 비용과 성가신 연착이 있었습니다. 침대는 개별 선적에 의해 보내졌는데 아직 도착하지 않았습니다. 짐이 침대에 대해서는 선하증권을 동봉하지 않았습니다. 그렇지만 제가 어떻게든 침대를 갖게 될 것입니다. 둘로 쪼개진 파인 컷글라스(fine cut-glass) 접시를 제외하고 모든 것이 원형 그대로 왔습니다. 그런데 깨진 접시도 리벳으로 고정해서 붙일 수 있습니다.

2주간 이곳에서 진행된 사경회를 지난주에 마쳤습니다. 그런데 증기선이 지연되어서 전킨 목사, 해리슨 목사, 그리고 테이트 목사가 지금까지 저희와 함께 머무르고 있습니다. 오늘 증기선이 들어옵니다. 그 사람들이 떠날 것으로 예상합니다. 그런데 그 배에 300~400명이 타고 있어서 자리가 전혀 없다는 소식이 도착했습니다. 지난 10일간 전킨 목사는 아파서 누워있었습니다. 비록 지금은 병상에서 일어났지만, 전킨 목사는 이곳을 떠날 가능성이 거의 없습니다. 저희는 그 형제들과 정말 좋은 교제를 했습니다. 그들은 저희에게 다음 달에 찾아와달라고 계속 말하는데, 저희가 그렇게 할 수 있다면 좋겠습니다.

지난주 이곳에서 있었던 남장로회 한국선교회 회의에서, 특별히 이번 사사분기에 사역을 즉각적으로 발전시키려는 의도로 강력한 조치가 취해졌습니다. 선교회의 지시에 따라서, 벨 목사, 오웬 의사, 그리고 저는 내일 아침 내륙 지방으로 떠나서 약 1주 정도 머물 예정입니다. 벨 목사는 시골에서 돌아오고 나서 가장 이른 시기에 미국으로 떠날 것을 생각하고 있습니다. 저희가 이곳 상황을 잘 대처할 수 있는 능력을 갖출 수 있도록 벨 목사는 미국에서 최대한도로 밀어붙이라는 지시를 받았습니다. 제가 이곳의 사역을 더 많이 보고 증원군이 절대적으로 필요하다는 것을 더 많이 알게 될수록, 제가 한국으로 오는 데 한 달 이상을 지체하지 않았다는 것에 더욱 감사드립니다. 사람들이 모두 저에게 말하길 우리가 지금 절대적으로 필요한 사람들을 즉시 구할 수만 있다고 하더라도, 우리가 3년 혹 4년 뒤처질 거라고 합니다. 증원군에 대해서 우리를 위한 기도를 잊지 말아주세요.

증원군을 위해서 저 자신이 상당히 많은 일을 하고 있습니다. 다양한 신문에 서너 개의 글을 기고했는데, 부모님께서 곧 그 글들을 보시게 될 것입니다. 마지막 글은 『미셔너리』에 기고한 것으로 지난번 사경회에 대한 것이고, 『칠드런스 미셔너리(The Children's Missionary)』에 보낸 글입니다.

아내와 저는 벨 목사 편으로 고향으로 보낼 만한 가치 있는 어떤 것도 구할 기회가 없었다는 것을 안타깝게 생각합니다. 소유할 만한 어떤 것을 살만한 시장이 목포에는 전혀 없습니다. 그러나 아내는 몇 개의 외국 장신구를 찾을 수도 있을 것입니다. 어쨌든 벨 목사를 통해서 코닥 사진을 몇 장 보낼 수 있을 것입니다. 그것들을 저희가 최근에 현상하고 있었습니다. 부모님께서 그 사진들을 보시면 현상에 관한 저희의 첫 번째 시도라는 것을 기억해 주십시오. 괜찮게 했다고 생각해 주시면 좋겠습니다. 대륙횡단 때 찍은 사진들은 현상하기 전에 너무 오래도록 보관하는 실수를 저질러서 결과적으로 모두 잃게 되었습니다. 일본에서 찍은 사진 대부분도 잃어버렸습니다.

아주 중요한 전쟁 소식을 저희는 아직 듣지 못했습니다. 3월 1일까지 있었던 모든 전투 등에 대한 자세한 소식을 서울로부터 받았습니다만, 그다음부터는 거의 받지 못했습니다. 어제 뤼순에 대한 네 번째 폭격에 관해서 일본 입장에서 상세히 서술한 글을 받았습니다. 그런데 그 글로부터 어떤 결론을 끌어내기는 어려웠습니다.

아내가 편지들을 정말 즐겁게 읽습니다. 그리고 다음번에 편지할 것입니다. 야네프가 보낸 괜찮은 편지가 있었습니다. 그 아이가 아주 빠르게 배우고 있다는 점을 저희가 기뻐하고 있다고 말해주세요.

모두에게 많은 사랑을 전합니다.

사랑하는 페어맨 올림

1904년 3월 17일
한국, 목포

사랑하는 짐에게,

네가 물건에 대한 선하증권을 동봉하여 형이 보낸 편지에 신속하게 답장해 준 것에 대해서 정말 고맙다. 형은 그 증권을 신속하게 제물포로 보내서 선하증권이 요청하는 물건을 이미 받았다. 그런데, 네가 침대에 대한 선하증권을 동봉하지 못했더구나. 그 침대는 뒤따르던 증기선 편으로 필립스(Phillips) 침대회사가 보낸 것인데, 뉴욕에 침대가 너무 늦게 도착하여서 첫 번째 화물에 실리지 못했다. 네가 증권을 찾을 수 있다면 즉시 보내주렴. 이곳에 있는 사람들이 선하증권이 올 때까지 물건을 보관하고 있어야 한다고 주장할 것이 가능하기 때문이다.

우리 부부는 더할 나위 없이 건강하며, 살림살이할 것을 아주 기쁜 마음으로 고대하고 있다. 형이 할 첫 번째 일은 우유를 생산할 수 있는 염소 같은 짐승을 사는 일이다. 우리가 이곳에 도착한 이후 우유 비슷한 것은 통조림 제품 말고는 어떤 것도 가질 수 없었다. 그러다 보니 마닐라(Manila)에 대해서 어느 부인이 한 말, 즉 "이곳에 있는 모든 것은 과일과 꽃이다. 통조림 안에는 과일이고, 통조림 바깥은 꽃이다"가 생각나더구나. 그 말은 모든 동양 세계에 똑같이 적용된다. 이번 주에 형은 텃밭을 만드느라 바빴다. 형이 그런 것을 할 수 있다는 것을 알지. 비만 온다면 우리는 많은 채소가 있어서 고생하지는 않을 것이다.

좋은 편지에 대해서 [판독 불가]. 너에게 소식을 들으면 항상 기쁘다. 편지 문제에 있어서는 다른 가족들 모두에게 우리가 빚지고 있다고 생각한다. 우리가 미국에서 떠난 지 1년이 지나가기 전, 플로이가 용기를 내서 우리에게 편지하기를 바란다.

너에게 우리 부부의 사랑을 보내며 사랑하는 형이 쓴다.

1904년 3월 19일
한국, 목포

사랑하는 어머니,

제가 토요일 저녁 (편지에) 날짜를 막 쓸 때, 요리사가 목욕물을 가지고 왔습니다. 그리고 지금은 화요일 아침입니다.[106] 오늘 벨 목사가 고국으로 떠나는 것에 대해 우리 모두는 잔뜩 흥분되어 있습니다. 그가 타고 갈 증기선이 이미 항구에 정박해 있어서, 이 편지는 짧은 글일 수밖에 없습니다. 제가 그 사람 편으로 이곳에서 저희가 구할 수 있는 그저 자그마한 물건들이 든 바구니 하나를 보낼 것입니다. 제가 어머니께 물품과 그 물건을 받을 사람들의 목록을 드리겠습니다.

받는 사람: 어머니
    한국 신발(신, shin) 한 켤레
    한국 양말(버선, pussan) 한 켤레
    한국 돈주머니(주머니, choomuhni) 하나
    한국 아동 모자(남바위, nahmbowie) 하나
    일본제 손화로(hand stove) 하나 (숯 두 묶음 포함)
    스트래퍼 선교사가 보낸 한국 은숟가락 하나 (작은 일본 찻주전자 안에 있을 것입니다.)
    코닥 사진이 들어있는 사진첩 하나

받는 사람: 시어머니
    한국 신발(신, shin) 한 켤레
    한국 양말(버선, pussan) 한 켤레

---

106 영문 편지의 처음을 보면 장소와 날짜를 씀. 편지하려던 토요일(3월 19일)은 날짜만 쓰고 목욕한 다음, 화요일 아침(3월 22일)에 날짜 이후의 내용을 썼다는 것을 말함.

　　　　　　한국 돈주머니(주머니, choomuhni) 하나
　　　　　　한국 아동 모자(남바위, nahmbowie) 하나
　　　　　　작은 일본제 포도주잔 다섯 개 (분홍색)
　　　　　　코닥 사진이 들어있는 사진첩 하나
받는 사람: 그린빌의 그레이엄(C. E. Graham) 부인
　　　　　　놋그릇 하나와 한국 돈주머니 하나
　　　　　　작은 포도주잔 하나 (자체 포장되어 있음)

받는 사람: 언니
　　　　　　놋그릇 하나
받는 사람: 큰올케 매리언(Marion)
　　　　　　연꽃이 새겨진 접시
받는 사람: 작은올케 불라(Beulah)
　　　　　　자그마한 포도주잔 다섯 개
받는 사람: 사촌 샐리(Sallie)
　　　　　　자그마한 포도주잔 다섯 개
받는 사람: 허치슨(Hutchison) 부인
　　　　　　자그마한 포도주잔 다섯 개
받는 사람: 수지(Susie)
　　　　　　자그마한 단풍나무가 새겨진 접시
받는 사람: 럼플 박사(Dr. Rumple)
　　　　　　일본제 손화로(hand stove) 하나 (숯 포함)
받는 사람: 애니 리버굿(Annie Livergood)
　　　　　　일본제 찻주전자―침대에 있을 때 사용할 것
받는 사람: 앳킨슨(Atkinson) 부인
　　　　　　코닥 사진들

이 물건들에 대해서 어머니께 더 많이 말씀드릴 수 있으면 좋겠지만 제가 지금 살림을 하고 있으며 벨 목사가 타고 갈 증기선에서 찾아온 두 명의 손님이 집에 있습니다. 서울에서 온 그 사람들은 전차 관련 일을 하는 사람들인데 미국으로 가는 중입니다.[107]

뤼순이 함락되었다는 소식을 들었습니다. 함락되었기를 저는 바랍니다. 일본에게 일이 잘 풀린다면, 우리는 아마도 전혀 방해받지 않을 것입니다. 그러나 만약 러시아가 승리한다면, 우리는 의심할 것도 없이 한국을 영원히 떠나야 할 것입니다.

며칠 전 밤에는 한 달 동안의 우편물을 읽으면서 아주 즐거웠습니다. 새벽 1시까지 잠들지 않고 있었습니다. 면사포(veil)들, 치마 패턴(pattern), 엘리너의 사진, 대학 노래들, 그리고 많은 편지가 왔습니다.

시간이 더 있을 때 제가 살림하는 것에 대해서 편지하겠습니다.

너무도 사랑하는 애니 올림

---

[107] 1904년 서울에 설립되었던 한미전기회사(韓美電氣會社, American Korean Electric Co.) 소속 직원으로 보임. 이 회사는 고종과 미국인 콜브란(Collbran, H)과 보스트윅(Bostwick, H.R)이 합작하여 설립한 전기회사로 한성전기회사(漢城電氣會社) 후신임. 한성전기회사는 1898년에 대한제국 정부의 주도하에 설립되었음. (『한국민족문화대백과사전』)

1904년 3월 26일
한국, 목포

사랑하는 어머니,

　약 3주간 저는 편지를 전혀 쓰지 않았습니다. 제가 편지를 하지 않았다는 사실을 인식하지도 못하고 있는데 어느새 시간이 지나갔습니다. 사경회에 함께했던 사람들이 이곳에 있었습니다. 벨 목사가 고향으로 돌아갈 준비를 하고 있었으며, 저희는 저희 집을 돌보는 데 필요한 모든 준비를 하고 있었습니다.

　8일 전에 우리 목포선교부의 모든 남자가 시골에 있는 뭔가를 찾기 위해 시골로 갔습니다. 남자들이 없는 동안에, 스트래퍼 선교사와 저는 다른 이들의 많은 도움을 받아서 이곳으로 물건들을 옮겼습니다. 벨 목사의 카펫, 식탁보, 은식기 등을 치우고 제 접시와 천 등을 꺼냈습니다. 봄맞이 대청소를 집에서 해야만 해서 저희는 너무도 바빴습니다. 제 물건들이 너무도 많은 장소에 꽁꽁 싸매져 있었습니다. 식사하는 방을 어머니께서 보시면 좋겠습니다. 벽은 푸른색이고, 바닥에는 일본에서 가져온 예쁜 신상 깔개가 있습니다. 커튼은 스트래퍼 선교사 것인데, 진한 크림색이고 저의 일본 자기가 접시걸이에 있으며, 저의 컷글라스가 도자기 찬장(china closet) 안과 식기대(sideboard) 위에 있는데, 아주 예뻐 보입니다. 벨 목사는 아주 예쁜 오크 탁자와 식기대를 가지고 있습니다. 저는 식사와 식사 사이에 그 오크 탁자 위에 저의 드론(drawn) 작품 중 하나를 두는데, 거기에 있으면 매우 매력적으로 보입니다.

　다른 방 두 곳에 불을 넣고 있어야만 해서 아직 그 방들은 제대로 청소하지 못했습니다. 오늘 하루 종일, 저는 침실과 이곳에서 물건을 정리하면서 일했습니다. 방 두 개에 저희 모든 짐이 있었으니, 저희가 얼마나 좁게 있었는지 상상하실 수 있을 것입니다. 모든 벽장과 서랍이 물건으로 넘치고 있어서 그 방들을 정돈하는 것을 거의 단념했습니다. 지금은 여분의 벽장들이 많이 있어서 저희가 방들을 좀 더 좋은 상태로 둘 수도 있을 것 같습니다.

　벨 목사가 떠나는 날, 저에게 그 집을 넘겨주었습니다. 전에는 제가 그 집을 받는 것을 거절했었습니다. 벨 목사가 떠나는 날, 제가 어머니께 서둘러서 짧은 편지를 드렸습니다. 서울에서 온 손님이 두 분 있었고, 오웬 부인이 만찬을 하러 왔기 때문입니다. 우리는 만찬으로 칠면조와 매우 가까운 능에(bustard)를 먹으려고 했습니다. 우리 사냥꾼들이 처음으로 잡은 것이었는데 우리는 그것이 아주 맛있는 음식이 될 거로 생각했습니다. 요리사는 이른 만찬에 맞춰서 그 새를 요리하지 못해서 저희는 그것을 다음 날에는 먹을 수 있을 거라고 기대했습니다. 그런데 베시(개)가 우리보다 한발 앞서서는 밤 동안에 그 새를 상당히 먹어 치워버렸습니다. 하인들이 그 새고기를 개집 바로 옆에 두었는데, 당연히도 개는 자기더러 먹으라고 하는 것으로 생각했습니다.

　불쌍한 마이크가 뉴욕에 가서 바보 같은 인간들과 같이 있을 것을 생각하니 슬퍼집니다. 뉴욕으로 가는 것이 그 아이에게 가장 좋을 거라 생각합니다만, 오랫동안 최고로 군림하다가 여럿 중의 한 명으로 되는 것을 그 아이가 원한다고 생각지 않습니다. 만(Man)은 다시 돌아왔나요?

　남편(Fairman)은 개를 훈련하는 일에 아주 많은 관심을 두고 있습니다. 그 개는 아주 지적입니다만 아직 어려서 저희에게 뛰어오르고 저희 옷을 물어뜯습니다. 모든 한국 개가 베시를 따라오기에 외국인들이 사는 조계지(settlement)로 베시를 데려갑니다.

　저희가 전쟁에 대해서 크게 놀라지 않는 것을 아시겠죠. 일본으로 오라는 두세 개 초대를 받았습니다. 프라이스(Price) 부인이 저희를 초청했으며 도지 씨는 고베에서 저희가 있을 곳을 알아보겠다고 합니다. 허드슨(Hudson) 목사 부부가 중국으로 와서 같이 있자며 초대했습니다. 교사

자리를 제공할 수도 있다고 말하면서요. 저희가 이런 제안을 잘 이용할 수도 있고 아니면 고향으로 갈 수도 있다는 것을 어머니께서 확신하셔도 됩니다. 저희는 방해받는 것을 전혀 기대하지 않고 있으며 더 많은 사역을 계획하고 있습니다.

전킨 목사가 이곳에서 꼭 필요한 것에 대해서 『스탠다드(Standard)』에 글을 한 편 기고했습니다. 남편은 어머니께서 그 신문을 12부 구해주기를 바라고 있습니다. 남편은 그가 원하는 사람들에게 어머니께서 그 신문을 보내주기를 바라며 사람들의 목록을 어머니께 보내드릴 것입니다.

제가 보낸 편지를 선교협회 등에서 읽으라고 어머니께서 회람하신다고 말씀하셔서 깜짝 놀랐습니다. 이 편지를 회람하지 마세요. 그런데, 남편의 잠옷을 입고 자야만 했던 이 불쌍한 선교사에 대해서 어머니께서 그들에게 말씀하시면 그들에게 감동을 줄 수는 있을 것입니다. 3~4주일 동안 세탁을 할 수가 없었기 때문입니다. 남편은 빨래하겠다는 계약을 수행하려고 하지 않았습니다. 또한 목과 어깨가 드러나는 가운을 제가 입는 것을 허락하려고 하지도 않았습니다. 남편이 어느 날 저녁 자기 속옷을 빨았습니다. 그런데 다음 날 아침에도 그 옷이 거의 마르지 않았습니다. 그래서 저는 남편이 그날은 침실에만 있어야 할 거로 생각했습니다만, 남편은 옷 가방에서 오래된 속옷을 찾아냈습니다.

올리에게 말씀하셔서 제가 저의 요리사에게 요리하는 방법을 보여주는 모습을 봐야 한다고 하세요. 저는 전에는 계란을 깨서 흰자와 노른자를 따로 접시에 두는 방법도 몰랐습니다. 그런데 제가 케이크를 꾸미려고 했을 때, 저는 요리사에게 제가 방법을 모르고 있다는 것을 보일 수는 없었습니다. 그래서 제가 그냥 해버렸습니다. 처음 두 개는 망쳤습니다만 두 번째로 만든 두 개는 괜찮아서 경험 많은 요리사에게도 사고는 일어나기 마련이라는 것처럼 행동했답니다.

사냥철이 지났기에, 고기가 문제일 것입니다. 그래도 닭과 신선한 생선은 구할 수 있고, 소고기도 때때로 구할 수 있습니다. 요리사가 영어 이름을 사용하는 것을 들으면 웃깁니다. 한국에는 한국인들이 모르는 우리 요리가 너무도 많습니다. 저희 요리사는 "파우더 비스킷 떡[108] 굽기"와 "메밀 지짐(chichum) 떡"과 같은 것에 대해서 말합니다.

목욕물이 준비되었습니다. 그러니 여기서 그만 해야 합니다. 아침은 다 드셨겠군요. 무엇을 하고 계신지 궁금합니다.

사랑하는 애니 올림

---

[108] 원문에 "duck(bread)"라고 되어 있음. 영어 'duck'과 '떡'의 발음이 비슷함.

1904년 3월 26일
한국, 목포

사랑하는 아버지,

치코라(Chicora)를 교회 학교로 만들고자 하는 것이 어렵다는 우울한 전망을 듣고서 몹시 안타까웠습니다. 치코라 대학은 모든 이가 알고 있듯 계속 교회 학교였습니다. 치코라 대학이 과거에 누렸던 효율적인 경영을 통해서 장로교에 호의적인 것으로 여겨질 수 있는 한, 저는 그 학교를 교회의 직접적인 통제하에 둠으로써 얻게 될 이득에 관하여 몇 사람을 설득하기가 어렵다고 생각합니다.

장로교파의 자존심에 호소할 때 아버지께서 하실 수 있는 가장 강한 선택지는 두 개의 대안을 제시하는 거라 생각합니다. 하나는 장로교인들이 아버지께서 떠맡아 오셨던 짐의 일부를 덜어주게 내버려두는 것이고, 다른 것은 그 학교를 특정 종교의 토대 위에 두지 않는 것입니다. 후자로 하면 사역지는 더 넓어지고 업무는 더 쉬워질 것입니다. 그러면서 동시에 그 학교는 장로교의 틀 안에 들어가게 될 것입니다. 이것이 컬럼비아(Columbia)에 있는 장로교 대학(Presbyterian College)이 어쩔 수 없이 했던 바로 그것이며, 사우스캐롤라이나에 있는 마지막 장로교 여학교인 아버지의 학교가 하겠다고 위협할 수 있는 것입니다.[109]

제 입장으로는, 아버지께서 아버지의 사역을 성공적으로 하고 있다고 느끼시는 한, 저는 사역을 포기하지 않을 것입니다. 아버지께서는 인생의 이 시기에 다른 어떤 영역에서보다도 아버지께서 더 큰 영향력을 발휘하시면서 더 큰 사역을 하고 계십니다. 거기에 더하여, 아버지께서 수많

---

109 치코라 대학에 대해서는 1904년 2월 17일 자 편지 각주 참조. 프레스톤 목사의 아버지는 치코라 대학을 노회에서 운영하는 학교로 바꾸고자 함. 프레스톤 목사는 아버지에게 노회에서 도와주지 않을 거면 일반 학교로 전환하겠다고 위협하라고 말하고 있음.

은 인생의 경험을 가지셨기에 아버지께 정말 적합해진 사역에서 벗어나신다면 안쓰러운 일로 보일 것입니다. 동시에, 제게는 다른 면도 보이는데 그것은 재정적인 무거운 짐과 정신적인 무거운 짐, 어머니의 건강, 그린빌 장로교인들 사이에서 적극적인 공감의 부족 등입니다. 그래서 저는 아버지께서 그 일이 싫증이 나고 그만두고자 하신다고 해도 놀랍지 않습니다. 그래서 제가 치코라 대학을 특정 종교에 속하지 않은 학교로 만들자고 의도한 이유 중의 일부이기도 합니다. 스스로 재정적 책임을 지려고 하지 않는 장로교를 대신하여 아버지께서 재정적 책임을 지셔야 한다고 느껴서는 안 된다고 생각합니다. 다른 이들은 책임을 느끼지 않습니다.

리아가 하고자 하는 일이 아직 생기지 않았다는 말을 들으니 안타깝습니다. 앞으로 그럴 일이 없을 것처럼 보입니다. 아마도 이제 우리가 그것을 그 아이의 한계를 말해주는 것으로 받아들이기 시작할 시기입니다. 아버지께서 이 면에 있어서 그 아이에게 더 이상 말씀하지 않으시는 가장 현명한 처사를 하고 계신다고 저는 생각합니다. 그 아이가 자신의 혼자 힘으로 알아서 해야 할 때, 자신이 얼마나 큰 실수를 저질렀는지를 알았으니 그 아이가 집에 있으면서 좋은 영향을 받는 것이 좋습니다. 그 아이가 방세와 〔판독 불가〕를 내며, 너무도 많은 부모에게 찾아오는 더 깊은 치욕들을 아버지께서 감내하지 않겠다는 것에 대해 그 아이가 감사하는 한 그 아이가 만족하면서 집에 머무르게 해주세요.

저는 이따금 제가 여러 장소에 동시에 있을 수 있었으면 합니다. 그렇지만 그렇게 하는 것이 불가능하기에, 아버지를 기도와 공감으로 뒷받침하며 아버지께서도 저에게 그렇게 해주시기를 부탁드립니다. 교회 앞에 크게 다가온, 온 민족의 복음화라는 가장 큰 기회에 대한 준비라는 업무에 힘껏 애쓰고 있습니다. 우리가 지금 이곳에서 열심히 한다면, 우리는 이 민족을 그리스도께로 데리고 갈 수 있을 것입니다. 우리가 기다리면 그들은 영원히 사라질 것입니다.
저희 부부 모두의 사랑을 전해 드립니다.


아버지의 사랑하는 아들 J. 페어맨 프레스톤 올림

1904년 3월 26일
한국, 목포

사랑하는 아버지와 어머니,

이번 주 제가 시골에서 돌아왔을 때 2월 5일 자로 보내신 두 분의 편지가 저를 기다리고 있었습니다. 저희가 염려할 근거가 전혀 없다고 반복해서 확신의 말씀을 드려도, 고향에서 오는 편지에 담겨있는 염려에 대해서 저희는 흥미로운 감정을 억누를 수밖에 없습니다. 그렇지만 미국 신문들에 기꺼이 실리는 수시 보고서(occasional reports)들 때문에 이런 염려는 그저 자연스러운 것입니다. 아버지께서는 "네가 전쟁터의 한가운데에 있을 것이기에 이 편지를 받을 때는 목포에서 떠나있기를 바란다"고 하셨고, 어머니께서는 "곧바로 고향으로 돌아오고 위협을 무릅쓰지 말라고 말한다"고 쓰셨습니다. 사실을 말씀드리자면 저희가 전쟁터에서 수백 마일 떨어져 있으며, 한국 전역에서 가장 조용한 곳에 있고, 두 분이 안전하다고 느끼시는 만큼 저희도 안전하게 느끼고 있다는 것입니다. 전쟁으로 저희가 심란해하는 것이 없을 뿐 아니라 저희는 지금까지의 사역에 있어서 올해 가장 큰 진보를 계획하고 있습니다. 또한, 내슈빌에 있는 실행위원회(Committee)[110]가 전쟁을 구실로 해서 최근 몇 년간 계속해서 우리에게 제공하지 않았던 증원군들을 다시 우리에게 거절하지 않기만을 믿고 있을 뿐입니다. 이번 여름에 바로 이곳 목포에서 머무르려고

---

[110] Executive Committee는 보통 '실행위원회'로 번역함. 그런데 '전도국'으로 번역할 수도 있음. 예를 들어 전북노회 제30회 회록 20쪽 전주신흥학교 보고 내용 중 "미국남장로회전도국"이라는 표현이 나옴. "련내숙원중에잇든본교강당은미국남장로회전도국총무 스미스박사의매씨리차드손녀사가九千弗의거액을건축비로허락하심으로三萬 三千여원의공비로강당을건축하엿나이다" (Egbert W. Smith, a Presbyterian minister and Executive Secretary of the Presbyterian Church in the U.S. Executive Committee of Foreign Missions)

모든 계획을 하고 있습니다. 다시 한번 확신시켜 드립니다. 저는 어떤 위험도 무릅쓰지 않을 것입니다. 우리는 지금 서울과 연락하고 있는데, 만약에 어떤 위험이라도 있다면 우리는 즉시 통보받아서 위험을 피할 수 있을 것입니다. 일본군이 한반도 바다 전역과 한국 전역을 완벽히 장악하고 있습니다. 일본군이 러시아군에 의해서 육지에서 패하는 일이 있다 하더라도, 전투가 벌어지는 곳이 남서쪽으로 옮겨오는 데는 오랜 시간이 걸릴 것입니다. 일본군이 이미 한국과 만주의 경계인 북쪽 압록강까지 가있기 때문입니다. 멀리 떨어져 있는 이곳에 전보는 있지만 기찻길은 없다는 것을 아시죠.

시골에서의 전도여행은 정말 성공적이었습니다. 모든 것이 조용하며 사역은 잘 진행되고 있는 것을 발견했습니다. 우리는 전라남도의 두 개의 큰 도시인 나주와 광주를 방문했습니다. 두 곳에 사는 사람들은 2만 명이고, 광주는 전라남도의 수도입니다. 광주에 있는 동안, 어떤 양반의 집에 머물렀는데 그가 우리에게 크고 깨끗한 방 한 칸을 내주고 아주 친절하게 대해주었습니다. 그 사람은 옛 교육을 받은 양반으로, 아버지만큼 키가 크며, 흰 수염에, 잘생겼습니다. 그곳에 있는 동안 우리는 전라남도 관찰사[111]를 방문했습니다. 그는 전형적으로 부패하고, 일하지 않고 시간만 때우는 관료로 보이는, 늙고 바싹 마른 악당으로, 이렇게 흉악하게 통치되는 나라에서 어디서나 볼 수 있는 사람입니다. (우리가 자신 있게 예상하는) 일본이 이기는 경우, 현재의 전쟁으로 인해 얻게 될 큰 이득 중 하나는 한국에는 선하고 유능한 정부가 생기는 것이고, 기독교인들에게는 큰 진보가 있으리라는 것입니다. 그래서 당면한 황금 같은 기회를 준비하면서 지금 강하게 밀어붙이는 것이 중요합니다. 이미 획득한 한국어의 가치가 다른 무엇에 있겠습니까!

---

111 이근교(李根敎, 1842~1919). 1903년 10월 3일부터 1904년 3월 31일까지 전라남도 관찰사를 지냄. (한국학중앙연구원 한국역대인물종합정보시스템)

아내와 저는 벨 목사가 미국으로 떠난 날인 화요일에 집안 살림을 시작했습니다. 저희는 가장 좋은 환경 속에서 그 일을 맡았습니다. 아주 능력 있는 요리사가 있기 때문입니다. 아내가 식탁의 앞자리에 있는 것을 보면 저는 좋습니다. 아내가 자기 집에서 온전히 자리 잡을 때까지 저는 만족하지 않을 것입니다. 그때가 언제일지는 현재로서는 불확실합니다. 9월에 현재 살고 있는 집을 벨 목사에게 내주고 다시 당분간 다른 집에 얹혀살아야만 하기 때문입니다. 그동안에, 저희의 요리사, 사환, 그리고 적절한 사람을 찾을 수 있다면 여자 하인도 훈련시키려고 노력할 것입니다. 이렇게 하여 저희는 이번 여름에 네 명의 하인을 데리고 있을 것을 예상하는데, 이곳에서의 하인의 봉급은 한 달 평균 3달러이고, 숙식은 자신들이 알아서 해결합니다! 전킨 목사가 제게 준 괜찮은 조류 사냥용 개를 가지고 있어서 매우 자랑스럽습니다. 그 개 나이가 4달밖에 되지 않았는데도, 벌써 새를 잘 찾아옵니다. 그래서 저는 가을에 좋은 사냥을 하게 될 것을 기대하고 있습니다.

녹스빌(Knoxville) 지역 신문에서 애니 벨 페인터(Annie Bell Painter)[112]의 사망 소식을 보고 안타까웠습니다.

야네프에게 말씀하셔서 제가 곧 편지하겠다고 전해주세요.

---

[112] Anna Bell Painter(1881.12.10~1903.12.21).
MISS ANNIE BELL PAINTER.
Special to *The Sentinel*.
Rogersville, Dec. 28.—The funeral services of Miss Annie Bell Painter were held at the Presbyterian church by the pastor, Rev. F. M. McCutcheon, assisted by Rev. J. M. Clark of Morristown. A tenderly beautiful sermon was preached and the body was then taken to the old Presbyterian church where it was placed beside that of her father.
Miss Painter was an unusually sweet girl. Quiet and unselfish she was every person with whom she came in contact to be a friend and by her bright sunny nature ever brightened the homes where she stayed.
(*Knoxville Sentinel*, Mon, December 28, 1903, p. 7)

아내가 잠자리에 들라고 저를 부릅니다. 그러니 안녕히 주무십시오. (그곳에서는 '안녕히 주무셨습니까'네요.) 모두에게 사랑을 전합니다.

사랑하는 페어맨 올림

1904년 4월 2일
한국, 목포

사랑하는 어머니,

오늘이 토요일인데, 제가 이번 주에 한 통의 편지도 집으로 보내지 않았습니다. 이곳에서 시간은 치코라에서만큼이나 빨리 지나갑니다. 시간이 도대체 어디로 가는지 모르겠습니다.

어머니께서 보내주신 2월 24일 자의 좋은 편지가 이번 주에 도착했습니다. 이 편지가 고향에서 온 가장 최신 것이라 탐독했습니다. 어머니께서 보내주시는 편지를 저희가 "무미건조하다"라고 불평하지 않는다는 것을 아시겠죠. 어머니께서 보내시는 편지들은 지난주 이전에 저희가 보지 않는 한, 마치 지난주에 쓰인 편지들인 것처럼 저희에게는 새로운 것입니다. 거기에 더해서, 우리를 갈라놓는 거리를 고려하면, 편지가 전해지는 시간에 대해서 불평할 권리가 저희에게는 없습니다. 그러기보다는 저희는 감사해야 할 것이 훨씬 많습니다. 이따금 멈추고서 자비로운 일들을 세어보는 것이 항상 좋은 것이라는 결론에 저는 도달했습니다. 곤경이나 낙담시키는 일보다 자비로운 일이 더 많고 더 크다는 것을 저희는 거의 항상 발견합니다. 운송(communication)이 지연되리라고 예상했었지만 단지 일시적이었다는 것에 저희가 특히 감사드립니다. 운송이 규칙적으로 자리를 잡았고, 저희의 우편물도 규칙적으로 오고 있습니다.

우리 가족 모두가 너무도 많은 편지를 쓰는 것에 대해서 너무 두려워하지 마십시오. 한 주에 한 통씩 편지가 쏟아지고 있다고 어머니께서 생각하신다면 누군가가 "어머니를 속인 것입니다." 어머니, 아버지, 그리고 짐(Jim)이 편지를 잘 써주셨습니다. 그것에 감사드리며 보내주신 편지만큼 편지드리겠다고 약속합니다. 무미건조한 편지에 대해서 말씀드리자면, 어머니께서 보내신 지난번 편지가 저희에게 도착하지 않을지도 모른다는 어머니의 두려움에 대해 그리고 장모님께서 일본 고베에 있는 다카다 씨에게 저희에게 보내는 편지 몇 통을 맡겼다는 것에 대해 저희는 그저 미소 지을 수밖에 없었습니다. 그 편지들은 모두 신속하게 왔습니다.

이번 주에 제가 할 일이 많았습니다. 벨 목사가 서둘러 떠났고, 하던 사역의 많은 부분이 좋지 않은 상태였습니다. 큰 어려움으로는 광주 근처 하나말(Hannamal)과 영신(Yungshin)[113]에서 우리 기독교인들에 대한 큰 박해였습니다. 영신에서는 많은 장정이 체포되고 구타당했습니다. 지난 주일 밤에, 하나말에서 기독교인들이 예배드리러 모여있는데, 무장한 불량배 무리가 기독교인들을 공격하여 심하게 때리고, 종교 서적을 찢고, 기독교인들의 집을 점령했습니다. 기독교인들은 산으로 도망해서 지금 숨어있습니다. 우리는 관찰사를 두 번이나 직접 찾아가서 사정을 말했지만, 그 늙은 불한당은 서울로 호출되어 갔으며, 저희에게 어떤 만족도 주지 않을 것입니다. 우리는 이곳 감리(Kamni)[114]에게 이 문제를 조사하라

---

[113] 하나말과 영신의 위치에 대해서는 Miss F. Rica Straeffer가 작성한 "The Work at Mokpo", *The Missionary*(June 1904), pp.303~304 참조. "하나말(Hannama)은 목포에서 약 50마일 북쪽으로 있으며, 20명이 예배에 모인다. 그들은 최근에 자신의 돈으로 교회를 세웠다. 거기서 10마일을 더 가면, 영신(Nyungshin)이라는 곳이 있는데 30명이 모인다. 10마일 북쪽으로 배치(Pai-chee)에서는 모이는 사람이 25명이다. 뒤의 두 곳은 장성(Changsung)군에 있다."
하나말은 河羅里(하나리, 하나마을)을 뜻함. (이필성,「광주군과 주변지역의 초기교회들-행정구역 변천 과정 중심으로」, 2024) 하나말의 현 위치는 "1914년 생동·옹림리·남산리·이문리·보강리·하라리·전도리 일부를 보생리라 하여 장성군에 편입했다"는 기록에 근거해 전남 장성군 삼서면 보생리로 추정되며 보생리에 있는 보생교회에는 "보생교회 100주년(설립: 1903.2.8) 기념교회, 완공일: 2003년 7월 31일)"이라는 머릿돌이 있음. 영신은 현재 전남 장성군 진원면 율곡리.

[114] 무안 해관의 역대 감리로는 고종 34년(1897) 9월 13일 임용된 진상언(秦尙彦), 고종 37년(1900) 5월 16일 임용된 이준영(李準榮), 고종 37년(1900) 9월 28일 임용된 현명운(玄明運), 고종 37년(1900) 12월 12일에 임용된 조종서(趙鍾緖), 고종 38년(1901) 10월 26일 임용된 민영채(閔泳采), 고종 40년(1903) 3월 16일 임용된 김성규(金星圭), 고종 41년(1904) 2월 7일 임용된 김용래(金用來), 고종 41년(1904) 2월 15일 임용된 윤치호, 고종 41년(1904) 3월 12일 임용된 한영원(韓永元), 고종 42년(1905)

고 항의했습니다. 그러자 그는 주동자를 체포하라고 8명의 한국 경찰을 보냈습니다. 만약 그가 성공한다면, 우리는 초장에 문제를 해결할 것입니다. 오웬 의사와 제가 직접 하나말로 갈 것을 계획했지만, 그렇게 하지 말라는 강한 경고를 받았습니다. 그래서 가지 않을 것입니다.

어머니께서는 아마도 저희가 또 다른 의화단(義和團)사건 같은 임박한 위험에 처해있다고 상상하실 겁니다. 제가 어떤 말씀을 드려도 어머니께서 그런 생각을 갖지 않으실 수 없을 것입니다. 그럼에도, 저는 저희가 어려움에서 60마일 떨어져 있으며, 그린빌에 있는 것처럼 안전하다는 것을 덧붙여 말씀드립니다. 저희가 하나말에 있어도 저는 염려를 거의 또는 전혀 하지 않을 것입니다. 사실 저희가 그곳에 갔었더라면, 문제가 절대 일어나지 않았을 것이라고 저는 생각합니다. 저희는 저희 사역에서 완전히 너무도 멀리 떨어져 있습니다.

반 다이크 박사(Dr. Van Dyke)[115]가 그린빌에 왔었다는 말을 들어서 기뻤습니다. 그는 참 대단한 사람입니다. 프린스턴을 졸업한 다른 사람들과 비교했을 때, 저는 개인적으로 그 사람을 썩 좋아하지는 않았지만, 그 사람을 작가로서는 크게 존경합니다. 그는 프린스턴에서 환영회에 저를 한 번 초대해 줬는데, 그곳에서 제가 많은 "거물"들을 만났습니다.

저희 두 사람 모두 전에 없이 건강하며 행복합니다.

저희 둘의 많은 사랑을 전하면서 이렇게 형편없이 쓰인 편지에 대해서 용서를 간절히 구합니다.

사랑하는 어머니의 아들 페어맨 올림

---

7월 22일 임용된 이무영(李懋榮), 고종 42년(1905) 10월 11일 임용된 한영원(韓永源), 고종 42년(1905) 11월 14일 임용된 한창수(韓昌洙), 고종 43년(1906) 6월 6일 임용된 안기현(安基鉉)이 있음. (https://sillok.history.go.kr/main/main.do)

[115] Henry Jackson van Dyke Jr.(1852.11.10~1933.4.10). 목사, 작가, 교육자, 장관, 외교관.

1904년 4월 4일
한국, 목포

사랑하는 장모님,

제가 이 편지를 고백과 사과로 시작하고자 합니다. 고백은 최근 제가 받은 두 통의 아주 좋은 편지들에 대해서 제가 완전히 빚지고 있는데 그것을 갚을 능력이 없다는 것이며, 사과는 최근 장모님께 편지를 드리는 데 있어서 원하지 않은 게으름에 대한 사과입니다. 장모님께서 힘든 싸움에서 승리하셨다는 것과 장모님께서 새로 얻은 아들인 저에게 지금껏 딸에게 보여주셨던 풍족한 사랑의 일부보다 더 많은 것을 기꺼이 주시고자 한다는 것을 저희가 알게 된 기쁨을 표현하는 것은 정말 불가능합니다. 제가 어쩔 수 없이 장모님께 너무도 많은 고통을 끼쳐드렸다는 생각은 고향을 떠날 때 생긴 가슴이 미어지는 많은 일들만큼 힘들었습니다.

저희 생각을 가장 많이 차지하고 있는 것은 장모님께서 한국에 오시겠다고 하신 것입니다. 최근 전개된 상황을 보면, 장모님께 조언드리는 것에 있어서 저는 매우 당혹스럽습니다. 무엇보다 먼저, 상황을 설명해 드리겠습니다. 먼저, 현재의 전쟁에 관해서입니다. 현재 상황을 보자면 장모님께서 완벽하게 안전하게 여행을 하지 못할 이유가 전혀 없습니다. 증기선들은 규칙적입니다. 일본이 바다와 한국을 완전히 장악하고 있어서 저희는 고향만큼이나 이곳에서 안전함을 느낍니다. 그런데 지금부터 6개월 뒤에 어떤 어려운 일이 일어날지를 누구도 예견할 수는 없습니다. 러시아가 육지에서 일본을 다시 몰아낼 수도 있으며, 다른 나라들이 참전할 수도 있습니다. 그러면 참전하는 나라의 해군이 바다를 위험에 빠지게 할 수도 있습니다. 그런 만일의 사태가 혹시라도 일어난다면, 저는 아내(Annie)를 고향으로 데리고 갈 것입니다. 저희는 그런 것을 이곳에서 예상하지 않습니다. 신속한 소식을 듣고 높은 곳에서 조망하기에, 고향에 있는 사람들이 저희보다 미래에 대해서 예견할 더 좋은 위치에 있습니다.

둘째로는, 저희의 사역에 관한 것입니다. 저희는 이곳에 도착하고 나서 곧 목포가 사역에 있어서 미래 전망이 거의 없다는 걸 알았습니다. 선교사 부부 한 쌍이 목포 근처에서 사역할 수도 있지만, 핵심 사역은 60마일 떨어져 있으며, 빠른 속도로 발전하고 있습니다. 한국선교회는 내년 가을에 광주에 선교부를 개설할 목적으로 최근 행동을 취했습니다. 그리고 이미 장소도 선택했습니다. 이 사역을 시작하기 위해서 한 명의 의사와 한 명의 복음 전도자를 데리고 오라는 임무를 벨 목사가 받았습니다. 만약 벨 목사가 이러한 증원군을 확보하는 데 성공하면, 광주에서의 사역은 9월에 시작될 것이며, 제가 그곳으로 임무 배정이 되리라는 것은 매우 확실합니다. 만약 그가 성공하지 못하면, 저희가 목포에 머물지 않고, 전주로 배치될 것이 거의 확실합니다. 그러니 어떤 경우든 이동이 있다는 것을 의미하는 것을 아시겠죠.

이 모든 것이 장모님과 관련되어 있습니다. 올해는 저희가 장모님을 앞으로 해드릴 만큼 편하게 모실 수는 없습니다. 그렇지만 장모님을 충분히 잘 돌볼 수는 있습니다. 벨 목사가 성공하리라는 것과 광주에 임시 거처를 짓기 위하여 벨 목사와 제가 9월에 광주로 보내지면, 아내들은 목포에 남겨질 것이 매우 확실하다고 저는 생각합니다. 그 시기 동안에, 아내와 저는 계속해서 저희의 방인 방 두 개를 쓰면서, 오웬 의사 부부나 스트래퍼 선교사와 함께 식사하게 될 것과 11월 하반에 광주로 옮겨갈 수도 있다고 생각합니다. 저희는 장모님께서 오시는 것에 대해서 마음을 정했습니다. 그리고 저희의 관점에서는 "8월에 벨 목사와 같이 오세요"라고 강권하고 싶습니다. 아주 좋은 분들과 함께 저희에게 직접 오시는 것이 좋은 기회가 될 것입니다. 동시에, 제가 위에서 설명드렸던 모든 것을 보면, 장모님을 과도하게 설득하는 것이 망설여집니다. 장모님께서 정말 신중하게 판단해 주십시오. 오시는 것이 명확하면, 저희는 매우 기뻴 것입니다. 여러 가지 이유로, 저는 장모님께서 올해 오셨으면 합니다. 그런데 그 이유라는 것들이 이기적인 것들이라서 일일이 말할 필요는 없습니다.

이런 쪽으로는 작은 처남(Sam)과 큰 처남(Will)이 좋은 조언자들이라는 것을 알게 되실 것입니다. 큰 처남에게서 최근 좋은 편지들을 받았는데, 상황에 대해서 놀랍도록 정확한 파악을 하는 것으로 보입니다.

신문에 실린 보고서에 깜짝 놀라지 않으시도록 장모님께서 두 번 생각하실 것으로 믿습니다. 이곳에 오고 나서, 저희는 미국인들의 선정성에 크게 인상을 받았습니다. 저희가 읽은 신문 기사 모음들의 부정확성과 과장이 끔찍합니다.

저희는 『하퍼스 위클리(Harper's Weekly)』를 보며 그 신문을 매우 좋아합니다. 『리터러리 다이제스트(Literary Digest)』도 봅니다. 『샬럿(Charlotte)』은 아마도 제 생각에 "목포"가 아니라 "무포"라는 잘못된 주소 때문에 이따금 오는 때를 제외하고는 결코 저희에게 오지 않습니다.

도지 다카다 씨가 심한 병을 앓고 있다는 소식이 오늘 아침 저희에게 전해졌습니다. 폐의 문제와 더불어 급성충수염으로 그가 매우 심각해졌으며, 존슨 선교사는 그가 회복할 가망이 없다고 생각합니다. 도지 다카다 씨가 안타깝습니다. 끝내 이겨내기를 저희는 바라고 있습니다.

자신의 탁자 앞머리 쪽에 앉아 있는 아내를 지금 보실 수 있으면 좋겠습니다. 아내는 살림하는 것을 좋아하며, 집을 아름답게 관리합니다. 여름 내내 하인이 다섯 명이 있을 것인데, 그들 중 세 명을 자신이 직접 훈련시키려고 합니다. 아내가 참 좋습니다! 아내를 알아가면 갈수록 더 사랑하게 됩니다. 저는 처음부터 제가 할 수 있는 최대로 아내를 사랑했습니다. 그런데 지금은 그 사랑의 폭이 서너 배가 되었습니다. "달콤한 신혼"은 물질적인 상태가 아닙니다.

최근 저희는 고향에 있는 사람들에게 보내는 편지에 대해서 매우 우려하게 되었습니다. 어떤 사람이 그 편지를 읽을지 모르기 때문입니다. "선교사"와 선교협회에 대한 적절한 먹잇감으로 여겨질 필요가 없는 편지들을 선교사들은 쓸 수가 없는가요? 최근에, 아내가 럼플 박사님께 편지하며 저에게 읽어보도록 했습니다. 그 글에서 아내는 "그분의 훌륭한 설교를 얼마나 많이 그리워했었는지" 등을 쓰고 그다음 문장에는 "프레스톤 목사가 최근에 설교 대부분을 하고 있습니다"고 했습니다. 저는 럼플 박사님만큼이나 설교를 잘할 수 있다고 가정할 수는 없습니다만 선교협회 앞에서 놀림감이 되는 것을 좋아하지 않습니다. 저는 아내가 그 편지를 보내지 않았기를 바랍니다. 장모님의 아들인 이 사위를 비방으로부터 보호해 주세요.

우리 현지인 기독교인들에 대한 박해로 인해서 저는 최근에 매우 바빴습니다. 복음이 전해질 때, 악마들이 더러운 일을 하는 것을 예상합니다. 이 일이 복음 전파라는 대의명분을 도와주기만을 기대합니다.

장모님께서 필라델피아를 방문하시고 나서 눈과 머리가 더 좋아진 것은 아니라는 것을 알고 매우 실망하고 있습니다. 더 좋은 것들을 듣기를 희망합니다. 장모님의 눈을 보호하기 위하여 제가 타자기로 편지를 쓰는 것을 허락해 주시길 바랍니다.

자녀들이 장모님께 가장 따스한 사랑을 전합니다.

사랑하는 J. 페어맨 프레스톤 올림

1904년 4월 10일
한국, 목포

사랑하는 어머니,

남편(Fairman)과 스트래퍼 선교사가 교회에 있는 동안, 저는 이 기회를 이용해 어머니께 편지할 것입니다. 고향에서만큼이나 이곳에도 많은 방해 요인이 있어서 제가 제대로 글을 읽고 쓰지 못하는 것 같습니다. 어머니께 편지하지 않고는 일주일을 절대로 그냥 흘려버리지 않으려고 의도하지만, 때때로 시간이 획 지나가 버립니다.

그곳이 봄 날씨라니 기쁩니다. 밖에 계시는 것이 어머니께 얼마나 좋은지 제가 알기 때문입니다. 동산을 걷고 진달래를 꺾으며 어머니에 대해서 많이 생각했습니다. 첫 진달래를 보고 너무도 기뻤습니다. 겨울이 오래전 일처럼 보였기 때문입니다. 남편과 저는 저희가 있는 산의 반대편을 걷는 중에 예쁜 진한 분홍 진달래를 몇 개 발견했습니다. 그런 다음 오웬 부인과 저는 산을 넘어 해변을 따라 걷다가 집으로 진달래를 한아름 가져왔습니다. 날은 너무도 좋습니다. 만조가 되고 저 멀리 있는 산에 해가 비추면, 정말 아름답습니다.

어느날 오후에, 스트래퍼 선교사와 저는 뜰에 꽃씨를 종일 심었습니다. 고향에서 가져온 봉선화, 페튜니아, 백일홍, 애스터, 물망초, 나팔꽃, 한련, 파이어볼 릴리입니다. 땅을 파고 씨앗을 심는 일을 즐겁게 했으며, 꽃이 잘 피어나길 바랍니다.

저희가 꽃씨를 심었을 때는 정말 건조했습니다. 그런데 그다음 날에 장마철처럼 비가 내렸습니다. 얼마나 쏟아붓던지요! 비가 들어오는 것을 막으려고 창문 턱에 바닥깔개와 수영복을 올려둬야 했습니다. 비가 온 후에는 남편이 심은 작은 배추들을 제외하고 모든 식물이 아름다워 보입니다. 바람과 세찬 비 때문에 그 배추들은 그냥 쓸모가 없게 되어버렸습니다.

우리 있는 곳에서 위쪽 시골에 있는 현지인 기독교인들에 대한 박해로 우리가 매우 많이 힘들었습니다. 어느 늙은 양반이 한국 기독교인들을 격렬하게 싫어했으며 관찰사를 매수하여 그들을 체포하여 때리도록 했습니다. 온갖 항의를 해도 기독교인들에게 더 좋지 않게 되는 것처럼 보였습니다. 그래서 오웬 의사와 남편이 무엇을 해야 할지 무척 고심했습니다. 그들은 관찰사를 다시 찾아가 보는 것을 생각했지만, 그렇게 하는 것이 지혜로운 일인가에 대해서 결정을 못 하고 있었습니다. 김 집사가 조사하러 그쪽으로 갔으며, 목포항의 새로운 감리가 대리인을 김 집사와 함께 보냈습니다. 김 집사의 늙은 어머니는 김 집사에 대해서 걱정했습니다만, 우리는 한국인이면 누구나 자신을 돌볼 수 있다면, 김 집사도 자신을 돌볼 수 있으리라 생각했습니다. 그런데, 관찰사가 너무도 파렴치한 사람이라서 김 집사도 체포하여 구타할 가능성이 상당히 높았습니다. 새로운 감리는 김 집사와 대리인을 아주 좋게 대했으며, 많은 한국 경찰을 시골로 보냈고, 그 문제를 서울로 보고했습니다. 오웬 의사도 미국에서 교육받았고, 기독교인들에게 호의적인, 신임 외교부 2인자[116]에게 전보를 보냈습니다. 그가 관찰사에게 전보를 보냈는지 어땠는지를 우리는 모릅니다만, 김 집사로부터 오늘 전보가 왔는데, 기독교인들이 사면되고 풀려났다고 합니다.

선교사들은 현지인들 간의 문제에 도움을 줄 수 없듯이 현지인들의 일에 간섭하고 싶지 않다는 것을 아시죠. 선교사들은 한국인 관계 당국이 현지인들의 문제를 해결하도록 하는 것이 최선이라고 생각합니다.

---

116 윤치호를 말함. 이 편지에 쓰인 시기에 윤치호는 외교를 책임지는 외무대신 아래 직책인 외무협판이었음. 윤치호가 실제 무안감리로 역할을 하여 프레스톤과 연관된 일을 했는지는 의문임. 1904년 4월 2일 자 편지 각주에 있는 무안 해관의 역대 감리 명단 참조.

그래서 현지인들이 중앙정부에 항의했습니다.

체포된 지도자들 가운데 한 명의 아내를 돌보기 위해서 저희 요리사가 오늘 떠났습니다. 그 지도자는 목포에 있는 교회의 후견을 받고 있습니다. 복음을 전하는 그 사람은 아주 성정이 좋고, 착하며 칭송을 받는 사람[117]이라서 이곳에 있는 모든 사람이 그 사람에 대해 몹시 걱정하고 있었습니다.

곧 신임 관찰사[118]가 올 예정입니다. 그러면 더 좋아지기를 바라고 있습니다. 일본인들의 권고를 받아서 더 좋은 사람들이 관직에 임명되고 있습니다. 그래서 우리가 희망을 품을 수 있습니다.

어머니, 우리를 보러 왔던 유배자에 대해서 한 번 편지했다고 생각합니다. 유배지로 쓰이는 섬이 목포에서 가깝고, 저와 스트래퍼 선교사가 테이트 목사와 다른 선교사들과 함께 그곳으로 갔었습니다. 제가 말씀드린 유배자는 정 선생으로 문서 사역에 있어서 테이트 목사의 조사(助事)였습니다. 그 사람은 눈 밖에 났던 왕실의 자제 중 한 명과 영국으로 갔기 때문에 유배되었습니다. 그는 런던에서 1년을 지냈으며 영어를 합니다. 괜찮은 사람입니다. 저의 어학 교사가 말하길 한국에는 좋은 사람이 상당히 많았다고 하는데, 그들 대부분이 유배 중이라고 합니다! 저는 이 전쟁 이후에 유배당한 좋은 사람들이 기회를 잡게 되기를 바랍니다.

존슨 선교사가 도지 씨의 병에 대해서 며칠 전 저희에게 편지했습니다. 도지 씨는 충수염을 앓고 있고 폐에 문제가 있어서 매우 심각하게 아픕니다. 존슨 선교사는 도지 씨의 회복에 대해 희망적으로 생각하지 않았습니다. 도지 씨는 미국으로부터 어떠한 돈도 받지 않았고 재정 상

---

117  지원근(池源根) 조사(助士)로 추정됨.
118  전라남도 관찰사와 재임기간: 이성렬(李聖烈, 1904.3.31~1904.4.7), 민영기(閔泳綺, 1904.4.7~1904.5.5), 성기운(成岐運, 1904.5.5~1904.5.27), 이윤용(李允用, 1904.5.27~1904.7.20).

태가 좋지 않았습니다. 그로부터 다시 소식을 들을 수 있기를 간절히 바랍니다. 그에게 전해주라고 존슨 선교사에게 약간의 돈을 보냈으며, 제가 소식을 다시 듣게 된다면 어머니의 이름으로 그에게 약간 더 보낼 것입니다.

4월 12일, 화요일 아침

어제 아침에 어머니께서 3월 8일과 14일에 보내신 편지, 버사(Bertha)가 보낸 편지, 릴리 리틀(Lily Little)이 보낸 편지, 그리고 발송불가서신 보관소에 제 티 벨(tea bell)이 있다는 내용의 편지가 도착했습니다. 이번에 어머니의 편지들은 유난히 좋게 느껴졌고, 아이들이 보내준 사진과 압화도 즐겁게 보았습니다. 지금쯤 고향의 정원이 얼마나 예쁠지 상상됩니다. 벨 목사 집에 엄청 많은 수선화와 약간의 개나리가 활짝 피었습니다. 제가 고향에서 가져온 구근식물은 튤립이었습니다. 스트래퍼 선교사의 칼라 릴리(calla lilies) 일부가 활짝 피었는데, 첫 번째 꽃이 부활절 아침에 피었습니다. 오웬 의사가 오늘 아침 한국어로 부활절 설교를 했고, 남편은 오후에 있는 우리의 영어 예배에서 부활에 대해 설교했습니다.

다음 토요일에 군산과 전주로 갈 계획입니다만 가지 않을 수도 있습니다. 스트래퍼 선교사가 가고 싶어하지 않으며 현재 저희와 같이 머물고 있기 때문입니다. 저는 잉골드 의사(Dr. Ingold)[119]가 고향으로 가기 전에 정말 가보려 합니다. 잉골드 의사가 노스캐롤라이나에 있는 동안 어머니께서 그녀를 만나보시길 바라기 때문입니다.

만약 한국선교회가 가을에 새로운 선교부를 개설하는 것을 현명한 일이라고 고려하지 않는다면, 저희는 아마 전주로 보내지게 될 것입니다. 여러 면에서 그것이 매우 좋을 것입니다. 전주에 저희가 들어갈 집이

---

[119] Martha Barbara Ingold Tate(1867.5.31~1962.10.26).

모두 준비되어 있을 것이고 할 사역이 많기 때문입니다. 물론, 저희는 가을까지 저희가 무엇을 해야 할지를 모릅니다. 그러나 제가 어머니를 보지 않는다면, 정말 견디기 힘들 것입니다. 이곳으로 올 모든 준비를 하고 계십시오. 그래서 만약 러시아가 방해만 하지 않으면 이곳으로 올 수 있도록 해주세요. 물론, 불편한 것들이 있을 수 있기에 제가 저만 생각해서 어머니께서 이곳에 오시는 것을 계속 재촉하고 싶지는 않지만, 어머니가 몹시 보고 싶습니다. 지금 이곳에 어머니께서 계시면 좋겠습니다. 저희는 정말 잘 지내니까요. 저는 결코 어디에 얹혀사는 사람이 되고 싶지 않았습니다. 그리고 얹혀사는 것을 더 이상 하지 않기를 정말로 바랍니다. 그러나, 저는 까다롭거나 성가신 존재가 되어서 남편이 저에 대해서 계속 신경 쓰느라 사역할 시간이 없게 만들고 싶지는 않습니다. 저희는 저희만의 가정을 원하며 그것도 간절히 원합니다. 그러나 저희가 잠시라도 가정을 가질 수 없다면, 저는 우아하게 남의 집에 얹혀살려고 하겠습니다. 어머니께서는 저희가 다른 사람 집에 얹혀살고 있어도 이곳에 오실 수 있다는 것을 아시죠. 저희는 저희만의 방을 가질 것이고, 남의 집에 산다고 하여서 그것 때문에 어머니에게 "진흥운동"[120]이 말하듯 "주

---

[120] FORWARD MOVEMENT: The method of the Forward Movement—that of a subscription by every member of the church of a definite amount to be paid during the year—is the method adopted by the Assembly as a part of our missionary platform, and is the only method by which it would ever be possible to reach the goal for which we are now striving.
3·1운동이 일어났던 1919년, 장로교회가 '진흥운동'(振興運動, The Forward Movement)으로 부흥운동을 시작했다. 이 운동은 두 단계로 진행됐다. 제1차 진흥운동은 1919~1925년까지, 제2차 진흥운동은 1929~1934년까지 진행됐다. 1차 진흥운동은, 첫 번째 해에는 준비와 개인전도, 두 번째 해에는 부흥회와 단체전도, 그리고 세 번째 해에는 유년주일학교의 부흥에 초점을 맞추어서 부흥운동을 전개하였다. 2차 진흥운동은 1929년부터 9~10월 서울에서 열린 '조선박람회'를 이용하여 전국에서 모인 관람객들에게 전도를 개시하는 것이었다. 1931년에는 장감연합공의회가 3개년 전진운동(성경읽기, 복음전도, 기독교문서 출판과 독서증가운동)을 성서공회와 협조하여 추진하였다. (http://new.pck.or.kr/bbs/board.php?bo_table=SM01_02&wr_id=6)

저하며 물러나는"일이 일어나지 않게 할 것입니다.

앵거스 해밀턴(Angus Hamilton)이 쓴 책[121]에 많은 영향을 받지 않으시길 바랍니다. 이곳에서 그 책은 대단하다고 생각되지 않습니다. 그리고 작가에 관해서인데요. 괜찮은 감옥이 있어도 그 사람의 발을 씻을 수는 없을 것이라고 합니다. 그는 한국인들을 치욕스럽게 다루었습니다. 그래서 한국인들 누구도 그와 같이 여행하려고 하지 않았기 때문에 그는 여행 중의 일부를 포기해야만 했습니다. 어느 경우에는 여관 주인의 아내가 해밀턴이 때렸던 한국인으로부터 그를 구해야만 했습니다. 그의 평판이 서울에서 너무도 좋지 않았기에 어느 숙녀도 거리에서 그와 함께 있는 모습을 보이려고 하지 않았습니다. 그는 호텔에서 여자 종업원과의 일로 곤경에 처했는데, 그 사람 때문에 여종업원 한두 명이 해고당해야 했습니다. 한국에서 오랫동안 살고 있는 헐버트(Mr. Hulbert) 박사[122]가 해밀턴의 책에 대해 비평한 『코리아 리뷰(Korea Review)』[123] 3월호를 보시길 바랍니다. 어머니를 위해서 그 잡지 구독권을 보내드렸는데, 3월호부터 받아 보셨으면 합니다. 헐버트 박사는 다음과 같이 말합니다. "과장 없이 단지 피상적인 관찰을 통해서 한국에 관한 흥미로운 책을 쓰는 것은 누구에게나 매우 어려운 일이다. 그가 "남자 주인"이 그를 곤경에서 벗어나게 했다고 말하는 곳이 있는데, 실제는 "여주인"이었다. 그런데 내 생각에는 그는 여자에게서 도움받은 것을 말하는 것을 좋아하지 않았다. 선교사들이 사는 방식에 대한 그의 정보를 어디서 얻었는지 나는 모른다. 그 사람

---

[121] *Korea*(C. Scribner's sons, 1904). Angus Hamilton(1874~1913.6.14)은 영국인으로, 종군기자로 활동하며 보어전쟁(Boer War), 의화단 운동(Boxer uprising),러일전쟁(Russo-Japanese) 등을 취재함. 극동지역 통신원으로 한국에서 3,4개월 있었던 경험을 토대로 *Korea*를 씀.

[122] Homer Bezaleel Hulbert(1863.1.26~1949.8.5).

[123] 1901년 Homer Bezaleel Hulbert가 발행한 월간 잡지로,『코리안 리포지터리(*The Korean Repository*)』를 계승함. 1901년 1월부터 1906년 12월까지 총 72호가 발간되었음.

은 선교사들의 집의 내면을 많이 보고자 하는 사람이 아니었다."

저의 컷글라스는 하나 빼고 모두 좋은 상태로 도착했습니다. 깨진 것은 제물포에 있는 중국인에게 리벳으로 고정하게 할 것입니다. 얼마 전 저는 제 화병을 진달래로 가득 채웠습니다. 압화 몇 개를 어머니께 보내드릴 것인데 어머니께서 그것들을 분석하시길 원합니다. 아시다시피, 제가 식물에 대해서는 잘 모릅니다. 그런데요, 저희가 원하는 몇 개 물건을 어머니께 드릴 수도 있습니다. 아마도 큰올케가 뉴욕에서 그 물건들을 싸게 구매할 수도 있을 것입니다. 저는 바람이 불어도 완전히 갈기갈기 찢어지지 않을 작은 모자, 즉 토크(toque)를 원합니다. 무릎까지 내려오는 셔츠 원피스(shirtwaist), 잘 세탁되는 크림색 셔츠 원피스, 짙은 색 양산, 좋은 식물학 책, 남편에게 줄 브라우닝 총도 원합니다. 참 다양한 물품들이죠? 어머니께서 가져오실 수 있는 것은 무엇이건 화물비뿐 아니라 세금도 아끼게 됩니다. 벨 목사와 어머니께서 같이 오는 정말로 좋은 기회이기에, 저는 전쟁으로 이 기회가 사라지지 않기를 정말로 바랍니다.

도쿄에서 우편 주문을 넣을 때 실수가 있을 수도 있기에 어머니께서 우표를 붙이시라고 발송불가서신 보관사무소로부터 제가 받은 통지문을 어머니께 보내드리겠습니다. 어머니께서 우푯값으로 40센트를 보내주시면 매우 고맙겠습니다.

벨 목사의 주소는 다음과 같습니다.

    Rev. Eugene Bell

    Scott's Station, Kentucky

어머니의 새 아들인 목사 사위를 사랑해 주십시오. 저에게 정말 잘해주기 때문입니다. 그는 작은오빠만큼이나 생각이 깊고 이타적입니다!

마이크부터 위로 모든 사람에게 많은 사랑을 전합니다. 언니와 작은올케(Beulah)에게 저에게 말하지 않고 새로운 것을 감히 갖게 된다면, 제가 분개할 것이라고 말씀드려주세요.

리드 상점(Reid's)에 가실 때, 브라운(Mr. Brown) 씨와 메리(Mary Mauney)에게 『썬(*The Sun*)』에 나오는 그들의 광고를 제가 항상 읽는다는 것과 물건을 판매하는 데에 제가 참여할 수 있기를 바란다고 말씀해 주세요.

사랑하는 애니 올림

1904년 4월 26일
한국, 목포

사랑하는 어머니,

제가 토요일이면 쓰는 편지는 이번에 큰올케(Marion)에게 보냈습니다. 저는 큰올케가 아마도 뉴욕에 있을 거로 생각하여, 큰올케에게 보내는 우편물을 통해서 어머니께도 편지를 한 통 보낼 수 있을 거라고 전적으로 예상했습니다. 그런데 큰올케에게 보내는 편지를 다 쓰고 그 편지를 봉투에 넣기 전에 오웬 부인이 왔습니다. 그래서 어머니께 보내는 편지는 쓰지 못했습니다.

남편(Fairman)이 집에 없는 동안에 오웬 부인이 임무를 맡았는데 그것은 저에게 신선한 공기를 마시게 하고 운동하게 만드는 것입니다. 저는 항상 밖으로 나가고자 합니다만 혼자 가는 것을 끔찍이 싫어합니다. 혼자 나가는 것은 그냥 일이 됩니다. 스트래퍼 선교사는 힘든 운동을 할 만큼 몸이 강하지 않습니다. 그래서 남편은 제가 스트래퍼 선교사와 산책하는 것이 어떤 도움이 된다고 생각하지 않습니다.

저희가 군산으로 가지 않았다는 것을 아시겠죠. 배가 왔을 때 비가 쏟아붓고 있었습니다. 그리고 스트래퍼 선교사와 저는 둘 다 몸이 좋지 않았습니다. 저는 심한 감기에 걸려서 그런 날씨에는 나갈 엄두를 내지 않았습니다.

물론, 저의 감기는 가장 좋아하는 곳에 자리를 잡아서 저는 기분 나쁜 잔기침을 하게 되었습니다. 그러나 남편이 아주 효과적인 치료책을 사용했습니다. 테레빈으로 제 목에 물집이 잡히게 만들더니, 서너 가지 약을 먹으면서 침대에 하루를 꼬박 머무르게 했습니다. 그러자 기침이 거의 즉시 사라졌습니다.

남편과 오웬 의사가 시골로 간 날은 날씨가 정말로 좋았습니다. 오웬 부인과 저는 그들과 함께 읍내로 가서 그들이 떠나는 것을 지켜봤습니다. 물이 햇살을 받아서 너무도 예뻤고, 두 사람이 타고 가는 작은 배에서 소풍을 했다면 정말 좋았었을 것이기에 떠나보내는 것이 힘들었습니다. 그들은 지난 목요일에 떠났으며, 아마도 금요일이나 토요일에 돌아올 것인데, 적어도 남편은 그럴 것입니다. 남편은 정규 공부 시간에서 너무 많이 빠지는 것을 좋아하지 않습니다. 토요일은 남편의 생일입니다. 그래서 저는 남편이 돌아오기를 바랍니다. 남편에게 줄 것으로 제가 존슨 선교사에게 칠보 냅킨 링(a cloisonne napkin ring)을 구해달라고 부탁했습니다. 오늘 그 물건이 도착했는데 아주 진귀합니다. 그 링은 교토에 있는 아주 유명한 곳 중 한 곳에서 왔습니다.

존슨 선교사 부부를 만나는 것을 놓치지 않기를 바랍니다. 그들은 가을에 일본을 떠날 것인데, 그들이 가기 전에 어머니께서 이곳으로 오시기를 바랍니다. 도지 씨는 훨씬 좋아졌으며, 방에서 돌아다니고 있고, 산책도 갈 수 있을 것으로 기대됩니다. 존슨 선교사는 그의 회복이 매우 인상적이라고 합니다.

어머니께서 오늘 오후 저희 뜰에서 풍경을 볼 수 있으셨다면, 한국에 어떤 매력적인 것이 없다는 말씀을 하실 수 없었을 것입니다. 산, 바다, 그리고 초록색 보리밭에 머무는 햇살이 매우 아름다웠습니다. 모든 초록 식물이 정말로 초록색이며, 라일락과 개나리가 활짝 피었고, 벨 목사 집에 있는 포플러나무의 잎들이 상당히 커지고 있습니다.

봄비가 온 이후 모든 것이 상당히 많이 꽃을 피웠습니다. 사람들이 충분한 물을 가지게 되어서 훨씬 더 깨끗합니다. 사람들의 옷이 깨끗할 때 사람들이 매우 괜찮아 보입니다. 옷을 씻고 말릴 때 매우 하얗게 하기 때문입니다.

교회 회중이 증가했으며, 목포 지역 사역이 더 고무적으로 되어가고 있습니다. 많은 박해가 있었던 위쪽 시골에서는 전보다 더 많은 관심이 있고, 예배 참석자가 더 많습니다. 복음이 전파되는 방법이 경이롭습니다. 선교사들이나 한국인 조사들이 가본 적 없는 곳에서 남자들이 책을 구하러 목포까지 왔습니다. 어떤 사람이 복음에 대해서 들었다가 현지인 전도자가 있는 멀리 떨어진 곳으로 찾아가서는 그에게서 진리에 대해서 약간 배우고 나서 마을로 돌아가서 이웃을 가르쳤던 것으로 보입니다. 그들은 아는 것이 너무도 없다는 것을 깨닫고, 좀 더 배우기 위해서 선교사들에게 와서는 교사를 보내달라고 간청했습니다. 오웬 의사와 남편이 그들에게 책을 몇 권 줬습니다. (다른 말로 그들에게 팔았습니다. 한국인들은 대개 그런 종류의 것은 무엇이건 기꺼이 돈을 주고 사려고 합니다.) 그리고 이번 전도여행에서 그곳으로 갈 가능성이 높습니다.

밤이 깊어갑니다. 그래서 자야만 합니다. 내일 아침 저는 침실을 청소할 것이며 오후에는 한국어 수업을 받을 것이니 낮잠을 잘 시간은 없을 것입니다. 그제 광을 청소하는 데 큰 신경을 썼습니다. 저는 대부분 상자 위에 앉아서 사환아이가 제대로 하는지 지켜봤습니다.

어머니께서 벨 목사와 같이 오시면 제가 어머니와 떨어져 지낸 시간의 절반 이상이 지난 후에 서로 보게 될 것입니다. 저희가 그린빌을 떠난 지 거의 7개월이 되었고, 어머니께서 오실 때까지는 단지 4개월이 조금 넘게 남을 것입니다.

사랑의 마음을 가득 담아 보냅니다.

애니 올림

스트래퍼 선교사가 사랑을 전합니다. 그녀와 오웬 부인이 저에게 잘해 주고 있습니다.

1904년 5월 3일
한국, 목포

사랑하는 아버지와 어머니,

이번에는 제가 바랐던 것보다 편지와 편지 사이 간격이 더 커지게 할 수밖에 없었습니다. 저는 내륙 지역에서 12일간 있다가 오늘 겨우 돌아왔으며, 떠나기 전 너무 서둘러서, 편지 보낼 기회를 놓쳤습니다.

우리 사역지에서 벌어졌던 박해에 대해서 부모님께 편지를 드렸습니다. 잠시 상황이 아주 좋지 않아 보였습니다. 지금 우리는 내붙여진 관찰사의 포고문을 가지고 있는데, 모든 기독교인을 박멸하겠다고 위협하는 내용입니다. 우리는 그 관찰사의 고압적인 행위에 대해서 한국 관계 당국이 관심을 갖게 했으며, 그 관찰사는 서울로 호출되어 갔고, 그 소요의 주동자 중 몇 사람은 체포되었습니다. 아주 부유한 늙은 양반인 주모자는 피신했고, 한국인들이 말하듯 "어딘가에서 숨어지내고 있습니다." 우리는 기독교인이 된 지 얼마 되지 않은 연약한 기독교인들에 대한 이런 심한 시련의 결과에 대해서 크게 염려했습니다. 그래서 오웬 의사와 제가 10일 전에 우리 사역지 전체를 돌아보기 위해 떠났습니다. 어느 곳에서나 아주 고무적인 상황에 있는 것을 발견하게 되었다는 것을 기쁘게 전해 드립니다. 몇 명은 떨어져 나갔지만, 박해를 받았던 모든 사람은 믿음에 있어서 그 전보다 더욱 강해졌으며, 복음의 힘에 대해서 강한 증언을 하고 있었습니다. 그들이 우리에게 말한 경험을 보면 바울과 실라[124] 시대를 분명히 떠올리게 됩니다. 저는 『미셔너리』에 그 사건에 대해서 자세하게 쓰려고 합니다. 그래서 이번 편지에는 이렇게 분명하고, 울려 퍼지는 증언을 통해서 제가 영적으로 아주 많이 고양되었다는 것 이상

---

[124] 사도행전 16장. 바울과 실라가 박해받은 내용 참조.

을 말할 시간을 내지는 않을 것입니다. 저는 이 일로 예수님께서 옛날에 그렇게 하셨든 오늘날도 자신의 백성과 진실로 함께하신다는 것을 한층 더 확신하게 되었습니다.

우리의 전도여행은 모든 면에서 좋았고 유익이 되었습니다. 우리는 모두 5백 리를 다녔는데, 이 중 2백 리를 터벅터벅 다녔습니다. (3리는 1마일과 같습니다.) 우리가 방문한 곳들에 며칠 비가 왔던 것을 제외하고 날씨는 완벽했습니다. 그래서 우리는 전혀 지체되지 않았습니다. 우리가 불필요하게 개인적인 위험 속으로 뛰어들었다고 생각하지 마십시오. 우리가 가는 데에 어떤 위협이라도 있을 것이라고는 염려하지 않았기 때문입니다. 동시에, 우리는 우리 일로 가야 하는 곳이라면 어디든 두렵지 않으며 우리가 해야 할 일을 하는 데 어떤 해로움도 생기지 않을 것을 확신하고 있습니다.

개인적으로 저는 모든 면에서 다시 기운이 솟았습니다. 잘 잤고, 많이 먹었고, 저의 취미에 가장 가까운 것인 운동을 맘껏 했습니다. 매일 꿩이나 비둘기를 먹었습니다. 한국에 오고나서 최초로 두렵고 짜증 나는 존재를 마주했습니다. 바로 벌레입니다. 벼룩부터 시작하여 온갖 종류와 크기의 벌레가 있습니다. 다행히 저는 이틀 밤만 심하게 괴롭힘을 받았는데, 그것은 실제로는 "쥐"를 보고서 생긴 불안감 때문이었습니다.

어머니의 최근 편지를 애타게 기다렸습니다. 3월 18일 자로 되어있었으며 어머니께서 2월 24일 자로 보내신 편지 이후로 제가 집에서 받은 유일한 서신이었습니다. 편지와 편지 사이의 간격이 너무 깁니다. 지금 5월 3일인데 고향집에서 오는 소식은 없습니다. 우리 서로 매주 한 줄은 보내도록 노력합시다.

대학교 여학생들 사이에서 볼거리가 유행하고 있다는 것을 듣고 안타까웠습니다. 그런데 더 심한 것은 걸리지 않았다고 하니 감사드립니다. 그들 모두에게 저의 사랑을 전해주시고, 비록 제가 그곳에서 더 오랜 기간 일하도록 허가받지는 못했지만 저의 마음이 항상 치코라와 같이 있을 것이라고 말씀해 주세요. 조나스(Miss Jonas) 교수가 대학으로 돌아오지 않을 것이라는 소식을 듣고 매우 안타까웠으며, 그 일이 그린빌에 큰 손실이라고 느낍니다. 저는 그녀에 대해서 정말 좋은 기억을 가지고 있습니다. 오웰(Miss Oewel) 교수에게 제가 어젯밤 그녀에 대한 아주 좋은 꿈을 꾸었다고 말씀해 주세요.[125]

리아가 철로 위에서의 그렇게 위험한 직책을 맡아야 한다는 말을 듣고 마음이 좋지 않습니다. 리아가 곧 제분소(mill) 사업에서 자리를 잡기를 정말로 바랍니다. 리아가 자신 안에 문제의 뿌리를 가지고 있지만 이를 이를 악물고 뭔가에 매달리면 성공할 것을 저는 굳게 믿습니다. 저는 고향을 떠난 후 리아가 저희에게 보낼 첫 번째 편지를 기다리고 있습니다. 저는 가족 모두가 저의 편지를 보고 있으며, 따라서 교대로 저에게 가능한 자주 편지하려고 할 거라고 생각합니다. 저의 편지를 어머니, 아

---

[125] 여기에서 Miss Jonas와 Miss Oewel은 치코라 대학에서 가르치던 사람들임. Annie Lowe Jonas(1870~?)는 시인 Samuel Sidney Alroy Jonas(1838~1915.9.13)의 딸임. Emma Augusta Oewel(1867.5.18~1960.9.28)은 네덜란드 출신으로 1872년 미국에 도착했음.
CHICORA COLLEGE.
A thorough school, with modern equipment and ideal site. Instructs in all branches offered in the best Female colleges. Degree courses taught by specialists.
PREPARATORY DEPARTMENT will be under Miss Caroline A. Hawkins, employing latest methods in training children. Seven years successful experience.
MUSIC—Joseph Hagstorm (Royal Conservatory, Stockholm, Sweden), Director, Voice, Piano, Pipe Organ, harmony.
ART—Miss Emma A. Oewel, New York and Paris.
ELOCUTION—Miss Annie Lowe Jonas, daughter of Maj. A. S. Jonas, author of the poem, "Lines on the Back of a Confederate Note." An elocutionist of charming presence, wide reputation and uncommon ability.
Next session begins September 23rd.
For Catalogue, address S. R. Preston, M. A., D. D., President (*The Greenville News*, Wed, September 3, 1902에 실린 광고)

버지 앞으로 주소를 하여 보내는 것이 아주 자연스럽습니다. 바크먼에게 저의 사랑을 전해주시고 지금 저에게 편지 한 통을 빚지고 있다고 말해주세요. 저는 바크먼이 우리 가문의 빛나는 빛이라고 믿고 있습니다. 바크먼은 자질이 있습니다. 아이다와 야네프에게는 아직 편지하지 못했으나 그 둘을 자주 생각하고 있으며, 곧 개별적으로 편지할 것입니다. 제 생각에 짐(Jim)이 지금 저에게 편지 한 통을 빚지고 있습니다. 그런데 짐은 저희가 떠난 후 편지 쓰는 것에 대해서 아주 잘하고 있습니다.

오늘 좋은 우편물이 저를 기다리고 있었습니다. 특히 스튜어트(Stuart) 목사와 롤랜드(Rowland) 씨로부터 좋은 편지가 왔는데, 진흥운동에 대한 기운을 돋아주는 소식이었습니다. 우리 사역이 잘 진행되고 있는 것으로 보입니다. 지난해 외국선교회에 220,000달러가 들어간 것으로 생각하는 것 같습니다. 우리가 돈이 있다면 뭘 어떻게 할 생각을 하겠지만, 그렇지 않으니 의미 없습니다.

아내(Annie)는 더할 나위 없이 건강하며, 물 만난 오리처럼 집안일을 합니다. 아주 훌륭한 하인들이 있어서 결과적으로 그 하인들을 바쁘게 만들려고 하는 것 말고는 달리 신경 쓸 일이 거의 없습니다. 한국인들은 우리의 최고의 흑인 하인들보다 더 좋습니다. 제가 저의 아내를 얼마나 좋아하는지를 말하려고 한다면, 소개하는 데만도 긴 편지를 한 통 쓸 것입니다. 솔로몬이 "그런 여자는 주님으로부터 왔다"고 말한 것은 옳았습니다. 저는 다만 주님께서 제가 받을 만한 것보다 혹은 주님께서 해주시길 제가 기대했던 것보다 엄청나게 더 저에게 잘해주셨다고 생각합니다.

그레이엄 부부에게 제가 참으로 사랑한다고 전해주세요. 저의 소식을 묻는 친구들에게 안부를 전해주세요. 외할머니(Grandma)[126]와 작은이모

---

[126] 프레스톤 목사의 외할머니 Mary S. Hardman(1820.4.1~1906.12.15)와 이모 Eugenia Deaver Sutphen(1857.9.9~1912.2.26)을 말함. 이 이모는 Aunt Jennie로 언급되며 1900년에 언니인 프레스톤의 어머니 집에 엄마와 같이 살았던 기록이 있음.

(Aunt Jennie)로부터 소식을 듣게 해주세요. 이모는 우리가 원했던 편안한 거처를 가지고 있나요? 지나가듯이 말씀하신 것 말고는 짐(Jamie)이 방문한 것을 언급하지 않으셨습니다.

편지하실 때 버지니아에 살고 있는 친척들에게도 안부를 전해주세요. 저희 둘의 가장 큰 사랑을 담아서 보냅니다.

사랑하는 페어맨 올림

---

She can be found on census records for Columbia, Richland, SC listed as a daughter of John C and Mary Sutphen. In 1900, she is living in Ward 5, Greenville, Greenville, SC with her sister, Ida Preston, Ida's husband, Samuel Rhea Preston and their family. Also living in the household is Ida and Eugenia's mother, Mary. She was born in SC and both parents in New Jersey. Her occupation at the time is college matron.

1904년 5월 11일
한국, 목포

사랑하는 어머니,

월요일 도착한 어머니의 편지들은 지금까지 보내주신 편지 중에서도 단연 최고였습니다. 남편(Fairman)과 저에게 3월 28일 자로 보내신 편지와 저에게 보내신 4월 5일 자 편지인데, 그 편지들에 부활절과 아이들과 꽃에 대해서 모두 말씀해 주셨습니다.

월요일 우편에 어머니의 편지가 두 통, 작은오빠(Sam)가 보낸 한 통, 작은올케(Beulah)가 보낸 한 통이 왔고, 로라 코잇, 둘째 작은시누이(Ida 2), 링클튼(Lincolnton)에 사는 꼬마 제드 존스톤 크로포드(Zed Johnston Crawford)와 루시(Lucy)가 보낸 편지는 어머니 편지에 동봉되어 왔으며, 로라의 사진이 있었습니다. 남편도 좋은 편지 몇 통을 받아서 우편물을 받은 날이 정기적인 축제의 날이었습니다.

꼬마 제드 존스톤은 대양 건너에서 오는 편지를 원합니다. 그 아이는 자기 사촌인 마가렛 녹스(Margaret Knox)[127]가 저에 대해서 말하는 것을 들었습니다. 그 아이에게 곧 편지를 쓰려고 합니다.

아름답고 건조한 날씨가 되더니 오늘은 매우 습했습니다. 그래서 저는 밖으로 전혀 나가지 않았습니다. 어제는 거의 하루 종일 마당에 있으며 작은올케에게 편지를 쓰고, 공부하고 묵상하고 한국인들과 대화를 나누었습니다. 오후에 우리는 테니스를 쳤는데, 테니스는 제가 이룬 새로운 성취 중 하나입니다. 저는 아직 정확히 전문가는 아니며, 이따금 그물망 너머로 공을 보냅니다. 테니스가 저에게 괜찮은 운동이라고 남편이 생각

---

[127] Margaret C. Knox(1876.2.9~1960.3.10). 프레스톤 부인과 동향 사람으로, 다른 두 자매 Bertha Knox(1870.12.25~1959.12.7), Clara Knox(1873.5.21~1965.9.1)와 같이 프레스톤 목사 부부 편지에 종종 언급됨.

했기에, 저는 샌프란시스코에서 테니스 채를 하나 샀으며, 호놀룰루에서 굽이 높은 테니스 신발을 구입했습니다.

저의 이에 대해서는 걱정하지 마세요. 남편은 제가 전에 했던 것보다 더 잘 저의 이를 관리하도록 합니다. 이번 가을에 서울로 갈 때까지 이는 모두 괜찮을 것이라고 저는 확신합니다. 요코하마에 있는 치과의사가 매년 잠시 서울로 오는데, 실력이 매우 좋은 사람이라고 합니다.

저의 눈에 관해서입니다. 저는 안경을 쓰는 일에 있어서 매우 조심하며, 글을 읽을 때 대부분 매우 좋은 조명을 사용합니다.

장미가 지금 활짝 피기 시작합니다. 스트래퍼 선교사에게 아주 좋은 장미 나무가 몇 개 있으며, 외할머니[128]께서 좋아하셨던 장미꽃이 하나만 맺는 장미와 같은 한국 장미도 많습니다. 또 다른 한국 장미는 우리의 브라이덜 로즈(bridal rose)와 같은데 하얗지 않고 노랗습니다. 저희가 어디서 자리 잡을 걸 알게 될 때 많은 꽃은 기르고자 합니다. 저는 백합 뿌리는 가지고 오지 않았습니다. 정말 갖고 싶습니다. 백합 뿌리를 조금 그리고 산딸나무 씨앗을 조금 가져오실 수 있는지요. 미국에서 단풍나무 씨앗과 유칼립투스 나무 씨앗도 구했으면 합니다. 물론 어머니께서 오실 때 잘 가꾼 텃밭과 잔디밭이 준비되어 있으면 좋을 것입니다만 그렇게 못하면, 어머니와 제가 텃밭과 잔디밭을 같이 계획하고 감독할 수 있습니다. "사막이 장미처럼 꽃 피우리라"[129]고 하는 것보다 더 무엇을 바라겠습니까? 이 성경 구절로 작년 겨울 이곳 주변 모든 것이 너무도 황량해 보이던 때에 저는 도움을 받았습니다. 지금은 커다란 보리밭이 정말 아름답습니다. 월요일 오후 늦은 시간에 남편과 제가 호밀밭이 아닌 보리

---

128 Annie의 외할머니 Sarah Sherburne Colburn(1805.5.1~1895.1.14). 1870년 인구총조사를 보면 Wm. Murdoch, Sarah S. Murdoch이 S. H. Wiley, Miriam C. Wiley와 같이 살고 있음. 주소는 337 Salisbury, Rowan, North Carolina. 1880년 인구총조사 자료에 따르면 주소는 498 Salisbury, Rowan, North Carolina임.
129 이사야 35장 1~11절 참조.

밭을 통과하여 걸었습니다. 그렇게 아름다운 녹색 곡식이 흔들리는 벌판 사이를 걷는 것은 참 매력적이었습니다.

이번 주 배 타고 소풍을 가려고 계획했었는데, 오늘은 다소 그런 생각이 줄어듭니다. 내일이면 햇살이 있고 날이 무척 좋을 수도 있습니다.

어머니의 편지를 받은 후, 어윈 애버리(Erwin Avery)[130]의 죽음에 대해서 정말 많이 생각했습니다. 정말 끔찍한 충격입니다! 저는 그 사람을 잘 알지는 못했지만 그를 매우 좋아했습니다. 샬럿은 그를 잃어서 아주 큰 손실을 겪었다고 저는 느낍니다. 약혼녀는 얼마나 힘들었을까요! 그 기사가 실린 『샬럿 옵저버』를 놓친 것에 제가 너무 낙담했습니다. 어머니의 편지를 읽자마자 저는 그 『샬럿 옵저버』가 있는지 찾았습니다. 그렇지만 그 신문은 도착하지 않았습니다. 다음 우편물에 올지도 모릅니다.

저희는 소식을 다소 늦게 듣습니다. 『코리아 리뷰(Korea Review)』 편집장인 헐버트 박사가 제물포에서 내려오는 모든 증기선에 관한 소식을 저희에게 보냅니다만 전보보다는 전혀 빠르지 않습니다. 저희가 듣기로, 일본이 확실히 큰 승리를 하고 있습니다.

저번 주일에 어떤 스코틀랜드 사람이 서울에서 내려왔는데 그는 일

---

[130] Isaac Erwin Avery(1871.12.1~1904.4.2). 1904년 4월 28일에 결혼할 예정이었으나, 불면증에 시달리다 사망함. 묘비에 ISAAC ERWIN AVERY 1871-1904, SON OF JUDGE ALPHONSO C. AVERY AND SUSAN MORRISON AVERY OF SWAN PONDS, BURKE COUNTY, CITY EDITOR OF CHARLOTTE OBSERVER 1900-1904, AUTHOR OF "IDLE COMMENTS"라고 쓰여있음.
Story of the Death of the Gifted Writer Whose Sudden Passing This Whole Community Mourns—Tributes to His Memory
All that was mortal of Isaac Erwin Avery was taken to Morganton this morning at 7:10 o'clock.
Mr. Avery was to have been married on the twenty-eighty of this month to Miss Nancy Forney Johnston, of Birmingham, Alabama, daughter of General and Mrs. Robert D. Johnston, formerly citizens of Charlotte. (*The Charlotte News*, Mon, April 4, 1904)

본으로 가던 중이었습니다. 그 사람이 타고 오던 증기선에서 그가 일본인 몇 명에게서 들었던 몇 가지 과장된 이야기를 말해줬습니다. 일본인들이 말하길 1만 명의 러시아군이 포로로 잡혔다고 합니다. 켄 뮤어(Mr. Kenmure)[131] 목사는 그렇게 많은 수가 잡혔다고 믿지는 않지만, 일본군이 많은 장교와 대포를 사로잡았다는 것은 사실로 드러났습니다. 저는 일본군이 압록강 반대편으로 가기를 확실히 바랍니다.

켄 뮤어 목사는 영국성서공회와 연결되어 있습니다. 그는 굉장히 재미있는 사투리를 쓰며, 모두가 영국(English) 공사관이라고 하는데 그 사람은 대영(British)[132] 공사관이라고 말합니다. 그렇게 말하는 걸로 봐서 저는 그 사람이 스코틀랜드 출신이라는 아주 좋은 증거라고 생각합니다.

존슨 선교사가 저희를 위해 만든 예쁜 사진 몇 장을 보내줬습니다. 저희 필름에서 확대한 것으로 하나는 호놀룰루의 달빛 사진이고, 다른 것은 저희 산이 물에 비친 사진입니다. 그 부부는 가을 전에는 고향으로 가지 않을 것입니다. 어머니께서 그들을 일본에서 만나기를 바랍니다만 만약 전쟁 때문에 어머니께서 그렇게 일찍 오는 것이 어려우시면, 존슨 선교사가 말하길 자신이 어머니를 미국에서 뵙고 "숲에 있는 아기들(Babes in the Wood)"[133]에 대해서 모든 것을 말씀드리겠다고 합니다. 목포에는 숲이 없지만 말입니다.

존슨 선교사가 글을 정말로 재미나게 쓰기에 그 사람이 『미셔너리』의

---

131 Alexander Kenmure(1856.4.19~1910.12.25). 영국성서공회(British and Foreign Bible Society) 소속 선교사.
132 영국(Great Britain)은 England, Scotland, Wales를 말함. 스코틀랜드 출신 Mr. Kenmuir는 잉글랜드 사람이라는 뜻의 English를 사용하지 않고, Britain의 형용사형 British를 사용함. 참고로 the United Kingdom(UK)은 England, Scotland, Wales, Northern Ireland로 구성됨.
133 "Babes in the Wood"라는 표현은 영국 전래동화에 나오는 내용으로, 숲에서 버려진 두 어린이가 죽게 되고 나뭇잎으로 덮인다는 내용임. 숲속에 있는 아이들은 세상 물정 모르는 천진한 아이들이라는 의미로 쓰임.

편집자 중 한 명이 되면 좋겠다고 생각합니다. 그 부부는 수에즈 운하를 통해서 고향으로 가는데, 그는 제가 어머니께 그 노선을 이용하도록 권했으면 합니다. 그런데 저는 어머니께서 호놀룰루를 보셨으면 합니다. 그런 다음 저희는 수에즈를 통해서 미국으로 되돌아갈 수 있습니다. 존슨 선교사가 말하길 그렇게 하는 것이 샌프란시스코를 통해서 가는 것보다 저렴하다고 합니다. 이 모든 항구를 보는 것이 즐겁지 않을까요?

남편이 저 위쪽 시골 풍경에 대해서 매우 즐거운 묘사를 합니다. 그곳에 나무가 있다는 것을 들으시면 어머니께서 기뻐하실 것을 저는 알고 있습니다. 저희는 모든 일이 어떻게 될지를 정말 알고 싶습니다.

달이 비칠 때 저희 베란다에서의 풍경을 어머니께서 꼭 보셔야만 합니다. 정말 절묘합니다. 그래요, 우리는 같은 별을 가지고 있지만 그 별이 같은 시간에 빛나는 것은 아닙니다.

새로 나온 일본 10센[134] 지폐를 동봉합니다. 전쟁 이후에 최근 도입되었습니다. 이것을 "구경"하신 후에, (구경이라는 말은 한국인들이 무언가를 보자고 할 때 사용하는 말입니다.) 사무엘(Samuel)에게 보내주세요. 전쟁 전에는 10센이 미국의 5센트 가치였을 것인데, 일본 돈의 가치가 하락해서 현재는 그만큼 가치가 있지 않습니다.

한국은 어머니에게 꼭 맞는 장소입니다. 어머니의 많은 나이를 자랑하면서 멋지게 계실 수 있기 때문입니다. 어제 한 여성이 저에게 자기 나이가 70살이라고 말했습니다. 김 집사의 어머니께서 즉시 큰 목소리로 "나는 75세 먹었소"라고 했습니다.

애니 리버굿에게 저의 사랑을 전해주시고 제가 서너 번 소식을 전하려다가 막판에 그렇게 하지 못했다고 말씀해 주세요. 제가 그녀에게 곧 편지하겠습니다만 저는 솔즈베리 사람들이 어머니를 통해서 저의 소식

---

[134] 일본 통화 1엔(円)=100센(錢 또는 錢).

을 들을 수 있다고 생각합니다. 그렇지만 럼플 박사님에게는 글을 쓰기로 굳게 마음먹었습니다.

저희가 『리터러리 다이제스트(Literary Digest)』를 본 적이 있냐고 어머니께서 제게 물어보셨습니다. 저희는 그것을 보며 『하퍼스 위클리(Harper's Weekly)』도 봅니다. 거기에 있는 만화들이 아주 재미있습니다.

교회에서 "주 날 불러 이르소서"[135]를 부르는지요? 제가 가장 즐겨하는 찬송가이며 선교사에게는 좋은 기도입니다.

사랑하는 어머니의 "아기" 올림

어머니께서 일체형 속옷(union suit)이 아마도 몇 개 필요하실 것이라, 제가 20달러 수표를 동봉합니다.

---

135 새찬송가 329장, 주 날 불러 이르소서(Lord, Speak to Me, that I may Speak).

1904년 5월 14일
한국, 목포

사랑하는 예쁜 여동생[136]에게,

멀리 떨어져 있는 오빠에게서 네가 편지를 받을 때가 된 것 같구나. 그렇다고 생각하지 않니? 이번 주는 어른들이 비켜서서 네가 편지를 받도록 해야 할 것이다. 네가 오빠에게 편지를 하나 보낼 생각을 했었더라면 편지를 더 일찍 받았을 수도 있었을 것이다. 네가 아무것도 하지 않고도 오빠에게서 일주일마다 보내는 편지를 받을 수 있다는 점에서 네가 오빠보다 엄청난 이점을 가지고 있다는 것을 알고 있으렴.

너는 정말 오빠보다 이로운 위치에 있다. 새언니와 오빠는 네가 새언니에게 보낸 편지에 매우 기뻤단다. 그 편지는 지난주에 받았다. 새언니 생각에는 모든 가족이 너무도 좋아서 비교하기가 어렵지만, 오빠는 네 새언니가 가족 누구보다도 너를 더 사랑한다고 믿는다. 너는 확실히 "뛰어난" 사람이다. 오빠는 단지 네가 하려고 마음먹은 모든 것을 하기에 충분히 네가 건강하기만을 바란다.

수술이 성공이었다니 정말 기쁘다. 그 무서운 애틀랜타 의사가 너의 목 주변에 수술칼을 사용하도록 할 만큼 네가 그렇게 용감했었다는 걸 오빠는 생각지도 못했다. 오빠는 그 의사가 오빠의 코골이를 수술하게 하는 것이 좋지 않다고 생각했다. 그래서 네가 "무례하게 대꾸"할 수 없는 곳, 또는 "기다려"라고 소리 지를 수 없는 곳으로 그가 너를 데려가도록 한 것은 끔찍했음에 틀림없었다.

네가 이번 여름에 와서 우리를 볼 수 있으면 좋으련만! 새언니는 집안 살림을 아주 좋아하고 잘한다. 오빠는 텃밭을 잘 가꾸었다. 그래서 우리

---

[136] Ida Sutphen Preston(1889.9.16~1971.1.9). 프레스톤 형제자매 8명 중 일곱째.

는 이미 아스파라거스, 무, 상추를 많이 먹었다. 선교사의 삶에서 가장 어려운 것은 사랑하는 가족과 떨어져 있는 것이다. 네가 우리와 같이 있다면, 너는 다른 소녀들과 놀 수는 없지만, 탁구, 뱃놀이, 해먹 타기, 테니스, 등산, 한국인의 삶 구경, 독서 등 거의 모든 것을 하면서 즐겁게 지낼 수 있을 거야. 어른으로는 선교사 다섯 명과 아이로는 오웬 목사의 어린아이 둘만 있는 곳에 너 혼자 있다는 것을 상상해 보렴. 네가 만약 어린 한국 소녀라면 너는 아마도 부지런히 집에 있는 어린아이를 무겁게 등에 업고 다녔을 것이다. 거리에서는 거의 모든 아이가 자신보다 어린 아이를 등에 묶고 다니는 것을 보게 된단다. 동봉하는 이 사진을 보면 오빠의 말을 조금 이해할 것이다. 모든 어린이가 끔찍이도 더럽단다. 그리고 아주 어린아이들은, 옷이 있다고 해도 작은 재킷밖에 되지 않는 것인데 그것을 가슴에 두른단다.

너에게 "한 푼" 엽전[137]도 보낸다. 이 돈은 전라남도 지역에서 목포 바깥에서 통용되는 유일한 돈이다. 이 엽전 14개가 있으면 우리 돈으로 1센트다. 지폐는 일본 돈인데, 새언니가 너에게 보낸다. 이 지폐는 얼마일 것 같니? 10센인데, 우리 돈으로 5센트란다! 이런 돈을 만드는 데 정부가 비용을 거의 쓰지 않는다고 생각할 거다.

너와 엘시(Elsie)가 여전히 "단짝 친구"라고 생각한다. 엘시에게 오빠 기억해달라고 전해주렴. 그리고 그 아이의 언니에게도 오빠의 안부를 전해주렴.

네가 이 편지를 받을 때는 대학에 다니는 언니들은 모두 떠나고 없을 것을 오빠가 깨달았다. 애틀랜타의 라이스 박사(Dr. Rice)[138]가 대학 졸업식에서 설교하기로 약속했었다는 것을 신문에서 보고 매우 기뻤다.

어머니와 너 자신과 플로이 언니를 잘 돌보렴. 오빠 대신 야네프에게

---

137  1904년 2월 4일 자 편지의 각주 참조.
138  Rev. Theron H. Rice(1867.7.8~1922.8.17). Union 신학대학 교수.

사랑을 전해주고, 다음번에 오빠가 편지하겠다는 말을 전해주렴. 바크먼에게서 좋은 편지가 왔다. 글을 쓰는 것을 보니까 바크먼이 아주 많이 향상되었음이 틀림없었다고 오빠는 생각한다. 바크먼에게 그리고 모두에게 사랑을 전해주렴. 수지(Susie)[139]와 엘렌 그레이엄(Ellen Graham)[140]에게도 오빠의 사랑을 전해주렴.

사랑하는 너의 오빠 페어맨

---

[139] Susie Graham Reeves(1886.7.13~1967.9.16). C. E. Graham의 큰딸.
[140] Ellen Lavine Graham(1888.8.23~1910.8.8). C. E. Graham의 막내딸.

**1904년 5월 21일**
한국, 목포

사랑하는 장모님,

지난달 꼬박 절반을 순회전도여행 다니느라 집에서 나가 있었습니다. 돌아오니 집에서 반드시 해야 할 일이 쌓여있어서 제가 바라는 대로 장모님께 편지할 기회가 최근에 없었습니다. 장모님께서 저희에게 편지를 잘 보내주시고, 그 편지에 제가 개별적으로 포함되는 것을 정말로 기쁘게 여기기에, 장모님께서 목포 편지를 매주 받으셔야 한다고 저는 느낍니다. 아내(Annie)는 언어 공부와 집안 살림으로 계속 너무도 바쁘기에 장모님께서 편지를 매주 받으시는지 아닌지 저는 모릅니다. 이곳에서의 나날이 고향에서의 나날보다 더 길지는 않다는 것을 알게 됩니다. 또한 시간을 어떻게 쓰고 있는지 알기는 더욱 어렵습니다. 저희에게 지금 하인이 다섯 명 있는데, 남자가 네 명이고 여자가 한 명입니다. 그들을 훈련하고 바삐 움직이게 하는 데 적지 않은 감독이 필요하다는 것은 말씀드려 무엇하겠습니까. 하인들은 저희가 지금 필요로 하는 것보다는 많지만 저희는 여름의 경험을 최대한 이용하고 있으며, 9월에 벨 목사에게 물건들을 양도할 때는 저희만의 좋은 하인 세 명을 갖게 되기를 기대합니다. 아내에게는 시중들고 바느질해 주는 여자가 한 명 있습니다. 집에 있는 하인들이 매우 유순하여서 결과적으로 집에서의 삶이 매우 편안합니다. 아내는 항상 자신의 무지와 경험 없음을 통곡하지만, 실제로는 스스로가 그렇다고 말하지 않는다면 누구도 아내가 무지하고 경험 없다고 생각하지 않을 것입니다. 아내는 너무도 잘하고 있습니다. 이곳에 계시면서 저와 함께 아내가 하는 것을 즐기시면 좋을 텐데요.

아내가 제게 말한 것과 같이 장모님께 편지한다면, 아내가 장모님께서 가을에 이곳으로 오시는 것에 대해서 확신하고 있다는 것을 아는 것은 어렵지 않습니다. 전쟁이 지금까지 진행된 것처럼 계속된다면, 저로서는 장모님께서 이쪽으로 오실 수 없는 이유를 모르겠습니다. 제가 이쪽 일에 대해서 얼마 전에 충분히 편지드렸기에, 장모님께서 올해 분명히 오실 수 있으시다면 저희가 아주 기쁘리라는 것을 제외하고는 어떤 것도 덧붙이지 않을 것입니다. 장모님께서 가져다 주셨으면 하는 물건 목록을 아내가 장모님께 보내려고 합니다. 단풍나무 씨앗을 조금 구해오시면 좋겠습니다. 여기에는 (은사시나무(Aspen)가 아니라) 빨리 자라는 은단풍 (Silver Maple)이 있습니다. 잎이 넓고 큰 나무 또는 꽃은 무엇이건 이곳에서 수요가 아주 큽니다. 제가 수박씨를 심었는데, 수박이 "열리기"를 바랍니다. 아내가 가져온 구근 식물은 튤립과 글라디올러스로였습니다. 일부를 스트래퍼 선교사에게 줬는데 그것들은 히아신스였습니다. 그것을 보고 아내는 마치 인디언처럼 그것들을 되돌려달라고 하고 싶은 유혹에 빠졌답니다!

텃밭 가꾸기를 무척 즐겁게 하고 있습니다. 똑똑한 어린 한국인에게 제가 하는 일을 가르치고 있습니다. 저는 상당한 시간 동안 제가 직접 텃밭에서 일합니다. 이것이 육체노동에 대해서 아주 혐오스러운 생각을 하는 한국인들에게는 좋은 실물 공부라고 저는 생각합니다. 중국인들처럼, "양반" 계급은 그들의 손톱을 매우 길게 길러서 "노동이라 불리는 상스러운 것"을 절대 만지지 않는다는 표시로 삼습니다. 제 요리사가 자신만의 "양반" 개념을 일부 가지고 있다는 것을 제가 들었습니다. 지난 밤에 제가 그를 불러들여서는 오래도록 이야기하면서 다른 사람들이 들을 수 있도록 말하며 심하게 꾸짖었습니다. 이런 식으로 동양인들을 다루어야만 합니다. 최근에, 조사였던 사람이 개인 빚을 갚기 위해서 선교회 돈을 일부 전용했었다는 것을 제가 발견했을 때, 저는 서양식으로 직접적으로 그 사람에게 맹렬히 달려들었고, 우리 나라라면 그런 일을 하면 감옥에 갇히게 된다고 말했으며, 그날 아침에 그 돈을 가지고 와야만 한다고 충고했습니다. 이렇게 직접적으로 말하자 오웬 의사가 하지 못한 것이 이루어졌습니다. 돈이 돌아왔습니다!

선교협회에 보낼 편지를 장모님께 쓰고 있는 것을 아시죠! 최근에 『미셔너리』에 글을 서너 편 보냈습니다. 아마 보실 수도 있을 건데, 마지막 보낸 것은 최근 우리의 박해에 관한 짧은 글이었습니다. 이 박해로 저는 많은 시간을 뺏겼습니다. 그렇지만 값진 경험이었습니다. 지금은 모든 것이 고요하며, 상당 기간 그랬습니다.

아내는 계속해서 진도를 잘 나가고 있습니다. 아내의 선교 능력에 관하여 제가 생각해 왔던 희망 사항들보다도 더 수준이 올랐습니다. 피는 못 속이는 법인가 봅니다. 장모님께서는 아내가 이교도들 사이에서 사역하는 것을 의도하지 않으셨지만, 주님은 장모님이 계획했던 것보다 더 좋은 계획을 갖고 계십니다. 아내는 장모님처럼 좋은 어머니와 같이 있어서 정말 좋은 여자가 되지 않았었나 싶습니다. 제가 처음으로 사랑에 저의 마음을 여는 데 끼친 미묘한 영향력에 장모님께서 큰 몫을 가지고 계셨다고 제가 장모님께 말씀드렸던 것을 아시지요.

사랑이 제 인생에 와서 머물며, 저희 가정에 왕 자리를 차지하고 앉아 있습니다. 저희는 장모님께서 저희 가정의 일부라고 생각합니다.

특히 코울 부인(Mrs. Cole)에게 저의 안부를 전해주시며, 그녀가 살아남아서 건강을 회복한 것에 저희의 감사를 전해주세요. 저희는 그녀를 종종 생각합니다.

저희 두 사람 모두 가족 각자에게 사랑을 전하며, 장모님께 "많은" 사랑을 전합니다.

사랑하는 J. 페어맨 프레스톤

아내는 이번 주 시어머니께 편지할 것입니다.

1904년 5월 21일
한국, 목포

사랑하는 어머님,

남편(Fairman)과 제가 오늘 오후에 서로의 어머니를 바꿨습니다. 남편은 이번 주 제 친정어머니께 편지를 할 것입니다. 격주로 어머님께 편지를 쓰겠다는 것이 항상 저의 계획이었습니다만 한국인들이 말하듯이 "일이 되지 않았습니다."

이제 막 저희 마지막 상자를 열었습니다. 그 상자는 저희가 고향을 떠난 후 곧 배로 보내졌던 것입니다. 이곳에 몇 주째 있었지만, 저희 방에 물건을 들여올 공간이 거의 없었기에 그 상자를 열지 않았습니다.

저의 미숙함에도 불구하고 살림을 매우 즐겁게 하고 있습니다. 요리하는 법도 배우고 싶지만, 남편을 위해서 요리에다 실험은 거의 하지 않고 있습니다. 저희는 훈련이 잘된 하인 두 명과 가르쳐 써먹을 만한 하인 한 명이 있는 가장 좋은 환경 속에서 살림을 확실히 시작했습니다. 며칠 후에 두 명의 하인이 더 생기게 될 것입니다. 하인이 다섯이라는 것이 "선교사의 검소함"처럼 들리지는 않으시죠, 그렇죠? 저는 여름 동안 하인들이 이렇게 많은 이유를 남편이 설명드렸기를 바랍니다. 그렇지 않았다면, 1년도 지나지 않았는데 어머님의 아들을 망가뜨릴, 끔찍이도 낭비벽이 심한 며느리를 얻었다고 어머님께서 생각하실 것입니다.

남편은 지난번 순회전도여행을 다녀온 이후로 한국어에서 아주 많은 진척을 보였습니다. 그는 자신에게 하는 한국어를 거의 대부분 이해하며, 자신의 한국어를 한국인들이 이해하게끔 만듭니다.

남편이 지난번 전도여행으로 다녀온 곳은 목포 아래쪽 해안에 있는 읍내였습니다. 그곳에는 약 100명이 교회에 출석합니다. 그는 전도여행을 잘 견디는데, 집에 올 때면 항상 더 좋아 보이며, 온갖 불편한 점에도 불구하고 전도여행을 즐기는 것처럼 보입니다. 물론, 한국인들이 그를 좋아합니다.

남자들보다 여자들을 이해하기가 훨씬 어렵습니다. 최근 들어서야 저는 여자들이 말하는 것을 겨우 이해할 수 있었습니다. 날이 따뜻해졌기에, 수없이 많은 구경꾼이 옵니다. 그래서 저는 그들에게 한국말을 연습할 아주 좋은 기회를 가졌습니다. 온갖 종류의 여자들이 있습니다. 어떤 이들은 매우 호감이 가며 깨끗한데, 어떤 이들은 지나치게 호기심이 많고 더럽습니다. 어느날 김 집사의 어머니께서 친구 몇 사람과 와서는 "구경"을 원했습니다. 그녀는 아주 좋은 노부인이기에 저는 그녀의 친구들께 매우 잘 대해주려고 했습니다. 그들은 우리의 어머니들에 대해서 항상 관심이 있습니다. 그래서 어머님의 사진과 친정어머니의 사진이 제가 보여주는 것의 일부분으로 항상 있습니다. 그 여자분들은 정말 공손하며 깨끗해서 저는 그 사람들에게 서재, 식당방, 그리고 벽찬장에 있는 모든 내용물을 보여주는 것이 정말 즐거웠습니다. 은제품들은 그들에게 큰 볼거리였습니다. 특별히 포크가요. 그들이 떠나면서 그들을 보고 그들 집도 "구경"하라고 저를 초대했습니다. 김 집사의 어머니를 위해서 수요일 오후 오웬 부인과 제가 한 가정을 방문했습니다.

그 집은 제가 봤던 어느 집보다 훨씬 좋았으며, 깨끗했습니다. 앞뜰에는 많은 나무와 관목과 꽃이 있었는데 아름다운 분홍 장미가 있었습니다. 흙으로 만들어졌으며 색칠된, 아주 훌륭한 용들과 호랑이들이 한쪽 구석에 있었습니다. 바위와 바위 사위에 일본 양식을 따라서 작은 집들과 탑들이 있었습니다.

매우 예쁜 특별한 한국 마당을 즐겁게 본 다음, 우리는 창이 많은 아주 크고 깨끗한 방으로 안내되었는데, 그곳에서 집주인은 보물의 일부를 보여주었습니다. 괴상한 모양의 어마어마한 황동 자물쇠가 채워진 궤에는 은반지와 은비녀가 많이 있었고, 호박(琥珀) 장신구와 옥 장신구도 많이 있었습니다. 우리가 경탄하자, 주인은 남편의 비단옷 전부를 보여주었습니다. 그 옷 중 일부는 아름다웠는데, 은단추가 있는 가벼운 푸른색 비단 조끼와 가벼운 안감이 들어있는 짙은 비단 외투였습니다.

그 집에서 아주 좋은 다과를 제공했습니다. 그래서 저는 처음으로 어떤 불안감도 없이 한국 음식을 먹었습니다. 이것이 양반들과의 첫 번째 경험이었는데, 비록 양반들의 관습에 그다지 끌리지는 않지만 그들의 청결함에는 끌렸습니다.

야네프 아가씨에게 곧 글을 쓰고자 합니다. 야네프 아가씨가 저에게 매우 좋은 예쁜 편지를 보냈습니다.

아이다 아가씨에게 좋은 소식을 들어서 제가 기뻤다는 것을 말씀해주세요. 목에 더 이상 어려움이 없기를 바랍니다.

어머님께서 어떻게 지내시는지 알려주십시오. 저희가 완벽히 안전하며 매우 행복하기에 저희에 대해서 걱정하지 않으셔서 저는 기쁩니다.

저희 둘 다 어머님께 엄청난 사랑을 드립니다.

　　　　　　　사랑하는 애니 올림

**1904년 5월 28일**
**한국, 목포**

사랑하는 어머니,

케케묵은 편지들을 받는 것에 익숙해지셨는지요? 너무 짜증 나지 않으신지요? 글쓴이가 쓴 내용을 잊었을지도 모르는, 오래전 쓴 편지에 어떻게 답을 해야 할지 고민이시지요?

어머니의 4월 12일 자 좋은 편지가 신속하게 제 손에 왔으며, 그 편지는 굉장히 활기 넘치는 내용이었습니다. 어머니께서 저희 상황에 대해서 아주 잘 파악하셔서, 걱정할 필요도 이유도 없는 것에 대해서 걱정하기를 거부하신 것에 저희는 기뻐합니다. 장모님께서도 아마 인생에서 가장 어려운 싸움을 스스로 하셨을 것인데, 지금은 그 싸움에서 승리하셨다고 생각하십니다.

아버지께서 하시는 대학 계획이 끝났음을 알고 매우 기뻤으며, 아버지께서 필요한 기금을 모금하는 데 현저한 성공을 거두실 것이라 믿습니다. 남부에서 번영의 시기이니 모두가 힘써 나아갈 때입니다.

어머니께서 말씀하신 추운 날씨는 눈여겨볼 만합니다. 그런데 이 편지를 받을실 즈음에는 어머니께서 날씨로 불평하실 일이 아마도 없으실 것입니다! 저희도 평상시와 다르게 근래 들어 가장 심한 (차가운) 겨울과 비 오고, 추운 늦봄을 보냈습니다. 이 글을 쓰면서도 저희는 여전히 플란넬과 두꺼운 옷을 편안하게 입고 있습니다. 그런데 저희는 건강에 특별히 주의하려고 하고 있습니다. 아내(Annie)는 제가 일찍 자게끔 하려고 항상 애씁니다. 어머니께서 그러셨듯이요. 그리고 저는 아침에 아내를 깨우기 위해서 애씁니다! 하루의 일을 하기를 바란다면 이곳에서도 적어도 8시간은 어쩔 수 없이 자야만 한다는 것을 저희는 알게 되었습니다.

결혼 생활을 해보려는 사람이라면 누구든지 간에 저는 결혼증명서를 기꺼이 써줄 것입니다. 저희는 이런 죄악의 세상에서 누구도 감히 누리지 못했던 행복을 누리고 있습니다. 아내가 자신의 탁자 머리맡에 앉아 있는 것을 보는 것만으로도 아픈 눈이 치료가 되는 것 같습니다. 아내는 훈련된 하인들과 함께 최소한 신경 쓰면서 아주 잘해 나가고 있습니다. 이번 여름에 저희와 함께하실 수 있으면 얼마나 좋을지요. 지금 딸기가 막 나오고 있습니다. 한 달 동안 하루에 세 번 딸기를 먹을 것입니다. 선교사들이 참 힘겹게 살지요! 제 텃밭은 토질이 좋지 않음에도 잘 되고 있습니다.

목화씨가 잘 도착했습니다. 어머니께서 보내신 양을 보고 얼마나 놀랐던지요! 제가 편지했을 때는 어머니께서 씨앗 몇 개를 봉투에 넣어서 보내실 거로 생각했습니다. 그리 많이 보내는 데 비용이 많이 들지 않았나요? 목화씨가 든 소포가 도착했을 때 소포에 우표가 없어서 저는 알 수 없습니다. 정말 감사드립니다. 제가 목화밭을 만들었는데, 원근 각지의 한국인 농부들에게 이런 쪽에 새로운 생각을 하게 만들 것입니다. 그들에게 많이 줄 만큼 충분한 씨앗을 갖게 되었습니다.

어머니께서 아마도 해외 선교회에 관한 좋은 소식을 보셨을 것입니다. 저희는 기분이 매우 좋으며, 이 소식이 미래에 있을 좀 더 큰 것들의 시작이라고 믿습니다.

아내는 최근에 줄리아 틸러(Julia Tillor)로부터 아주 좋은 편지를 받았습니다. 그리고 어린 엘리너도 저희에게 편지했습니다. 그런데, 올해 초 이후로는 엘리너 왓킨스로부터 어떤 소식도 듣지 못했습니다. 뭐가 문제인지 모릅니다. 그녀가 아프지 않기를 바랍니다.

리아와 짐에게 저의 특별한 사랑을 전합니다. 어머니께서 하실 수 있는 한 기도와 연민의 마음으로 그 동생들을 도울 것을 알고 있습니다. 저희는 그 동생들을 종종 기억하며 동생들이 강한 기독교인이 되기를 기도합니다. 플로이의 건강이 더 좋아지고 방학을 즐기고 있으리라 믿습니다.

    저희가 아버지의 좋은 편지를 즐길 시간이 된 것 같다는 말씀을 아버지께 드려주세요.

    어머니의 자식 둘 다로부터 사랑이 가득한 마음을 전합니다.


            사랑하는 페어맨 올림

1904년 5월 28일
한국, 목포

사랑하는 어머니,

제가 저녁 식사에 늦어서 이 편지는 그저 짧은 글이 될 것입니다. 심부름하는 아이가 식탁을 지금 차리고 있는데, 저희는 식사 후 바로 산책하기 위해 일어서야 합니다.

저는 왜 그리 자주 제 편지들의 간격이 멀어지는지 이해하지 못합니다. 편지 날짜를 목록으로 만들어서 편지를 다 받는지 봐야만 할 것입니다. 〔판독 불가〕일 자 어머니의 편지를 받았고, 월요일에는 언니의 편지를 받았습니다. 시[141]도 받았습니다. 아름답습니다. 글씨도 꽃도 말입니다. 그것을 액자에 넣어 보관하고자 합니다. 고맙습니다.

지금 날이 아주 좋은데, 저는 집 밖에 나갈 수 있을 때면 당연하게도 언제나 기쁩니다.

이번 주 어느 날 우리는 작은 섬 몇 곳을 방문했습니다. 그 섬 중에는 3, 4백 년 전에 일본인들과 싸우다 죽은 한국인 몇 사람을 기리는 비가 있습니다. 다른 섬에는 정말 아름답게 자리 잡은 작은 절이 있습니다. 제가 시간이 더 있을 때 그것에 대해서 자세히 말씀드리도록 하겠습니다.

제가 어머니께 재차 강조하고자 하는 것은 벨 목사에게 반드시 편지를 하셔서 계획을 알아내달라는 것입니다. 어머니께서 벨 목사와 같이 오실 수 있기를 정말로 바라고 있습니다. 큰오빠와 작은오빠가 어머니께 조언할 것이며, 한두 달 지나면 저희가 전쟁에 대해서 더 많이 알게 될 것입니다. 만약 일본이 심각한 반격을 받게 된다면, 저는 어머니께서 오시는

---

[141] 원문에 "slumber verse"라고 되어 있음. 시편 121편 4절 "이스라엘을 지키시는 이는 졸지도 아니하시고 주무시지도 아니하시리로다"를 새겨 넣은 그림이거나 William Wordsworth의 시 "A Slumber did my Spirit Seal"을 시화로 표현한 것으로 추정됨.

것을 원하지 않을 것입니다. 러시아가 한국 저 아래 지역까지 싸울 것이기 때문입니다. 저는 확실히 일본의 승리를 희망하고 있습니다. "모든 것이 합력하여 선을 이루느니라"[142]라는 말과 "그가 모든 것을 잘하였도다"[143]라는 말로 저 자신을 위로하려고 하고 있습니다.

혹시 제가 벨 목사의 주소를 드리지 않았나 몰라서 보내드립니다. 주소는 다음과 같습니다.

Rev. Eugene Bell

Scott's Station, Shelby County, Kentucky

조그마한 한국 물건들을 좋은 상태로 받으셨기를 바랍니다. 호놀룰루를 통해서 이곳으로 오신다면, 어머니의 화로는 고향에 있는 다른 사람에게 주시고 이곳에서 하나 사실 수 있습니다.

저녁이 준비되었습니다. 그래서, 저녁 작별 인사를 드립니다.

사랑하는 애니 올림

---

[142] 로마서 8장 28절.
[143] 마가복음 7장 37절.

1904년 6월 4일
한국, 목포

사랑하는 어머니,

다시 토요일 저녁이며, 저는 다시 저녁 식사에 늦었습니다. 이번 주는 어쨌든 매우 분주했습니다. 다섯 명의 하인과 바느질하는 여자 한 명을 돌보면서 이번 주의 시간이 다 가버린 것 같습니다. 이 여자는 너무도 가난합니다. 그래서 그녀에게 일감을 주기 위해서 남편(Fairman)과 제가 연민의 마음으로 저희 옷을 찢고 스타킹에 구멍을 냅니다.

저의 하녀(Amah)는 예쁘고 어린데 성격도 아주 좋습니다. 바느질도 예쁘게 하며 저를 기분 좋게 하는 모든 것을 배우려는 것처럼 보입니다. 그녀는 한 번도 침대를 본 적이 없는 것 같으며, 침대를 어떻게 정돈해야 하는지 모르는 것 같았습니다. 처음 하루이틀은 제가 그녀를 도와주었는데, 그녀는 침대보(sheet)와 담요라는 비밀을 전적으로 이해한 것으로 보였습니다. 어느날 오후 잠잘 준비로 하녀가 겉덮개(counterpaine)를 벗겨서 개어놓았고 침대보를 겉덮개 옆에 두었습니다. 자세히 봤더니, 침대 위에 처음에는 겉덮개가, 그다음에 침대보가, 그다음에 담요가, 그리고 또 다른 침대보가, 그리고 마지막으로 담요가 있었습니다.

요즘 고급스러운 삶을 살고 있습니다. 좋은 딸기가 아주 많습니다. 오늘 요리사가 딸기로 조림과 잼을 만들고 있었습니다. 월요일이면 몇 개의 딸기 선물을 주변에 보낼 수 있을 것으로 예상합니다.

저는 모든 딸기가 사라지기 전에 교회에 다니는 여성들을 대접하고자 합니다. 그들을 테라스(terrace)로 나오라고 해서 딸기와 비스킷을 주려고 합니다. 남편은 교회의 성인 남자들을 크게 대접하려고 하며, 학생들을 데리고 소풍 가려고 합니다. 저는 지난주에 김 집사와 김 집사의 처와 어머니에게 점심을 대접했습니다. 이 여성들을 보실 수 있었으면 합니다. 보셨다면 어머니께서는 더러운 한국인들에 대한 모든 이야기가 터무니없는 비방이라고 생각하셨을 것입니다. 김 집사 가족은 항상 깨끗한데, 그날은 더 깨끗했습니다. 그들은 제가 저의 탁자에 앉으라고 요청하고 싶은 유일한 사람들입니다.

독서 모임에 『뱅가드(Vanguard)』[144]가 있다는 것이 아주 기쁩니다. 게일(Mr. Gale)[145] 목사에 관해서는 좋은 이야기가 정말 많이 들리기 때문입니다. 저희는 9월에 서울에서 그분을 만날 것입니다. 생각만 해도 좋지요! 이곳에 있는 어느 소녀가 만든 조그마한 한국 "물건들"을 독서 모임에 보내려고 합니다. 17개가 있으니, 큰올케에게 12개를 주셔서 독서 모임에 주라고 하시고, 나머지 것은 가족이 사용하시면 됩니다. 큰올케에게 쓸 편지에 그 물건들에 대해서 더 말해주겠습니다.

우리가 했던 짧은 소풍에 대해서 어머니께 말씀드려야겠어요. 우리는 오래전부터 바다에서 하루를 보내자고 계획했습니다. 그런데 뭔가를 시작하기가 얼마나 어려운지 어머니는 아시지요. 마침내, 스트래퍼 선교사가 그 문제를 직접 다루었으며, 제가 하녀를 가르치고 있는 동안에, 그녀는 배를 한 척 불러오고 점심을 준비했습니다. 우리는 배를 타고 얼마 되지 않아 어느 섬에 내렸습니다. 그곳에는 3, 4백 년 전에 한국인들과 일본인들 사이의 전투를 기념하기 위한 기념비 주위에 나무들이 무리 지어 있는 곳입니다.[146] 우리는 그곳에서 점심을 먹고 미끄러운 바위를 타고 내려와서는 배에 다시 태워졌습니다. 그 섬에서 상당히 아래쪽에 있는 다른 섬에 들렀는데 그곳에 완벽한 낙원이 있었습니다! 많은 나무와 꽃이 있었고, 멋진 바위가 있었습니다. 그 섬 동산의 꼭대기에는 큰

---

144  *The Vanguard: A Tale of Korea*는 게일(James Scarth Gale, 1863.2.19~1937.1.31) 선교사가 지은 책으로 19세기 말, 일본의 점령과 조선의 몰락 이전의 상황에서 자신이 겪은 일을 기록하였음.
145  James Scarth Gale(한국명: 기일(奇一), 1863.2.19~1937.1.31).
146  현 전남 목포시 고하도에 있는 고하도이충무공기념비(高下島李忠武公紀念碑) 참조.

바위 아래에 조그마한 절[147]이 있었으며, 그 절 앞에는 유럽팥배나무(mountain ash)를 닮은 나무가 만개하여 있었습니다. 바다와 산과 섬들을 아름답게 볼 수 있는, 바다 바로 위에 높은 동산이 얼마나 아름답던지요! 큰 바위 하나가 큰 의자 모양으로 깎여 있었습니다. 우리가 그곳에 앉을 때, 한국인 한 명이 "만세 반석 열리니"[148]를 불러달라고 요청했습니다. 아주 적절한 것처럼 보였습니다. 그때 제가 줄곧 무엇을 생각하고 있었는지 아세요? 제가 9월에 그곳으로 어머니를 모시고 가면 어머니께서 얼마나 좋아하실까를 생각하고 있었습니다.

예쁜 꽃을 정말 많이 발견했습니다. 제가 모은 자주색과 하얀색 난초들과 야생 아스파라거스로 된 꽃다발은 마치 꽃집에서 온 것처럼 보였습니다. 바위들은 담쟁이덩굴과 매우 비슷한 덩굴로 덮여있었는데, 똑같은 덩굴이 사면에 있었습니다. 제가 현지 꽃과 나무들을 유심히 살펴보는데, 최소의 비용으로 저의 집을 최대한 매력적으로 만들려고 하기 때문입니다. 남편이 그러는데 개나리와 배롱나무가 둘 다 이곳에서는 야생에서 자란다고 합니다. 또한 명자나무도 야생에서 자랍니다. 만약 사람들이 나무나 관목이 살아갈 기회를 주면, 이 나라가 참된 천국이 될 것입니다!

이 편지를 토요일에 시작했는데 지금은 화요일입니다. 오늘 아침 일본으로 가는 증기선이 있어서 저는 언어 교사를 보내버리고, 언어 공부 시간에 어머니께 편지를 쓰고 있습니다.

생각해 보세요. 어머니께서 8월에 오신다면, 저는 이 편지에 대한 답장을 받을 시간이 없을 것입니다. 어머니께서 원하신다면, 벨 목사에게 편지하셔서 선교사들이 받는 할인을 받을 수 있는지 알아보세요. 불 선교사 어머니와 누이들도 선교사 할인을 받아서 왔습니다.[149] 그 사람들이

---
147 현 전남 신안군 암태도 노만사(露萬寺)로 추정됨.
148 새찬송가 494장.

죄인이 아니듯 어머니도 죄인이 아니시잖아요.[150] 오린(Mr. Orin) 씨에게 부탁하셔서 이곳에 오는 뱃삯과 추가 비용을 많이 주라고 하십시오. 일본이 매우 유혹적이라는 것을 아시게 될 거니까요. 어머니께서 살아있는 자의 땅을 떠나신다고는 느낌을 갖지 마세요. 이곳 태평양의 맞은편에도 많은 문명이 있다는 것을 알게 될 것이고 이곳에 영원히 머무르실 것도 아니시잖아요. 아시죠, 어머니와 제가 고향으로 같이 돌아갈 것입니다. 모든 가족을 데리고 오시면 좋겠습니다. 언니와 "천사들"을 미치도록 보고 싶습니다. 조카 섀넌(Shannon)[151]에게 말씀하셔서 그 아이가 해버리겠다고 한 것을 실행해서 한국으로 오라고 해주세요.

저에게 어린 조카 사라(Sara)[152] 사진을 빨리 보내주시면 좋겠습니다. 어머니께서 어린아이들을 두고 떠나기가 어려울 것을 압니다. 그러나 제가 그 아이들이 다 크기 전에 어머니를 다시 모시고 갈 것입니다. 저는 선교사가 자신의 여행 비용을 책임지면 실행위원회나 선교회가 1~2년 후에 안식년을 주는 것을 반대한다고는 생각하지 않습니다. 사실, 안식년 중인 선교사 모두가 그들의 사역에서 1년 반을 떠나있습니다. 저는 8년 사역 후 1년 반의 안식년을 받느니 2년 혹은 3년마다 6개월의 안식년을 받는 것을 원합니다. 모든 선교사가 8년은 너무 길다고 생각합니다. 8년이 끝나는 때에 선교사 모두가 심신이 망가진 채로 고향으로 가기

---

[149] 윌리엄 불 저, 허경명 가족 역, 『윌리엄 불이 알렉산더에게 보낸 선교 편지』(보고사, 2022), 152~153쪽을 보면 1902년 겨울 불 선교사의 어머니와 누나, 여동생이 한국에 왔으며, 누나 마가렛이 군산에 있는 여학교에서 스트래퍼 선교사를 도와 매일 근무했다는 것과 불 목사의 누이들이 1903년에 남학교에서 학생들을 도왔다는 것을 알 수 있음.

[150] 불 선교사 어머니와 누이들이 정식 파송된 선교사도 아닌데 선교사에게 적용되는 할인 혜택을 받고 한국으로 온 것이 문제가 되지 않듯, 프레스톤 목사의 장모가 한국을 방문하면서 선교사 할인을 받는 것은 문제가 되지 않을 것이라는 의미.

[151] Shannon Wiley Murphy(1898.1.6~1974.7.25)

[152] Sarah Sherburne Wiley(1903.12.23~1981.4.14)

때문입니다. 그렇지만 선교사 대부분이 봉급만으로 살기에, 혼자 뜻하는 대로 할 수는 없습니다.

어머니께서 가지고 오셨으면 하는 몇 가지에 대한 목록을 보내드립니다. 언니에게 구두를 마련해 보라고 말씀해 주세요. 제가 산 신발은 비시(Vici)[153]에서 산 것인데 너무 쉽게 벗겨져서 걷기용 신발로 다른 것을 구했으면 합니다. 굽이 낮은 것이면 비시 것이든 아니든 문제없습니다.

저의 하녀에게 옷을 몇 벌 만들게 하도록 어머니께서 깅엄이나 무명을 충분히 가져오시기를 부탁드립니다. 면 제품은 고향보다 이곳이 훨씬 비쌉니다. 제 목욕가운 모두가 너무도 예뻐서 입고 있을 수가 없다는 것을 알았기에 러시아산 옥양목을 사는 데 일본 돈 35센을 써야만 했습니다. 분홍색 깅엄 혹은 푸른색 깅엄이 하녀에게는 매우 예쁠 것이라 생각합니다. 저는 하녀가 계속 깨끗한 상태를 유지하도록 모든 유인책을 주고 싶습니다.

씨앗과 구근 식물은 샌프란시스코에서 구매하셔야 합니다. 제가 나중에 목록을 보내드리겠습니다.

모든 가족에게 무한한 사랑을 보냅니다.

몹시 사랑하는 애니 올림

---

153 여성 드레스, 옷, 신발 등을 전문으로 파는 상점.

1904년 6월 4일
한국, 목포

사랑하는 플로이에게,

이번에는 오빠가 "매주"하는 노력을 너에게 쏟으려고 한다. 몇 주 전에 받은, 네가 새언니와 오빠에게 보낸 좋은 편지 이후 한 번 이상은 너에게 편지하겠다고 오빠가 의도했기 때문이다. 새언니의 마음은 오빠와 함께 이 편지에 있지만 새언니의 육신은 우리가 미국으로 보낼 조리기구 목록을 작성하느라 요리사와 함께 끙끙거리고 있는데 이제 끝나간다. 다 큰 처자가 결혼하고 나서 얼마 안 되어 무엇이 되는지를 새언니로부터 배워라! 그런데, 이렇게 모든 것을 삼키는 주제인 결혼이라는 것에 대해서 너의 마음 상태는 무엇이니? 네가 우리에게 제시한, 지난겨울 네가 붙어 다니던 사람들의 목록을 보니, 네가 아주 이른 시기에 결혼하리라고 우리가 곧바로 염려할 필요는 없을 것 같다. 네가 너무도 관대하게 설교자를 제외하는 것을 일반화하고 있으며, 설교자의 딸이 종종 교회를 보는 방향으로 너 자신이 바라보고 있다는 것을 네가 언젠가 깨달을 수도 있다. 마음을 고쳐먹고 이번 여름에 여러 총회(Convention)에 참석하는 것이 더 좋다. [판독 불가]가 프린스턴에 입학할 때까지 기다리는 것은 너도 알듯이 너무도 오랜 시간일 것이다.

그런데, 우리 가족 중 네 바로 아래 동생이 두각을 나타냈다는 것을 들어서 우리는 기쁘다.[154] 그 아이가 팬탑스(Pantops)[155]에서 보낸 편지를 보면 오빠는 한 해의 시작과 끝에 쓴 편지에서 큰 향상을 볼 수 있다.

(새언니가 부르더니 커피 분쇄기의 이름을 한국어로 물어본다. 평온한 가정의 모습 같지 않니?)

---

[154] 1904년 8월 15일 자 편지를 보면 바크먼(N.B)임.
[155] Pantops, Va.

편지에 관해서인데, 집에서 오는 편지에 대해서 오빠가 늘 하던 불평을 조금 하려고 했다. 내 생각에 너희들은 편지에 있어서 오빠에게 "완전히 공정한" 것은 아니라고 생각한다. 시골에 있느라 집에 없는 경우를 제외하고, 오빠는 매주 때로는 더 자주 한 통씩 집으로 보냈다. 그런데 고향 그린빌에서 소식을 들은 지 여러 주가 다시 지나간다. 예를 들어, 어머니에게서 3월 18일 자와 4월 12일 자 편지를 받았다. 그런 다음 짐에게서 4월 23일 자 편지를 받았는데 그것이 오빠가 받은 최신 소식이었다. 오빠는 이 세 통 편지의 날짜를 오빠가 고향을 떠난 이후, 너희가 편지 왕래를 끝냈다는 것을 보여주는 좋은 예라고 생각한다. 어머니께서는 편지를 기꺼이 더 쓰시고자 하시나 힘과 시간이 너희들 누구보다 더 없으시다. 그런데 너희들은 편지 쓰는 이 수고로움을 어머니께만 떠밀고 있다. 그렇게 하는 것이 아주 쉬운 일이라 생각하며 오빠가 매주 "가족 편지"로 보내는 것을 읽을 것을 기대하는 거지. 오빠가 매주 가족들에게 한 마디라도 보낼 시간이 있다면, 너희 모두도 오빠의 편지에 상호반응할 수 있다고 생각한다.

새언니가 줄리아(Julia)에게서 기분 좋은 편지를 받았는데, 그 편지에 따르면 너를 이번 여름에 다시 초대한다고 했다는구나. 네가 갈 수 있으면 좋겠다. 줄리아와 윌(Will)은 성품이 좋고 사람들에게 매우 호의적이란다. 관대한 성품으로 보아 줄리아는 버지니아 주의 역사 깊은 프레스톤 가문의 피가 흐르는 전형적인 사람이다. 스튜어트(Stuart) 목사가 이번 봄에 그린빌에 한 번 들렀다고 말했다. 그런데 너희 중 누구도 그것에 대해 언급하지 않았다. 네가 그 사람을 자주 보면 좋겠다. 그 사람은 오빠에게 항상 잘해준단다.

장모님께서 요즘 기운이 넘치는 편지를 써주고 계신다. 장모님께서 치코라 대학 졸업식에 참석하기 위해 내려가시면 좋겠다. 졸업식이 지금 진행 중이겠지. 일본군이 심각하게 역전당하지 않으면, 우리는 장모님께서 8월에 벨 목사와 함께 한국으로 오실 것을 기대하고 있다. 네가 이번 여름에 우리와 함께하기를 바란다. 우리는 지금 모두 진정한 성인이고, 전에 어느 때보다 인생의 책임을 느끼기 시작하고 있다. 이곳에는 항상 강한 바닷바람이 있는데, 그래서 불쾌한 〔판독 불가〕를 기대하지 않는다.

곧 릴리 파스텔리(Lily Pastelle)를 틀림없이 보겠구나. 그녀에게 오빠 안부를 잘 전해주렴. 로건(Logan) 자매들에게도 안부를 전해주렴. 뷰캐넌(Buchanan) 부인을 보게 되면 사랑한다고 전해주고, 그분을 통해서 몬터규(Montague) 가족들에게도 안부를 전해주렴. 포(Poe) 가족에게도 안부를 전해주렴. 그들을 자주 보니? 요즘 파운튼 폭스(Fountain Fox)는 어떠니? 루이자 부이스트(Miss Louisa Buist)는 좋아졌니? 지오(Geo)에게 말해서 오빠가 자주 생각하고 있고 이번 여름에는 편지를 쓰고자 한다고 말해주렴. 엘리너 왓슨(Eleanor Watson)과 친구 사이로 잘 지내고 있기를 바란다. 정말 괜찮은 사람이란다. 마가렛 녹스의 최신 편지를 막 받았다. 멋지더구나. 멋진 사람이 또 있더구나. 그런데, 화이트사이드(Miss Whiteside)가 그린빌에 있다는 것을 들어서 기쁘다. 네가 그녀를 잘 알기를 바란다. 좋은 사람이란다. 그녀에게 오빠 안부를 전해주렴.

우리 둘 다 너와 가족 한 명 한 명에게 많은 사랑을 보낸다.

사랑하는 오빠 페어맨

1904년 6월 28일
한국, 목포

사랑하는 아버지와 어머니,

지난번 저의 편지 이후로 먹구름이 걷혔다는 것을 기쁘게 말씀드립니다. 아내(Annie)는 지금 잘 쉬고 있으며 빠르게 회복 중입니다. 서울에서 온 에비슨 박사와 간호사(trained nurse)가 지난 토요일에 도착했습니다. 그들은 저희에게 헤아릴 수 없는 위로와 도움이었습니다.

아내는 영양분을 받아들이고 위에 영양분을 둘 수 있습니다. 구토와 메스꺼움이 줄어들었고, 소변도 놀랍도록 좋아졌습니다. 아내가 더는 위험하지 않으며, 회복을 빨리 할 것이고 힘든 이 기간을 안전하고 자연스럽게 통과하지 못할 이유가 없다고 에비슨 박사가 제게 확언해 주었습니다. 소변에 있는 알부민(albumen) 때문에 저희가 많이 놀랐었지만, 의사 선생님은 아내가 힘을 회복함에 따라 소변이 좋아질 것이라고 합니다.

에비슨 박사는 뛰어난 의사로 전직 토론토 의과대학의 교수였습니다. 저희는 또한 간호사인 브라운(Miss Brown)[156] 선교사에게 매료되었습니다. 저는 두 사람이 나중에 아내와 함께하면 좋겠다는 욕심이 크게 생겨서 그렇게 해주었으면 한다는 속마음을 그들에게 털어놓았습니다. 그 결과 저는 에비슨 박사가 있는 동네(compound)에서 집 한 채를 얻을 수 있게 되었는데, 현재 그 집에 머무는 여성들이 여름 동안 집을 비울 예정이라고 합니다. 저는 아내와 함께 서울로 올라갈 것을 진지하게 고민하고 있으며, 그곳에서 제가 참가하게 될 9월의 공의회(Council)[157] 이후까지 머무르고자 합니다. 장모님께서 한국으로 나오실 것을 기대하고 있으며,

---

[156] 1903년 12월 14일 자 편지 참조.
[157] 조선예수교장로회공의회(1901~1906)를 말하며, 선교사들의 영어공의회와 한국인들의 조선어공의회가 함께 모였기 때문에 합동공의회라 칭함.

저희가 서울로 가게 되면, 일본으로 편지해서 장모님께서 목포가 아니라 곧바로 서울로 오도록 할 것입니다.

두 분께서는 이 편지의 내용 중 어느 것도 장모님께 말씀하실 필요 없습니다. 제가 장모님께 지난주 편지를 드렸고, 아내도 내일이나 모레 편지할 것입니다. 저희는 장모님께 어떤 것도 말하지 않았습니다. 지나치게 걱정하시기 때문입니다.

지난 10일간 너무 무리하여서 제가 기진맥진할 것이라고 두 분이 생각하실 수도 있습니다. 그런데 저는 지금 잘 자고 있으며, 곧 전과 같이 될 것입니다.

편지를 왜 하지 않으시는지요? 한 달 넘게 집에서 소식이 없습니다. 모두에게 많은 사랑을 전합니다.

사랑하는 페어맨 올림

1904년 7월 13일
한국, 서울

사랑하는 어머니,

저희는 지난 수요일 목포에서 서울로 출발했으며, 배에 막 탔을 때 어머니께서 보내신 6월 6일 자 편지와 제이미(Jamie)가 보낸 편지도 도착했습니다. 고향에서 편지가 오고 몇 주가 지났기에, 비록 모든 것이 평상시처럼 잘되고 있을 걸 알고는 있었지만, 장모님의 편지에서 소식을 들어 많이 안도하였습니다. 제가 알기로는, 이 편지를 받으실 때 어머니는 버지니아를 여전히 방문하고 계시겠죠. 그러시길 바랍니다. 어머니께서 이번 여름에 오랜 시간 동안 집에서 나가 계실 필요가 있기 때문입니다. 어머니께서 최종적으로 편지에 쓰셨듯 어머니께서 아프셨던 것으로 저는 생각했습니다. 어머니께서는 노인들 걸음으로 다니시겠지요. 그렇지만 저는 제가 지금 고향에 있어도 과거에 하던 것보다 더 어머니께 쉬시라고 간청해서 어머니께서 쉬셨을 거라고는 생각하지 않기에 마음 편하게 생각합니다. 생각해보니, 어머니께서는 몇 번의 여름 동안 몸에 좋고 편한 긴 휴식을 취하지 못하고 계십니다. 그래서 저는 어머니께서 이번 여름에 완벽하게 쉬시고 몸이 좋아지시기를 진정으로 바랍니다.

저희 이야기로 돌아갈게요. 저는 아내(Annie)가 장소를 바꿀 필요가 있다는 것과 친절하게도 서울에 있는 집을 제공하겠다는 제안을 받아들이는 것이 좋다고 결론 내렸습니다. 아내는 한국에서 가장 좋고, 동양의 어느 곳 못지않은 의료시설에 가까이 갈 수 있습니다. 그래서 아내가 몸 상태가 충분히 좋아지자, 제가 이곳 서울로 아내를 올려보냈습니다. 서울로 오는 데 어려움이 없었으며, 아내는 그 기간을 잘 이겨냈을 뿐만 아니라 항상 놀랍게 향상되었습니다. 아내는 힘을 빠르게 회복하고 있습니다. 저는 매일 오후 소풍처럼 아내를 데리고 나갑니다. 저희가 도착하고 나서 정말로 많은 방문객이 있었습니다만, 이번 주에는 아주 많은 사람이 휴가를 보내기 위해 서울을 빠져나갔습니다. 그래서 방문 면에서 크게 부담을 덜었습니다.

집이 정말 마음에 쏙 듭니다. 집은 완벽하게 현대식인데 큰 방들이 있고 아름다운 마당들이 있으며, 시내의 가장 높은 곳에 있고, 천주교 성당 바로 맞은편에 있습니다. 그런데, 그 성당은 아주 거대하여서 낮고 좁은 집들이 있는 서울에서 너무도 주변과 잘 어울려 보이지 않습니다. 이곳 서울에서 그 성당이 가장 큰 건물입니다. 저희는 요리사와 사환을 데리고 왔습니다. 그래서 아내는 살림하는 것에 대해서 큰 걱정을 하지 않고 있습니다. 그들이 철저히 훈련되어 있기 때문입니다. 목포에 저희 텃밭을 두고 와서 정말 마음 아팠습니다. 이 집에는 아무것도 없습니다만 저희가 괜찮은 감자를 조금 가지고 왔으며 이 집에서 좋은 산딸기를 맛있게 먹고 있습니다.

어머니께서 아내에게 보낸 편지가 있던 우편물에 스튜어트 목사가 고국에서의 선교 현황에 대해서 말해주는 짧은 편지가 있었습니다. 그 편지에 모펫(Moffett) 목사와 함께 이번 여름에 이곳으로 와서 저를 보고 갈 계획이 있었습니다. 같은 우편물에 있던 장모님의 편지에는 벨 목사와 확실히 오겠다는 말이 있었습니다. 이 소식에 대해서 저희는 그저 기뻤고, 그들이 직접 서울로 오게 할 계획이며, 서울에서 저희는 9월 후반부까지 있을 것입니다. 저는 고국에서의 선교 현황에 대해서 너무도 우울합니다. 2년 전보다 더 나빠진 것 같습니다. 제가 보기에는 미국남장로회 총회가 무능함을 드러낸 것 같습니다. 총회는 상임위원회의 거의 만장일치 보고서는 제쳐두고 (이 위원회에서 단지 두 명만이 소수의견을 냈습니다.) 에그버트 스미스 박사(Dr. Egbert Smith)[158]와 함께 체스터 박사(Dr.

---

158 Rev. Egbert Watson Smith(1862.1.15~1944.8.25). 미국남장로회 해외선교부 총무로 시무함. 전주신흥학교 대강당의 영어 이름이 Egbert Smith Auditorium인데, 이

Chester)를 재선출했습니다. 그런데 스미스 박사의 경우, 그가 받아들이지 않으면 특별위원회가 다른 사람을 뽑기로 했습니다. 2년 전 도빈스 박사(Dr. Dobyns)[159]가 같이 일하기를 거절했듯이, 스미스 박사도 그 자리를 받아들이지 않을 것입니다. 충분한 능력을 갖춘 사람 그 누구도 체스터 박사와 협력하며 일하는 것에 동의하지 않을 것이며, 어떤 일이 일어날지 저는 두렵습니다. 진흥운동이 올해 산산조각 날 것이 현재는 거의 확실해 보이며, 우리가 얻은 모든 것을 다 잃어버린 것과 다를 바 없을 것입니다. 우리 교회가 교회 안에서 횡행하는 정치적인 음모들에 대해서 단호하게 눈을 뜰 때까지는 저는 교회로부터 많은 것을 바랄 수는 없다고 생각합니다. 저는 속이 메스껍고 역겨움을 느끼고 있으며, 싸우든지 아니면 빠져나갈 생각입니다. 어머니께 서울에 대해서 많은 것을 말하지 않고 있네요. 서울에 대해서는 나중에 할 말이 있을 것입니다.

이곳에 도착하고 나서, 아주 많은 미국인을 만났습니다. 보스트윅(Mr. Bostwick) 씨에게 특별히 끌리는데 그분은 샌프란시스코에서 오신 활기찬 노신사입니다. 그분은 아들을 보러 이곳에 왔는데 아들은 이곳의 전기회사의 우두머리입니다.[160] 보스트윅 씨는 장로교회 장로입니다. 패독(Mr. Paddock) 영사(Consul)와 러일전쟁으로 이곳에 주둔하고 있는 모건(Mr. Morgan) 영사 지명자도 만났습니다. 이곳에 미국 해병대원 28명이 주둔

---

건물은 Smith의 누나인 리차드슨(Richardson) 여사의 후원으로 1936년 완공되었으며, 현재 국가등록문화유산임.

159 Rev. William Ray Dobyns(1861~1932.1). 1929년 미국남장로회 총회장을 역임함. 1902년 남장로회 총회 산하 해외선교부 실행위원회 임원 구성
EXECUTIVE COMMITTEE OF FOREIGN MISSIONS.
Rev. S. H. Chester, D. D., Secretary, Box 457, Nashville, Tenn.
Rev. W. R. Dobyns, D. D., Field Secretary elect.
Erskine Reed, Esq., Treasurer, Box 457, Nashville, Tenn.

160 1898년 1월 설립된 한성전기회사(漢城電氣會社)가 1904년 7월 한미전기회사(韓美電氣會社)로 변경되면서 콜브란(H. Collbran)과 보스트윅(H. R. Bostwick)은 공사 도급업자에서 주도적인 소유자로 부상함. (『한국민족문화대백과사전』)

하고 있는데, 그들 중 많은 대원도 만나봤습니다.

버지니아에 있는 모든 가족[161]에게 사랑을 전해주시고 저희가 종종 생각하고 있다고 말해주세요. 로버트(Rob)에게서는 소식이 있는지요?

저희 둘 다 많은 사랑을 전합니다.

사랑하는 페어맨 올림

---

161 프레스톤 목사의 아버지 형제들. 모두 3남 3녀로 중 첫째 큰아버지 Dr. Robert John Preston(1841.1.25~1906.8.20) 가족과 둘째 큰아버지 James Brainard Preston (1845.12.3~1922.10.21) 가족이 버지니아 주에 살고 있음.

1904년 8월 2일
한국, 서울

사랑하는 어머님,

남편(Fairman)이 말하길 지난 1~2주 동안 어머님께 편지를 안 했다고 합니다. 저희가 아주 즐겁게 지내고 있기에 저희에 대해서는 걱정하지 않으셨기를 바랍니다. 서울에 있는 사람들이 저희에게 아주 잘해주고, 그들 속으로 아주 따뜻하게 받아줘서 저희는 남장로회와 북장로회 사이가 이곳에서는 아주 짧은 거리라고 느끼고 있습니다.

남편이 어머님께 저희가 왜 이 시기에 왔는지 말씀드렸을 거로 생각합니다. 저는 오게 되어 아주 기뻤지만, 남편에게는 서울로 오는 것이 너무도 많은 일과 근심거리였습니다. 그런데 제가 아무것도 할 수 없었기에 저희가 그냥 목포에 있었어야 했나라고 생각했습니다. 이곳에 온 이후, 남편이 아주 즐겁게 지내면서 다른 선교회의 사람들을 만나고, 그들로부터 영감과 좋은 생각을 얻고 있어서 저는 이곳에 온 것을 전혀 후회하지 않습니다.

저희가 목포를 떠나던 날 도착한 어머님의 편지에, 제가 남편에게 잘해준 것에 대해서 어머님께서 고마워하신다는 내용이 있었는데 저는 그런 치사를 받을 자격이 거의 없습니다. 남편이 저에게 항상 잘해주며, 제가 아프고 정말 많이 고통받을 때 남편이 최고의 간호사였으며 가장 이타적인 간호사였습니다. 제가 잘 돌봄을 받는 것에 관해서 저는 남편 말고 다른 누구도 필요하지 않았습니다만, 남편이 저를 보살피는 것과 걱정에서 벗어나게 되어서 저는 매우 기뻤습니다.

저는 어머님이 하신 여행이 어머님께 아주 아주 많은 도움이 되었기를 정말 바랍니다. 어머님께서 친정어머니와 함께 오시면 얼마나 좋을까요! 언젠가 어머님께서 이곳으로 오실 날을 저희는 계속해서 희망합니다.

친정어머니와 함께한다는 생각에 저는 매우 행복합니다.

8월 3일

그렇게 생각하던 바로 그때 저희가 저녁 식사를 하러 가야만 했고, 그 이후는 뜰로 가서 걸었습니다. 저희는 차(car)를 타보려고 했었는데 폭풍우가 몰아쳤습니다. 그런데 폭풍이 그치고 나서는 너무 늦어서 나갈 수 없었습니다. 저희는 에비슨 박사와 같은 동네에 살고 있는데 그와 그의 아내가 매우 도움이 많이 되는 이웃이라는 것을 알게 됩니다. (에비슨 박사는 저를 치료하러 목포에 왔던 의사입니다.) 저희는 그 사람의 발이 삔 것이 괜찮은지 물어보러 지난밤에 그의 집으로 갔는데 집에서 빠져나오기가 어려웠습니다. 그들이 저희에게 너무도 재미있는 것들에 대해서 말해주었고, 이곳에서 살아가는 것에 대한 아주 많은 가치 있는 조언을 해주었습니다. 에비슨 박사는 정말 과학적인 방식으로 과일 통조림을 만드는 것과 다른 유용한 것들에 대해서 저에게 말해주었습니다. 오늘밤에는 그들 부부와 왐볼드(Miss Wambold)[162] 선교사가 저희와 저녁 식사하기 위해서 옵니다. 저희가 이곳에 온 이후 정말 많은 사람과 교제했습니다. 불 목사 부부가 어린 아들과 함께 저희와 약 일주일 있었습니다. 그런 다음 북장로회 클라크(Mr. Clark) 목사[163]와 레이놀즈(Reynolds) 목사가 하루이틀 있었으며, 전주의 테이트 목사가 레이놀즈 목사 부부를 방문하러 가는 길에 저희 집에 들러서 저녁을 먹었습니다. 의사와 간호사를 찾는 전보를 보내서 남장로회 한국선교회 전체를 깜짝 놀라게 했었지만, 지금은 제가 완벽하게 건강한 모습인 걸 보고 모두 놀라고 있습니다. 제가 없던 일을 꾸며냈다고 그들 모두가 생각하는 것 같습니다.

---

162 Katherine Wambold(1866~1948.5.12). Susan A. Doty와 함께 정신여학교에서 사역함.
163 Charles A. Clark(한국명: 곽안련, 1878.5.14~1961.5.26).

남편은 알렌 공사를 방문하러 바로 조금 전 나갔습니다. 알렌 공사를 만나려고 몇 번 시도했지만, 너무 덥거나 비가 오거나 함께 가기로 한 신사분이 아프기도 해서 이번이 실제로는 첫 번째 좋은 기회입니다.

　제물포에서 미국 전함을 보자마자 기분이 좋았습니다. 그리고 이곳에서 너무 오랫동안 일본인들과 한국인들만 봐왔던 터라 미국인 경비병들을 봐서 기운이 솟았습니다.

　우리는 벨 목사가 세 명의 신입 의사들을 데리고 올 것에 기쁘고, 이번 가을에 새로운 선교부를 개설할 수 있기를 간절히 희망하고 있습니다. 저희는 정착하면 좋겠고, 저희 집을 지었으면 합니다.

　맥켈웨이(Mr. McKelway)[164] 목사가 스튜어트 목사와 모펫 목사에 대해 쓴 것에 대해서 어떻게 생각하시는지요? 이곳에 오고 나서 곧 그 신문들을 봤는데 무척 화났습니다. 맥컬웨이 목사라는 인간의 뇌에는 불의와 편견이 거의 믿을 수 없을 정도로 있습니다. 남편은 진흥운동을 주도하는 다른 사람들과 대조되어 어린 성자처럼 여겨지는 것에 대해서 전혀 좋게 생각하지 않습니다.[165]

　그 두 사람이 중국으로 가는 길에 저희를 방문할 것을 저희는 기대하고 있습니다. 그들이 오지 않으면 남편이 크게 실망할 것입니다. 그들은 남편을 일본에서 만나기 원하지만, 남편은 저를 두고 가려고 하지 않을 것입니다. 또한, 그들이 한국으로 오는 비용보다 남편이 일본으로 가는 비용이 훨씬 많이 들 것입니다. 일본 호텔은 아주 비싼데, 일본에 있으면 호텔에 머무르는 수밖에 없을 것입니다. 이곳에서는 그들이 저희와 같이 있을 것입니다. 비록 제가 아플지라도, 남편이 집안 살림을 아주 잘할

---

[164] Rev. A. J. McKelway. 1904년 *The Charlotte News* 편집장을 지냄.
[165] Stuart, Moffett, Preston이 진흥운동(Forward Movement)의 중심 인물인데 Mr. McKelway가 프레스톤 목사를 좋게 평가하고 나머지 두 사람은 좋지 않게 말한 것에 대한 생각을 밝히는 것으로 보임.

수 있습니다. 저희가 이곳에 처음 왔을 때, 남편이 모든 물건을 주문하고 하인들을 지휘했습니다. 먹을 것은 제가 생각조차 할 수가 없었기 때문입니다. 남편이 저를 위해 준비한 맛있어 보이는 것들에 대해서 어머님께서 보셨어야 했는데요. 남편을 더 많이 알아갈수록, 어머님께서 하신 희생에 대해 더 깨닫게 됩니다. 저는 남편을 고향으로 보내지 않고 이곳에서 7, 8년을 지내게 할 것은 아니니, 어머님 앞에 너무도 긴 이별이 있다고 생각하지 마십시오. 1, 2년 뒤면 저희는 고향으로 가서 여름을 지낼 것입니다.

친정어머니께서 떠나시기 전에 어머님께서 만나 보실 수 있었으면 합니다. 두 분이 아주 가까이 계시는데, 어머님께서 그렇게 하지 않으신다면 너무 안타까울 것입니다. 남편이 어머님으로부터 직접 소식을 들을 수 있으며 아주 좋을 것입니다.

지금 낮잠을 자야 할 시간입니다. 오늘 저녁 건강하려면 낮잠을 무시해서는 안 됩니다.

모든 이들에게 많은 사랑을 보냅니다.

사랑하는 애니 올림

**날짜 없음**

〔애니가 큰오빠(Willie)에게 보내는 것이라고 되어 있음.〕

큰오빠의 혀가 다음의 한국 소리를 낼 수 있다면 얼마나 좋을까! 한국인들은 말할 때 혀로 기도를 너무도 막아서 그들이 말을 하면 P인지 B인지, W인지 R인지를 구별할 수가 없어요.

모든 외국인이 한국어를 다르게 듣습니다.

또 다른 어려움은 말에 급이 있는 것인데, 높임, 낮춤, 예사말이 모든 동사에 있습니다. 어떻게 사용하느냐에 따라 아주 큰 차이가 생깁니다.

한국인의 언어에 맞춰서 우리 이름을 바꿔야만 했습니다. 러시아 이름이 우리에게 어렵듯이 우리 이름이 한국인에게 어렵기 때문입니다. 남편(Fairman)은 변 목사(Pyun Moksa), 나는 변 부인(Pyun Pween)입니다.

1904년 8월 15일
한국, 서울

사랑하는 짐에게,

　네가 6월 5일에 보낸 편지는 목포에서 이곳으로 보내졌고, 잘 도착했다. 너의 편지를 받는 것은 항상 큰 기쁨이다. 네가 형에게 편지를 계속해주니 참 좋다. 네가 좋은 편지를 계속 보낼 수 있는 것에 대해서 축하한다.

　네가 웨인즈빌(Wynesville)에서 열리는 YMCA 연회(年會)에 참석할 것이라는 말을 들어서 정말 기뻤다. 형은 그것보다 너에게 좋을 일을 알지 못하며, 네가 그곳에 가는 데 어떤 방해물도 없으면 한다. 그 집회에 대해서 형에게 꼭 편지하렴. 바크먼도 너와 같이 갈 수 있었다면 좋으련만, 나중에는 가겠지. 바크먼이 팬탑스(Pantops)에서 한 기록에 만세를 보낸다! 그 아이를 보고 말을 건넬 수 있다면 뭐라도 하겠다. 형에게 편지를 한 통 빚지고 있다고 그 아이에게 말하렴.

　치코라 대학 요람(要覽)이 도착했다. 옛날 치코라 대학의 요람에서 봐 왔던 아주 뛰어난 업적에 완벽히 도달해 있다. 지난 졸업식은 최고였던 것처럼 보인다. 아주 잘하고 있다! 마이어스(Myers) 목사가 제2장로교회를 사임하고 치코라 대학의 재정적인 면에 모든 시간을 쏟을 것이라는 기사를 신문에서 봤다. 이것을 보며 아버지께서는 나에게 새로운 계획에 대해서 전혀 편지하지 않으셨지만, 새로운 계획에 대해서 미리 생각하고 있다는 것으로 받아들인다. 사실 2월 이후로는 아버지로부터 어떤 소식도 듣지 못했다. 집에서 왜 더 자주 소식을 들을 수 없는지 형은 정말 이해가 가지 않는다. 수치심을 느낄 때까지 이 문제에 대해서 언급했고, 가족들이 여름이면 여유가 있어서 가족 모두로부터 더 많은 편지를 받을 거로 생각했는데 지금 8월 15일이다. 네가 6월 5일에 보낸 편지와 같은 날 어머니께서 네 형수에게 보낸 편지를 제외하고 단 한 줄도 받지 못했다. 네 형수가 장모님으로부터 매주 소식을 듣기에 형이 보기에 내가 가족으로부터 소식을 들은 지가 훨씬 더 오래된 것 같다. 가족 모두가 보라고 보내는 편지를 쓴다는 생각을 접고 가족 한 명씩이 보내는 개별 편지를 받자마자 즉시 답을 하겠다는 계약을 맺을 생각을 했다. 우리에게 보내지는 편지를 기록하는 조그마한 책을 기록하는 것이 어떠냐는 조언을 얼마 전에 했단다. 그렇지 않으면 외국에서 오는 편지가 어떻게 되는지 알 수 없고, 잃어버릴 수도 있는 편지를 해달라고 하는 것도 거의 불가능하기 때문이란다. 이런 제안이 받아들여지면 좋겠다.

형이 이번 여름 아주 고생이 심했다는 것을 너는 상상할 수 있을 것이다. 형수가 한 달간 무척 아팠다. 그래서 형수가 여행할 수 있게 되자 형은 짐을 싸서 서울로 올라왔다. 변화를 주었더니 형수가 아주 놀랍게 좋아졌다. 지금껏 어느 때보다 더 좋아 보인다. 우리는 서울에서 즐겁게 살아가고 있다. 언어 공부를 꾸준히 하고 있고, 많은 친구를 사귀었으며, 이곳에서의 사역과 사역자들에 대해서 아주 많이 관찰했다. 우리는 지금 살림을 하고 있지만, 9월은 우리가 머무르고 있는 집의 주인인 여선교사들과 식사 문제를 해결할 계획이다. 9월은 사경회와 올해 서울에서 열리는 우리의 연례회의 때문에 일정이 거의 꽉 찰 것이다. 우리의 증원군에 대한 좋은 소식을 네가 들었을 것으로 생각한다. 벨 목사와 함께 3명의 의사가 오는데 복음전도 사역자도 한 명이 올 수 있다. 형과 형수는 장모님께서 그들과 함께 오신다는 것에 아주 기쁘다. 우리는 장모님이 일행 중의 한 명과 함께 곧바로 서울로 오실 수 있도록 계획하고 있다. 스튜어트 목사와 모펫 목사가 이들 일행과 같이 온다면 내가 일본으로 갈 수가 없기에 그들을 볼 수 없을 것 같아 정말 걱정이다. 아직 그들에게서 소식을 듣지 못했다. 그들이 8월 15일 도착하는 몽골리아(Mongolia)를 타고 오기를 무척 바란다. 그러면 그들이 중국으로 가는 길에 이곳으로 건너와서 나를 볼 수 있을 것이다. 블라디보스토크 함대가 하는 일이 일행의 귀에 들어가서 그 시기에 이곳으로 오고자 하는 그들의 계획이 미루어지지는 않을지 몹시 걱정이다. 우리 생각에 그쪽에서는 아무런 위험이 없을 것이다. 이곳에 있는 우리가 진실에 도달하는 것이 항상 어렵지만 말이다. 뤼순에서 큰 해전이 있었다는 소식이 들어왔고 대한해협에서 러시아 블라디보스토크 함대와 가마쿠라(Kamakura) 함대 사이에 해전[166]이 벌어지고 있다는 소식을 들어왔는데, 그 결과는 아직 이쪽에 오지 않았다.

루디 해먼드(Rudy Hammond)에게서 좋은 소식을 들어서 기쁘다. 치코라 대학에서 4년의 기회를 얻은 그녀가 어떤 일을 할 수 있는지 알겠지. 밖으로 나가서 그녀와 같은 여자를 많이 모으렴! 수지 그레이엄(Susie Graham)[167]과 어려움을 겪었다니 너무 안타깝다. 그녀가 예술(Art) 분야에서 별도의 학위를 기대한 것은 그녀에게는 그저 자연스러웠을 거로 생각한다. 비록 그것에 대해서 아무 말도 없었지만 말이다. 그렇지만 그렇게 되지 않았기에, 그녀가 예술에서 학위를 따자마자 그녀에게 추가의 졸업증서를 확보해 주는 것으로 일이 만족스럽게 해결되어야 한다. 여학교에서 모두를 만족시키기는 매우 어렵다. 그렇지 않니?

리아가 스미스 프리미어(Smith Premier) 타자기 외판원으로 다닌다는 것을 누군가 형에게 보내준 『에지필드(*Edgefield*)』[168]에서 봤다. 리아에게서 아직 편지를 받지 못했다. 호이트(Hoyt) 대령[169]의 사망 소식을 듣고

---

[166] 1905년 5월 27일과 28일 사이에 벌어진 쓰시마 해전을 말하는 듯함.
[167] Susie Graham Reeves(1886.7.13~1967.9.16) C. E. Graham의 큰딸.
[168] *The Edgefield Advertiser*로 보이며 이 신문은 1836년 설립된, 사우스캐롤라이나에서 가장 오래된 신문임.
[169] Col. James Alfred Hoyt(1837.10.11~1904.5.27).
 COL. J. A. HOYT DIED YESTERDAY. Veteran Soldier and Journalist is No More. For many years Col. Hoyt served as president of the Baptist State convention, as a member of the board of trustees of Furman University and the Greenville Female College. He was also vice president of the American Baptist Educational

무척 슬펐다. 선한 침례교인 한 사람이 또 사라지셨구나. 내 급우였던 제임스(J. E. James) 목사가 사우스캐롤라이나 앤더슨(Anderson)에 있는 중앙교회(Central Church)에 청빙되었다는 소식을 읽었다. 그 친구를 보면 형의 안부를 전해주렴. 그 사람은 그곳에서 치코라 대학을 위해 일해야 한다.

모두에게 말해서 형에게 편지하라고 하렴. 우리는 고국에서 오는 소식에 굶주려있단다. 모두에게 우리의 사랑을 듬뿍 전해주렴. 잘 지내고 우리에게 좋은 편지를 어서 보내렴.

사랑을 담아,

사랑하는 형 페어맨

---

Society. (*The Greenville News*, Sat, May 28, 1904)

1904년 8월 30일
한국, 서울

사랑하는 어머니,

아버지께 첫 손주(Samuel Rhea Ⅲ)가 태어난 것을 알리는 편지를 드린 후, 어머니께도 편지를 드릴 기회를 찾으려고 했는데 허사였습니다. 어머니께서 29년 전으로 되돌아가셔서 어머니의 첫아들이 복통으로 울었던 것을 생각하시면, 어머니께서는 이 어린 "환자"가 몹시도 바쁘다는 것에 놀라지 않으실 것입니다. 저희 아기가 복통이 있다고 하는 것은 아니랍니다. 그런 것과는 반대로, 어제까지만 해도 아기는 어린 아기들의 모범이었습니다. 밤새 잘 자고 낮에는 혀를 놀리지도 않았습니다. 그렇지만 선교지에서는 상황이 고국과는 다릅니다. 가까운 곳에 여자들이 거의 없으며, 또한 여자들이 매우 바쁩니다. 그래서 산모와 아기에게 해야 할 수천 가지 일들을 그 집에 있는 "남자 어른"이 해야만 합니다. 제가 서둘러 역할을 맡아서 가능한 도움 되는 사람이 되려고 했습니다. 심지어 매일 아기를 씻기는 신경이 많이 쓰이는 일까지도 혼자서 두려워하지도 않고 했습니다. 제가 얼마나 빨리 배우는지 저 자신도 놀랍습니다. 아기도 많은 면에서 놀라고 있는 것을 저는 압니다. 어제는 그 어린 것이 하루 종일 짜증을 냈습니다. 어젯밤에 저희는 아기에게 약을 먹였는데 그 일로 저는 밤새 뛰어다녔고 공부해야 하는 두어 시간을 제외하고 오늘 오후 이 시간까지 아주 바빴습니다. 아기는 지금은 조금 나아졌는데, 다음 주에 외할머니께 마중인사를 드릴 만큼 몸이 좋아질 것이라 저희는 믿고 있습니다.

이런 상황에서 앞서 말씀드린 장모님의 도착이 두 배로 환영받는다는 것을 어머니께서는 아시겠죠. 장모님께서는 다가오는 일들에 대해서 전혀 모르고 계시지만, 이보다 더 좋은 때를 맞추어서 오실 수가 없었을 것입니다. 장모님께서 오실 때는 아내가 자리에서 일어나 있고 전에 어느 때보다 더 건강한 모습인 것을 보실 것입니다. 그래서 모든 근심과 걱정에서 놓이실 것입니다. 장모님께서는 연세도 있고 무척 예민하셔서 근심과 걱정이 많으십니다. 장모님께서는 오늘 고베에 도착할 예정이며 저희는 장모님께서 안전하게 도착하셨다는 소식을 초조히 기다리고 있습니다. 포사이드(Forsythe)[170] 의사의 어머니와 여동생이 봄까지 기다렸다가 이곳으로 오기로 결정했다는 것을 저희는 불 목사 부부를 통해서 들었습니다. 실망스럽습니다.

저희는 어머니께서 버지니아에서 오랫동안 푹 쉬고 계시고 있다는 것을 알고 매우 기뻤습니다. 어머니께서 원기를 회복하시고 집으로 돌아오셨다는 말을 듣고 싶습니다. 가정주부와 어머니 역할을 하시는 어머니에게는 장소를 바꿔보는 것보다 더 좋은 것이 없습니다. 이것을 저는 아내의 사례를 통해 이미 알게 되었습니다. 비록 아주 많은 사람이 여름을 보내려고 서울을 떠나지만 저희가 서울에 오고 나서부터 아내는 아주 잘하고 있습니다. 이번 여름에는 최소한의 비가 내렸습니다. 이보다 더 좋은 여행을 바랄 수가 없었습니다. 9월에 많은 집회를 한 다음 목포로 돌아갈 때까지 내일부터는 이곳에서 식사를 해결할 것입니다. 저는 주소가 바뀐 것에 대해서 아무 말도 하지 않았습니다. 저희에게 오는 편지는 목포를 통해 오는데 많이 늦지 않습니다.

아버지께서 이곳에 콜레라가 있는지 물으셨습니다. 당연히 그렇습니다. 이곳은 이따금 황폐해지는데, 제 생각에 항상 다소간의 콜레라가 있는 것 같습니다. 그런데 올해는 발생했다는 얘기를 듣지 못했습니다. 물론, 저희는 물을 전부 끓이며 건강을 지키기 위해 합리적인 모든 조치를 합니다.

---

[170] Dr. Wylie Hamilton "W.H." Forsythe(1873.12.25~1918.5.9).

결혼이라는 주제에 대해서 플로이가 화난 것에 대해서 제가 미안해한다고 플로이에게 말씀해 주세요. 그 아이는 그 주제에 대해서 저와 글로 이야기할 필요가 확실히 있습니다. 이곳에 와서 저희와 살게 된다면 그 아이가 치유될 것이고 원기 왕성한 젊은 선교사와 결혼할 수도 있습니다.

아내는 잘하고 있습니다. 오늘은 자리에서 일어나서 짧은 편지를 쓰고 있습니다.

첫 손자가 남에게 보일 만하면 곧바로 사진을 찍어서 보내드리겠습니다. 그 아이의 눈 색깔이 어떤지, 누구를 닮았는지 확실히 알 수 없지만 참 잘생겼다고 생각합니다.

서머스(Summers) 대령께서 병환 중에 계시다는 말을 듣고 마음이 좋지 않습니다. 그렇지만 마지막 힘든 시기를 그가 주님께 드렸다는 것에 기쁩니다. 주님께서 자비하심을 보이셔서 그 사람을 부끄러워하지 않으시기를 바랍니다.

모두에게 큰 사랑을 전합니다.

    사랑하는 어머니의 아들 J. 페어맨 프레스톤 올림

추신: 할머니가 되신 느낌이 어떠세요?

1904년 9월 8일
한국, 서울

사랑하는 아버지와 어머니,

제가 수신인을 어머니로 하여 보낸 지난번 편지 이후, 아기에 대해서 저희는 매우 불안했습니다. 아기가 생명이 위험할 정도로 아픕니다.

아기는 태어난 이후, 전혀 좋게 지내지 못했습니다. 그렇지만 일주일 전인 지난 월요일까지 걱정해야 할 상태는 아니었습니다. 그날, 아기는 아주 고통스러워 보였고, 저희가 볼 때 발이 차갑고 푸르스름했습니다. 다음 날 아침 의사 선생님이 아기를 다시 살폈는데, 매우 자세히 살폈습니다. 의사 선생님이 저를 한 편으로 부르더니 아기가 아주 심각한 상태에 있다는 것과 회복할 가능성이 아주 적다는 소견을 말했습니다. 뇌와 신경계 사이의 조정 작용이 없다는 것을 설명했습니다. 다른 말로 하면 뇌에 문제가 있다는 것이었습니다. 이것은 눈동자의 불규칙한 수축으로, 근육의 발작적인 수축으로, 장운동이 되지 않거나 약에 반응하지 않는 것으로, 다리의 동맥벽이 발작적으로 수축하는 것으로 명확하게 알 수 있었습니다. 뒷부분에 언급한 것은 발이 푸르고 차가운 것을 보면 알 수 있었습니다. 의사 선생님이 화요일 아침에 검사했을 때는 오른쪽 다리에만 문제가 있었는데, 그 다리에는 혈액순환이 전혀 이루어지지 않았습니다.

의사 선생님은 희망이 거의 없었지만, 즉시 영웅적인 조치를 했는데, 강력한 신경 자극제를 주고 염화제1수은, 피마자유(castor oil), 소금을 가지고 장의 자유로운 운동이 일어나도록 하려고 했습니다. 24시간 이내에 아기는 조금 반응했고 좋아지기 시작했습니다. 뇌의 문제는 사라졌으며 오른쪽 다리의 혈액순환이 부분적으로 회복되었습니다. 그 이후 꾸준히 좋아지고 있으며, 태어난 이후 어느 때보다 더 좋아 보입니다.

이제 문제는 오른쪽 다리입니다. 오른쪽 다리의 무릎과 발목 사이의 가운데에서 저 아래 발톱까지의 혈액순환이 유지되지 않았고 지난 월요일에는 곪기 시작했습니다. 이는 아기가 다리의 그 부분을 잃어버렸다는 것입니다. 그 부분을 절단하면 어떤 결과가 있을지 즉 절단을 해야만 한다면 아기가 절단이라는 심한 시련에서 살아남을 수 있을지, 절단의 충격에서 살아남을 수 있을지 저희는 알 수 없습니다. 저희는 에비슨 의사와 협진하도록 독일인 전문의를 요청했습니다. 그런데 그들은 지켜보는 것 말고는 달리할 수 있는 것이 없다고 결론내렸으며, 그러는 동안 아기가 먹으려고 하는 모든 음식을 아기에게 먹였습니다. 아기가 최근 음식을 게걸스럽게 먹고 있으며 겉보기에 좋아지고 있어서, 아기에게 문제가 있지만, 저희 모두는 아기가 잘 견디어 낼 거로 생각합니다. 저희는 결과를 확인하기까지 서울에 머무를 계획입니다.

문제의 원인에 대해서 말씀드립니다. 의사가 보기에는 아기가 장에 과도한 양의 태변을 가지고 태어났다는 것인데, 적극적으로 약을 투여했음에도 불구하고, 14일, 15일째까지 아기가 태변을 배출하지 못했다는 것입니다. 그러는 동안에 몸이 장으로부터 독을 흡수하였고, 특히 뇌가 국소적으로 영향을 받게 되었다는 것입니다. 이렇게 하여 뇌가 손상되자, 신경계에 이상이 생겼고, 소화액이 제대로 흐르지 않게 되어서 동맥벽의 수축이 발생했다는 것입니다.

저희는 꿈에도 심각하다고는 생각하지 않았기에 의사가 말한 것을 듣고 큰 충격을 받았다는 것을 어머니께서 상상하실 수 있습니다. 아기가 아픈 것도 문제지만, 멀리 이곳에서는 아기가 아플 때 겪는 심신의 중압감이 너무도 큽니다. 그래서 저희는 기력이 거의 빠져버렸습니다. 저희는 모든 것을 내려놓았고, 저희에게 최선의 일만이 일어나리라는 걸 알고 있습니다. 현재 상황보다 훨씬 더 나빠질 수도 있었는데 그렇지 않았다는 것을 누구라도 쉽게 생각해 볼 수 있습니다. 지금 저희가 처한 힘든 상황에서 조차도 저희는 가기가 죽지 않고 살아있다는 것을 깊이 감사드립니다. 의사 선생님은 미래에 대해 희망적으로 말하며 아기가 생존할 것이라고 합니다. 아기가 생존한다면 저희는 아기를 기르는 데 있어서 전례를 찾아보기 힘들게 문제 되는 일을 긍정적으로 다루어나갈 것입니다. 저희에게 이 모든 일이 끔찍한 꿈같이 보이며, 아직 뭐가 뭔지도 제대로 모르겠습니다.

저는 더 이른 시기에 편지를 드릴 수가 없었습니다. 아기가 어떻게 될지 확실하게 알지 못했고, 부분적인 소식으로 두 분에게 걱정을 끼쳐 드리고 싶지 않았기 때문입니다. 저희는 곧 결과를 알게 될 것 같습니다. 어떻게 되어가는지를 두 분께 정기적으로 알려드리겠습니다. 이 편지를 솔즈베리에 있는 큰처남과 작은처남에게 보내시는 것도 좋은 생각일 것입니다.

아내는 일어나서 방에서 돌아다니는데 제가 봤던 어느 때보다 좋아 보입니다. 아내는 상당히 많이 살이 빠졌는데, 매우 기쁘게도 신체적인 면에서 확실히 좋아졌습니다. 저도 더 잘 먹어서 아내만큼 몸무게를 늘리겠습니다.

저희는 장모님과 일행들의 소식을 간절히 기다리고 있습니다. 일본에서 오는 괜찮은 미국 배인 오하이오(Ohio)에 이달 16일 그분들이 있을 것을 알고 있습니다. 미국 국적 배를 타고 오면 위험을 피하고 더 좋은 서비스를 받을 수 있습니다. 오하이오를 일본 회사가 전세로 사용하고 있습니다.

한국에 있는 선교사들이 연례회의를 하기 위해 서울에서 모이고 있습니다. 사경회(Bible Conference)가 9월 4일 시작되었는데, 제가 개회 설교했습니다. 그런데 제가 너무도 많은 제약을 받아서 사경회의 나머지는 참여할 수 없었습니다. 조선예수교장로회공의회가 열리는 시기에 장모님이 오실 것인데, 공의회는 13일에 시작하며, 우리 연례회의는 18일에 시작합니다. 저희가 서울에 도착한 후 저희가 겪었던 일에도 불구하고, 저는 상당한 양의 가치 있는 언어 공부를 하는 데 성공했습니다. 그래서 저는 어떤 시간도 헛되이 버렸다는 생각을 하지 않습니다. 저는 아주 총명해 보이는 젊은이를 언어 교사로 확보하였습니다. 그는 저와 함께 목포로 갈 것입니다. 그 사람이 마음에 들 것 같습니다.

7월 28일과 8월 4일에 보내신 두 분의 편지를 지난 일요일에 받았습니다. 저희는 그 편지를 정말 즐겁게 읽었습니다. 아버지께서 최근 편지 쓰시는 일에 관심을 가지셔서 저희가 기분 좋게 놀라고 있습니다. 아버지께서 편지를 아주 잘 보내주시기에 저희는 아버지께서 계속 그렇게 해주시면 좋겠다고 진심으로 바랍니다. 저희는 리아와 플로이는 기대하지 말자고 포기했습니다.

저희 둘 다 많은 사랑을 보내드립니다.

사랑하는 아들 J. 페어맨 프레스톤 올림

1904년 9월 11일
한국, 서울

사랑하는 아버님과 어머님,

할아버지, 할머니 되신 기분 어떠신지요? 부모로서 저희가 느끼는 것의 10분의 1이라도 두 분이 느끼신다면, 두 분은 아주 행복해하실 것입니다.

지난 3주 동안 제 인생에서 가장 큰 즐거움과 가장 큰 염려와 슬픔이 밀려 들어왔습니다. 아기(리아 3세)가 태어났을 때 정말 기뻤습니다. 아기는 아주 건강하게 보이고 튼튼했습니다. 아기의 중한 병은 저희에게 끔찍한 충격이었고, 아기가 건강해질 수 없을 거로 생각하며 그 당시 겪었던 중압감이 제가 경험한 가장 큰 시련이었습니다.

저희는 그 아기가 아주 잘하고 있어서 다시 한번 기쁩니다. 누구라도 바랐던 것보다 훨씬 잘하고 있습니다. 잘 먹고 있으며 포동포동해지고 있습니다. 피부는 아주 예쁘고 또렷해지고 있습니다. 다른 여느 아기만큼이나 강해 보이며 상당한 관심을 가지고 주변을 둘러보고 있습니다. 그 아기가 그런 일을 겪고도 그렇게 건강할 수 있다니 기적처럼 보입니다. 아기의 체질이 아주 좋은 것이 틀림없습니다.

아기가 좋아지고 있을 때 처음에는 아기의 작은 발에 일어난 일이 끔찍한 악몽일 뿐이라고 생각했습니다. 그렇지만 이제 저희는 현실을 깨달아가고 있습니다. 무릎 위의 다리 부분 전부가 지금 좋아 보이기에 다 살릴 수 있을 것이라 희망하고 있습니다.

아기의 발이 참 예뻤습니다. 아기를 처음 씻긴 왐볼드 선교사는 자신이 본 발가락 중에서 가장 예쁜 발가락이라고 했습니다. 아기의 작은 오른발을 보면서 한 발만으로 인생을 시작해야 하는 아기를 생각하니 마음이 아픕니다.

처음에는 아기가 좋아지지 않는 것이 아기에게 더 좋을 수도 있겠다고 생각했습니다. 그런데 저희는 살아가는 데 더 큰 장애물을 가진 사람들도 인생에서 성공했다는 것을 기억했습니다. 에비슨 의사가 말하길 아기가 신체의 일부를 잃어도 잃어버린 부분에 대해서 정신적인 선물 또는 영적인 선물로 보충이 될 것이라며, 두 다리를 가진 많은 사람들보다 훨씬 더 남자다운 사람이 될 것이라고 합니다.

저희 생각에 아기가 아버지의 입과 턱을 가지고 있지만 할아버지 쪽을 닮을 것 같습니다. 아기의 사진 한 장을 동봉해 드립니다. 아기가 태어난 지 18일 때 찍은 것입니다. 그 아기를 잃을 것이라고 너무도 많은 염려를 하여서 사진을 몇 장 찍었습니다.

아기 아빠가 목욕시키는 것을 보시면 좋을 것인데요. 아기 아빠는 저를 창피하게 만듭니다. 아기에 대해서 모든 면에서 저보다 훨씬 더 능숙합니다.

부산에서 전보가 왔는데 친정어머니께서 다음 화요일이면 이곳에 오실 거라고 합니다. 친정어머니께서 고베에서 보내신 편지를 받았는데, 남편이 아기에 대해서 쓴 편지를 받고 무척 놀라셨다는 말씀이 있었습니다.

어머님께서 친정어머니가 미국을 떠나시기 전 보실 수 없었다니 무척 아쉽습니다. 저희가 한국에 있다는 사실에도 불구하고 어머님께서 친정어머니를 만나시기 전에 저희가 먼저 이곳에서 친정어머니를 다시 만날 것이라는 점이 이상하게 보입니다.

이 편지에 아기 이야기가 가득하다고 해서 마음 쓰이시지는 않으시죠. 요즘 저희는 온통 그 아기 생각뿐입니다. 주님께서 저희가 그 아기를 계속 데리고 있도록 해주실 것이기에 매우 감사드리고 있습니다.

이곳에서 첫 결혼기념일[171]을 보냈습니다. 결혼 생활에서 오는 시련들이 있음에도 불구하고 저는 과거 어느 때보다 결혼을 옹호합니다.

저희 둘 다 큰 사랑을 보내드립니다.

사랑하는 애니 올림

---

171 프레스톤 목사 부부는 1903년 9월 2일 노스캐롤라이나 솔즈베리에서 결혼함.
Rev. and Mrs. J. F. Preston have returned from their wedding trip and are the guests of the bride's mother, Mrs. S. H. Wiley. Mr. and Mrs. Preston will leave for Corea soon. (*Salisbury Semi-Weekly Truth-Index*, Tue, September 22, 1903)
REV. J. F. PRESTON TO WED.
The following notice from the society column of the Charlotte Observer of Wednesday will be of interest to the many friends in the city of Rev. J. Fairman Preston.
"Her many friends here will be interested to know that the engagement of Miss Annie Wiley, of Salisbury, was announced yesterday afternoon at a club meeting in Salisbury. The announcement was made by Mrs. W. Murdoch Wiley, a sister-in-law of Miss Wiley. Miss Wiley will be married on September 22nd to Rev. J. F. Preston of Greenville, S. C. The young couple will sail at once for Corea, where Mr. Preston is to be a missionary."
Mr. Preston is a son of the Rev. S. R. Preston, the able and efficient president of Chicora college. He is well and favorably known throughout this section of the state and has scores of friends. He is a graduate of Furman University and one of the leading alumni of the institution. (*The Greenville News*, Fri, July 10, 1903)

1904년 9월 14일
한국, 서울

사랑하는 아버지와 어머니,

멀리 계시던 장모님이 오신 것에 관련하여 지난 며칠간 아내가 정신없이 있다가, 두 분께 편지 보내는 것을 깜빡했습니다. 제가 아내의 편지에다가 서둘러 짧은 글을 덧붙입니다. 한창 공의회 중이었습니다. 게다가 다음 토요일에 저의 언어 시험이 있습니다.

장모님은 여행을 잘 하시고 화요일 아침 도착하셨는데 건강하시고 기분 좋으신 상태였습니다. 여정을 놀랍도록 잘 견뎌내셨습니다. 일본에서 테이트 선교사가 장모님을 한국으로 모시고 왔습니다. 장모님께서는 일행 중에서 그때 한국으로 건너오신 유일하신 분이셨습니다. 장모님께서 타고 오셨던 오하이오는 괜찮은 미국 국적 배였기에 현명하시게도 그 배로 잘 오셨습니다. 장모님을 뵙고 저희는 기뻤으며, 장모님은 아기를 돌보는 데 정말 없어서는 안 될 분이 되셨습니다.

화요일 오후 아기의 무릎과 발목 중간 정도에서 다리가 절단되었습니다. 아기는 눈에 띄는 고통이 전혀 없이 그 힘든 일을 견디어 냈고, 이후에는 전처럼 꾸준히 좋아지고 있었습니다. 의사 선생님 말로는 지금은 큰 위험은 없다고 하며, 회복이 확실하고 튼튼한 아기로 자랄 것이라고 합니다. 정말로 경탄할 만하며 신비스러운 사례입니다만 아직 저희는 현실로 받아들이지 못하고 있습니다. 물론 장모님의 충격은 매우 컸습니다. 저희는 상황이 더 나빠지지 않은 것을 매우 고마워하고 있습니다.

저희는 서울에 약 2주 더 있을 것입니다. 다음 주에 있을 우리 남장로회 한국선교회 회의에서 저희가 어디에 배치될 것인지가 결정될 것입니다. 저희가 광주에 새로운 선교부를 열 수 있기를 희망합니다. 그 일에 대한 전망은 밝아 보입니다.

그린빌 사교계(society)의 10월 선교협회 회의에 편지 보내는 것을 잊지 않았습니다만, 제가 원하는 만큼 편지를 쓰는 것은 물리적으로 불가능한 일이었습니다. 저는 잠을 많이 못 자고 있으며, 어쩔 수 없이 낮 동안 할 수 있는 한 요령껏 약간씩 쉽니다.

대학 개강한 것으로부터 좋은 소식을 듣기 희망하고 있습니다.


많은 사랑을 담아서 사랑하는 페어맨 올림

1904년 9월 23일
한국, 서울

사랑하는 아버지와 어머니,

아기와 관련된 무거운 소식을 드리게 되었습니다. 약 일주일 전에 의사 선생님이 아기의 뇌에 염증이 있다는 여러 가지 표식들을 발견했습니다. 그는 몇 주 전에 성공했던 것과 같은 조치를 했습니다만 이번에는 반응이 없었습니다. 그러더니 그 어린 녀석이 점차 나빠졌습니다. 오늘 밤 어느 때가 아기의 마지막이 될지 몰라서 저는 잠들지 않고 아기 곁을 지키고 있습니다. 지난주는 걱정하며 밤낮으로 지켜봤습니다. 뇌에 문제가 다시 생긴 것은 전혀 예상 밖이어서 저희 모두가 큰 충격을 받았습니다. 제가 이 문제에 대해서 부모님께 더 일찍 편지드렸어야 했는데, 처음에는 좋은 소식을 써 보낼 수도 있을 것이라고 희망하며 미뤘다가 최근에는 편지를 드릴 기회가 없었습니다. 아기와의 사별이 가장 가까이에서 벌어진 제 인생 최초의 큰 시련입니다. 관심을 쏟아야 하는, 연례회의와 관련하여 일어난 많은 문제와 더불어 이 일 때문에 저는 제대로 서 있기도 어려웠습니다.

아기가 오늘 (9월 24일) 아침에 꼭 다섯 주가 됩니다. 처음부터 얼마나 많이 힘든 싸움을 아기가 하고 있었는지요! 아기가 9일째에 의사 선생님은 희망을 거의 보이지 않았지만, 아기의 몸에 기운이 되살아났으며, 다리를 한쪽 잃게 되는 큰 충격에서도 살아남았을 뿐만 아니라 죽어버린 다리를 절단하는 데에 따르는 힘든 일도 견디어 냈습니다. 살고자 하는 아기의 싸움은 빛나고 훌륭했습니다. 한때는 "사망한 사람"이었던 아기를 죽음으로부터 되돌려받은 후 지금 아기를 다시금 내려놓기가 정말 어렵습니다. 그렇지만 저희는 하나님께서 가장 잘 아시며, 이것이 아기에게 가장 좋은 것이라는 확신을 하며 내려놓습니다. (치유 과정이 내내 완벽하게 진행되었으며, 아주 성공적이었습니다.) 만약 이 땅위에서의 삶이 고려할 전부라면, 그렇게 어린 생명을 데려가 버리는 것은 끔찍한 일일 것입니다. 그러나, 저희는 단지 몇 주만이라도 아기와 함께 있었다는 것이 저희에게 특권이었음을 알고 있습니다. 항상 저희의 아기입니다. 아기가 태어난 것은 헛된 것이 아니었습니다. 아기는 우리가 할 성장과 발전에 완벽히 좋은 환경으로 약간 일찍 영원히 옮겨간 것입니다.

장모님은 아주 힘들어하시지만, 이런 때에 장모님께서 계셔서 큰 위로가 됩니다. 장모님께서 1년 전에 당신의 이름을 따서 이름 붙인 손주를 잃으셨다는 것을 아시지요. 아내는 이런 시련을 용감하게 견디어 내고 있습니다. 대단합니다.

저희 모두 건강하며 아내도 완벽하게 건강합니다.

집에서 보내는 좋은 소식이 있는 편지를 받으면 좋겠습니다.

모두에게 사랑을 보냅니다.

한결같이 사랑하는 페어맨 올림

추신: 9월 24일 토요일 아침 6시에 아기는 엄마 팔에 안겨서 죽었습니다.

1904년 10월 8일
한국, 진남포(Chinnampo)

사랑하는 아버지와 어머니,

제가 지난번 편지드린 후 아주 많은 일이 일어났습니다. 그런데 제가 편지를 드릴 기회가 없었습니다. 제가 알기로 지난번 저의 편지는 아기의 죽음을 알리는 것이었습니다. 저희는 서울 바깥 아름다운 외국인 묘역에 아기를 묻었습니다. 우리 선교회의 몇 사람이 군산으로 데리고 가자고 했습니다. 군산에 묘지가 있습니다. 그런데 저희는 아기가 이 세상으로 와서 얼마 안 되는 삶을 살았던 이곳에서 쉬는 것이 더 적절하다고 생각했습니다. 오웬 박사가 장례 예식을 인도했는데, 모든 선교회에서 온 많은 친구가 참석했으며 저희에게 깊은 위로의 말을 건넸습니다. 새로 알게 된 형제들 사이에서 이렇게나 많은 진정한 친구를 사귀었다는 것을 알게 되어 저희는 확실히 위로받았습니다.

이번 하늘의 섭리는 말할 수 없이 우리 모두에게 큰 어려움이었습니다. 장모님께서 너무도 힘들어하셔서, 아내는 장모님을 위로하느라 자신의 슬픔도 종종 잊어버렸습니다. 기억하시겠지만 장모님께서 1년 전 비슷한 경험을 하신 이후 두 배로 힘드셨음이 틀림없었습니다. 이런 때에 장모님께서 곁에 계셔서 아내는 큰 위로를 받았습니다. 너무도 많은 사람이 오래도록 저희에게 행한 큰 친절한 행동들 때문에 저희는 크게 감동받았습니다. 사람들은 선교사들이 세상에서 가장 훌륭한 사람들이라고 쉽사리 믿습니다. 저도 자화자찬하는 것처럼 보이는 것이 아니라면 그렇다고 말하겠습니다.

우리 연례회의가 끝나자마자, 저희는 평양에서 친절하게 초대해 준 것을 받아들이기로 했습니다. 여러 고려 사항이 있어서 저희가 그런 결정을 했습니다. 저희는 기진맥진했으며 약간의 휴식과 변화가 필요했습

니다. 평양의 훌륭한 사역을 한 번 보고 싶기도 했습니다. 장모님에게는
그 사역을 볼 수 있는 가장 좋은 기회처럼 보였습니다. 그래서 저희는
금요일에 출발하여서 일주일 전인 지난 주일 새벽 이른 시간에 평양에
도착했습니다. 저희는 그곳에서 5일을 머물렀으며 오사카 회사의 론치
(launch)¹⁷²를 타고 같은 회사의 증기선(steam ship) "기수(Gishu)"를 타기
위해서 금요일 아침 떠났습니다. 떠나기 전 대리인이 배편이 잘 연결될
것이라는 확인을 해주었습니다. 저희가 (60마일이 되는) 강의 어귀에 있는
항구인 진남포(Chinnampo)에 도착했을 때, 2시간 전에 "기수"가 떠났다
는 소식을 무덤덤하게 통보받았습니다. 저희가 대리인에게 들을 수 있었
던 것 전부는 "여러분 매우 죄송합니다. 그런데 '안톤(Anton)'이라는 배가
모레 떠납니다"라는 전형적인 일본식 반응이었습니다. 그래서 저희는
이곳에 2×4의 조그마한 프랑스 식당을 최대한 활용하며 평양과 목포
둘 다에서 필요로 하는 이틀을 허비하고 있습니다. 이러한 일들로 서양
사람들은 이를 갈지만, 분노해 봐야 소용없습니다. 키플링(Kipling)¹⁷³이
표현했듯, 이렇게 하면 "동양인들을 지치게 만들어 일을 제대로 못 하게
됩니다."¹⁷⁴

---

172 노를 저어 움직이는 거룻배(sampan)와 대조되는, 동력을 갖춘 boat(艇)를 말하며,
보통 하천, 항만 등에서 교통이나 유람용으로 사용되는 배를 일컬음. 1905년 11월
12일 자 편지에서 보듯 증기선(steamer)의 의미도도 쓰임. ("a fine Japanese launch
(steamer) was making its maiden trip up the river.")
173 Joseph Rudyard Kipling(1865.12.30~1936.1.18). 영국의 소설가, 시인.
174 이 표현은 서양인들이 느려터진 동양인들을 제대로 일하게 만들다가 결국 서양인들만
속이 터져 죽고 마니, 서양인의 입장에서 서둘러서 좋을 것은 없다는 의미가 있음.
Now it is not good for the Christian's health to hustle the Aryan brown,
For the Christian riles and the Aryan smiles and he weareth the Aryan down;
And the end of the fight is a tombstone white with the name of the late
deceased,
And the epitaph drear; —"A fool lies here who tried to hustle the East."
(Rudyard Kipling, *Songs from Books,* 1912, p.110)

그렇지만 평양으로 간 여행은 엄청나게 많은 고생을 하고 갈 만했습니다. 저는 그곳에서 영감을 받았으며, 저에게 오랫동안 남아있을 실제적인 충고들을 받았습니다. 저희는 모펫(Moffett)[175] 부인의 집에서 대접받았는데, 그분보다 더 사랑스러운 여성은 찾기 어려울 것입니다. 저는 랭킨 박사가 하늘나라로 갔던 바로 그 방을 사용했습니다. 저희는 선교회의 묘원에 있는 랭킨 박사의 무덤을 방문했습니다. 그의 무덤은 (다윗왕 시기에 세워진) 기자의 고대 수도가 있던 곳이 내려다 보이는 아름다운 곳에 있습니다. 랭킨 박사가 한국에서 가장 유명한 선교부(mission station)가 있는 이곳에 잠들어 있는 것은 저희가 볼 때 아주 적절합니다. 그는 사망하기 전에 "저는 다른 어느 선교지보다 이곳에서 본향(本鄕)으로 갔으면 합니다"라고 했습니다. 그는 이렇게 말하면서, 본인의 말이 실제로 이루어질 거로는 거의 생각하지 못했습니다.

평양에 있는 교회는 아주 흥미롭습니다. 제 생각에 이 교회당이 한국에서 궁궐 바깥에 있는 가장 큰 한국식 구조물입니다. 한국인들이 전적으로 자신들의 돈으로 지었습니다. 평균적으로 모이는 회중이 1,500명이고, 교인은 약 1,200명입니다. 최근에 두 번째 교회가 세워졌는데 교인이 약 200명입니다. 그 큰 건물을 안에서 보면 다음과 같이 생겼습니다.

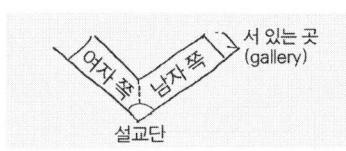

진지한 기독교인들이 그렇게 많이 모여있는 것을 본 광경은 결코 잊을 수 없을 것입니다. 이들은 20년 전에는 완고한 비기독교인들이었습니다. 수요일 저녁에는 기도회에 500명이나 참석했습니다! 시내에 폭동이 일

---

175  Rev. Samuel Austin Moffett(한국명: 마포삼열, 1864.1.25~1939.10.24). 미국북장로회 선교사.

어나서 많은 수가 모이지 않았다고 사과하면서 말하는데 평상시에는 대개 800명이 모인다고 합니다!

저희는 운이 좋지 않아서 평양에서 선교사 형제 중 단지 4명만을 보게 되었습니다. 저희가 서울에서 만났던 나머지 사람들은 연례회의 때문에 서울에 머물렀고, 저희가 평양을 떠날 때가 되어서야 돌아왔습니다.

우리 연례회의 가장 관심 사항을 말씀드리겠습니다. 예상했듯이, 광주선교부를 즉시 개설하기로 결정되었습니다. 벨 목사 가족과 오웬 의사 가족을 위한 임시 거주지가 이번 가을에 지어질 것이며, (이 숙소는 나중에 활용될 것입니다.) 이들은 크리스마스 즈음에는 그곳으로 들어갈 것입니다. 내년에 저희는 스트래퍼 선교사와 놀란(Nolan)[176] 의료선교사와 함께 목포에 머물러야만 할 것 같습니다. 저는 목포에 있는 동안 목포교회와 두 곳의 시골 교회(out-station)를 감독할 것입니다. 이렇게 이른 시기에 한 곳의 선교부를 담당하는 선임선교사가 된다니 아주 이상한 느낌입니다. 물론 저희는 다른 사람들이 이사하면 살기에 좋은 집을 갖게 될 것입니다. 그러는 동안, 저희는 전과 같이 방 두 개를 사용할 것이며, 오웬 가족의 식객으로 살아갈 것입니다.

### 10월 11일

저희는 어제 제물포에 안전하게 도착했습니다. 할 일이 아주 많았습니다. 밤에는 서울로 올라가서 많은 일을 다루었습니다. 새로운 어학 교사를 데리고 내려갈 것인데 그 사람이 제 마음에 들 것 같습니다. 23세의 젊은이로 김씨 성을 사용합니다.

필름이 다 떨어졌는데 어떤 필름도 구할 수가 없어서 평양 여행에 관한 사진이 하나도 없어서 매우 화가 났습니다. 저희는 아주 이른 시기에

---

[176] Dr. Josheph Wynne Nolan(1850.1.20~1954.6.15). 의료선교사로 1904년 8월 15일 미국을 출발하여 한국으로 옴. 1907년 선교사를 사임하고 함경도 금광회사에 취직함.

내륙으로 들어가 광주로 가는 여행을 계획하고 있습니다. 그 여행에서 쓸 필름도 없습니다. 참 안타깝습니다.

아내와 장모님은 모두 건강하며 기운도 좋습니다. 장모님은 한국이 정말 마음에 드는 것 같습니다. 또한 아내와 함께하며 완벽하게 행복하실 것이라 믿습니다. 두 사람은 서로를 감싸안고 있습니다. 제가 아내를 장모님에게서 뺏어가겠다고 했을 때 얼마나 많은 용기가 필요했는지와 그때 장모님이 어떤 심정이었을지 이제는 더 잘 이해합니다. 이렇게 이른 시기에 두 사람이 만나게 될 가능성이 없었다면 제가 성공하지 못했을 거로 생각합니다. 두 분께서 아내에 대해서 잘 아시면, 장모님이 아내를 그렇게 좋아하는 이유에 대해서 의아해하지 않으실 것입니다. 저는 아내와 결혼할 때 저의 최선을 다해 사랑한다고 생각했지만, 결혼 이후 아내에 대한 저의 사랑은 몇 배 더 늘어난 것으로 보입니다.

저희는 지금 좋은 배를 타고 부드러운 바다를 이용하여 목포로 가고 있습니다. 오랫동안 나가 있다가 다양한 경험을 가득 가지고 돌아가게 되어 아주 기쁩니다. 그곳에서 많은 우편물이 저희를 기다리고 있기를 희망합니다.

사랑으로 가득한 마음을 담아 보내드립니다!

사랑하는 페어맨 올림

1904년 10월 18일
한국, 목포

사랑하는 어머님,

서울에서 저희의 행복했던 경험의 슬픈 결말에 대해서 남편이 어머님께 편지를 드렸습니다. 이 일은 정말 큰 슬픈 일이었지만 저희는 이 모든 일이 다 하나님의 뜻임을 알고 있습니다. 그렇지 않았다면 하늘 아버지께서 이런 일이 일어나게 하지 않으셨을 것입니다.

저희는 저희에게 아기가 있었기에 모든 기대와 계획과 염려를 했던 이 모든 일이 결코 헛된 일이 아니었다고 느낍니다. 이것이 누구에게나 찾아올 수 있는 가장 아름다운 경험 아닐까요?

오랜 긴장 후에 저희는 정말로 지쳐서 쉴 필요를 느꼈습니다. 평양으로 간 여행은 저희가 꼭 필요로 한 것이었습니다. 그곳에 있는 선교사들을 알게 된 것은 큰 즐거운 일이었습니다. 모펫 부인은 제가 본 가장 매력적인 여자 중 한 명입니다. 그녀와 함께 있고, 그녀가 여자들 사이에서 사역하는 것을 지켜보며 새로운 영감을 얻습니다.

저희는 광주에서의 새로운 사역을 시작하기 전에 평양에서의 사역을 보고자 했습니다. 내년에 우리 모두가 내륙으로 올라가야 한다는 것을 알고 계시지요. 벨 목사와 오웬 의사가 먼저 가서 건물을 짓고 그다음 나머지가 뒤따르게 됩니다. 현재 남편이 목포 시내 사역과 두 곳의 시골 교회 사역을 담당하고 있습니다. 많은 방해를 받았지만, 남편은 언어에 있어 상당한 진척을 보입니다. 저는 다시 한번 한국어 공부를 즐겁게 하고 있습니다. 6월 이후로는 한국어를 공부하지 않아서 굉장히 많이 뒤처진 느낌입니다.

아침 시간은 전부 공부하는 데 쓰고, 오후 시간은 방을 정리하느라 시간이 부족합니다. 모든 짐가방과 상자의 포장을 풀고 다시 포장하며,

모든 책을 책장에서 내려놓고 문지르고 햇볕에 내놓아야만 합니다.

친정어머니께서 어머님과 작은이모님(Aunt Jennie)께서 보내주신 예쁜 것들을 가지고 오셨습니다. 그것들이 아주 마음에 들어서 서울에서 곧바로 사용했습니다. 작은 지갑은 인력거 요금을 넣고 다니기에 딱 적당합니다. 그것들을 보내주셔서 정말 감사드립니다. 그린빌에서 온 물건들은 저희가 몽고메리 워드(Montgomery Ward)[177]에서 주문한 것과 함께 일본에 있을 것이라고 믿고 있습니다. 그것들을 보내주셔서 감사드립니다. 저의 아기가 이곳에 없기에 남편이 아기 때 입었던 옷들은 입을 수 없다고 생각하니 무척 슬픕니다.

어머님께서 로운산(Roan Mountain)에서 좋아지고 있다는 것을 아이다 아가씨에게서 듣고 아주 기뻤습니다. 그곳이 어머님께 어떠했는지 소식을 들었으면 합니다. 그곳에서 오래도록 머무르시고, 분주하고 걱정이 많은 대학의 삶 속으로 너무도 일찍 들어가지 마십시오. 어머님께서 이곳에 계시면 푹 쉬실 수 있을 것인데요. 제 생각에 친정어머니는 이곳에서 잘 쉬실 것이며, 저희에게 큰 도움이 될 것입니다. 벌써 어머니께서는 제가 공부할 수 있도록 오전에 제가 할 일을 가져가고 계십니다.

남편은 광주에 생길 선교부 땅의 경계를 표시하는 것을 처리하려고 벨 목사, 오웬 의료선교사와 함께 시골에 있습니다.

말씀드리고자 하는 것은 아주 많지만 밤이 깊어가고 제가 피곤합니다. 가족 모두에게 많은 사랑을 전합니다.

사랑하는 애니 올림

---

[177] Montgomery Ward & Co.(1872~2001) 초기에는 우편주문 사업의 선두 주자였으며 나중에는 백화점 체인을 운영함. 현재 Mongomery Ward Inc.는 온라인 쇼핑과 우편주문 판매를 함.

친정어머니께서 많은 사랑을 전하면서 이곳에서 어머님께 편지하지도 않고 이렇게 오래 있을 줄은 몰랐다고 말씀하십니다. 친정어머니께서는 당신이 있는 곳에 어머님께서 오고 싶어하시는 것을 알고 계십니다. 저희 집과 저희 좋은 친구들 전부를 보시고 친정어머니께서는 저희가 이곳에 있는 것에 대해서 훨씬 더 좋게 느끼십니다.

## 1904년 10월
### 평양에서 목포로 오는 여정에 대한 묘사의 한 부분

사랑하는 딸에게,

10월 6일 오후에 론치가 그다음 날 아침 7시에 떠날 것이라는 말을 들었다. 그래서 우리는 6시 30분 이전에 집을 나설 것을 예상했다. 아침 아주 이른 시간에, 모펫 부인이 우리 방에 와서는 배가 출발하지 않을 것이라는 소식을 받았다고 말해서 우리는 쪽잠을 자려고 집에 그대로 있었다. 그런데 얼마 지나지 않아 곧 사위(Fairman)가 우리를 부르는 듯한 소리에 깼다. 사위가 선착장에 갔다 왔다는 것과 그 론치가 출항할 거라는 것과 우리가 최대한 일찍 준비해야 한다는 말이었다. 그래서 우리는 서둘렀고, 옷을 입었고, 아침을 먹고 7시 15분이 되어서 출발했다. 애니와 나는 가마를 탔고, 오웬 의사와 사위는 걸었다. 안개가 자욱했고 날은 추웠다. 우리가 론치에 타고 얼마 되지 않아 해가 얼굴을 내비쳤고, 강을 따라 풍경이 아름다웠다.

나는 한 남자가 우상을 만들고 있는 것을 봤다. 우리가 막 출발하려고 할 때, 서울에서 온 선교사 무리와 우리의 짐가방이 실려있는 작은 증기선이 강을 따라 올라왔다. 우리 짐가방을 가져오도록 작은 배를 보냈다. 여러 번 손을 흔들고 인사한 다음 두 배는 각자의 길을 갔다.

이 배는 우리가 강을 따라 올라갈 때 이용한 배보다 훨씬 크고 편안했다. 선실에서 아주 좋게 밤을 보낼 수도 있었다. 풍경과 강 위에 떠 있는 배들을 보는 것이 정말 흥미로워서 우리는 선실로 들어가는 것을 망설였다. 그런데 한 시간 넘게 밖에 있었더니 너무도 추웠다. 많은 야생 조류, 기러기 떼, 오리 떼를 봤다.

진남포에는 오후 3시에 도착했으며, 조금 기다리다가 론치에서 내려서 거룻배(sampan, 삼판)를 타고 해변에 도착했는데, 비가 엄청나게 내렸다. 비, 바람, 진창을 헤치고 오래 걸어서 프랑스 식당에 갔는데 그곳에서 밤을 지낼 것이며 아마도 며칠 지낼 거다. 언제 증기선이 있을지 알 수 없기 때문이다. 우리가 타고 가려던 배는 우리가 도착하기 3시간 전에 떠났다. 한 번은 물결이 너무 거칠어서 우리 론치는 강에 닻을 내렸다. 바닷물이 밀려 들어왔다. 육지 쪽으로 50마일 넘게 이 바닷물이 흐른다.

이곳이 하룻밤을 보내기에 아주 좋은 쉼터라서 우리는 감사했다. 7코스로 된 매우 맛있는 만찬을 즐겼다. 음식은 모두 준비가 잘 되었다. 주인은 프랑스인이다. 이곳 주변에 여성들이 보이지 않는다. 이곳에서는 여섯 가지의 다른 언어들이 사용된다는데, 중국어, 일본어, 한국어, 영어, 프랑스어 그리고 약간의 러시아어다.

강을 타고 내려오던 중, 우리는 현재 서울에서 의주까지 추진되고 있는 새로운 철로에 쓰일 기관차 중 하나를 봤다.[178]

---

[178] 경의선(京義線)을 말함. 1905년 11월 5일 개통됨.

1904년 10월 25일
한국, 목포

사랑하는 어머니,

10월 12일 목포로 돌아오고 나서 곧바로, 제가 내륙지방으로 가서 광주를 방문했는데, 광주는 이번 가을에 개설될 우리의 새로운 선교부입니다. 저희가 광주선교부에 속하게 되지만 당분간 목포에서 놀란 의료선교사와 스트래퍼 선교사와 살게 될 것을 어머니께 편지했던 것으로 생각합니다. 광주로 가는데 아주 좋았습니다. 선교부가 위치할 곳으로 확보된 그곳의 새로운 부동산은 보면 볼수록 마음에 듭니다. 저희는 집을 추첨했는데, 제가 운 좋게도 가장 좋은 곳을 골랐습니다. 저는 제가 판단하기에 최선인 곳을 골랐습니다. 다른 곳과 떨어져 있고, 동쪽과 동남쪽을 향하고 있으며 큰 감나무가 많이 있고, 나중에 하인들 숙소로 활용될 수 있는 상당히 괜찮은 현지인 집이 있습니다. 저는 그곳에 즉시 가서 나무를 심고 그곳을 예쁘게 만들려고 합니다. 그래서 저희집을 갖추게 될 때에는 시작이 꽤나 괜찮게 될 것입니다. 집 뒤에는 아름다운 높은 산이 있는데, 정상을 따라서 길게 아름답고 한적한 길이 있습니다. 집 뒤에는 집과 반대 방향으로 숲이 펼쳐있는데, 옛날 사당이 있던 곳입니다. 이곳은 여자 선교사들이 여가를 잘 보낼 수 있는 곳이 될 것이며, 나무가 없는 이 나라에서 눈에 긍정적인 휴식이 될 것입니다. 이 숲의 발치에는, 대나무 숲이 한 면을 막고 있는, 저희가 있는 곳에서 약 10분 걸어가면 있는, 광주 도심으로 가는 길이 굽어져 이어집니다. 저희는 목포에 비하면 주변과 떨어져 있지만, 사람들 가운데로 들어갈 전망에 매우 고무되어 있습니다. 광주에 가려면, 이곳에서 강을 따라 위로 60마일을 가서 뱃길의 시작 지점인 나주로 가야 하는데, 나주에서 한국 길치고는 괜찮은 길을 이용해서 20마일을 가면 됩니다.

저는 지금 언어를 파고 있으며 과거 어느 때보다 더 많은 진보를 이루고 있습니다. 아주 빨리 목포 사역을 책임질 준비를 하고 있습니다. 일단 사역을 하면, 사역자로서 그리고 언어의 능률에 있어서 저는 빠른 속도로 발전하기를 기대합니다. 아내도 같은 일을 하고 있으며 완벽히 행복해 보입니다. 최근에 그린토마토 피클, 초우 초우(chow chow)[179] 등을 만드느라 바빴습니다. 저희는 저희의 집에 정착할 때면 깊은 안도감을 느낄 것입니다. 현재 저희는 오웬 부부의 집에서 식객으로 있으며 그들이 광주로 이사할 때까지 그렇게 할 것입니다. 오웬 부부는 사랑스러운 사람들입니다. 장모님은 그들 집에 있는 방에서 머무십니다.

〔내용 일부 사라짐〕여행을 즐기고 있으며 지금쯤 소화불량이 좋아졌으면 합니다. 그 아이의 문제를 듣고서 저희는 고통스러웠습니다. 가르치는 것을 그만두고 1년간 쉬게 된 것이 그 아이에게 현명한 일이었다고 생각합니다. 이 편지를 받으실 때 여전히 그 아이가 어머니와 같이 있다면 저희의 사랑을 전해주세요. 그 아이에게서 소식 듣기를 기대하고 있었습니다. 저희 둘 다에게 편지를 빚지고 있거든요. 만약 그 아이가 곧 편지하지 않으면, 저희에게 더 많이 빚진 사람으로 적어둘 것입니다.

스튜어트 목사가 편지하길 자신과 모펫 목사가 11월 17일에 결혼할 것이고, 11월 26일 배를 타고 가서 일본에는 12월 15일 도착할 것이라고 합니다.[180] 그들은 중국으로 곧바로 갈 것입니다. 제가 그때에는 이곳 사

---

[179] 미국 남부 지방의 피클.

[180] John Leighton Stuart(1876.6.24~1962.9.19)는 Alina Hardy Rodd과 1904년 11월 17일 결혼함. Lacy Irvine Moffett(1878.2.10~1957.10.2)은 Kate Hall Rodd(1882.1.8~1961.9.30)와 1904년 11월 17일 미국 Louisiana New Orleans에서 결혼함. 두 남자는 프레스톤 목사와 함께 진흥운동(Forward Movement)의 핵심 인물이었음. 각자의 아내는 자매 관계로, 두 쌍이 합동결혼식을 함.
MISSIONARIES MARRY
A notable wedding in Presbyterian circles in New Orleans was celebrated last evening in the Prytania Street Presbyterian Church. It was a double ceremony,

역을 담당하고 있을 것이기에 그들을 볼 수가 없을 것입니다. 실망스러운 일입니다.

장모님께서 어머니께 곧 편지하실 것입니다. 장모님께서는 이곳에서 매우 만족하실 것이라고 저는 생각합니다. 서두르셔서 건강해지십시오. 그러면 저희가 귀국할 때 이곳으로 모시겠습니다.

저희 둘 다 많은 사랑과 입맞춤을 보내드립니다.

사랑하는 J. F. P. 올림

---

in which two of the fairest among the city's young women and two Presbyterian ministers were married. All will go to China to engage in foreign missionary work.

The bridal couples were Miss Alina Rodd and Rev. John L. Stuart, Jr., and Miss Kate Rodd and Rev. Lacey I. Moffett. More than the usual pretty sentiment attaches to this wedding. The brides are the daughters of John E. Rodd, a substantial business man of this city, and one of the pillars of the Prytania Street Presbyterian Church. Mr. Stuart, who married Miss Aline Rodd, is the son of Rev. and Mrs. J. L. Stuart, who are now missionaries in China. … Mr. Moffett is the son of Rev. Dr. A. J. Moffett, pastor of a Presbyterian Church in Lebanon, Ky. He graduated from Union Central College of Kentucky, and from Union Seminary in Richmond, in the same class with Mr. Stuart. They were fast friends, and both were engaged to inaugurate the "Forward Movement in Missions" in the Presbyterian Church, in which they were eminently successful.

A happy fate brought the two young men to an acquaintance with the Misses Rodd, and last summer, on Lookout Mountain, the wedding day was fixed. The young men were notified to sail for China during the first week of December,. The two couples will join an older sister of the brides, Miss Florence Rodd, a very young woman herself, who has been serving as missionary in China for just one year. (*The Times-Democrat*, Fri, Nov 18, 1904)

1904년 11월 9일
한국, 목포

사랑하는 아버지와 어머니,

지난번 편지를 드린 이후, 아버지와 어머니로부터 편지를 받았습니다. 그런데 제가 편지를 한 통밖에 쓸 시간이 없어서 이 편지를 두 분이 보시라고 보냅니다. 저희는 최근 집에서 보낸 아주 많은 편지를 받았습니다. 정기적으로 소식을 듣는다는 것이 저희에게는 큰 즐거움과 위로였습니다. 두 분의 말씀으로 보면, 집에서 보낸 편지 중 일부가 분실된 것 같습니다. 저는 집으로 보내는 편지를 작은 공책에 기록하려고 합니다. 그 기록을 제가 매달 보내드릴 것이니 두 분께서 모든 편지를 받았는지 아닌지를 아실 수 있을 것입니다. 두 분께서도 그렇게 하시는 것이 가능하실 수도 있습니다. 우리가 이런 조치를 하지 않으면, 많은 것을 놓치기 쉽고, 우리 편지 왕래가 어떻게 되고 있는지도 모를 수 있습니다. 편지와 편지 사이에 너무도 긴 시간이 있기 때문입니다.

집에서 오는 편지를 읽기가 매우 힘들다는 것을 두 분이 짐작하실 수 있을 겁니다. 저희는 아기가 태어난 것을 알린 편지에 대한 답장을 받고 있습니다. 어머니와 플로이의 편지가 오늘 도착했고, 아버지와 짐의 편지가 며칠 전 도착했습니다. 이렇게 해서 되살아난 저희의 슬픔 속에서 저는 항상 두 분을 생각하는데, 특별히 아기와의 사별로 인해 아버지께서 겪으시는 큰 실망감과 상실감에 대해서 정말 가슴 아프게 생각합니다. 아기가 저희와 함께하지 않는 것은 힘든 일입니다만 저희는 한순간도 아기가 저희의 삶 바깥에 있다고 생각하지 않습니다. 오늘 저희가 마치 아기를 꼭 안고 있는 것처럼 행동하듯 아기는 정말로 살아있으며 진정으로 저희의 자식입니다. 아기는 죽은 지 얼마 되지 않았으며, 저희는 그 아기를 곧 보게 될 것입니다. 저는 전에는 아기가 태어나기도 전에 마음속에서 얼마나 큰 자리를 차지하게 될지 꿈에도 생각해 본 적이 없습니다. 저희가 볼 때 저희는 다섯 달 된 아기를 내려놓는 것이 아니라 저희가 사랑했으며 오랫동안 계획했던 꼬마 리아를 내려놓는 것처럼 보였습니다.

어제는 저희가 목포에 도착한 1주년이었습니다. 꿈 같은 날이었습니다. 해는 빛나고 공기는 상쾌하며 바다는 만조였습니다. 벨 목사 가족, 오웬 의료선교사, 놀란 의료선교사는 광주로 출발했습니다. 나머지 사람들도 바람 쐴 필요가 있었기에 그들을 배웅하여 강을 따라 약 3마일을 올라갔다가 육지로 해서 걸어서 돌아왔습니다. 장모님은 아주 쉽사리 지치시는 것 같습니다. 익숙하지 않은 힘든 걷기와 가파른 동산들 때문에 주로 지치십니다. 장모님은 아내가 그랬듯 천천히 이러한 것들에 익숙해지실 것입니다. 아내가 작년에는 걷는 것을 무척 힘들어했는데, 요즘 날쌔게 걷는 것을 보면 놀랍습니다. 아내는 결혼 후 26파운드가 빠져서 현재 140파운드[181]입니다. 그래서 걷기가 쉽습니다. 저는 이런 일을 예상했었지만 이렇게 빨리 되리라고는 거의 생각하지 못했습니다. 그래도 저는 당연히 기쁩니다.

두 분께서 바라셨던 것보다 더 좋게 학교가 개강했다는 것을 듣고 큰 안도가 되었습니다. 약간 초조했기 때문입니다. 매우 번창하는 해가 되기를 저희가 진정으로 바랍니다. 제가 직접 확인한 이론들에 따르면, 출석이 계속 잘되는 것은 변치 않는 놀라움의 근원입니다. 이 일은 확실히 학교의 고유한 가치에 대한 칭송입니다. 저희는 올해 교수진[182]은 누구인

---

[181] 140파운드=약 63.5킬로그램.
[182] *1904 Chicora College Yearbook*에 따르면 직원 명단은 아래와 같음.
　　 Officers and Teachers, Session 1903-1904
　　 S. R. PRESTON, M. A., D. D. *President*, Bible Studies
　　 MISS ELLEN E. DILL, *Lady Principal*, Mathematics
　　 MISS NANNIE W. McFARLAND, Ancient and Modern Languages

지, 학교에 대한 더 많은 얘기를 듣고 싶은 마음이 큽니다. 해그스트럼(Hagstrom) 교수님이 자리를 지키고 계시니 기쁩니다. 영(Young) 부인이 그분을 돕고 있다고 보면 되는 것이지요. 맥파랜드(Miss McFarland) 교수가 돌아오기를 믿습니다. 오웰(Miss Oewel) 교수가 없으면 아버지께서는 당연히 학교를 운영할 수 없습니다. 그분들께 저희의 가장 따스한 인사를 전해주십시오. 제시 맥휴(Miss Jessie McHugh)[183] 선생님께도 따스한 인사를 전해주세요. 그녀가 결혼 계획을 세우지 않았다면, 계속 아버지와 함께 일하리라 생각합니다.

바크먼으로부터 좋은 보고서를 받아서 기쁩니다. 곧 그 아이에게서 편지를 받아보기를 바랍니다. 지난봄에 편지하면서 우표도 많이 보냈는데 아직 답장이 없습니다. 존 왓킨스(John Watkins)도 데이비슨(Davidson) 대학에 들어갔는가요?

어머니께서 최근에 로라 부이스트(Miss Laura Buist)[184]의 죽음에 대해

---

MISS MARY FLORENCE PRESTON, Natural Sciences
MISS ELIZABETH T. NEWMAN, English
REV. W. L. BOGGS, History, Mental and Moral Science
MISS FREDERICA JONES, English, Science and Mythology
JOSEF HAGSTROM, Musical Director
MISS FLORENCE DURHAM, Violin
MISS EMMA A. OEWEL, Art Department
MISS ANNIE LOWE JONAS, Elocution and Physical Cultures
J. M. PERRY, Commercial Department
MISS FREDERICA JONES, Stenography and Typewriting
MISS JESSIE McHUGH, Home and Practice Superintendent
DR. C. C. JONES, Attending Physician
JAMES B. PRESTON, Business Manager
MRS. E. L. HARRIS, Matron
MRS. E. L. HARRIS, Infirmary
Assistants MISS ELIZA KAY, MISS GUSSIE CUNNINGHAM

183　1902년 치코라 대학 연감에 따르면 그때는 사서(Librarian)로 일함.
184　Flora Laura Buist(1871.8.11~1904.3.10).

지나가듯이 말씀하셨습니다. 제가 그녀가 여전히 살아있는 것은 아닌지 여러 번 생각했었지만, 어머니의 말씀이 그녀의 죽음에 대해서 저희가 들었던 첫 말이었습니다. 저는 조지(George)가 이런 길로 가지 않기를 바랍니다. 그가 테네시에서 다시 가르치고 있는가요? 그런데 모리스타운(Morristown) 가까이에서 있었던 열차 파손은 정말로 경악스럽습니다. 열차 회사들이 풀먼만큼 강한 차량으로 기차에 설비를 해야만 할 것으로 보입니다. 실은, 가벼운 열차의 차량은 무거운 풀먼 차량과 더 무거운 엔진 사이에서 달걀껍질처럼 뭉개져 버립니다. 이런 이유로 열차에서 사상자가 늘어나는 것이라고 저는 생각합니다. 우리가 아는 사람들 누구라도 열차 파손에서 다쳤는가요? 클레이본 앤셀(Clayborn Ansel)에 관한 소식을 받으면 참 마음이 불편합니다. 그 사람의 아버지께서 그 사람이 그런 큰 위험을 무릅쓰는 것을 기꺼이 허락했을까요. 마음 내켜서 허락하신 것은 아니었을 것입니다.

두 분이 지금 매우 바쁘실 것이 틀림없습니다. 어머니와 플로이가 아주 많이 좋아졌다는 것을 알고서 기쁩니다. 두 사람이 분주한 대학 주변에서 최대한 자신을 잘 돌보기를 바랍니다. 플로이의 병에 대한 소식을

---

DEATH IN GREENVILLE.
Miss Laura Buist, Popular and Cultured, Passes Away.
Greenville, March 10.—Miss Laura Buist of this city died at an early hour this morning at her mother's home on Pendleton street, after an illness of many months. Miss Buist was the youngest daughter of the late Rev. E. T. Buist, D. D., who for many years was pastor of the First Presbyterian church in this city. Of a lovely disposition she was the recipient of true devotion fromn friends and relatives, among whom she was a special favorite from childhood. Her intellectual cast was strong and forceful, which was displaced to fine advantages for several years as a teacher, after a thorough and comprehensive education here and elsewhere. Teaching seemed to be her natural bent and inclination, and her last work in this line was in the city graded schools, where she was highly esteemed as a member of the faculty. (*The State*, Sat, March 12, 1904)

듣고 놀라고 마음이 아팠습니다. 회복하는 동안 저희와 같이 있기를 소망합니다. 이곳에 있으면 이곳 동양에 있는 사교계 여성들이 스스로를 장식하는 천연두에 비하면 그 병과 같은 것은 대단하지 않은 것처럼 보일 것입니다. 그 아이가 다시 건강해지기를 바랍니다.

저희의 나날이 아주 신속히 지나갑니다. 저희가 원하는 모든 것을 하는 것이 거의 불가능해 보입니다. 기회가 있다면 편지 몇 통에 대해서 답장하고 싶지만 저는 우편 통신에 있어서 매우 뒤처지고 있습니다. 그레이엄 부인에게 답장을 해야 하지만 그렇게 못하고 있는 것이 한 가지 예시입니다. 그녀에게 저희의 사랑을 전해주시며, 저희가 그린빌에서 떠난 후 그녀로부터 한 줄의 소식도 듣지 못했다고 해주세요. 저희는 그녀가 편지하기를 좋아하지 않는다는 걸 알고 참작을 하지만 그레이엄 부부가 지난봄에 편지를 약간 보냈던 것보다는 더 많이 보내기를 희망합니다.

지난밤 기도회에서 처음으로 한국어로 설교했습니다. 이 어려운 언어를 열심히 공부하고 있습니다. 언어 공부가 제 시간을 많이 잡아먹고 있어서 다른 것을 할 여유가 없어집니다. 최근에 남쪽으로 가서 세례와 학습 지원자들을 문답하는 데 도움을 준 것이 참 기뻤습니다. 곧 말씀 전파를 할 수 있기를 바랍니다.

이번 주에 짐에게 편지해야 합니다. 리아에게 사랑을 전해주시고, 아이다와 야네프에게 입맞춤을 전해주세요.

마음에 사랑을 가득 담아 보내드립니다.

              사랑하는 아들 페어맨 올림

1904년 11월 17일
한국, 목포

사랑하는 아가씨[185]에게,

정말 똑 부러지네요! 우리에게 보내준 좋은 것들에 우리는 아주 만족합니다. 이렇게 많은 것을 할 수 있는 시누이가 있다고 생각하니 아주 자랑스럽습니다. 본인의 작품을 정말로 많이 우리에게 아낌없이 보내줘서 고맙습니다. 인두화로 만든 "빌헬미나 여왕(Queen Wilhelmina)"을 항상 원했답니다. 이제 그 여왕을 작고 귀여운 상자들 속에 둘 수 있게 되었네요. 이런 예쁜 것들을 볼 때마다 우리가 아가씨에 대해서 아주 좋게 생각할 거로 확신해도 돼요.

사람들이 우리에게 편지할 때, 아가씨가 가정 살림을 잘 배우고 있다고 말합니다. 어머님께서 아가씨를 나에게 잠시 빌려주시면 하고 바랍니다. 오웬 가족이 다음 달 1일경 광주로 올라갈 예정이며 그러면 우리가 여기서 스스로 먹는 문제를 해결해야 할 것입니다. 나는 그 일이 매우 기쁩니다. 심지어 오웬 부부의 집일지라도 남의 집에서 식객으로 있는 것을 좋아하지 않기 때문입니다. 여름에 고용했던 잘 훈련된 요리사를 고용할 수는 없을 것입니다. 그래서 오빠가 한숨을 쉬며 "어머니가 만들어 주시던" 것들을 그리워할지 몰라 나는 걱정입니다.

집이 순전히 우리 차지가 될 때 우리가 무엇을 할지 거의 알지 못합니다. 집이 넓어서 집에서 길을 잃지 않기 위해서 종이라도 달고 다녀야 할지도 모르겠습니다.

어머님께서 아주 많이 좋아지셨다는 것을 들으니 참 좋습니다. 어머님께서 산에서 아주 긴 좋은 휴식을 하셔서 정말 기쁩니다. 아가씨가 이

---

[185] 내용으로 보아 Ida Sutphen Preston(1889.9.16~1971.1.9)을 말함.

편지를 받을 때에는 어머님께서는 집에 돌아와 계신 지 오래 되었겠어요.

오늘은 스튜어트 목사와 모펫 목사의 결혼식이 있는 날입니다. 뉴올리언스는 지금 새벽 5시 정도겠지만, 나는 정말 결혼식이 열리는 뉴올리언스에 있었으면 해요. 이 결혼식처럼 우리가 참석하고 싶은 결혼식은 없었습니다. 그들은 우리가 요코하마로 와서 자신들을 만나고 그들과 함께 증기선을 타고 나가사키까지 내려가기를 바랍니다. 그들은 우리가 그들을 보기 위해 가는 데 얼마나 많은 시간이 걸리는지를 모릅니다. 3, 4일 아니 적어도 5일 걸립니다. 그것도 가는 데만요. 그리고 12월에 황해와 대한해협은 매우 잔잔하지 않을 수도 있습니다. 그들을 보는 큰 즐거움은 우리가 중국으로 갈 수 있는 다음 여름으로 미뤄야만 할 것입니다.

친정어머니는 본인이 생각했던 것보다 더 목포를 좋아하십니다만 내가 처음 차가운 바람을 좋아하지 않았던 것처럼 어머니도 좋아하지 않으십니다. 어머니는 산과 바다의 풍경이 아주 아름답다고 생각하십니다. 저 멀리 산꼭대기들에는 눈이 있으며, 바다를 가로질러 눈 덮인 산꼭대기들을 보면 아름답습니다.

남편(Fairman)이 그러는데 새로운 선교부는 아름다운 곳에 위치했다고 합니다. 주변에 산이 많고 나무도 많다고 합니다. 벨 목사 부부는 작은 한국식 집에 살고 있는데 지금이면 광주로 올라간 지 일주일이 될 것입니다. 벨 목사가 건축을 감독하고 있는데, 새로 맞이한 아내[186]를 남겨두고 가는 것이 어렵다는 것을 알게 되었습니다. 그녀는 그곳으로 가게 된 최초의 외국 여성입니다. 그런데 그곳 사람들은 "구경"이라고 불리는 것으로 그녀를 그렇게 많이 귀찮게 하지는 않았습니다.

남편은 집과 마당에 대해서 많은 일을 하느라 오늘 오후 바쁩니다. 남편은 지난 몇 주간 기도회에서 약간의 말씀을 전했습니다. 한국인들은

---

[186] Margaret Whitaker Bull Bell(1873.11.26~1919.3.26). 불 목사의 누나.

(남편이 한국말로) 설교를 아주 잘했다고 말했습니다. 매일 아침 남편은 남학교에 가서 소요리문답과 찬송을 가르칩니다. 남편이 언어에서 아주 좋은 진보를 보이고 있다고 생각합니다. 지금은 내가 남편을 결코 따라 잡을 수 없을 것 같습니다. 재미 삼아 우리는 한자를 공부합니다!

남편이 방금 방에 들어와서는 사랑을 대신 전해달라고 하며 동생이 아주 똑똑하다고 생각한다고 말해달라고 합니다. 플로이 아가씨에게 내가 아주 이른 시기에 편지하겠다고 말해주세요. 플로이 아가씨의 새 사진을 받고 우리는 아주 기쁩니다. 실물보다야 낫지 않지만 그래도 아주 잘 나왔네요. 그 사진을 액자에 넣고 "미국 미녀" 자리에 걸어두려고 합니다. 우리가 아가씨의 사진은 가지고 있지 않다는 것을 알고 있지요.

나 대신 가족 모두에게 많은 사랑을 전해주세요. 엘시(Elsie)에게 말해서 그녀가 우리에게 만들어 주었던 케이크가 아주 좋았다는 것을 우리가 여전히 기억한다고 말하고, 우리의 사랑을 전해주세요. 나를 대신하여 야네프 아가씨에게도 사랑의 입맞춤을 전해주세요.

사랑하는 새언니 애니가

추신: 펜과 잉크로 그린 스케치들이 정말 좋았다는 것을 특별히 아가씨에게 말해주고 싶었어요.

1904년 11월 28일
한국, 목포

사랑하는 어머니,

지난 몇 주간 동안, 저는 어머니께 쓰려고 마음먹었던 편지를 써 보낼 기회를 찾지 못했습니다. 아내는 한쪽 눈이 충혈되어서 최근 눈을 사용할 수가 없었습니다. 지난주 집에서 온, 한 묶음의 편지를 받고 저희는 기뻤습니다. 두 통은 어머니께서 10월 10일과 17일에, 한 통은 아버지께서 보내신 것인데 어머니가 쓰신 10월 24일 편지가 동봉되어 있었습니다. 한 통은 짐이 10월 15일 자로 보낸 것이었습니다. 소식을 듣고 얼마나 기쁜지 표현하기가 어렵습니다. 최근에는 가족 모두가 편지를 잘해 주십니다.

최근에 제가 서신 왕래에서 아주 형편없었다는 것을 인정합니다. 지금 굉장히 붐비는 숙소에 있는 것에 더해서 제가 할 일이 너무 많았고 방해되는 일이 많았습니다. 제 꼴을 조금만 더 참아주십시오. 나중에 더 잘하도록 노력하겠습니다.

플로이의 병에 대해 알게 되어 저희는 무척이나 슬퍼서 계속 그 아이에게 편지 한 통 쓰기를 원했습니다. 지금은 괜찮아졌기를 바라며, 힘들게 하는 안면 피부 발진으로 생기는 질병으로 인한 심각한 후유증으로 고생하지 않기를 바랍니다. 그 아이는 충분한 신체 운동과 사교적 오락을 하지 않고 집에 너무 틀어박혀있다는 생각이 듭니다. 그 아이에게 저희가 가진 최고의 사랑을 전하며 최대한 빨리 편지하겠다고 말해주세요.

어머니의 상태를 알게 된 것이 감사할 소식입니다. 저희는 어머니께서 신속하게 회복되시기를 진심으로 기도해 왔으며 저희의 기도가 완전하게 응답받았다는 걸 믿습니다. 이제 스스로에 대한 관리를 정말 잘 하시고 어머니께서 얻은 모든 것을 잘 지키십시오.

이곳에 관해서는 어머니께 말씀드릴 것이 많지 않습니다. 오늘 아내와 저는 광주로 가는 일을 준비하느라 바쁩니다. 아내는 여행이 필요하며 새로운 선교부 자리와 저희 집이 있을 곳을 몹시 보고자 합니다. 게다가 아내는 아직 시골에 가본 적이 없습니다. 좋은 날씨를 기대합니다. 저희가 출발하면, 아내는 어머니께 말씀드릴 것이 많이 생길 것입니다. 저희는 추수감사절을 즐겁게 보냈습니다. 모두가 오웬 부부 집에서 만찬을 즐겼는데, (아이 두 명을 포함) 모두 14명이 식탁에 있었습니다. 그중에서 (세관에서 일하는) 홉킨스 부부와 우리 사역지로 최근에 온 얼(Earle) 목사[187]가 있었습니다. 서울에서 온 모리스(Morris)[188] 부부는 추수감사절의 일부를 우리와 같이 보냈지만, 늦은 만찬까지 기다릴 수는 없었습니다. 모리스 부부는 서울에 있을 때 저희에게 아주 친절했습니다. 아기 사진을 찍어준 사람도 그 사람입니다. 그는 한성전기회사의 부총무입니다. 그들은 선한 기독교인들이며 선교사들과 잘 "섞여 사는 사람들"입니다. 그런데 동양에서 그런 사업가들이 거의 없다고 할 수 있습니다. 사업가들은 대개 하나님 없이 사는 사람들입니다. 홉킨스 씨도 술을 많이 먹는 사람이고 신 없이 사는 사람입니다. 그의 아내는 유라시안(Eurasian)이며 근본적으로 이교도입니다. 그렇지만 우리는 그들의 장점을 최대한 보려고 했으며 우리가 할 수 있는 최선으로 그들을 문명화시켜 왔습니다. 그렇지만 우리가 그들에게 끼친 종교적인 영향력의 결과를 그들의 겉모습에서 찾아보기 힘듭니다. 그들은 영어로 드리는 우리의 예배에 전혀 참석하지 않습니다.

얼 목사는 이곳에 일주일 있었으며 우리는 그와 즐겁게 지냈습니다.

---

[187] Rev. Alexander Miller Earle Sr.(1873.8.30~1941.6.5).
[188] James H. Morris(1871?~1942?). 1898년 1월 황실의 단독 출자를 바탕으로 친미개화파(특히 이채연(李采淵))가 미국기업의 기술을 도입하여 한성전기회사(漢城電氣會社, Seoul Electric Co.)를 설립함.

그는 군산으로 배정되었습니다.

지난주 매일 저녁 우리는 목포교회에서 예배를 드렸고, (어제) 주일에 성찬식으로 마무리했습니다. 세 명이 세례를 받고, 세 명이 학습교인이 되었습니다. 우리가 담당하는 다른 교회들과 비교했을 때 결과는 적습니다. 예를 들어, 최근 잉계(Enge)[189] 지역에서는 오웬 박사가 26명에게 세례를 주고 25명을 학습교인으로 받아들였습니다. 그래서 교인이 두 배가 되었습니다. 이곳에 있는 항구들은 항상 다가서기 어렵습니다. 주요 원인은 아마도 쓸모없는 계급의 사람들[190] 때문이며, 그곳에 살고 있거나 방문하는 일본인들 그리고 외국인들이 보여주는 하나님 없는 삶 때문입니다. 우리가 내륙에 거주하면 우리의 사역에 더 도움이 되기에 우리가 목포항에서 얻는 물질적인 편리함을 기꺼이 포기하려고 합니다. 벨 부인이 최근에 벨 목사와 함께 광주로 가서는 2주를 머물렀는데 아주 좋은 여정이었습니다. 그녀가 그곳을 방문한 최초의 백인 여성이었다는 사실을 고려할 때, 그곳 사람들의 질서 있는 행동에 그녀는 기분 좋게 놀랐습니다.

저는 언어에서 상당한 진척을 보이고 있습니다. 공식 자리에서 연설하기 시작했으며, 다른 형제들이 떠나서 혼자 있을 때도 잘 해나가기를 바라고 있습니다. 저의 언어 교사가 마음에 드는데, 저는 그 사람을 서울에서 데리고 왔습니다. 그런데, 토요일 그는 사업차 서울로 올라갈 수밖에 없다는 것을 저에게 알려왔습니다. 이 말인즉 그가 가족 없이 혼자 목포에서 사는 것이 어렵다는 의미였고 저는 곧 그 사실을 확인할 수 있었습니다. 그 사람이 가족을 이곳으로 데리고 올 수 있도록 저는 제가

---

[189] 잉계는 잉계(孕鷄)마을인데 『지방행정명칭일람』(조선총독부, 1912년판)에 광주군 우산면의 동작리(東作里)와 서작리(西作里)가 암탉이 알을 밴 형국이라 잉계마을이라고 하였다 함. (이필성, 「광주군과 주변지역의 초기교회들-행정구역 변천 과정 중심으로」, 2024)

[190] "the worthless class of people"을 번역한 것으로 항구에서 일하는 하층민을 말하는 듯함.

할 수 있는 모든 것을 했습니다. 만약 그가 지금 저를 떠난다면, 저는 말할 수 없이 낙담할 것입니다. 그는 저의 기준에 맞는 사람이라고 생각해서 제가 확보하는 데 성공한 최초의 사람이기 때문입니다. 서울사람이 서울을 떠나는 일은 매우 어렵습니다. 사람들은 서울이 아닌 다른 곳에서 편하게 살기보다는 서울에서 굶어 죽는 것을 선택합니다.

스튜어트 목사와 모펫 목사가 12월 6일 일본 요코하마에 도착할 걸 예상하고 있습니다. 아주 실망스럽게도, 그들은 이곳을 들르지 않고 곧바로 갈 것이며 저희는 그들을 볼 수 없을 것입니다.

장모님은 건강이 계속 좋으십니다. 때때로 우울하기도 하셨지만, 시간이 지나면 우울함이 사라질 것입니다. 저희가 살림을 시작하면 장모님은 하실 일이 많으실 것입니다. 그때는 12월 15일경으로, 그날이면 광주에 있는 집들이 완성될 것으로 예상됩니다.

짐에게 아주 좋은 장문의 편지를 보내려고 "계획하고 있다"고 말씀해주세요. 그 아이가 아주 친절하게도 저에게 편지를 잘해주었기에 그 아이에게는 좋은 장문의 편지 몇 통을 빚지고 있습니다.

이 편지는 크리스마스 시기에 도착할 것입니다. 어머니와 모든 이에게 행복한 크리스마스 소식과 행복을 빕니다. 제가 아내에게 맡겨서 크리스마스 선물로 뭔가를 구매했으면 좋겠다고 했는데 아내가 그렇게 한 것 같습니다. 크리스마스가 아직도 아주 멀리 있는 것 같은데 제가 너무도 바빠서 크리스마스가 한 달도 남지 않았다는 것을 깨닫기가 어렵습니다. 정말 가족들과 같이 있고 싶습니다! 비록 저희가 이곳에 온 지가 1년이 조금 넘었지만, 저희의 마음은 가족 모두를 간절히 원합니다. 머지 않은 날에 서로의 얼굴을 볼 수 있기를 희망하고 기도합니다.

깊은 사랑을 보냅니다. 이 사랑의 인사에 아내도 함께합니다.

어머니를 항상 사랑하는 아들 페어맨 올림

1904년 12월 14일
한국, 목포

사랑하는 짐에게,

　네가 10월 14일 자로 보낸 좋은 편지를 받은 이후, 네게 답장을 보내려고 하고 있었다. 편지하는 데 늦고 지난 2주 동안 고향에 어떤 편지도 보내지 못한 주요한 이유는 시골에 있느라 집에 없었기 때문이다. 11월 29일 너의 형수와 형은 내륙으로 전도여행을 떠났고 12월 12일이 되어서야 돌아왔다. 우리는 강을 따라 돛단배로 40마일을 올라갔고 그런 다음 조랑말과 가마를 이용해서 광주까지 20마일을 가로질러 갔다. 그곳에서 우리는 벨 목사와 상당히 많은 시간을 보냈는데, 그 사람에게는 좋은 요리사가 있었다. 우리는 지금부터 1년 이내에 우리 집이 지어지기를 바라면서 광주 현장에서 집 평면도를 그렸다. 형수는 상황을 매우 흡족하게 받아들이고 있으며, 우리는 정말로 우리 사역이 잘 되리라 굳게 믿는다. 광주는 다름 아니라 바로 전라남도의 인구 중심점(中心點)이다. 목포에서 우리가 누릴 수 있는, 문명이 주는 몇 가지 편안함을 우리가 빼앗기게 될 것이지만, 우리는 사역에 아주 호의적인 상황 속에 있는 것을 선호한다. 우리가 자주 말하듯, 우리가 살 곳만을 찾는 것이라면 우리는 미국으로 가겠다!

　광주에 있는 동안에 20마일 거리에 있는, 한 무리의 신도들이 있는 작은 마을에 다녀왔다. 거기서 우리는 오웬 박사와 함께했으며 이틀을 머무르며 40명의 지원자에게 문답하여 30명을 세례교인으로 받아들였다. 6개월 혹은 1년마다 교인 수를 두 배로 만드는 것이 이곳에 있는 교회에는 별스러운 일이 아니다.

　날씨는 내내 정말 완벽했다. 너무 은은하고 좋아서 대부분 시간을 야외에서 보냈다. 천막을 가지고 갔는데 참 잘한 일이었다. 형이 선교회에서 천막을 처음으로 사용한 사람인데, 오래지 않아 모든 선교사가 천막을 사용할 것 같다. 무게가 거의 나가지 않으며, 대나무는 어디서나 구할 수 있다. 불결하고, 숨 막히고, 해충이 가득한 형편없는 한국인의 방도 큰 어려움을 들여야 종종 구할 수 있는데, 그런 방에 비하면 천막은 궁궐이며 깨끗하다. 이번 전도여행에서 언어에 대해서 노력을 많이 한 것과 더불어서, 설교하는 기회를 많이 가졌다. 이 여행은 네 형수에게 그저 좋았다. 이번 일로 형수는 처음으로 내륙과 시골 사람들과 사역을 보게 되었고, 무엇보다도 새로운 환경이었다. 이곳에서는 새로운 환경을 갖는 일이 아주 중요한데 여자들이 그렇게 하기가 무척 어렵다.

  돌아오면서, 우리는 최근에 목포와 영포[191]를 오가기 시작한 일본 론치를 탈 것을 기대했다. 영포는 강에서 뱃길이 시작하는 곳이다. 우리는 영포에서 그 일본 배를 반나절 기다렸다. 그런데 배가 저녁에 도착했다. 아침 일찍 그 배가 오후에 떠날 것이라는 통보를 받았다. 일본 영사(Japanese Consul)가 중요한 일을 하느라 밤을 이곳에서 보내야 하는데 그 사람 때문에 배가 다음 날 떠난다는 것을 우리는 정오에 들었다. 이것이 의미하는 바는 우리가 괜찮은 자리를 구하지 못할 가능성이 크다는 것이다. 그 사람과 무리가 차지할 것이기 때문이다. 그래서 많은 흥정 후에, 나는 돛단배를 하나 확보했으며, 일본인의 약속에 의지한 것 때문에 발생한 하루와 반나절의 손실 후에 우리는 저녁 6시에 목포로 출발했다. 사공들은 조류를 거슬러 노를 젓지 못했다. 그래서 새벽 한 시경에 그들은 닻을 내리더니 잠을 잤다. 3시경 나는 강한 바람에 깨어났고 물때가 맞든지 말든지 출발하기로 결심했다. 뱃사공들은 하늘과 땅에 대고 맹세하여 말하기를 서풍이라서 조류를 거슬러서 갈 수는 없다고 결정했다. 그렇지만 나는 계속 내 뜻을 말했다. 그들은 내가 그들을 더 이상 자게

---

191  영포는 현 전라남도 나주시에 있는 영산포(榮山浦)를 말함.

내버려두지 않을 것을 알게 되자 돛을 올리고 출발했다. 우리는 그다음 날 8시에 목포에 도착해서 목포로 내려오는 시간 기록을 깼으며, 12시간 차이로 론치를 따돌렸다. 형수는 돌아오고 나서 줄곧 몸이 좋지 않다. 혀에 설태가 심하게 생겼고, 입에 고통스러운 궤양이 있다. 형은 형수에게 시골에 있는 동안 너무 많이 먹었다고 했다. 우리는 비둘기, 꿩, 오리, 기러기로 형수를 잘 먹였다. 야생비둘기 여덟 마리와 꿩 두 마리를 광주에서 잡았다.

돌아오고 나서부터, 우리는 한창 이사 중이다. 벨 목사 부부와 오웬 의사 부부가 이번 주 광주로 올라간다. 그래서 우리는 우리 힘이 닿는 한 그들을 도우려고 해왔다. 그들이 떠나면 그 큰집을 우리만 사용할 것이다. 형수는 전혀 경험이 없는 하인들과 정말 진지하게 살림을 하기 시작한다. 그런데, 형수가 작년에 우리가 야영하듯 살았던 것을 정말로 싫어하기에 또 야영하듯 살게 될지도 모른다는 것 때문에 많은 눈물을 흘리지 않을 것이다. 비록 요리에 대해서 형수가 아는 것이 전혀 없을지라도 말이다. 놀란 의료선교사가 우리의 식객이 될 것이다. 첫 한 달 가량을 버티며 살아나면 말이다!

플로이가 보낸 편지를 재미있게 읽었다. 답장을 곧 하련다. 플로이가 얼굴 때문에 상당한 문제를 오래도록 가지게 될 걸 알고 우리 부부는 마음이 편치 않았다. 내가 떠난 이후로 온 가족이 어려움을 겪었다는 것을 깨닫기 시작한다. 그렇지만 모두가 살아있고 기운이 넘치는 것에 감사한다.

짐, 너에게서 오는 좋은 보고서 그리고 너의 편지에서 풍기는 남자다움에 매우 만족했다. 너는 매우 열심히 하며, 기회를 최대한 이용하고 있는 것처럼 보인다. 바크먼도 똑같은 경우라고 형은 본단다. 며칠 전 바크먼에게서 좋은 편지를 받았다. 너는 건강을 지켜야 한다. 네가 그렇게 강하지는 않기 때문이다. 학교에서 온 좋은 보고서에 기뻐하며, 네가 숫자에서는 부족하지만 질적인 면에서는 올해를 잘 이용하고 있다고 느낀다. 최근 기분 좋은 편지에서 테일러(Taylor) 부인이 말하길 네가 가장 예쁜 여자들과 지낸다는구나.

  존스(Jones)의 눈에 대한 소식을 듣고 매우 마음이 좋지 않았다. 내가 떠나기 전에 그렇게 될 낌새가 있다고 생각했다. 그 아이가 곧 안식을 찾기를 바란다. 우리 대신 그 아이에게 사랑의 입맞춤을 전해주며 아이다처럼 예쁘고 똑똑하다고 말해주렴.

  여기서는 아직 크리스마스에 대해 생각할 시간이 없다. 그렇지만 모두에게 매우 행복한 크리스마스와 행복한 새해가 되기를 바란다. 이 편지를 받을 때 아직 달력을 보내지 않았다면, 작은 달력을 한두 개 보내렴. 그것을 볼 때마다 너를 생각할게.

  형과 형수가 너와 가족 모두에게 애정 있는 안부와 사랑과 입맞춤을 전한다.

너의 선교사 형 J. 페어맨 프레스톤

1904년 12월 31일
한국, 목포

사랑하는 아버지와 어머니,

저는 두 분께 편지를 보내기 전에 하루가 지나가도록 가만 놔두지 않겠습니다. 올해 편지할 마지막 기회이니까요. 괜찮은 편지 한 통을 쓰기에 충분한 시간도 안 되는 짧은 시간에, 저는 사전 계획도 없이 편지하고 있습니다.

아내와 저는 이제 안도의 한숨을 쉬기 시작합니다. 집이 꼴을 찾아가기 시작하는 것이 보이기 때문입니다. 이달 19일에 오웬 의사와 벨 목사 부부가 광주로 떠났으며, 저희는 그들이 떠난 이후 남은 모든 시간을 집을 보수하며 지냈습니다. 저희는 이곳에 도착한 이래로 배에 싣고 온 모든 짐과 함께, 마치 정어리처럼 두 개의 방에 꽉 끼어서 살고 있었습니다. 몸을 쭉 뻗을 수 있는 방이 네 개 있고, 부엌이 있고, 다락방이 있고, 장모님을 위한 손님용 방이 있어서 이런 변화는 갑작스럽지만 기분 좋은 것입니다.

아내는 경험 없는 주부의 초보 단계를 모두 통과하고 있습니다. 저희는 지난봄에 가능성 있어 보이는 젊은이를 고용했으며, 요리에 관한 모든 정보를 확보하도록 저희에게 식사 제공하는 사람들의 부엌에 머무르도록 했습니다. 그는 그에게 요구된 희망에 충실한 것으로 판명되었습니다. 초보자로서 아주 잘했기 때문이며 언젠가는 전문가가 될 전망이 있어서입니다. 아내가 집안일을 하는 것을 보면 정말 평온합니다. 어떤 것에도 동요하지 않는 것 같습니다. 벌써 부드럽게 집안을 운영하고 있습니다. 놀란 의료선교사가 저희의 식객입니다. 저는 그 사람이 마음에 듭니다. 장모님은 아내만큼이나 요리에 있어서는 문외한입니다. 그렇지만 장모님이 이곳에 계신 것이 저희 모두에게 도움이 됩니다. 이따금 우울함을 느끼시지만 그러면 저희가 끼어들어서 "차가운 발"을 따뜻하게 해 줍니다. 아내는 항상 이런 우울함에 빠져든다고 말합니다.

목포선교부를 담당하는지라 제가 해야 할 일이 많이 있습니다. 저는 예배 대부분에 참가할 뿐 아니라, 집회의 지도자들을 개인적으로 지도하는 것에 더해서 성경과 노래를 가르치기 위해 일주일에 두 번 남자 어른들을 만납니다. 저는 규칙적으로 남쪽으로 매달 다녀올 계획을 하는데, 두 곳의 시골 교회를 방문하는 일입니다. 그런데 최근에는 바람이 너무 많이 불어 파도가 높아서 갈 수 없었습니다.

크리스마스는 조용히 그러나 즐겁게 보냈습니다. 토요일 저녁에는 남자 어른들을 대접했고, 월요일 오후에는 저의 서재에 학생들을 오게 했습니다. 많은 게임을 했는데, 놀란 의료선교사가 저를 도와줬으며, 이후 학생들에게 소소한 한국 물건들을 많이 줬는데, 그것들을 학생들이 매우 좋아합니다. 그리고 학교와 교회에 입고 가라고 밖에 입는 옷인 두루마기를 학생마다 줬습니다. 아내는 교회의 여자들 한 명마다 귤 한 상자를 보냈습니다. 이렇게 해서 저희는 모두에게 다가갔습니다.

목요일 저녁에 우리는 모두 스트래퍼 선교사와 크리스마스 만찬을 했습니다. 그녀는 우리가 즐길 수 있도록 "자신을 내려놓았습니다." 놀란 의료선교사와 저는 토요일 사냥을 가서는 크리스마스에 먹을 오리를 어렵게 잡았습니다. 거위 한 마리와 오리 세 마리도 잡았습니다. 이곳까지 겨울이 되어서 목포 근처에 새가 없습니다. 그러나 어제 저는 거리에서 아름다운 꿩 4마리를 75센트를 주고 살 수 있어서 저희가 굶어 죽지는 않습니다.

장모님께서 크리스마스 선물로 아름다운 도자기 수납장을 가져오셨습니다. 제가 장모님을 대신해서 수납장을 잘 설치했는데, 수납장 안에 있는 컷글라스를 포함한 물건들이 매우 좋아 보입니다. 아내는 아버지께서 주신 생일 선물을 모아 식당방 가구를 사려고 하는데, 그 가구는 광주에 있는 새집에서 쓸 것입니다. 저희는 임시로 목포에 있다고 생각합니다. 사실상 여전히 야영하듯 있습니다.

악성 성홍열로 3일간 아픈 후에 클라크 목사 외아들[192]이 죽었다는 슬픈 소식을 막 들었습니다. 저희가 서울에서 살 때 클라크 목사 부부가 저희 옆집에 살았습니다. 그 아이는 제가 본 가장 튼튼한 16개월 된 아이였습니다. 그 아이의 사망 소식으로 저희 아기의 죽음이 뼈저리게 떠올랐습니다.

스튜어트 목사와 모펫 목사가 일본에 안전하게 도착했다는 것을 알리는 편지가 왔습니다. 그들의 편지에는 심장 속 사랑의 노래가 메아리치듯 기쁘게 울리고 있습니다. 그들의 결혼은 아주 갑작스러운 것이라 바깥 사람들에게는 꾸며낸 일처럼 보였습니다. 그러나 그들의 사랑은 진정한 사랑이었으며, 첫눈에 반한 그런 사랑이 아니었습니다. 그들은 자신의 아내가 이 세상에서 가장 아름다운 사람이라고 생각하지만 저에게 단 하나의 예외는 있다고 인정해 줬습니다. 저희는 그들 각자에게 수놓아진 일본 병풍을 결혼 선물로 줬습니다.

아버지, 올해 대학을 어떻게 운영하시는지 저에게 편지로 말씀해 주세요. 모든 것이 잘 되고 있다고 믿습니다. 노회의 움직임에 대해서는 어떤 것도 듣지 못했습니다. 마이어스 목사가 하는 운동에 대해서도요. 보그스(Mr. Boggs) 목사가 아버지와 여전히 같이 일하는지요?

최근에 잘 나온 리아 사진을 받았습니다. 『에지필드』에서 보냈는데, 여자의 손 글씨였습니다. 그쪽 방면으로 나아가고 있었던 것으로 보입니다. 리아가 결혼해서 정착하면 좋겠습니다.

최선의 사랑과 함께 모두에게 사랑의 입맞춤을 보내드립니다.

    사랑하는 부모님의 아들 J. 페어맨 올림

---

[192] Barton Clark(1903.4.3~1904.12.21).

# 1905년

**1905년 1월 26일**
**한국, 목포**

사랑하는 어머님,

고급스러운 크리스마스 선물이 지난 토요일에 도착했습니다. 이런 예쁜 선물로 네 명의 선교사를 기억해 주셔서 감사드립니다. 남편(Fairman)은 손수건들을 보고 "내가 신실한 위로라고 하는 것이 이것입니다"라고 했습니다. 그렇게 신실한 위로는 아닐지라도 저는 제 손수건이 마음에 듭니다. 이 주제에 대해서 저희가 의견 일치를 하지 않는 것이 좋습니다. 아주 예쁜 작은 손수건을 보내 주신 것에 정말 감사드립니다. 손수건의 원단 밑단을 말아박기한 것이 정말 예쁘게 잘 되었네요.

제가 시누이들에게 편지하기까지 몇 주가 더 걸릴 수도 있기에, 어머님께서 저 대신 소식을 전해주셨으면 합니다. 플로이 아가씨에게 마치 제가 세상의 헛된 모든 것을 포기해 버린 선교사가 아닌 것처럼 멋진 카라(collar)에 만족한다고 말씀해 주세요. 남편이 푸른색을 좋아하는데 이 카라가 푸른색이라 아주 기쁩니다.

제가 가지고 나온 모든 단 것들이 힘을 잃어버렸는데, "단 것"들을 갖게 되어 아주 기뻐한다고 아이다 아가씨에게 말씀해 주세요. 야네프 아가씨에게는 선물이 참 예쁘다고 말씀해 주세요. 저도 그렇게 괜찮은 재봉사가 되고 싶은 열망을 추가로 갖게 되었습니다.

고향에서 온 크리스마스 물건들을 받으니 정말 밝아졌습니다. 남편은 집에서 온 선물로 정말로 행복해했습니다. 어머님께서 그 모습을 보실 수 있었으면 합니다.

야네프 아가씨의 눈에 대한 소식을 듣고 저희 마음이 무척 심란해졌습니다. 그런데 적절한 때에 문제가 있다는 것을 알아내서 기쁩니다. 야네프 아가씨가 정말 안됐습니다. 정말 힘든 치료였음이 틀림없습니다! 똑똑하고 남보다 앞서 있어서 눈을 1년 혹은 2년 쉬어도 공부에 뒤처지지 않을 정도여서 다행입니다. 야네프 아가씨가 어떻게 지내는지 저희에게 반드시 알려주십시오.

아기가 쓸 물건이 든 상자가 도착하고 나서 어머님께 편지를 제가 드렸는지 모르겠습니다. 제 생각에는 드렸던 것 같은데 기록한 것이 없네요. 아기가 죽고 난 뒤에 그 물건들을 받는다는 것이 다소 슬펐습니다. 그런데 남편이 쓰던 것들을 갖게 되어 아주 좋았습니다. 깜찍한 소매 지지대들과 핀은 정말 예뻤으며 작은 모포는 제가 본 것 중에서 가장 예쁜 옷감이었습니다. 그것들을 보내주셔서 고맙습니다. 아기가 자기 아버지 것을 단 한 번이라도 쓸 수 있었다면 좋겠습니다. 정말로 많은 사람이 아기에게 물건을 보내왔는데 몇 개는 너무도 늦게 도착했습니다. 위로와 사랑이 담긴 편지를 정말 많이 받아서, 오랜 세월 동안 그냥 알고 지내던 사람들보다 이곳에서 새롭게 사귄 친구들과 더 가깝게 되었습니다. 저희가 받았던 가장 아름다운 편지는 팬탑스의 샘슨(Sampson) 부인에게서 온 것과 스튜어트 목사의 어머니에게서 온 것입니다.

저희는 내년 여름 7월에 중국으로 가서 한 달 또는 6주간 머무르려고 계획하고 있습니다. 스튜어트 목사와 모펫 목사가 집을 구할 것이고 우리 모두가 같은 집에서 지낼 것입니다. 남편은 자기 친구들을 정말로 그리워합니다. 그래서 가능하다면 꼭 가게 하려고 저는 마음 먹었습니다.

저희가 크리스마스 선물로 얼마나 좋은 것들을 받았는지 말씀드릴게요. 친정어머니께서 저희 결혼식 때 받은 컷글라스를 보관할 도자기 수납장을 가지고 오셨습니다. 오웬 부인은 예쁜 틀에 넣은 동판화를 보냈습니다. 벨 목사 부부는 일본에서 예쁜 죽공예품인 접시와 펜꽂이를 보냈습니다. 놀란 의료선교사는 저에게는 크래커를 담은 유리병을, 남편에게는 사냥감을 담을 가방을 보냈습니다. 스트래퍼 선교사는 저에게 활짝 핀 분홍 데이지를, 남편에게는 사탕 한 상자를 보냈습니다. 홉킨스 부부는 저희에서 일본 비단으로 된 아름다운 방석 덮개를 보냈는데, 학이 그 위에 수로 놓아져 있습니다. 고베의 다카다 씨는 수공으로 칠한 손가락 씻는 접시받침 한 쌍을 보내왔습니다. 남편은 저에게 일본 나무로 된 아름다운 액자들을 줬습니다. 그 액자들에 제 결혼식 들러리들이 있습니다. 플로이 아가씨에게 사진 속 얼굴이 좋아 보인다고 말씀해 주세요. 저의 생일 선물로 남편이 등나무가 수놓아진 정교한 중앙장식물을 줬습니다.

남편이 주일마다 한국어로 설교하는 것을 어머님께서 보시면 어머님께 유익이 될 것입니다. 남편은 매일 공부하는 것과 수없이 많은 방문객을 맞이하는 것에 더해서, 일주일에 두 번 가르치며, 주일학교에서도 한 번 가르칩니다. 남편은 대문에 딸린 방 하나를 열어놓고는 그곳에 사람을 두어서 지나가는 사람들에게 말씀을 전하도록 합니다. 지나가는 사람은 몇 분간 그 방에 있게 될 것입니다.

저는 지난 주일에 처음으로 주일학교에서 가르쳤습니다. 그럴 수 있어서 저는 매우 행복했습니다. 여러 이유로 저는 공부하는 시간을 너무도 많이 잃게 될 수밖에 없었습니다. 지금은 세 명의 완전 초보인 하인들이 있는데, 그들에게 가르쳐야 할 것을 제가 전혀 모르고 있습니다! 그런데 저희는 아주 잘 살아가고 있으며, 살림하고 있어서 매우 행복합니다. "남북전쟁 전"[193]의 흑인과 같은 한국인을 만나지 않는다면, 전반적으로 저는 한국 하인들이 흑인 하인들보다는 확실히 더 만족스럽다고 생각합니다. 한국인들은 몇 번 말하면 무엇이건 아주 잘 배울 수 있으며, 고통을 아주 잘 견디는 것처럼 보입니다. 그러나 그들은 전혀 완벽하지는 않아

---

193  원문에 "befo de wah"라고 되어 있는데, Before there was/were를 교육받지 못한 미국 남부 흑인들의 발음대로 표현한 것임.

서 그들을 따라다니며 잘못된 것을 고치느라 아주 많은 시간을 써야만 합니다.

어머님께서 다시 요리사를 구하실 수 있기를 바랍니다. 많은 시간을 하인에게 쓰는데 그 하인들을 잃게 된다면 굉장히 마음이 좋지 않으실 것이 확실합니다.

친정어머니께서 저를 아주 많이 도와주십니다. 그런데 한국어로 많은 말씀을 하실 수는 없습니다. 어머니께서는 제가 주의할 것을 알려주시며, 집안일을 봐주는 아이에게 이것저것 하는 방법을 보여주십니다. 저희는 어머니를 저희 가족의 서기와 "소식 담당관"으로 임명했습니다. 내일 바느질 하는 여자가 올 것인데 어머니께서 감독하실 것입니다. 어머니는 바늘로 옷감을 깁는 일 모두를 하십니다. 어머니께서 사랑을 전하시면서 예쁜 선물이 정말 마음에 든다고 하시네요. 어머님께서 직접 하신 것이라고 생각하니 더욱 마음에 드신다고 하십니다.

어머님께서 훨씬 더 건강해지셨다는 소식을 들어 참 좋습니다. 몸을 잘 돌보시고 걱정하지 마십시오. 내년 여름에 산에서 또다시 오래 머무르셔야만 합니다. 그래야 기분도 좋으시고 건강하셔서 남편이 1906년 방문할 때 좋은 시간을 보내실 수 있습니다.

시댁 가족 모두에게 가득한 사랑을 보내드립니다.

사랑하는 애니 올림

추신: 남편이 엘리너와 왓킨스 박사에게서 편지 몇 통을 받았습니다. 저희는 소식을 알리는 예쁜 카드들도 받았습니다.

1905년 2월 19일
한국, 목포

사랑하는 아버지와 어머니,

　집으로 편지를 보낸 지 너무도 많은 시간이 흘러서 어디서부터 시작해야 할지 모르겠습니다. 아마도 서신 왕래에 있어서 제가 최근 태만한 것에 대해서 사과하는 것이 가장 우선 해야 할 것 같습니다. 어떤 핑계도 될 수 없습니다. 서신에 관한 문제는 제가 지난 연례회의에서 돌아온 후 제가 해야 할 일의 증가와 직접적인 비례관계로 점점 더 어려워지고 있습니다. 그래서 저는 저의 서신 전체를 위험천만하게도 하마터면 중단해 버릴 지경까지 이르렀습니다. 저는 절대로 이런 일이 일어나게 하지 않을 것이며 앞으로는 단지 엽서일망정 매주 뭔가를 써서 보내기 위해 더 확고한 노력을 기울일 것입니다.

　방문차 이곳에 온 벨 목사 부부를 포함하여 모든 사람이 오늘밤 교회에 가고 없는데 저는 집에 있습니다. 기관지 폐렴과 아주 가까운 심각한 감기로 지난 월요일부터 누워있었습니다. 제가 한국에 온 이후 이런 쪽으로 제가 약하다는 것을 깨달았습니다. 그런데 이번 겨울 추위가 지독하여서 제가 또 걸려버렸습니다. 많이 괜찮아졌기에 내일이면 집 밖으로 나갈 수 있으면 합니다.

　어제 아침 집에서 정말 머리카락이 쭈뼛해지는 일이 있었습니다. 아침을 먹다가 서너 명이 상에 차려진 통조림 된 체리에서 유리 조각을 발견했습니다. 점심을 먹고 제가 요리사를 불러 캐물었습니다. 그 요리사는 두 분이 아시듯 경험이 없는 사람입니다. 요리사는 유리병을 열기가 어렵자 망치로 깨서 열었다고 설명했습니다! 저는 너무 놀라서 아침을 같이 먹었던 사람들에게 구토제를 처방할 것을 놀란 의료선교사에게 제안했습니다. 장모님과 벨 부인은 식사를 같이 하지 않으셨습니다. 놀란 의사가 피하지방 주사로 구토제를 투여했습니다. 그러자 잘 모르는 사람이 봤다면 폭풍우가 치는데 배에 있는 상황이라고 상상할 일이 곧바로 생겼습니다! 그래서 유리 조각 때문에 어떤 피해도 없게 되었습니다. 제가 5일간 아픈 뒤였기에, 하마터면 저는 끝날 수도 있었습니다.

저희는 목포교회에서 목격된 진정한 성령의 역사와 부흥 때문에 최근 행복해졌습니다. 남자들과 여자들 모두 자발적인 기도회를 거의 매일 열고 있습니다. 많은 새로운 얼굴이 교회에 규칙적으로 참석하는 것이 증거입니다. 신자가 더해지고 있으며, 낙오되었던 사람들이 다시 왔으며, 우상을 버리고, 서로 화해하였습니다. 한국어를 잘하는 선교사가 일주일 설교를 할 수 있으면 아주 많은 무리가 모일 것이라는 느낌이 듭니다.

아내는 가정주부로서 해야할 일이 많지만 주일학교에서 한 반을 가르치고 있으며 기독교 사역의 모든 면에서 좋은 진보를 보이고 있습니다. 비록 장모님께서 하인들에게 한국어로 말하는 능력이 없고, 거기에 더해서 실제 살림에 있어서 아시는 것이 거의 없어서 그쪽 고향에서 생각하듯 그렇게 많은 일거리를 아내에게서 가져갈 수는 없지만 장모님은 큰 위로가 됩니다. 그런데 제가 말씀드렸듯, 장모님이 계신다는 것 자체가 위안이 되는 일이며, 나이가 있고 귀가 어둡다는 것에도 불구하고 놀랍게도 많은 한국어 단어를 습득하고 계십니다.

어머니께서 보내신 [판독 불가] 편지가 월요일 도착했습니다. 세금이 과도하게 붙었다는 것을 알고 저희는 매우 분개했습니다. 이곳에 있는 우체국에서는 관세가 없을 것이라고 저희에게 말해주었기 때문입니다. 물론 저희에게 이 돈을 내는 특권이 있으며 제가 돈을 보낼 것입니다. 그렇지만 제대로 되었는지 알아보겠습니다. 제가 제니 섯폰 서류(Jennie Sutphen papers)에 대해서 (서울에서 공증료로) 지급한 4엔(미화 2달러)은 제가 지시한 것과 달리 『크리스천 옵저버』로 보내지지 않았습니다. 그러니 동양에서 말하듯 아버지께서 그 돈을 "받으시고" 제대로 따져 주십시오.

저는 『크리스천 옵저버』에 2년간 전부 돈을 보냈습니다.

두 분의 크리스마스 선물이 담긴 상자를 받았는데 좋은 상태이며 세금도 붙지 않았습니다! 아내가 이것에 대해서 편지했지만, 좋은 기억에 대해서 마음에서 우러나는 감사의 표현을 덧붙이고 싶습니다. 플로이가 제 생각을 제대로 맞췄음에 틀림없습니다. 제가 칼을 잃어버렸거든요. 장모님의 도착부터 시작하여, 가족들이 좋은 것으로 저희에게 큰 감동을 주셨습니다. 크리스마스에 저희가 (실은 아내가) 보내드리는 몇 가지 소소한 것들은 저희가 보내고자 하는 것을 제대로 표현하지 못합니다. 그렇지만 이 시기에 너무도 많이 혼란스러워서 충분히 계획하고 생각할 시간이 없었습니다. 다음번에는 우리 나라에 기대보려고 생각합니다. 한국에는 마음에 드는 것이 너무도 부족합니다.

가족의 건강에 대해서 더 좋은 소식을 곧 들을 수 있기를 바랍니다. 저희가 떠나고 나서 모두가 정말 좋지 않은 일을 겪었구나라는 생각이 듭니다. 저희가 그곳에 있어야 운동하라고 계속 말씀드릴 것인데요. 불쌍하게도 아내도 운동하라는 말을 계속 듣고 있습니다!

아버지, 이 편지를 받으시기 전에 저에게 편지를 하지 않으셨다면 빨리 편지하십시오. 대학에 대해서, 전망에 대해서 편지에다 모두 말씀해 주십시오. 계획대로 될 거로 생각하시는지요? 확실히 하기 위해서 〔판독불가〕를 그린빌에 두고서, 아버지께서 직접 사람들에게 얼마간의 현금을 내라고 하셨어야 했다는 생각이 듭니다. 좋은 소식 듣기를 희망합니다.

이곳에서의 삶은 지금까지는 굳건히 견디기가 어렵습니다. 하나님의 모든 은총이 필요합니다. 저희가 두 분을 위해 기도하듯 저희를 위해 계속 기도해 주십시오.

두 분에게 사랑을 보내며, 먼 곳에 있는 아들 부부가 많은 사랑의 입맞춤을 보내드립니다.

부모님의 사랑하는 아들 페어맨 올림

1905년 3월 3일
한국, 목포

사랑하는 아버지,

남장로회 출판위원회[194]로부터 2달러를 내라는 청구서를 받았습니다. 어떤 것에 대한 것이냐고 물었더니 다음 동봉한 편지를 보내왔습니다. 그린빌에서 그런 책을 받으신 적이 있으신지요? 집에서 받은 편지 어디에도 그 책에 대한 언급이 없었습니다. 혹시 집에 굴러다니면, 저 대신 그 책을 반납 해주시면 고맙겠습니다. 제가 지난여름에 장모님을 통해서 출판위원회로부터 같은 책을 구매했기 때문입니다.

지난 편지에 제가 올해 아버지께 『코리아 리뷰』를 보내드릴 것을 말씀드리지 못했습니다. 잘 읽어주시면 고맙겠습니다. 편집장인 헐버트(Hulbert) 교수는 아주 총명하며 글재주가 좋은 사람입니다. 그 사람이 저에게 올해 글을 몇 편 기고해달라고 요청했는데 저도 정말 그렇게 하고 싶습니다만 가까운 시기에 글을 쓸 시간이 있을 지는 모르겠습니다.

연례회의에 제출하는 개인 보고서들 사본을 하나 보내드리겠습니다. 출판업자로부터 그것들을 굉장히 늦게 받았습니다.

4일간 남쪽에 있는 제 담당 시골 교회들을 둘러보고 막 돌아왔습니다. 바다 물결이 높아 이틀 늦어졌는데, 파도가 높아 항해가 힘들어졌고 저의 귀가에 어려움이 생겼습니다. 이번이 제가 단독으로 행한 첫 번째

---

[194] 미국남장로회 총회 산하 실행위원회는 1905년 당시 Executive Committee of Foreign Missions(해외선교 실행위원회), Executive Committee of Home Missions(국내선교 실행위원회), Executive Committee of Publication(출판 실행위원회), Executive Committee of Education for the Ministry(목회자 교육 실행위원회), Executive Committee on Colored Evangelization(유색인 복음화 실행위원회)가 있었음. 이들 실행위원회는 '실행(=집행)'이라는 단어가 의미하듯 총회의 결정을 실행하는 것을 목적으로 함.

전도여행이었습니다. 전도여행을 잘 다녀왔습니다. 이런 순회전도여행(itineration)[195]은 이곳에서의 단조로운 일상에서 벗어나는 즐거운 일입니다. 아내도 같이 했으면 합니다. 이런 전도여행 때문에 일상적으로 하는 공부는 멈추게 됩니다.

이번 겨울에 제가 서신 왕래 면에 있어서 정말 제대로 하지 못하고 있습니다. 모두에게 편지를 빚지고 있습니다. 그런데 제 나름의 좋은 변명거리가 있다는 것을 알고 위안을 삼습니다. 제 인생에서 이렇게 바빴던 적이 없습니다. 제가 사역에서 상당히 빠른 속도로 좋아지고 있다고 생각합니다.

아버지로부터 편지를 받은 지 너무도 오랜 세월이 지났습니다. 그런데 저는 아버지께서 항상 정신없이 지내시는 것을 알고 있습니다. 어머니께서 아내에게 보낸 편지가 최근 도착했습니다. 저희 셋 모두가 그 편지를 너무도 재미있게 읽었습니다. 아내나 제가 아버지께 편지할 수 없는 주가 있을 때 장모님께서 아버지께 편지드리고 싶다고 하셨습니다.

이곳에 있는 저희는 모두 건강하며 평상시처럼 열심히 일하고 있습니다. 러시아의 침입에 관한 기사가 실린, 오늘 받은 신문들을 읽고 있었습니다. [판독 불가] 사랑의 마음을 전해 드립니다.

사랑하는 페어맨 올림

---

[195] itinerate의 사전적 뜻은 (특별히 목회자나 판사가) 직무를 수행하기 위해 (짧은 기간) 이곳저곳을 돌아다니다, 즉 '순회(巡廻)하다'임. itinerating은 '순회전도', '순회전도여행', '순회목회', '순회선교', '순회선교여행' 등으로 번역되는데 이 편지에서는 '순회전도여행'으로 번역함.

1905년 3월 27일
한국, 광주

사랑하는 언니[196],

벨 부인이 언어 교사와 함께 공부하는 동안, 나는 오래도록 언니에게 쓰려고 했던 편지를 쓸 거야.

내가 건강 때문에 광주에 있다는 것을 들으면 언니가 놀랄거야! 오웬 목사[197]가 일이 있어서 목포로 왔어. 남편(Fairman)은 한국인과 집안 살림하는 데에서 내가 벗어나야 한다고 생각해서, 오웬 목사가 되돌아갈 때 나를 보낸 걸 결정했어. 나는 이 시기에 갈 수 없다고 생각했지만, 남편이 걱정을 하니 어쩔 수 없어서 올라왔어.

우리는 두 척의 배를 이용했는데, 오웬 목사가 자신의 요리사와 언어 교사와 함께 한 척을, 나는 남편과 함께 다른 한 척을 이용했어. 밤에 목포에서 출발했는데, 배를 따뜻하고 사적인 공간으로 만들려고 천막을 쳤어. 더럽고 형편없는 오래된 한국 배에서 우리가 정말 편안했다는 것을 알면 언니는 놀랠걸. 갑판 바닥 전체에 짚으로 된 깔개를 펼치고는 간이침대와 (의자를 잊지 않고 가져온다면) 의자를 그 위에 놓고, 마치 개인 요트를 타고 가는 것처럼 느껴. 작은 숯불 화로 위에서 요리하는데 (우리 화로는 오래된 기름통으로 만들어졌어) 맛이 괜찮아. 산과 강에 밝은 햇살이 있는 것을 상상해 봐. 뜨거운 햇살이 아니라 따스한 햇살이야. 그리고 임시로 만든 식탁에 둘러앉아서 맘이 맞는 세 사람이 따뜻한 아침으로 스테이크 구운 것과 비스킷을 먹고 김이 나는 뜨거운 커피를 마시는 것을 상상해 봐. 오웬 목사와 남편은 아침 식욕을 돋우기 위해 강가로 사냥 갔고, 나는

---

196 Miriam Wiley Murphy(1874.11.27~1919.11.28).
197 오웬은 의사이자 목사였음. 오웬은 1904년 12월 광주선교부 설립 이후 그곳에서 사역할 때는 복음전도에 전력했기에 1905년부터는 '오웬 목사'로 번역함.

침실을 식탁으로 바꾸느라 바빴어. 사냥하러 가서 꿩과 사슴을 봤지만 잡지는 못했다고 해. 시간이 많이 지나자 불편할 정도로 따뜻했어. 그런데 사냥에 방해가 되니 양산을 펼칠 수는 없었어. 영포에 도착했을 때즈음에는, 내가 창백하다는 것에 대해서 남편이 불평할 수 없었어.

강은 사냥감으로 활기가 있었는데, 사냥감은 주로 거위였어. 우리는 때때로 아주 즐겁게 지냈는데, 그 강을 따라가는 여행의 끝에 왔을 때는, 우리는 거위 약 25~26마리와 오리 1마리를 잡았어.

영포에 도착했을 때에는 광주로 가기에는 너무 늦은 시간이었어. 그래서 그곳에서 여유롭게 돌아다니다가 배에서 하룻밤을 더 보냈어. 다음날 4시경에 꿈틀거리기 시작했지만, 출발을 지연시키는 일이 너무도 많아서 오웬 목사와 내가 광주로 출발하는 데는 7시가 다 되었음이 틀림없었어. 혼자 남은 남편은 조류가 더 사라지기 전에 되돌아가자고 사공들을 재촉했지. 나는 괜찮은 가마꾼 4명이 드는 오웬 부인의 가마를 탔고, 오웬 목사는 나주에서 자기의 말이 오지 않아서 걸었어. 광주로 가는데 아주 즐거웠어. 오웬 목사의 말이 오자 그는 걸을 필요가 없었어. 해가 그렇게 뜨겁지는 않았어. 내 생각에 약 1시에 광주에 도착해서 오웬 목사 집으로 들어갔어.

집안 살림도 하지 않고 언어 공부도 하지 않고 나는 즐겁게 보냈어. 풍경도 보고 내가 살 집 마당에 뭘 할까도 생각하며 재미있게 걷기도 했어. 벨 목사 부부와 오웬 목사 부부는 그들의 집에 이미 엄청나게 많은 일을 했는데, 우리 모두 잘 가꾸어놓으면 이곳이 아주 좋은 낙원이 될 것이라 기대하고 있어. 이곳에서 보는 풍경은 목포에서 보는 풍경보다 훨씬 더 편안함을 줘. 대나무 숲과 소나무 숲이 많이 있고, 지금 보리밭이 밝은 녹색이야.

토요일 점심 식사까지는 오웬 목사 부부 집에 있다가 이후 벨 목사 부부 집으로 갔어. 내가 트레일(Trail) 게임[198]을 가지고 갔는데 그걸 가지고 아주 재미있게 놀았어. 오웬 부인은 게임을 아주 좋아하는데 게임할 기회가 거의 없어. 우리는 목포에서 너무도 바빠서 게임을 거의 하지 않아. 오락거리나 심심풀이할 것이 거의 없는 데다가 남편도 나도 몸이 아주 건강하다고 느끼지는 않았어. 지금은 너무도 좋고 정말 그렇게 힘든 삶을 다시 살고 싶은 생각은 없어. 많은 일을 헤쳐 나가야 하는데, 일부러 일을 미뤄두고 쉬려고 하는 것은 정말 힘들어. 집에서야 너무도 많은 일이 있어서 집중을 못하지만, 여기서는 스스로 마음을 다른 곳으로 돌려야 해.

군산에서 오는 다니엘 의료선교사 부부[199]와 필리핀(철자가 맞나?)에서 오는 돌티(Dolty) 부부를 기다리고 있어. 아마 벨 목사 부부도 함께하겠지. 그러면 이번 봄에 우리는 아주 즐겁게 지낼 거야. 우리는 한낮에 전주와 군산으로 떠날 계획이고 그런 다음 서울, 제물포, 그리고 상하이(上海)로 갈거야. 상하이에서 며칠 있으면서 관광하고, 치과 진료를 받고, 쇼핑도 조금 할 거야. 그런 다음에 중국에서 사역하는 선교사들의 여름 휴양지인 모간산(莫干山)[200]으로 가서 모펫 목사 부부와 스튜어트 목사 부부와 함께 있을 거야. 그 사람들과 플로렌스[201]를 다시 볼 것을 생각하니 기뻐. 7월 중순에 돌아올 것이고, 다음 겨울에 먹도록 과일과 채소를 통조림에 넣을 거야. 과일이 나오는 시기에 목포에 있는 것이 좋을 거야.

벨 목사가 그러는데 이곳 텃밭에서 필요한 모든 것을 재배하여서 유럽

---

[198] 2~8명이 사냥꾼이 되어 여우를 사냥하는 보드게임.
[199] Dr. Thomas Henry Daniel(1879.9.16~1964.1.29)와 Sarah Dunnington Daniel (1879.10.27~1969.5.3) 부부.
[200] Mount Mogan or Moganshan. 중국 저장성 후저우시 더칭현(浙江省 湖州市 德清县)에 위치한 산으로, 성도인 항저우(杭州)에서 60킬로미터, 상하이(上海)에서 200킬로미터 떨어져 있음.
[201] 1903년 10월 10일 자 편지 참조. Florence Smith Rodd(1877.1.24~1918.1.7). 중국 선교사로 프레스톤의 친구 Stuart의 아내 Alina Hardy Rodd, 프레스톤의 친구 Moffett의 아내 Kate Hall Rodd의 언니.

여행에 사용하도록 봉급을 절약할 것이라고 해! 우리도 그렇게 하면 좋겠어.

내가 만들어놓은 절인 오이와 젤리 전부를 보고 있으면 가슴이 뿌듯해져. 채소를 많이 기를 수만 있다면, 내가 내 자신의 매력에 빠져들지도 몰라.

펜이 잘 안 써지고 내가 다소 졸려서 그러니 글씨가 형편없어도 용서해 줘.

섀넌[202]과 그 아이 동생[203]에 대해서 더 많은 이야기를 듣고 싶어. 미리암(Miriam)과 사촌 샐리(Sallie)가 아주 재미있는 편지를 보내면서 다른 어느 누구보다 더 많이 그 아이들에 대해서 말해줬어.

언니와 큰올케가 뉴욕에서 정말 즐겁게 지냈음이 틀림없어. 나는 정말 옛날 방식의 쇼핑 여행을 가보고 싶어. 뉴욕은 내가 힘들 것 같아. 그래서 올해는 상하이보다 더 재미있는 곳에 가지 않는 것이 내게 더 좋을 것 같아. 상하이는 중국에서 가장 중요한 외국인 조계지야. 우리가 도착할 때는 무척 더울 거야. 그래서 우리가 관광하는 것이 어려울 거야.

남편과 놀란 의료선교사가 오늘 목포에서 출발하여 영포까지 날 데리러 올 거야. 날씨만 좋으면 엄마와 스트래퍼 선교사도 데리고 올 거야. 이곳이 예쁘지는 않지만, 목포는 예쁠 수도 있어. 이곳에 있는 선교사 부인들이 엄마가 광주로 오기를 바라고 있어. 그래서 내가 엄마에게 전보를 보냈는데 엄마가 어떻게 하실지는 모르겠어. 내일 벨 목사가 나를 영포로 데리고 가줄 거야. 엄마가 원하신다면, 내가 타고 갈 가마를 타고 올라오실 수 있어. 엄마가 오실 수 있으면 해. 이곳 광주를 좋아하지 않으실 수 없으실걸.

벌써 언니와 큰올케가 올 것을 계획하고 있어. 우리가 내년에 고향으

---

202  Shannon Wiley Murphy(1898.1.6~1974.7.25).
203  Nettleton P. Murphy Jr.(1899.12.10~1967.9.6).

로 갔다가 돌아올 때 같이 오면 안 될까? 태평양을 가로지르는 여행이 어떤 치료보다 언니의 신경에 도움이 될 거야. 그리고 언니가 서울과 평양도 좋아할 것이고 건조한 겨울도 좋아할 거야. 그때 내가 가지게 될 모든 가구를 배치하는 것을 언니가 도와주었으면 해. 지금부터 모을 수 있는 돈을 모아봐.

3월 28일

어제 오후 전보를 받았는데 오늘 목포에서 출발한다는 것과 엄마도 오신다는 소식이야. 아주 기뻐. 따뜻하고 밝은 아름다운 날이야.

4월 1일

영포까지 즐거운 여행을 했어. 그런데 그곳에서 오래 기다렸어. 수요일 밤을 그곳에서 보내고 엄마가 벨 목사와 함께 광주로 출발하는 것을 봤어. 엄마가 내게 말하길 집에 편지해서 엄마가 어디에 있는지 언니에게 말해달래. 우리는 비가 가장 많이 내리던 어제 아침 도착했는데, 비 때문에 문제는 전혀 없었어.

남편이 어제 언니에게 편지하려고 했는데, 요리사와 해결할 일이 있었고 너무도 피곤해서 늦게까지 깨어있을 수가 없었어. 이 편지를 지금 부쳐야 해. 지금은 토요일 아침인데 할 일이 아주 많아. 인제 그만 쓸게. 언니와 조카들에게 많은 사랑을 보내.

사랑하는 애니가

1905년 3월 27일
한국, 목포

사랑하는 짐에게,

서신 왕래 면에 있어서 "형편없는 사람"이라고 생각하여 네가 형을 포기해 버렸을 것이 염려된다. 형이 못됐다고 생각하는 것에 대해서 형도 기꺼이 너와 같은 생각을 한다. 형이 할 일에 매우 태만했다는 것을 알고 있기에 스스로를 호되게 꾸짖는다. 그런데, 지금은 형이 가장 바쁜 때가 지났으니 앞으로 형이 원하는 것에 따라서 더 잘할 수 있기를 기대해 본다. 바라는 것이 편지라면, 이번 겨울에 형이 쓰려고 했던 많은 편지로 네가 당혹스러워했었을 것이다. 형이 너에 대해서 자주 생각했었고 너에게 쓰는 편지를 한 번 이상을 시작했기 때문이란다. 편지에 관해서 너의 사려깊음을 정말로 고맙게 생각한단다. 항상 즐거운 너의 편지를 받는 것보다 우리에게 더 큰 즐거움은 없단다.

집으로 편지한 지 3주가 지났다는 것을 깨닫게 되었단다. 설명하자면 그 3주 동안 형은 시골을 두 번 다녀와야 했다. 그 결과 할 일을 다 못하고 있다. 이런 시골 방문 때문에 목포에서의 매일 같은 삶에는 없는 좋은 여유와 다양함을 갖게 되지만, "책상에서 해야 할 일들"에 있어서는 너무도 심하게 계획이 흐트러진다.

이런 시골 방문 중 하나는 엄밀히 말해서 순회전도여행은 아니었다. 형수가 최근 좋아 보이지 않았다. 실내에만 너무 오래 머물고 집에서 얻을 수 없는 것들에 대해서 어느 면에서 걱정하고 있었다. 그래서 형이 형수에게 적어도 일주일 광주로 다녀오는 여행을 예약했다고 말해줬단다. 형수나 장모님 누구도 서로 떨어질 수 있다고 생각하지 못했기에, 형이 가장의 권위를 갖는 사람임을 그 두 사람에게 설득하느라고 하루가 걸렸다. 그러나, 지난 월요일 오웬 목사와 동행하게 하여 형수를 강 위쪽으로 데리고 갔다. 아름다운 여행을 하며 강에서 이틀 밤을 보냈는데, 내리는 곳에 형수를 두고 떠나올 때 보니 형수가 아주 좋아졌다. 장모님과 형은 형수가 너무도 그리웠지만 형수가 아주 필요한 기분 전환과 휴식을 취하고 있다고 생각하며 위로받았다. 형수는 밖으로 나가지 않고 목포에서 3달을 머무르고 있는데, 이곳 삶의 고단함을 너는 알지 못할 거야. 이곳에서는 거의 홀로 살아가며 삶이 좁아지는 것을 느끼지. 내일 형과 장모님은 스트래퍼 선교사와 놀란 의사를 데리고 형수를 찾아 올라갈 것이다. 내 생각에 장모님은 날씨가 괜찮으면 광주로 가실 것이다.

강을 거슬러 올라가면서 한 사냥은 내가 강에서 한 최고의 사냥이었다. 오웬 목사와 나는 처음 절반은 사격이 형편없었다. 그래도 거위 28마리와 오리 5마리를 잡았다. 잡은 거위 중 3마리는 형수가 잡았다. 내 개가 새를 아주 잘 물고 왔는데, 총 맞아 다친 거위들을 쫓아서 헤엄치고, 강가에 있던 죽은 거위들을 가지고 왔다. 꿩도 발견해서 물어왔단다. 그런데 이것에 대해서 말하고 쓰는 것이 매우 힘든 일이 되었단다. 어제 개가 죽어버렸기 때문이다. 개는 형이 교회 갈 때에는 완전히 건강했다. 그런데 한 시간 반 뒤에 돌아와 봤더니, 마당에 죽어서 누워있었다. 독살당한 것이었다. 그 문제를 철저히 조사했는데, 누군가 악의적으로 한 것이 아니라는 것을 알고 다행이라 생각했다. 다른 개들에게 쓰려고 독을 밖에 두었던 것이었다. 나는 그 문제에 대해서 티끌과 재를 뒤집어쓰고 있다.[204] 그 개는 이제 막 제대로 훈련시킨 것이거든. 그 개는 정말 똑똑하고 정이 많았단다. 네 형수가 이 사실을 알면 마음이 찢어질 거야.

최근 전주선교부로 온 젊은 의사 포사이드가 폭행당해 죽을 뻔하다가 간신히 살아난 일이 우리 남장로회 한국선교회에서 벌어졌는데 네가 이 사건에 대해 조금은 들었을 걸로 생각한다. 그는 전주에서 약 25마일

---

[204] 욥기 42장 6절, "그러므로 내가 스스로 거두어들이고 티끌과 재 가운데에서 회개하나이다."

떨어진 마을에 사는 어느 양반의 상처를 치료하러 혼자서 무장도 하지 않고 갔다. 그 양반은 강도들의 공격을 받고 물건을 빼앗겼다. 포사이드 의료선교사가 그 사람의 집에서 하룻밤을 보내는 동안, 그 강도들이 다시 와서는 그를 붙잡고 때려서 그는 의식을 잃었고, 몸에 수많은 멍이 생겼으며, 머리에도 서너 개의 상처가 있었다. 그 상처 중 가장 심각한 것은 귀를 두 동강 내버리고 유양돌기 속으로 1인치 들어간, 2인치 길이의 깊이 베인 상처였다. 유양돌기가 있는 곳이 두개골에서 가장 두터운 곳이라서 그가 목숨을 건질 수 있었을 것이다. 한국인들은 그들이 할 수 있는 것을 해주었고, (강도 행위는 새벽녘에 있었음.) 그날 오후 군산의 다니엘 의사와 해리슨 목사가 도착했고, 잠시 후 전킨 목사가 도착했다. 그들은 포사이드 의사를 군산으로 옮겼으며 거기서 그를 살리려고 분투했다. 그런데 하나님의 선하심으로 그의 목숨을 건질 수 있었다. 이 일은 백인이 현지인들에게 공격받은 최초의 사례로 기록되어 있다. 이 경우에 그 강도들은 취했거나, 포사이드 의사를 그 마을을 보호하기 위해 부른 군인이라고 생각했을 가능성이 높다. 강도들이 "그 군인을 죽이려고" 왔다고 말했다는 소식이 있다. 그런데 사태의 전개로 보면, 포사이드 의사가 혼자서 무장하지 않은 채 밖으로 나간 것은 신중하지 않은 것이었다. 이 사건으로 우리 선교사들 전체가 큰 교훈을 얻었는데, 앞으로는 모두가 낮잠 자는 것을 들키는 일은 없을 것이다. 적어도 형에게는 그런 일이 없을 거다. 이곳 사람들은 이 지구에서 찾기 힘든 무해하고 착한 성품을 가진 사람들로, 사우스캐롤라이나에 있는 것보다 훨씬 이곳이 안전하다. 그리고 이 나라가 개방된 후 이런 비슷한 일이 처음이라는 사실로 우리가 폭력적인 사람을 자주 마주치지 않는다는 것을 알 수 있다. 그러니 고향에 있는 사람 누구도 아주 이상한 상상을 하지도 말고, 개인의 안전에 대해서 전혀 염려하지도 말아라. 이 말은 특별히 어머니에게 해당한다. 우리는 고국에 있는 너희가 위험하지 않듯 이곳에서 위험하지 않고 아주 안전하다고 느낀다. 만약 포사이드 의사가 그때 권총을 가지고 갔었다면 "특별한 섭리"였을 것이라는 생각이 들지만, 그가 그렇게 하지 않았기에 하나님께서 우리에게 뭔가 더 좋은 것을 가르치신 것이다.

플로이가 아직 오빠의 편지를 받지 못한 것에 대해서 오빠가 많이 미안해한다고 말해주렴. 다음번에 그 아이에게 편지할 거야. 편지하는데 3주를 기다리지도 않을 거야. 어머니에게서 오는 편지에 너무도 굶주려 있다. 이번 연도 날짜로 집에서 온 편지는 겨우 세 통이었다. 첫 번째는 1월 1일 자 너의 편지고, 두 번째는 1월 16일 어머니께서 네 형수에게 보낸 편지, 그리고 아이다와 야네프가 보낸 편지가 한 통이다. 우리는 모든 면에서 확실히 다시 정리할 필요가 있다.

네가 보내준 아름다운 달력을 받았다. 정말 고맙다. 좋은 상태로 도착했다. 너에게 사진을 몇 장 동봉할 것인데 사진이 흥미롭다고 생각할 거다. 너무 바빠서 이번 겨울에는 사진기를 생각지도 못했다. 그런데 곧 사진기를 다시 집어 들어야만 할 거다.[205]

플로이의 얼굴이 좋아지고 있다는 좋은 소식을 곧 듣기를 바라고 있다. 플로이가 처한 어려움에 우리 부부가 마음 깊이 함께하고 있다. 귀엽고 예쁜 야네프의 문제를 듣고 충격에 빠졌단다. 안경을 쓰고 있어서 보스턴(Boston)의 조숙한 아이처럼 보일 것이 틀림없다.

곧 러시아가 한국을 침략할 가능성에 대해서 걱정하지 않지! 이곳에 있는 모두는 일본의 뛰어난 승리에 아주 만족스럽다. 우리 대부분이 일본이 이기리라는 것을 결코 의심하지 않았지만, 일본은 우리가 예상했던 것보다 훨씬 더 잘했다.

아버지께서 하시는 일을 잘하시고, 어머니의 건강은 계속 좋아지시기

---

[205] 아내의 임신 사실을 알고, 사진기를 챙기는 것으로 보임. 큰딸 미리암이 1909년 9월 26일 태어남.

를 바란다. 우리가 집을 떠난 후 너희 모두 아주 다양한 경험을 했다고 생각한다. 네가 리아와 바크먼에게 편지할 때 형의 사랑을 전해주렴.

곧 편지해서 네가 알고 있는 새로운 소식을 모두 말해주렴.

사랑하는 너의 형 페어맨

**날짜 없음**

〔첫 장 분실됨〕

　남편(Fairman)은 집에 돌아올 때 어느 것도 찾을 수 없었습니다. 남편은 어쨌든 물건을 못 찾고 항상 제게 와서는 모자부터 시작해서 그 아래에 있는 모든 것을 찾습니다. 저희가 이사해서 물건들을 새로운 곳에 두었기에, 제가 좋은 아내라는 직함이 제 것이라고 할 수는 없을 것 같아요. 카메론 존슨 선교사가 자기 아내는 물건이 어디에 있는지 아는 사람이라고 하기 때문입니다.

　남편이 여전히 밤늦게까지 자지 않는 문제가 있다고 어머님께 말씀해 주세요. 제가 할 수 있는 유일한 방법은 남편이 잠들 때까지 저도 깨어있다가, 다음날 너무도 피곤하다고 불평하는 것입니다. 그러면 다음번에 제가 잠자지 않고 늦게까지 있겠다고 하면 적당한 때에 남편이 잠자리에 듭니다.

　늦게까지 자지 않고 제가 그렇게도 원하는 편지를 쓰는 것 또는 읽으려고 계획한 많은 책을 읽고 싶은 것은 큰 유혹입니다. 지난밤에 친정어머니와 저는 그 유혹에 넘어가서 고향에서 온 신문을 즐겁게 읽었습니다. (영어 철자를 보시면 한국어가 저의 영어를 엉망으로 만들고 있다는 것을 아실 것입니다. 제가 어떻게 써봐도 제대로 쓴 것인지 모르겠습니다.)

　짐 도련님이 남편에게 쓴 편지가 어제 도착했습니다. 이 편지 때문에 남편이 집에 도착하면 아주 행복할 것입니다. 남편은 고향에서 오는 편지가 들어있지 않은 우편물에는 항상 마음 상해합니다.

　다들 어떻게 지내는지 소식을 정말 듣고 싶습니다. 특히 야네프 아가씨의 눈에 관한 소식이 궁금합니다. 안경을 써야 한다니 어린 시누이가 참 안 됐습니다. 어머님께서 이번 겨울에 훨씬 더 건강하시다는 것을 알게 되어 아주 기쁩니다. 아버님께서는 귀[206]에 더 이상의 문제가 없기를 바랍니다.

  사냥하러 간 사람들이 오늘 밤 되돌아오기는 다소 늦습니다. 내일이나 되야 그 사람들을 볼 수 있을 것 같습니다. 벨 목사 부부와 헨리(Henry)[207]가 내려오는 길입니다. 곧 그들이 올 것 같습니다. 벨 목사는 서울로 가는 길이고, 벨 부인은 스트래퍼 선교사를 방문할 것입니다. 벨 부인과 헨리가 배를 타기에는 매우 추운 날이지만 벨 부인은 찬 바람을 맞고 오는 것에 대해서 신경 쓰지 않는 것 같습니다.

  지난 2주까지는 정말 봄날씨였는데, 지금은 매우 춥습니다. 남편이 따뜻한 자기 방으로 돌아올 때 저는 기쁠 것입니다.

  아버님께서 저희에게 자주 편지해 주시길 아니면 바쁘신 삶 속에서 하실 수 있는 한 편지해 주시길 바랍니다. 아버님 편지를 저희가 매우 즐겁게 보기 때문입니다.

  친정어머니도 시댁 식구 모두에게 사랑을 전합니다.

사랑하는 애니 올림

---

[206] 1903년 11월 10일 자 편지에 아버지의 귀에 문제가 있는 것을 걱정하고 있음.
[207] Henry Venable Bell(1896.5.27~1967.6.8). Eugene Bell 목사와 첫 아내 Charlotte Ingram "Lottie" Witherspoon Bell(1867.5.13~1901.4.12) 사이에서 태어난 첫째.

1905년 5월 15일
한국, 군산

사랑하는 아버지와 어머니,

이 편지지가 대단히 무시무시하게 보인다고 해서 주눅 들지 마십시오. 제가 "목포 마루(Mokpo Maru)"에서 물어봐서 얻을 수 있는 최고의 편지지인데요, 제가 아직 일본어를 할 수 없기에 그런 편지지를 줬다고 뭐라고 할 수도 없답니다. 저희는 오늘 군산과 전주에서 일주일 있으려고 가는 중입니다. 두 곳에는 제가 아직 가본 적이 없는 우리 선교회 소속 선교부가 있습니다. 저희는 전주에서 육로로 하루를 가서 새로 생긴 기찻길[208]로 갈 것이며, 그곳에서 열차를 이용해서 부산으로 가고, 부산에서는 배를 타고 일본으로 가고, 일본에서는 "미네소타(Minnesota)"를 타고 상하이로 갈 것이며 거기서는 운하를 이용하여 항저우(杭州)로 가서 스튜어트 목사와 모펫 목사를 방문하여서 한 달간 있을 것입니다. 저희 둘 다 휴식과 변화가 필요하며, 이 여행에서 큰 도움을 얻을 것을 기대하고 있습니다.

저희는 정확히 지난 1달간 손님을 모셨습니다. 먼저 벨 목사 가족이 내려와서 10일 머물렀습니다. 그런 다음 다니엘 의사 부부와 포사이드 의사가 왔으며, 마지막으로는 프린스턴에서 저의 급우였던 폴 돌티(Paul Dolty) 목사 부부가 필리핀에서 왔습니다. 다니엘 부인은 저희와 군산까지 갈 것이며 돌티 부부는 서울까지 갈 것입니다. 돌티 부부는 다시 돌아와서 저희가 상하이 갈 때 함께할 것입니다. 그들 모두와 아주 즐겁게 지냈으며, 이렇게 좋은 사람들과 함께할 수 있을 때 부수적으로 발생하

---

208 경부선(京釜線)에 대한 설명으로, 경부선은 일본 자본의 회사인 경부철도주식회사에 의해 1901년 8월 20일에 서울 영등포에서, 같은 해 9월 21일에 부산 초량에서 기공되어 4년 후인 1904년 12월 27일 완공되었음. 전주에서 하룻길에 있는 곳은 대전역을 말함.

는 부담감에 대해서는 신경 쓰지 않습니다. 저희가 없는 동안 놀란 의사가 목포선교부를 열어놓고 있을 것이며, 저희 집과 하인들을 이용할 것입니다. 포사이드 의사가 그와 함께 있을 것입니다. 포사이드 의사는 꾸준히 좋아지고 있습니다. 그런데 의료 사역을 제대로 하는 데는 오랜 시간이 필요할 것입니다. 저희는 여름의 대부분 동안 그를 목포에 두고 싶습니다.

지난달은 저희가 내내 분주했습니다. 저는 아름다운 날씨를 이용해서 시골을 네 번 다녀왔습니다. 마지막은 진도로 간 것이었는데, 진도는 약 40평방마일의 섬으로 120개의 마을이 있고, 고을 수령이 있으며, 목포에서 남서쪽으로 50마일 떨어져 있습니다. 저는 다니엘 의료선교사를 데리고 갔습니다. 우리가 그 섬에 첫발을 디딘 최초의 선교사라는 기록을 남겼습니다. 제가 지금껏 한 가장 흥미로운 전도여행 중 하나였습니다. 사역이 시작되었던 마을을 포함하여 서너 마을에서 설교하고 나서, 우리는 고을 수령을 만나러 갔습니다. 그곳에서 저는 정부가 진보적이어야 한다는 시각을 가졌다는 이유로 1년 전 유배된 한 젊은이를 발견했습니다. 서울을 떠나기 전, 그 젊은이는 복음에 대해 들었었고, 성경과 찬송가를 구했습니다. 그는 높은 가문의 사람으로 제가 만난 사람 중 최고의 교육을 받았습니다. 그는 도쿄 대학에서 6년을 공부했습니다. 이런 독재적이며 무식한 정부에 의해 추방을 당하는 것은 정말로 칭찬이라고들 합니다. 이 나라의 가장 뛰어난 사람들이 한반도 다도해의 많은 섬에서 어렵게 살아가고 있다는 말이 있습니다. 저는 그 사람이 성경을 공부하고 있었다는 것과 지적이며 진지한 신자라는 것을 알게 되었습니다. 그 사람이 선교사를 보고 얼마나 기뻐했는지 상상하실 수 있을 것입니다. 그 사람은 다른 유배객들에게도 관심을 갖게 하였습니다. 그래서 저는 이런 사람들을 가르치는 데에 저의 노력을 집중했습니다. 저는 이런 시작이 이 섬의 복음화를 의미할 수도 있다고 희망합니다. 그들 중 한 사람은 6년간 유배 중이었습니다. 그는 고위 관리였으며 당연히 높은 교육을 받았습니다. 그 사람도 또한 아주 호의적으로 기독교로 기울어져 있으며, 스스로 믿는다고 말합니다. 그는 우리가 떠나는 날 한국식 음악회의 형태로 독특한 여흥거리를 줬습니다. 저는 한국인들이 하는 연주를 그때 처음 제대로 들어봤습니다. 첫 번째는 하프였는데, 꼬아놓은 현이 있었고 남자가 연주했으며, 가장 좋은 점은 노래가 곁들어졌다는 것입니다. 악기가 극도로 조잡한 것을 고려하면, 연주는 매우 뛰어났습니다. 가장 흥미로운 부분은 한국인 연주자가 기교라고 생각하는 것으로 어떤 음절을 외치고는 악기의 줄을 탁하고 치는 것이었습니다. 그 연주 후에 다음 사람이 두 줄로 된 조잡한 피들(fiddle)을 연주했으며, 그다음 사람이 대나무 플루트를 연주했습니다. 그런 다음에 모두가 합주했습니다. 미국에 있는 음악 애호가들이 즐길 수 있도록 그들이 연주한 것을 녹음할 수 있는 축음기가 있었으면 했습니다. 우리는 매우 고양되었고 전망에 대한 기대에 한껏 부풀어 섬을 떠났습니다. 하나님께서 그 총명한 사람을 사용하셔서 그가 주님의 나라에서 큰일을 하기를 바라는 저의 기도에 함께 해 주십시오.

지난 주일은 목포에서 성경 주일이었습니다. 저는 하나님의 책과 그 책에 대한 우리의 관계에 관한 특별 설교를 했으며, 형제들이 33냥을 헌금했는데, 이는 노동자의 17일 삯과 같습니다. 다음 날 저는 우리의 지도자 중 한 명에게 진도에 매서인(colporter, 賣書人)[209]이 있어야겠다고 제안했습니다. 그는 기꺼이 찬성하면서 다른 형제들이 그것에 대해서 언급했다는 것도 알려줬습니다. 그래서 그들은 그날 저의 사랑방에서 만났고 매서인 봉급의 3분의 2를 모았습니다. 제가 나머지 3분의 1을 줬습니다. 한 사람을 선발했으며, 그는 수요일 아침 사역하러 떠났습니

---

209 책을 팔며 돌아다니는 사람을 뜻함. 특히 성경이나 선교 서적을 보급하였음. 내한 선교사들도 토착인 매서인을 활용하였고 이들은 일종의 복음 전도자와 같은 역할을 했음.

다. 이런 시도는 교회가 지금까지 해오던 것에 추가로 한 것입니다. 동양에서 일을 빠르게 할 수 없다고 누가 그러던가요! 제가 옛날에 하듯이 개인적인 지원을 하는 것이 보이시지요!

어머니께서 보내신 (3월 25일 자) 편지가 4월 28일에 도착했습니다. 그 후 고향에서 소식이 없습니다. 어머니의 건강이 최근 그렇게 좋은 것이 아니라는 것을 알고 저희는 마음이 편하지 않았고, 어머니의 우울한 편지를 읽고 저는 약간 마음이 편치 않을 수밖에 없었습니다. 그런데 아내는 어머니께서 작년보다 지금 훨씬 더 좋아지셨다는 것과 대학에서 벗어나면 꾸준히 좋아질 것이라는 것을 저에게 상기시켜주며 저의 기운을 북돋아 줍니다. 저도 그렇게 되길 희망하며, 곧 소식 들을 수 있기를 믿습니다.

아버지께서 언제 저희가 귀국할 것이냐고 물으십니다. 아직 정확히 말씀드릴 수는 없습니다. 그렇지만 늦어도 1907년 여름 이전일 것입니다. 현재의 전망으로 보면, 내년 여름은 저희가 건축하느라 무척 바쁠 것이라 떠나기에 적합한 시기가 아닐 것입니다. 다다음 여름이면 저희가 훨씬 쉽게 휴가를 갈 수 있습니다. 장모님께서 저희가 집에 갈 때까지 머무르실 것에 동의하셨으면 합니다. 그런데 처가 식구들에게는 이것에 대해 언급하지 말아 주십시오. 장모님은 이곳에 아내와 함께 있는 것을 완전히 흡족해하시는 것으로 보이며, 또한 저희에게 확실한 위안(慰安)입니다.

장모님께서 많은 사랑을 보내십니다. 아내는 잠시 서신 왕래를 할 수 없게 되었습니다. 그런데 의심할 것 없이 집으로 편지할 것입니다. 가족 모두에게 보내는 저의 사랑에 아내도 함께합니다. 두 분이 아내를 보실 수 있으면 좋을 텐데요. 아내는 과거 어느 때보다 더 사랑스러우며 능숙한 가정주부로 집을 아주 부드럽게 운영하고 있습니다.

앨리스 스트롱(Alice Strong)이 대학에 다시 있게 되었다니 기쁩니다. 저의 사랑을 그녀에게 전해주시고 다른 여학생들을 위해 상을 몇 개는 남겨 두라고도 해주세요. 오늘 코라(Miss Cora)로부터 짧은 편지를 받았는데 아주 즐겁게 읽었습니다.

무척 많은 사랑을 전하며 주변 모두에게 사랑의 입맞춤을 보냅니다.

사랑하는 아들 페어맨 올림

\* 애니: 남편이 저에게 앨리스 스트롱에게 사랑을 전해도 되냐고 허락을 요청한 것이 아니니 사랑을 보내서는 안 됩니다.

\* 페어맨: 계속해서 목포로 우편을 보내주세요.

1905년 6월 2일
중국, 칭다오(靑島) 근처

사랑하는 짐에게,

　형이 집에 다시 편지할 때가 되었는데, 네가 이 편지의 수취인으로 선택된 것에 대해서 반대하지 않을 것이라는 것을 알고 있단다. 형이 지난번에 보낸 편지는 전주에서 부모님께 보낸 것이었다. 우리 부부가 지금 휴가 중인 것 알고 있지. 5월 14일에 목포를 떠나서 군산과 전주를 방문하여 즐겁게 지냈는데, 이 두 곳은 전라북도에 있는 우리 미국남장로회 한국선교회의 선교부가 있는 곳이란다. 전주에서 육로를 이용해서 60마일을 가서 새로운 철도역에 도착했는데, 그곳에서 기차를 타고 부산으로 갔다. 네 형수와 장모님은 가마꾼이 네 명인 가마를 타고 갔으며, 힘든 여행을 놀랍게 잘 견디어냈다. 우리는 주막에서 하룻밤을 보냈는데, 다른 주막들에 비해 아주 좋은 곳이었다. 이렇게 해서 형수와 장모님은 한국의 주막을 처음으로 경험하게 되었다. 그다음 날 아침 우리는 쏟아지는 빗속에서 날이 밝을 때 출발했다. 그런데 비는 우리가 그날 20마일을 다 갈 때까지도 잦아들지 않았다. 형은 비옷(gumcoat)을 깜빡 잊고 가져오지 않았었고, 우산도 잃어버렸다. 그래서 내 살갗에 달라붙는 모직 옷과 얇은 외투 말고는 아무것도 없이 비를 맞으며 말을 타야 했다. 그런데 이상하게 들리겠지만 이런 힘든 경험에서 어떤 사람도 좋지 않은 결과로 고생하지는 않았다.

　부산에 도착해서 보니, 우리가 원하던 증기선이 3시간 전에 떠났다는 것을 알게 되었다. 우리는 일부러 그 배를 타려고 했단다. 미국 깃발을 휘날리며 일본으로 가는 유일한 증기선이었고 러시아 함대가 가까이에 있어서 시기가 아주 좋지 않았기 때문이었다. 다음 날 아침 영사의 명령에 따라 모든 운송수단이 취소되었다. 그래서 우리는 아주 것도 할 수 없었다. 그런데 부산에 있는 선교사 친구들이 (모두 프린스턴 졸업자들이다.) 우리를 맞아주고 이틀간 아주 잘 대해주었다. 물론 우리는 그들의 사역을 보고 매우 기뻤다. 금지 조치가 얼마나 오래갈 줄 몰랐기 때문에, 우리는 서울로 가서 거기서 중국이나 목포로 가는 배를 타는 수밖에는 없었다. 우리가 월요일 저녁 서울에 도착했을 때 처음 마주한 소식은 부산 앞 대한해협에서 일본이 대승을 거두었다는 것이었다. 우리는 그 전투가 벌어지는 동안 부산에 있었는데 대포 소리를 듣지 못했다. 다만 저 먼 수평선에 짙은 연기는 봤던 것으로 생각했다. 일본이 승리한 것에 우리는 놀라지 않았다. 일본은 바다에서의 이런 싸움에 대해서 강력하게 준비하고 있었는데, 이 전쟁에서 지면 일본이라는 나라가 존재하느냐 마냐가 달려있었다. 부산에 있는 친구들의 말에 의하면 그 전투가 있기 전 며칠 동안 일본의 해군 기지가 있는 마산포(Mosampho) 방향에서 엄청난 포 소리가 들렸다고 한다. 일본군이 사격훈련을 하고 있었으며, 미세한 각도까지 모든 각도로 사격 연습을 했다고 한다. 결과가 증명하듯, 전투가 있던 날 파도가 높고 조류가 거세서 최근에 사격훈련을 한 일본에게 엄청난 도움이 되었다.

우리가 1년 반 전에 지나왔던 때에 비해 부산은 엄청나게 달라져 있었다. 일본인들이 읍내를 차지하고 있다. 지금 15,000명 넘게 살고 있다고 한다. 바닷가에 줄지어 있던 한국인들의 형편없는 집들은 모두 사라졌고, 그 자리를 일본인들의 집이 대신했다. 가격은 치솟고 있다. 한국에서 서울 다음으로 부산이 가장 큰 도시가 될 것이라는 데 의심의 여지가 없다. 사방에서 오는 모든 증기선이 부산을 거치며, 부산은 이제 막 완공된 한반도를 관통하는 거대한 철도 체계의 종착지이기도 하다. 물론 그 철도는 일본인들에 의해 건축되었는데, 그것을 보면 일본인들의 능력에 전에 어느 때보다 더 깊은 인상을 받게 된다. 형이 본 최고의 공학 작품 중의 하나다. 선로의 구배(勾配)도 완벽하다. 선로가 이제 막 개방되었지만, 형이 여행해 본 미국 남부의 어떤 선로보다 훨씬 뛰어나다. 침목부터 엔진, 철도 차량까지 기차 전체가 미국에서 가져온 것이니 모든 면에서 이 철도는 미국 철도다. 각 열차에는 식당칸이 있고, 거기서 유럽식 음식이 정찰제로 판매되는데, 25센트면 아주 근사한 식사를 할 수 있단다! 우리는 이등칸으로 여행했다. 일등칸과 이등칸의 유일한 차이는 일등칸 의자가 플러시 천으로 된 것이라면 이등칸 의자가 가죽이라는 것이다. 모두가 이등칸을 선호한단다. 서울에서 부산까지 거리가 300마일인데, 형은 기차표값으로 4달러 15센트밖에 내지 않았다. 정말 싸게 여행한 것 아니니!

 6월 1일에 우리는 운 좋게도 제물포에서 상하이로 가는 독일 배를 탈 수 있었다. 안타깝지만, 이 배는 칭다오의 독일 조계지를 거쳐서 가는데 그러다 보니 이틀 걸릴 것이 닷새 걸리게 되었다. 일등실에 우리 말고 두 명의 승객만 더 있을 뿐이라서 정말 즐겁게 여행하고 있다. 형은 미국을 떠난 후 너무도 많은 배를 봐서 육지에 있을 때만큼이나 물 위에 있어도 편안하게 느끼기 시작한다. 물론 형이 목포에서 일할 때면 이보다 훨씬 작은 배를 자주 타게 된다.

 물론 우리는 고향집에서 오는 소식을 듣기를 다시 한번 간절히 원하게 된다. 마지막 편지가 어머니께서 3월 24일 자로 보내신 것이기 때문이다. 다음 주 우리가 항저우에 도착할 때는 집에서 보낸 우편을 받아볼 수 있기를 바란다. 네가 이 편지를 받기 전에 우리가 아마도 목포에 되돌아가 있을 것이니 지금까지 그랬듯이 모든 우편물의 주소를 계속 목포로 해서 보내렴.

 네가 한 학기의 고된 공부 뒤에 다시 한번 편히 숨쉬기 시작하고 있다고 생각한다. 네가 어떻게 살아왔는지, 앞으로 무엇을 하며 어떻게 지낼 것인지 등 모든 것을 편지에 써 보내렴. 다음번 편지는 바크먼에게 보낼 것이라고 전해주렴. 방학이 되면 바크먼은 참 좋을 거다.

형수와 장모님은 둘 다 건강하며 여행을 즐기고 있다. 두 사람이 나와 함께 우리 가족 한 명 한 명에게 사랑의 안부 인사를 보낸다. 어머니의 건강이 지금쯤 많이 좋아졌기를 바란다. 어머니의 지난번 편지는 상당히 우울한 편지였다.

이번 여름에 너의 좋은 편지를 보내렴.

너와 모든 가족에게 많은 사랑을 보낸다.

사랑하는 너의 형 페어맨

1905년 6월 15일
중국, 모간산

사랑하는 바크먼에게,

형은 2천 피트 높이의 산꼭대기에 있다. 깨끗한 물을 마시고, 좋은 음식을 먹고, 좋은 공기를 마시고, 친구들과 좋은 시간을 보내고, 책을 읽고, 공부하며 신혼여행 이후 처음으로 갖는 휴가를 전반적으로 만족하게 보내고 있다. 게다가 형은 지금 편지도 쓰고 있는데, 형이 한국에서 어쩔 수 없이 살았던 힘든 삶 속에서, 편지 쓰는 것은 상당히 사치스러운 일이었다. 그러니 너에게 형이 빚지고 있었고, 오랫동안 쓰고자 했던 편지가 실현되었으니, 네가 이 휴가에 대해서 감사해야 할 것이다.

스튜어트 목사, 모펫 목사 그리고 형이 함께 이곳에서 집을 한 채 빌렸고 이곳에서 우리의 반쪽들과 장모님과 몇 주간 같이 살 것이다. 그 친구들을 다시 보게 되는 것과 옛 시절에 대해서 다시 이야기하는 것, 그리고 우리가 미국에서 헤어지고 난 후 벌어진 놀랄 만한 일들 전부에 대해 이야기하는 것이 형에게 어떤 의미인지 상상할 수 있을 거야. 두 사람의 아내들도 매우 상냥하고 예쁜 젊은이들이란다. 정말 우리는 더 바랄 것 없이 서로 뜻이 잘 맞는다. 안타깝게도 스튜어트 목사의 아내가 신체적으로 강하지 못하며 출국 이후 계속 힘든 시간을 보냈다. 참 힘든 기후다. 항저우는 모빌(Mobile)과 같은 위도에 있지만 습하고 살을 에는 추위 때문에 여기 겨울이 훨씬 더 심하고 힘들다. 우리는 중국을 쭉 둘러보며 즐겁게 지내고 있다. 물론 일본을 보고 한국에서 1년 넘게 살았기에, 중국이 네가 생각하는 만큼 우리에게 낯설지는 않다. 한국은 그냥 작은 중국이다. 그런데 수백 년 전의 중국의 모습이다. 한국인들과 비교하면, 중국인들이 훨씬 더 번창하고, 잘 먹고, 얼굴이 건강해 보인다. 그런데 훨씬 더 더럽기도 하다. 중국인들은 위생 관념이 없고 냄새는

"정말 끔찍하다." 복음을 가지고 이 사람들에게 다가서기가 훨씬 더 어렵다. 어느 곳에나 사당은 차고 넘친다. 고개를 돌릴 때마다 흘겨보는 우상 또는 향내를 마주하지 않는 경우가 거의 없다. 우리가 휴가지인 산으로 가는 길에 80만의 인구가 있는 항저우를 며칠 방문했는데 그곳의 큰 사업은 지전(紙錢)과 가짜 은덩이다. 사람들이 이것들을 사서 우상 앞에서 태우는데 이것들이 영적인 세상에서 실물이 되어서 영혼을 매수할 수 있다고 믿는다. 한국에서와 마찬가지로, 모든 제사는 두려움, 즉 악마에 대한 두려움 때문에 드리게 되는데, 사람들이 악마를 가장 터무니없는 방식으로 달래려고 한다. 사람들이 악마에 대해서 갖는 비굴한 두려움은 정말 가련하다. 그런데 중국인들은 괜찮은 민족이라는 인상이 형에게는 있다. 그리고 전반적으로 친절하며 성품이 괜찮은 민족이라는 생각이 든다. 중국인들이 선교사들을 더 잘 알게 되면, 그들의 편견과 두려움이 사라진다. 선교사들이 머문 지 30년이 넘게 된 항저우에서는, 선교사들이 전적으로 안전하게 어느 곳에서건 사람들 사이에서 섞여 지낼 수 있다. 누가 우리를 "서양귀신"[210]이라고 했다. 그러자 스튜어트 목사가 어느 집으로 들어가서는 우리를 그렇게 부른 개념 없는 아이를 키웠다고 아이의 부모를 혼냈다. 그러자 그들은 사과하며 자신들이 이곳에 최근에 이사왔다고 했다. 나는 서양귀신이라는 말이 원래는 비난하는 말이었지만 그냥 특별한 해를 끼칠 의도 없이 종종 무의식적으로 쓰인다는 것을 들었다. 우리가 "검둥이(nigger)"라는 말을 비난의 의도 없이 사용하듯이 말이다. 모펫 목사는 몇 주 전에 한 남자가 윌킨슨(Wilkinson)[211] 의사에게 와서 여러 번 절을 하고서는 "서양귀신님, 아내를 위한 약을 주실 수 없는지요"라고 했다는 말을 들었다고 한다. 항저우에 있는 동안, 나는 기독교인

---

210  서귀(西鬼)·양귀(洋鬼).
211  James Richard Wilkinson(1862.5.22~1935.1.21). 미국남장로회 중국 의료선교사로 쑤저우에서 사역함.

들에게 한국에 대해 말했는데, 스튜어트 목사가 통역해 줬다. 그곳 기독교인들은 한국에서 일어난 복음의 놀라운 진보에 대한 설명에 굉장히 많이 자극받은 것처럼 보였다. 그날 밤 나는 영어로 설교했는데, 영어로 설교하는 것은 목포를 떠난 후 주일마다 형에게 찾아온 특혜였단다.

모간산은 선교사들과 외국인들에게 괜찮은 여름 휴양지란다. 이곳에는 외국인 집이 약 100채가 있다. 그늘이 있는 좋은 산책길들이 있고, 깨끗한 물이 나오는 샘이 많다. 이런 것은 이 나라에서는 큰 사치품이란다. 산은 대나무로 덮여있다. 대나무는 동양에서 큰 부를 가져다주는 것인데, 미국의 남부 지역에서 왜 기르지 않는지 모르겠다. 우리가 이곳에서 본 대나무는 지름이 약 6인치, 높이가 약 30피트 정도다. 6주면 다 자라고 이파리를 낸다. 2년이 되면 대나무는 아주 단단해져서 수만 가지 용도로 사용될 준비가 된다. 자르면 곧바로 다시 난다. 그래서 대나무 숲은 소유주에게 연중 부의 원천이 된다. 대나무에 대해서 알게 된 뜻밖의 사실은 죽순이 땅에서 올라올 때 우리의 아스파라거스처럼 먹기에 좋다는 것이다.

네가 1년간 열심히 공부했으니 이번 여름에 잘 쉬기를 바란다. 네가 대학에 가는 특혜를 누리고 있고 그 기회를 잘 활용하고 있다니 형이 매우 기쁘다. 사내아이가 기독교 원리를 지키고 자신의 공부를 진득하게 하면, 집에서 대학으로 떠나는 게 큰 이득이 된다고 형은 생각한다. 네가 이것을 하는 한, 너의 교육에 있어서 실망할 것을 두려워하지 말아라.

네가 형수를 보면 좋겠구나. 전에 어느 때보다 더 상냥하고 휴식을 즐기고 있다. 형수가 편지할 시간을 많이 갖지는 못했다. 그래도 너희 모두 상황을 이해하리라 형은 확신한다. 우리에게 편지를 기대하지 말아라. 기대한다면 너는 반드시 실망할 것이다. 그런데 네가 기회가 있고 마음이 내키면 언제나 짧은 글을 쓰렴. 그러면 우리도 그렇게 할게. 우리 모두 배워야만 하는 교훈은 간격을 빈번하게 두고 짧은 편지를 보내는 것이 긴 간격을 두고 긴 편지를 쓰는 것보다 좋다는 것이다. 문제는 우리가 오래 기다리다 보면, 할 말이 너무도 많아서 짧은 편지를 쓸 수는 없다는 것이다. 이 서신서가 증거가 된다!

가족 모두에게 우리 두 사람의 많은 사랑을 보내며, 너에게는 더 많은 사랑을 보낸다.

너를 사랑하는 형, 페어맨

1905년 6월 17일
중국, 모간산

사랑하는 플로이 아가씨에게,

편지를 할 기회가 마침내 온 것 같아요. 우리는 이 아름다운 산에 있으면서 진흥운동 주역들과 함께 진정한 휴식을 한 달 정도 갖고 있습니다. 말할 필요 없이 우리는 좋은 시간을 보내고 있습니다. 레이튼(Leighton), 레이시(Lacy), 페어맨(Fairman) 셋은 가장 수다를 많이 떠는 사람들인데, 수다 떠는 양에 있어서 케이트(Kate), 얼린(Aline), 플로렌스(Florence)[212] 그리고 내가 거의 맞먹습니다.

오빠(Fairman)는 동양으로 온 이후로 쉬어본 적이 없어서 휴식이 필요했어요. 상하이에서 모펫 목사를 만난 이후로 훨씬 좋아 보여요. 오빠가 목포의 바람보다는 따뜻한 날씨를 훨씬 더 좋아한다는 생각이 드네요. 다시 한번 문명을 보게 되어 기분이 좋았습니다. 상하이의 상점도 재미있게 둘러봤지만, 물건 사는 방법을 거의 잊어버린 것을 알게 되었어요. 이틀 만에 해야 할 것이 많이 있었는데 우리 자신을 위한 것뿐만 아니라 한국에 있는 많은 우리 친구를 위한 것도 있었습니다. 다른 사람들 줄 것으로는 정말 만족스러워하며(?) 모자를 선택했습니다.

좋은 외국 건물들, 중국 물건들, 중국인 마부가 운전하는 멋있는 것들을 타고 있는 외국인 여성들이 섞여서 참 매력적이었습니다.

미국성공회가 소유하고 있는 아주 아름다운 세인트 존스 대학[213]을 보러 마차를 타고 갔습니다. 그곳에서 상하이 선교연합회의 회의가 있었는

---

[212] 1904년 10월 25일 자 편지 각주 참조.
[213] St. John's College(聖約翰大學). 1879년 3월 24일 설립. 교훈은 "學而不思則罔 思而不學則殆(배우기만 하고 생각하지 않으면 막연하여 얻는 것이 없고, 생각만 하고 배우지 않으면 위태롭다"(『논어』 「위정」 15장), 영어 교훈은 "Light and Truth"였음. 1952년 2월 29일 폐교됨.

데 우리가 초대받았습니다. 가장 화려한 거주지 거리를 따라 마차를 타고 가는 길이 있었어요. 대학 잔디밭에서 차가 제공되었고, 강당에서는 여러 강연이 있었어요. 그 강연 중에 15년 전의 상하이 상황과 현재 상황에 대한 흥미로운 비교가 있었어요. 나는 강연보다는 잔디밭에서 차 마시는 것이 더 좋았는데, 제가 그랬다는 것을 남들에게 말하지 마세요.

다시 한번 마차를 타고 쭉 가다 보니 아주 우아하다고 느꼈어요. 어머니는 그림 같은 마부에게 너무도 만족하셔서 한 사람을 사서 집에 데려가면 어떤지 생각합니다. 우리 마부는 작은 망토가 있는 명주로 된 긴 옷을 입었는데 그 옷을 넓은 하얀 매듭으로 묶습니다. 넓은 하얀 끈으로 땋아졌습니다. 물론 길게 땋은 한 줄기 머리(변자, 辮子)를 하고 있었고, 그의 머리 위에는 아주 이상하게 생긴 모자가 있었는데 속이 꺼진 분지 같았고 푸른 술이 있었어요.

레이시와 케이트는 아주 귀여운 집배를 타고 우리를 만나러 상하이로 내려왔어요. 그 배는 우리 적은 수의 일행에게는 너무도 안락하고 좋아서 마치 개인 요트 같았어요. 지금껏 봤던 것 중에서 여행하기에 가장 좋은 방법입니다. 편안한 침대가 있고, 의자, 탁자가 있어요. 아무런 움직임이 없어서 편안하게 글을 읽거나 쓰거나 할 수 있지요. (선교사들은 자신들의 매트리스와 이불은 가지고 있습니다.)

운하를 따라서 본 풍경은 더 흥미롭습니다. 한국보다 모든 것이 훨씬 더 풍성합니다. 다리는 아름다우며, 시멘트를 전혀 쓰지 않은 다리 건축은 놀라워 보입니다. 나무가 없고 울퉁불퉁한 한국의 산을 본 후에 나무로 이루어진 숲이 있는 평평한 나라에서 좋은 시간을 보냈습니다.

중국인들이 한국인들보다 더 부유하며, 산업체도 더 많고 물건도 많습니다. 그런데 훨씬 더 더럽습니다. 중국 도시의 냄새는 한국 도시의 냄새와 필적할 수 없습니다. 항저우와 비교하면 서울은 장미와 같습니다.

우리가 항저우에 있는 서호(West Lake) 사진 몇 장을 보내줄 수 있으면 좋겠네요. 이보다 아름다운 것은 없어요. 호수가 높은 동산들로 둘러싸였는데, 그 산들 중 많은 곳에 사원과 탑이 있어요. 섬에는 큰 사원들과 궁궐들이 있는데, 그것 중 일부는 임페리얼 옐로우(Imperial yellow) 색으로 되어있는데, 터너가 베니스의 황혼(Turner's Venetian sunsets)에 대해 그린 것보다 더 진한 색입니다. 노를 저어 호수를 둘러보았고 황제의 궁궐로 들어갔는데, 궁궐은 큰 도서관으로 바뀌었어요. 수백 개의 아름다운 책장들이 있었지만, 책은 보이지 않았어요.

우리는 선교부 근처에 있는 중국 교회에서 예배에 참석했어요. 한국에 있는 작은 교회와는 달리 그 교회는 외국 교회와 더 많이 닮았습니다. 중국에 있는 선교회는 교회를 세우는 것을 돕지만, 한국의 기독교인들은 자신들의 교회를 건축합니다.

중국 선교사들의 집은 한국 선교사들의 집보다 더 크고 바람이 더 잘 통합니다. 물론 뜨겁고 말라리아가 많은 나라라서 그럴 필요가 있습니다. 우리는 다른 어느 때보다 한국이 모든 외국 선교지 중에서 가장 좋은 기후를 가지고 있다고 생각합니다.

우리는 월요일 항저우를 떠나서 화요일 아침 이른 시간까지 아늑한 작은 집배를 타고 여행했습니다. 그곳에서 가마를 타고 약 8마일을 갔는데, 그 길 중 일부는 거의 곧게 뻗어있었는데, 매우 힘들었습니다. 우리는 약 11시에 도착했고 조지 허드슨 부인(Mrs. George Hudson)[214]과 점심을 같이 했습니다. 오후에 우리는 집을 청소하고 밤을 보낼 장소를 만들기 위해 모두 힘을 보탰습니다. 우리 집은 아주 장엄한 풍경을 볼 수 있는 능선의 꼭대기에 아름답게 자리 잡고 있습니다. 그곳에는 스튜어트 목사 부부, 모펫 목사 부부, 그리고 친정엄마와 플로렌스가 있을 만한 공간밖에 없었기에, 오빠와 나는 근처에 있는 집에서 큰 침실을 사용합니다.

---

214 George Hudson. 미국남장로회 선교사로 항저우에서 사역함.

6월 19일

내가 원했던 만큼 글을 쓸 시간이 없네요. 이 편지는 오빠와 나에게 아주 흥미로운 기념일에 시작되었습니다. 2년 전 우리는 아주 도움이 많이 되었던 집회에 참가차 애슈빌에 있었습니다. 오빠는 그때 내가 멋있다고 생각했던 것보다 훨씬 더 멋있어요. 어머님께 오빠가 모든 것을 잘한다고 말해주세요.

진흥운동에 얼린과 케이트가 같이 하게 되어서 매우 기쁩니다. 외국 사역지에서 진흥운동을 하는 사람들의 사진을 우리가 아가씨에게 보내줄 수 있기를 바랍니다.

우리기 고향에서 보내는 우편물을 받은 것이 상당히 오래전 일일 것 같습니다. 우리 우편물이 우리가 가는 곳으로 따라오지만 정말 동양의 속도대로 움직이는 것처럼 보이며, 한국에 되돌아가야 우편물을 받을 수 있을 것 같습니다.

어머님께서 버지니아에서나 로운산에서 오랫동안 휴식하고 계신다는 소식과 아가씨가 좋아지고 있다는 소식을 들었으면 합니다. 내가 다음에 편지할 때는 이번처럼 이렇게 오랜 시간이 흐른 다음 편지하는 일이 없었으면 합니다. 3월부터 거의 숨을 제대로 쉬지 못했습니다. 찾아오는 사람도 많고, 공부할 것도 많고, 여행을 떠날 준비 등을 해야 했습니다.

시간이 늦어지고 있으며 바람 쐬러 나가야 합니다. 다음에는 좀 더 좋은 편지를 쓰려고 할게요. 이 편지는 어려움 속에서 쓰였습니다.

아버님부터 야네프 아가씨까지 모두에게 많은 사랑을 전해주세요. 가족의 모든 소식을 우리에게 편지해서 알려주세요.

사랑하는 애니

1905년 6월 17일
중국, 모간산

사랑하는 처형에게,

아내(Annie)가 처형에게 타자기를 이용해서 막 쓰는 식(cold type)으로 편지하는 것을 허락해 줬습니다. 이런 종류의 글쓰기는 제가 선호하는 것이 아닙니다만 이곳으로 오는 여행길에 펜을 잃어버렸기 때문에 이렇게라도 해서 제가 편지하고자 하는 열망이 있음을 보여드립니다.

이 글 맨 처음에 마침내 처형에게 편지할 여유를 갖게 되었다는 것이 얼마나 기쁜지 말씀드립니다. 지난 몇 달 동안 세 번이나 처형에게 편지 쓰는 것을 시작했습니다만 제대로 시작도 하기 전에 방해받았습니다. 어제 편지를 하려다 못했는데, 이어 쓰려던 편지의 시작 날짜가 5월 14일이라고 적혀있었습니다! 처형께서 우리가 12월부터 정말 힘든 일을 하고 있었다는 것을 이해하실 것을 알기에 더 이상 말하지 않고 이것만 말할게요. 제가 엽서 보내는 습관을 갖지는 못 하지만 다시금 이렇게 긴 침묵의 시간이 있기 전에 제가 엽서라도 쓰겠습니다.

우리는 지금 2천 피트 높이의 산꼭대기에 있습니다. 말라리아와 모기가 올 수 없는 곳이고 옛 중국의 붐비는 평야 지역에 있는 "가장 끔찍한 냄새"가 없는 곳입니다. 이곳에서 가장 큰 매력 세 가지는 신선한 공기, 깨끗한 물, 그리고 좋은 사람들입니다. 이것들은 솔즈베리에서는 아주 흔한 것이지만 동양에서는 대단한 사치품입니다. 이것에 더하여 좋은 먹을 것과 우리가 원하는 것을 할 기회가 있기에 처형은 우리의 첫 휴가가 우리에게 어떤 의미인지 상상하실 수 있을 것입니다. 이곳은 외국인들에게 좋은 휴양지인데, 100채 정도의 집이 있으며, 아름다운 산책길과 테니스장이 여러 개 있는데, 아름다운 풍경이 한없이 펼쳐집니다.

장모님이 저희와 함께 계시기에, 저는 이 나라를 본 것과 우리가 목포에서 5월 14일 떠난 이후 했던 대단한 여정에 대해서는 어느 것도 말씀드리지 않겠습니다. 제가 아는 한 장모님은 편지를 가장 잘 쓰시는 분입니다. 장모님께 지형에 대해, 민족에 대해, 동물과 식물에 대해 세세하게 의존할 수 있습니다. 장모님께서 새로움을 절대 잃지 않는 눈으로 사물을 보시는데, 계속 관찰하게 되는 낯설고 대단한 것들을 묘사하는 데 많은 편지가 필요하겠지만, 장모님께서 고향에 자주 편지하시기에 처형께서 장모님의 편지 대부분을 보셨을 것으로 압니다. 우리가 장모님께 『미셔너리』에도 기고하고 다른 신문들에도 기고하라고 강권하지만, 장모님께서는 아직 우리가 하자는 대로 하지 않으셨습니다. 처형께서 장모님의 편지에서 발췌하여 좋은 글을 만드시는 것이 어떤지요.

저는 이 나라에 대해서 한 가지만 말하는 것으로 한정하겠습니다. 즉, 저는 제가 한국에서 선교사 일을 하도록 된 것에 대해 전혀 아쉬워하지 않는다는 것입니다. 물질적인 면으로 보면 이곳에 있는 모든 것은 더 풍족해 보이지만, 정신적인 관점에서 본다면, 모든 것이 "힘듭니다." 외국인에 대한 반감과 불신이 놀랍도록 줄어들었지만, 여전히 대중들에게 다가가기 힘듭니다. 사당은 완전히 붐비지만, 사방을 둘러볼 때 흘긋거리는 우상과 우상 숭배자들의 증거를 마주하지 않기가 어렵습니다. 항저우의 가장 큰 산업이 지전과 가짜 은덩이를 제조하는 것인데, 사람들은 이것이 정신세계에서 실재하는 것으로 변해서 제사 지내는 사람의 영혼을 살 수 있다고 믿으며 이것을 태웁니다. 게다가, 글자 하나 하나가 의미를 갖기에, 읽고 쓰기가 엄청난 노고이며, 기후로 많이 힘듭니다. 그래서 저는 한국을 선호한다고 말합니다. 제가 어려움과 장애를 두려워해서가 아닙니다. 우리는 우리 몫의 어려움과 장애를 가지고 있습니다. 제가 무의식적으로 제 아내의 관점에서 생각하게 되었기 때문입니다. 제 아내에게 가장 좋은 것이 저에게는 가장 큰 목표입니다. 아내를 위해서인데요, 한국보다 더 좋은 환경에서 선교 사역을 할 수 있는 어떤 곳도 없어서 저는 기쁩니다.

　제가 잘 알고 있는 주제에 도달했다는 것을 아시겠죠. 물론 제 아내에 대한 이야기입니다. 처형, 제 아내는 한 편의 시입니다. 좋은 시를 읽으면 읽을수록, 그 시가 더 좋아진다는 것을 아시죠. 좋은 시는 절대 시시해지지 않습니다. 제가 아내를 더 많이 보고 더 많이 알수록, 아내가 더 좋아집니다. 아내는 날이 갈수록 기하학적으로 더욱 사랑스러워집니다.

　고향에 있는 처가 식구 모두를 생각할 때면, 저는 여러분에게 나쁜 생각 없이 손실을 준 것 때문에 저 자신을 호되게 꾸짖는 것을 멈추지 못했습니다. 그렇지만 저 자신에 대해서 그리고 좀 더 좋은 것을 찾아 더듬거리는 전라도에 있는 수백의 사람들을 생각할 때면, 저는 후회도 없으며, 이렇게 떠나온 제 자신이 자랑스럽습니다. 아내는 한 명의 부인이 할 수 있는 전부일 뿐 아니라, 훌륭한 선교사입니다. 처형 귀에다 살짝이 속삭일게요. 오늘이 저희 약혼 기념일입니다. 꼭 2년 전에, 애슈빌에서 아내가 제게 사랑한다고 말했습니다. 저는 인생의 깊이와 충만함이 어떤 것인지 깨닫기 시작했습니다. 물론 우리의 생각은 그 중요했던 시간으로 특정한 방식으로 되돌아가고 있었습니다. 특별히 저는 처형을 생각하게 되었습니다. 처형은 아내의 사랑을 얻으려고 애쓰다가, 제가 갖게 된 가장 진실하고 튼튼한 친구입니다. 처형은 우리 둘의 사랑의 결과가 본인에게 얼마나 큰 희생이 되는지를 알고 있었지만 진정한 연민과 이타적인 헌신으로 우리 둘 다에게 "마음이 이끄는 것에 충실하라"는 말로 충고해 준 사람입니다. 그래서 이런 기념일에 아내가 가장 사랑하며 제가 또한 진정으로 사랑하는 처형에게 편지를 하는 것은 정말 적절한 일입니다. 처형은 아내도 저만큼이나 완벽하게 행복하다는 것을 알고 만족하실 것입니다. 결국, 사랑이 이 세상에서 가장 위대하며 유일한 것입니다. 그렇지 않나요? 처형이 아내 곁에 있다면 얼마나 좋을지요? 처형에게는 사랑하는 미국 땅의 친구와 사교 모임과 위로가 있으니 처형보다는 아내에게 있어서 이별이 힘들다는 것을 처형은 아셔야만 합니다. 참 불쌍한 여자입니다! 미국이 그리워 이따금 웁니다. 며칠 전에도 아내의 눈이 빨간 것을 봤습니다. 처형을 생각하고 처형을 그리워한 것이라고 고백하더군요. 그런 이유 중의 하나는 우리가 한 달 전 한국을 떠난 이후 어떤 편지도 받지 못해서입니다. 곧 편지가 도착하기를 또한 모두가 건강하고 처형이 건강 면에서 크게 좋아졌다는 기쁜 소식이 오기를 바랍니다. 처형은 조금 쉽게 쉽게 사는 것을 배워야만 합니다. 목사인 동서가 말하는데요, 처형은 처형의 위로와 행복을 위해 이 세상의 것들이 아니라 이곳과 내세에서 절대 우리를 실망시키지 않으시는 그분을 의지하시기 바랍니다. 이 세상의 것들은 기껏해야 형편없는 버팀목일 뿐입니다. 우리는 항상 이 교훈을 새롭게 배우도록 노력해야 합니다. 우리가 하나님의 눈으로 사물을 볼 때만이 가장 높은 평화와 행복을 찾을 수 있습니다. 저는 외국 선교지에 오기 전까지는 저의 힘과 영감을 위해 사람들과 물건들에 얼마나 많이 의존하고 있었는지와 예수 그리스도를 제대로 알게 되는 것이 본인에게 얼마나 중요한 것인지를 깨닫지 못했습니다.

    우리 대신 사랑하는 조카들에게 입맞춤해 주시고 우리가 정말로 보고 싶어한다고 말해주세요. 조카 네틀턴(Nettleton)의 곱슬머리가 없어졌나요?

    사랑의 안부를 처형의 남편과도 나눠주세요. 장모님과 아내도 사랑과 입맞춤을 보내드립니다. 다른 식구들과 소식을 묻는 친구들에게도 소식 전해주세요.

                  처형의 또 다른 남동생인 J. 페어맨 프레스톤

1905년 7월 17일
일본, 고베 근처
통킹(Tonkin)을 타고 목포로 가는 도중

사랑하는 어머니,

저희는 중국에서 매우 즐겁고 기분 좋게 머물고 지금 목포로 돌아가는 중입니다. 칭다오와 제물포를 거쳐서 가는 것이나 일본을 거쳐 가는 것이나 가격이 비슷하기에 일본을 경유하기로 계획했는데, 그렇게 하게 되어 아주 기쁩니다. "통킹"은 (1만 톤인데) 저희가 이용해 본 것 중 가장 좋은 배로, 요금도 괜찮고, 동료 선교사들이라는 좋은 동반자들이 타고 있습니다. 저희는 이등 칸을 이용하는데, 저희가 타고 건너왔던, 태평양을 횡단하는 증기선인 "도릭"의 일등 칸보다 더 좋습니다. 저희는 고베에서 첫 번째 증기선을 타고 한국으로 갈 것입니다.

어머니에게 제가 쑤저우에 다녀온 것을 말씀드린 것으로 압니다. 윌킨슨 박사와 엘리자베스 블레이크(Elizabeth Blake) 병원[215]에 대해서 저는 정

---

[215] Elizabeth Blake Hospital(1898~1937). 미국남장로회 중국선교회가 쑤저우에 설립한 병원.
James Richard (J.R) Wilkinson II was born during a time when the United States was ripped apart by civil war. The boy, who saw his home burned by Sherman, would grow to become his family's breadwinner at 13 after his father lost a leg fighting for the Confederate army. He later became a doctor educated at the Medical College of South Carolina, and then a missionary who helped spread Western medicine to China. …
According to genealogical records collected by Wilkinson, J.R. Wilkinson, his wife and three children left their home and his practice in Greenville in November 1894 for the long journey east, and arrived in China on New Year's Day 1895. His intent was to establish a medical mission under the auspices of the Southern Presbyterian Church.
His first medical center was named the Elizabeth Blake Hospital after his bride from Greenwood. It was built in the city of Soochow in the Jiangsu province

말 만족했습니다. 제가 동양에서 본 가장 좋은 의사와 병원의 결합입니다. 저는 아내와 떨어질 필요가 없지만 윌킨슨 의사는 아내와 자발적으로 떨어져 있다는 점에서 저보다 확실히 훨씬 더 자기희생적입니다. 비록 외부인이 그런 일에 대해서 정확한 판단을 하는 것이 불가능하겠지만요. 그는 그가 처한 힘든 상황 속에서 그의 아내를 간절히 필요로 합니다. 저희가 산에서 내려오기 전에 허드슨 목사 부부를 만났습니다. 그들과 함께 저희가 미국에서 동양으로 나왔다는 것 기억하시죠. 허드슨 목사는 중국선교회에서 선두 주자 중의 한 명입니다. 작년에는 그의 사역 중 최고의 사역을 했는데, 40명이 넘는 사람에게 세례를 베풀었습니다. 허드슨 부인은 참 사랑스러운 사람입니다. 저희는 이곳에 있는 고향 사람들을 매우 자랑스러워할 온갖 이유가 있습니다. 한국에서처럼 중국에서도 많은 사람이 아내를 좋아하고 환대합니다. 스튜어트 목사와 허드슨 목사 부부 모두 그들이 마지막에 본 이후 아내가 성장하고 성숙했다는 점을 보여주고 있다고 제게 말해주었습니다. 아름다운 일입니다. 아내에 대한 저의 희망과 예상 모두가 거의 가깝게 충족되었다는 것과 아내가 선교사로서 매우 확고한 의견표현을 한다는 것에 특히 기쁩니다. 아내가 어머께 사랑과 존경을 종종 표하기에 저는 어머니께서 아내를 더 잘 아시도록 하고 싶어서 안달입니다. 저희가 고향으로 가서 있다가 돌아올 때 어머니의 건강이 좋아지셔서 저희와 같이 이곳으로 올 수 있다면 좋지 않을까요?

스튜어트 목사의 어머니[216]께서 1년의 안식년을 보내려고 고향으로 곧

---

about 50 miles southwest of Shanghai. This facility in Soochow, located on "the Street of Ivory," became the gateway through which many first class Chinese doctors were educated and first graduated in 1904. (「Early Graduate's legacy continues in China」 by Mary Helen Yarborough)

216 Mary Louisa Horton Stuart(1843~1925.1.16). Stuart 목사의 아버지는 Rev. John Linton Stuart(1840.12.2~1913.11.24)임.

출발하십시오. 주소는 아마도 아들 데이비드 박사(Dr. David Stuart)[217]의 집인 켄터키 파두카(Paducah)일 것입니다. 아들은 불쌍한 사람으로 결혼한 지 8개월밖에 되지 않았는데 아내를 잃었습니다. 그래서 그의 어머니가 서둘러 그에게 가고 있습니다.

이 편지를 받기 전에 켄터키 렉싱턴(Lexington) 출신 포사이드 의사가 건강을 회복하기 위해 고향으로 돌아갔다는 것을 아시게 되셨을 것입니다. 그가 지난봄 강도들에게 공격받았다는 것을 기억하시지요. 그는 저희의 소중한 친구입니다. 그가 미국에 있는 동안 우리 가족 모두를 만날 수 있기를 정말 바랍니다. 이 두 사람에게 편지하셔서 기회가 닿으면 언제든 그린빌에 들러달라고 하십시오.

아내가 말하길 어머니께 비밀 편지를 했답니다. 예쁜 아내는 지금이 어느 때보다 더 좋아 보이고 행복해 보입니다. 고향으로 떠난 아기에 관해서 아내가 이른 시기에 위로를 받게 되어 무척 기쁩니다.[218] 아내는 아이들을 아주 좋아하며 아이의 엄마가 되는 데에 아주 적합합니다. 주님께서 제 아내와 같은 아내를 주시면 남편 된 사람이 절대로 자신의 어머니를 그렇게 많이 사랑하지 않습니다.

어머니께서 다시 대학에서 멀어질 것이라니 기쁩니다. 어머니의 건강이 많이 회복되었다는 소식을 듣고자 합니다. 저는 대학에 관한 일에는 아주 많이 모르고 있습니다만 곧 아버지나 짐에게서 편지가 오겠죠. 저는 윌킨슨 의사를 통해서 대학이 부드럽게 운영되고 있으며, 그의 어린 딸이 그 대학을 아주 좋아한다는 것을 알게 되었습니다.

사랑하는 어머니, 건강에 신경 잘 쓰시고 어서 쾌차하십시오. 이 펜으로 표현할 수 있는 것보다 더 많이 어머니가 보고 싶습니다. 어머니께서

---

217  David Todd Stuart(1878.4.7~1909.11.6). Nellie Louise Kirk(1881.12.8~1905. 3.19)와 1904년 6월 28일 결혼함.
218  Samuel Rhea Preston(1904.8.19~1904.9.24) 사망 후 임신했음을 의미함.

이 편지를 받으실 때, 저희는 목포로 돌아가서 열심히 일하고 있을 것입니다. 어머니께서 만나는 친인척들에게 저희의 사랑을 전해주세요. 이곳에 있는 사랑하는 어머니의 자녀들이 많은 사랑과 포옹과 입맞춤을 보내드립니다.

사랑하는 페어맨 올림

1905년 8월 23일
아시아, 한국, 목포

친애하는 사돈께,

사위(Fairman)가 제게 말하기를 우리가 일본에 있을 때부터 지금껏 가족들에게 편지를 하지 못했다고 합니다. 그래서 중국에서 돌아오는 이때가 제가 몇 마디를 사돈께 전하기에 적절한 시간으로 보입니다. 제가 몇 마디라고 했지만, 틀림없이 상당히 긴 글이 될 것입니다. 장황함이라는 것이 제가 실수하는 것 중 하나라서 그렇습니다.

심한 더위 속에서 중국에 있다가 바다를 이용해서 오니 너무도 시원했습니다. 6월이나 7월에는 천조국(天朝國)[219]의 그 지역으로는 가서는 안 됩니다. 봄이나 가을이 가장 좋은 때라는데, 10월이 더 좋은 시기입니다. 이곳에 있는 우리 친구 홉킨스 부인은 9월은 일본에서 10월은 상하이에서 보냅니다. 그녀는 우리 자녀들에게 아주 좋은 친구이며 여러 작은 선물들로 우리 자녀들의 바쁜 삶을 밝게 만들어줍니다. 오늘 아침 우리는 그녀의 정원에서 온 꽃으로 꽃병을 가득 채웠습니다. 좋은 복숭아도 보내주었는데 정말 좋은 품종이었습니다. 수박도 두 번이나 보내줬습니다. 그녀는 우리가 광주로 간다는 생각으로 아주 슬퍼하고 있는데 그도 그럴 것이 그녀와 그녀의 남편을 제외하고 우리가 유일한 "외국인"이기 때문입니다. 그녀가 어제 우리에게 홉킨스 씨가 21년째 한국 바깥으로 나가지 않고 있다고 했습니다. 너무 하지 않나요! 그는 그녀와 함께 일본으로 갈 것입니다.

중국에서의 무더위에도 불구하고, 우리는 아주 흥미로운 여행을 했고 모간산에서 친구들과 즐겁게 보냈습니다. 사돈께서 진흥 운동 삼총사와

---

[219] 원문에 "Celestial Kingdom"이라고 되어 있음. 이를 '天朝'로 번역함.

아내들이 즐겁게 있는 것을 보셨으면 좋았을 거로 생각했습니다. 정말로 "행복한 가족"이었습니다. 아주 많은 수의 가족이 그 산에 도착했었고, 매일 다른 사람들이 왔습니다. 우리 "한국인들"에게는 그렇게나 많은 "백인"을 만난 것이 특별한 일이었습니다. 사위와 딸이 그곳에 대한 묘사는 편지로 했을 것입니다. 아름답고 보기도 좋았지만 뜨거웠답니다! 제가 얼마나 캐롤라이나 산맥의 시원한 바람과 얼음처럼 차가운 물을 바랐는지요. 그 산 어딘가에 맛 좋은 샘물이 있습니다만 우리가 머물던 집 근처에는 샘이 없었습니다. 사돈은 "진흥 운동"이 현재 노스캐롤라이나에 있는 블레인(Blain) 지역에서 블레인 별장(Blain cottage)을 임대했다는 것을 아마 알고 계실 것입니다. 고베에 도착했을 때 우리는 우리가 가장 좋아하는 증기선인 오하이오가 항구에 있는 것을 발견하고는 다음날 정오에 그 배를 타고 가도록 일정을 잡았습니다. 그런데, 태풍이 와서 그 배를 탈 수 없어서 고베에서 이틀 밤을 머물렀습니다. 하루는 우리가 여러 가게를 구경하면서 다녔습니다. 다음날 아침 비가 쏟아지는데, 우리는 몇 마일을 나가서는 일본 친구들 몇을 만났습니다. 일본에서 이곳까지 오는 데 날씨가 좋았습니다. 부산에서 사위와 딸아이가 육지에 가서는 선교사 친구들을 만났습니다. 그런데 우리는 약간의 사고가 있었기에, 우리가 항구에 안전하게 온 것에 대해서 더 감사했습니다. 우리가 탄 큰 배가 섬과 섬 사이의 좁은 수로에서 진흙 더미에 얹히게 되었습니다. 그곳에서 높은 조수에 의해서 빠져나올 때까지 약 한 시간을 갇혀있었습니다. 이는 결코 좋은 경험이 아니었습니다. 선장은 이 일로 무척 당황했으며 매우 걱정하는 듯 보였습니다. 우리가 들은 유일한 설명은 그곳 수로의 강한 조류 또는 하루이틀 전의 폭풍으로 수로의 바닥에서 진흙이 이동했다는 것입니다. 우리가 도착했을 때 놀란 의료선교사가 전주로 가고 있었습니다. 꼭 한 달 전 오늘, 그는 이달 중순에 출산[220]을 예상하는 전킨 부인을 돌봐주려고 갔습니다.

전주선교부의 포사이드 의료선교사는 치료받으러 귀국하도록 권고받았습니다. 그가 막 떠나려는 때에, 그 사람의 어머니께서 한국으로 오고 계시다는 소식을 들었습니다. 그래서 그는 서울에 있는 병원으로 돌아갔으며, 그곳에서 수술받았는데, 우리가 듣기에 그는 현재 건강하며, 전주로 돌아갔다고 합니다. 그래서 목포선교부의 놀란 의료선교사가 전주에서 필요하지 않습니다. 우리는 그가 내일 우리에게 돌아오기를 바라고 있습니다. 저는 이곳에 의사가 한 명도 없다는 생각을 전혀 좋아하지 않았습니다. 딸아이가 소화불량으로 고생을 많이 합니다. 사위는 상당 기간 건강이 그리 좋지 않았는데, 쉬려고 하지 않더니 어젯밤이 되어서야 겨우 누워서 쉬었습니다. 사위는 오늘 다시 일어나서는 **상품목록을 뚫어지게 보고 있습니다. 사위와 딸아이가 이 상품목록에 많은 시간을** 보내는데 종종 밤늦은 시간까지 있으면서 보급품을 주문합니다.

우리가 되돌아온 후 많은 계획이 세워졌습니다. 한번은 우리가 즉시 짐을 싸서 광주로 가는 생각도 있었습니다. 그다음 우리는 군산에 있는 다니엘 의료선교사 집으로 오라는 긴급한 초대를 받았습니다. 그런데 지금으로서는 가장 최선 같은데요, 9월 초에 서울로 가자는 계획입니다. 9월 2일 경 출산 예정인 다니엘 부인이 이미 서울에 있습니다. 감리교 여선교사들이 그녀와 딸아이를 초대하여 그들의 학교 건물에서 머물게 하며, 그들 병원 간호사의 돌봄을 제공하겠다는 것입니다. 그리고 다니엘 부인과 딸아이가 선호하는 어떤 의사의 도움을 받게 하겠다는 것이었습니다. 다니엘 부인과 딸아이는 처음부터 서울로 가기를 원했습니다만, 마땅한 머물 곳을 찾지 못했습니다. 친절한 주님께서 우리를 위해서 길을 열어주신 것이라고 느끼며 저는 정말 감사드립니다. 딸아이는 에비슨 의사를 으뜸으로 봅니다만 어떤 이유에서인지, 놀란 의료선교사의 도움

---

[220] Dr. Marion Montague Junkin(1905.8.23~1977.6.18). Junkin 목사 부부의 여섯째 자녀.

을 받는 것이 의무라고 생각합니다. 우리는 놀란 의료선교사에 대해 신뢰하지만, 딸아이가 앞서 에비슨 의사를 겪어봤기에, 그 사람에게 다시 도움받고자 하는 욕심이 있습니다. 이렇게 하면 목포와 군산에 있는 남자선교사들이 서울에서의 연례회의에 참석할 수 있게 됩니다. 이런 일이 없다면 참석할 수 없었을 터이지요. 우리 얼마 안 되는 남장로회 무리에서 8, 9, 10월에 네 명의 아이가 태어날 예정입니다. 증원군이지요. 그 아이들은 남장로회 한국선교회의 모든 식구로부터 마음껏 환영받을 것입니다. 그런데요. 고향에서 어른 증원군이 몇이라도 오면 좋을 것인데요! 이곳에는 정말 적은 수의 의사가 있는데 미국에서는 의사가 넘쳐나는 것을 생각하면 분통 터집니다. 지난가을에 의사가 세 명 충원되었습니다. 올해에 그 수만큼 될까요? 미국에서 오는 "어머니", 신부, 그리고 새로운 아기가 있을 것이기에, 제가 상상하기에 전주선교부는 즐거운 기대감에 부풀어 있을 것 같습니다. 미국에서 안식년을 마치고 막 돌아온 잉골드 의사가 전주선교부의 테이트 목사와 결혼할 것을 아마 들으셨을 것입니다. 포사이드 의료선교사의 어머니가 잉골드 의사와 함께 한국으로 오십니다. 누이동생도 올해 올 것으로 예상되었습니다. 저는 그녀의 계획에 있어서 변화가 있다는 것을 듣지 못했습니다.

수많은 이교도와 싸우고 있는, 한국에 있는 몇 안 되는 사람들을 돕기 위해 한국으로 가라고 몇 사람을 설득하는 데 사돈이 도와줄 수 없는지요? 도움을 주기 위해 6명, 12명 이상이 온다는 것을 알면 우리가 아주 기쁠 것입니다. 몇 명이 지원한다고 해도, 그들을 파송할 돈이 없다는 말이 있습니다. 돈이 어디에 있나요? 누가 돈을 쥐고 있나요? 사위는 자신이 하는 일에 매우 고무된 것 같습니다. 사위가 이곳에서 하던 일을 그만두는 것은 올바른 일로 보이지 않습니다. 물론, 광주에 있는 선교사들이 이곳 목포에서의 사역도 감독하리라 예상됩니다만 이곳에 거주하는 선교사가 없으면 많이 나아지지는 않으리라 봅니다. 사위와 딸아이는 무척이나 광주로 가고자 했으나 봄 이전에 가기는 어려울 것 같습니다. 벨 목사 부부와 오웬 목사 부부가 이번 가을에 자신들의 새집으로 들어갑니다. 그런데 사위의 집은 공사 재료 일부를 확보했지만, 아직 시작도 못했습니다. 우리는 광주에서의 임시 거주지보다는 이곳에서 더 편안할 것입니다. 그리고 바로 이곳에서 해야 할 일이 아주 많습니다.

사위는 사돈이 이번 여름에 로운산에 있는 것을 생각하면 자신이 기쁘다는 것을 제가 사돈에게 말씀드리기를 바랐습니다. 우리 모두 사돈이 작년만큼이나 도움받기를 바라며, 사돈처녀 플로이가 포동포동하고 불그스레한 얼굴색이기를 바랍니다. 그 사돈처녀가 아주 몸이 좋지 않았다는 것과 사돈총각 짐(Jamie)이 아팠다는 것을 알고 마음이 좋지 않았습니다. 사위가 받은 최근 고향 소식은 바깥사돈에게서 받은 편지였습니다. 안사돈이 5월에 쓰신 편지는 아주 최근에 수령했습니다. 그 편지는 이곳 목포에서 전송되어서 중국으로 갔다가 중국대륙을 돌았습니다. 그 편지의 봉투를 찾을 수 있으면 이 편지에 동봉해도 좋다고 사위가 말합니다. 그러면 봉투에 엄청나게 많은 우체국 도장이 찍힌 것을 보실 수 있을 것입니다. 아델 허치슨(Adele Hutchison)의 결혼 카드도 중국을 돌았습니다. 그녀는 우리 무리 중 다섯 번째로 결혼하는 사람이 됩니다. 앞서 스튜어트(Leighton) 목사, 모펫(Lacy) 목사, 알렉산더 박사(Dr. Alexander), 헬렌 데이비스(Helen Davis)가 결혼했습니다. 헬렌에게는 4월에 태어난 튼튼한 사내아이가 있습니다. 알렉산더 박사와 부인은 9월까지는 해외에 있을 작정입니다.

며칠 전 아주 재미있는 사람이 우리를 방문했답니다. 아주 높은 교육을 받은 한국인인데 정치적인 이유로 남해안에 있는 많은 섬 중의 하나에 1년간 유배당한 사람입니다. 그가 서울을 떠날 때, 친구들이 그에게 한 권의 성경과 찬송가를 줬습니다. 그 사람은 외롭게 있다가 이것들을 연구하더니 유일한 참 신이신 하나님을 믿는 사람에 이르게 되었습니다.

그는 자신이 유배를 당하게 된 것이 기쁘다고 합니다. 만약 서울에 머물렀었다면 이러한 것들을 연구할 시간이 없었을 것이기 때문이랍니다. 그는 어디를 가건 중요하지 않다고 합니다. 어디서건 행복하기 때문이랍니다. 잘생긴 사람이며 진실된 기독교인인데, 학교에서 아이들을 가르치면서 기쁜 소식인 성경 말씀을 다른 이들에게 전하고 있습니다.

딸아이는 사위가 어떤 방법으로든 그 사람을 사위의 조사(助事)로 데려올 수 있기를 바라고 있습니다. 그는 물론 훌륭한 선생님이 될 것입니다. 그 사람을 평양에 있는 신학교로 보내야 한다고 저는 생각합니다. 사위와 다니엘 의료선교사가 지난봄에 순회전도여행을 갔다가 그 사람을 "발견했습니다." 이곳에 있는 한국인 상인 두 사람도 공개적으로 믿음을 고백했습니다. 그중 한 사람은 아내가 병에 걸렸을 때 놀란 의료선교사가 돌봐서 치료된 것을 계기로 진지하게 생각하게 되었다고 합니다. 이렇게 기독교인 의사들이 선한 일을 할 수 있습니다! 이 사람이 두 번째 상인을 그리스도에게로 인도했는데, 이렇게 해서 한국의 많은 높은 계급의 사람이 오게 되었으면 합니다. 목포교회는 서울에서 열리는 회의[221]에 대표를 파송하려고 준비하고 있습니다. 교인들이 자력으로 파송 경비를 부담하기 위하여 (그들의 형편에 비해) 후하게 헌금하고 있습니다.

한국에서의 저의 "1년"이 거의 끝나가고 있습니다. 오래전에 제가 1년 더 머무는 것이 결정되었습니다. 그런데 이제는 제가 내후년에야 고향으로 돌아갈 수 있을 거라고 말합니다. 이런 사실을 솔즈베리에 있는 자녀들에게 알리지 마십시오. 그 아이들에게는 부드럽게 이 소식이 전해져야 합니다. 미리암은 제가 없는 것에 대해서 계속해서 울고불고합니다. 저는 그 아이가 "돈을 절약"해서 이곳으로 와서 저를 데려갔으면 합니다.

이곳에는 힘든 날씨가 없습니다. 저녁과 밤이 기분 좋게 시원합니다.

---

[221] 조선예수교장로회공의회를 말하는 듯함.

바깥사돈에게 저의 안부를 전해주시고, 사위에게 보내는 편지에 저에 대해서 좋은 내용을 보내주셔서 고맙다는 말씀을 전해주십시오.

짐 사돈총각에게 안부 전해주십시오. 그 사돈총각도 이곳으로 올 수 있으면 좋겠습니다. 리아 사돈총각에게도 안부를 전해주십시오. 사돈과 사돈처녀들에게도 사랑을 전합니다.

사랑하는 M. C. 와일리 배상

제 딸아이가 아주 검소한 가정주부가 되어가고 있다는 것을 말씀드렸어야 했네요. 딸아이가 포도 젤리를 약 12쿼트(quart) 만들었고, 포도 잼, 수박 껍질 무침, 오이 절임도 했답니다. 다른 것들도 있었으면 만들었을 것입니다. 저는 이곳으로 나와서는 제가 요리를 잘하고, 빨래를 잘하고, 다른 것들도 잘하는 사람이었으면 하고 간절히 바랐답니다. 딸아이는 뛰어난 요리사가 되겠다는 마음이 강합니다.

1905년 8월 25일
서울, 목포

사랑하는 딸아,

날짜를 보니 크리스마스까지는 겨우 네 달 남았다는 것과 시간이 놀라울 정도로 빠른 속도로 정신없이 지나간다는 생각이 든다. 이 짧은 편지는 애니가 크리스마스 선물을 상하이로 보내서 거기서 미국으로 붙이려고 한다는 것을 말해주려는 것이다. 우푯값이 덜 들고 관세에 대해서 신경 쓸 일이 없어서란다. 홉킨스 부인이 9월 초에 일본으로 가서, 그곳에서 한 달을 지내고, 10월은 상하이로 갈 것인데 그때 우리 대신 크리스마스 선물꾸러미를 가지고 갈 것이다. 기억하고 있으렴! 그런데 너무 상상을 많이 하지 마렴. 우리가 처분할 수 있는 돈이 무한한 것이 아니기 때문이다. 사실, 모간산에서 상하이로 돌아왔을 때 엄마는 거의 "완전 빈털터리"였단다.

플로렌스가 우리를 부추겨서 항저우 여학교에서 물건을 몇 개 사도록 했단다. 그 물건값으로 우리가 많은 돈을 냈는데, 같은 가격으로 상하이에서 훨씬 더 좋은 자수품을 살 수도 있었단다. 너와 큰며느리가 너 대신 아름다운 것들을 구입하도록 우리에게 돈을 보내주었더라면 좋았을 거로 생각한다. 애니는 일본에서 대부분의 크리스마스 쇼핑을 했다. 네가 우리와 함께 겨울을 보내기 위해 내년에 이쪽으로 올 때, 많은 뉴욕 수표를 가지고 와서 "벚꽃 피는 시기"에 엄마를 일본으로 데리고 가렴. 손주들이 장난감을 보면서 아주 즐거워할 거야. 일본 아이들은 살아있는 장난감처럼 보인단다. 정말 귀엽다.

막냇사위(Fairman)가 애니에게 수 놓아진 비단 몸통옷(waist)을 선물했는데, 다 만들어진 것은 아니다. 애니는 고향으로 가서 그 옷을 맞춰 입을 때까지 "기다리겠다"고 한다. 상하이의 옷 만드는 기술이 영 마음에 들지 않았다. 애니가 옷감을 사서 진한 푸른색의 산퉁(shantung) 치마와 헐렁한 재킷을 그곳에서 만들게 했단다. 흰색 셔츠 원피스(shirtwaist) 서너 벌을 만들 옷감도 애니에게 있었다.

이곳은 여름으로는 아주 좋다. 밤에 불편해 본 적이 없고 따스하다. 일반적으로 가벼운 누비이불이나 홑 담요가 필요하다. 낮 동안 상쾌한 산들바람이 불고 늦은 오후와 이른 아침은 정말로 좋다.

이번 가을에 우리가 광주로 가는 것에 대해서는 의심의 여지가 없는 것처럼 보인다. 여러 이유로 목포가 더 좋은데, 애니 부부는 광주로 가기를 무척 바란다.

애니와 내가 이번 주 수요일에 서울로 떠나기로 했었는데, 상당 기간 몸이 좋지 않았던 막냇사위가 화요일에 몸져누웠다. 놀란 의료선교사에게 전보를 보내서 오게 하는 것이 최선으로 여겨졌다. 그래서 그렇게 했더니 착한 놀란 의사가 즉시 왔다. 그 사람이 이곳에 있어서 엄마는 정말 안심이다. 아픈 막냇사위를 그냥 두고 떠날 수가 없었다. 막냇사위는 놀란 의사도 없는데 애니가 이곳에 오래 있는 것을 원하지 않았다. 그래서 그 사람을 부르는 것 말고는 달리 할 수 있는 것이 없어 보였다. 그는 결국 전킨 부인을 돌보는 기쁜 일을 하지는 못했다. 전킨 부인이 출산일을 잘못 계산한 것 같았다. 놀란 의사 대신 포사이드 의사가 전킨 부인을 담당할 것이다. 결국에는 포사이드 의사의 어머니께서 오지 않으셨다. 정말 큰 실망이었다. 포사이드 의사의 어머니는 아들이 미국으로 돌아갈 것이라는 그의 편지를 받고는 오는 길에 서로 엇갈릴 수 있을지도 모르겠다고 생각했다. 그는 어머니께서 한국으로 오신다는 전보를 받아서, 미국으로 가지 않았다. 이런 큰 실망 거리를 벌충해 줄 수 있는 뭔가 좋은 일이 일어나기를 우리는 희망하고 있다.

서울로 가는 날을 9월 5일로 잡았는데 우리선교부의 의사가 우리와 같이 갈 것이다. 그는 전주에서 곧바로 올라갈 것을 생각했었다. 그가 말하길 테이트 목사와 잉골드 의사가 9월 2일 서울에서 결혼할 것인데, 애니의 기념일을 축하하게 되었다고 한다. 엄마가 네 집을 다녀온 후에 너의 집에 찾아왔던 사람을 만나면 아주 기쁠 것이다.

나의 글씨가 맘에 들지 않으면 엄마에게 만년필을 선물해 주는 것이 어떠니? 애니가 내게 준 만년필은 처음부터 잉크가 샜단다. 그래서 잉크가 곧 말라버린다.

뉴욕에 가서 큰며느리가 아프지 않았기를 바란다. 큰며느리에게서 편지 받은 지 상당한 시간이 흘렀다.

어느 신문에서 우리의 친구인, 일본에서 사역하는 프라이스 부인이 애슈빌에서 열리는 선교대회(Missionary Conference)에 참가한다는 기사를 읽었다. 너희 모두 그녀를 만나서 잘 대해주기를 바란다. 그녀는 엄마에게 매우 친절했다.

너와 어린 아들들의 사진을 우리에게 꼭 보내렴. 너의 남편과 메리(Mary) 사진도 함께.[222] 네 남편은 블로잉 록(Blowing Rock)에서 즐겁게 지냈니? 너희 모두 가장 재미있게 보냈기를 바라고 다음 겨울에 너희 구시가지(old town)를 위해 선한 일을 할 준비가 되기를 바란다. 다음 겨울은 너희들이 한국에 있을 것이다. 우리는 증원군을 몹시도 필요로 한다. 우리가 광주로 갈 때 이곳에 누군가가 와 있어야 한다.

짧은 편지를 하려고 했는데 이것 보렴! 너에게서 온 편지는 4월 27일 이후 없구나. 충격적이다!

N. 부인이 내게 아주 좋은 편지를 보내서 내가 알고자 했던 아주 많은 것을 말해줬다.

---

[222] Nettleton Payne Murphy Sr.(1865.4.17~1926.7.17)는 두 번 결혼하는데 첫 번째 아내 Annie L. Miller(1862~1896)에게서 Mary Isabelle Murphy(1888.5.23~1964)가 태어남. 첫 아내와 사별 후 프레스톤 부인의 언니 Miriam Wiley Murphy(1874.11.27~1919.11.28)와 1897년 결혼함.

사랑하는 손자들에게 많은 포옹과 입맞춤을 보내며, 모두에게 큰 사랑을 보낸다.

엄마가

홉킨스 부인이 정말 친절하여서 자주 찾아오고 좋은 것들을 보내준다. 막냇사위는 몸이 좋아져서 움직인다. 놀란 의료선교사는 애니 부부를 제대로 치료할 것이라고 말한다. 애니는 소화 불량으로 지금도 고생하고 있다.

1905년 8월 27일
한국, 목포

사랑하는 언니,

지난밤 내 꿈에 언니가 너무 또렷했고, 오늘 언니를 너무 많이 생각하다 보니 언니에게 아주 조금이라도 편지를 해야만 한다고 느껴.

언니는 우리의 선한 친구들인 녹스(Knox) 부부와 블로잉 록에게 아름다운 풍경과 시원한 바람을 즐기고 있을 거라 봐. 나도 정말 그곳에 가고 싶다! 내 생각에는 "캘리포니아의 산맥"과 비교할 만한 것은 아무 것도 없다고 봐. 우리가 귀국하면 블로잉 록이나 몬트리트(Montreat)에서 잠시 시간을 보내야만 하겠어. 언니가 알 듯 나는 몬트리트에 대해서 아주 좋은 기억이 있어.

그런데, 독일 황태자[223]와 황태자비가 우리가 했던 방식으로 신혼여행을 다녔다는 것을 알았어. 여름밤에 기차에서 내려서 신혼여행의 일부 구간을 차를 타고 갔다는 거야.

홉킨스 부인이 윈저궁에서의 왕실 결혼과 가든파티와 왕실에 관한 모든 소식과 왕족들이 하는 모든 것을 우리에게 계속 알려줬어. 며칠 전 밤에 잠자리에 드는 데 머리가 진짜 레이스, 다이아몬드, 은색 옷들로 빙빙 돌았어.

해야 할 일이 너무도 많아서 자주 신문을 탐독하지는 못해. 그런데 나는 요즘 말하자면 몸이 좋지 않았어. 한국인들이 말하는 식으로 하면 내 몸이 불편했어. 놀란 의료선교사가 나에게 약을 주는데, 사실 가족 전체가 약을 먹게 하고 있지. 그는 전주에 있었는데, 남편이 아팠고, 남편이 생각하기에 이곳에 의사가 없어도 될 만큼 내가 건강한 것이 아니었

---

[223] Friedrich Wilhelm Victor August Ernst, 1882.5.6~1951.7.20). Cecilie(Crown Princess of Germany, 1886.9.20~1954.5.6)와 1905년 6월 6일 결혼함.

어. 그래서 우리는 그 사람에게 내려와 달라고 전보를 보냈어. 나는 아픈 남편을 놔두고 서울에 갈 수가 없었어.

우리는 증기선의 일정표를 보고 있었는데, 9월 7일이나 8일이면 오하이오가 이곳에 올 것으로 생각해. 다른 배보다는 그 배를 타고 가는 것을 더 좋아해. 그래서 아마 그 배를 기다릴 거야. 11월 1일까지는 서울에 머무를 수밖에 없을 것 같아. 그런데 그렇게 하고 싶지는 않아. 나의 기념일로는 매우 부적절한 시간처럼 보여.

오늘 날씨가 아주 좋았어. 가을같은 신선한 바람이 있었고 산과 바다에는 부드러운 햇살과 그늘이 있었어. 이곳은 중국의 산보다 훨씬 괜찮은 여름 휴양지야. 우리가 한국으로 돌아오고 나서 중국에서 종종 모간산에서 느꼈던 것처럼 따스하다고 느끼지 않은 적이 한 번도 없었어.

2주 만에 처음으로 오늘 아침 교회에 갔는데, 주일학교 끝날 때까지는 있을 수가 없었어. 내가 가르칠 것을 전혀 몰랐고, 가르치려고 시도하는 것이 겁났어. 그런데 교회 여자들은 나를 봐서 정말 기뻐했어. 나는 필요한 것보다 더 많은 시간을 쓰는 것이 싫어. 교회에 있으면서 즐겁게 지냈어. 내가 가르치기 시작했을 때는 여자들이 질문에 대한 답을 하지 않기에 답을 듣는데 너무도 힘들었어. 지금은 눈과 귀를 열어둔 채 모든 질문에 응답하는 여자들이 6명 또는 7명이 있어. 이런 말 할 필요는 없지만, 그래서 내가 가르치기가 훨씬 쉬워. 그 사람들은 내가 한국어로 서투르게 말하면 새로 온 사람들이 내 말을 알아들을 수 없으니까 그들에게 설명해 줘.

엄마는 마이크(Mike) 때문에 매우 슬프셔. 불쌍한 놈! 그런데 친구는 사귀겠지. 다른 사람들이 그 아이를 잘 대해줄 거라는 것을 알아.

"천사들"은 어때? 정말 그 아이들이 보고 싶어. 나 대신 그 아이들을 꽉 안아주고 섀넌[224]에게는 이모에게 편지하라고 말해줘. 모두 그 아이들이 훌륭하다고 하네. 내가 곧 낳을 자식도 조카들만큼이나 착하고 밝으면 좋겠어. 네틀턴[225] 사진을 보고 모든 여자가 아주 놀라워해. 아름답다고 난리야. 크고 푸른 눈을 봐!

홉킨스 부인에게 부탁하여 상하이에서 집으로 보내려고 하는 상자에는 이것저것 섞여 있어. 우리가 가지고 있는 상자들과 물건 꾸러미의 가격, 그리고 홉킨스 부인의 편리성을 생각해서 물건을 넣었어. 언니에게 가는 상자에는, 결혼 전 이름은 크렌쇼(Crenshaw)인 스틴슨(Stinson) 부인에게 보내는 작은 "뭔가"가 있어. 우리가 결혼 선물을 보낼 수 없어서 언니에게 부탁하는 거야.

녹스 부부에게 많은 사랑을 전해줘. 버사(Bertha)에게는 좋은 편지를 받고 기분이 좋아졌다고 말해줘. 서울에서는 살림을 하지 않을 것이니까 편지를 조금 쓸 수 있기를 바라고 있어. 그래도 언어 공부와 바느질은 해야 해.

남편이 몇 남자들과 나가 있고, 놀란 의료선교사는 거리에서 설교하고 있어. 이곳에서의 사역은 아주 고무적인데, 오늘 아침에는 가장 많은 수의 회중이 모였어.

남편이 곁에 있다면 언니를 정말 정말 좋아하기에 언니에게 보낼 기분 좋은 소식을 이 편지에 썼을 건데. 지금 엄마가 무엇을 하시는지는 모르겠어. 구름과 하늘에 좋은 것이 남아있을 때 마당에 나가서 운동을 조금 해야겠어.

언니와 사랑하는 천사들에게 사랑을 한 아름 보내.

사랑하는 낸시(Nancy)[226]

---

224 Shannon Wiley Murphy(1898.1.6~1974.7.25).
225 Nettleton P. Murphy Jr.(1899.12.10~1967.9.6).
226 프레스톤 부인이 언니나 가까운 사람에게 Nancy라는 애칭을 씀.

작은올케(Beulah)에게 토요일에 카라와 소매가 안전하게 도착했다고 말해줘. 내가 곧 편지할 건데, 언니가 지금 내가 고마워한다고 말해줘.

추신: 농장 문제는 전혀 언급하지 않았다는 생각이 들었어. 나는 농장이 작게 나뉘어져서 우리 각자가 하나씩 갖는 것을 원하지 않아. 우리가 값을 잘 받을 수 있다면 팔았으면 해.

엄마가 귀국하시기 전에 엄마의 문제가 해결되었으면 해. 우리가 엄마와 이야기했고, 큰오빠에게 내가 편지를 했는데, 엄마나 오빠 둘 다에게 그다지 영향을 끼친 것 같지는 않아. 그래도 엄마는 어떤 생각이 드시는지 큰오빠에게 편지를 하셔서 엄마가 빚지고 있는 것의 명세를 달라고 하셔. 큰오빠는 형부(N.P)의 청구서, 화이트헤드 박사(Dr. Whitehead), 스콧(Scott) 등에 대해서는 편지로 알려주지만, 엄마가 가진 채권에 대해서는 전혀 말하지 않아. 엄마는 이곳에서 거의 2년을 보낸 후에 더 좋아져야만 하는데, 장담할 수가 없지. 내가 큰오빠와 이야기할 수 있으면 좋겠어.

이런 잉크 자국들 못 본 척해줘. 내 만년필에서 잉크가 뿜어져 나오네.

1905년 9월 23일
한국, 서울

사랑하는 아버지와 어머니,

　제가 7월 후반부에 목포에 있는 집으로 오던 중 탔던 오하이오에서 내리고 나서 집으로 한 통의 편지도 하지 않았다는 사실을 최근에 깨닫게 되었습니다. 적어도 기억은 나지 않습니다. 그러나, 아내와 장모님이 편지를 하신 것으로 알고 있으니 제가 이렇게 오랜 시간 편지드리지 못함을 이번에 용서해 주십시오. 이런 일이 다시 일어나도록 하는 것이 저의 습관이나 의도도 아님을 알아주십시오. 두 분이 예상하셨겠지만, 제가 2달간 부재하는 동안, 제가 목포에 도착하기를 기다리며, 일이 산더미처럼 쌓여있었습니다. 그래서 저는 9월 5일 서울로 출발하기 전까지 코가 석 자였습니다. 그 시간 이후, 매일 회의하는 것이 일상이 되었습니다. 회의의 대부분은 목포를 가로질러 2마일 떨어진 곳에서 있었습니다. 그곳에 가기 위한 시설도 형편없었는데, 이것에 더하여 연례 보고서, 통계 등을 준비해야 했습니다.

　아기가 태어나는 것 때문에 저희가 목포에 머물러야만 한다고 생각했었기 때문에, 올해 저희가 연례회의에 참석하는 특전을 얻게 된 것이 다소 예상치 못한 즐거움이었습니다. 저희에게 간호사의 돌봄을 받을 수 있는, 감리교 대학인 이화학당에 와서 머물러도 된다고 제안이 왔습니다. 저희는 기쁘게 그 제안을 받아들여서 이곳에 와있습니다. 아주 좋은 장소인데요, 이렇게 준비해 주시고 가장 힘든 시기에 서울에 있을 수 있는 특전을 주신 하늘 아버지의 선하심에 감사드립니다. 아기는 곧 태어날 것 같습니다. 아내는 몸도 마음도 건강합니다. 그래서 모든 것이 잘될 거로 저희는 믿고 있습니다.

　올해는 한국에 있는 선교회들의 역사에서 아주 중요한 해가 되었습니다. 마치 모두가 동의한 듯, 이 나라에서 사역하고 있는 모든 개신교 교회 사이의 좀 더 밀접한 연합을 위한 운동이 있습니다. 여기 개신교회는 (이미 공의회로 연합되어 있는) 장로교 말고도, 북감리교, 남감리교가 있습니다. 이 운동이 이상적으로 추구하는 것은 한국인들은 교리에 있어서 교파 간의 구별점에 대해서 아직 모르고 있기에, 한국인들 앞에서 교파의 노선을 완전히 없애는 것, 교육, 의료, (모든 신문, 주일학교 문헌, 공동 찬송가를 포함하는) 출판에서 함께 사역하는 것, 그리고 선교 지역 분할입니다. 또한, 궁극적으로는 한국인들을 위한 단 하나의 그리스도의 교회가 있어야 한다는 희망이 자유롭게 표현되고 있습니다. 물론 우리 중 모든 선교사에게 적용되는 유기적인 교회 연합을 보게 될 것을 믿는 사람은 없습니다만 한국에서 하나의 현지 교회(Church)를 학수고대하는 것은 몽상이 아닐 수도 있습니다. 한국에 있는 모든 복음주의 선교사가 참여하는 공의회[227]가 만들어졌는데, 그 공의회는 권고하는 권한을 가지고 있어서 이 나라에서 사역하는 모든 선교회가 그 공의회에 위임할 문제는 무엇이건 수행할 것입니다. 이 모든 문제가 남장로회에는 아직은 거의 영향을 끼치지 않습니다. 우리 한국선교회는 장로회공의회에 속해 있습니다. 이 나라에 있는 하나의 장로교회는 모두가 하지 않을 것은 아무것도 하지 않을 것입니다. 우리 한국선교회는 새롭게 형성된 공의회에 공동의 찬송가를 준비할 권한을 줬습니다. 내년에는 좀 더 두드러진 협력이 있을 것입니다. 이것에 대해 무슨 말이 있건, 이런 자발적인 운동은 아주 훌륭한 것인데요, 교회에 모이는 것에 관해서는 한국에서 지금껏 봤던 중에서 가장 많은 수가 모인 것으로 보아 이는 성령께서 직접적으로

---

[227] 1905년 미국장로회, 미국감리회 교단이 참여하여 재한개신교선교통합공의회를 구성함. 이 공의회는 단 하나의 개신교회를 조직하는 것을 목적으로 했으며, 1911년 제7차 개신교선교통합공의회는 개신교선교연합공의회로 재조직됨. 이 연합공의회는 교파일치를 포기하고 다양한 연합활동을 추진하는 초교파적 에큐메니칼 운동의 효시가 됨.

활동하시는 것의 표시인 것으로 보입니다.

지난해 한국에서 장로교 전체의 사역에 대한, 심지어 우리 남장로회의 사역에 대한 총계를 드리지 못해서 죄송합니다. 북장로회는 2천 명이 넘게 세례자가 있었다고 보고합니다. 우리 남장로회도 일취월장하고 있습니다. 우리 목포-광주선교부의 보고서와 아내의 개인 보고서, 저의 개인 보고서를 동봉해 드립니다. 이것을 보시면 저희가 무엇을 하고 있었는지 아실 것입니다. 자료가 모이면 곧바로 한국선교회 총계를 보내드리겠습니다.

저희가 이번 가을에 광주로 옮겨가는 것이 의심할 바가 없을 것 같습니다. 많은 이유로, 저는 목포에 1년 더 있게 되면 좋겠습니다만 이번에 우리 모두가 내륙으로 들어가는 것이 합치된 의견으로 보입니다. 선교회에서 그렇게 공식적으로 결정하면, 저는 목포에 도착하자마자 즉시 이사할 것입니다. 그러는 동안, 일꾼들이 저희 집에 쓰일 재료를 준비하느라 바쁩니다. 저희 집은 아마도 봄이 되면 들어가 살 준비가 될 것입니다. 저희는 집이 완성되기 전까지 오웬 목사 부부가 지난 1년간 살았던 작은 집을 쓰게 될 것입니다. 장모님께서 저희와 1년 더 계실 계획을 하고 계십니다. 장모님은 1년이라는 시간과 고생에도 불구하고 놀라울 정도로 이곳에서 잘 견디십니다. 상당히 빈번하게 우울해지시기는 하셔도, 전체적으로 보면 저희와 같이 있는 것을 즐거워하시는 것 같습니다. 한국인들에 대한 사역에 적극적으로 참여하지 않는 사람에게 이곳 삶은 표현할 수 없을 정도로 힘이 들기에, 장모님께서 이곳에 기꺼이 1년간 더 계시겠다는 것은 아내에 대한 강한 애정의 표시입니다.

태양은 정말로 움직입니다. 어떻게 생각하세요? 저희는 미국 공사관에서 미국 공사가 루스벨트 양[228]을 위해 베푼 연회에 참석했습니다. 그

---

228 미국 26대 대통령 Theodore Roosevelt Jr.(재임: 1901.9.14~1909.3.4)의 딸 Alice Lee Roosevelt가 1905년 9월에 William Howard Taft가 이끄는 사절단과 함께 대한

행사는 왕실 악단, 다과, 폭죽, 그리고 다른 재미있는 오락거리에 의해서 분위기가 살았습니다. (한국인들이 서양음악을 하기 위해 훈련되었다니, 대단하다고 생각하지 않으시나요!) 루스벨트 양은 괜찮아 보입니다. 그녀와 악수할 때, 저명한 그녀 아버지의 강함을 느낄 수 있었습니다. 국왕은 그녀를 환대하기 위해서 최선을 다했습니다. 군인들이 그녀를 역에서 마중했습니다. 서울은 태극기와 성조기로 장식되었습니다. 성조기는 대부분이 한국에서 만들어진 것인데 색깔이 흥미로웠습니다. 성조기의 별들 둘레에 있는 "하늘색"은 적절한 하늘색부터 프리즘을 통과하여 나오는 온갖 색으로 다양했습니다. 그리고 이따금 국기의 별들이 아래 구석으로 몰려 있었습니다. 그렇지만 그렇게 풍성하게 미국 국기가 걸려있는 것을 봐서 좋았습니다. 나중에 선교사들이 그녀에게 환영식을 베풀었는데 저는 그 환영식에 갈 시간이 없었습니다. 그런데 다행히도 그 모임은 성공적이었습니다.

집에서 보내온 편지에 대해 말씀드리겠습니다. 중국에서 돌아온 이래로, 저희는 어머니께서 그린빌에서 5월 22일과 6월 14일 보내신 편지와 로운산에서 7월 19일 보내신 편지를 받았습니다. (5월 22일 편지는 줄곧 저희 뒤를 따라왔습니다!) 아버지께서 그린빌에서 7월 12일 보내신 편지가 있고요, 짐이 보낸 카드와 리아가 보낸 짧은 글이 있습니다. 저희는 집에서 더 많은 편지가 오기를 간절히 기다리고 있습니다. 7월 19일 자 어머니의 편지가 고향에서 오는 최신 편지였습니다. 대학교가 잘 개강했기를 또한 전망이 밝기를 바랍니다. 저는 두 분을 생각하고 계속해서 기도하고 있습니다.

리아가 어려운 일을 잘 겪어냈다니 정말 감사합니다. 그 아이가 마침내 깨어났다고 믿습니다. 베일러스 얼(Bayless Earle)의 사망 소식은 저에

---

제국을 방문함.

게 큰 충격이었습니다. 그는 우리 모두에게 항상 정말 친절했습니다. 두 분 다 아시지요. 제가 집을 떠나기 전에 그 사람이 저의 이를 완전하게 고쳐서 이후에 이에 대해서 어떤 조치를 할 필요가 없었다는 것을요. 그 사람이 저의 이를 고친 것을 살펴보고 다른 치과의사들이 그를 많이 칭찬했습니다. 좋은 친구였고 친절한 마음을 가진 사람이었습니다. 죽을 준비를 하였기를 바랍니다.

이제 글을 마쳐야 합니다. 어머니께서 다시 로운산으로 가셨다는 것에 정말 기뻤습니다. 주위에 있는 모든 "어린 자녀들"에게 사랑의 입맞춤을 전해주시며, 할 수 있을 때면 언제나 바쁜 오빠 부부에게 편지하라고 말씀해 주세요.

사랑 가득한 저희의 마음과 장모님의 안부를 전합니다.

사랑하는 페어맨 올림

1905년 9월 25일
한국, 서울

[EWA HAKTANG, 이화학당]

여기가 내가 머무르는 건물이다. 탑은 러시아 공사관의 탑이다. 지난주에 큰며느리(Marion)에게 긴 편지를 보내면서 가족들에게 돌려보라고 했단다. 그래서 이번 주에는 할 말이 많지만 편지하지 않을 수도 있다. 지난주에는 대통령의 딸인 루스벨트 양을 위한 두 번의 환영식이 있었다. 하나는 미국 공사관에서 다른 하나는 선교사들이 한 것이란다. 그녀가 도착하고 나서 계속 날씨가 완벽했다. 그녀를 위해 하는 모든 것에 대해서 그녀가 의미를 제대로 파악하기를 바란다. 엄마는 다른 어떤 것보다 "아기를 위한 선물" 때문에 즐거웠단다.

언제가 아기 선물에 대해 말해줄게. 엄마가 이곳에서 "순례자이며 이방인임"을 잊지 않도록, 엄마는 한 번 더 이동했단다. 엄마는 위에 표시된 방에 있다. 표시된 곳 양쪽에 창문이 있다. 다니엘 부인이 다른 방으로 옮겨갔다. 그 방을 엄마가 차지했다. 엄마가 보내주는 책에서 네가 볼 수 있는 어느 집에 애니 부부가 방을 차지하고 있다. 그 집의 뒤에 있는 지붕과 탑은 감리교회[229]의 지붕과 탑이다. 두 개의 창문이 보이는 애니의 방은, 그림의 [판독 불가]에 있었다.

　　　　사랑하는 엄마가

---

[229] 정동제일교회. 1897년 12월 26일 벧엘예배당(한국 개신교 최초의 서양식 예배당) 봉헌 예배가 있었음.

1905년 9월 26일 (화요일)
저녁 8시
한국, 서울

사랑하는 딸에게,

오늘 오후 2시 5분에 우리 이름이 들어간 아기[230]가 태어났다.

애니는 어제 하루 종일 7시까지 혹은 더 늦게까지 레이놀즈 목사 집에서 열린 한국선교회 연례회의에 참여했다. 오늘 아침 나와 함께 그곳에 갈 계획을 했었으나 다행히 비가 오고 있었다. 그래도 애니는 가려고 했으나, 막냇사위가 동의하지 않았다. 그래서 애니는 아침을 먹고 오전은 내 방과 다니엘 부인의 방에서 지냈다. 나와 함께 점심 먹으러 갔고, 이후에는 그전에 배달된, 다듬이질 된 옷을 정리하겠다며 자기 방으로 가겠다고 했다. 그때가 1시 30분이었다. 그리고 2시 5분에 손녀가 태어났다! 막냇사위는 정오에 집으로 돌아올 것을 기대하고, 아침에 연례회의에 갔는데 위원회 일 때문에 못 왔다. 와보는 것이 좋겠다는 애니의 짧은 글을 받고, 막냇사위는 에비슨 의료선교사를 찾았고, 둘은 "출생" 약 2시간 후에 도착했다. 나는 막냇사위가 출생 소식을 가져오기 전까지는 아무것도 몰랐다. 여성병원을 담당하는 커틀러 박사(Dr. Cutler)[231]와 에드먼즈(Miss Edmunds)[232] 간호사가 아기가 태어나기 전 약 30분 동안 애니와 함께 있었다. 그 둘이 도착하기 전에 한국인 여성 한 명만 있었는

---

230 미국인의 이름 습관에 대한 이해가 필요한 부분으로, 조상들의 이름을 이어가는 것에 대해 자부심이 있음. 프레스톤의 장모의 이름은 Miriam Murdock Wiley로 프레스톤의 딸 Miriam Wiley Preston 이름에 'Miriam', 'Wiley'가 포함되어 있음을 주목할 것.
231 Dr. Mary Maria Cutler(1865.12.12~1948.4.27). 1893년부터 5월부터 46년 동안 한국에서 의료선교사로 사역함.
232 Margaret J. Edmunds Harrison(1871.7.23~1945.10). 미국감리회 선교사. William Butler Harrison 목사와 1908년 9월 2일 결혼함.

데, 그 여자는 에드먼즈 간호사의 간호 수업을 받는 학생으로 다니엘 부인 때도 간호를 했던 사람이다.

다니엘 부인은 지난 금요일에 이 방에서 다른 곳으로 갔다. 이런 변화에 대해서 너희에게 편지했을 거야. 다니엘 부인이 애니와 내가 쓰던 방을 쓰고 있고, 애니 부부는 병원 근처 작은 집으로 나갔다. 그 집은 사실은 에드먼즈 간호사의 개인 집으로, 다니엘 부인과 애니를 위해 그녀가 기꺼이 내어준 것이었다. 나는 다니엘 의료선교사 부부와 아주 가까운 곳에 있는 좋은 방에 머물고 있다. 내가 이 글을 시작하고 나서 혹시 내가 애니에 대해서 걱정할지도 모른다고 생각해서, 그들이 내게 와서 잘 자라는 말을 하고 갔다. 그들의 딸은 아직 4주가 되지 않았다.

애니의 딸은 건강하고 포동포동한데 7.5파운드 나간다고 한다. 애니를 닮은 것 같다. 막냇사위는 내게 자꾸만 내려가서 아기를 보고 오라고 한다. 그런데 나는 애니를 가만히 두는 것이 가장 좋다고 생각했다. 막냇사위는 내가 한국에 온 것이 가치 있었다고 내가 느끼게 하도록, 내 이름을 따라서 아이의 이름을 짓고 싶어 딸을 낳기를 바랐다고 했다.

애니는 일요일 오후 교회에 나갔다. 교회에 상당히 가까이 있는, 막냇사위가 식객으로 있는 가족과 함께 밥을 먹었다. 에드먼즈 간호사의 집 너머에 있는 교회의 지붕과 탑이 내가 보낸 사진에 있다. 나는 애니가 혼자서 걸어 내려가는 것을 지켜봤다. 비가 심하게 내리고 있었고, 나는 좌골 신경통이 너무 심해서 외출하지 않는 것이 가장 좋겠다고 생각했다. 애니는 테라스의 계단을 내려갈 때 우산을 받치고 있었고, 치마를 잡고 있었다. 나는 저 너머 가파른 곳에서 혹시 애니가 넘어지지는 않을까 걱정이 되어 애니에게 조심하라고 소리쳤다. 그때 커틀러 의사와 에드먼즈 간호사는 점심 식사 중이었다. 애니가 그들에게 사람을 보내서 오라고 했을 때 그들은 여전히 점심을 먹고 있었다. 그러니 이 아이가 태어나는 데 오래 걸리지 않았다는 것을 알겠지. 잘 마무리되어 너무도 기쁘고,

산모와 아이 모두 건강하기를 기도한다. 아기 엄마가 그랬듯, 이 아기도 자기 엄마에게 즐거움을 주는 존재이기를 기도한다. 리아가 남긴 슬픈 빈자리를 채워줄 누군가를 간절히 바라고 있었다.

우리가 교회를 다녀와서 상당히 멀리 산책했다는 것을 말하는 것을 잊었다.

내가 엽서에 "아기용품 선물"에 대해서 말했을 때 나는 애니가 그렇게 일찍 출산할 줄 몰랐지만, 아기가 태어나서 기쁘다. 애니가 이제 소화불량으로 더 이상 어려움을 겪지 않기를 바란다. 애니는 떠나면서 다니엘 부인에게 말하기를 이른 시기에 다시 볼 수 없을지도 모른다고 했다. 그날 약간의 고통이 있었던 것 같다. 그런데 애니는 내게 일상적인 소화불량 말고는 다른 것에 대해서 말하지 않았다.

지금 자고 이 편지는 내일 끝내야겠다.

다니엘 부부가 자녀 출산에 대한 소식을 전보로 전해왔다. 우리는 이곳에서 우편을 못받고 있는데, 받더라도 아주 조금뿐이다. 중국의 전킨 목사[233]의 딸들이 보낸 편지에 전킨 부인[234]의 편지가 동봉된 것을 제외하고, 큰아들에게서 온 편지 한 통이 전부다. 전킨 목사 딸들이 보낸 편지는 서울로 직통으로 왔다. 막냇사위가 목포에 있는 우체국에 지시하기를 우리 편지는 전송해달라고 했는데, 우편물이 오지 않는다.

한국선교회는 우리가 목포로 돌아간 후 가능한 일찍 광주로 옮겨갈 것을 결정했다. 이 말을 모든 곳에 전하렴. 중요한 것 하나 더 말하마. 그곳에 있는 내 소중한 손주들에게 할머니의 마음에서 그 아이들이 밀려날 염려를 할 필요가 없다고 말해주렴. 나의 마음은 모두를 품을 만큼 넓단다.

---

[233] Rev. William Francis Junkin(1870.12.26~1917.5.27).
[234] Nettie Lambeth DuBose Junkin(1872.4.28~1956.11.2).

9월 4일이나 5일에 나의 소중한 아이들에게 심각한 일이 일어났는지 몹시도 궁금하다. 5일 아침에 무슨 일이 일어났다는 생각이 든다.

너희들에게서 소식을 들은 지 너무 오래 됐다.

모두에게 사랑을 전한다.

엄마가

1905년 9월 27일
한국, 서울

사랑하는 미리암 이모,

제가 어제 2시 얼마 지나지 않아서 이 세상에 태어났다는 것을 알려드리기 위해서 엄마의 편지에 몇 줄 적어 보내려고 합니다. 친구들이 저를 기다리고 있었다는 것과 제 이름이 이미 미리암 와일리 프레스톤으로 정해져 있는 것을 알게 되었어요.

엄마가 말씀하시길 제가 이모와 할머니 이름을 따왔다고 해요. 이모와 저의 사촌들의 마음속에 저를 위한 따스한 곳이 있기를 바라요. 아버지께서는 제가 "엄마 쪽" 가문이랍니다. 엄마가 말씀하시는데 제가 엄마를 똑 닮았다고 해요. 의사, 간호사, 그리고 벨 부인께서 저의 외모를 칭찬하셨어요.

벨 부인께서는 오늘 아침 방문하셔서 엄마에게 짧은 글을 남기셨고, 제게는 예쁜 하얀색 자루 옷(sacque)을 주셨어요. 그렇지만 이런 것들로도 제가 움직일 수는 없어요. 저는 큰 바구니에 누워서 계속 잔답니다. 제가 바구니에 있는 것을 보면 웃긴다고 하실 것이에요. 그 바구니는 따뜻한 곳 위에 있는 바닥에 놓여있어요. 제가 태어난 곳은 한국 집이라서 바닥에 불을 피운답니다.

제가 많이 크기 전에 사촌들을 데리고 저를 보러 와 주시기 바랍니다.

에비슨 박사님이 예쁜 딸을 무척 원해서 오늘 아침 그분의 아들과 저를 바꿀 생각이 없냐고 물어봤대요. 그런데 어머니는 저를 낳으셔서 너무도 기쁘신 것 같아요.

이모께서 저를 위해 표시해 둔 작은 셔츠를 입고 있습니다. 저의 오빠가 저보다 먼저 이곳에 왔었는데 곧 하나님께로 돌아갔어요. 오빠가 이곳에 있는 동안 그 셔츠를 먼저 입었는데요, 지금은 제가 입어요. 그런데 저에게는 다소 작네요. 오빠가 입었던 셔츠는 목 주변이 저에게는 너무 작아요. 제가 정말 큰 여자아이라는 것을 아시겠죠.

사랑하는 조카 미리암 와일리 프레스톤 올림

엄마가 외할머니에게 이 글을 저 대신 써달라고 하셨어요.

외할머니: 애니가 갓난애가 하는 말이라고 다음 말도 내게 쓰라고 했다. 엄마의 마음속에는 같은 이름을 지닌 딸이 하나 더 있기를 바라는 것 같아요. "척 하면 삼천리입니다." 엄마는 어젯밤 잘 못 주무셨어요. 에비슨 의사 선생님이 방에 계셨는데, 엄마가 잘하고 있다고 하세요. 엄마에게는 좋은 간호사가 있답니다.

1905년 10월 7일
한국, 서울

사랑하는 아버지와 어머니,

두 분께서 활짝 핀 아빠 미소를 보실 수 있도록 이 사진에 스냅 사진을 동봉하려고 합니다. 아빠가 이렇게 미소 짓는 이유는 아시다시피 어린 딸 때문입니다. 아기는 7.5 파운드 나가며, 다음 화요일이면 태어난 지 2주가 됩니다. 제가 너무도 바빠서 장모님을 저희 집 비서로 임명하고는 고향으로 보내는 모든 편지를 쓰게 했습니다. 제가 알기로 장모님께서 집으로 두 번 편지하셨을 것입니다. 지난번 편지에는 아기에 대한 묘사를 하여 동봉하기를 원하셨습니다. 오! 제게 아기들은 여성 모자 만드는 사람들과 같습니다. 제가 할 수 있는 최선의 묘사도 일반적인 느낌을 말해주는 것밖에는 안 됩니다. 저는 아기와 무관한 사람들에게 아기가 예쁘다고 정직하게 생각하는지 계속 물었습니다. 저는 아기에 대해서 너무 편견을 많이 가지고 있어서 진짜 진실이 무엇이건 아기가 예쁘다고 생각할 것입니다. 아기가 아주 포동포동하고 활기 넘치는 아름다운 아기라는 저의 솔직한 판단을 모든 이가 확인해 줘서 안도 됩니다. 아기를 보면 플로이가 아기였을 때가 강하게 떠오릅니다. 그러다 보니 아기도 자기 고모 플로이만큼이나 예쁘면 더할 나위 없겠다는 생각이 듭니다. 그런데, 이곳에서 아기 할머니의 모습을 보시면 좋을 것입니다. 장모님은 완전히 새로운 인생이 되셨습니다. 베일리(Bailey)가 말하듯 병아리 한 마리가 있는 암탉처럼 바빠졌습니다. 하나님께서 이 시기에 소중한 아기를 주신 것에 대해서 장모님 때문에 기쁩니다. 장모님은 귀가 어둡고, 한국어도 못하시고, 결과적으로 우리의 사역에 참여도 못하시고, 심지어는 가정의 경제 활동에도 참여를 못하시기에, 이곳에서의 삶이 매우 힘들었습니다. 그런데 장모님과 같은 이름을 가진 아기 때문에 장모님이 바쁘실 것이라 기대합니다. 제가 미리암이라는 이름을 가진 딸이 있는 것이 이상한 우연처럼 보이지 않으신가요? 밝고, 좋은 편지를 써서 제가 청년 시절을 잘 보내도록 도와준, 버지니아의 어린 사촌을 처음 알 때부터 저는 미리암이라는 이름을 좋아했습니다. 저희의 마음은 하나님께서 저희에게 이런 훌륭한 선물을 주신 것에 대해, 하나님의 선하심과 풍성한 축복으로 인해 하나님에 대한 감사가 흘러넘칩니다. 하나님은 어린 리아를 데려가시는 것이 적절한 일이었다고 생각하셨지만, 저희의 삶을 환하게 하고 힘차게 하도록 하나님의 다른 아기를 보내주셨습니다. 그렇지만 아기 엄마는 저 아래에 한강을 굽어보는 작은 무덤을 그리워합니다. 저는 아내가 어린 딸을 볼 때마다 먼저 간 아기를 생각하고 있는 것을 알고 있습니다. 그 아기는 저희의 마음에 첫 번째 자리를 차지하고 있으며, 항상 그럴 것인데, 저희는 그 아기를 곧 보기를 기대합니다. 저희는 하나님께서 두 분께서는 겪지 않게 하셨던 슬픈 일인 첫아기의 사망을 저희 마음에 가지고 있습니다. 그런 사랑과 같은 사랑은 없습니다, 어머니, 그렇지요?

아내는 일주일 전에 약간의 어려움이 있었습니다. 하루를 고열로 고생해서 제가 무척 걱정했습니다. 아내가 있는 방 둘레가 너무도 시끌벅적했습니다. 저희는 장모님을 포함하여 모두를 쫓아냈습니다. 그러자 아내가 곧바로 좋아졌으며 지금은 괜찮습니다. 화요일이면 자리에서 일어날 것입니다. 저는 미국남장로회 한국선교회를 대신하여 인쇄해야 할 것을 편집하느라 아주 바쁜데, 편집하는 데는 개별 보고서도 들어갑니다. 그리고 2년 차 언어 필기시험을 준비하느라 매우 바쁩니다. 우리 선교회는 저희가 광주로 즉시 이주하는 것을 결정했습니다. 그래서 저는 아내가 튼튼해질 때까지 이곳 서울에 레이놀즈 목사 집에 머물게 하고 혼자 2주 정도 내려가서 물건들을 가져오고, 광주에서 저희집 건축하는 것 등을 시작하여, 약 2주 뒤에 가족을 데리러 다시 서울로 올 계획을 하고 있습니다. 저는 목포에서 큰 영적 각성이 있으며 많은 일이 저를 기다리고 있다는 소식을 들었습니다. 저는 내년 사역지로 전과 같은 사역지를 받게 되었습니다. 그런데 머무는 곳은 광주이지요. 이렇게 되면 제가 설교하는 가장 가까운 곳이 60마일 떨어진 곳이 됩니다. 제가 언어 공부도 해야 하고, 덤으로 집도 지어야 하기에, 바쁘게 지내야 우울함이 없어진다면, 저는 내년에 아주 활기찰 것을 기대할 만한 모든 이유가 있습니다. 저희의 개인 보고서 사본을 부모님께 보내드렸는데, 그것들은 별도로 미리 인쇄한 것입니다. 그것을 보시면 저희가 대단한 한 해를 보냈다는 것을 아시게 될 것입니다. 그런데 내년에는 더 크고 더 좋은 해가 되기를 바라고 있습니다. 저희는 이렇게 힘든 일을 하라고 두 분이 저희를 내어놓으신 희생을 하나님께서 좋게 생각하고 계시다는 것과 저희가 이곳에 온 것이 헛된 일이 아니었다는 것을 믿습니다. 저희는 이곳에서 주님의 이름을 영광스럽게 하도록 주님께서 저희의 삶을 사용 해주시도록 기도합니다. 두 분께서 저희 뒤에 기도로 서 계십시오. 그렇게 해서 이 사역의 동반자가 되어주십시오. 저희는 매일 두 분을 생각하고 기도합니다. 아버지 하나님께서 가장 좋은 것으로 두 분을 인도해 주시고 두 분의 건강과 기력을 지켜주시길 기도합니다. 대학에 계시면서 모든 걱정과 문제를 안고 계실 걸 생각할 때마다, 저는 간절히 도와드리고 싶습니다. 제가 몸이 하나라 두 곳에 동시에 있을 수 없는 것에 대해 저 자신을 질책할 정도입니다. 그런데 두 분께서는 과거 진실한 이스라엘인들이 그랬던 것처럼 장자를 내어놓았기 때문에 축복을 받지 못하실 것이 없습니다. 두 분께서 이곳의 안타까운 상황을 보신다면 저희를 보내신 것을 절대 후회하지 않으실 것입니다.

최근 사촌 엘리너에게서 편지를 받았습니다. 엘리너는 완전히 환자가 되었습니다. 안타깝습니다. 엘리너의 심한 고통에 대해서 저는 심각한 두려움이 있습니다. 이런 큰 고통을 겪고 있는 엘리너를 생각하니 무척 마음이 아픕니다.

저의 마지막 편지 이후 집에서 온 편지는 더 이상 없습니다. 저희 우편물이 목포에 산처럼 쌓여있거나 다른 곳으로 가버린 것 같습니다.

저의 사랑 가득한 인사에 아내도 함께합니다. 가족들에게 사랑의 입맞춤을 보내드립니다.

사랑하는 아들 페어맨 올림

추신: 아기가 태어난 것과 관련해 두 분께 은밀히 말씀드릴게요. 그때 저는 서울을 가로질러 2.5마일 떨어진 곳에서 연례회의에 참석하고 있었습니다. 2시에 제가 아내에게서 연락받았고, 에비슨 박사와 서둘러 갔습니다. 아기는 우리가 도착하기 2시간 전에 태어났습니다! 아내는 이화학당에서 점심을 먹었고, 1시 30분 정도에 자기 방으로 내려갔습니다. 아기는 2시 5분에 태어났습니다. 진통이 약 30분뿐이었습니다! 마취제를 쓸 시간도 없었고, 마취제를 사용할 필요도 없었습니다. 병원을 담당하는 커틀러 의사와 에즈먼즈 간호사가 그 자리에 있었고, 아주 훌륭하게 출산을 도왔습니다. 그렇지 않았다면 당혹스러운 상황이 되었을 것입니다. 그날은 폭풍우가 쳤고 장대처럼 비가 쏟아졌습니다. 아내는 그날 남장로회 연례회의에 참석할 계획을 했었고 그 전날도 참석했었습니다. 그런 장대비가 아니었으면 아내가 회의에 참석했었을 것입니다. 그 비가 주님의 섭리가 아니었다고 누가 감히 말할 수 있겠습니까?

아내는 완벽한 엄마인 것이 드러납니다. 저는 아내를 볼 때마다 가슴이 벅차오릅니다. 정말 사랑스러운 사람입니다. 아내가 여자들 속에서 선교 사역을 해 나가는 것을 보면 두 분의 심장에 도움이 될 것입니다. 아버지, 하나님께서 아내를 저에게 주셨다고 아버지께서 말씀하셨는데 아버지 말씀이 옳습니다. 저는 그런 선물을 받을 자격이 안 됩니다.

1905년 10월 11일
한국, 광주

사랑하는 "아기 엄마와 할머니께"

프레스톤 목사의 출발시간이 가까워져서, 몇 마디 "인사" 말씀을 전해 드려야겠다는 생각이 들었습니다.

3대까지 세 명이 모두 잘 지내고 있다는 말을 듣고 기쁩니다. 세 사람 모두 보고 싶으며 "세 번째"를 더 잘 알고 싶습니다.

정착하는 것에 대해서 우리가 어떻게 하고 있는지 프레스톤 목사께서 부인에게 말씀하실 것입니다. 작은 집은 너무도 "엉망이고", 먼지가 많고, 곰팡이도 많이 슬고, 쥐도 많아서 우리가 그곳에서 처음부터 새롭게 시작하는 것보다는 큰 집으로 가는 것이 어려움이 훨씬 덜하고, 편리함은 더 많겠다는 생각이 들었습니다. 벽에는 벽지나 페인트가 전혀 없었습니다. 그렇지만 우리는 벽 대부분을 하얀 한지로 덮었는데, 벽지를 한 번 더 바르기 위해 면밀히 살펴볼 때까지는 바른 벽지가 반듯하게 될 것입니다.

오웬 목사 부부는 건강하며, 새집에 거의 정착했습니다. 우리는 그들 부부와 점심을 같이 먹었고, 그다음 날은 우리의 새집에서 저녁을 먹었습니다. 그래서 작은 집에서는 식사를 한 번만 했습니다.

난파된 안투 마루(Antu Maru)[235]에 있던 우편물 얼마를 어젯밤 받았습니

---

[235] It was Saturday night and the good ship *Antu Maru* was nosing her way up the western coast of Korea in thick fog among the treacherous mud banks, swirling tide-rips and shifting currents. The captain was new to the course, and even if he had not been he could scarcely have guessed his way on such a night. An older hand would have anchored and waited for day. The steamer carried a goodly number of passengers, the total of crew and passengers being about 150. Among the passengers was an American gentleman and his wife, and a young lady who was looking forward to her wedding day within a week.

다. 편지 중 하나는 우리가 목포로 갈 때 우리에게 전해진 부인의 편지였습니다. 오웬 목사 부부가 그 편지를 서울로 보냈습니다. 아기 엄마가 쓴 부분은 겨우 읽을 만했고, 아기 할머니가 쓴 부분은 좀 더 분명한 글씨였습니다. 리비(Libby)[236]가 저에게 보낸 편지 중의 하나는 전혀 읽을 수가 없었습니다.

친정어머니(Mother Bull)께서 아기 할머니의 편지를 정말 고맙게 생각하셨습니다. 그런데 머무시기로 한 시간이 다 되어서 귀국하셨을 거로 생각하여서 편지를 드리지 못하였습니다. 친정어머니께서 아기 할머니가 어디에 있는지 편지로 물어보셔서 제가 답해 드렸습니다. 곧 편지하실 것입니다.

두 분에게 사랑을 전합니다.

두 사람의 좋은 친구 마가렛 W. 벨

추신: 동봉된 것을 레이놀즈 부인에게 전달해 주세요.

어머니께서 벨 부인이 보낸 이 편지를 당신에게 보내라고 하십니다. 벨 부인은 참 좋은 사람입니다. 그녀를 제대로 아셨으면 합니다. 그녀만큼이나 계속해서 점점 저의 마음에 드는 사람을 알지 못합니다.

애니

---

These three were the only westerners on board, the rest being Japanese and Koreans. (*THE KOREA REVIEW*, Vol. 5, No. 9, September 1905)

[236] Elizabeth Augustine Alby Bull(1869.11.26~1957.5.11). 불 목사의 아내. 벨 부인은 불 목사의 누나임.

1905년 10월 21일
한국, 광주

사랑하는 와일리 부인에게,

저희 모두는 부인께서 광주로 오시는 일이 가까워진 것에 기뻐하고 있습니다. 프레스톤 집을 위해서 집터와 목재들이 준비되는 것을 지켜보는 것이 놀랍게도 흥미로운 일이라는 것을 아시게 될 것입니다. 집터는 아름답게 될 것입니다. 앞에 있는 두 개의 테라스는 굉장히 웅장해 보일 것입니다.

딸아이[237]가 며칠 전 부인에 관해 한마디 하더군요. 저희 집 전면 침실에서 주무시면 좋겠다고요. 사랑방보다는 덜 붐비는 장소를 가지실 때까지 그렇게 하시면 어떨까 싶습니다. 부인을 저희 집에 모시는 것이 저희에게는 큰 영광이겠습니다. 부인께서 저희 방을 쓰시면 저희가 미리암에게서 약간의 시간을 훔쳐 가기가 더 쉬울 수 있을 것 같습니다. 꼭 고려해 주세요.

프레스톤 부인이 쉽게 출산했다는 것과 미리암이 아주 좋은 딸이라는 것을 듣고 아주 감사했습니다. 저의 남편은 아기 이름이 예쁘다고 생각하는데 저도 그렇게 생각합니다. 정말 그 아기가 보고 싶습니다.

부인과 가족 모두에게 많은 사랑을 전해 드립니다.

부인의 신실한 벗 G. W. 오웬[238] 배상

와일리 부인의 글:
오웬 부인이 내게 그들의 새집에서 지내라고 하니 정말 인정이 많구나.

---

[237] Mary Virginia Owen(1901.10.3~1995.3.9).
[238] Georgiana Emma Whiting Owen(1869.9.12~1952.1.24).

벨 부인이 사랑스럽다. 군산에서 열리는 한국인 기독교 사역자들을 위한 사경회에서 벨 목사가 도움을 주려고, 벨 목사 부부와 헨리가 군산으로 오늘 가려고 했었는데, 벨 목사에게 류마티즘이 생겨서 오웬 의사가 대신 갔단다. 실망이 컸다. 벨 부인[239]은 동생인 불 목사와 그의 가족들과 함께하게 될 것을 학수고대했거든.

필라델피아에서 안경을 주문할 예정이다. 청구서는 너에게 보내도록 하마. 엄마가 "휴가"에서 복귀하면 갚을게. 그러니 잘 지켜보고 있으렴!

---

[239] Margaret Whitaker Bull Bell(1873.11.26~1919.3.26). 불 목사의 누나. 1904년 5월 10일 Eugene Bell 목사와 결혼함. 불 목사(Rev. William Ford Bull, 1876.2.02~1941.12.17)는 1899년부터 1940년까지 군산에서 선교함.

1905년 10월 23일
한국, 서울

사랑하는 언니에게,

언니와 같은 이름을 가진 아이가 태어난 후, 나는 언니에게 편지를 하고 싶었어. 또한 언니가 8월 29일 자로 보내준 좋은 내용의 흥미로운 편지를 받았을 때, 즉시 편지를 해야겠다고 생각했어. 그런데 글을 쓰면 피곤해져. 그리고 목포에서 외롭게 있는 남편을 북돋아 주기 위해서도 편지를 써야 했어. 그 편지가 내가 할 수 있었던 편지 쓰기의 거의 전부였어.

엄마가 언니에게 내 딸이 얼마나 속도가 빠른지 편지에 쓰셨을 거야, 그렇지 않아? 딸아이는 자기 아빠와 에비슨 의사에게 출산 파티에 올 시간을 주지 않았어. 나는 그 아이가 그때 빨리 행동한 것에 대해서 반대하지 않았어. 여자들이 16시간에서 36시간의 진통을 어떻게 견디는지 나는 모르겠어.

미리암 와일리는 예쁘고 통통한 딸이야. 딸이 언니와 엄마를 닮을 것이라고 믿어. 불쌍한 엄마는 우리가 이곳으로 오고 난 이후에 간호사와 유모 역할을 해야만 했어. 아기는 병원에 있었을 때보다 이곳에서 훨씬 더 많은 배앓이를 했어. 내가 아기 돌보는 것 대부분을 하려고 했었는데, 애 보다가 허리가 나가서 아기를 드는 것을 대부분 엄마에게 맡겼어. 하루이틀 나는 굉장히 지쳤는데, 잘 쉬었고 지금은 한결 나아졌어.

오늘 날씨가 참 좋아. 언니가 10월의 밝은 햇살을 받는 울통불통한 산들을 볼 수 있으면 좋겠어. 나는 그 산들을 보려고 마당으로 나갔어. 우리는 레이놀즈 목사 가족과 정말로 즐겁게 지내고 있어. 그분들은 매력적이야.

10월 24일

남편은 내가 여유 시간이 많이 있을 때 나에게 이것저것 해보라고 해! 아이에게 얼마나 많은 시간이 들어가는지 모르거나 잊어버렸을 거야. 아기는 내가 편지 쓰는 것도 싫어해. 항상 깨어있으면서 관심을 받고자 하지. 내 불쌍한 한국 아이! 그 아이는 전국 어디에나 있는 불만거리를 가지고 있는데 그것은 수다라고 해. 이렇게 어린아이 때문에 웃다가 배꼽 빠진 미국인(Yankee)들이 얼마나 많은지.

오늘, 딸아이는 매우 방치된 아기처럼 느꼈어. 오늘 클라크 목사 부부의 아기가 많이 아팠는데 그 아이를 달랠 수 있는 것이 아무 것도 없었어. 그래서 내 모유가 필요한 것보다 많다는 것을 듣고, 사람을 나에게 보내서 그 아기에게 내 모유를 먹여도 되냐고 물어왔어. 그 아기는 세브란스(Severance) 병원에 있는데, 레이놀즈 목사의 집에서 3마일 떨어져 있고, 거기로 가는 것이 좀 번거로운 일처럼 보였어. 그런데 나는 그 부부를 정말로 돕고 싶어서 병원으로 가서 아기에게 내 모유를 먹여보겠다고 했어. 그 아이는 먹으려고 하지 않았어. 어떻게든 먹여보려고 오랜 시간 애쓴 다음에, 유축기(乳蓄機)를 사용하였어. 그러다 보니 돌아오는 데 한 시간이 늦었어. 그러자 미리암이 엄청 난리를 피웠지. 엄마는 정말로 기진맥진하셨어.

11월 5일 목포

이 편지는 너무도 오래 끄는 편지가 될 운명이야. 우리는 목포로 돌아와서 아주 많이 찢겨 나간 집에 있어. 남편이 우리가 서울에 있는 동안 모든 물건과 가재도구를 포장했어. 그것들은 지금 선착장에 내려가 있는데 광주로 가져가게 기다리고 있어. 우리는 우리 집에서 잠은 자고, 먹는 것은 스트래퍼 선교사 집에서 먹어. 굉장히 불편한 조치야. 우리가 아기를 두 집에서 왔다 갔다 데리고 다닐 수도 없고, 집에 그냥 놔둘 수도 없기 때문이야. 날씨만 괜찮으면 우리는 화요일에 광주로 떠날 거야. 많은 이유로 나는 이곳을 떠나기가 정말 싫어. 주요한 이유로는 남편이 이곳을 담당하게 되어서 집에서 떨어져 있어야 하고, 겨울 날씨에 밖에 너무도 많이 나가 있어야 한다는 거야. 지금 이곳에서는 양반들 사이에서 놀라운 관심이 생겨나고 있어. 그래서 남편은 이곳에 충분히 자주 있으면서 사역을 면밀히 살피고, 이렇게 생긴 흥미를 이용하며, 위험한 흐름은 어떤 것이든 걸러내기를 원해. 나도 이곳 여성들 중에서 좋은 친구들이 있어서 그들을 떠나는 것이 정말 싫어. 그런데 벨 목사 부부와 오웬 목사 부부와 같이 있을 수 있고, 이곳의 거센 바람에서 벗어날 수 있다면 기쁠 거야.

내가 쓰고 싶은 것은 너무도 많고, 서둘러 쓸 수밖에 없어서 내 편지가 다소 두서없지 않나 싶어.

언니가 다른 사람에게 말하지 않았으면 하는 한 가지가 있는데 그것은 로라 코잇이 이 사역에서 우리와 함께하기 위해서 나온다는 것이야. 나는 로라가 존(John)을 기려서 나오는 것이길 바라. 그리고 그 이유로 우리 가족이 그녀의 봉급을 모금했으면 좋겠어. 내가 기꺼이 300달러 또는 350달러를 낼게. 현재 봉급은 550달러인데, 내년에는 아마도 650달러로 올라갈 거야. 언니도 참여하고 싶어? 그러면 얼마나 낼 거야? 큰오빠 부부도 뭔가를 주고자 할 거라고 언니는 생각해? 우리가 로라의 봉급에 대해서 준비할 수 있다면, 그녀는 내년에 나올 거야. 언니가 무엇을 할 수 있는지 알아봐 줘. 그런데 밖에는 말하지 말아줘. 로라는 아직 이 일이 사람들에게 알려지기를 원하지 않아.

### 11월 19일 광주

드디어 우리의 작은 겨울 숙소에 있어. 우리는 벨 목사 부부의 새집에서 첫 주를 보냈어. 그 시간에 우리는 하인들에 대해서 알아봤고 우리 집을 정리했어. 수리해야 할 것들이 많이 있었고, 바꿔야 할 것도 몇 개 있었어. 우리는 수요일에 벨 목사 부부의 집에서 올라왔고, 그 후로 계속 너무도 바빴어. 나는 이 아름다운 가을날을 보려고 고개 한 번 들 수가 없었어. 그래서 나는 정말로 초조하고 바보 같아.

여기에서 우리 집터 고르기 작업이 어떻게 되어가는지를 지켜볼 수 있어. 정말 흥미로워. 일꾼들이 작업하는 사진을 몇 장 찍었으면 해. 약간 늦어져서 봄이 되어서야 집은 완성될 거야. 실행위원회가 너무 인색해서 그때 집이 완성되면, 우리가 직접 일을 해야 할 거야. 그런 다음 우리는 가구가 더 필요할 거야. 어찌 되었든, 나는 고향으로 갈 돈을 언제 모을지 모르겠어. 내 친구들이 우리를 얼마나 보고 싶어하는지는 언니가 내 친구들에게 모금하는 모자를 돌려보면 알 거야!

언니에게 편지해서 알아보고 싶은 사업에 관한 일이 많아. 그런데 그런 일에 대해서 편지할 만큼 내 머리가 맑지 못해. 언니가 고향집을 사려고 계획한 것은 잘한 일이라고 생각해. 언니가 그 집을 가져야 한다고 나는 생각해. 언니가 작은올케보다 훨씬 그 집을 좋아하기 때문이고, 작은오빠가 그 집을 유지하려고 하면 너무 많은 돈이 들 것이기 때문이야.

오린 씨에게 말해서 내 계좌의 명세서를 보내달라고 하면 안 돼? 그 사람에게 서너 번 편지했는데, 아무 소식도 듣지 못했어. 최대한 빨리 명세서를 보내달라고 말해줘.

우리가 중국에 있는 동안에 내 "유산"에 대해서 언니에게 편지해서 말했는데, 언니가 그 편지를 받지 않은 것이 확실해.

언니가 잉골드 의사 편으로 보내는 것들에 대해서 정말 고마워. 재단사에게 양복을 약간 수선해달라고 했어. 아주 유용할 것 같아. 혁대는 보기가 좋은데 맞지 않았어. 지금은 맞을 수도 있어. 작은 책은 정말 위로가 되었어. 내가 그 책을 몰래 내 방으로 가져가서는 다리미 청소하기 같은 주제에 대해서 읽고 나와서 내가 평생 다리미를 청소해 온 사람처럼 지시한다니까. 정말 괜찮은 제도(制度)야. 아침에 일찍 일어나서 일주일 분량의 세탁을 하는 법을 배울 거야.

전망이 아주 좋은 요리사가 있는데, 그는 아무것도 몰라. 그런데, 우리가 아주 운이 좋아. 벨 목사의 뛰어난 요리사가 요리를 포기하고 놀란 의료선교사에게서 의학을 공부하기로 마음먹었어. 그 사람은 벨 목사 부부의 새 요리사를 가르쳤는데, 놀란 의료선교사가 자기 물건을 정리하는 동안, 식사 한 시간 전에 이곳으로 와서 우리 요리사를 가르쳐. 실제인지 꿈인지 알아보려고 자꾸만 내 자신을 꼬집어 본다니까. 나도 다시는 그렇게 무기력하지 않고 싶어서 그 사람에게 요리를 배우고 있어.

우리 집 사환은 목포에서 우리의 행랑아범이던 사람이야. 우리는 그 사람에게 너무 많은 지시를 내렸고 그 사람이 우리를 떠난 문제 많았던 동영이가 하던 사악한 습관을 갖게 되면 즉시 파멸시킬 거라고 위협했더니 사환은 너무도 겁이 난 표정을 하고 다니고 있어. 목포에서 하인들과의 경험 때문에 나는 매우 사나워졌어. 언니는 내가 예전처럼 하인들에게 편하게 대하고, 인정 많은 사람이 아닌 것을 보고 놀랄 거야. 동영이가 부수지 않거나 훔쳐 가지 않은 것을 모아보면 아주 작은 공간만 차지할 거야. 그 아이가 요리 기구를 팔아먹지 않아서 놀랐어. 형부가 우리가 먹는 밀가루 양을 보면 놀랄 거야. 한 사람이 한 달에 어떻게 50파운드를 먹을 수 있지? 선교사치고는 다소 풍부하게 사는 것 아닌가! 놀란 의료선교사가 혼자 목포에 있던 때에는, 50파운드짜리 밀가루 봉투를 두 개를 사용했어.

언니가 현재 우리 사는 곳을 봤으면 해. 정말 귀여운 작은 부엌 겸 창고가 있어. 나는 그것이 마음에 들어. 우리 침실은 한국 바닥이고 우리는 아기가 누워있는 바구니를 "뜨거운 곳"에 놓아두는데, 아기는 새끼 고양이처럼 편안하게 자. 밤이고 낮이고 온도가 똑같아. 그래서 아기에게는 장작 화로보다 훨씬 좋아.

며칠 전에 베스 파커(Bess Parker)로부터 아주 긴 편지를 받았어. 사촌들 소식을 전부 전해줬어. 언니, 클리브스(Cleaves) 부인의 사망에 대해서 들었어?

알버트 시드니(Albert Sidney)의 무덤에 바치라고 하일리히(Heilig) 부인에게 꽃을 보내주려고 해. 나 대신 언니가 그렇게 해줄 수 있어? 그렇게 좋은 친구가 죽었다고 생각하니 너무도 슬퍼. 정말 믿기지 않아. 우리에게 가장 진실했던 친구 중 한 명이었는데. 그에 대해서 너무도 많이 생각하다가 병원의 창밖을 봤더니 깨끗한 가을 햇살이 눈에 들어왔어. 우리는 가을이면 항상 그렇게 멋지게 타고 다녔었지.

예쁜 조카들에게 나 대신 사랑의 입맞춤을 해주고, 미리암을 볼 수 있으면 좋겠다고 내가 그러더라고 말해줘. 벨 목사의 아들 헨리가 아기를 너무도 좋아하고 아기를 붙들고 있는 것을 좋아해. 자기 집에도 아기가 있기를 간절히 바라고 있어.

언니가 편지할 때, 천사같은 언니 아들들에 대해서 꼭 말해줘. 그 아이들에 대해서면 뭐든지 소식을 듣고 싶어.

나의 모든 친구에게 많은 사랑을 전해주고 내가 편지하고자 한다고 말해줘. 나의 모든 잘못에도 불구하고, 내가 여전히 그들을 사랑한다고 말해줘. 언니가 이 편지를 큰올케에게 전해줬으면 해. 내가 시도는 해보겠지만 언제 편지할 시간이 있을지 몰라서 그래.

내 사랑을 형부에게 전해주고, 언니와 어린 아들들을 데리고 우리를 방문하러 올 준비를 하라고 해줘.

사랑하는 언니에게 사랑 가득한 마음을 담아서 보내.

사랑하는 동생이

미리암이 "이모"에게 사랑의 입맞춤을 보내.

\* 다음은 프레스톤 목사가 쓴 글

왜 아내가 저의 사랑은 포함하지 않았는지 저는 모릅니다. 아내가 제 사랑을 독차지하려고 했는지도 모르겠습니다. 그런데 처형에 대한 사랑도 많이 있습니다. 우리는 이렇게 힘든 시기에 자주 처형에 대해서 생각하고 말하고 있습니다. 외국 사역지의 가장 큰 어려움은 사랑하는 사람과 떨어져 있는 것입니다. 우리는 절대 이별에 익숙하지 못할 것입니다. 매일 우리를 위해 기도해 주세요. 그리고 처형이 후원하는 선교사의 사역에 동참해 주세요.

사랑하는 페어맨

추신: 언니에게 한국에서 살 수 있는 가장 아름다운 것에 대해서 말하려고 했어. 놋쇠로 된 화로, 놋쇠 대야, 아름다운 오래된 놋쇠 세공이 있는 자개장이야. 아주 정교하게 만들어진 한 쌍의 자개장을 봤는데, 진주로 아름답게 상감되어있고, 가장 예쁜 놋쇠로 된 모서리와 자물쇠가 있는데 45달러에 팔렸어. 나는 정말 그것들을 갖고 싶었어. 그런데 돈이 없었어. 언니가 그 장식장 중 하나를 사고 싶으면 약 25달러를 보내줘. 그러면 내가 레이놀즈 부인에게 부탁해서 언니 것을 하나 봐달라고 할게. 그런 장식장은 점점 더 귀해지고 비싸져. 내가 돈을 충분히 모으면, 그런 장식장과 놋그릇을 살 거야.

에비슨 의사가 새로 태어난 사내아이 이름을 에드워드(Edward) 왕과 세브란스(Severance) 병원을 세운 세브란스 씨의 이름을 따서 에드워드 세브란스로 지었다는 것을 내가 큰올케에게 말해주기를 엄마가 바라셨어. 에비슨 의사는 영국 요크셔(Yorkshire)에서 태어났는데, 그의 가족 전부가 영국 국왕의 아주 충실한 백성이야.

1905년 10월 23일
한국, 목포

사랑하는 아버지,

아버지께서 하시는 일, 가족들이 하는 일, 그리고 학교 관련 일이 아주 많이 들어있는, 아버지께서 9월 11일 자로 보내신 편지를 어제 받고 기뻤습니다. 올해 전망이 좋다는 것을 듣고 아주 기뻤는데, 최고의 해가 되기를 희망합니다. 학교의 역사를 되돌아보면 아버지를 고무시키는 모든 것이 있지만, 고백하자면, 가족의 건강 면에서는 아버지를 낙심시키는 것들이 많습니다. 가족 모두 혹사당하는 것이 너무도 큽니다. 그래서 저는 아버지께서 "항복"하고 싶은 생각을 매년 하시는 것에 대해서 놀라지도 않습니다. 특히 혹사당하는 것은 어머니에게는 좋지 않습니다. 가족 누구나 대학 생활의 소용돌이에서 벗어나서 저희에게 와서 조용히 쉴 수 있으면 좋겠지만 제가 이렇게 먼 곳에 있는 것이 얼마나 큰 시련이나 희생인지 모르실 것입니다. 저도 아버지를 간절히 돕고자 합니다. 그런데 너무도 멀리 떨어져 있고 학교 일을 손댈 수 없다고 느낍니다. 그러다 보니 전에 가정에 대한 사랑과 외국 사역의 부름 사이에서 고뇌하던 가슴 아픈 주제가 다시 생각납니다. 저희가 외국 사역지에 있기에 우리 가족 모두와 관련된 엄청난 희생은 다달이 더 분명해집니다. 그렇지만 저희는 하나님께서 저희를 불러서 하라고 명하신 것 외에 다른 것은 하지 않았다고 느낍니다. 복음을 전하는 자가 되어 고향에 머물 능력이 저에게는 전혀 없었습니다.

우리가 이 사역에서 풍성하게 복을 받고 있다는 것을 말씀드릴 수 있어 기쁩니다. 어제는 목포교회의 역사에서 가장 큰 날이었습니다. 제가 37명을 교인으로 받아들였는데, 9명에게 세례를 주고, 27명은 학습교인이 되었습니다. 우리는 장로 1명과 집사 3명을 선출했습니다. (제가 이들을 6개월간 교육할 것입니다.) 교회당을 두 배로 만들기로 전에 결정했었기에, 어젯밤에는 첫 시작으로 교인들이 1,157냥을 헌금했습니다. 이 돈은 242엔과 같은 것인데, 봉급의 규모를 비교해 보면, 미국에서는 600달러와 맞먹습니다. 교인들이 2,000냥을 모을 것이고, 우리가 아마도 이 돈에 1,000냥을 더 보탤 것입니다. 현재 이곳에서 엄청난 영적 각성이 일어나고 있습니다. 한 달간 교회당은 미어터졌습니다. 어제는 사람들이 들어차지 않은 마룻바닥이 한 공간도 없었습니다. 제가 어림잡아 보니 400명이 참석했습니다. 이곳의 지도자들이 우리에게 오고 있습니다. 거기다 더해서, 모든 곳에서 사역이 열리고 있습니다. 지난 10일 안에 또 다른 군 지역이 복음에 문을 활짝 열었습니다.

아버지께서는 바로 이러한 때에 이곳을 제가 떠나야만 하는 것을 제가 얼마나 싫어하시는지 상상하실 수 있을 것입니다. 그런데 저희가 광주에 있어야 하는 것이 거의 절대적일 수밖에 없는 상황이 있습니다. 그래서, 저는 선교회와 선교부의 지시에 순응하여, 지금 이삿짐을 싸고 있으며 다음 주 광주로 옮겨가서 살 것이며, 그곳에서 목포 이곳을 사역할 것입니다. 가장 가까운 설교 장소가 60마을 떨어져 있는데, 길도 없고, 안장 앉힌 말도 없는데 어떻게 살 수 있을까요? 이곳 사역은 고향에 있는 가족들은 아무리 해도 상상할 수 없는 신체적 고통이 따릅니다. 그렇지만 이 사역을 하며 얻는 즐거움 때문에 불편한 것들을 잊게 됩니다. 또한 이곳 삶에 익숙해지게 됩니다.

처와 장모님과 아기는 여전히 서울에 있습니다. 금요일 이곳을 떠나서 그들을 데리고 올 것입니다. 데리러 가기 전 모든 짐을 싸고 이사할 준비가 되었으면 합니다. 2주 전 서울에서 떠난 이후로 제 인생에서 이렇게 외롭고 향수병에 걸린 적은 없습니다. 집 주변의 모든 것을 보면 아내가 떠오릅니다. 또한 저는 아기가 너무도 좋아서 바보가 된 듯합니다. 물론 아기는 숨 쉬는 생명 중에서 가장 아름답습니다. 아마 아기가 자기 엄마를 빼다 박았기 때문일 것입니다. 최대한 빨리 사진을 보내드리겠습니다. 아내는 더할 나위 없이 행복하며, 아기에 대해서만 말하고 글 쓰고 생각합니다.

　인제 그만 써야겠습니다. 어머니와 여동생들에게 사랑을 전해주세요. 아버지와 짐이 저의 사랑을 가져가시고 남은 사랑은 리아와 바크먼에게 전해주세요. 전달할 사랑이 많습니다. 보그스 목사 부부, 맥파랜드 양, 해그스트럼 교수님께 저의 안부를 전해 주세요.[240] 그분들을 자주 생각합니다. 어머니와 플로이의 건강이 많이 회복되었기 바랍니다. 아이다의 엽서를 재미있게 읽었습니다. 이렇게 엉망인 글씨를 용서해 주십시오. 서둘러 쓰지 않으면 전혀 쓸 수 없답니다.

　　　　사랑하는 아버지의 아들 J. 페어맨 프레스톤 올림

　존 헤피(John Heffey) 판사의 죽음에 대해 듣고 마음이 좋지 않았습니다.

---

[240] 치코라 대학 교원 관련 1904년 11월 9일 자 편지 각주 참조.

### 1905년 10월
### 프레스톤 목사의 장모가 서울에서 목포로
### 오는 길에 쓴 편지나 묘사하는 글의 일부

사랑하는 딸에게,

머리를 자르고 어두운 색깔의 옷을 입도록 명령받은 한국인들. 석탄공. 에비슨 의사 집으로 가는 도중 가마에서 본 서로 다른 옷들.

이화학당에서 우리가 옮긴 것. 갓난아이와 함께 인력거를 잘 타고 감. 아기가 한 달 됨. 애니는 동소문[241] 바깥에 있음. 레이놀즈 목사가 자전거를 타고 우리와 함께 감. 소나무 사이에서, 또한 궁궐 뜰 옆의 좋고 넓은 거리를 따라서 레이놀즈 부인과 기분 좋은 산책함. 가을 나뭇잎들, 진한 녹색의 소나무들, 산꼭대기들, 구름과 하늘.

### 10월 24, 25, 26, 27일

27일은 에비슨 의사의 집에서 하루를 보냈다. 네 명이 메는 가마를 타고 갔고, 아기는 인력거를 탔다. 평상시처럼 나는 거리 풍경에 많은 관심이 있었다. 많은 검정 모자와 다양한 색상의 겉옷들을 보면 일본 관리들이 내린 명령에 복종하는 것을 알 수 있다.

나는 전에 서울에 이렇게나 많은 중국인이 있다는 것을 깨닫지 못했다. 중국 사내아이들은 정말 웃긴 아이들이다.

클라크 목사의 그 불쌍한 것이 그날 매우 아프더니 주일에 죽었다.

### 28일, 토요일

막냇사위가 도착했다.

---

[241] 동소문(Northeast Gate, 혜화문, 惠化門), 서소문(Southwest Gate, 소의문, 昭義門), 남소문(Southeast Gate, 광희문, 光熙門), 북소문(Northwest Gate, 창의문, 彰義門).

30일, 월요일

레이놀즈 부인이 친구 몇 명을 초대해서 오후에 잔치(afternoon reception)를 벌였는데 무척 즐거웠다. 그녀는 뛰어난 가정주부인데, 아름다운 가정을 꾸리고 있다.

31일, 화요일

아기 사진을 찍으려고 했다. 일본인 사진사가 제대로 찍었는지 모르겠다. 홀(Hall) 목사 부부[242]가 찾아왔다.

11월 1일, 수요일

우리는 선한 친구들과 작별하고 11시 기차를 타고 제물포로 향했다. 역까지는 인력거를 타고 갔다. 제물포에 도착해서 스튜어트(Stewards) 호텔로 가서는 늦은 오후까지 그곳에 머물다가 거룻배를 타고 오하이오로 갔다!!! 정박지에서 떠난 시간이 6시 혹은 그 이후였음이 틀림없다. 내려오는 데 괜찮았고 목포에는 다음 날 오후 1시와 2시 사이에 도착했다. 홉킨스 부인이 세관 배를 타고 우리를 마중하러 나왔고, 육지로 데려다 주었다. 홉킨스 씨는 선착장에서 기다리다가 우리를 따뜻하게 맞아주었다. 작은 항구는 내일 있을 일본 황제의 생일[243]을 기리기 위해서 화려하게 장식되고 있었다. 제물포에서는 일본 군인들의 귀국 환영식을 위해 상록수 아치들이 세워져 있는 것을 봤다. 일본 군인들은 막냇사위가 제물포로 온 날 돌아왔다. 사위는 바랴크(Variag)[244]가 그날 일본으로 가려고 항구에서 떠나는 것을 봤다. 오하이오에는 우리 말고는 외국인은 2명밖

---

242 Ernest F. Hall(1868.3.7~1955)와 Harriet McLear Hall(1842~1959) 부부.
243 메이지 천황(1852.11.3~1912.7.30, 재위: 1867.2.13~1912.7.30).
244 바랴크는 방호순양함(protected cruiser)로 1899년 10월 31일 진수했으며, 1904년 2월 9일 제물포 해전에서 자침함.

에 없었다. 페이지(Page)라는 이름의 영국인으로 영국 소유의 광산에 갔다 온 사람이다. 날씨는 줄곧 좋았는데, 금요일 오전 중간 즈음에는 강풍이 불기 시작하더니 하루 밤낮 계속되었고, 다음날도 그랬다. 정말 차갑기도 한 바람이었다. 밤 동안에 눈이 조금 내렸다는 것을 오늘 아침에 알고 놀랐다.

11월 2일, 목요일

우리는 스트래퍼 선교사와 식사를 같이 했다. 금, 토, 그리고 일요일의 일부에 그녀의 요리사가 우리에게 식사를 제공했는데, 스트래퍼 선교사는 금요일 아침에 떠나고 없었다. 그 후 요리사가 파업을 해서 우리는 화요일 점심까지 야영하듯 식사했다. 우리는 화요일 점심 때 긴급한 초대를 받고 나갔으며, 일주일의 불편한 시간을 아주 아름답게 마무리했다.

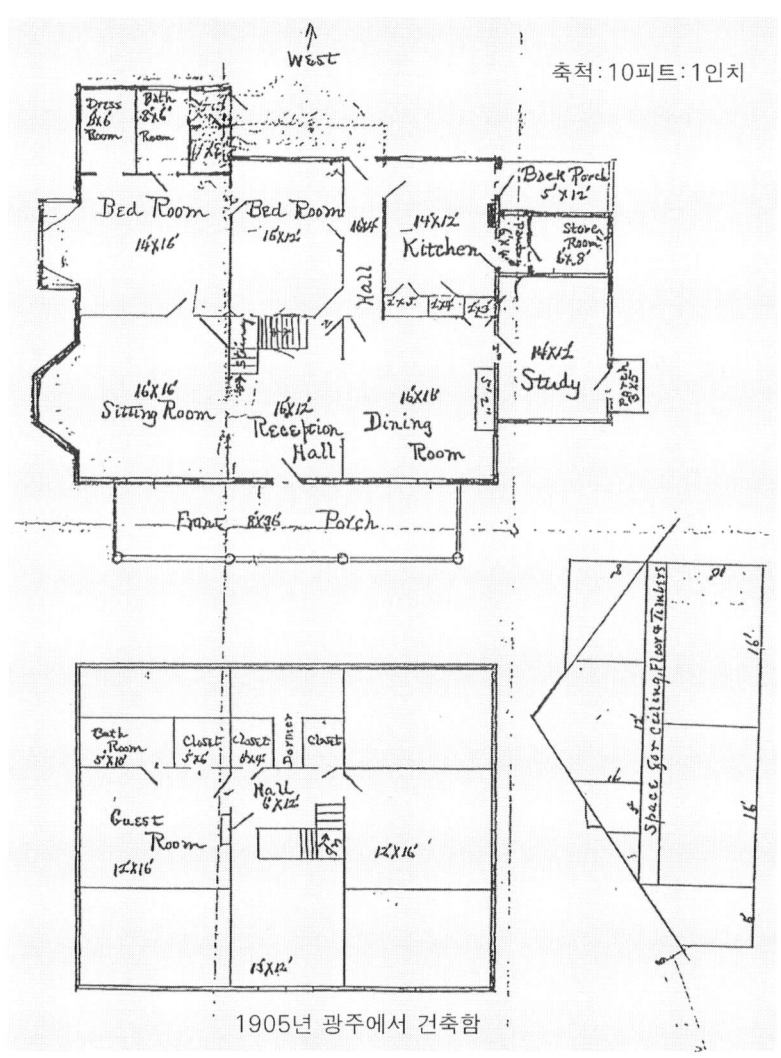

페어맨 프레스톤의 광주 집 평면도

1905년 11월 12일
한국, 광주

사랑하는 아버지와 어머니,

제가 설교가의 아들로 태어난 덕에 이사라는 끔찍한 시련에 익숙해져서 이사에 대한 공포를 많은 부분 잃게 되었기에 최근 특별히 감사하고 있습니다. 저희가 마침내 한국에서의 집이 될 장소에 저희 모든 짐을 가지고 안전하게 있습니다.

저희는 모든 면에서 아주 큰 복을 받았습니다. 11월 1일 서울에서 떠나서 이쪽 바다를 운항하는 최고의 배를 타고 좋은 날씨에 목포로 왔습니다. 도착한 바로 그다음 날 태풍이 몰아치더니 지난주 일요일에는 눈발도 날렸습니다. 저는 모든 짐을 꾸렸습니다. 그래서 저희는 날이 좋아지기를 기다리는 며칠 동안 진정한 선교사의 고난을 즐겼습니다. 목포 해관의 세무사와 그의 아내는 저희에게 친절함 그 자체로, 저희가 목포에서 보낸 마지막 날 저희를 대접해 주었습니다.

마침내 저희는 출발했습니다. 그런데 출발일은 2년 전 저희가 목포에 도착했던 날인 11월 8일과 겹쳤습니다. 그날 아침에 괜찮은 일본 론치(증기선)가 강을 따라 올라가는 첫 항해를 하는 날이라 초대받은 많은 손님이 타고 있었고 특별 허가를 받아 저희도 이용할 수 있었습니다. 영포까지는 한국 배로 아주 빨라야 2일이 걸렸는데, 이 배로는 단지 4시간 만에 가게 되었습니다. 꿈만 같았습니다. 개방되어 있는 한국 배를 타고서 너무도 지루하게 너무도 자주 여행했었던 노선 위를 편리함을 모두 갖춘 그 배로 빠른 속도로 달리는 것은 마치 꿈만 같았습니다. 아내와 장모님은 선교사들의 고난을 "옛날 일"로 만들어버린 그 여행에 대해서 매일 고마워했습니다.

일본 여관에서 하룻밤을 보낸 후, 저는 두 사람을 가마에 태워서 놀란 의사의 호위를 받으며 광주로 가게 했습니다. 날씨가 더할 나위 없이 좋았으며, 그들은 건강한 모습으로 도착했습니다. 저는 짐꾼들과 반나절 간 다음, 말을 타고 뒤를 따랐습니다. 작년만 하더라도 3일이 걸렸는데 이번에는 실제 걸린 시간이 겨우 8시간밖에 되지 않았습니다. 케케묵은 (old) 한국이 깨어나고 있다는 것이 보이시지요. 위에서 말씀드린 배는 평양으로 가게 될 것인데, 평양에서 대동강을 오갈 것입니다. 그런데 봄까지는 목포와 영포를 오갈 것입니다. 이 배가 매일 운항 될 것이라서 저에게는 큰 행운입니다.

임시 거처에 도착하고 난 이후 저는 열심히 일하였는데 꼭 해야 할 몇 가지를 수선했고, 물건들을 정리했습니다. 아내는 광주를 무척 좋아합니다. 목포보다 훨씬 좋아합니다. 그래서 저는 말할 필요 없이 행복합니다. 아내가 오웬 부인과 벨 부인 곁에 있는 것이 아주 좋은 일일 것입니다. 그 두 사람을 아내가 매우 사랑합니다. 아기는 아주 잘 크고 있습니다. 먹을 것을 달라고 한 번 깨는 것 말고는 저녁 내내 잡니다. 아기가 자기 엄마를 똑 닮을 것 같습니다. 눈이 푸른색일 것 같아요. 오웬 부인에게는 일주일 전에 딸이 태어났는데 세 번째 딸입니다. 한국인들이 오웬 부인을 위로하고 있어요! 저는 딸아이를 제대로 본 적이 거의 없습니다. 아기가 태어나고부터 제가 너무 바쁘게 움직였거든요. 그런데 어머니, 아내가 어머니께 보내드렸던 출산예정일에 대해서 쓴 편지는 확실히 분실된 것 같아요. 아내가 처형에게 같은 주제로 같은 시간에 보낸 편지도 사라졌습니다. 둘 다 중국에서 붙였는데요. 저희가 지금 처한 정신없는 소용돌이 속에서 벗어나자마자 손녀 사진 몇 장 보내드리겠습니다.

벨 목사 부부가 이제 막 완성된 자신들의 새집에서 저희를 대접하고 있습니다. 정말 푹 쉴 수 있습니다. 오늘 저는 진짜로 쉬고 있습니다. 아버지께서 벨 목사의 아주 훌륭한 셀러리를 저희와 함께 드시면 좋겠습니다.

저희는 목포를 떠나면서 하인들 전부를 해고했습니다. 아내는 이곳에서 새롭게 시작할 것입니다. 목포의 하인들은 제가 사역에 몰두하고 있는 점과 아내의 경험 부족을 이용하여 저희에게서 너무도 많은 것을 훔쳐 가버렸습니다. 장모님은 살림살이에 대해 전혀 모르십니다. 장모님은 평생 장모님의 어머니와 그 어머니가 고용한 숙련된 요리사에게 의존했으며, 외국 사역지에 있으면 생길 수밖에 없는 어려움을 썩 그리 좋아하지도 않으십니다. 그래서 아내는 다음번에는 소매를 걷어 올리고 요리에 대해서 다 배워보겠다고 결심했습니다. 아내는 얼굴이 좋아 보이며 정말로 충실하고 사랑스럽습니다. 아내는 전혀 걱정하지 않으며, 마치 선교지에서 태어났었던 것처럼 선교사의 삶에 자연스럽게 참여합니다.

인제 그만 써야 합니다. 최근에는 제가 바라는 대로 그렇게 규칙적으로 자주 편지를 못 드리고 있습니다. 그런데 이제 정착했으니 더 자주 편지드리겠습니다.

저희 집이 건축되고 있는데 내년 초봄에는 그 집으로 들어갈 수 있을 것입니다.

부모님과 가족들에게 저희 두 사람의 사랑을 전합니다. 아기도 입맞춤을 보내드립니다.

사랑하는 아들 페어맨 올림

1905년 11월 26일

한국, 광주

사랑하는 어머님,

어머님께 편지를 드린 지 너무 오랜 시간이 흘러서 어디에서부터 편지를 시작해야 할지 모르겠습니다. 아기가 태어난 후 쓴 처음 두 편지는 어머님과 저의 언니에게 쓰려고 했던 것이었습니다. 언니에게 보낸 편지는 10월 23일에 시작되었는데 11월 24일에 마침내 보낼 수 있었습니다! 제가 아기의 배앓이에 대해서 전혀 생각하지 못했습니다!

아기가 3주가 되었을 때 저희가 퇴원한 다음, 아기의 배앓이가 계속 심해지더니 마침내는 온종일 배앓이를 했습니다. 아기의 복통을 편안하게 해줄 필요가 없을 때는 너무도 지쳐서 편지 쓸 수가 없었습니다. 서울을 떠난 이후 저희는 여기저기 구경했습니다! 남편이 너무도 짧은 시간에 모든 짐을 쌌고, 저희가 목포로 내려가면 스트래퍼 선교사의 집에서 먹는 문제를 해결할 수 있도록 준비했습니다. 그런데 저희가 목포에 도착하고 보니 스트래퍼 선교사가 마음을 바꿔버렸습니다. 변심이야 여자의 특권이잖아요. 그런데 이번에는 다소 불편했던 것이 저희의 주방용품과 식료품이 모두 포장되었다는 것입니다. 스트래퍼 선교사는 자신의 요리사와 부엌세간을 사용하고 저희가 필요한 것은 목포의 중국인 가게에서 살 수 있을 것이라 말하면서 자신은 순회전도여행을 떠나서 자기 집에서 먹을 것을 챙겨줄 수 없다고 했습니다. 한쪽 집에서 먹고, 또 다른 집에서 자고 하는 것은 아기를 데리고 왔다 갔다 할 수도 없고, 그렇다고 아기만 혼자 둘 수도 없어서 그리 구미가 당기지 않은 일이었습니다. 그렇지만 그렇게 해보기로 했습니다. 그래서 식료품 몇 상자를 다시 풀어서 그 집으로 보냈습니다. 그중에는 밀가루 3분의 1 포대도 있었습니다. 3일도 되지 않아서 그 밀가루가 다 없어졌습니다. 남편이 요리사에게

넌지시 그렇게 많은 밀가루를 사용하는 것은 돈이 많이 들어가는 것이라고 말했습니다. 그러자 요리사가 몹시 화를 내더니 저희에게 더 이상 요리해 주지 않겠다고 했습니다. 저희는 요리사가 없는데 스트래퍼 선교사의 세간살이를 이용하지 않으려고 했습니다. 그러다 보니 저희는 지푸라기도 넣지 않고 벽돌을 만들려고 했습니다. 접시도 화로도 솥도 팬도 요리사도 없이 먹을 것을 해결하는 것을 생각해 보세요! 친정어머니가 저희의 식당에 대해서 스냅 사진을 찍어놓기를 매우 바라셨습니다. 신문을 펼쳐 놓고 두 개의 접시와 두 개의 받침 접시 그리고 컵 세 개가 네 사람이 먹는 데 사용됩니다. 저희는 그런 식으로 다섯 끼를 해결했습니다. 그런데 남편이 준비한 식사가 상당히 성공적이었습니다. 저는 너무도 오랫동안 시중만 받고 지내왔었습니다. 그래서 너무 당혹스러워서 무엇을 해야 할지 몰랐습니다. 비상 상황에서 남편이 저보다 훨씬 낫습니다. 저보다 살림을 더 잘하는 것 같습니다.

 홉킨스 부인이 저희를 구해주러 와서 론치가 강을 타고 올라올 때까지 친정어머니와 제가 자기 집에 와서 머무르도록 초대했습니다. 그래서 저희 모두는 화요일에 그녀에게 가서 점심을 먹었는데, 그녀와 그녀 남편이 그들 방을 저와 친정어머니가 쓰도록 비운 것을 알게 되었습니다. 그들의 쓰던 방은 침실이 곁에 있는 좋은 거실입니다. 남편과 놀란 의사는 응접실에 그들의 간이침대를 놓아두었습니다. 무척이나 혼란스럽고 무질서하게 있다가 홉킨스 부인의 집에서 세 끼를 먹었는데, 그렇게 맛있게 먹어본 적이 없었던 것 같습니다.

 겨울 동안 강에는 아름다운 신형 론치가 배치되었습니다. 저희가 올라온 날 그 배는 첫 운항을 했습니다. 40마일 뱃길이 전에는 빨라야 이틀 걸렸는데, 이 배로는 4시간 만에 왔습니다. 날씨가 좋았으며, 홉킨스 부부도 같이 있었고, 아기는 거의 대부분 시간에 잤습니다. 그래서 아주 성공적인 여정이었습니다. 많은 일본 신사가 첫 출항에 초대받아 왔고

정성을 많이 들인 일본식 정찬이 제공되었습니다. 사이 사이에 커피, 차, 맥주가 제공되었습니다. 얼마나 좋은 대접을 받았는지 아시겠죠.

저희는 영포에서 일본인 몇과 함께 저녁을 보냈습니다. 일본인들은 한국인들보다 훨씬 더 청결하기에 그들 집에 머무는 것에 대해서 저는 꺼리지 않습니다. 다음날 저희는 6시간 동안 가마를 타고 20마일을 갔습니다. 아기는 거의 모든 시간 잤습니다. 다행이었지요. 추웠는데, 아이가 깨어나 꾸물거릴 때 아이를 계속 덮어두는 것이 거의 불가능하기 때문입니다.

벨 목사 부부의 집에서 1주를 보내고 저희는 저희 겨울 숙소로 들어갔습니다. 저는 네 명의 새 하인과 아기로 눈코 뜰 새 없이 바쁩니다. 앞으로 몇 달간은 책에서 많은 한국어를 배울 수는 없을 것 같습니다만 살아있는 한국인들로부터 훨씬 많이 배울 것을 기대하고 있습니다. 집안 살림에 대해서는 모든 것을 배우려고 마음먹었습니다. 어머님께서 저의 곁에 가까이 계셔서 저의 선생님이 되어주시면 하고 바랍니다. 남편이 "어머니는 이렇게 하셨어요"라고 말을 합니다만 저는 신경 쓰지 않습니다!

저는 여러 이유로 어머님께서 가까이 계셨으면 합니다. 남편이 어머님 때문에 향수병에 걸리고 그것도 자주 걸려서 저희가 가까이에 있어서 어머님을 더 자주 모실 수 있다면 완벽하게 만족할 거라고 말씀드립니다. 남편은 어머님의 신경과민을 치유할 수 있을 거라 믿고 있어요. 저도 남편이 그렇게 할 수 있다고 믿습니다. 남편은 자신을 제외하고 모든 이에게 뛰어난 의사이자 간호사입니다. 너무 과로하는 경향이 있어서 누군가 지켜봐 줄 사람이 필요합니다. 남편이 혼자 이곳으로 나오는 것을 제가 허락하지 않아서 제가 매우 기쁩니다.

지금 남편은 10일간의 전도여행을 떠났습니다. 처음에는 목포로 갈 것이고 그런 다음 해안에 있는 중요한 곳들로 갈 것입니다. 이번 겨울 순회전도여행, 집 건축, 그리고 언어 공부로 남편은 무척 바쁠 것이지만,

저는 남편이 많은 일을 하느라 집 밖에 있게 되는 것이 기쁩니다.

저희 집터에 대한 작업을 지켜보는 것이 매우 흥미롭습니다. 땅 고르기는 이제 거의 끝났고, 기초석을 놓습니다. 목수 일은 이번 겨울에는 끝날 것인데, 봄이 오기 전에는 회반죽 바르는 일은 할 수 없습니다. 4월 1일에 입주하기를 희망합니다. 현재로서는 저는 작은 집에 매우 만족합니다.

제가 아기에 대해서는 많이 쓰질 못했습니다. 아기에 대한 주제는 시작하기에는 너무도 큰 주제입니다. 야네프 아가씨에 대해서 모든 것을 편지로 말해주겠다고 말씀해 주세요.

친정어머니께서 사랑을 전하며 크리스마스와 새해 인사를 드립니다. 가족 모두에게 사랑을 전하며 행복한 크리스마스 보내시길 바랍니다.

사랑하는 애니 올림

저희가 시댁 가족에게 작은 것들이 든 꾸러미를 보냈습니다. 그런데 우체국에서 이 물건을 물건 견본(Sample Post)[245]이라고 표시하지 않으면 남편이 우편으로 보내려고 하지 않았습니다. 이 꾸러미에 대한 관세로 신경 쓰지 않기를 원합니다.

---

[245] 물건의 견본을 보내는 것이기에 특별 할인 요금이 적용되는 우편 제도.

**1905년 12월 17일**
한국, 광주

사랑하는 어머니,

지금은 영광스런 주일의 황혼이며, 저는 어머니를 생각합니다. 그린빌이 너무도 멀리 보이고 편지가 도착하는 데는 또 얼마나 시간이 많이 걸리는지요! 정규적으로 서신 왕래를 하는 것은 거의 불가능합니다. 그렇지만 시간의 흐름을 전적으로 잃지 않고 그런 서신 왕래에 익숙해지는 것을 배울 수 있을 것입니다.

저는 "제 가족"과 함께 최대한 조용히 일요일을 보내려고 했습니다. 벨 목사에게 그제 류마티즘이 발생해서 제가 오늘 많은 무리에게 다시 설교했습니다. 오후에는 아기, 아내, 장모님을 데리고 나가서 동산의 남쪽 면에서 한 시간 걸었습니다. 북쪽 면에는 눈이 있지만 오늘 해가 나왔고 봄 날씨 같았습니다.

아기는 아주 빠른 속도로 커가고 있으며 정말 매력덩어리입니다. 우리 가족 중 누구도 닮지 않고 외가 쪽을 닮았습니다. 그래서 이름 하나는 잘 지었습니다. 제 생각에 아내를 많이 닮은 것 같습니다. 비록 눈이 푸른색인지 회색인지 지금 저희가 알 수는 없지만 말입니다. 서울에서 찍은 아기 사진을 아직 받지 못했습니다. 동양에서는 이렇게 느립니다! 그리고 너무 서두르다 보니 코닥 사진도 준비 못했습니다.

이곳 생활이 익숙해집니다. 생각할 것이 너무도 많고 미리 생각해야만 하기에 제가 계속 정신없이 살아갑니다. 제가 전보다 더 자주 뭘 잊어버리게 되는 것처럼 보입니다. 아내는 제가 할 일이 너무 많아서 저의 특질이 고개를 들 기회가 더 많아졌다고 합니다. 저희가 아주 바쁘게 사는 것이 축복입니다. 그래야만 이곳에서 견딜 수 있기 때문입니다. 아내는 요즘 집안일에 있어서 주도권을 가지고 있으며 부엌에 머무르며 요리하는 법을 직접 배우고 있습니다. 이제 한국어가 되기 때문에, 이번 겨울에 이런 일이 처음으로 가능해졌습니다. (물론 지금도 언어와의 힘든 싸움은 계속되지만) 저희가 이 힘든 언어로 씨름할 때를 돌아보고, 저희가 얼마나 무력감을 느꼈는지를 생각해 보면 적어도 웅얼거리는 아이의 언어 단계는 지났다는 것에 감사할 뿐입니다.

아내가 2년 후에 귀국하는 것을 약속했었다고 제게 어제 처음으로 말했습니다. 그런데 현재 저희 사역의 단계를 볼 때, 떠나는 것이 불가능합니다. 그러니까 저희를 내년 여름에 볼 것을 믿고 있지 마십시오. 현재 집 건축이 진행 중이며, 내년에 남는 시간 전부는 집을 꾸미는 데 쓸 것입니다. 저희가 이곳 한국으로 나온 후 이곳저곳으로 옮겨 다녀야만 했기에, 저희 자신의 영구적인 집으로 들어갈 때 안도의 큰 한숨을 쉬게 될 것입니다.

플로이가 저희와 함께 나오기를 바란다고요? 저희 관점에서 본다면, 플로이가 있으면 아주 기쁠 것입니다. 그 아이의 관점에서 보면, 한국어도 모르고, 사역에 참여할 수도 없기에 걱정스럽고 불확실한 실험이 될 것입니다. 저희는 그 아이가 진심인지 아닌지 알게 될 것입니다. 그 아이의 건강이 많이 좋아졌으면 합니다. 아기가 플로이 고모, 아이다 고모, 야네프 고모, 바크먼 삼촌, 짐 삼촌, 그리고 리아 삼촌께 입맞춤을 전합니다. 마지막으로 할아버지와 할머니에게 사랑을 전하는데 아기가 하는 이 모든 것에 저희 부부도 함께합니다.

페어맨 올림

대학이 처음 문을 연 것을 신문에서 보고 기쁩니다.

1905년 12월 28일
한국, 광주

사랑하는 딸 미리암에게,

엄마가 쓴 편지의 목록을 참조해 보니, 너에게 쓴 가장 최근 편지가 너의 생일인 11월 27일에 쓴 것임을 알게 되었다. 하루 하루, 한주 한주가 너무도 정신없이 지나가기에 그렇게 시간이 많이 흘렀는지를 몰랐다. 엄마는 "나의 날은 베틀의 북보다 빠르다"[246]는 말을 종종 생각한다.

이달 16일에 손주 새넌과 네틀턴에게 짧은 편지를 보냈다. 같은 날 네 작은오빠(Sam)[247]에게 보낸 편지에 손녀 로라(Laura Linn)[248]에게 보내는 편지를 동봉했다. 그 후에 네 작은올케(Beulah)와 너의 외삼촌(William)[249]과 네 큰오빠(Willie)[250]에게 편지했다. 큰며느리(Marion)[251]에게 엽서가 아닌 편지를 한 지는 오래되었다. 큰며느리는 내게 엽서도 보내고, 신문도 보내고, 〔판독 불가〕도 보내줬다. 멕시코 옷을 입고 있는 두 장의 큰손주(Samuel)[252] 사진을 아주 잘 봤다. 이 모든 것을 엽서로 알려줬다. 그렇지만 편지로 큰며느리에게 써야 한단다. 막내 애니가 오래도록 편지를 빚진 큰며느리와 다른 사람들에게 편지할 시간을 낼 수 있으면 좋겠다.

애니는 아침 일찍 일어나서 늦게까지 있으며 낮잠 잘 시간을 거의 내지 못한다. 애니에게는 너무도 힘든 삶인데 이 삶이 훨씬 더 계속된다면

---

246  욥기 7장 6절, "나의 날은 베틀의 북보다 빠르니 희망 없이 보내는구나(My days are swifter than a weaver's shuttle, And come to an end without hope)."
247  Samuel Henderson Wiley(1872.3.1~1938.8.6).
248  Laura Linn "Lala" Wiley Lewis(1898.7.11~1979.12.29).
249  William Alexander Murdoch(1844.12.13~1911.4.13).
250  William Murdoch Wiley(1863.7.27~1915.11.25).
251  Marion Easton Paterson(1864.2.20~1939.11.29).
252  Samuel Hamilton Wiley(1888.6.19~1968.1.16).

그 아이가 부서지고 말 거라 걱정이다. 그렇지만 하인들이 집안일에 잘 끼어들게 될 때는 그렇게 힘들지는 않을 수도 있을 거다. "네가 경계하지 않으면" 애니가 너보다 요리를 잘할 수도 있을 것이다. 그 아이가 26일 밤에 나에게 "생일 잔치"를 베풀어줬는데, 오웬 의사와 스트래퍼 선교사가 22일에 시골에 있었기에 생일 잔치가 미뤄진 것이란다. 결국 스트래퍼 선교사는 두통 때문에 잔치에 참석하지 못했다.

벨 목사는 좌골신경통으로 상당 시간 고통을 받았단다. 그래서 그가 밤에 외출하는 것은 신중한 것이 아니라고 사람들이 생각했다. 그래서 그 가족에서는 벨 부인과 헨리만 참석했고, 오웬 목사 부부와 놀란 의사가 함께했다. 애니가 아주 멋지고 맛있는 치킨 샐러드를 준비했다. (여기서는 닭이 한 마리에 13센트고, 계란은 10개 들어있는 "한 줄"에 5센트라는 것을 네 남편에게 말해주렴) 올리의 과일 케이크 한 조각과 온전한 케이크 두 개를 준비했는데 하나에는 초콜릿 장식이 있는 초콜릿이 한 겹 있고, 다른 케이크에는 과일과 견과류가 한 겹 있었는데, 이것의 꼭대기 장식물은 껍질이 벗겨진 아몬드로 꾸며졌다. 각기 다른 종류의 사탕이 있었고, 작은 것들도 여러 개 있었다. 그래! 누룩 넣지 않은 빵(beaten biskit)도 있었다. 애니의 요리사가 이런 것들을 다루고 있다. 처음으로 나온 요리는 부용(bouillon)과 크래커였다. 코코아도 먹었단다! 너의 어린 동생이 엄마를 잘 대접하지 않니? 큰아들 부부가 "동의하기를," "탁자에 놓아야 한다"고 한, 자수가 놓인 식탁보(drawn work tablecloth)와 케슬러 부인이 네 동생에게 보내준 아름다운 중앙장식물로 엄마를 빛내주었단다. 조각한 화분대를 탁자 위에 놓았는데 그 화분대에는 상록수가 한 다발 있었다. 이렇게 축제 분위기로 장식된 우리의 작은 집을 네가 보지 못한 것이 아쉽다.

아기의 상태가 아주 좋지는 않았고 잠드는 데 시간이 오래 걸렸고, 잠이 제대로 들기 전에는 크게 울었기에 엄마는 잔치를 즐길 최적의 상태는 아니었다.

애니의 식탁에서 이 편지를 쓰면서 식사하고 있다. 막냇사위는 네 명의 한국 양반들과 다른 방에서 식사하고 있는데, 애니와 나를 위해 음식을 보내오고 있다. 애니는 그들에게 아주 좋은 식사를 준비하고, 음식을 잘 제공했다. 애니는 음식을 무릎에 올려놓고 먹으며 동시에 『자수성가한 상인이 아들에게 보내는 편지』[253]를 읽고 있다. 오웬 의사가 내게 그 책을 빌려줬다. 막냇사위가 그 책을 보고 마음껏 웃으며, 자신이 읽은 책 중에서 가장 독창적인 것 중 하나라고 말했단다. 아기는 요람에서 낮잠 자고 있다. 놀란 의사가 크리스마스에 아기에게 가장 웃기게 생긴 작은 일본 모자를 줬다. 아기가 다카다 부인이 보내준 일본 외투를 입고 여러 색깔이 들어간 이 모자를 쓰고 있을 때 막냇사위가 아기 사진을 찍어서 너에게 보내주는 것이 좋겠다고 벨 부인은 생각한다. 아기는 양말과 자루 옷(sack dress)에 있어서는 운이 좋았다. 아이에게 양말 서너 켤레와 자루 옷 서너 개가 들어왔다. 스트래퍼 선교사는 분홍색 비단실로 바느질되고 분홍색 리본이 달린 구두를 아이에게 줬다. 그리고 카드에는 다음의 시가 적혀 있었다.

뛰어다니는 아주 예쁜 아기를 알아요.
예쁜 발에 이런 구두가 필요하지요.
동장군이 코를 내밀 때
분홍 발가락을 하나라도 찾으면 안 돼요.
아기들은 허기진 입술을 가지고 있어서요.
경고하건대, 발끝을 막 먹어대지 말아요.

---

[253] 원제목은 *Letters from A Self-Made Merchant To His Son*로, 허구적인 인물인 시카고의 부자 John Graham이 아들에게 사업, 직업, 대학, 인생 등에 대한 충고를 하는 편지 글 형식의 책으로 1903년 출판됨.

줄을 빨지도 말고요.

못된 소녀가 하는 것은 아무 것도 하면 안 돼요.

아기에게 주라고 홉킨스 부인이 아주 예쁜 색 드레스와 스타킹을 보내왔단다. 스타킹은 아기 무릎까지 올라오는 것 같다. 아기가 "추운 날 나갈 때" 입으면 좋고 따뜻할 것 같다. 코바늘 뜨개질로 된 것들인데 예쁜 분홍색이다.

아기가 누굴 닮았는가에 대해 여러 의견이 있다만 아기의 눈이 자기 엄마 눈과 같지는 않을 거로 나는 확신한다. 아기는 아주 튼튼한데 내가 볼 때는 나이에 비해서 별스럽게도 활동적이다. 아기는 그제 세 달이 되었단다.

나는 이 편지를 그만 마무리하고 큰며느리에게 편지를 해야겠다. 너와 큰며느리가 편지를 서로 바꿔서 보렴. 다른 이들에게 우리들의 소식을 반드시 전해주렴. 루시(Lucy M)가 그러는데 그녀가 너에게 편지해서 물어본 것에 대해서 네가 대답하지 않았다고 불평하더라. 너무 심했다! 나는 친구들에게 너와 작은아들(Sam)이 우리들의 소식을 들을 수 있는 본부라고 했단다. 우리가 가족들에게 자주 편지하느라 다른 사람에게는 편지할 시간이 없다고 했거든. 새해가 되면 다른 사람들에게 편지를 쓰려고 한다. 그러니 잠시 너에게 전처럼 자주 편지가 가지 않는다고 걱정하지 말아라.

새해 모든 일이 잘 되기를 우리 모두 바란다.

풍성한 사랑을 보낸다. 보물 같은 손주들을 꼭 안아주고 입맞춤한다.

너무도 사랑하는 너의 엄마가

탐 머피(Tom Murphy) 부인은 어떻게 되었니? 우리는 케이트 셸튼(Kate

Shelton)의 결혼과 그녀의 어머니가 그린즈버러의 병원에 입원한 것을 신문에서 보고 알았다.

내 딸이 답해줄 질문들이다.

아서 해리(Arthur Harry) 부인이 누구니? 스무트(Smoot) 부부는 어디로 갔니?

앤 브라운(Ann Brown) 부인의 집은 어떻게 처분되었니?

너는 고원 리븐굿(Gowan Livengood)과 리차드(Richards) 가문 사람들을 만나니?

헤이든스(Hadens) 집에 하숙하는 사람들 중 너와 친하게 지내는 사람이 있니? 네가 웨일즈(Wales) 부인을 좋은 이웃이라 생각하니 기쁘다.

(결혼 후 이름을 잊었다만) 마가렛 머독(Margaret Murdock)이 부모와 같이 사니?

엄마의 친구였던 헤이든(Haden) 부부, 머독(Murdock) 부부 그리고 다른 이웃들에게도 엄마 소식을 전해주렴. 롭 램지(Rob Ramsey)는 엄마가 가장 좋아하는 사람 중 한 명이란다.

어떻게 해서 너의 이름이 킹스 도터스 바자(Kings Daughters Bazaar) 준비위원회에 나오지 않았니?

미니 그랜쇼 심슨(Minnie Crenshaw Simpson)이 여전히 왓슨(Watson) 씨 옆집에 사니? 미크(Miss Meek)는 심슨 가족과 같이 사니?

왓슨 부부는 자주 보니? 해리슨(Harrison) 부인과 맥코이(McCoy) 부인은? 그들 모두에게 사랑을 전해주고 기쁜 새해가 되길 전해주렴.

계속해서 매기(Maggie)에 대한 소식을 묻는다. 매기에게 내가 잊지 않다는 것과 착하게 살겠다고 내게 했던 약속을 내가 기억하고 있다는 것을 꼭 전해주렴.

레세토(Letheto) 부부와 스콧(Scott)에게도 우리 소식을 전해주렴.

올리는 필라델피아에서 돌아왔니?

서둘러서 이 모든 것에 대해 답을 해주렴. 그러면 엄마가 너에게 질문을 더 보내마.

어린 자녀들에게 잘해주렴. 내게 보내준 사진이 내가 본 가장 웃긴 사진이라고 너의 작은 아들에게 말해주렴. 코잇 부인과 M.이 내 손주들을 훈련시킬 수 있었으면 하고 얼마나 바랬는데. 나는 일반 학교를 좋아하지 않는다. 아마도 내가 가지고 있는 구식 생각 때문이겠지. 큰 기숙학교도 선호하는 것은 아니다. 그래도 교육은 그 아이들에게 "필요하다"고 본다.

너의 집 뒤에 있는 공터를 사서 예쁜 집을 지을 괜찮은 이웃이 있었으면 좋겠다. 쉐이버(Shaver) 씨가 잭슨(Jackson) 가에 8층 건물을 지을 거라는 것과 집이 많이 필요할 거라는 것을 안다. 괜찮은 사람이 나의 큰 집 일부를 임대하여 산다면, 그 집에 필요한 수리를 할 충분한 돈은 벌 수 있을 텐데. 작은아들(Sam) 부부가 이사 하기로 마음먹은 이후 그들 부부에게서 어떤 말도 들은 것이 없다. 단지 네가 애니에게 보낸 편지를 보고 알았을 뿐이다.

너는 외국에 보내는 편지에 왜 이렇게 무거운 편지지를 사용하니? 이쪽 끝에서는 추가로 10센트 우푯값을 내야 한단다.

애니가 보낸 작은 크리스마스 선물을 받으면 우리에게 알려주렴.

우리가 벨 목사의 집에서 보낸 크리스마스에 대해서 미리암에게 편지 하려고 한다. 이것이 내 좌석표란다. 다른 모든 사람이 이 좌석표를 좋아한다. 내가 초대장도 동봉할 생각이야. 애니의 새 집에 다녀왔다. 내년 애니의 새집에서 크리스마스를 보내도록 너는 이곳으로 와야 한다!!!

> I am going to write Mamma about our Christmas at the Bells. This is my place card — all the others like it. Think I'll enclose the card of invitation too. You will notice the play on "bells": "Bells At Home". — You must come out for Christmas in As new house next year!!!

원문

# In 1903

July 17, 1903
Nashville, Tenn.

Mrs. David Rankin to Mrs. Wiley
(Widow of Dr. Rankin who died in Korea on a visit)

My dear Mrs. Wiley,

I felt (illegible) heart (illegible) to heart, when I broke the seal of your letter and read your name. My thoughts had been with you and yours since hearing of Annie's, she will let me call her so, will she not?, appointment to the "Land of Morning Calm", and you will not wonder that it brought a feeling of comfort to know that a near kinsman of my beloved one was soon to be within touch of his last resting place.

He sleeps at Pyeng Yang in the Mission Cemetery of the Northern Church, but so close are the ties that bind the two churches in Korea, they scarce realize they are not one and the same, so I doubt not Annie and Mr. Preston will sometimes go to Pyeng Yang, to take part in that wonderful work, as do others of our own Mission, and I am sure they will go to the spot where her cousin, my precious husband, sleeps.

I wish Annie had known him—Mr. Preston did. I think she will learn from him, and from those among whom her future life is to be spent, that he was a rarely lovely and Christlike man. I cannot tell her how intense the longing to go out with them, has come to me, and but for an aged invalid Mother, I think nothing could detain me.

I very much hope Mr. Preston and Annie will come to Nashville; it will be a great pleasure to have them both in my home before going to Korea.

How soon are they to be married and when do they leave for their far away home? I can understand, oh so fully! all you feel in having your dear one go so far from you, but you will have to try and feel as someone said to me "Think of the honor God has placed upon you"— but our hearts are so human and our love so strong and deep! May the blessed Father put around your precious child His everlasting arms keeping her for you many, many years and bringing her back to you from time to time in safety. If I am not to see her before she leaves, I must send her a letter for I want her to know something of the friends who were so much to our beloved one during those last days on earth and of those sweet children too who learned to love him so tenderly.

Please thank the ladies of the Foreign Mission Society for their words of sympathy. I appreciate it all very much.

Hoping I may meet you some day,

I am very affectionately yours,

Mary C. Rankin

Sept. 30, 1903[254]

On the Train

Mrs. J. F. Preston to her mother
Mailed at Denver 10/1/1903 at 4:30 P.M.

My dear Mother,

We are somewhere in Kansas but I do not know exactly where. It is a very beautiful country through here—fine fertile fields and beautiful trees. It is not so very flat, as I had always thought Kansas, but there are some hills to be seen.

We started out rather unfortunately. When we got on at Greenville and asked for our reservations to Birmingham, they told us there was no reservation and we would need to take a berth in the Atlanta sleeper, and get up at half past five or six in the morning. We did not get more than two hours sleep and that made us desperately sleepy all day yesterday. We did get several good naps during the day and a fine night's rest last night. I went to bed before we left Memphis, but I saw the Mississippi by pale moonlight from my berth.

---

[254] TRAVEL SCHEDULE
FOR J. F. and A.S.W. PRESTON
(Salisbury to Greenville)
Leave Greenville 1:35 A.M. Tuesday (Sept. 29, 1903)
Arrive Kansas City 9:45 A.M. Wednesday (Sept. 30, 1903)
Leave Kansas City 10:50 A.M. Wednesday
Arrive Denver 7:00 A.M. Thursday (Oct. 1, 1903)
Leave Denver 8:00 A.M. Thursday
Arrive Salt Lake City 9:40 A.M. Friday (Oct. 2, 1903)
Stop in Salt Lake City from 9:40 A.M. until 1:40 P.M.
Leave Salt Lake City 1:40 P.M. Friday
Arrive San Francisco 6:25 P.M. Saturday (Oct. 3, 1903)
Sail from San Francisco on S.S. "Doric" Wednesday noon, Oct. 7th (1903)

We have changed cars only twice—at Atlanta and at Kansas City this morning. The latter place is about as dirty around the station as any place could be. We had a little time there so we took a walk. We did not get far enough away from the station and find something attractive.

We have been following one of the rivers which got on a jag last spring and the ravages it made are perfectly marvellous—lots of trees buried in the mud flats, bridges swept away and houses turned over on their sides. We noticed several cyclone cellars this morning near Kansas City.

We are having a beautiful day for this beautiful country. I wish you were here to enjoy it with me. I hope you are feeling much better today, and that you found all well at home. Be sure to have some home letters at the ship for me. It is S.S. Doric, sailing late the seventh.

It is hard writing on the train, but I hope you will be able to decipher this. I don't know what about my notes. Maybe I can manage to get some of them written.

We get to Denver in the morning at about eight, and then we will change cars again and go to Salt Lake City. I suppose we will have some of our prettiest scenery tomorrow. I suppose we can have a good look at Pikes Peak.

Fairman is so pleased with this fine cattle country that I believe he would like to live here. The people do not seem to care much about having pretty homes. The houses are very few and far between and <u>very</u> ordinary.

**Thursday Morning**

We are not in Denver as we expected to be this morning and will not be there for a good many hours. We are not fussing, however, for we just escaped an accident in the early morning. One of the wheels came off the engine and everything was very much torn up, but did not leave the track. There was a good deal of delay about getting another engine, and getting started on once more, but it gave us a chance to have a walk in the fresh air. We gathered some flowers on the prairie and I will send you some. This is real prairie, miles and miles of dry looking grass with very few trees. We have been enjoying the prairie dogs. Tell the children that I wish I could catch one for them. They look so cute sitting up on their holes.

Of course, this delay will make us miss connections in Denver and we may spend the night there and go straight through without a stopover at Salt Lake City. We could go on tonight, but we would miss the finest part of the scenery.

Some of the hills and mountains in Kansas reminded me of Arran— they have no trees on them, and there were herds of cattle grazing on them. Some of the mountains were very rugged, and I thought of the Scotch mountains. You will just have to come out next year to get this fine trip.

We had had the Pullman to ourselves, except for one man, nearly ever since we left Kansas City, quite like our private car.

How is brother Willie? Give everybody lots of love for me. I am longing to get some news from home.

Fairman is getting some data from our fellow-traveller, about the hotels in Denver. Wouldn't it be funny if I should run up on Jack out here? He was writing to me on the train just a little over a year ago. Maybe we will meet him in Denver.

I am afraid I have not succeeded in making this very interesting. I guess you had better not publish this letter. It is just full of love, though.

    Affectionately,

        Annie

Oct. 4, 1903
5:45 P.M.
Somewhere-near-West Nevada-Line

Dear Mama Wiley,

Annie wrote you, I believe, from Denver, but it was not our intention that you should go in the strength of that letter for so long without more mental pabulum. The fault is mine, and I have a tolerable excuse.

It has been rather an ill-starred journey from Denver. You recall that on account of a wreck we were forced to lie over in that city an afternoon and a night. Our train, on reaching Ogden, was 4 1/2 hours late, and missed connection. Accordingly the Pullman and Tourist cars were made up into a second section. Our engine, unfortunately, kept breaking down during the night, so we will not reach San Francisco until Monday morning. Thus we will have been on the road seven nights and six days. We have been suffering from famine today. No diner was put on our train, and for breakfast and dinner we had to scuffle at lunch counters of two most disreputable Nevada towns that you could imagine.

To crown it all—and I come to my reason for not writing—I have been sick ever since leaving Denver. Nothing serious, only a bad cold, some fever with it, and an abominable headache. Annie was unwell for several days, but is now in fine shape. You should be proud, with me, of the most admirable way in which she has stood the trip. I was really sorry when she got well, for misery loves company, and then it is rather humiliating to me to go down so ignominiously. She evidently remembered well what Dr. Rumple said about "to cherish", for she has been as tender as a child over its first doll.

But the scenery has made up for it all, and made it more than worth while to come this way. Will have to reserve that for another letter.

Suffice it to say, though, that we Easterners never saw any mountains. "Sublime" is the only adjective that will describe this wild, western mountain country. One place—Tennessee Pass—we attained an altitude of over 10,000 feet, and passed through a heavy snow storm of two hours. One other place, there was snow all about us, and from Denver into the night, past Ogden, (second night from Denver) the snow-capped mountains were never out of view.

I dislike to begin a letter with a complaint and end with a sniffle, but must ask you to excuse this poor attempt, as my head does not feel clear. However, I am feeling better now, and expect to wake up in San Francisco tomorrow morning all right.

We deplore this Sunday travel, but of course there is no way out of it. With love from us both for you and all the family.

    Affectionately,

        Fairman

As I wrote, the (illegible) for the boxes has at last arrived. Let them be addressed as follows:

    J. F. Preston, Steamship "Sagami,"

    West Central Pier, Atlantic Basin, Brooklyn,

    c/o E. W. Phillips, 17 Broadway, New York.

Get duplicate Bill of Fording, and sent to me. Also let me know the number of boxes shipped, and their approx. value, as I will have them insured.

Prepay the freight to New York and send me the bill for same, as I have freight money.

Ship your boxes as household goods.

This is important.

Hope nothing will prevent your getting the boxes off Tuesday.

Oct. 10, 1903
S.S. Doric

My dear Mother,

Here it is the fourth day out and I have not written a line to anyone! The first letter shall certainly be to you.

I was <u>so</u> glad to get those letters from home—it seemed a month since I had heard anything about my folks and I was longing for news. We were rejoiced to have such good news about you. I knew you were sick when we left and that made it so <u>much</u> harder to leave you. I hope you will go back to Greenville for you and "Mother Preston" should be fast friends.

We had a very pleasant trip across the continent, except for missing two connections and being without a dining car for two nights and a day. Such places as we had to scratch for something to eat I have never seen before! Little Nevada towns made up mostly of saloons, and all the inhabitants foreigners.

The scenery lost none of its grandeur by these discomforts, and we feasted our eyes on snow-capped mountains all the way from Denver, way into Nevada. The Colorado Desert is really very grand for the rocks and cliffs look like forts and castles and the coloring is wonderful. The canyon of the Arkansas River is magnificent and one wonders that man ever had the audacity to build a railroad through such a place.

In spite of the beautiful scenery, no amount of gold could persuade me to live in that part of the country—the towns are such miserable holes and the ranches look so lonesome. Denver is beautiful and the climate so invigorating that I might be persuaded to live there.

We got to San Francisco early Monday morning and found that Eleanor and Dr. Watkins had engaged rooms for us at the Nordhoff, one of the most artistically furnished hotels I ever saw. The proprietor is a Southern lady and she and her mother took special interest in us. You must stay there when you come out. The mother is seventy-two but she says she is not an old lady. She doesn't like to go home to Kentucky because all the people of her age think they are old (see how English I am getting on this English ship) and she begins to imitate them and helps herself up by a chair. She is a character. You ought to know her.

Most of Monday morning I spent getting fixed up decently after my long separation from the bathtub. Monday afternoon Eleanor took us out to the Cliff House and Seal Rocks, and I had my first look at the Pacific. It was very beautiful out there, dashing against the cliffs. It seems to me that it has more color than the Atlantic, a clearer green near the shore and a real indigo out at sea.

One thing that surprised us was to see the most magnificent residences built of wood. Eleanor told us that that was on account of earthquakes.

Tuesday we spent shopping, except long enough to have lunch at Dr. Watkins Club. Then there was packing to be done, and we were rushed almost to the last minute on Wednesday. Eleanor brought me some beautiful yellow roses to the ship.

The Doric is not nearly as large as the Columbia, only 6,000 tons, and carries about seventy-five saloon passengers. The dining saloon is so small that they have to have first and second table. Nearly all the sailors and servants are Chinese. All the dining room stewards wear long robes and <u>pig tails</u>, but they make fine servants. They are very ugly surely, and it seems hard at first to imagine being interested in them, but one soon gets interested in their faces, and a <u>little</u> intelligence makes such a <u>big</u> difference. The little girls at the Missions in San Francisco were <u>almost</u> pretty.

We have had it very rough and the Doric rolls terribly, far worse than I ever felt it on the Columbia, even in the roughest weather. Nearly everyone has been sick, but Fairman and I have not. We stayed out on deck and walked and played shuffleboard and deck quoits until we are both as sore and stiff as if we were ninety, but we did not get sick.

Florence Rodd is a lovely girl and I have enjoyed having her along. She has helped me when I get blue and homesick and feel that I never want to hear of Korea or China or anywhere but home. There are about sixteen missionaries on board and it is inspiring to be with them even if we are not personally acquainted yet. Please tell the girls that some of them are very pretty and stylish and all of them very full of life, except when they are seasick, and then they are not full of anything.

I find myself unconsciously looking for you and Marion on the deck. You would enjoy this rough weather—the sun shines, so perhaps I should not call it rough, but there is a very heavy swell. People have been tumbling all about the deck and our luggage travels from one side of the stateroom to the other. I was really afraid of falling out of bed last night, but was too sleepy to pull up my "fence".

### October 13

Ever since I wrote that we have been having beautiful, calm weather. This is the kind of a voyage that you would enjoy. It is so warm that we all wear white shirtwaists out on deck without any wraps, even at night. All the officers appeared in white suits today and they have to keep the awnings up on deck. Yesterday I was playing shuffleboard and standing in the sun, and my face was almost blistered.

There are a good many games on board and we have a very good time. Just now they are in the midst of a shuffleboard tournament. I have played just once but am still in.

We will spend tomorrow in Honolulu. We are going ashore and will try to take in the place. I had hoped to write a letter to each member of the family but I felt that I must get some of my notes off my conscience, so I have devoted my time to them. Most of them are not notes, but little letters and there are fifty of them, so you see I have been busy.

I will write a list of the people to whom I want my picture sent. The ones which are left over you can just keep on hand until I get a chance to make a fuller list.

Pictures with veil:
1. Mamma
2. Sister
3. Marion
4. Mrs. Preston
5. Beulah
6. Fairman

Pictures without veil
1. Lucy
2. Helen
3. Miriam D.
4. Eleanor
5. Annie P.
6. Selene
7. Adele
8. Floy
9. Margaret
10. Lily
11. Miriam Seawell

12. Katherine

13. Mary Martin

14. Fairman

15. Rhea Preston

Missionary Pictures:

1. Mr. H. F. Williams—<u>The Missionary</u>

2. Laura Coit

3. John Colt

4. Edith West—<u>Savannah</u>

5. Mother Preston

Just <u>Savannah</u> will reach Edith West.

I do hope you can take the trip to Philadelphia, for I believe it will do you lots of good.

We have met a good many of the missionaries on board. Most of them are very nice, some few are of the <u>escaped</u> variety.

There is so much more I want to say but it is late and we want to get up early in the morning. Give my best love to all the folks and thank them for the letters. I will write and mail my letters in Japan.

Tell Marion that the chief engineer has a fine Scotch brogue. I had a chat with him today and he was prophesying that I would not stay in Mokpo long because I would meet someone who would want to take me away. Then I broke it to him gently that I was already "took".

I want to write a journal for you after we pass Honolulu. I intended to add something to this every day but had to get some of my notes off my mind. I have not finished yet.

Love to all from you down to Mike.

    Affectionately,

        Annie

P.S. If the spoons I ordered ever came to Greenville, please have them sent to me care of Smith's Cash Store, San Francisco, with instructions to send with first shipment to Southern Presbyterian Mission in Korea. If they did not come to Greenville, see Mr. Gorman.

Oct. 13, 1903
Steamship Doric, Honolulu, H.I.

Dear Mama Wiley,

Annie has written you at length, so I will add only a note, as I am about "written out" tonight.

I have never felt so gratified at anything as I felt at your letter received at San Francisco. It did us a world of good, and was a great comfort. We left feeling very downcast about you, and wondering at your "fall from grace". I decided on outburst of grief, and made a heroic struggle to keep everybody cheerful. But it was the greatest struggle I ever had to look pleasant.

Annie has borne up beautifully. She was one of the few ladies on shipboard who did not get grievously sick. I also, escaped, as usual. We have enjoyed every hour of the voyage, which has certainly been ideal enough. It would be hard to get homesick under such conditions.

Send us a batch of letters to Mokpo as soon as possible, for we will need them. Don't forget what I said to you about writing cheerful letters to Annie. The first months will be a critical time with her, and I count upon your help at that end of the line. When you feel blue yourself, put off writing until the morrow, when you will likely be over it.

You have a great treat in store in this Pacific voyage. It will be the experience of your life. You must not fail to look forward and plan your visit East.

Annie gets sweeter every day and will make as loving a wife as she has been a dutiful daughter.

With love from us both,

Your affectionate son,

Fairman

Oct. 25, 1903
Steamship Doric

My dear Mamma,

No one would ever have a chance to die of ennui on the Doric for the officers keep everyone employed all the time. Between games and bad weather I have but little chance to write. I intended to send a letter to each one of the family, but in stead will send a family letter to you.

We went ashore at Honolulu, and had a glorious day. I never saw such a paradise of flowers and fruits and palm trees! You know it has the sea at front and mountains behind and tropical gardens on all sides so it combines all the charms.

We went first to the Post Office to mail our letters, and then did a little shopping. The stores are very nice and up-to-date, but the prices are higher than in the states. We took a car to go out to the beach, and as we were passing so many beautiful little cottages surrounded by gardens full of strange flowers and fruits, we exclaimed so much that anyone could tell that we were strangers. A lady next to me commenced to tell us the names of the trees and flowers. Just think of hedges of hibiscus, and night blooming cereus, and royal poincianas in bloom, and banyan trees, and date palms and coconuts and everything I had heard of! Lantana (is that right?) grows wild, and the lady told us that it was as much of a nuisance as the daisies are at home.

There are some magnificent residences, but the houses that appealed to us most were the low cottages with wide piazzas surrounded by palm groves and tropical flowers. You can imagine how delicious the odors of the place are—of lilies and tube-roses.

The natives wear wreaths of fresh flowers around their hats, so they have a more delightful odor than most dark-hued races. The women wear

Mother Hubbards, some of them very dainty white lawns, but all made the same style.

You can see almost any nationality in Honolulu and in almost any kind of dress, some swell looking foreigners, Chinese, Japanese, Portugese and the natives.

The lady who took such an interest in us went all the way to the beach and got out and walked over to the beach with us. Marion would enjoy that sea for it is an exquisite shade of green inside the reef and a beautiful deep blue outside. It really looked like an enormous opal. Then the headlands which jut out are such rugged shapes that the whole makes a magnificent picture. There are some of the handsomest houses right along the beach, and the palm groves reach almost down to the water. I thought so often of you and Marion and wished you could be with us. I do not think any place can be more beautiful or more interesting than Honolulu.

The lady stayed with us and acted as guide and made it most interesting for us as she has lived near Honolulu for years. She is a Canadian and has lived in the U.S. Now her husband is on a sugar plantation.

We went to Chinatown and saw the Chinese of all sorts and conditions. The nearer we got to the East the more we find the Chinese liked and the Japanese disliked. They told us that the sanitary officers had little trouble with keeping the Chinese cleanly but that the Japs would not keep their places clean.

We went to a restaurant and had some of the native dish poi. It is made from the root of a plant which looks like our caladium, and it is called "two finger poi", "three finger poi" or "four finger poi" according to the thickness. Of course it takes more fingers to eat it if it is very thin. We used spoons, not fingers.

At luncheon the lady told us all about herself. She is a Mrs. Boswell. The Boswells originally came from Auchinleck, and she was so interested when she found I had been there.

We came back to the ship laden with coconuts, candy, and papayas (a native fruit which tastes like cologne and looks like pumpkin), and wearing wreaths of carnation and some sweet-smelling lilies. We watched the little natives dive for money which the men threw from the deck. Occasionally there was a water fight when two disagreed. They are wonderful swimmers and divers.

We had a glorious sunset to finish that day. I really felt intoxicated by the beauty of the place and the hospitality of the people. Mrs. Boswell told us that the people made it a point of being nice to strangers so they would be favorably impressed with Honolulu. She gave us more than half a day, and she was in the city just for the day.

Since we left Honolulu we have had so many deck sports whenever the day was good enough, that I have done very little writing or reading. The doctor seems to believe in the "ounce of prevention", and keeps the passengers too much interested to get seasick. Besides three shuffleboard tournaments, they had nail-driving, egg and spoon contests, and smelling contests for the ladies, and ever so many things for the gentlemen. Fairman got two prizes and Florence one. Alas! I did not get any. I would have gotten the one for the smelling contest if I had known vinegar. The doctor thinks it is a great joke on me because I insisted we had never had any of that in our house. I thought it was a drug of some kind. The prizes were very pretty pieces of Japanese silver. Fairman's are a little silver cup with a dragon on it, and a nail file.

I hope you can come on the Doric for the officers are all so pleasant. She rolls a good deal, but you don't mind that.

Yesterday was the roughest day we have had. The waves came over the promenade deck. It was magnificent to stand out by the wheelhouse and watch the bow ship a wave every few minutes. One of the jokes in the "Doric Doings" which some of the passengers got out was—"Send your freight by the O. & O. They ship everything. Ship a sea every five or ten minutes." We were more impressed than ever with that on yesterday.

The missionaries seem the leaders in all the contests nearly. We are so much pleased with one young couple who are going out for the first time. Mr. and Mrs. Perry Hanson of the Methodist Church. They are both bright and good looking and good in everything they try. They are going to stop over in Japan for a week, so we hope to see more of them. I must stop right now and hear Mr. Hanson preach.

His text was from Hebrews, "Remember those in bonds as bound with them", and he gave us a good little talk on sympathy with other lives. He said that according to Christ's standards we do not truly live until we do live for God and our fellow men.

From all I hear of the Koreans they are very superior to most of the Chinese who emigrate to America. The doctor says that they are larger and better looking.

Please pardon the blots on this letter. My fountain pen is newly filled and I spilled the ink and the eraser does not do any good on this paper.

Someone has just said that we will probably see land between four and five this afternoon. I cannot realize that I am really to see Japan. I wish John could have had this trip to see Toji. We are going to board with Mr. Cameron Johnson in Kobe. It depends on several things how long we stay there, and whether we go to see Toji.

There are only two missionaries to Japan on board. Miss Bing of the Northern Methodist Church, and Captain Bickel. He goes among the islands where no other missionaries go. He told us about his work one evening. He said that some years ago a gentleman was cruising around Japan on his yacht, and asked someone if any missionary work was done on the small islands. When they told him that nothing had ever been done for those people, he offered to fit up a ship if the Mission Board would control it, and find a captain for it. Captain Bickel was selected and spends all his time in that work. His wife and children live on the boat with him.

The children on board have a fine time for the officers are so good to them and the Chinese deck steward takes good care of them. Tell Sister she could easily bring the "angels" and nothing would do Sam more good than this long voyage. If several of you come together, you ought to stop over between steamers at Honolulu.

We are going to spend the day at Yokohama tomorrow and may run up to Tokio. Wednesday we leave the Doric and our friends on board and land at Kobe. We are anxious to hear the news of the troubles between Russia and Japan. If there should be trouble in Korea, we would go to China. There are two hundred Japs in the steerage going home from Honolulu. I believe they expect trouble.

Give a whole heart full of love to them all at home. I am there in spirit much of the time, and I want to hear news of <u>all</u> the family from <u>Mike</u> up.

  Devotedly,

    Annie

Oct. 25, 1903
Yokohama, Japan

Dear Father and Mother,

Since leaving Honolulu (a week ago last Wednesday), I have been enjoying a good case of ennui, so that I find myself pulling into Yokohama without any letter written.

Annie and I are both well, save for slight colds, and have enjoyed the voyage throughout, and feel wonderfully rested. There was quite a gale yesterday, and high seas all day, but with this exception the weather has been good. We took a southerly course and consequently the days were warm, and summer clothing was in order.

The day spent at Honolulu proved to be one of the most pleasant experiences we ever had. We spent the time wandering through the streets and riding on the electric cars. It is simply the most beautiful spot I ever saw, and I can say that in spite of the rain and mud through which we saw it. It is tropical, you know. Gorgeous flowers, bananas and palms abound in every yard. The latter are especially conspicuous, in all varieties: Royal, Coconut, Date, Bead, Palmetto, etc. etc. We fortunately fell in company with a lady from an adjoining sugar plantation, who was spending the day in town, and who rode around with us and pointed out the places of interest. We were quite puzzled at first by the unusual act of kindness, but before the day was over we found that open cordiality to strangers is a marked characteristic of the Honoluluans. This lady was English. It is a very cosmopolitan population. There are about six thousand Europeans out of a population of 40,000, the rest being chiefly Japanese and Chinese. The native pop. is small, and they are dying out. English is taught now everywhere in the public schools, altogether. I feel very proud of the appearance which our new insular possessions present. From the fine stores seen on every hand, the splendid hotels, and the large number of our people in business, you cannot realize that you are not moving about in one of our large cities in the States. One hotel recently erected cost $1,500,000.00.

The days on board ship have been much enlivened by deck sports and games, participated in by most of the passengers; such as "Chalking the Pig", smelling contest, Target shooting, Egg & Spoon Race, "Cock Fighting" (in which men were the cocks), Potato Race, etc. etc. I carried off First prize in the Egg & Spoon Race and second prize in the Potato Race, these being the only games I entered, save the Shuffle Board contest. "The Doric Singing Club" has given us several delightful evenings. I had the honor to preside at the last one. The missionaries have also given us two evenings, one on Japan and another on Korea.

With all this one feels it hard to realize that one is whirling along at the rate of 350 miles a day, away from home, too. Rather it seems like a house party, which will soon be over, and then will drop us at our home door.

It has been ten days now since we heard anything from the outside world. Who knows but that war may be on between Japan and Russia by the time we land? Then we would begin to think of coming back, sure enough.

The Hudsons and Miss Rodd have proved most charming companions, and we think we have a fine party. We shall miss them sadly when we part at Kobe. Kobe is one day from Yokohama. We shall stop there with Mr. Cameron Johnson until we can catch a satisfactory steamer to Korea. Perhaps we may stay ten days with him. Will write you from there, and also immediately upon our arrival at Mokpo.

With dear love to you each one, and remembrances to all the friends, particularly the Grahams,

  Affectionately,

    Fairman

Oct. 29, 1903
Kobe, Japan

My dear Mother,

They have just told us that the next mail for the U.S. closes at four this afternoon. That does not give us much time for letters but I am determined that you shall have one from me this time. Most of my writing on board ship was to the people who sent us wedding presents for I felt I had kept them waiting for a note of thanks an awfully long time.

You see that we are safely landed at Kobe with Mr. Cameron Johnson. They have a charming home with mostly American furniture. Mrs. Johnson says that they want it to look like home to the missionaries who come to them, so they keep out everything Japanese unless it is something really beautiful. It seems very good to be in a home once more though we thoroughly enjoyed the voyage. A trip across the Pacific would be the very thing for you.

We had a fine day in Yokohama. It was so interesting riding through the native town in rickshaws. It seemed like playhouses and the people are just like dolls, especially the children. At night when we (were) riding along Theater Street I could hardly believe it was not a dream. They have beautiful hotels in Yokohama and one sees so many Europeans that near the harbor it hardly seems foreign, but we went through the native quarter as much as possible. When we get homesick for civilization we can run over to Yokohama.

Kobe is not nearly so large but it has a good many foreigners too. It is very pretty lying down by the sea with mountains piled up back of it. We have not been around much yet except shopping. Mr. Johnson, Toji Takada, Fairman and I went out to buy some household goods this morning. There are so many beautiful things that I am almost afraid to go into the stores. We got some very pretty matting this morning, and an exquisite screen, black silk with sprays of wisteria and birds embroidered on it. Toji is going with us again to get our rugs, and a tea set.

I hope that next time I can send you a better and longer letter. Just now a missionary has called for us so I must go. Fairman will write by the next mail.

With much love for all my "in-laws",
  Affectionately,
    Annie

Oct. 29, 1903
Kobe, Japan

Dear Mama Wiley,

The S.S. "Empress" sails for America in two hours, we hear, so will send you this short note, with the promise of more later on.

We arrived in Kobe yesterday. Mr. Cameron Johnson met us and brought us to his home. He and his wife are charming people and are kindness itself. We expect to stay with them until next Wednesday, when we will sail for Mokpo on the S.S. "Keijo". We could get a steamer in three days, but it is not so nice.

We were very agreeably surprised to find Toji Takada here, with his wife. They are living in Kobe now, assisting Mr. Johnson in his work. He was with Mr. Johnson when the latter came to meet us, and has been very attentive. Has been helping Annie with her shopping this morning, and will go out again this afternoon. His health is much improved, and he is able to do good personal work. He asked all about you, and sends his love.

We had a big day in Yokohama. Will tell you about it in my next. Miss Rodd was with us, and she came ashore with us yesterday and spent the day. We are very fond of her. Two missionaries from Fusan, Dr. and Mrs. Irvin, are stopping at Mr. Johnson's, and we are learning Korean affairs at first hand.

Annie seems to be enjoying the trip immensely. She is perfectly well, except for a cold, which she caught on shipboard.

We are planning a trip to Kyoto, one of the most noted places in Japan, this week.

We hope to have letters from you awaiting us on our arrival at Mokpo. With love,

  Affectionately,

    J. Fairman Preston

Nov. 6, 1903
Nagasaki, Japan

Dear Mama Wiley,

We were kept too busy at Kobe with shopping, calling and sight-seeing, that we found no time for letter writing. Annie will tell you about Toji and his sweet little wife, and their kindness to us. Let me say that our week at Kobe was altogether delightful. We feel under deep obligations both to the Johnsons and to the Takadas for their marked kindness. We met the Prices there too. They were moving, and Mrs. Price was sick in bed, so we did not see much of them. Annie fell in love with Mrs. Price, who is a North Carolinian. She was Miss Robertson, from Fayetteville, and a very sweet woman.

On Sunday we went to hear the Pastor of the Union Protestant Church at Kobe, Rev. Mr. Wicher, a Presbyterian from Toronto, Canada. He is a strong young man, and I have not heard better sermons than the three we heard him preach. It was Communion Sunday and a very precious season of refreshing for us it proved. It was hard to realize that we were in a non-Christian country that day. Yet the godlessness of that part among the European residents is pitiable. There are over 1,000 of them and only two churches, the Episcopal and the Union, yet at the latter there is only a handful of people at each service. Twenty-five is about the average on Sunday and six on Wednesday. As Japanese regard all Europeans as Christians, you may imagine the example set before them by these of our blood, most of whom leave their little religion behind.

One of our most pleasant experiences was with the Takadas up to Kyoto, the ancient capital of Japan. Here we saw some old temples. One of these, the Sanju Sangendo, contains, it is said, 33,333 images of their gods. As we filed past those serial ranks of Buddha images, ten deep, all alike, hideous, dust-covered, I was filled with mingled wonder and disgust at the puerilities of a man-made religion. One never fully appreciates the worth of the true until one sees the cruelties of and absurdities of the false. What proved of special interest that day were the fine arts. We visited a number of places and saw the noted Japanese wares manufactured, such as cloisonne, Damascene ware, china painting, embroidery and cut velvet. It was exquisite. Annie nearly had an artistic fit over the silk and embroidery. They do pictures in embroidery that cannot be distinguished as they hang upon the wall from oil paintings.

Coming back from Kyoto we bought some delicious tea at the R.R. station in Osaka. It was sold in a neat tea-pot containing about four or five cups. Price, 3 sen (1 1/2 cents gold)! with pot and cup thrown in. Prices are always high around R.R. Stations.

Yesterday we spent the day at Bakku on the Inland Sea. Early in the morning a note was handed us on the steamer from the Steadmans of Chofu. They had heard we were on the "Keijo" and cordially invited us to spend the day with them. So we went ashore and took rickshaws for Chofu, two miles distant from Bakku. The road led along the coast, through the loveliest scenery of this lovely land. It was a beautiful day and at one spot on the road, I stopped and took two snap-shots of the coast. While I was doing so, a man passed by and said something very excitedly to the rickshaw men. When we came to Chofu, they drew up before a large building and began talking to some officials. I supposed they were inquiring the way to Steadman's house and presently I went to the window and tried to help them and found them all excitedly pointing to my camera. I soon found myself in custody. The rickshaw men had carried us up to the police station! After an hour, an officer came who spoke English, and he informed me that I had broken a military law in taking a picture in that locality, and that I was under arrest and would have to go back to Bogau (Bakku?) and appear before the judge for trial. I succeeded in getting Mr. Steadman word after two hours and he came and brought Mr. Hill, another missionary. They looked grave, and told me I was in for it. Mr. Steadman took Annie to his house, where she had dinner and a good time with Mrs. Steadman and Mrs. Hill, while Mr. Hill accompanied me with the police sergeant back to Bakku. We went straight to the Court House and after some delay, appeared before the Public Prosecutor, and underwent a most rigid examination by him. Some of the questions were funny, e.g. "What is your rank?" I replied that I was reared in Virginia, U.S.A., where everybody belonged to the "First Families".

It looked ugly. I was informed that I had taken the pictures near some fortifications; that it was a misdemeanor; and the punishment was several months imprisonment or a fine of not less than Fifty yen ($25.00 gold) and the confiscation of the camera. Ignorance of the law was no excuse, they said. I stated the facts plainly and contritely, but fully expected a heavy fine, from what my friends told me, of the experiences of others.

The Judge's sentence was that he believed I took the picture unwittingly, and with no ulterior designs, and therefore he would acquit me and restore the camera. They kept the pictures—and they were fine too!

I was very much relieved at the outcome and grateful for the clemency. An officer of the Court informed Mr. Hill that I was the only man he knew of who had escaped a fine for this, and Mr. Hill cited the case of a Captain English who lately lost a hundred dollar camera and was fined 50 yen for the same thing.

All this seeming much-ado-about-nothing was not without its funny side to me, and the humor predominated. It was a rich day's experience with the officials, all of whom were uniformly kind and courteous. After six hours of custody and amusement, I joined Annie at the landing, just in time to catch our steamer.

We expect to reach Mokpo Sunday. Both of us are well and in fine spirits. Have enjoyed every day of the trip. You have a great treat in store in this trip to the Orient.

With much love from us both for you and for all the folks,

Affectionately,

J. Fairman Preston

P.S. Will be glad, if you will, send this letter to Mother to read.

P.S. We have decided that it must have been Fairman's good looks and winning ways that got him off yesterday. Even the police are converted!!

Annie

Nov. 6, 1903

Nagasaki, Japan

Dear Father and Mother:

After just a week's stay in Kobe with the Johnsons, we sailed for Korea on the little Japanese steamer the "Keijo", on Wednesday last. We are taking our time in true Eastern style, stopping all day at ports, and sailing at nights, thus taking four days for a trip that can be made in two. The moon is now full, and the scenery along this famous Inland Sea is grand. Annie and I are the only Europeans about, so we constantly fancy we are on our own private yacht. However, there are two first class Japanese gentlemen, with their wives, aboard, en route for Korea, so we do not feel much isolated.

Today we are at Nagasaki, a lovely town built on high hills overlooking the land-locked harbor. These hills are very precipitous, but the Japs have terraced them to the top, and dotted them with houses and garden patches. At anchor in the harbor is an United States cruiser, with the sailors sitting on deck. It is good to see the flag away out here.

I fully intended to write while at Kobe, but we were on such a rush the whole time that could not find opportunity. We consumed a great deal of time shopping. Here we secured matting, screens, rugs, bath tub, and stoves, besides many smaller articles which we needed and which took time. It seemed to me that there are few household articles which cannot be secured in Japan, except heavier furniture, and at very reasonable prices. Annie says she is coming back next summer. It is very necessary, however, when shopping, to have with you someone who can speak Japanese, for those Japs who speak English fleece the foreigners unmercifully, especially Americans, who are all supposed to be rolling in wealth. For example, this sign appears over a little theater, whose admission price to natives, I learned, was fifteen sen (7 1/2 cents): "Foreign man, fifty cents". Another sign ran: "Especially attention given to foreigners". The foreigner soon learns that. The way I first learned it was when I landed at Yokohama. I hired four rickshaws, bargaining for them at sixty sen per rickshaw (which was 1/3 more than the legal rate). I kept them only two hours, but when settlement came, they demanded sixty sen for each man (two to a rickshaw), making four yen eighty sen the grand total. There was nothing to do but to pay it, or get in a row which always ends disastrously for the stranger. It matters very little whether you make a bargain with them beforehand or not, they invariably demand more than you give them. These men have abnormally developed muscles like beasts. It never fails to disgust me to see men doing the work of horses. Over here this is the rule, and it is the exception to see a draught animal. Even the heavier draying, as telegraph poles, iron, bales, etc., is done by these coolies.

By the way, unreliability in commercial transactions is said to be a national characteristic of the Japanese. On the other hand, they are very honest and just in official life. This is just the opposite of the Chinese, who are proverbially honest in business and corrupt in official dealings.

I don't know when I ever spent a more delightful week than at Kobe. The Johnsons were kindness itself, and not only them, their home open, but gave us much of their time in shopping and sightseeing. They expect to visit Korea in the near future, and we shall see them at Mokpo. Toji Takada, a friend of the Wiley's, is located at Kobe now and laid himself out to serve us. He and his wife accompanied us on a most charming visit to Kyoto, fifty miles inland by rail, and the third city of Japan. I could write you another letter about that trip, but this letter is already long enough.

We are both well. As per promise, will cable you on arrival at Mokpo.

Have not had time to get homesick yet, but long to see you, and impatiently await letters at Mokpo. I am pretty rested and eager to get down to work.

With love for both, and everyone,

   Affectionately,

      Fairman

Nov. 10, 1903

Mokpo, Korea

My dear Mother,

At last we have reached the end of our journey and I am writing in my own room. It seems good to be settling down once more, to be able to spread myself a little and not live in trunks.

The stay in Japan made it seem so much longer since we left home, somehow, although we had a delightful time with the Johnsons and the Takadas. Toji had ever so much to say about you, and told me to tell you that he thought of you often, though he did not write. He has your picture in a pretty Chinese frame where he can always see it, and we put it down on the floor by us when we went there to tea. He and his wife called on us at the Johnsons and we were delighted with her. She is such a nice looking little woman and speaks very good English. They wanted to entertain us at their home, so invited us to afternoon tea. We went, carrying slippers in a bag, for, of course, we could not go into a Japanese house with our shoes on. They met us at the door and, with elaborate bows, invited us to come in and walk upstairs. You would like their house, I know, for it has so little in it, and is kept spotless. The floor was covered with matting, padded so that it will be soft and springy. There were two rooms upstairs with sliding doors between, and sliding doors opening in the little piazzas. The view from the back was beautiful. Just back of the house was a little lake, and beyond that a very high hill. From the front piazza we looked into the little garden. You know they sleep on the floor on mattresses which are folded up and put in the closet during the day. The only furniture was a table, and bookcase, and a shelf, and some mats to sit on. They had quite a variety of food, Japanese cakes and candies, and some of it was very good, especially some cakes which they call sembai. Every dish was on a separate tray and every tray was different. We had a good study in Japanese woods and wares right there.

After tea, Mr. Johnson and Fairman went to play tennis, but Mrs. Johnson and I stayed with the Takadas. She told Mrs. J. that she did not have anything nice to show me, but perhaps I would like to see her wedding dress. Of course I wanted to see it, so she brought it out—a beautiful lavender crepe lined with red. The sash, or obie, was pale yellow brocade. They have two robes of the same material and wear one over the other, very long and padded with cotton around the bottom. She showed us some of her other dresses, but said they were not in the fashion, because they were lined with black silk when they should be lined with blue. It was news to us that the styles changed in Japan. She had another dress very much like Helen's grey silk, but she said that it was too light to be fashionable now, for the ladies were wearing darker colors for the street. They do wear dark grey a great deal, with bright linings and very bright petticoats that show when the wind blows.

We left Kobe the fourth of November on a nice little Japanese steamer. We were the only foreigners on board, but several of the Japs spoke English. One of them was very interesting and intelligent. He had been Consul in the U.S. and been sent to the Coronation, and at present was on his way to Chinnampo in Korea.

I am afraid I was a little bit hard on the Japs in my letter to Sister, but I had just been through a crowd at a temple and they seemed so far from civilized. It is wonderful the progress Japan has made in thirty years. Most of the Japanese are very intelligent and all of them polite.

We saw Korea first on Saturday and touched our feet to Korean soil at Fusan on the Eastern coast. There are mountains all along the coast, and the views of mountains and sea are beautiful. The hills are bare, but they look very pretty in the sunlight. We went first to the Northern Presbyterian Mission and Fairman found some old Princeton men there. Then we went for a walk through "Little Japan", "Little China", and the Korean villages. When I saw the <u>dirt</u> and the primitive ways of the people I felt horribly depressed. I had heard, too, that Fusan was a much better place than Mokpo, so I wondered what kind of a place it would be. We did not stay long on shore, but went back to the ship and tried to forget Kobe and live once more in the Old North State by reading "The Leopard's Spots".

The next morning when we went up, we found that the scenery was prettier than on the other side of the peninsula. As soon as we dropped anchor in the pretty harbor of Mokpo, we saw a sampan coming out to us with two gentlemen and two ladies in it. We thought that they must be our missionaries, and so it proved. They gave us a warm welcome which made us feel decidedly better, and the ladies brought me up to Mr. Bell's, while Fairman and the gentlemen attended to the baggage.

Mr. Bell has a charming little house, just the kind that I like with lots of books and pictures and easy chairs. I will tell you all about it when I have more time, and we will send you some pictures.

Yesterday we spent fixing up our bedroom with borrowed furniture and the things we bought in Japan. It looks homelike already.

I was so glad to get some letters yesterday. It seems so long since we heard from home at San Francisco.

There is one thing I must tell you. Fairman and I went to see Dr. Whitehead and talked it all over with him, and he said that he thought it would be better for us to carry out our plans and not postpone the wedding unless you wished us to do it. When we went home, we asked you if you would consent to our postponing it, and you said you did not want to put it off. I would <u>never</u> have left you if Dr. W. had said

I ought not to do it.

I hope that you and Sister are in Philadelphia now, and that you are getting new ears. I felt that I needed an extra pair to catch all the Korean sounds this morning.

I am anxious to have your eyes in good condition, for I <u>cannot</u> do without your letters.

We are going down to mail our letters so I must not try to tell you any more Korean news now, but there is one thing I want to tell you, and that is, that a great deal of the pleasure I have had in visiting Japan has been in the thought that I would have the joy of taking you to those same places.

A heart <u>full</u> of love to all from us both.

  Devotedly,

    Annie

Nov. 10, 1903

Mokpo, Korea

Dear Mother and Father,

We arrived here safe and sound on Sunday morning, after a quiet voyage of four days from Kobe. Were met by all the missionaries stationed here, viz. Mr. Bell, Dr. and Mrs. Owen and Miss Straeffer. It is restful indeed to be settled at last, after so much wandering.

We like our surroundings. Mr. Bell has a very comfortable and convenient house and good servants and we feel very fortunate in being permitted to share it with him. This house, and that of the Owen's, is located on the top of a hill overlooking the bay, and facing south. Mokpo is built upon a peninsula, so we have a fine prospect of sea and islands and mountains. The tide is high at this point—about 20 ft—and there is also a dreary prospect of mud flats when the tide is out. Mokpo has about four or five thousand population, about 1000 of whom are Japanese. We have fair mail, telegraph and cable facilities, and do not feel isolated.

Yesterday we fixed up our bedroom with some things we brought from Japan and with some borrowed furniture, and it looks really cozy and comfortable. Our boxes will not reach us until toward Christmas.

Our fellow workers have been very kind to us and they are all congenial. Altogether we feel very grateful to God for casting our lot on the foreign field in such a pleasant place. Today we began the study of the language. We both like language study. Annie takes to it like a duck to water. I know she will outstrip me in it, for she has a fine memory.

We attended the native church on Sunday; S.S. in the afternoon and preaching by Mr. Bell at night. There was an attendance of over fifty at each service. It was beautiful to see the deep reverence and evident earnestness of these Korean Christians. They bring their Bibles to church with them! I spoke a few words of greeting to them (interpreted by Mr. Bell), and after service they crowded around us, expressing their joy that we had come to work among them. So the "native's enthusiastic" section of the cablegram was not amiss after all.

We sent that "Kangaroo" cable yesterday. Hope you received it all right, for it cost yen 15 ($7.50 gold), rather more than I expected. We were rejoiced yesterday to receive our first mail from home, a letter from father, those forwarded by Jamie, and two from Salisbury, with some papers. They came in on the steamer with us, and made it in just a month. That's good time. Delighted to hear of the good health of all. Hope father's ear trouble is only a temporary affection. We remember you each one daily in prayer. I expect to hear that Mother's Va. trip is just what she needs to bring her out all right. Hope Rhea is well and has located by now.

We wrote you from Nagasaki, Japan. Let us know if you received that letter, as we sent it ashore by a sampan man (boatman), and were a bit apprehensive that he would not post it. We sent Mama Wiley a telegram from California just as we sailed. Wonder if she received it? Expected her to send it to you. We were so rushed there that had no time to write.

I have been sending letters to Mother and Father, intending them for all the family. I may send them alternately to different members in future, in order to answer responses from all. Hope they will write oftener than when I was at Princeton.

Well, I have knocked about so much the past year and a half that it was no great shock to settle out here. It seems just like home with my Annie. She gets sweeter every day, and we have happiness unspeakable in each other's love. It seems too good to be true sometimes.

With a heart full of love for you each one (illegible)
Affectionately,

Fairman

Love to the Grahams.

Nov. 17, 1903

Mokpo, Korea

My dear Mamma,

Your letter of October 15 came yesterday, making the trip in just one month. It was such a good letter that I have not gotten over the glow of reading it yet, although I have read it several times. It is so good to hear all the home news, about all the grown folks and the "Angels" and Ollie and Mike. I am so thankful my little boy escaped scarlet fever. When is he going to have his picture taken in his Scotch suit? I would give anything if I could hear him call "Aunt Shannon".

When you write me all the little things about home, it does not seem so far away, so be sure to keep it up.

Yes, I am very happy, but it is largely because I am looking forward to having you come to see me. Of course, Fairman has a good deal to do with my happiness, too! Then Mr. Bell is so nice to us and we are so comfortably situated. Miss Straeffer has been very kind to me and is going to be a great help I am sure. I will tell you more about our doing since we arrived at Mokpo next letter.

We have our Korean teacher every day from ten till one, and, as we try to get in some studying outside that, our days are pretty busy. Our teacher for the present is Mr. Kim, who was written up in the *Missionary* a short while ago. He is the most intelligent and progressive Korean in Mokpo. By the way it is Mokpo—long o.

Yes, you may burn Charles' letters. Fairman gives his permission!

I wish we could have been at your party. Your menu was fine.

We have had glorious weather since we came, and Mr. Bell says we will have a lot of it through the winter.

Our things have not arrived yet, but Mr. Bell and Miss Straeffer have fixed us up very comfortably for the present. When we get really settled, we will try to send you some pictures of our establishment.

This is a very <u>choppy</u> letter but there are so many things I want to tell you about and the steamer for Japan sails in about two hours.

I am going to enclose a check for your birthday—$20 for you, $5 for Ollie, $1 each for Maggie and Scott.

For your encouragement let me tell you that it is possible to get from Mokpo to Louisville, Ky. in 21 days, and from Mokpo to London in 18 days, via Siberian Railway. Won't it be fine when you and I complete the circuit of globe together!

I am thinking of you as in Philadelphia now, and expect to hear of new eyes and ears.

    With unspeakable love,
        Your baby

Nov. 17, 1903

Mokpo, Korea

Dear Mother,

I have been intending to write you a letter "for your own self". A steamer is now in port, so will try to get this off, though it must be hurried.

At this writing, have not yet had word from you directly since we left San Francisco. A sweet letter from Jamie this week, and last week one from father. Annie has had two letters from her mother, both of them as bright and cheerful as we could wish. Mrs. W. was expecting you to visit her on your way back from Va. We are very hopeful that these visits will give you the start which shall restore you to vigorous health again.

We are very happily established here at Mokpo, Mr. Bell's house is attractive and comfortable and practical, and he himself is kind, considerate and practical. He has a fine cook. You would be pleased to see how smoothly housekeeping proceeds in the East when once you have trained the servants in Western ways. The present arrangement is ideal, as I had expected. Annie has every opportunity to learn the ins and outs of Korean housekeeping without any of the responsibility. She is delighted, and seems so happy and contented as possible.

Well, if a man was ever deeply in love with his wife, I am. It was a desperate case from the start, and the longer I know her, the more deeply I fall in love. She is everything that a man could want in his wife and more.

Do you know what I have been thinking during these weeks since our marriage? It is this: that a man never appreciates his mother as much before he marries as after he gets him a wife. Somehow I am aware now of a closer sympathy with regard to the other sex, and particularly of a deepened love for you. I do not know whether this is a general experience or not.

We began work on the language the second day after our arrival. Study now is the all absorbing time, and most of our time is spent thus. However, I am careful to plan plenty of outside exercise and diversion. Last week, we went duck hunting two afternoons, the "we" including Annie, Eun. Bell and myself. Yesterday afternoon Annie, Miss Straeffer, Bell and I climbed to the top of a neighboring mountain. The view was grand. These ladies were the first who had made that ascent and we were elated at their achievement. It took tugging and pulling in places, though, especially with Annie, and I realized forcibly how heavy 166 lbs. feels. The mts here are quite innocent of all trees and shrubs and the bare crags lift themselves, unrelieved, into the sky.

The weather has been charming ever since we came. As I write, it is as bright and crisp as Greenville or Salisbury at this season.

We have as our temporary language teacher Deacon Kim, an account of whom, with his picture, you perhaps remember to have seen in *The Missionary*. He is an extraordinary man. More anon.

When you write, put in all the personals you know. Mama Wiley sent a batch of newspaper clippings which she had made. It was a very thoughtful, sensible thing to do, and we were much pleased. Hope she will keep it up.

You can write any time with the assurance that your letter will make good connection. Letters are sent either via San. Fr., Seattle, or Vancouver. Several mail steamers a week call at Mokpo from Japan. We have received the home letters in just one month after they were written. Bell made the trip to Louisville two years ago in 21 days.

With much love for all, and a heartful for you from us both.

    Affectionately,

        Fairman

Nov. 24, 1903
Mokpo, Korea

My dear Mother,

Mr. Steadman, of the Baptist Mission in Japan, has come in from Kunsan and tells us that the steamer will sail at noon, so this will have to be another hurried letter.

Mr. Bell, Fairman, and Dr. Owen are going up the river for a two days duck and goose hunt, to get our Thanksgiving dinner. Miss Straeffer has invited us to a six o'clock dinner and then the Owens are to come in after dinner for a social evening. You see we are going to celebrate Thanksgiving at Mokpo! Wild duck and wild goose will be a very good substitute for turkey.

Miss Straeffer is coming up to stay with me while the men are gone. I like her very much, so I am anticipating some pleasant days.

While they are gone I expect to get a great many letters written. As yet, I have written very few for the language study and outdoor exercise take up almost all these short days. While Fairman is away, I won't have the teacher come probably, and that will give me much more time.

We are sending some little packages by this steamer and I hope they will reach you by Christmas. In one box, addressed to Sister, there are some little carved ivory animals which we bought at a beautiful store in Kobe. One is for Sis, one for Marion, one for Beulah, and one for Floy. I sent them all together because I have so few little boxes. In the other package there is a little piece of drawn work for you, a pillow case for the new baby, and some little things for the children. It is very hard to send just these little things when there are so many beautiful things to be had in Japan, but I wanted to try the postage rates, etc. before I sent much. There is a great deal of love and Christmas wishes in the bundles, from us both.

I would like you to send one of the pictures to Mr. and Mrs. Hutchison. Mr. Seay will trust me till my ship comes in.

Tell Marion that I intended to send her a long letter by this steamer when I thought it was going out this afternoon.

Much love to all, and very best Christmas wishes. I cannot bear to think of not being there.

  Devotedly,
    Annie

Nov. 28, 1903

Mokpo, Korea

Dear Jim,

I am your debtor for the two fine letters you sent me last month, lately received, and intended to send you reply before this, but was interrupted. Annie sent you a note, however, just as I left home Tuesday for a hunting trip up the river.

Mr. Bell, Dr. Owen and I composed the party. We returned Thursday after a most enjoyable time. Went in a "Sampan", a large light boat, manned by three oarsmen, and we also took with us, our house boy. Ate and slept on the boat. I was simply astonished at the great abundance of game, also its variety. Wild geese, ducks of all kinds, "Tooramies" (huge, long-necked crane-like birds, marked in white and black), snipe, curlews, cranes, "oyster catchers" etc. on water, and pheasants, quail, pigeons and deer on land. We were rarely out of sight of game. Morning and evening the geese would fly overhead, from roosting place to feeding ground, and back again, and at such times the whole heaven seems alive with them. They fly in single file, with wedge-shaped formation, thus the leader of the flock being an old gander of long experience. We counted over 200 geese in one of these "images".

Of course they fly too high for our gun range, and we could only look up at spectacle with feeling akin to "Brer Fox" in the fable. They are crafty birds and it is difficult to get near enough to shoot, and I soon learned the significance of the expression "wild goose chase". However, we put on Korean clothes (white), and succeeded in walking up on several flocks and shot at long range. In all we killed five, two of which I brought down, with individual shots and volleyed with the other men for the remaining three. Once we came upon a flock of swan. They are held sacred to the king, and around Seoul one would be arrested for killing them. They are very large—to our excited gaze they seemed larger than sheep walking on the bank. We brought down three at the first volley of six shots. Two of these escaped, but after concentrated bombardment by us all, we secured one. He measured seven feet from tip to tip and four and a half feet from tail to beak, and weighed seventeen pounds. We ate him for Thanksgiving dinner, and the meat was delicious. You may be sure I am glad I brought a gun. My shooting is poor, but improving. I bagged the most game on that trip though, which will always be memorable to me as my first hunt in Korea. I regret very much that I did not bring a bird dog. It is almost impossible to hunt pheasants without one.

We were surprised measure at the Tillman verdict. It is a stigma which the state can never wipe out. We look for future trouble from it. South Carolina can furnish several instances not far removed from heathendom.

I notice in the latest papers received (Oct. 28) that there is strong talk of war between Japan and Russia. When I was in Japan (as late as Nov. 4) the feeling prevailed that there would be no war, not in the immediate future, at least. We have heard nothing alarming lately, and feel no apprehension; nor would there be any ground for fear concerning our safety if war should break out.

Am delighted to hear such encouraging reports from the school. It is a comfort to think that you are standing by father in the work. Begin right now to plan and work for a larger attendance for next year. Get valuable names for the cat. list. Hope father can touch some new places during the winter. We are apprehensive about mother, since learning that she did not go to Va. She will not take care of herself, so you all will just have to make her do it.

I have been looking for a note from Rhea, but will send him a letter soon. Will also put Floy in my debt soon. Give my best to the College and other friends. Tell Mrs. Graham I will write her soon. Am much behind with my correspondence, as usual. Glad to hear good news of N.B. He is going to make a man. God bless you, boy, and help you to live for Him.

Affectionately,

J. Fairman Preston


It is none too early to offer Christmas congratulations, though it is far too early yet for me to enter into the festive spirit of the occasion. How I wish I could spend it at home, as I have been privileged to do for the past two years! But I shall think of you all on Dec. 25th, and as you enjoy yourselves, you can try to realize that when the day begins for you it has just ended for us; so it will be the longest Christmas day ever spent by the Preston family!

I did not try to send home any remembrances this time, partly on account of the difficulty of getting anything small enough to send through the mails, but principally because I am not on my feet financially yet, and will not be for several months.

Annie sent a few small things through the mail.

Hope there will be no trouble with the freight forwarded to Phillips. We shall eagerly await its arrival. I believe we could have brought that box as baggage if we had tried a little harder, and we should have done so, as it contains some clothes that Annie needs. We may not receive it til March.

Dec. 3, 1903
Mokpo, Korea

Dear Mama,

Writing letters is to me somewhat like eating buckwheat cakes: it is as hard to make time and inclination fit as to get the cakes and syrup to come out even. I find myself always with more inclination than time, particularly toward you. Tonight I must indulge myself, despite a pile of letters that await answer.

What has Annie written you, I wonder? If between us we do not give you adequate notions, fire the questions and we will profit.

Let me tell you about the situation of Mokpo. It is on a peninsula, along the edge of which, lengthwise, runs a bare, precipitous, rocky, mountain. Toward the west, north and south stretches the archipelego, as far as the eye can reach. The tide comes through these scores of islands, and consequently when it reaches us, is very swift and high, being about twenty-three feet at Mokpo. One result is that we have no beach, but only a dreary stretch of mud flats when the tide goes out. High hills stud the peninsula, as they do all this country.

Mokpo is composed of two elements: the Japanese concession, located on the very point, and the Korean Mokpo, composed of a group of villages strung out from the "Concession" to the mainland. The accompanying diagram will give you a general idea. Our house is situated between two of these villages, on a good elevation, and faces south. In this direction we look out upon a broad expanse of water, most beautiful at high tide. On the west we have our jagged range towering over us, to the east and north some high hills and towering mountains in the distance. The native church, a comfortable little structure, adjoins our houses, on the same ridge to the West. To reach the "settlement", we go over a long dyke, which keeps the tide from the "paddy" (rice) fields. By the way, the presence of the Japanese in Mokpo makes life much easier for the "European". They are fine artisans and merchants, and Japan in miniature, though on a meager scale, is at our feet. There are few of the necessaries of life which you cannot obtain in Mokpo.

As for the people, it is hard to write anything very definite as yet, because we cannot get in close touch on account of the language barrier. They impress us as being exceedingly good-natured, peacable (one rarely hears of fights among them) and open-hearted. Two things are painfully evident: their extreme poverty and their filthiness. Most of the houses are the merest hovels, built of mud and thatched with straw, with a couple of rooms about eight feet square. One of our negroes would turn up his nose at the average Korean house, if it were offered him. Just what effect Christianity has in changing these conditions, I have not yet inquired into, but if the home of our leading Christian here, Deacon Kim, may be taken as typical, or even as suggestive, the transformation is nothing short of marvellous. He has a scrupulously clean, commodious home, and an interesting family. Don't gather from this that the people themselves look dirty. Except the coolies, the men you meet look quite respectable in their white garments. Indeed, it is always a wonder to me how they can look so clean when I have seen their houses.

Our all-absorbing work now is the language, of course. We have recently secured a teacher each, and fortunately they are above the average in intelligence. Annie's teacher is no other than Deacon Kim himself, and he is by all odds the "livest", most progressive Korean we have seen. Annie is doing remarkable language work. She learns very rapidly and retains what she learns. Her fine memory and her French study stand her in good stead. I predict that she will be speaking the language easily before long. The Koreans are making a great "fuss" over her accomplishments.

By-the-way, illustrative of Kim's alertness, yesterday Annie said to him "Mochin po-go shipoo-o", "I wish to see my mother". "Sahjun po", "Look at her picture", he responded. He is quite different from the average Korean, who is phlegmatic to the last degree.

We have succeeded in getting some good pictures since we came, but have not yet found the time to print them. Will send you some soon. Enclosed, we give you one very fine snap-shot which we got just as we were sailing out of Honolulu harbor.

It was so good of you to send the clippings. We enjoy them greatly, and think you show fine judgment in your selections.

We are very happy out here. That I am, goes without saying; but it makes me all the happier to know that Annie is in the same state of mind. We are already looking forward to your coming, and speak of it often. We will be speaking the language then, and doubtless keeping house. You will enjoy the life out here, I know. Mrs. Bull (mother of W. F. Bull) said she spent the most enjoyable year of her life in Kunsan. We can make you just as comfortable as at home and the climate is very like that of Salisbury, excepting the wind, which blows hard and often.

It is a comfort to know that we have your daily prayers, and you too have ours. You have found our Lord as good as His word, I hope, in granting strength "sufficient for the day". Well, your "calamity" loves you, and hopes that you may experience all the richness of the promise to those that "lend to the Lord"—which you did. For after all, it <u>was</u> the Lord's hand, and not Fairman's!

With much love, in which Annie joins,

    Affectionately,

        J. Fairman Preston

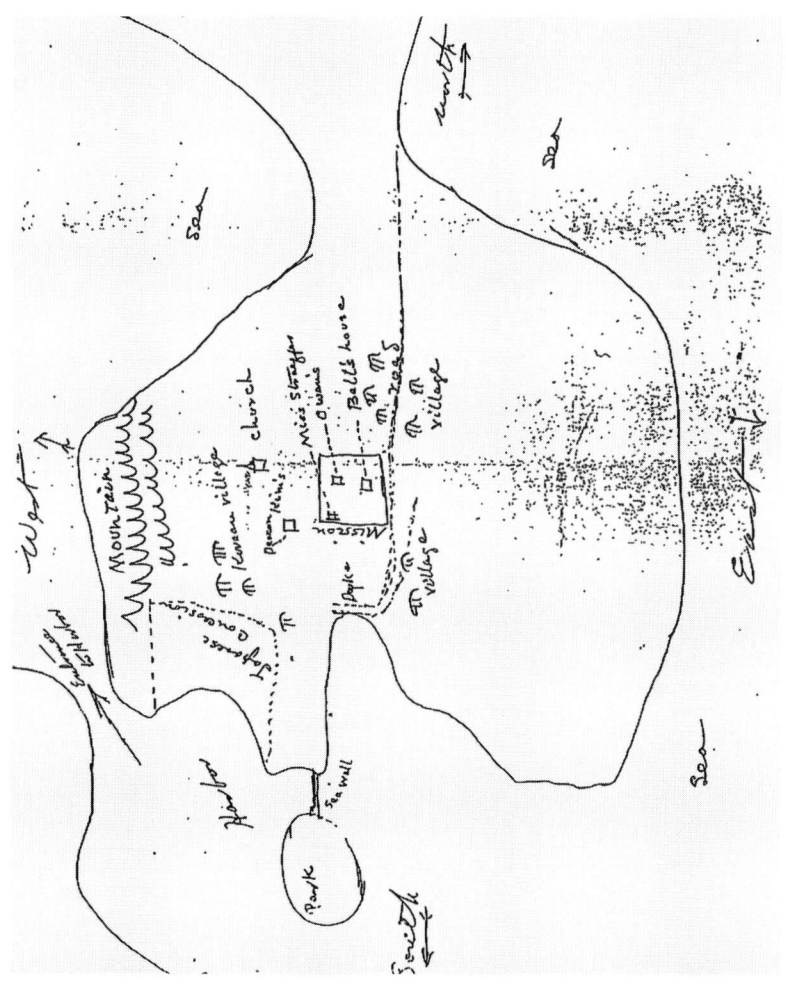

Dec. 14, 1903

Mokpo, Korea

My dear Mother,

The past week has gotten away somehow without my writing you a letter. For one thing, the Cameron Johnsons are visiting us now, and we are giving most of our time to them.

I like them both, but particularly Mrs. Johnson. I feel that she is the most congenial person I have met among the missionaries. They room at the Owens, take dinner here, and supper with Miss Straeffer. When we were at dinner today, Miss Straeffer made some exclamation about "a foreign lady", that quite startled us. It was nothing more than that a foreign lady was coming along the road towards the Mission houses. She turned out to be a Miss Brown of Seoul, of the Northern Presbyterians. She is going on this afternoon and I (illegible) to mail this on the steamer.

We are very well—have had some delightful weather, until today.

We are getting very impatient for our goods to come so that we can make our rooms more inhabitable.

We have enjoyed your last letters especially, such nice, long, newsy ones. I was delighted to get a nice long one from Brother Willie.

The latest news was Sister's postcard from Philadelphia. I am hoping for great benefit to you from that trip. That postcard made good time—came in less than a month.

I must go to steamer with Miss Brown.

  Lovingly,

    Annie

Dec. 18, 1903

Mokpo, Korea

My dear Mother,

For the last week or two I have accomplished nothing. We gave up our study for a few days to enjoy the Johnsons to the fullest extent, and I believe we succeeded in that, for the days they were here were most delightful.

Mr. Johnson is getting a lot of lantern slides ready to use when he goes home next year. He will have more than fifteen hundred of China, Japan and Korea, and probably some of India. We are going to lend him some of our kodak pictures to have slides made from.

We had some <u>festivities</u> while they were here, at least we all took dinner with the Owens one day and then they all took dinner with us another day. The afternoon the Johnsons left, it looked so stormy that we did not think the steamer would get in, so we were all playing Flinch over at the Owens, and Mrs. Owen was going to serve afternoon tea, when a Jap brought a message from the steamship company agent saying that the steamer was in and would leave shortly. They had a few things to strap and the servants could not find coolies to carry the baggage, so it was a great rush and hurry. When they got to the steamer, they found that it would not go on account of the fog. These little coast steamers do not go in a fog or very rough weather, they just anchor behind an island until the storm is over. Sometimes it takes nearly a week to make a day's run.

We had expected to go to Kunsan on the fifteenth of this month, but when the stormy weather commenced and we heard about the little steamers, we gave up our trip until spring.

Miss Brown missed her boat the other day. They told her it would go at five, and it went at half past four. We got there in time to see it go out.

We are going to take a Kobe paper to keep in touch with the Russo-Japanese question. Just at present, we have enough excitement of our own right here in Mokpo. The Japanese are in the majority in the "Settlement", that is the part which was opened to foreigners, and they try to run the whole thing. They put men over the Korean coolies, who cheated them, and when the Koreans appealed to the Korean governor, the Japs refused to let him put their men over the coolies. They said that the men must all have a license from the municipality before they could work in the settlement. That is not required in any other port, so the Koreans refused to receive the Japanese license to work in their own country, and there was a strike. The Japs are very dependent on the Korean coolies to unload their cargo, so they tried in every way to make them go to work.

One night, a lot of them went up to the Korean governor's, prepared to kill him if he did not grant their requests. Someone went for Mr. Hopkins, and his appearing on the scene broke up the game. The Japanese paper commented very unfavorably on the European who interfered with the Japs when they were calling on the governor. It frightened the governor so that he left for Seoul, going overland, because he did not dare to go on a Japanese boat. Since he left, they have had some times. One day a crowd of Japanese coolies broke into the Korean police headquarters and cut up two policemen. Another day, a mob of them came outside the settlement and beat seventeen Koreans so severely that several of them died.

The Japanese ought to be punished for that for they have no business outside of the settlement, but the Koreans have such a measly government behind them that they will probably lose more than the Japs. They are to have a new governor who will do as much or more than any other Korean would do. He was educated at Vanderbilt University and is a very able man. Kim thinks that "the salt has lost its savor" a little, for the new governor, although a professing Christian, does not let his light shine very brightly. When he comes, we will invite him to church and try to get him to take his stand with the Christians. We are rejoiced that the poor Koreans are going to have someone to take their part who has a little backbone. The Japs treat them with a great deal of contempt.

If we had not stopped in Japan and seen some of the better kind of Japanese, our opinion of the nation would be very poor, for they are a pretty mean lot in Korea. The Koreans seem to be more like good-natured children.

We are planning to have a very nice little Christmas. Miss Straeffer and I are making some canton flannel dogs for the little children, and some bags for candy, etc. for the boys. Mrs. Hopkins is going to give the little girls a fine Christmas tree. You would be amused at some of the presents—soap, hair oil, scissors, shoes, gloves, cloth for dresses, and all such things. That is to be Christmas Eve, and on Christmas Day, we are to go over there and put our presents for each other on the tree. All the station is coming here for dinner, and I am to arrange for it with Cooksan (Mr. Cook) as Mr. Bell is away in the country. We have holly to decorate with and I think I will use some of my silver on the table.

Fairman and Dr. Owen are off hunting today to get some game for Christmas. If they do not go hunting, we have to eat meat, which is not very good, so they go for something besides the sport.

Tell Johnsie I have been enjoying her cookbook all over again. I wanted to see if I could find some recipes we could use for Christmas. I appreciate the <u>daintiness</u> and the <u>work</u> of it more every time I look at it.

I cut my fruit cake while the Johnsons were here and we all enjoyed it. We ate very big slices late at night so we expected all kinds of dreams, but did not have them. We will have some more of the cake Christmas.

There are two things I want you to do for me. One is to get Mrs. Kestler to send a pattern like all my shirts were made, with tucks up and down. Miss Straeffer want to try it. The other thing is to send me two face veils. The "wind do blow" at Mokpo, and I somehow forgot veils.

We subscribed for the *Charlotte Observer* but have received only one or two copies. I have enjoyed the papers and clippings which you send.

What about my pictures? Is Mr. Seay not going to send me any? How about the "Sisters"? Were they any good?

Tell Uncle Will that I recognized his handwriting on one package of papers and thank him very much.

I wish you could have seen Mokpo today—the sun was shining in a bright blue sky, away across the river the mountains were capped with snow. As I came back from Miss Straeffer's, a flock of wild geese were circling right over the Owen's house. Won't it be too bad if our hunters don't get any after going fifteen or twenty miles for them?

I am very anxious to know the result of that big campaign in Salisbury. Surely Albert Sidney and Teddy must have been ashamed to be on the honor roll. I hope A. S. will get his girl.

They are going to have a big Conference of Missions in Seoul next September, and expect "big bugs" from all over the world. The steamship companies will probably give good rates. There is the chance for "you sinners". From all accounts, it will be well worth attending. Dr. Davis has been invited, and Dr. DuBose and John R. Mott.

### Dec. 19

When our hunters returned last night they had very little game to pay for a thirty-five mile tramp.

We are invited to the Owen's to eat some game today.

I find myself writing all <u>sorts</u> of ways, spelling wrong, using the wrong words, etc. but it is such a nuisance writing without a desk or writing table, that I do not write my letters over.

We are hoping that our goods will come tomorrow. They were shipped from Kobe to Chemulpo three weeks ago, and surely ought to be here.

I have heard nothing from Dr. Wilkinson. We saw that he was on the "Korea" which arrived in Kobe several days ago. Probably he will send my spoons from Shanghai.

The Owens came out before we did because they wanted to sail before Mary was two years old. The Hedges did not come, but later sent word that they would come with Dr. Wilkinson, but not a word have we heard from them.

I must dress to go to the Owen's, so Goodbye.

   With much love,

      Annie

# In 1904

Jan. 13, 1904
Mokpo, Korea

Dear Mama,

I am claiming the privilege of writing the home letter this week, though I could wish that I had more time in which to do it. Of late, we have been expending all our spare time on getting our rooms fixed up. This operation is a genuine pleasure and affords a great deal of diversion. I am determined to have things as attractive and cozy as possible for Annie. When you come, I shall expect to receive a verdict, "Well done" on the effort.

"When you come". You see we are already banking upon that event in a very definite sort of way. We are holding you to your promise, and shall expect you to come out with Stuart next fall. It is a bit soon to make clear-cut plans, but we both shall live with that general expectation. It will be a glorious trip for you, and a good thing for the "cause", too. Indeed, we may have you appointed on the staff of "*The Missionary*", so that the church may profit by the experiences which your gifted pen can so well describe.

This reminds me to say how much I enjoy your regular letters, for Annie reads them to me. We have both come to expect them to a certainty by every American mail that comes. The clippings, too, cheer us up and keep us in closer touch with home. We have received only two copies of the *Charlotte Observer* as yet, due probably to defective address—Moupo, instead of Mokpo.

Let me also thank you for the beautiful Christmas calendar. That it was a calendar was a double proof of your thoughtfulness; for of course none can be had out here and we forgot to bring them.

I have nothing new to add about our work at present. Annie and I spend every morning studying the language. It seems very little like study to me as yet, as we can get little out of the few books at our disposal and must pick up the flying threads of discourse from "teachers" who are earnest enough, but of ordinary intelligence. Annie gets it much more quickly than I. She makes occasional excursions and uses all she knows, too. Already the Koreans are looking up to "Pe-un Poo-en", "Preston lady", as she is called. One of her latest accomplishments is shooting. She went hunting with me the other afternoon, and killed the only thing she shot at a big crow. She walked about seven miles over the hills and came back flushed, rosy and happy. That is the point in hunting. She is developing into quite a walker, you may see.

They say that it is not considered proper in Korea to brag on your wife. This is one custom which I propose to defy continually. In proof, let me add that she is reigning out here the queen that she is. If you love her any more than I do, it is only because you have been at it so long. I wish you could have been treated better but really I couldn't do other than I did, and it seemed no more hard-hearted than to leave my own mother. Hope by the time you receive this, you will feel more reconciled. Don't make it hard for us by harboring resentment, for we love you too well to wish such self-punishment.

I haven't much to say yet about what I think of the work in Korea, for I know so very little about it. It is a very trying time for me now, and I get down-hearted every little while. It is perhaps natural, as I came out of a very active life into one of (temporary) enforced inactivity. I have the opportunity of preaching in English several times a month, if you can imagine me "preaching" to my wife and four fellow workers; but I am grateful for even this.

We have just finished at Mokpo the Week of Prayer. By way of amends for my conduct just a year ago, let me say that I attended <u>every night</u>, Annie with me most of the time. It was very helpful to the little congregation, I think, and was needed, too, as a spirit of self-sufficency and "disgruntlement" was formerly distinctly noticeable.

The pictures came in good shape. We like them very much indeed. Sorry that missionary picture did not get into "*The Missionary*" with mine. It was a misunderstanding that it was not sent from Salisbury.

I received Beulah's letter. Thank her for me and say I will write her and Sam soon.

Annie and I are both as well as can be. Don't be alarmed by any rumors of war, since if war does break out, it will not affect us in the least, except for irregularity of mails.

With much love from your children twain,

    As ever,

        J. Fairman Preston

Jan. 15, 1904

Mokpo, Korea

My dear Mamma,

This is my birthday and I must, at least, start a letter to you. I thought I would spend the evening writing to you, but Fairman is going to give me a birthday party so I have time for just a little bit tonight.

This morning he reminded me that it was my birthday and at breakfast announced that he was going to invite Miss "Saw"(Miss Straeffer's Korean name is Saw Pween or Saw Lady, and we call her Miss Saw more than half the time) to bring her talent for making candy, and Mr. Bell was to supply the chafing dish and ingredients.

## Jan. 16

Just then Mr. Bell came in to read us an article he had written for the *Christian Observer*, about the wife of one of the church members. When her husband joined the church, she was a perfect Jezebel and gave him lots of trouble. He used to pray for her in church, saying, "Lord, Thou knowest how she reviles me and what a Jezebel she is." When Miss Straeffer went to see her, she would have nothing to do with her or the tracts. About a year ago, she commenced going to church and this week she applied for baptism. Her examination was very satisfactory, but she will be put in the catechumen class for six months before she is admitted into the church.

I have made some visits to Korean houses since I wrote to you. The first one was out in the country where I had gone with Fairman and Mr. Bell on a hunting trip. A man and two little boys insisted on my coming into the house because it was very cold. I went back, expecting to see the women, but he invited me into a room where there were no women, and asked me to smoke his pipe! I asked for the women as soon as I could, for I did not care to call on him. Then the little boy took me to a room where two were, and such a looking-over as they gave me! I did not like it at all, for they felt my shoes and my gloves and commented on everything about me. They are usually so dirty that I don't want them to touch me, and here in Mokpo they very seldom do take hold of anything about us.

My other visits were very much pleasanter. I went with Miss Straeffer to see some of the mothers of her school girls. We went to only three places, the first was a new house and therefore very clean. The woman seemed very stupid but very glad to see us. The next place was awfully (that is one place where you would think the use of that word justifiable) dirty, and the woman very untidy. She tried to be very nice to us but Miss Straeffer found out that she would not let her daughter-in-law, a former pupil of Miss S's, go to church.

The next place we went was a large house, probably belonging to one of the yangban or gentry class. There we were treated very nicely. Five or six women were in a long room and they all seemed very friendly and cordial. They spread down clean matting for us to sit on, and would not let us leave until they brought us some thing to eat. I did not relish the thought of eating in a Korean house but we could not offend them, so we waited. When they brought in a little low table with sliced Chinese oranges and Japanese cake, I was relieved. We could eat those without any struggle. There was Korean food, too, but we touched it lightly, for I was not sure when the chopsticks and spoons had seen water. I managed to eat some hard-boiled egg with the chopsticks quite easily and Miss Straeffer gave me one bite of pickled turnip so they would not think we slighted their food.

Just as we were leaving, the old grandfather came in and was very delighted to see his little granddaughter's teacher. I lay low and said nothing for I was afraid I might use the wrong expression and these people outside the church might not understand.

The news about the war has been so threatening lately, that we think we may hear of its breaking out at any time. The Koreans are concerned about the rise in the price of rice and want to lay in a supply before it goes higher. Mr. Bell gets his groceries from Chemulpo so he never keeps much on hand, but we persuaded him to send in an order for a six months supply so that we cannot be bothered if they do have war. Probably the only way we will feel it will be in the irregularity of the mails. Most of the better steamers will be turned into transports. Of course, if there should be any danger at all in our staying in Korea, we would leave for China or Manilla or somewhere out of the trouble. Even if Korea should be the battleground, it would be Northern Korea, and then the Japs and Russians would not dare touch the person or property of a citizen of a neutral country. We will just wrap up in American flags and dare them to touch us!

I would like to see all the Legation guards in Seoul now. Our teachers told us that there were American, English, Russian and Japanese troops there and that the Seoul people were all eyes. I was so surprised to hear that expression in Korean.

Miss Straeffer has come for me to go to the Settlement, so I will have to stop abruptly.

With much love,

Annie

Feb. 4, 1904
Mokpo, Korea

Dear old "B":

I was delighted to get a letter from you, and such a good letter, too, as it was. Away out here cut off from everything, it does cheer us up mightily to hear from any of the home-folks.

Well, I am proud as I can be of my brother. I have been hearing such good reports from you all winter, and I have just read a letter from father in which he tells me of your progress and how pleased he is. Now that is the way to do it, my boy. I have always said that you have the making of a man in you, and that it would come out if you had a chance. Show them what you can do. I expect you to make the best record of any of the Prestons. Try it.

Wish you could come and make us a visit for the summer's vacation. Annie and I have our rooms nicely fixed up, so that they, at least, remind us of home. How many things there are out here which you would enjoy! You would develop rapidly into a great hunter, for one thing, I am sure. Game of every kind out here is as "thick as hair on a dog's back." I have just returned from a week's trip into the country with Mr. Bell. We took our guns along and killed one hundred and twenty one birds, including geese, ducks, wild turkeys, swans, pheasants, and pigeons. I have a repeating shot-gun, which shoots six times without reloading, so I killed more than half the bag. We travelled on little ponies about the size of Shetlands, along narrow little paths cut up with ugly holes and ditches at intervals. The way they do out here is to pile up your bedding, cooking utensils, and personal effects on the little pony until he is about out of sight, then have you mount on top the whole. Your feet hang down over the ponies head, and if his hind-legs go down suddenly, you are apt to tumble off backwards. Mr. Bell did this once. My pony's front foot went through a hole in a bridge once, and he tumbled off into the ravine. I escaped a fall by jumping, and we pulled him out uninjured! It would have killed a horse at home. We saw a good deal of the real Korea on this trip. Found that the gospel is spreading very rapidly, and everybody willing to listen.

These people are terribly poor. I enclose you a "cash" piece, which is the only money which passes current. It takes Seven Hundred of these to make fifty cents of our money, and two hundred of them is the highest wages a laboring man can get for a day's work. Yet these people are willing to support their own work.

Am so glad you are studying the Bible regularly, and that you love it. I believe Bible study is more worth while than anything a person can do. We want you to be a strong, clean, pure, manly fellow; and the way you can be that is to keep in close touch with God through your Bible and through prayer. If you become neglectful of these things, you are in great danger.

I met one of your teachers two years ago—Prof. McConnell, of McConnellsville—and took a great liking to him. Please remember me to him most cordially, and say I am glad you have him for a teacher.

Do you want any Korean stamps? If so, let me know and will send you some.

Will send you some pictures soon, when we find time to develop them.

Annie sends lots of love, and of course I do too. Don't forget to write us often, and let us know what you are doing.

    Affectionately,

        Fairman

Feb. 6, 1904
Mokpo, Korea

My dear Mamma:

Somehow the weeks slip by out here without my doing half the things I plan to do. My unanswered letters are getting piled high.

One reason for delay in getting things done is the fact that it is <u>fatal</u> to try to "hustle the East" and we <u>have</u> to learn to wait and murmur not. <u>Long</u> before Christmas we gave the order for some picture frames and just this week we were able to put the pictures in them. We have them nearly all hung in here but not one is up in the bedroom. This room seems so much more homelike. I have you over my desk and Sister on it, Marion and Brother Willie are not yet hung. Today I ordered frames for Beulah, Laura Linn and the "Angels". Sam and little "Sister" will be framed passepartout. I have John framed, and if Samuel and Uncle Will will send me their pictures and Mr. Murphy and Mary will send theirs, I will have all the home-folks around. I want Ollie to have her picture taken for me.

I hope to send off three pictures by this mail, taken by Mr. Johnson. The one of the houses is very good. The Owens house is much prettier on the outside but Mr. Bell's is prettier inside.

The church group is good, too. Most of these faces have become very familiar to me. The old woman next to Kim is his mother, the finest woman in the church. Back of Kim, and over to the right is Ye Sabang, Fairman's teacher. The first man to the right with a baby is our cook, next to him is Miss Straeffer's servant with his little girl, of whom Miss Straeffer is very fond.

The group of missionaries on Mr. Bell's porch is <u>not</u> good, as you can probably see.

I wish you could see the calendar Mr. Johnson sent us—the Lovey Dovey Calendar for 1904—a series of pictures which he took of us in Kobe. The first one is "Receiving correction with meekness", second "Bridal pose" and last "Happy once more". Underneath he has written:

"There's nothing like a wedding for to make a fellow learn,

Cause he thinks that she is his'n, but he finds that he is her'n."

I will enclose copies of pictures with the other photographs.

It is getting late so I can't write any more if I want this to get in the mail. Probably I won't get the pictures on to tomorrow's steamer.

The things from Beulah and Sam have never come. I am so sorry to lose them.

With a heart full of love for the homefolks,

Lovingly

Annie

Fairman sends so many messages that it would take an extra page to send them, about how he enjoys your letters and is going to write. I cannot tell you how I enjoy your letters. Of course I am interested in the smallest thing at home and want you to write about everything. Today I was learning a new form "Whether I sleep or whether I wake, I cannot forget." My teacher pointed to your picture and said, "Whether you sleep or wake, you cannot forget your Mother" and he was right.

Feb. 10, 1904
Mokpo, Korea

Dear Mama Wiley:

I am writing to Miriam and enclose a note to you, though I feel indebted to you in good long letter, so much have I enjoyed yours to Annie. We are rejoiced in the healthy tone of your letters, and the evident victory which the Lord has given you in your hard fight. I have sympathized deeply, but felt powerless to help, except by prayer, and being as devoted as I might be to our Annie. And these I have done and will continue.

Now that the war is on, I beg you not to be alarmed. I fear you are, since my own people seem to be getting excited from the last letters I received. The truth is, at Mokpo we are in the safest part of Korea and farthest removed from the battle-ground. If any danger should arise, we will be promptly notified and will get to safety. You may rest assured that I will bring Annie home if it becomes evident that she would not be safe in Korea. At present we feel as safe as we would feel anywhere. We regret only the irregularity of the mails.

Yesterday an American newspaper man came through Mokpo, who was playing in hard luck. He had come out representing four American newspapers. At Shimoniseki (the place of my adventure) he was arrested for taking a picture of some children playing in the street, was detained for a week, then his camera was confiscated and his plates smashed. Of course he missed his steamer. At length, he arrived in Fusan, in Korea, only to be told that the war was on and his steamer would proceed no further. Going ashore, he caught a little boat bound for Mokpo, which on arrival was seized as a government transport, and the luckless corsft. was again his going ashore. In desperation, he hired a little sampan and started up the coast, trying to reach Seoul, since he heard that all steamers had been declared off. That was yesterday. Today, lo, a Korean steamer steams in, bound for Chemulpo (sea-port to Seoul), which he might have taken with ease. Such is the life of the traveller out here these days.

We are curiously awaiting details of the heavy naval engagement reported at Chemulpo yesterday between the Japanese and Russians. Flags are flying here today celebrating a Japanese victory.

It is probable that the Japanese will take possession of Korea very soon, will sweep these waters, and keep communication open. We hope and pray that the conflict will be confined to these two powers; for if another steps in, there is no telling where it will end.

Give my love to Dr. Rumple, Mrs. Coit and others. Tell Beulah I owe her a letter, which I haven't forgotten. We are delighted to hear of her safe recovery.

With much love,
  Affectionately,
    Fairman

Feb. 10, 1904
Mokpo, Korea

My dear Mamma,

Before dinner I was writing a letter to Marion, telling her of Mr. Bell's visit to Seoul. At dinner, he received a telegram from Dr. Allen saying positively "No", so his trip is off for the present.

Please do not worry about us, for we are perfectly safe at Mokpo and probably will continue to be. If we have any fears, we will leave and go to some American or English port.

You were asking how we were getting along with the language. At present, I am getting along fine, for I have an excellent teacher. He is high class and unusually intelligent, knows Chinese and Japanese, and has been to Japan. His wife is studying with Dr. Avison in Seoul and they both want to go to America to study medicine. He tells me that I am doing well, but they say Korean teachers are given to flattering.

We are looking forward with pleasure to keeping house this summer. Miss Straeffer is going to give me some cooking lessons. Mr. Bell has lots of strawberries, and tomatoes do well here, so we will live high and have lots to put up. I don't know whether to send to Mrs. Paterson for things or not, in the unsettled state of mails and freight. We can buy many things out here, but the prices are very high.

We have our rooms all fixed up now except our drugget for the study. It is in Japan and I don't know when we will see it. It will probably be soon, for other steamers will take the place of the Japanese probably.

I was disappointed not to get a letter from you today. I always expect one when any American mail comes.

We found out that our letters were being sent to Chemulpo first. Mr. Bell gave the Korean Post Master a lecture, but now we are willing for them to go any way.

It is time for our letters to be sent to the steamer, so Au revoir

   Lovingly,

      Annie

Feb. 10, 1904
Mokpo, Korea

Dear Mother:

I feel like beginning this letter with an apology for not writing you sooner. I made a country trip of eight days, and since my return have written very little, being busy with catching up my work. While apologizing, it is in order to put in a word concerning the type-writer. You will excuse it this time, as I wish to get this letter off on a steamer which has unexpectedly come in today.

Well, the war between Japan and Russia has broken out at last. Though we are seemingly so close to it, we hear nothing very promptly, as communication in Korea is not good. We received a telegram from Seoul yesterday, saying that a heavy naval engagement occurred off Chemulpo yesterday, resulting probably in victory for the Japanese; that Japanese troops were entering Seoul. Today we hear that the Japanese destroyed several Russian gunboats, and captured three merchant vessels south of here. The Japanese flags are flying in the settlement here today, celebrating the victory. Just where this war will end, nobody of course can say; but we feel perfectly safe in Mokpo, and shall continue where we are until we are advised to the contrary by our American Minister at Seoul, Dr. Allen. He will notify us promptly if there is any danger.

As I wrote you before, the chief feature about the war for us is the annoyance and inconvenience of isolation caused by the irregularity of the steamers calling here. Most of them fly the Japanese flag, and already have been annulled indefinitely. We have had no mail for a week until this morning, when we received a little on a Korean steamer coming from Fusan. It is on this steamer, bound for Chemulpo, that we wish to send, some letters, as we are not sure when another chance will present itself.

It is hardly worth while to say anything more about the political situation over here, as you probably will know the news and can understand things sooner there than we can here, as you will have cables direct. The Japanese will take possession of Korea immediately, doubtless. Several thousand entered Seoul yesterday. There will probably be some insurrections of the Koreans in the interior, but that will not affect us here, and the Japanese will doubtless be able to cope with the situation successfully. The Korean government is impotent: the king is a figure-head, and the "eternal neutrality" which Korea has declared in the war a farce, since she cannot enforce same. Korea will be the battle-ground, at the first, at least, and from Seoul northwards will be the thickest part of the trouble. At present we are farthest removed from it, and will probably continue so.

Don't be worried about us in the least. There is not any occasion for it. If there is any danger, we will get out in plenty of time. Dr. Allen is a very cautious man, and no precautions will be neglected to ensure the safety of all American citizens.

Annie and I continue as well as can be, and are hard at work on the language. Korean is quite difficult—much harder than I had supposed, but it is gradually yielding to treatment. We are very cozily fixed up in our rooms, and feel very much as home. We expect to go to housekeeping in about two months, superseding Mr. Bell as the head of the house, until the fall. This will involve a good deal of responsibility, as we are so "green" in the language, but we hope it will afford a good deal of progress and experience, at any rate. Am sorry that this is only a temporary arrangement, since Mr. Bell will begin housekeeping in the fall again. Our plans, therefore, are very uncertain. Mr. Bell expects to leave here April 1st for America, to be married to Miss Margaret Bull, of Norfolk, Va. He will bring his wife and children (two) back in August. Please don't say anything about this over there, as the engagement has not been announced.

Have heard nothing at all about our last shipment of goods from New York. Am very much put out that the Bill of Lading was not sent. Suppose Jamie has it stuck away in his desk, as Phillips of NY was to forward to him. If I had it, I could have goods sent to Mokpo direct from Kobe, Japan. As it is, there is no telling when we will receive these boxes, now that the war is on.

I enjoyed father's letter, received last week, and will write soon.

With much love from us both for all,

    Affectionately,

        Fairman

Feb. 17, 1904
Mokpo, Korea

Rev. S. R. Preston, D.D.,
Greenville, S.C.

Dear Father:

Your good letter of the fourth of January came promptly to hand. It was the more appreciated because written with your own hand,—about the first of the kind I have received from you in a long time. No trouble at all to read it: I have never had any difficulty reading your handwriting. You see how I am reciprocating!

The news concerning your move in the matter of the College was no surprise, as I was expecting it. It was no doubt the best thing to do. It is very gratifying to hear you speak so enthusiastically concerning the work, and your determination to push it through. You can do it. True, there is not much encouragement in S.C., but then that is just the sort of place that needs a live man. Then, too, each year adds prestige to the College and renders its future more secure. Keep me posted as to developments.

I suppose you are very much interested these days in the war between Japan and Russia. Indeed, you are in a position to keep up with the situation much better than I, and you actually hear the news of what is happening sooner than I! Since fighting began, on the 9th inst., have received no mail from Japan, and communication is very spasmodic. I subscribe for a *Kobe Daily* paper, and hope to receive some official news on a steamer expected from Japan tomorrow. From reports which have reached us, it seems that Japan is wiping up the Russians on the water. We learn that the Japanese sank two Russian ships in Chemulpo harbor, attacked with Torpedo boats the fleet in Port Arthur, badly banging up several ships, and sank three battle-ships of over ten thousand tons each while attempting to pass through the channel off Hokkaido, Japan, besides capturing two transports near Fusan with over 1,100 Russian soldiers on board. It is understood that they have also cleaned out the Russians at Seoul. We are anxiously awaiting the particulars of all this, and official confirmation. If this is true, Japanese naval supremacy seems assured in these waters, and that means everything for Japan. Whether the Russians will pour their hordes of soldiers into Korea and crush the Japanese army is another question. We are inclined to believe that the Japanese soldiers can give as good account of themselves as Jap sailors.

Let me reiterate what I have written before, viz: there is no occasion for any anxiety on our account. We are in the safest part of Korea. The fighting will probably not reach this region at all, as we are in an out-of-the-way corner when it comes to military strategic points. If the fighting heads this way, we will have ample warning and will take necessary precautions for safety.

You may guess that Japan has the situation pretty well in hand at present when I tell you that small steamers are even now running from Wonsan, two-thirds of the way up the east coast, to Chemulpo, half-way up the west coast, of Korea! Probably nothing would please the Japanese better than to see the Russian ships come out from under the guns of the fortifications of Port Arthur, which is said to be a veritable Gibraltar.

We find language study passing slow and at times pretty irksome. It is a trial to the flesh to have to stand off and watch other people preach. One of the greatest dangers we have to guard against is becoming narrow. Against this, our books and newspapers are our chief refuge. You know me too well to suppose there is any danger of our station becoming morose! Mr. Bell is of much the same temperament, and we manage to keep things brightened up. I have the opportunity of preaching in English several times a month to our little group of missionaries, which I gladly avail myself of. It was hard to accustom myself to an audience of five, but I am getting used to it.

Hope you received my letter in regard to the Bill of Lading for our boxes, supposed to have been shipped last October. No word from them yet, and now that the war is on, there is no telling when we will get them. If you had Bill of Lading sent me promptly on receipt of my letter (written in January), it is not at all improbable that I will receive the B/L before the boxes are heard from, and I will be enabled to trace them.

I have everybody at home indebted to me in a letter at present. Will write mother soon. I hope her health, as well as your own, is greatly improved. Tell Ida Two and J□nef to write to us. Delighted to hear the good news from N.B.

Annie and I are both well and happy.

With a kiss all around, and regards to inquring friends,

    Affectionately your son,

        Fairman


P.S. Wish you would send me about a dozen cotton seed, good variety (large). Junkin sends his best regards. He met you and "little daughter" at Asheville once, and traveled with you on the train.

Feb. 19, 1904
Mokpo, Korea

My dear Mamma:

There is a steamer going to Japan this morning, at least she is going to make the attempt, and as Japan seems to be sweeping the waters, she will probably go in safety. I am trying to get a few letters written before our teachers come, because steamers are so uncertain these days, to let one go without letters.

This is the Korean New Year, AND THEY ARE ALL IN GALA ATTIRE. At least <u>outwardly</u>. Their costumes look very pretty when they are fresh and clean. The young girls of marriageable age, that is about fourteen or fifteen, usually wear full white trousers with a bright colored skirt over them and a white cape or skirt over their heads.

Yesterday I was not very well and had a terrible attack of homesickness, and disgust for Korea. Fairman took me out for a walk to cure me and we had a fine time, down through the settlement and along the sea wall to a little grove of pine trees right by the sea. We sat down on some warm rocks in the sun, and enjoyed the sunshine and the water and the smell of the pines. There was not a Korean nor a Korean house in sight. After I felt soothed, we went on, following the coast. It was near the Japanese settlement, so there were trees, and the rocks reminded me of Cape Ann. We came to a pretty little village where the people were very nice to us, used very high talk and invited us into the official's residence. The official himself was very nice too, and insisted on our coming in, but we have so much difficulty in understanding enough to make it interesting or profitable, that we declined this time. We went on and watched the steamer come in and found some pretty little beaches and some wild japonica, and altogether had a fine time. As we were passing a miserable little hut, a woman came out and insisted on our coming in, saying that somebody was sick. Since we could not do anything for her physically or spiritually, and it was getting late, we declined. At the next hut, they came out too, and insisted that we come in, finally the old husband came out and said, "Yes, we have smallpox in here, do come in." It is hardly necessary to say we declined with thanks. We have both been vaccinated in the last month, and mine took beautifully, for which I was very thankful yesterday afternoon. Of course we were out in the fresh cold air, and we did not come very close to the people, but still I was glad we had been vaccinated so recently.

I do not believe I have ever had anything like as nice a walk at Mokpo. We were out from two until after six, and walked at least five miles up and down hill. We brought back a lot of japonica slips to plant and I felt so much better. Last night Fairman read the "Jessamy Bride"" aloud to Mr. Bell and me, and then I was so sleepy that my letters did not get written.

When you come we will have such nice times reading together. Fairman and I are reading Edersheim's *Life of Christ* now.

I wonder if I have ever told you how much I like my pictures. I wish I could have had one of the wedding dress heads in the "*Missionary*". The picture of Sis is beautiful. She looks so sweet and natural and not set as she usually does in a picture. Tell her to tell Mr. Seay how much I like the pictures.

I have about decided not to send to Mrs. Paterson, but to Whitebys in London. Mrs. Hopkins has a lot of catalogues, so I would not need to bother anybody.

I had such a nice letter from May Jones of Stonebridge, England, sometime ago. She asked to be remembered to Marion.

I am going to enclose a list of recipes I would like to have for my housekeeping. I am glad to have a chance to keep house for awhile. Pleasant as it has been with Mr. Bell this winter, I would never consent to board for long.

The teachers have come and I have not written any other letters. Your always must come first. I am hoping to get a letter today, as a steamer is coming from Fusan.

With very much love,
  Affectionately,
     Annie


We do not know a thing about the war. You probably have more war news than we.

Feb. 29, 1904

Mokpo, Korea

My dear Mamma,

By this time I hope you have received enough of our letters to relieve your mind of all fears on our behalf. I have been very much worried, because I thought you would be disturbed about us when you saw the newspaper reports. We have no intention of going into any possible danger—therefore we will <u>not</u> go to Seoul. The missionaries who were ordered to Seoul, if any were, were the ones who were living or itinerating in the country way up North. There was probably no real danger to them but our Missions and Dr. Allen are very prudent. It seems strange to us to speak of going to Seoul for safety, for Dr. Allen telegraphed Mr. Bell not to come. It is possible, if the Russians win the battles in the North, that the fighting will be right at Seoul and the foreigners will leave. We were planning yesterday where we would store four or five families away. From the reports we get of the way the war is going, it seems that the Japanese are not going to let the Russians have a chance at Seoul.

If the Russians should win, we would have plenty of time to get away before they paid any attention to Mokpo. It is not an important enough place for them to notice much, and yet there are enough Japanese here to keep any Korean robbers from disturbing the inhabitants. Koreans are very much afraid of the Japanese and so the Korean villages around a port are usually not molested. The villages up around Kunsan have had some visits from the robbers, but they let the foreigners <u>entirely</u> alone. They threatened a Catholic priest but he sent for soldiers and they did not disturb him. They do not like Catholics.

Our mails have been disturbed for many of the regular mail boats have been taken off. I have received only two letters in three weeks—a very blue one from you and a short one from Miriam Goodwin. Please do not worry any more. As long as there are American gunboats in these waters and a very prudent American Minister in Seoul, we are all right. I thought of sending a cablegram to you yesterday, but if I sent only sent one word, "Safe", you would think we had been through some awful experience.

The truth is, we have been enjoying glorious Spring-like days, and the Bible Study Class. It seems like Presbytery. We have Mr. Junkin and Mr. Tate, and Mr. Harrison is at the Owen's. There are about seventy-five Korean men here and all seem very earnest. It does us all good to see them, and makes us see how well worth while our work is. It needs to be worth while to make the separation from home folks endurable. It is my prayer that we may be used and our work blessed, so you will feel that (is) not a useless sacrifice you made. I hope I can work some with the children, for if they are won, the Christianity of the next generation is assured. My teacher asked me once what my work was to be. I told him that, in the first place, I was Pyun Moksa's wife, but I expected to do some work with the children and the women. I do not believe in neglecting home for any work anywhere, but out here there is no other church work and no social duties much, so a woman can find time to do some teaching.

I had the loveliest dream the other night. You and I were walking in the garden and the wisteria was all in bloom. It was so good and so vivid that I was sorry to wake up. As soon as we get settled, I am going to get wisteria from Japan. We ordered a lot of flower seeds from Yokohama, and with the ones I brought from home, we will have it looking pretty this summer. Fairman has already planted lettuce and radishes and has tomatoes and cabbages in boxes. We want to have plenty of vegetables in our garden. You and I will have fine times working in the garden.

You asked about my health—I have not had a cough since I came to Mokpo. One cold hung on a long time, but that has been so long ago I have almost forgotten about it. Then I ate so much game that I had indigestion for a week, but dieting and soda mints fixed that up all right. Now I have told you the only ailments I have been troubled with. Really, I have been unusually well.

I hope the "Angels" are well by now. Hug them for me, and tell them I wish they could see our nice little puppy which Mr. Junkin brought us. Her name is Bessie Preston and she is going to be a hunting dog. Mary Owen has a puppy, too, named "Quick quick", because she is so quick and lively. I have the "Angels" hanging up near their mother and Laura Linn and "Mammaw" are over my desk. Fairman and I had some disagreements about the pictures, because I wanted them all low where I could see them well. The "Angels" are down where I can talk to them and so is Laura Linn, but Sister in her "dame" dress is almost too high up to be on a speaking terms. She must know how fine she looks.

We have spent a lot of time lately on orders—worked until eleven last night and made up our minds it was the last time we would do so. When we have breakfast at seven thirty, we can not sit up as late as we did at home.

Do tell me about little Sarah and her progress. Tell Sam to take some pictures of her and Laura Linn.

It is getting on toward church time, so I will need to save all the other things I wanted to tell you for another letter.

Love to everyone at home and all my friends.

 Devotedly,
   Annie


You know Dr. Allen was the first missionary to Korea.

Mar. 3, 1904
Mokpo, Korea

Dear Mother:

I have a feeling that I have not written home for a longer time than I usually allow to elapse. The reason is that lately I have had a great deal of writing to do, and besides our steamers have been very irregular. I have not received a letter from home for over a month, father's letter of Jan. 4th being the last one which has come to hand. However, the mail service has been resumed and we are daily looking for a steamer from Japan with a month's mail aboard.

Just now there is in session at Mokpo the annual Bible Study and Workers' Training class, numbering about seventy five men. Most of them walked over a hundred miles in order to attend. That is the kind of stuff Korean Christians are made of. Best of all for us, the Class brought to Mokpo Mr. Junkin, Mr. Tate, and Mr. Harrison. How we have been enjoying them! There is nothing like the foreign field to make one appreciate society. Annie and I have fallen in love with Mr. Junkin. He just hits me right, which is gratifying, since he is considered the best missionary we have. We have been having some tennis for recreation, the first I have enjoyed since coming to Korea. We have a nice court on the Compound. The visiting brethren have asked us to accompany them on their return for a visit; but as it is not long before Mr. Bell will start to America, we shall hardly go with them. Perhaps, however, we may make them a visit sometime in April.

Recently Annie and I devoted an evening to developing some pictures, or rather "printing" them. We think our first experiment was a great success. I enclose you a sample. We have a number of very good negatives on hand, but have not found time to print the pictures. Will send you some later.

Pretty soon it will be time to make garden. I expect to have one, in Mr. Bell's absence, and ordered some garden seed sometime ago from Japan, but they, like everything else, have been delayed. However, managed to get hold of some cabbage and tomato seed, which are already up; also some lettuce seed. Wish you would enclose me, at once, several seeds of superior cotton. I would like to introduce it here, as Korean cotton is very dwarfed.

We are still in not water about our boxes which were shipped last October. I wrote several companies in Kobe, requesting them to ship direct to Mokpo when they arrived. On Mar. 1st, I received a telegram dated Feb. 4th, which had been sent to me care of my agent in Chemulpo, saying that if I would send Bill of Lading, they would ship goods direct; otherwise they would send to Chemulpo. My agent had enclosed the telegram to me in a letter, and the letter was a month late in reaching me. This is the way they do things in the East! It is a comfort to know that they have reached Japan a month ago; but where they are now would be hard to say. We hope to hear something soon.

We are making a brisk fight now for reinforcements for our Mission. Just how grave the situation is in this respect you may guess when I tell you that we have, as a mission, just three less workers on the field than we had four years ago. So you see now how necessary it was for me to hurry on out. You will see some articles soon in the various Church papers on the subject; also in *The Missionary*. Join your prayers with ours that we may be reinforced this year. Also if you know of any young preachers or doctors who are good material, have some copies of these papers mailed to them, marked.

We hear next to nothing about the war. We are in the safest, quietest part of Korea, so you need fear no apprehension whatever for us. The last letter that Annie received from her mother, dated Jan. 16, was very blue, and she was imagining all sorts of impossible things, based on absurd rumors which had been printed in the some papers. Why can't you all believe us concerning the situation and if not that, let us all exercise a little more trust in God and put a little less trust in human resources. You may rest assured that we will take every precaution against danger, and by no means will "tempt Providence."

We are both well, and both send lots of love.

Hope to hear from you soon,

   Affectionately,

      Fairman

Mar. 17, 1904
Mokpo, Korea

Dear Father and Mother:

In the unwonted presence of company with us, I have been a little remiss in writing to you lately; though in the uncertainty of mail steamers these days there is no telling when the letter would have been despatched, if written. About a week ago, however, a steamer brought our long-delayed mail, or a part of it at least. It was the first we had received in about five weeks. Some of it has been lost, we think, certainly some papers but it was gratifying to get some home letters: yours to Annie, mother's to me (of Jan. 25), and Jim's to me, besides several from Annie's folks. We hope that this delay will not be repeated again, as it is very trying.

Well, our goods have come at last. Jim answered my letter promptly, the Bill of Lading came in the last mail, and I forwarded it on same day to Chemulpo. So it came in time to save the day, but not a good deal of extra expense and vexatious delay. The bed, which was sent by separate shipment, has not yet arrived. Jim did not enclose B/L for this, but perhaps I can get it anyhow. Everything arrived intact, except a fine cut-glass dish, which was broken in two. This, however, can be riveted.

The meeting of the Bible Class, which had been in session here for two weeks, closed last week; but owing to delay of steamers, Messrs. Junkin, Harrison, and Tate have remained with us until now. A steamer is in today, and it is expected that they will get off; but news has just come that there several hundred passengers on board and that no accommodations of any kind can be had. Mr. Junkin has been sick in bed for the past ten days, and although he is now up, it is hardly probable that he will leave just yet. We have thoroughly enjoyed the company of these brethren. They insist upon our making them a visit next month, and I hope we may be able to do so.

At a meeting of the Mission here last week, vigorous action was taken looking to the immediate developing of the work, especially in this quarter. Acting under Mission instructions, Messrs. Bell and Owen, and myself will leave tomorrow morning for the interior, expecting to be gone about a week. Mr. Bell expects to leave for America as soon as possible after his return. He has been instructed to push matters at home to the utmost, in order that we may be enabled to cope with the situation here. The more I see of the work and learn of the desperate need for reinforcements, the more thankful I am that I did not delay a month longer in coming out. They all tell me that if we should get immediately the men that are absolutely needed now, we would be three or four years behind time. Don't forget to pray for us along this line.

I have been doing a good deal of work myself along the line. Have written several articles for the various papers, too, which you will see in time, I hope. The last was for *The Missionary* concerning the late Bible Class; also one for *The Children's Missionary*.

Annie and I regret that we have had no opportunity to get anything worth sending home by Mr. Bell. There is no market at all in Mokpo for anything worth having. However, Annie may be able to find a few foreign trinkets, and at any rate we will send by him some Kodak pictures, which we have been developing lately. Remember when you look at them that they are our first attempt at anything of this kind. Hope you will think them creditable. We made the mistake of keeping our trans-continental pictures too long before developing them; consequently lost them. Also lost most of those taken in Japan.

We have no war news of much consequence yet. Have received fine reports from Seoul of all engagements, etc. up to Mar. 1st; but since that time very little. Yesterday received a Japanese account of the fourth bombardment of Port Arthur, from which it was hard to draw conclusions.

Annie enjoyed heartily the letters, and will write next. That was a smart letter from Janef. Kiss her for us, and say we are glad she is learning so rapidly.

With much love for all,
  Affectionately,
    Fairman

Mar. 17, 1904
Mokpo, Korea

Dear Jim:

Many thanks for your prompt answer to my letter, enclosing Bill of Lading for the goods. I forwarded it promptly to Chemulpo, and have already received the goods it called for. However, you failed to enclose the B/L for the bed, which was shipped by Phillips on following steamer, having arrived New York too late to catch the first shipment. If you can find it, send on at once, as it is possible that these people out here will insist upon holding the goods until the B/L is produced.

We are both as well as can be, and looking forward with a great deal of pleasure to housekeeping. I think one of the first moves I shall be will be to buy a goat, or something that gives milk. Haven't had anything in the milk line but canned goods since we arrived. That reminds me of a remark a lady made about Manila, which applies equally well to all the orient: "Everything out here is fruits and flowers,—the fruit on the inside of the can, the flowers on the outside." I have been busy this week making some garden. You know I can do that, so we shall not suffer for plenty of vegetables, if the rain will come.

(illegible) good letters. Always glad to hear from you. I think all the other members of the family are in our debt on the letter question. Hope Floy will get up her nerve to write before the first year of our departure has expired!

With love from us both,
    Affectionately,

        Fairman

Mar. 19, 1904
Mokpo, Korea

My dear Mamma:

Just as I wrote the date Saturday night, the cook brought my bath water, and now it is Tuesday morning. We are all excitement as Mr. Bell is going to leave for home today. His steamer is already in, so this must be only a note. I am sending a basket of things by him just little things that we could get here. I will give you a list of the articles and the people they are intended for.

For you:
>One pair Korean shoes (shin)
>One pair Korean socks (pussan)
>One Korean purse (choomuhni)
>One Korean child's headdress (nahmbowie)
>Japanese hand stove with two packages of charcoal
>1 Korean silver spoon from Miss Straeffer (you will find it inside the little Jap teapot)
>1 Album of Kodak pictures

For Mrs. Preston:
>Pair of Shoes
>〃 Socks
>Purse
>1 Headdress
>5 little Japanese wine cups (pink)
>1 Album of Kodak pictures

For Mrs. C. E. Graham, Greenville:
    1 Brass bowl and Korean purse
    1 little wine cup (packed by itself)

For Sister:
    1 Brass bowl

For Marion:
    Lotus leaf tray

For Beulah:
    5 little wine cups

For cousin Sallie:
    5 little wine cups

For Mrs. Hutchison:
    5 little wine cups

For Susie:
    Little maple leaf dish

For Dr. Rumple:
    Hand stove and charcoal

For Annie Livergood:
    Jap teapot—to be used when she is in bed

For Mrs. Atkinson:

Kodak pictures

I wish I could tell you more about these things but I am keeping house and we have two guests from the steamer. They are some of the electric car people from Seoul, and are on their way to America.

We hear that Port Arthur has fallen. I hope it is so. If things go well with Japan, we probably will not be disturbed at all, but if Russia wins, we will doubtless leave Korea for good.

I had such a good time reading a month's mail the other night—sat up until one o'clock. The veils, skirt pattern, Eleanor's picture, College songs and lots of letters came.

When I have more time I will tell you about my housekeeping.

 With dearest love,

   Annie

Mar. 26, 1904

Mokpo, Korea

My dear Mamma,

For about three weeks I have written absolutely no letters. Somehow the time slipped by without my knowing it—the members of the Bible Class were here. Mr. Bell was getting ready to go home and we were making all arrangements about taking charge of the house.

A week ago yesterday all the men of our station went up in the country to look after the things up there. While they were gone, Miss Straeffer and I got a lot of extra help and moved things here, putting away Mr. Bell's carpets, table linen, silver, etc., and getting out my dishes and linens, etc. We were very, very busy for the house needed a good spring cleaning, and then my things were packed in so many different places. I wish you could see the dining room. The walls are green and we have a pretty new drugget from Japan on the floor. The curtains (Miss Straeffer's) are deep cream and with my Japanese china on the plate racks and my cut glass in the china closet and on the sideboard, it looks very pretty. Mr. Bell has a very pretty oak table and sideboard. I have one of my drawn pieces on the table between meals and it looks very attractive in there.

Our other rooms have not had their thorough cleaning yet because we still have to have fires in both of them. All day today, I have been working in the bedroom and in here, trying to get things in place. You can imagine how crowded we have been with all our stuff in two rooms. I had almost despaired of keeping them in order with every closet and drawer full to overflowing. Now we have a lot of extra closets, and perhaps we can keep our rooms in better order.

Mr. Bell turned over the house to me the day he left. I refused to take it before. I wrote you a note that day, a hurried one because we had two guests from Seoul, and Mrs. Owen for dinner. We intended to have a bustard, which is very close kin to turkey, for dinner. It was the first one our hunters had killed and we thought it would be a great treat. Cooksan could not get it ready for an early dinner, so we expected to eat it next day. However, Bessie Preston (dog) got ahead of us, and ate a good part of it during the night. The servants left it right by her bed, so, of course, she thought it was intended for her.

It makes me sad to think of poor Mike going off to New York among monkeys and such! I suppose it would be best for him, but I do not think he would like to be one of many after reigning supreme so long. Has Man turned up again?

Fairman is very much interested in training Bess. She is very intelligent but, of course, has puppy manners and will jump up on us and chew our clothes. We have a time taking her into the settlement for all the Korean dogs go for her.

You see we are not alarmed about the war. We have two or three invitations to Japan. Mrs. Price has asked us to come, and Toji offers to find a place for us in Kobe. Mr. and Mrs. Hudson have invited us to come to China and stay with them, saying that they could provide a place for a teacher, too. You may be sure we will take advantage of these offers or come home, if there is any need for it. We are not expecting to be interrupted at all, but are planning for more work.

Mr. Junkin wrote an article for the *Standard* about the great need here, and Fairman wants you to get him a dozen copies of the paper. He will send you a list of the people to whom he wishes you to send them.

You frighten me when you tell about sending my letters around to be read at Missionary meetings. Please do not send this one. It might touch them though, if you told them of this poor missionary who had to sleep in her husband's nightshirt. We could not get any washing done for three or four weeks and he would not carry out his part of the contract and do the washing, neither would he let me wear a low-necked gown. He did wash his underclothes one night. Next morning they were not nearly dry so I thought he would have to spend the day in bed, but he managed to find some old ones in a trunk.

Tell Ollie she just ought to see me showing the cook how to do. I never could break an egg and put the white in one bowl and the yellow in another, but when I wanted to ice a cake I did not like to let the cook see I didn't know how, so I just <u>did</u> it. I ruined two, but the second two turned out all right and I just acted as if accidents will happen even to experienced cooks.

Since the game season is about over, the meat will be a problem. Chickens and fresh fish are to be had, though, and beef sometimes. It is funny to hear the cook using the English names for things—so many of our dishes they know nothing about in Korea. He talks about "baking powder biscuit <u>duck</u>" (bread) and "buckwheat chichum duck" etc.

My bath is ready for me so I must say goodnight. You are through breakfast, probably. I wonder what you are doing.

      Lovingly,

            Annie

Mar. 26, 1904
Mokpo, Korea

Dear Father:

I am very sorry to hear of the gloomy outlook for the success of making Chicora a Church school. It has been that all along, as everybody knows, and I suppose it is hard to convince some people as to the advantage to be gained by putting it under direct ecclesiastical control, so long as it can be held for Presbyterianism through the efficient management it has enjoyed in the past.

I think the strongest card you can play in the appeal to denominational pride is to lay down two alternatives: let Presbyterians relieve you of some of the burden you have been carrying, or else put the school on a non-sectarian basis. The latter course would make the field broader and the task easier, while at the same time the school would be cast in the Presbyterian mould. This is exactly what the Presbyterian College at Columbia was forced to do, and what you, as the last Presbyterian female school in S.C., can threaten to do.

For my part, as long as you feel that you are holding your own successfully, I would not give up the work. You are doing a bigger work, with a larger sphere of influence, than you could possibly command in any other sphere at this time of life. Besides, it would seem a pity to get out of a line of work for which the experience of so many years of life have so well fitted you. At the same time, I can see the other side—the heavy burden, financial and mental; mother's health; lack of active sympathy among Greenville Presbyterians, etc.—so that I cannot wonder that you should get tired of it all and wish to quit. That is partly what I mean by making Chicora non-sectarian: I do not think that you ought to feel called upon to carry a financial responsibility for Presbyterianism that it is not willing to assume for itself. Others do not.

I am sorry to hear that Rhea's ambition is not soaring yet. It looks as if it never would, and perhaps it is time we were beginning to take it as an indication of his calibre. I think you are pursuing the wisest course in not saying anything more to him along this line. It is a good thing for the boy, now that he has known what a failure he makes when thrown upon his own resources, to be at home for good influences. Let him stay contented, so long as he pays his board and (illegible) and be thankful that you are not called upon to endure deeper mortifications which come to so many parents.

I often wish that I could be in several places at once. Since that is impossible, I am backing you up with prayers and sympathy, asking the same from you, I am bending to the task of preparation for the biggest opportunity for a people evangelization that ever loomed up before the Church. If we can seize the day here NOW, we shall get this people for Christ; if we wait, they are gone forever.

With love from us both,

    Affectionately your son,

        J. Fairman Preston

Mar. 26, 1904
Mokpo, Korea

Dear Father and Mother:

Your letters of Feb. 5th were awaiting me on my return from the country this week. We cannot but repress a feeling of amusement at the solicitude of the home letters, despite our repeated assurances and emphatic statements that there is absolutely no ground for apprehension. However, this solicitude is but natural, owing to the occasional reports that find so ready acceptance in the American newspapers. Father says: "I hope by this that you have left Mokpo, as you will be right on the battle-ground." Mother says: "I say come right on home, and take no risks." Well, the facts are that we are hundreds of miles away from the battle-ground, and in the quietest spot in all Korea, and feel just as safe as you do. Not only is the war not disturbing us, but we are planning the biggest advance this year in the work that has ever been made; and we only trust that the Ex. Com. at Nashville will not take the war as a pretext for again refusing us those reinforcements that have been so repeatedly denied of late years. We are making all our plans to stay right here at Mokpo for the summer. Let me again assure you that I shall take no risks at all. We are in touch with Seoul now, and if there in any danger we will be promptly notified in time to avoid it. The Japanese have complete mastery of all these waters and of all Korea. Should they be beaten back on land by the Russian troops, it would be a long time before the scene of the conflict would be shifted to the Southwest, as the Japanese are already as far North as the Yalu River, the boundary between Korea and Manchuria. You know we have telegraph over here, but no railroads.

We had a very successful trip to the country. Found everything quiet and the work doing finely. We visited the two great cities of this Province, Naju and Kwang-ju, containing about twenty thousand people, the latter being the capital. While in Kwang-ju, stopped at the home of a Yang-ban, or gentleman, who gave us a large, clean room, and treated us with great kindness. He is a gentleman of the old school, about father's height, gray beard, and fine looking. While there we called on the Governor of the Province, an old dried-up rascal, who looked to be a typically corrupt, time-serving official, such as abound in this atrociously governed country. One of the greatest boons which the present struggle will bring, in the event of Japan's winning (which we confidently expect), is a good, effective government for Korea and a great advance for Xty. Hence the importance of striking now, and hard, in preparation for the immediate golden opportunity. What wouldn't I give for the language already acquired!

Annie and I began housekeeping on Tuesday, the day on which Mr. Bell left for America. We undertake it under the most favorable circumstances, since we have such an effective cook. It does me good to see Annie at the head of the table, and I shall not rest satisfied until she is installed in her own house. Just when that will be is at present uncertain, as we must surrender our present arrangement to Mr. Bell in September, and go to boarding again for a time. In the meantime, we shall endeavor to train a cook of our own, a houseboy, and a woman, if a suitable one can be found. Thus we expect to have four servants this summer; but a servant out here averages three dollars a month and boards himself! I am very proud in the possession of a fine bird-dog, given me by Mr. Junkin. Although she is only four months old, she retrieves beautifully already, and I expect to have good hunting in the fall.

Am sorry to notice the death of Annie Bell Painter, at Knoxville.

Tell Janef, will write her soon.

Annie is calling me to bed; so good-night (which is good-morning over there), and kiss all around.

Affectionately,

Fairman

Apr. 2, 1904
Mokpo, Korea

Dear Mother:

Here it is Saturday and I have not gotten off a letter home this week. Time flies just as fast out here as it does at Chicora, and it keeps us puzzling to know where it goes.

Your good letter of Feb. 24th came to hand this week, and it was greedily devoured as the latest from home. You see we are not complaining about your letters being "stale," since they are just as new to us as if they had been written the week before, inasmuch as we have not seen them before! Besides, considering the distance which separates us, we have no right to complain of the time of transmission. On the other hand, we have much to be thankful for. And I have come to the conclusion that it is always a good thing to stop and count up the mercies occasionally. We most always find them more and greater than the hardships and discouragements. We are particularly thankful that the anticipated delay in communication was only temporary. Traffic has been regularly established and our mail now comes through regularly.

Don't you all be too fearful about writing too many letters. Somebody has "fooled mother" if she thinks that they have been pouring in at the rate of one a week. You and father and Jim have been very good about writing, and we appreciate it, and promise to give you as many as you send. Speaking of stale letters, we could not help but smile at your fears that your last letter would never reach us, and at Mama Wiley's sending several of hers in care of Mr. Takada, at Kobe, Japan. They all came through promptly.

I have had a good deal on me this week. Mr. Bell left in a big hurry, with much of his work in a bad shape. Chief among the difficulties is a big persecution of our Christians at Hannamal and Yungshin, near Kwangju. A number of men at the latter place have been arrested and beaten. On last Sunday night an armed body of the meaner sort attacked the Christians at Hannamal, while the latter were assembled at service, severely beat them, tore up their religious books, and occupied their houses. The Christians fled to the mountains, where they are now in hiding. We appealed to the old Governor in person twice, but the old rascal has been recalled, and will give us no satisfaction. Today we appealed to the Kamni at this place to investigate it, and he despatched eight policemen to apprehend the ring leaders. If he succeeds, we will nip the thing in the bud. Dr. Owen and I had planned to proceed in person to Hannamal, but we were strongly advised against it, so will not go.

The proper thing to do now would be to imagine us in imminent peril, a la another Boxer outbreak, and perhaps nothing that I would say would keep you from forming such an opinion. Notwithstanding, I will add that we are sixty miles away from the difficulty, and as safe as we would be in Greenville. I would feel little or no apprehension if we were at Hannamal. Indeed, if we had been there, the trouble would have never happened, I think. We are entirely too far removed from our work.

Glad to hear that Dr. Van Dyke was in Greenville. He is a remarkable man. As compared with some other Princeton men I did not like him so well personally, but greatly admire him as a writer. He was good enough to invite me to a reception once at Princeton, where I met a number of the "big guns."

We are both well and happy as ever.

With much love from us both, and craving pardon for this nastily written letter,

   Affectionately your son,
    Fairman

Apr. 4, 1904
Mokpo, Korea

Dear Mama Wiley,

I must begin this letter with a confession and an apology: a confession of inability to repay in full the debt I am under for those two sweet letters lately received, and an apology for an unwilling tardiness in writing you of late. It is just impossible to express the joy it gives us both to know of the triumphant issue of your bitter struggle and that you are willing to give your new son more than a few crumbs of that love feast which is ever spread for the daughter. The feeling that I had of necessity caused you so much pain was as hard as any of the many heart-wrenches that came when leaving home.

The thought that has been uppermost in our minds of late has been your proposed visit to Korea. In view of circumstances which have lately developed, I have been very much puzzled as to what to advise you. Let me state the situation, first of all. First, as to the present war. So far as its present status is concerned, there is no reason whatever why you might not make the trip with the absolute safety. The steamers are regular. Japan has complete control of the seas and of Korea, so that we feel as safe out here as at home. But what complications may arise six months hence, none can foresee. Russia may drive Japan back upon land, and other nations may become involved, whose navies could imperil the sea. If such contingencies should arise, I would bring Annie home. We do not anticipate any such thing out here. You at home, having prompt dispatches and a bird's-eye-view of the situation, are in a better position to forecast the future than we.

Secondly, as to our work. We soon found out after our arrival, that Mokpo has but little future outlook for work. While one couple could take care of the work in the vicinity, the main work is sixty miles away and developing fast. The Mission has lately taken action looking to the opening of a station at Kwangju next fall, and we have already selected a site. Mr. Bell has been delegated to secure and bring back with him a Doctor and an Evangelist to open this work. If he is successful in securing these reinforcements, the work up there will be begun in September, and it is pretty certain that I will be assigned to that work. If he is not successful, it is equally certain that we will not remain at Mokpo, but may be assigned to Chunju. So you see it means a move in either event.

Now for the bearing of all this upon you. While we could not make you as comfortable this year as we might later, still we can take care of you well enough. I think it very probable that Mr. Bell will be successful, that he and I will be sent to Kwangju in September, to build temporary quarters, leaving our wives at Mokpo. During that time, Annie and I would continue to occupy our two rooms, taking meals with the Owens or Miss Straeffer, and could probably move up to Kwangju the latter part of November. We have our heart set on your coming, and from our standpoint we feel like insisting "Come on back with Mr. Bell in August." It will be a fine opportunity to come direct to us in very congenial company. At the same time, in view of all I have set forth above, we hesitate to over-persuade you. Use your best judgment and if you can see your way clear to come, we shall be more than delighted. For many reasons, I hope you can come this year, but since so many of them are selfish reasons I need not enumerate them.

You will find Sam and Will valuable counsellors along this line. We had delightful letters from the latter recently and he seems to have a wonderfully accurate grasp of the situation.

Trust that you will think twice before permitting yourself to be alarmed by newspaper reports. Since coming out here, we have been greatly impressed with American sensationalism. The inaccuracy and extravagance of the clippings we have seen are painful.

We see *Harper's Weekly* and like it very much. Also the Literary Digest. Our Charlotte paper never reaches us except infrequently, due, I suppose, to defective address "Moupo" instead of "Mokpo".

Intelligence reaches us this morning of the serious illness of Toji Takada. Appendecitis, with his lung trouble, makes it very serious and Mr. Johnson despairs of his recovery. Poor fellow—we hope he will pull through.

Wish you could see Annie now, sitting at the head of her own table. She likes housekeeping and manages beautifully. She will have five servants through the summer, three of them she expects to train for herself. Bless her heart! My capacity for loving grows the more I know her. I loved her from the start as much as I was capable of loving, but by now it has multiplied in capacity several times. The "honeymoon" is not a circumstance.

We have of late become very apprehensive of the letters we send to our home-folks, not knowing by whom they may be read. Why can't missionaries write letters that need not be considered "missionary" and proper prey for missionary societies? Lately, Annie wrote Dr. Rumple and allowed me to read it. In it she expressed how "greatly she had missed his fine sermons" etc. etc. and the next sentence ran "Mr. Preston has been doing most of the preaching lately." Now, I couldn't pretend to preach anything like so well as the dear old Dr., but I don't like to be made fun of before missionary societies! I hope Annie didn't send that letter off. Please protect your son from calumnies.

Have had my hands pretty full of late with some persecutions among our native Christians. When the Gospel spreads, count upon the devils getting in some dirty work. We expect it only to help the cause.

We are greatly disappointed to learn that your eyes and head(?) are not better since the Philadelphia visit. Hope to hear of better things yet. Wish you would let me write you on the typewriter to save your eyes!

With warmest love from your children;

    Affectionately,

           J. Fairman Preston

Apr. 10, 1904
Mokpo, Korea

My dear Mama,

While Fairman and Miss Straeffer are at church I will have a good opportunity to write to you. There seem to be almost as many interruptions out here as at home to keep me from writing and reading. I <u>never</u> intend to let a week go by without writing to you, but sometimes they do get away from me.

I am so glad that you are having Spring weather for I know how much good it does you to get outdoors. I have thought so much about you as I have been walking over the hills and gathering azalea. I was <u>so</u> glad to see the first one, for the winter has seemed very long. Fairman and I found some lovely deep pink azaleas while we were walking on the other side of our mountain, and then Mrs. Owen and I brought home great handfuls of them from a walk over the mountains and along the shore. The weather has been glorious. When the tide is in full and the sun is shining on the distant mountains, it is very beautiful.

One afternoon, Miss Straeffer and I spent out in the yard planting flowers seeds—the balsam from home, petunias, zinnias, asters, forget-me-nots, morning glories, nasturtiums, colea scadoxus. I enjoyed the digging and planting and I hope the flowers will be a success.

It was very, very dry when we planted them, but the next day we had a regular rainy season rain. My, how it poured! We had to put floor cloths and bathing suits on the window sills to keep out the rain. All the vegetables look beautiful since the rain, <u>except</u> Fairman's little cabbages. The wind and beating rain just paralyzed them.

We have been very much troubled about the persecution of native Christians up in the country. An old yangban has taken a violent dislike to them and has been paying the governor to arrest and beat them. All protests seemed to make it worse for the Christians and Dr. Owen and Fairman were much troubled to know what to do. They thought of going to see the governor again, but were undecided as the wisdom of such a proceeding. Deacon Kim went up to investigate and the new superintendent of the port sent a representative with him. Kim's old mother was worried about him, but we thought that if any Korean could take care of himself, Kim could. However, the governor is so unprincipled, it was quite possible he might arrest Kim too and beat him. The superintendent has been very nice to the gentlemen and has sent a number of policemen up into the country and reported the thing to Seoul. Dr. Owen also telegraphed to Seoul to the new Vice Minister of Foreign Affairs, a man educated in America and in sympathy with the Christians. We do not know whether he telegraphed to the governor or not, but today a telegram came from Kim saying that the Christians had been pardoned and freed.

You know missionaries do not like to interfere any more than they can help in affairs between natives. They think it best to let the Korean authorities settle the difficulties. So they appealed to Seoul.

Our cook left this morning to look after the wife of one of the leaders who had been arrested—the evangelist supported by the church at Mokpo. All the people here have been much troubled about him (the evangelist) for he is such a gentle, good man and very highly thought of.

There is to be a new governor soon and we are hoping for better things. The better class of men are being put in office on the advice of the Japanese, so we have reason to hope.

I think I wrote you once about the exile who came to see us. The exile island is near Mokpo and Miss Straeffer had been down there with Mr. Tate and some other missionaries. This Mr. Cheung was Mr. Tate's helper in literary work. He was exiled because he went to England with one of the princes who was out of favor. He spent a year in London and speaks English. He is a fine man. My teacher said that there were a good many good men in Korea, but most of them in exile! I hope that after this war, the good men will have a chance.

Mr. Johnson wrote us the other day about Toji's illness. He has appendicitis and with his lung trouble he is very seriously ill. Mr. Johnson did not seem to have much hope of his recovery. He had not received any money from America for some time and his finances were in a bad condition. I am very anxious to hear from him again. I sent Mr. Johnson a little money for him and will probably send some more in your name when I hear again.

### Tuesday Morning, April 12

Yesterday your letters of March 8 and 14, one from Bertha, one from Lily Little and one from the dead letter office, telling me that my tea bell was there, all arrived in the morning. Your letters seemed particularly good this time, and I enjoyed the pictures the children sent and the pressed flowers. I know how lovely the garden must be looking now. Mr. Bell has a good many daffodils and some forsythias in bloom. The bulbs I brought from home were tulips. Miss Straeffer has some calla lilies in bloom—the first one opened on Easter morning. Dr. Owen preached an Easter sermon in Korean in the morning and Fairman preached on the resurrection at our English service in the afternoon.

We are planning to go to Kunsan and Chunju next Saturday, but we may not get off. Miss Straeffer does not want to go and she is boarding with us now. I want to go very much before Dr. Ingold goes home for I want you to see her while she is in North Carolina. She is considered one of the very best members of the Mission.

If the Mission does not consider it wise to open the new station in the fall, we will probably be sent to Chunju. In many ways that would be very nice for we would have a house all ready to go into and they have a big work at Chunju. Of course, we do not know what we will have to do by fall but if I don't see you, it will be almost unbearable. Please make all your arrangements to come so that you could leave home and come if the Russians do not prevent. Of course, I do not want to be selfish and insist on your coming when there might be discomforts, but I do want to see you BAD. I wish you were here now, for we are getting along so nicely. I never was meant for a boarder, and I surely hope we will not have much more of it to do. However, I don't want to be fussy and hard to please so that Fairman will have to be kept busy considering me and not have time for his work. We want our own home and we want it bad, but if we can't have it for awhile, I will try to board gracefully. You know you can come just as well if we are boarding, for we will have our own rooms all right, so don't let that give you "cold feet", as the Forward Movement would say.

I hope you won't let Mr. Angus Hamilton's book influence you very much. It is not thought much of here, and, as for the author, they say a decent prison would not wipe their feet on him. He treated the Koreans shamefully, so that he had to give up some of his trips because none of them would go with him. On one occasion the wife of the hotel keeper had to rescue him from a Korean he had beaten. His reputation was such in Seoul that a lady would not be seen on the street with him. He got into trouble about the maids at the hotel and one or two of them had to be dismissed on his account. I hope you will get the *Korea Review* for March with a criticism of his book by Mr. Hulbert, a man who has lived in Korea for years. We have sent in a subscription for you and I hope it will begin with the March number. Mr. Hulbert says "It is very difficult for anyone to write an interesting book on Korea from superficial observation merely, without exaggeration. Where he speaks of his "host" helping him out of the difficulty, it happened to be his hostess, but I suppose he did not care to tell of being rescued by a woman. Where he got his information about the way missionaries live, I do not know. He was not the kind to see much of the interior of missionaries' homes."

Yes, my cut glass came in fine condition except for one piece and I will have that riveted by the Chinese in Chemulpo. We have had azaleas to fill my vases for some time past. I want to send you some pressed flowers and let you analyze them. I don't know much about botany, you know. By the way, I might give you a list of a few things we want and maybe Marion could get some bargains in New York. I want a little hat or toque that the wind won't completely tear to pieces. A shirtwaist dress of round length, a cream-colored woolen shirtwaist that will wash well, a dark colored parasol, a good botany, and a nice set of Browning to give to Fairman. Isn't that a varied list of things? Anything you can bring with you saves not only freight but duty. It is such an excellent opportunity for you to come with Mr. Bell that I do hope the war will not prevent it.

I am sending you the notice from the dead letter office to get you to put in stamps as there might be some kind of mistake made in sending the P.O. order from Tokio. So if you will send forty cents in stamps, I will be very grateful.

Mr. Bell's address is:

>Rev. Eugene Bell
>
>Scott's Station
>
>Kentucky

You ought to love your preacher son for he is so good to me. He is as considerate and unselfish as Sam!

Give lots and lots of love to <u>all</u> of them from Mike up, and tell Sis and Beulah that if they dare get anything new without telling me about it, I will resent it.

When you go to Reid's, tell Mr. Brown and Mary Mauney that I always read their ad. in the *Sun*, and wish I could attend the sale.

(Annie)

Apr. 26, 1904
Mokpo, Korea

My dear Mamma,

My usual Saturday letter went to Marion, so I fully expected to write another by the same mail to you, thinking she was probably in New York. Mrs. Owen came in after I had finished Marion's and before it was put in the envelope, so yours was not written.

Mrs. Owen has undertaken to make me take fresh air and exercise while Fairman is away. I always want to get out but I hate to go alone, it is purely work then. Miss Straeffer is not strong enough to take vigorous exercise so Fairman does not think the walks I take with her are any good.

You see we did not go to Kunsan. When the boat came, it was pouring down rain and Miss Straeffer and I were neither of us well. I had a bad cold and did not dare go out in such weather.

Of course my cold settled in its favorite place and gave me a mean little cough, but Fairman used very effective cures. He blistered my throat with turpentine and made me stay in bed one day taking several kinds of medicine, and the cough left almost immediately.

The day that Fairman and Dr. Owen went up into the country was perfectly beautiful. Mrs. Owen and I went into town with them and saw them embark. It was hard to be left behind for the water was so pretty in the sunshine and it would have been so nice picnicking in the little boat. They left last Thursday and will probably be back Friday or Saturday, at least Fairman will. He does not like to lose too much time from his regular study. Saturday is his birthday, so I hope he will get back. I got Mr. Johnson to get a cloisonne napkin ring for me to give him. It came today and is very unique. It came from one of the famous places in Kyoto.

I hope you will not miss meeting the Johnsons. They are going to leave Japan in the Fall but I hope you will come out before they go. Toji is much better, has been up around his room and expected to go out for a walk. Mr. Johnson said that his recovery was very remarkable.

If you could have seen the view from our yard this afternoon, you could not have said that there was nothing attractive about Korea. The sunlight on mountain, water and green barley fields was most beautiful. All the green things are so very green and there is lilac and forsythia in bloom and the leaves on Mr. Bell's poplars are getting quite large.

Everything has blossomed out considerably since the Spring rains. The people are much cleaner since they have an abundance of water. They look very nice when their clothes are clean, too, for they get them very white in the washing and drying.

Our congregation has increased, too, and the local work is becoming more encouraging. Up in the country, where they had so much persecution, there is more interest and better attendance than before. It is wonderful how the Gospel spreads. Men came down here to get books, from a place where none of the missionaries or native helpers had been. It seems one man had heard something about it and had gone some distance to a place where there was a native evangelist, and, learning a little of the truth, went back and taught his neighbors. They realize how little they know and came down to the missionaries to learn something more and beg for a teacher to be sent to them. Dr. Owen and Fairman gave them some books (or sold them—the Koreans usually are perfectly willing to pay for everything of that kind) and will probably go to the place on this trip.

It is getting late, so I must go to bed. Tomorrow morning I am going to have the bedroom cleaned and in the afternoon I will have my lesson in Korean, so there will not be any time for sleeping. I had a grand time having the storeroom cleaned day before yesterday. I just sat on a box most of the time and saw that the boy did it right.

If you do come with Mr. Bell, more than half the time has passed since I left you. It has been seven months since we left Greenville nearly and it will be only a little over four until you come.

With a heart full of love,
Annie

Miss Straeffer sends her love. She and Mrs. Owen are being good to me.

May 3, 1904
Mokpo, Korea

Dear Father and Mother:

I have been obliged to allow more time to elapse between letters this time than I wished. I only today returned from a twelve days' absence in the interior, and I was so rushed before my departure that I did not get a chance to send a letter, I am afraid.

I have been writing you of the persecutions that have been going on in our field. For awhile things looked very ugly, and we have now in our possessions posted proclamations of the Governor of this Province, threatening extermination of all Christians. We called the attention of the Korean authorities to his high-handed acts, and they not only had him recalled but arrested some of the ringleaders in the disturbance. The chief one, a very rich old yangban, escaped and is "hiding somewhere," as the Koreans say. We very greatly feared for the result of this severe testing of our weak young Christians, and Dr. Owen and I started out for a tour of all the field ten days ago. I am glad to write you that everywhere we found a most encouraging condition. A few had dropped off, but all those who had been persecuted were stronger than ever in the faith and were bearing strong testimony to the power of the Gospel. Their experiences as they told them to us recalled vividly the days of Paul and Silas. I think I will have to write the thing up for *The Missionary*, so will not take time to say more here than that I felt very much uplifted spiritually by this clear, ringing testimony. It makes me more than ever convinced that Christ is as truly present with His own today as of yore.

Our trip was in every way pleasant and profitable. We travelled in all 540 Li (three li equal one mile), tramping two hundred Li of this distance. The weather was perfect, except several days of rain at points where we were visiting, so that it did not at all retard us. You must not think that we needlessly rushed into personal danger, for we did not apprehend that there would be any risk in going. At the same time, we are not afraid to go where duty calls, feeling sure that no harm can come to one in one path of duty.

Personally I feel in every way rejuvenated. I slept well, ate much and—what is nearest my hobby—exercised to my heart's content. We ate pheasant or pigeon every day. Had my first experience with the Korean itinerating bug-bear. That is it,—BUGS. They are of every variety and all sizes, from the flea up. Fortunately I was badly molested only two nights, and even then it was mostly nervousness induced by a sight of the "critters."

Mother's last letter was anxiously awaited. It was dated March 18th, and was the only line from home I had received since her previous letter of Feb. 24th. That is too long an interval. It is now May 3rd and no more news from home. Let's try to send a line every week.

Sorry to hear about the mumps among the College girls, but am thankful that they have been spared anything more serious. Give my love to them all and say my heart will always be with Chicora, even if I was not permitted to labor longer there. I am listening for large things in that direction from father. Very sorry to hear that Miss Jonas will not return, and feel that it is a great loss to Greenville. I certainly remember her with the keenest pleasure. Tell Miss Oewel I had a pleasant dream about her last night.

Sorry to hear that Rhea feels obliged to accept such a dangerous position on the railroad, and truly hope that he will secure an opening in the Mill business soon. But I am perfectly willing to believe that he has the root of the matter in him and will make a success if he will grit his teeth and stick to something. I am looking for his first letter to us since leaving home. I consider that all the members of the family see my letters, and hence will try as often as possible to write in rotation. But you know it is so natural to address them to mother and father. Give my love to N.B. and tell him he owes me a letter now. I am counting on N.B. being the shining light of the family. He has it in him. I have not yet written to Ida 2 and Jenef but think of them often and will write a separate letter soon. I think that Jim now owes me a letter, but he has been so good about writing since we left.

I found a fine mail awaiting me today. Especially good letters from both Stuart and Rowland, giving cheering news of the Forward Movement. It seems that our work is holding up finely, and that they expect $220,000.00 for Foreign Missions for the year just past. If we had— but that is another thing.

Annie is just as well as can be and takes to housekeeping like a duck to water. We have splendid servants and she has consequently very little care, except to try to keep them busy. The Koreans are better servants than the best of our darkies. If I should try to tell you how much I love my wife, I would have to write another long letter just on the introduction. Solomon was right when he said that such as she are from the Lord,—only I think the Lord was a good deal better to me than I deserve or expected Him to be.

My best love to the Grahams, and any other inquiring friends please remember me. Let me hear the news from Grandma and Aunt Jennie. Has the latter the comfortable quarters that we desired? You did not mention Jamie's visit, except incidentally.

Remember me to the Virginia kin when you write.

With fondest love from us both,

    Affectionately,

        Fairman

May 11, 1904

Mokpo, Korea

My dear Mamma,

Your letters which came on Monday were about the very best of all your good letters. They were the one of March 28 to Fairman and me and the one of April 5 to me, telling us all about Easter and the children and the flowers.

In Monday's mail, came your two letters, one from Sam, one from Beulah, from Laura Coit, Ida 2, little Zed Johnston Crawford of Lincolnton, Lucy's enclosed in yours, and a picture of Laura. Fairman got some good ones too, so that was a regular feast day.

Little Zed Johnston wants a letter from across the ocean and he had heard his cousin Margaret Knox speak of me. I want to write to him soon.

It is very wet today after a beautiful dry spell, so I have not been out at all. Yesterday, I was out in the yard nearly all day, as I wrote Beulah, studying and meditating and talking to the Koreans. In the afternoon we played tennis, one of my new accomplishments. I am not exactly expert yet, but I occasionally get the ball over the net. I got a rackett in San Francisco and high tennis shoes in Honolulu, as Fairman thought it would be good exercise for me.

Don't worry about my teeth. He makes me take better care of them than I ever took before, and I am sure they will keep all right until I go to Seoul in the Fall. A dentist from Yokohama comes to Seoul for awhile every year and they say he is a very good one.

As for my eyes I am very careful about wearing my glasses and usually have a very good light to read by.

The roses are beginning to bloom now. Miss Straeffer has some very fine ones and there are lots of Korean roses, like the old single roses Grandma used to love. Another Korean rose is like our bridal rose, but yellow instead of white. I want to have a lot of flowers when we know where we are to be located. No, I did not bring any lily bulbs and I would like so much to have some. Can't you bring some and some dogwood seed. We want to get maple seed and eucalyptus seed from America. Of course, it would be nice to have a well-made garden and lawn already when you come, but, if we cannot have that, you and I can plan it and superintend it together. What better would you ask than to make the "desert blossom as the rose"? That verse used to help me last winter when everything looked so bare about here. Now the great fields of barley are so beautiful. Fairman and I had a walk through the barley, instead of the rye, late Monday afternoon, and it was charming to walk between fields of waving grain of such a lovely green.

We had planned to have a picnic on the water this week, but today rather discourages us. It may be bright and beautiful by tomorrow.

I have thought so much of Erwin Avery's death since I received your letter. What an awful shock! I liked him very much, though I did not know him well, and I feel that Charlotte has suffered a very great loss in losing him. How dreadful for his fiance! I was so disappointed that I missed that *Observer*. I looked for it as soon as your letter was read, but it had not come. It may come in the next mail.

We hear the news rather slowly. Mr. Hulbert of the *Korea Review* sends us bulletins on about every steamer which comes down from Chemulpo, but that is not as fast as the telegraph by any means. As we hear it, Japan is surely winning big victories.

There was a Scotchman down from Seoul last Sunday on his way to Japan. He told us some big tales he heard on the steamer from some Japs. They told him that they had taken 10,000 Russian prisoners. This

Mr. Kenmure hardly believed that much, but it did turn out they had captured a lot of officers and guns. I surely hope that they will keep to the other side of the Yalu.

Mr. Kenmuir is connected with the British and Foreign Bible Society. He has a very delightful brogue, and then he talks about the <u>British</u> Legation, when everybody else says <u>English</u>. I thought that was very good proof that he was Scotch.

Mr. Johnson sent us some pretty pictures which he had made for us, enlarged from our films, one of the moonlight at Honolulu and the other our mountain with the reflection in the water. They will not go home before Fall. I hope you will meet them in <u>Japan</u>, but if the war does prevent your coming so soon, Mr. Johnson says he will see you in America and tell you all about your "Babes in the Wood", only there are not any woods at Mokpo.

He writes so delightfully that I wish he could be on the editorial staff of the *Missionary*. They are going home by way of the Suez and he wants me to advise you to come that way, but I want you to see Honolulu, and then you and I can go back to America by the Suez. It is cheaper than by San Francisco, Mr. Johnson says. Won't you enjoy seeing all those ports?

Fairman gives very pleasant descriptions of the scenes up in the country. I know you will be glad to hear that they have trees up there. We are anxious to know how it will all turn out.

You should see the view from our piazza when the moon is shining. It is exquisite. Yes, we have the same stars but not at the same time.

I am going to enclose a new Japanese 10 sen note. They have just been introduced since the war. After you all have a "Coogyung" of it (as the Koreans say when they want to look at anything) send it to Samuel, please. Before the war it would have been worth about five cents

American, but Japanese money has depreciated so it is not worth quite that much now.

Korea is just the place for you, for you will be just in style <u>bragging</u> on your <u>great</u> age. Yesterday, one woman told me that she was seventy. Kim's mother spoke up promptly and said "But I am seventy-five".

Please give my love to Annie Livergood and tell her that she has <u>barely</u> escaped hearing from me several times. I will write to her soon but I always feel that the Salisbury people can hear through you. I am determined to write to Dr. Rumple, though.

You asked me once if we ever saw the *Literary Digest*. Yes, we have that and *Harper's Weekly* too and enjoy the cartoons so much.

Do they ever sing "Lord, Speak to Me, that I may Speak" at church? It is one of my favorites and a good prayer for a missionary.

    Lovingly,

        Your "Baby"


As you will probably need some <u>union suits</u>, I enclose you a check for $20.

May 14, 1904
Mokpo, Korea

Dear Little Sister,

It is about time you were having a letter from your far-away brother, don't you think? Well, the grown-up people will have to step aside this week and let you have it. Now you might have had one sooner if you had thought to send me a letter. See what an advantage you have over me, in getting to see a weekly letter from me without doing anything to earn it!

But you have. Annie and I were delighted to get your sweet letter to her, received last week. You know, I believe Annie fell in love with you more than any other member of the family, though she thinks all are so nice it is hard to make comparisons. You are certainly the "accomplished" member, and I only hope that your health will be strong enough to all that you have a mind to do.

So glad that the operation was successful. I would hardly have thought that you would have been so brave as to allow that fierce Atlanta doctor to carve around in your throat! I thought it was bad enough to have him "sawing wood" in my nose, but to have him get you in a place which interferes with your powers of "sassing back" or of yelling "hold on there" must have been dreadful.

How I wish you could come to see us this summer! Annie is a lovely housekeeper and is very fond of it. I have made a good garden, and we have already had plenty of asparagus, radishes and lettuce. The hardest thing about this missionary life is being separated from your loved ones. If you were just with us, you could have a good time playing pingpong, or boat riding, or swinging in the hammock, or playing tennis, or climbing the mountain, or sightseeing among the Koreans, or reading or most anything but playing with other little girls. Just imagine yourself out here all by yourself, with nobody but five grown-up missionaries and the two Owen babies! Now if you were a little Korean girl you would be kept busily occupied lugging the baby of the house around on your back. Almost every child you see on the street has a smaller one strapped around the back. The enclosed picture gives you some idea of it. All the children are fearfully dirty, and the very little children, if they have any clothes, wear nothing but a little jacket around the chest!

I also enclose you a "cash" piece, which is the only money in circulation outside Mokpo in this province. It takes fourteen of these to make one of our cents. The bill is Japanese paper money, which Annie sends to you. How much do you suppose it is? Ten sen, which is five cents of our money! One would think that the government would hardly make expenses of making it.

I suppose you and Elsie are still "chummy". Remember me to her, and also my best regards to her sister.

I realize that when you receive this, the college girls will all be gone. Delighted to see in the paper that Dr. Rice of Atlanta had promised to preach Baccalaureate sermon.

Take good care of mother, you and Floy. Kiss Jenef for me and say I will write her next. A nice letter has come from N.B. I think he must have improved a great deal, from the way he writes. My love to him and you all. Give my love to Susie and Ellen Graham.

   Affectionately your brother,
    Fairman

May 21, 1904
Mokpo, Korea

Dear Mama Wiley,

I was absent from home itinerating just half of the past month, so with the accumulation of home duties which awaited me on my return, I have not found the chance to send you a letter lately, as I have wished. You are so good about writing us and I have the keen pleasure of including myself individually, that I feel you should have a Mokpo letter every week. Don't know whether you have been getting them or not, since Annie is kept so busy with her language study and housekeeping. We find the days are no longer out here than at home, and it is far harder to keep account of one's time. We now have five servants, four men and a woman, and you need not be told that it requires no little oversight to train them and keep them busy. This is more than we need now, but we are making the best of our summer's experience, and expect to have three good servants of our own by the time we turn over things to Mr. Bell in September. Annie has the woman to wait on her and do her sewing. We find these servants very tractable and domestic life has been very comfortable in consequence. Annie is always bewailing her ignorance and inexperience, but really, if she did not mention it one would never suspect her of any such thing, so nicely does she manage. Wish you could be here to enjoy it all with me.

If she writes to you as she talks, it is not hard to see that she has her heart set upon your coming out in the fall. I see no reason at present why you should not come from this end of the line, if the war continues to go as it has thus far. As I wrote you fully along this line some time ago, will not add anything except that we will be mighty pleased if you can see your way clear to come this year. Annie is planning to send you a list of the things she wants you to bring. Wish you could get some Maple tree seed. There is one of very quick growth called the Silver Maple (not the Aspen). Anything in the shade tree or flower line is in great demand out here. I planted the watermelon seed, and hope they will "become". Annie's bulbs turned out to be tulips and gladiolas. She gave some to Miss Straeffer, which turned out hyacinths; whereupon Annie was tempted to become Indian and ask them back!

I am enjoying my gardening immensely. Have an intelligent little Korean whom I am teaching my ways, and I work at it a good deal myself. Think it a good object lesson to the Koreans, whose ideas of manual labor are abominable. Like the Chinese, the "gentleman" class allow their finger nail to grow very long as a sign that they never touch "the vulgar mass called work". My cook has some "yangban" notions of his own, I have heard. Last night I called him in and in a long talk gave him a severe drubbing over other peoples' shoulders. This is the way one must deal with these Orientals. But recently, when I discovered that an ex-helper had appropriated some Mission money to pay personal debts, I waded into him with Western directness, told him that in our country a man would be put in jail for that, and advised that the money be brought in that morning. Straight talk in this case accomplished what Dr. Owen did not—the money came!

You see I have not been writing you a letter for the Missionary Society! Have sent several articles to *The Missionary* lately, which you may chance upon, the last being a short account of our late persecution. This affair took a great deal of my time, but proved a valuable experience. Everything quiet now, and has been for some time.

Annie continues to make fine progress. She more than comes up to the hopes which I entertained concerning her missionary ability. Blood will tell, you see; and though you did not intend her to work among the heathen, the Lord knew better than you planned. Well, she ought to have turned out the fine woman she is with such a good mother. You know I told you before that you had a large share in those subtle influences which first opened the door of my heart to Love.

Love has come to stay in my life, and sits enthroned in our home. We consider you a part of that home.

Please remember me especially to Mrs. Cole and express our gratitude that she has been spared and restored to health. We think of her often.

With love for each member of the family, and "lots" for yourself, from us both,

  Affectionately,
    J. Fairman Preston


Annie is writing Mother this week.

May 21, 1904

Mokpo, Korea

My dear Mother,

Fairman and I have swapped mothers this afternoon—he is going to write to Mamma this week. It has been my plan all the time to write to you every other week, but, as the Koreans say, "it has not become".

We have just finished opening our last box, one which was shipped soon after we left home. It has been here for several weeks but we did not open it because we hardly had room to move in our rooms anyhow.

I am enjoying keeping house very much in spite of my inexperience. I want to learn to cook, but for Fairman's sake I make very few experiments. We certainly started to housekeeping under the most favorable circumstances, with two well-trained servants and another teachable one. We are expecting two more in a few days. Five servants does not sound like "missionary simplicity", does it? I hope Fairman has explained the reason for this abundance of servants during the summer. If he has not, you will think that you have an awfully extravagant daughter-in-law who will ruin your son in less than a year!

Fairman has made <u>so</u> much progress in the language since his last itinerating trips. He catches nearly everything that is said to him and makes the Koreans understand him too.

His last trip was down to a town on the coast, where there are about a hundred attending church. He stands the trips very well, always looking better when he comes home, and seems to enjoy them in spite of all the discomforts. <u>Of course</u>, the Koreans like him.

The women are much harder to understand than the men, and it is only lately that I have been able to understand a thing of what they say. Since the weather has turned warm, we have had crowds of sightseers, and I have had excellent opportunities to practice on them. There are all kinds of them, some very pleasant and clean and some very prying and dirty. One day Deacon Kim's mother came with some friends of hers and wanted a "coogyung". She is such a dear old lady that I wanted to be very nice to her friends. They are always interested in the pictures of our mothers, so your picture and Mamma's are always a part of my <u>show</u>. These women were so polite and clean that I really enjoyed showing them the study and dining room and all the contents of the sideboard. The silver was a great sight for them, especially the forks. When they left they invited me to come see them and have a "coogyung" of their house. Wednesday afternoon Mrs. Owen and I went by for Kim's mother and paid one call.

The house was <u>much</u> nicer than any I have seen and <u>it was clean</u>. In the front yard, there were lots of trees and shrubs and flowers, beautiful pink roses. In one corner there were the most marvellous dragons and tigers made of mud and colored. Among the rocks, there were tiny houses and pagodas after the Japanese style.

After we had enjoyed the unusual sight of a pretty Korean yard, they took us into a large clean room, with plenty of windows, and showed us some of their treasures. In one chest, which had enormous brass locks of a very odd design, they had lots of silver rings and hairpins, and amber and jade ornaments. As we showed our appreciation, they then showed us all of the husband's silk clothes. Some of them were beautiful, light blue silk vests with silver buttons and dark silk coats with light linings.

They served very nice refreshments and, for the first time, I ate Korean food without any misgivings. It was my first experience with the yangban class, and their cleanliness appealed to me even if their customs did not.

I hope to write to Janef soon. She wrote me such a dear little letter.

Tell Ida that I was delighted to hear from her. I hope she will have no more trouble with her throat.

Let us know how you are. I am glad you do not worry about us for we are perfectly safe and <u>very</u> happy.

With a great deal of love from both of us to you all.

 Affectionately,

    Annie

May 28, 1904
Mokpo, Korea

Dear Mother,

Are you getting used to receiving stale letters? It is provoking, isn't it, and how to answer a letter written so long ago that the writer has probably forgotten what was in it.

Your good letter of April 12th came promptly to hand, and was very cheering. We rejoice that you take such a sensible view of our situation and refuse to worry about something concerning which worry is needless and causeless. Mama Wiley has had a great struggle with herself— probably the greatest of her life, but thinks now that she has gained the victory.

Am gratified to know that Father's College plan went through, and trust that he will be eminently successful in raising the necessary funds. Now in the times of prosperity for the South is the time of all to strike.

What you say about the cold weather is remarkable. Probably by the time you read this you can't complain! We, too, have had an unusually (cold) winter—the severest in years —and a rainy, cold, late spring. At this writing we are still wearing our flannels and thick clothes comfortably. But we are trying to be extra careful about our health. Annie always has a struggle to get me to bed early enough, just as you had, and I have a struggle to get her up in the morning! We have found that we are compelled to have at least eight hours out here if we hope to do a day's work.

Well, I am willing to give a certificate to any of the others that wish to try married life. We are just as happy these days as anybody ever dared be in this sinful world. It would cure a case of sore eyes just to see Annie at the head of her own table. She manages beautifully with her trained servants, and with a minimum of care. How we wish that you could be with us this summer. Just now the strawberries are coming on, and for a month we shall be eating them three times a day. What a missionary hardship! My garden is doing well, spite of poor ground.

The cotton seed came O.K. Imagine my surprise at the quantity you sent! I expected when I wrote that you would enclose a few in an envelope and mail them. Wasn't it very expensive to send so many? I can't tell, as there were no stamps on the package when it arrived. Thank you ever so much. I have put out a nice plot of cotton, and will give the Korean farmers from far and near some new ideas along this line. I had enough seed also to give a lot to them.

You probably noticed the fine news concerning Foreign Missions. We feel very good and trust that this is the beginning of larger things for the future.

Annie has received recently a lovely letter from Julia Tillor, and little Eleanor also wrote us. By the way, haven't heard from Eleanor Watkins since first of the year, and don't know what is the matter. Hope she is not sick.

My special love to Rhea and Jim. Know you will help them all you can, with prayers and sympathy. We remember them often, that they may be strong Christians. Trust that Floy's health is better and that she will enjoy her vacation.

Tell father it's about time we were getting another of his good letters.

With a heart full of love from both your children,

  Aff.

Fairman

May 28, 1904

Mokpo, Korea

My dear Mamma,

This will just be a note for I am racing with supper. The boy is setting the table now and we must get out for a walk just after we eat.

I don't understand why my letters are so often so far apart. We will have to keep a list of the dates and see if we get them all. I got yours of the (illegible) and one from Sister Monday. Also the slumber verse. It is beautiful—words and flowers both—and I want to have it framed soon. Thank you.

We are having beautiful weather now, and of course I am always glad when I can be out of doors.

One day this week we had a trip to some little islands—one of them has a monument to some Koreans who died fighting the Japs three or four hundred years ago. On another island there is a little Buddhist temple most beautifully situated. I will not try to describe it until I have more time.

One thing I want to impress on you is to be sure to write to Mr. Bell and find out his plans. I am so hoping that you can come with him. Brother Willie and Sam will advise you and probably we will know more about the war in a month or two. If the Japs suffer any serious reverses, I don't want you to come, for the Russians may be fighting all down through Korea. I am certainly hoping for Japanese victories. I am trying to comfort myself with "All things work together for good" and "He doeth all things well", and then I know that if it is best for us, He will let you come.

For fear I have not given you Mr. Bell's address, here it is:

    Rev. Eugene Bell,

Scott's Station
Shelby County
Kentucky

I hope you received the little Korean things in good order. If you come out by Honolulu, you can give your stove to someone at home and get another here.

There's supper.

So "Goodnight."

  Lovingly,

      Annie

June 4, 1904
Mokpo, Korea

My dear Mamma,

Here it is Saturday evening again, again I am racing with supper. This week has been very full somehow. I think most of it has been taken up trying to look after five servants and an extra sewing woman. This woman is very, very poor so Fairman and I kindly tear our clothes and wear holes in our stockings to give her work.

My Amah is a nice looking little thing and very good-natured. She sews beautifully and seems to want to learn everything to please me. She had never seen a bed before, I suppose, and had no idea how to make one up. The first day or two I helped her and I thought she fully understood the mysteries of sheets and blankets. One afternoon when she took off the counterpane to fold it for the night, I discovered a sheet next to it. When I examined, I found first the counterpane, then a sheet, then a blanket and another sheet and finally a blanket.

We are living high these days—have such lots of fine strawberries. Today, the cook has been making preserves and jam and Monday I expect to send around a few presents of strawberries.

I want to entertain the women of the church before all the berries go. I will ask them to come out on the terrace some afternoon and feed them on berries and biscuits. Fairman wants to give the men a treat and the schoolboys a picnic. I entertained Deacon Kim and his wife and mother at dinner last week. I wish you could have seen those women. You would have thought that all the tales of the dirty Koreans were base slanders. The Kims are always clean but that day they were more so. They are the only ones I would like to ask to sit at my table.

I am so glad that the Book Club has the "Vanguard"—for we hear so many delightful things about Mr. Gale. You and I will meet him in Seoul in September. Just think of it! I have some little tiny Korean "doings" made by a little girl here, that I want to send to the Book club. There are seventeen little things—you can give twelve to Marion for the Club and keep the others for the family. I will write Marion more about them.

I must tell you of the little picnic we had—we had been planning for a long time to go off on the water for a day, but you know how hard it is to get started sometimes. Finally, Miss Straeffer took the matter into her hands and while I was teaching my Amah, she sent for the boat and prepared a lunch. We went just a little way in the boat and stopped at an island where there was a grove of trees around a monument to commemorate a battle between the Koreans and Japanese three or four hundred years ago. We ate our lunch there and then had a time sliding down a slippery rock and being loaded into the boat. A good deal farther down we stopped at another island and there we found a perfect paradise! There were lots of trees and flowers and the most wonderful formations of rocks. Up on the top of the hill there was a tiny Buddhist temple under a big rock and just in front of it a tree like a mountain ash in full bloom. Just imagine how beautiful it was, there on a high hill just above the sea with a wonderful view of the sea, mountains, and islands. One big rock was worn out in the form of a big seat, and as we sat there, one of the Koreans asked us to sing "Rock of Ages". It seemed very appropriate. Do you know what I was thinking about most of the time? I was thinking how much you would enjoy it when I should take you there in September.

We found so many lovely flowers—my bouquet of purple and white orchids and wild asparagus looked as if it might have come from a florist. The rocks were covered with a vine very like Boston ivy—we see that same vine on all sides. I am watching out for all the native flowers and trees, so I can make my home as attractive as possible, at the least expense. Fairman says that Forsythia and crepe myrtle both grow wild here, and they have red japonica wild. If the people would only give the trees and shrubs a chance, this country would be a veritable paradise!

This letter was commenced Saturday and now it is Tuesday. There is a steamer in this morning going to Japan so I have sent my teacher off and I am putting in my time writing to you.

Just think, if you come in August, I won't have time to get an answer to this. Write to Mr. Bell and see about getting missionary rates if you wish to. Mrs. Bull and her daughters did and you are no more of a sinner than they. Get Mr. Orin to give you <u>plenty</u> for your passage and extras, for you will find Japan very tempting. Don't feel that you are leaving the land of the living. You will find lots of civilization on this side of the Pacific and then you are not going to stay <u>forever</u>. You and I are going home together, you know. I wish you could bring all the folks. I am just crazy to see Sis and the "Angels". Tell Shannon to carry out his threat and come to Korea.

I hope they will soon send me a good picture of little Sara. I know it will be hard on you to leave the children, but I will take you back before they are <u>grown</u>. I do not think the Committee or the Mission objects to giving furloughs in two or three years if the missionaries pay their own passage. As it is, all of the missionaries on furlough have a year and a half away from their work. I would much rather have six months every two or three years than a year and a half every eight years. The missionaries all think that eight years is too long, for they all go home broken down at the end of that time. But as most of them have only their salary, they cannot go on their own hook.

I am sending a list of some of the things I want you to bring. Get

Sis to try the shoes. The ones I bought are of Vici and <u>skin</u> so easily that I would rather have something else for walking shoes. The low shoes it does not matter whether they are Vici or not.

I am asking you to bring me enough gingham or percale to make my Amah some dresses. Cotton goods are much higher out here than at home. I had to pay 35 ct. Japanese for Russian calico because I discovered that all my wrappers were too pretty to work in. I think that pink or blue gingham would be very pretty for Amah. I want to give her every inducement to keep clean.

The seeds and bulbs are to be bought in San Francisco—I will send a list later on.

With love unbounded to all the homefolks,

    Devotedly,

        Annie

June 4, 1904

Mokpo, Korea

My dear Floy,

I shall address my "weekly" effort to you this time, as I have intended to do more than once since the receipt of your good letter to Annie and me, received some weeks since. Annie joins me, in spirit, in this letter, though in the flesh she is toiling with the cook over a list of culinary utensils for our order to America, now making ready. Learn from her what a girl comes to soon after getting married! By the way, what is the state of your mind now on this all-absorbing theme of matrimony? From the list of your last winter's satellites, which you furnished us, we felt no immediate apprehension about your taking the fatal step very soon. Maybe you will yet wake up to find yourself generalizing too broadly in counting preacher's out and look in the direction that a preacher's daughter often looks the Church. Better begin to get good and attend some Conventions this summer! It will be rather long to wait, you know, until (illegible) attends Princeton.

By-the-way, we are delighted to hear of the fine stand this coming member of the family has taken. I can notice great improvement in the letters he wrote at the beginning and end of his year at Pantops.

(Annie now calls and asks the name of coffee-mill in Korean. Sounds domestic, doesn't it?)

While on the letter question, I intended to indulge in a little of my habitual growling about home letters. I do not think that you all "tote fair" with me on that score. Except when absent in the country, I have sent a letter home every week sometimes oftener. But many a long week passes and passes again before we get any tidings from Greenville. For example, I received a letter from Mother dated Mar. 18th, then one from her dated Apr. 12, then one from Jim dated April 23, the latest news received. I think the dates of these three last letters are a fair example of your end of the correspondence since I left home. Mother has more willingness about writing and less strength or time than any, and I am afraid that the rest of you put most of this bundle upon her. You see it is so easy to do it and yet expect to read a "Family letter" from me weekly. Well, if I can find time to send you word every week, I think that between you all, you might manage to reciprocate.

Annie had a sweet letter from Julia in which she spoke of inviting you again to visit her this summer. Hope you can go. Julia and Will are so nice and hospitable. Julia is a regular old Va. Preston in her generous hospitality. Stuart spoke of having stopped over at Greenville once this spring, but none of you mentioned it. Hope you have seen him often. He never fails to do me good.

Mama Wiley is writing very cheerful letters these days. Wish she would come down to Commencement at Chicora, which, by the way, is now in progress, I suppose. We expect her to come to Korea with Mr. Bell in August, if there is no serious reverse to the Japanese arms. Wish you were with us this summer—we are real grown up folks now, and are beginning to feel the responsibility of life as never before. We have a strong sea-breeze here all the time, and do not anticipate an unpleasant (illegible).

You will doubtless be seeing Lily Pastelle again soon. Remember us to her most cordially, please. Also remember me to the Misses Logan. Give my love to Mrs. Buchanan when you see her and through her to the Montagues. Best regards to the Poes. Do you see much of them? How is Fountain Fox these days? Is Miss Louisa Buist any better? Tell Geo I think of him often and hope to write him this summer. Hope you will keep up your friendship with Eleanor Watson. She is such a fine girl. We have just rec'd Margaret Knox's latest picture. It is swell. There is another fine woman. By the way, glad to hear that Miss Whiteside is in Greenville. Hope you will know her well. She is fine. My best regards to her.

With much love from us both to you and each member of the family,

    Affectionately,

        Fairman

June 28, 1904
Mokpo, Korea

Dear Father and Mother,

I am glad to tell you that the clouds have cleared away from our horizon since my last letter. Annie is now resting easy and is on the road to a speedy recovery. Dr. Avison and the trained nurse from Seoul arrived last Saturday. They have been an inestimable comfort and help to us.

Annie is now able to take and retain nourishment on her stomach, the vomiting and nausea have abated, and the urine has wonderfully improved. The Doctor assures me that she is in no danger, that she will have a speedy recovery and there is no reason why she should not come through her trying period safely and naturally. He says the albumen in the urine, which alarmed us so, will clear up as she regains her strength.

Dr. Avison is a splendid physician, formerly a Professor in the Toronto University School of Medicine. We are also charmed with Miss Brown, the trained nurse. I have a great desire to have them with Annie later, and so expressed myself. Whereupon I was tendered a house on Dr. Avison's compound, which will be vacated for the summer by the ladies now occupying it. I am seriously considering the advisability of going up there with Annie, remaining until after the Council meeting in September at which I am due anyhow. We are expecting Mrs. Wiley out, and if we go to Seoul, will have a letter awaiting her in Japan to come right on direct to Seoul, instead of to Mokpo.

You need not mention any of the contents of this letter to her. I wrote her last week and Annie herself will write tomorrow or next day. We have not told her anything, as she worries so dreadfully.

You may imagine that I feel pretty well used up after the strain of the past ten days. But am sleeping well, now, and will soon be myself again.

Why don't you write? No news from home for over a month.

With much love for all,

    Aff.

        Fairman

July 13, 1904
Seoul, Korea

Dear Mother:

We started from Mokpo for Seoul last Wednesday, and just as we got on the boat, your letter of June 6th came; also one from Jamie. As it had been several weeks since anything had come from home, we were much relieved to hear, though we knew that all was moving along as usual, from Mama Wiley's letters. For all I know, this letter may find you still visiting in Virginia. Hope it may, for you need to get away from home for a long time this summer. I supposed you had been sick, as you wrote finally. You are going it at the old gait, but I feel comforted in the thought that perhaps I would have no better success in remonstrating with you, if I were now present, than I used to have. As I think of it, you have had no good, long rest for several summers now, and I do hope you will get thoroughly rested and built up this summer.

To return to ourselves. I concluded that Annie needed a change of scene, and that it would be well to accept the kind offer of a house in Seoul, where she would be in reach of the best medical facilities in Korea, and as good as there are in the East. So as soon as she was strong enough, I bundled her off up here. We had a fine trip, and she not only stood the voyage well, but improved wonderfully all the time. She is regaining her strength rapidly. I am taking her out every afternoon for some sort of an outing. She has had a good many callers since our arrival, but a great many people have left Seoul for their vacations this week—much to my relief with respect to the calls.

We are delighted with the house. It is completely modern, with large rooms and beautiful grounds, and is situated in the highest part of town, just opposite the Catholic Cathedral. The latter, by the way, is an immense affair, and looks very incongruous, in squatty Seoul, where it is by all odds the largest building. We brought our cook and house-boy with us, so Annie is not worried about the house keeping, as they are thoroughly trained. It was painful to leave our fine garden behind in Mokpo. We have none here, but brought with us some nice potatoes, and have been enjoying some fine raspberries on the place.

In the same mail that brought your letter to Annie, I received a note from Stuart, telling me something of the missionary status at home, and saying that he and Moffett expected to come out this summer, and would plan to stop and see me. A letter from mama Wiley in the same mail said that she had definitely decided to come with Mr. Bell. We are just delighted over this news, and will plan to have them come direct to Seoul, where we expect to remain until latter part of September. I am as blue as indigo over the missionary situation at home. It seems that we are worse off than we were two years ago. It seems to me that the Assembly stultified itself. It set aside the almost unanimous report of the Standing Committee (only two members comprised the "minority report"), reelected Dr. Chester, with Dr. Egbert Smith or, in the event of the latter's not accepting, some other man to be selected by a special Committee. Of course Dr. Smith will not accept, as Dr. Dobyns refused to do so when similarly elected two years ago. I fear that no man of sufficient ability will agree to work coordinately with Chester, and I am dreading what may happen. It certainly looks now as if the Forward Movement would go to smash this year, and all our gains be worse than lost. I don't think we can hope for much from our Church until she opens her eyes resolutely to the political scheming that is practiced in her courts. I am sick and disgusted and expect either to fight or get out. You see I am not writing you much about Seoul. Will have something to say of it later.

Since my arrival, I have met a good many Americans. I feel especially drawn toward a Mr. Bostwick, a delightful old gentleman from San Francisco, who is out on a visit to his son, who is at the head of the Electric Car Co. of this place. Mr. Bostwick is an elder in the Presbyterian Church. I have also met our Consul, Mr. Paddock, and Mr. Morgan, Consul-elect of Dalne, who is stationed here pending the war. We have twenty-eight soldiers of the Naval Corps stationed here, and I have met many of them, too.

Give our love to all the Virginia kin, and say we think of them often. What is the news from Rob?

With much love from us both,

    Affectionately,

        Fairman

Aug. 2, 1904
Seoul, Korea

My dear Mother,

Fairman tells me that he has not written to you for a week or two past. I hope you have not been anxious about us for we have been having a most delightful time. These people in Seoul have been so good to us and given us such a warm welcome into their midst that we feel it a very short step from the Southern to the Northern Church out here.

Fairman has told you why we came at this time I suppose. I was so glad to come but when I saw how much work and worry it was for him and I not able to do a thing, I wished that we had stayed at Mokpo. Since we came he has had such a fine time, meeting the men of other Missions and getting inspiration and ideas from them that I do not at all regret coming.

When your letter came the day we left Mokpo, I felt how little I deserved your thanks for being good to him. He is always good to me but when I was sick and such a lot of trouble he was the best and most unselfish nurse. As far as my being well cared for was concerned, I did not need any other, but I was so glad for him to be relieved of the care and worry.

I do hope that your trip has done you very, very much good. How I wish you were coming with Mamma! We are going to keep on hoping that some day we will have you out here. I am so happy at the thought of having Mamma with me.

**August 3**

We had to go to supper just then and afterwards went out in the yard to walk. We had intended taking a car ride but a thunderstorm came up and after the storm it was too late to go. We are living in the same compound with Dr. Avison (the doctor who came to Mokpo to see me) and we find him and his wife very helpful neighbors. We went over there last night to enquire for his sprained foot and found it hard to get away. They can tell us so many interesting things and give us so many valuable hints about living out here. Dr. Avison was telling me all about canning fruit in the really scientific way and all such useful things. Tonight they and Miss Wambold are coming to supper with us. We have had a good deal of company since we came. Mr. and Mrs. Bull with their little boy spent about a week with us. Then we have had Mr. Clark of the Northern Church and Mr. Reynolds for a day or two and Mr. Tate of Chunju called in and took supper with us on his way to visit the Reynolds. Everybody is astonished to see me looking perfectly well after scaring the whole Mission by telegraphing for a doctor and a nurse. I believe they think it was all put on.

Just now Fairman has gone to call on Dr. Allen. He has made several attempts but the weather has been so very hot or so very rainy or the gentleman who was going with him was sick, so this is the first really good opportunity.

It did me good the minute I saw an American warship in Chemulpo harbor and to see the American guard here is refreshing after seeing only Japanese and Koreans for so long.

We are rejoicing that Mr. Bell is going to bring out three new doctors with him and hope very much that we can open our new station this fall. We want to get settled and begin on our house.

What did you think of Mr. McKelway's *Christian* (?) remarks about Stuart and Moffett? We have just received the papers since we came here and they have made us hot. The injustice and prejudice are almost incredible in a man of Mr. McKelway's brain. Fairman did not in the least appreciate being held up as a little saint in contrast to the others of the Forward Movement.

We are expecting to have a visit from them on their way to China and it will be a big disappointment to Fairman if they do not come. They want him to meet them in Japan but he will not consent to leave me now, and then the expense of going to Japan would be greater for him than the expense of coming to Korea would be for them. The Japanese hotels charge very high prices, and they would all have to stay at a hotel there. Here they would stay with us. Even if I am sick, Fairman can keep house beautifully. When we first came up here, he did all the ordering of things and directing servants because I could not bear to think of anything to eat. You should have seen the tempting things he had fixed up for me. The more I know him, the more I realize the sacrifice you have made. I am not going to let him stay out here seven or eight years without coming home, so don't think you have such a long separation before you. We are coming home to spend a summer in a year or two.

I hope that you will see Mamma before she leaves. It will be too bad if you don't, when you are so close together, and it would do Fairman so much good to hear directly from you.

It is time for my nap now and I must not neglect it if I am to feel well this evening.

With very much love to all of you.

    Affectionately,

        Annie

# Date Unknown

The following is written in Mrs. Wiley's handwriting, but states that it is from "Annie to Willie".

How I have wished for your tongue to get these Korean sounds! They swallow so much of it that one cannot tell whether they say P or B, or W or R.

Every foreigner hears it a different way.

Another difficulty is the different grades of talk: high, low, middle half in every verb, and they make a great deal of the way it is used.

We have had to change our names to suit their language, for our names are as hard to them as Russian names are to us. Fairman is Pyun Moksa and I am Pyun Pween.

Aug. 15, 1904
Seoul, Korea

Dear Jim:

Your letter of June 5th came duly to hand, forwarded from Mokpo. It is always such a pleasure to get your letters, and you have been so good about writing me. I congratulate you on the good letter you are able to put up.

Was certainly glad to hear you say that you would attend the Y.M.C.A. Convention at Wynesville. I don't know anything that would do you more good, and sincerely hope that nothing prevented your going. You must write me about it. Wish N.B. could have attended with you, but hope his time is coming later. Hurrah for the record that he made at Pantops! Would give anything to see him and talk to him. Tell him he owes me a letter.

The catalogue came to hand, and it is fully up to the high mark which has characterized Chicora's catalogues in the past. The last commencement, also, seems to have been the best yet. That's the way to do it! I notice in the paper that Mr. Myers has resigned the Second Church and will devote his time in the field for Chicora's financial interests. I take it from this that father is forging ahead on his new plans, although he has never written me anything about them. In fact, I have heard nothing from father since last Feb., I believe. I really don't understand why I can't hear from home oftener. Have mentioned it until I have become ashamed, and thought that the leisure of summer would bring more letters from you all; but here it is Aug. 15th, and I have not had a line since yours of June 5th, and a letter from mother to Annie of the same date. It seems so much longer because Annie hears from her mother every week. I have about decided to give up the idea of writing a family letter, and take the contract of answering promptly each letter from each one of you just as they are received. I suggested some time ago the advisability of keeping a little book recording the letters sent us, as otherwise it is almost impossible to keep track of your foreign correspondence, and to place any letters that may be lost. See that this suggestion is adopted.

 You can imagine that I have been on a pretty severe strain this summer. Annie was quite ill for a month, and just as soon as she was able to travel I packed up and came to Seoul. The change worked wonderful improvement in her, until now she is looking better than I ever saw her. We are enjoying our life in Seoul very much. I have been keeping steadily at my language study, have made many friends, and seen a great deal of the work and workers. Are keeping house, but expect to board for the month of September, with the ladies whose house we are now occupying. That month will be almost wholly taken up with Bible classes and Conferences, our own Annual Meeting being held in Seoul this year. I suppose you have heard the good news about our reinforcements. We expect three doctors and possibly an evangelist to come with Mr. Bell. Of course Annie and I are most of all delighted that Mama Wiley is to come with the party. We are planning to have her come direct to Seoul, accompanied by one of the party. I very much fear that I will not get to see Stuart and Moffett if they come with this party, as I can hardly go to Japan at that time. I have not heard from them yet, but do hope that they will come on the Mongolia which arrives at Yokohama on Aug. 15th, and which would allow them time enough to come over and see me on their way to China. We have been much afraid that rumors of the doings of the Vladivostock Fleet would reach the ears of the party and deter them in their plans to come on out at that time. We think there is really no danger from that quarter, though it is hard for us here to get at the truth always. News has just come of the big naval engagement at Port Arthur and that a naval battle was going on between the V. Fleet and Kamakura's Squadron in the Straits, results of which have not come to hand.

Glad to hear the good news from Ruby Hammond. You see what a girl can do who gives Chicora a four year's chance at her. Get out and get a lot more like her! Too bad you had difficulty with Susie Graham. I think it was but natural for her to expect a separate diploma in Art, if nothing was said about it; but since it was not done, matters ought to be arranged satisfactorily by securing her the extra diploma as soon as it can be had. Pretty hard to please everybody always in a girls' school, isn't it?

I notice in a copy of the Edgefield paper sent me that Rhea is traveling for the Smith Premier type-writer. Have never had a letter from him yet. Was grieved to hear of Col. Hoyt's death. Another good Baptist gone. I notice, too, that my class-mate, Rev. J. E. James, has been called to the Central Church, Anderson, S.C. My regards to him when you see him. He ought to work for Chicora over there.

Tell everybody to write us—we are hungry for news from you—and give them all our best love. Take care of yourself and let us have another good letter soon.

With love,

    Affectionately,

        Fairman

**Aug. 30, 1904**
Seoul, Korea

Dear Mother:

Since I wrote father, announcing the advent of young Samuel Rhea Ⅲ, I have tried to find an opportunity to send you a letter,—in vain. If you will go back some twenty nine years and reflect now your first-born cried with the colic, you will not wonder that this young "patient" finds himself with his hands quite full. Not to intimate that our infant has the colic. On the contrary, up to yesterday, he has been a model of babyhood, sleeping through the night and refraining his tongue by day. But on the mission field, conditions are different from home. There are very few women folks at hand, and they are busy people, so that all the thousand and one little ministrations for mother and babe must be performed by the "man person" of the house. I have pitched in and tried to make myself as handy as possible, even performing, alone and unterrified, the ticklish daily operation of bathing the baby. It is surprising even to myself how fast I learn, and I know it surprises the baby—in many ways! On yesterday the little fellow fretted all day. Last night we put him on a course of medicines, with the result that he kept his pa on the jump all night and pretty busy up to this good hour of the afternoon, except a couple of hours devoted to study. He is better now, and we trust he will soon be straight, and in good trim to greet the arrival of his grandmother next week.

You see that under the circumstances the arrival of the aforesaid relative will be doubly welcome. She certainly could not have timed her coming more opportunely, though entirely ignorant of impending events; for she will get here in time to see Annie up and finer looking than ever, and yet to escape the worry and anxiety of it all, for which one of her age and nervous temperament is so poorly filled. She is due in Kobe today, and we are anxiously awaiting tidings of her safe arrival. We hear through the Bulls that Dr. Forsyth's mother and sister had decided to wait until spring before coming. This is a disappointment.

We were much gratified to know that you were taking a long, good rest in Virginia, and we expect to hear that you came back home reinvigorated. There is nothing like a good change of scene for the house-wife and mother,—as I have found in Annie's case already. She has done so well since we came to Seoul, though a great many people leave here for the summer. But there has been a minimum amount of rain here this summer, and we could not have wished for a more pleasant sojourn. From tomorrow we shall board here until we return to Mokpo, after the numerous gatherings which convene here in September. I have not said anything about a change of address, since our letters come by Mokpo with not much delay.

Father asked me if we ever have cholera here. Certainly. The place is devastated occasionally, and I suppose there is always more or less of it around. Have not heard of any this year. Of course, we boil all our water, and exercise all reasonable care for the preservation of health.

Tell Floy I am sorry she is getting "sour-balled" on the subject of matrimony. She evidently needs to enter into correspondence with me on the subject. If she will come live with us, will cure her and marry her off to some hustling young missionary.

Annie is doing finely. Today she is sitting up in bed writing notes.

Will send you a picture of your first grandson as soon as he is presentable. Can't decide on who he resembles or the color of his eyes, but think he is a fine little chap.

Sorry to hear of Col. Summers illness, but rejoice that he gave at least the last poor days to the Master. May He in His mercy not be ashamed of him!

With much love to you all,

Affectionately your son,

J. Fairman Preston

P.S. How does it feel being a grandmother?

Sept. 8, 1904
Seoul, Korea

Dear Father and Mother:

Since my last letter home, addressed to mother, we have been on the anxious bench concerning the baby. He has been dangerously sick.

Since his birth, he had not been doing at all well, but there was nothing in his condition to warrant apprehension until a week ago last Monday. On that day, he seemed to be in great pain and we noticed that his feet were cold and bluish looking. The next morning the Doctor again examined him, this time very carefully. He took me to one side and told me that the babe was in a critical condition, and that he entertained very little hope of his recovery. He explained that there was no coordination between brain and nervous system—in other words, that his brain was affected. This was manifested by the irregular contraction of the pupils of the eye, by spasmodic contraction of the muscles, by failure of the bowels to move or to respond to medicines, and by the spasmodic contraction of the walls of the arteries of the legs. The latter was indicated by the before mentioned bluish color of the feet and coldness; and at the last examination the Doctor made on that Tuesday morning, this trouble had localized in the right limb, in which circulation had been entirely suspended.

While the Doctor had little hope, he immediately resorted to heroic measures, giving powerful nerve stimulants and trying, with calomel, castor oil and salts, to secure free action of the bowels. Within twenty four hours the child responded somewhat and began to mend. The brain trouble disappeared and the circulation was partially restored in the right limb. He has been steadily improving ever since, and is now looking better than at any time since his birth.

The whole trouble now is the right limb. The circulation in that portion from point midway between knee and ankle down to the toes could not be maintained, and on last Monday began to suppurate. That is to say, he has lost that much of his leg. What the outcome is to be,—whether he can survive the ordeal of throwing off his dead member, or whether he can survive the shock of an amputation if that proves to be a necessary resort—we cannot tell. We called in an expert German physician in consultation with Dr. Avison on Monday, and they decided that there was nothing to be done but await developments, in the meantime giving him all the food he would take. Since he has been taking his food with avidity lately and improving in appearance, despite his trouble, we all now think that he will pull through. We expect to remain in Seoul, of course, until the outcome is assured.

As for the cause of the trouble: the Doctor's theory is that the babe was born with an excessive quantity of miconium in the bowels, which, in spite of active medicine, he did not succeed in throwing off until the fourteenth or fifteenth day. In the meantime, the system absorbed some poison from the stomach, the brain particularly having become affected locally. The brain having become affected, this of course deranged the nervous system, prevented the flow of digestive juices, and caused the contraction of the arterial walls.

You may imagine that the Doctor's announcement was a great shock to us, as we had not dreamed of anything serious. Aside from the baby's sickness, the strain of such an occasion out here is very great; so we are pretty well used up. We have felt resigned about it all, and know that only the best for us can happen. It is easy to imagine how much worse than it is it might have been. We feel devoutly grateful that our little boy has been spared us, even under the distressing circumstance that now confronts us. The Doctor speaks hopefully of the future, in the event the little fellow survives, and in that event we shall cheerfully attack a problem almost without precedent in the rearing of a child. The whole thing seems to us like a horrible dream, and we cannot yet realize it.

I have not written sooner, because we were not sure of the status of the case and did not care to worry you with partial news. We shall probably know the outcome soon, and in the meantime will keep you regularly posted as to developments. It would be a good idea to send this letter to Salisbury to Sam and Will.

Annie is now up and moving about the rooms, looking better than I ever saw her. She has fallen off a great deal, much to her delight and evident improvement physically. I shall now try to put some meat on my bones and catch her in weight.

We are looking eagerly for some news of Mama Wiley and party. We look for them now about the 13th inst. on the SS. Ohio, a nice American boat from Japan. Thus sailing under the American flag, they avoid risk and get better service. The boat is chartered by a Japanese Company.

The clans are now gathering in Seoul for the Annual Meetings. A Bible Conference opened on Sept. 4th, at which time I preached the opening sermon, though I have been too closely confined to attend its sessions since. Mama Wiley will be here in time for the Council, which begins on the 13th, and for our Annual Meeting, which begins on the 18th. I have succeeded in getting in a good deal of valuable language study since our arrival in Seoul, in spite of our experiences; so that I do not feel that I have lost any time. I have just succeeded in securing a bright looking young fellow for language teacher, who will accompany me back to Mokpo. Think I will like him.

I received both your letters of date July 28 and Aug. 4 last Sunday, and we did enjoy them immensely. Father has agreeably surprised us by his lately developed interest in letter writing. He does it so well that we sincerely hope he will keep it up. We have given Rhea and Floy up as hopeless.

  With much love from us both,

        Affectionately your son,

                J. Fairman Preston

Sept. 11, 1904
Seoul, Korea

My dear Mother and Father,

How do you like being grandparents? If you like it one tenth as much as we like being parents, you will be feeling very happy.

I have had the greatest joys and the greatest anxiety and sorrow of my life crowded into the last three weeks. We were so happy when Rhea 3rd came and he was such a fine looking strong little boy. His serious illness was an awful shock to us and the strain of those days when we thought he could not get well was the greatest trial I ever passed through.

Now we are rejoicing once more for the little boy is doing so well—so much better than anyone dared to hope. He is eating well and getting plump, and his skin is getting so pretty and clear. He seems as strong as any little baby and looks around on the world with a good deal of interest. It seems miraculous that he should be so vigorous after what he has passed through. He must have a wonderful constitution.

It seemed at first when he was getting better, that it must be an awful nightmare about his little foot, but now we are beginning to realize it. We are hoping that all the leg above his ankle will be saved, as it looks better now.

His feet were so pretty. Miss Wambold, who gave him his first bath, said that he had the prettiest toes she ever saw. It hurts me to look at the little right foot now and to think of a little child starting out in life with only one foot.

At first it seemed as if it would be better for him not to get well, but then we remembered that people had made a success of life with even greater obstacles in their way. Dr. Avison says that he feels the baby's loss will be made up to him in some way in mental or spiritual gifts—and he will be much more of a man with one foot than many men are with two.

Rhea 3rd is going to look like his other grandfather, we think, though he has his father's mouth and chin. I am enclosing a little picture of him, taken when he was eighteen days old. We were so much afraid that we were going to lose him that we had some pictures taken.

I wish you could see his father giving him a bath. Fairman puts me to shame. He is so much more skillful in everything about the baby.

A telegram from Fusan says that Mamma will be here next Tuesday. We had a letter from her from Kobe, telling of her amazement when she received Fairman's letter telling about the baby.

I am so sorry that Mother did not get to see Mamma before she left. It seems strange that we will see her again before you will in spite of the fact that we are in Korea.

You will not mind that this letter is so full of the baby. He fills our thoughts pretty thoroughly these days. We are so thankful that the Lord is going to let us keep him.

We have celebrated our first anniversary you know, and are greater advocates of matrimony than ever in spite of its trials.

With much love from us both,

    Affectionately,

        Annie

Sept. 14, 1904
Seoul, Korea

Dear Father and Mother:

In the excitement of the last few days, attendant upon her off mother's arrival, Annie overlooked sending her letter to you. I will add a hasty note. We are in the midst of Council Meeting, and in addition I have my language examination to get off on Saturday next.

Mrs. Wiley arrived on Tuesday morning well and hearty, after a pleasant voyage. She stood the trip remarkably. Miss Tate took charge of her in Japan and escorted her over to Korea, she being the only one of the party to come at that time. She was wise to come on when she did, as The S.S. Ohio, on which she came, is a fine, American boat. Of course we are delighted to see her and she is making herself invaluable in helping with the baby.

The baby's leg was amputated on Tuesday afternoon at a point about midway between knee and ankle. He stood the ordeal without any apparent suffering, and has been improving steadily since, as before. Doctor says there is not much danger now, and that he promises to recover and make a vigorous child. It is certainly a remarkable and mysterious case, and we cannot yet realize it. Of course the shock to Mama Wiley was very great. We feel very thankful that matters are no worse.

We shall be in Seoul about two weeks longer. Our Annual Meeting next week will determine at what point we are to be located. Hope that we will succeed in opening up the new station at Kwangju. Prospects seem to be bright for it.

I did not forget to write the letter for the October Missionary meeting of the Greenville Society, but it was a physical impossibility to write any letters, as I so much wished. I have been losing a great deal of sleep and am compelled to snatch some rest through the day whenever I can find any leisure.

Hope to hear good reports from the opening of the College.

With much love,
   Affectionately,
      Fairman

Sept. 23, 1904
Seoul, Korea

Dear Father and Mother,

It falls to me to write you heavy tidings concerning our babe. About a week ago the Doctor again discovered signs of inflammation of the brain. He resorted to the same treatment which had proved successful a few weeks ago, but this time there was no response and the little fellow has been growing steadily worse. Tonight I am sitting up with him expecting the end at any hour. The past week has been one of anxious vigil, day and night. The return of the brain trouble was wholly unexpected and proved a shock to us all. I should have written you of it sooner, but delayed at first hoping to be able to write something encouraging, and lately have just not been able to find an opportunity. This is the first great trial of my life, you know the closest that bereavement has come to me. This, together with the many matters incident to the Annual Meeting, demanding attention, has made it hard for me to keep myself pulled together.

Little Rhea is just five weeks old this morning (Sept. 24th). What a struggle he has had all through from the very beginning! The Doctor had little hope for him at nine days old, but a vigorous constitution asserted itself, and he not only survived a shock so great as to cause the loss of a limb, but withstood the strain incident to the throwing off of the dead limb, and steadily gained in flesh and strength through it all. His fight for life has been splendid and remarkable. It is very hard to give him up now again, after having received him back from the dead once "in a figure", but we do it feeling sure that God knows best, and with the assurance that it is best for the child. (The healing process has proceeded perfectly all along, & we have had a successful issue) If this life were all there was to consider, the cutting off of such little lives would seem terrible. But we know that we have been privileged to have him but a few weeks, our boy is ours always. His birth has not been in vain, but he is transplanted a little sooner to an environment perfectly favorable to that growth and development, through eternity, which is ours.

It is a great comfort to have Mama Wiley here at this time, though it is most trying to her. You know she lost a little grandchild, named for her, only last summer, a year ago. Annie is bearing up under the ordeal bravely, dear girl. She is perfectly well as are we all.

I hope to have some letters from home soon, with good news.

With love for all,

  As ever, Affectionately,

    Fairman

P.S. Sat. Sept. 24. Baby passed away at six o'clock this morning in his mother's arms.

Oct. 8, 1904
Chinnampo, Korea

Dear Father and Mother,

A good deal has happened since I last wrote you, as I have found no opportunity to get off a letter. My last, I believe, was that announcing the death of little Rhea. We laid him away in the beautiful foreign cemetery outside of Seoul. Some of the Mission wished us to take him to Kunsan, where they have a plot, but we thought it more appropriate that he should rest where he came into the world and where he passed his little life. Dr. Owen conducted the funeral service, which was attended by a large number of friends of all Missions. There was a deep feeling of sympathy manifested for us. It certainly was a comfort to know that we had made so many true friends among the new found brethren.

This dispensation has been unspeakably trying upon us all. It seemed to weigh very heavily upon Mama Wiley, so that Annie often forgot her own grief in trying to comfort her mother. It must have been doubly trying after a similar experience only a year ago, you remember. It was a great comfort to Annie to have her here at such a time. We have been much touched by the great kindnesses which have been heaped upon us by so many, for so long a time. It is easy to believe that missionaries are the finest people in the world, and I would say so were it not for seeming to throw boquets at ourselves.

As soon as our Annual Meeting was over, we decided to accept a cordial invitation extended to us to visit Pyeng Yang. Several considerations influenced us; we were worn out and needed a little rest and change; we wished to have a look at that wonderful work; and it seemed the finest opportunity for Mrs. Wiley to see it too. So we started out on a Friday, and arrived in Pyeng Yang in the small hours of last

Sunday a week ago. We remained there five days, leaving on Friday morning by the Osaka launch to catch that company's boat, the "Gishu". Before leaving we were assured by the agent that we would make good connection. When we arrived at Chinnampo, the port at the mouth of the river (distant 60 miles) we were cooly informed that the "Gishu" had left two hours before. All we could get out of the agent was the characteristic Japanese reply, "I am very sorry for you, but the "Anton" leaves day after tomorrow". So here we are making the best of a 2×4 little French restaurant, passing the two days that we needed both at Pyeng Yang and Mokpo. It is such things as these that make the westerner grind his teeth in impotent rage. Indeed, it "weareth the Aryan down", as Kipling has it.

But the trip to Pyeng Yang was worth a good many hardships. I received an inspiration there, and practical suggestions which shall remain long with me. We were entertained in the home of Mrs. Moffett, than whom a lovelier woman would be hard to find. I occupied the identical room from which Dr. Rankin went home to his reward. We visited Dr. Rankin's grave, situated in the Mission burying ground, in a lovely spot overlooking the site of Kicha's ancient capital (built in King David's time). It seems to us very appropriate that Dr. R. should rest here, the most famous mission station of Korea. Before he died he remarked: "There is no spot on the mission field from which I would sooner go Home than here." How little he realized when he uttered those words that they were to be actualized.

The church at Pyeng Yang is most interesting. The building is, I suppose, the largest native structure in Korea outside the palace. The natives built entirely with their own money. The average congregation is 1,500, and membership about 1,200. Recently a second church has been formed with about 200 members. The big building looks like this, from the inside:

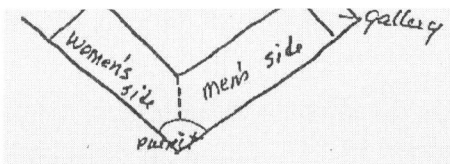

It is a sight never to be forgotten to look out over that vast congregation of earnest Xtians, who less than a dozen years ago were firm heathen. On Wednesday night there were 500 out at prayer meeting! They apologized for the small attendance, due to a local riot, saying that there were usually 800 there!

We were unfortunate in not seeing but 4 of the brethren at Pyeng Yang. The rest whom we had met and left in Seoul, were detained in Seoul by their Annual meeting and arrived in P'Yang only as we were leaving.

I must tell you the chief point of interest about our own meeting. As was anticipated, it was decided to open up Kwangju station at once. Temporary quarters, to be afterwards utilized, will be erected this fall for the Bells and the Owens, who will move into them perhaps by Christmas. We have also been appointed there, and will move as soon as our house is prepared. We expect to have to remain in Mokpo the coming year, with Miss Straeffer and Dr. Nolan. I will have oversight, while there, of the Mokpo church and two outstations. It makes me feel queer thus early to become the senior missionary in charge of a station. Of course we will have a nice house to live in, after the others move. In the meantime, we expect to occupy our same two rooms, and will board with the Owens.

**Oct. 11**

We arrived safely at Chemulpo yesterday. Had a good deal of business on hand. At night went up to Seoul and attended to a good up there, meeting some of the friends. I am taking back a new teacher with me, whom I think I will like. He is a young fellow, 23 years old, named Kim.

Am much provoked that we were out of film and could not get any, so that I have not a picture of the Pyeng Yang trip. We plan a trip into the interior very soon to Kwangju, so will not have any for that either. Too bad.

Annie and her mother are both well and in good spirits. Mrs. Wiley seems highly pleased with Korea, and I believe will be perfectly happy with Annie. They are wrapped up in each other. I begin to understand better now what nerve it took to propose taking Annie away from her, and how she must have felt. Don't think I could have succeeded without the prospect of this early reunion. If you knew Annie, you wouldn't wonder that her mother is so devoted to her. I thought I loved her as much as I was capable of when I married her, but my capacity for loving her seems to have increased many fold since then.

We are now sailing for Mokpo on a good boat and a smooth sea. Right glad will we (be) to get back after our long absence, so filled with varied experiences. We hope to find a lot of mail awaiting us there.

With a heart full of love!

    Affectionately,

        Fairman

Oct. 18, 1904
Mokpo, Korea

My dear Mother,

Fairman has written you about the sad ending of our happy experience in Seoul. It was a very deep sorrow but we both <u>know</u> that it must be for the best or our Father would not have allowed it to come.

We feel, too, that it was by no means in vain—all the expectation and planning and anxiety—for we <u>have</u> the little boy. Isn't it the sweetest experience that can come to any one?

We were very tired after the long strain and felt the need of a rest. Our trip to Pyeng Yang was just the very thing we needed. It was a great pleasure to know the missionaries there. Mrs. Moffett is one of the most charming women I ever saw. It is an inspiration to be with her, and see how she works among the women.

We wanted to see the work up there before we started into our new work at Qwangju. You know we are all to move up in the country sometime during the next year. Mr. Bell and Dr. Owen go first and get some building done and then the rest of us follow later. For the present Fairman has charge of the local work and two outstations. He has been making fine progress with the language in spite of many hindrances. I am enjoying my lessons once more. I feel very far behind as I have not studied any since June.

All my mornings are given to study and the afternoons are full to overflowing with getting our rooms in order. Every trunk and box has to be unpacked and repacked, all the books taken down and rubbed and put in the sun, etc.

Mamma brought me the pretty things you and Aunt Jennie sent. I am delighted with them and put them to use right away in Seoul. The little purse is just the thing to carry rickshaw fares in. I appreciate so much your sending them. The things from Greenville are in Japan with our Montgomery Ward order, I believe. I thank you for sending them. It makes me very sad to think that my little boy will not be here to wear Fairman's baby clothes.

I was so glad to hear from Ida "2" that you were improving at Roan Mountain. We were wishing to learn how it suited you. I hope you will stay long enough and not get back into the rush and worry of College life too soon. How I wish you were here where you could have a good rest. I think that Mamma is going to enjoy it very much and it will be such a help to us. Already she is taking things off my hands in the mornings so I can study.

Fairman is in the country with Mr. Bell and Dr. Owen to see about laying off the lots at Qwangju.

There is so much I want to say but it is getting late and I am tired tonight.

With much love to each member of the family,

    Affectionately,

        Annie


Mamma sends much love and says she had no idea she would be here so long without writing to you. She knows you would like to be in her place. She feels much better about our being here since she has seen our home and all the good friends we have.

Oct., 1904

Part of a description of a trip from Pyeng Yang to Mokpo

Dear Miriam,

Were told in the afternoon of the sixth that the launch would leave at seven next morning, so we expected to leave the house by half-past six or earlier. Sometime in the very early morning, Mrs. Moffett came to our room and told us that she had received word that the boat would <u>not</u> leave so we settled down for a good nap, when shortly afterwards, it seemed to me, we were aroused by Fairman calling to us that he had been to the landing and that the launch <u>would</u> go and that we must make ready as soon as possible. So we hustled, dressed, had breakfast and were off by 7:15, Annie and I in chairs, Dr. Owen and Fairman walking. It was foggy and cold, but soon after we boarded the launch the sun shone out and the views along the river were beautiful.

I saw a man manufacturing idols. Just as we were about to start, a small steamer came up the river bearing the missionary party from Seoul and also our trunk. A small boat was sent to bring the latter off. After much waving and salutations the two vessels went each their way.

We find this boat much larger and more comfortable than the one on which we went up the river. One could very well spend a night in this cabin. It was so interesting watching the landscape and the boats on the river that we hesitated about coming into the cabin, but after an hour or more found it too cool outside. Saw many flocks of wild birds, geese and ducks.

Arrived at Chinnampo harbor at 3 P.M. did not leave the launch until sometime later when we went ashore from a sampan and were caught in a heavy rain. Through rain and wind and mud we had a long walk to a French restaurant where we are to spend the night and perhaps some days, as there is not telling when there will be a steamer. The one that we expected to take left three hours before our arrival. At one time the water was so rough that our launch anchored in the river. The tide was running in. It flows more than fifty miles inland.

We were thankful to find so good a resting place as this for the night. Have had a very palatable dinner consisting of seven courses, the food all well prepared. Our host is a Frenchman. I see no women about the place. Am told that there are six different languages spoken here— Chinese, Japanese, Korean, English, French and a little Russian.

As we came down the river we saw at one point one of the locomotives for the new Railroad which is being pushed through from Seoul to Wiju.

Oct. 25, 1904
Mokpo, Korea

Dear Mother:

Immediately after my return to Mokpo on Oct. 12th, I left for the interior, visiting Kwangju, which is the new Mission station now being opened this fall. I wrote you, I believe, that we have been assigned to that station, but will live at Mokpo for the present, with Dr. Nolan and Miss Straeffer. We had a lovely trip up there, and the more we see the new property which has been acquired for a mission site, the more we like it. We drew for house sites, and it was my good fortune to draw first choice. I selected what in my judgment was the best. It is high and dry, faces east and south-east, has a number of fine large persimmon trees on it, with a tolerably good native house that can be utilized to advantage for servants quarters. I expect to go to work at once planting trees and beautifying the site, so that by the time we get our house, we shall have secured a good start. Just back of the house there rises a lovely high hill, along the summit of which for a long distance there is a beautiful, retired walk. Back of the property in the other direction stretches a grove, site of an ancient shrine. This will afford fine recreation to the ladies and be a positive relief to the eye in this treeless country. At the foot of this grove, and bounded on the other side by a bamboo grove, there winds the path to the town, about ten minutes walk from our property. We are very much-elated over the prospect of getting into the midst of the people, isolated though it will be as compared with Mokpo. In order to reach Kwangju, we must go more than sixty miles up the river to Naju, the head of navigation, and thence overland by a tolerable Korean road twenty miles.

I am, now digging away on the language and making better progress than ever before. Am preparing to assume charge of the Mokpo work very soon; and once in the work, I hope to develop rapidly as a worker and in lingual efficiency. Annie is doing the same, and seems perfectly happy. Lately she has been busy putting up a lot of green tomato pickle, chow-chow, etc. We will feel so relieved when we are settled in our own home. At present we are boarding with the Owens, and will continue to do so until they move to Kwangju. The Owens are lovely people. Mrs. Wiley has a room over there.

(Part missing) that she is enjoying the trip and that her indigestion is improved by now. We have been pained to hear of her trouble, and think she did a wise thing to knock off teaching and rest for a year. Our love to her if she is still with you when you get this letter. We have been hoping to hear from her, as she owes us both letters, and if she doesn't soon write, will have to try to put her in our debt some more.

Stuart writes that he and Moffett will be married on Nov. 17th and will sail Nov. 26th, arriving in Japan Dec. 15th. They will go on direct to China, and as I will be in charge of the work here by that time, I will not see them. It is a disappointment.

Mrs. Wiley will write you soon. I think she will be well satisfied out here. Hurry up and get strong and we will bring you out with us when we come home!

With much love, and kisses from us both,
  Affectionately,
    J. F. P.

Nov. 9, 1904
Mokpo, Korea

My dear Father and Mother;

I have received letters from both of you since I last wrote, and as I have time now for only one letter, will send you one jointly. We have received so many letters from home lately, and it has been such a joy and comfort to us to hear regularly. From what you say, I fear that some of the home letters have been lost. I am trying to keep a record in a little book of the letters sent home, which I will send you every month or so, so that you may know whether you have received them all or not. It might be possible for you to do the same. Unless we adopt some such expedient as this, it is easy to lose sight of many things and to lose the thread of our correspondence, so long is the time between letters.

You may guess that it is very hard to read the letters from home now. We are just receiving those sent in regard to the announcement of our boy's birth. Mother's and Floy's came today, and father's and Jim's a few days ago. In our own grief, which is thus stirred up afresh, I think always of you, and especially do I feel for you, father, in the great disappointment and loss you undergo in this bereavement. It is hard not to have the little follow with us, yet we never for a moment consider him as out of our lives. He is as truly living and as really ours as if we clasped him close in our arms today. He is gone only for a little while, and we shall see him bye and bye. I never dreamed before what a large place a babe takes in one's heart even before he is born. It did not seem to us that we were giving up a five month's boy, but the little Rhea that we had loved and planned for a long time.

Yesterday was the anniversary of our arrival in Mokpo. It was a dream of a day, the sun shining, the air balmy, and a full tide. The Bells, Dr.

Owen and Dr. Nolan started out for Kwangju, and as the rest of us felt the need of an outing, we accompanied them about three miles up the river and walked back by land. Mama Wiley seemed to get pretty well fagged, mostly on account of the unaccustomed rough walking and steep hills. She will probably get used to these things by and by, as Annie has. The latter surprises me by the agile way in which she gets over ground these days—such a contrast to last year, when walking seemed so difficult. But then she has fallen off twenty six pounds since we were married, weighing now just one hundred and forty pounds, and that makes going easier. That makes us just about the same in weight now. While I expected this, I hardly thought it would come so soon, and of course I am none the less pleased.

It was a relief to hear that the school had opened up better than you had hoped. I was beginning to get a bit uneasy. Our earnest wish goes out to you for a very prosperous year. With my theories of canvassing, it is a never-failing source of wonder how well the attendance keeps up. It is certainly a tribute to the inherent worth of the school. We are anxious to hear more about the school, and who comprise the faculty this year. I am glad to see that Prof. Hagstrom is in his place, and I take it that Mrs. Young is assisting him. Trust Miss McFarland is back, and of course you couldn't run the school without Miss Oewel. Give them our warmest regards, including Miss Jessie McHugh, who I suppose is still with you, unless she has made plans matrimonial.

Delighted to have the good reports from N.B. Hope to receive a letter from him soon. I wrote him last spring, sending a lot of stamps, but no reply as yet. Did John Watkins also go to Davidson?

Mother incidentally mentioned Miss Laura Buist's death, recently. It was the first word we had heard concerning it, though I had wondered several times if she was still living. I hope George will not go in this way. Is he teaching again in Tennessee? By-the-way, that wreck near Morristown was truly appalling. It would seem that the R.R. Companies ought to be compelled to equip their trains with cars as strong as the Pullman. As it is, the light day-coaches smash like egg-shells between the heavy Pullmans and the heavier engine. I believe to this is due the increasing fatalities in R.R. traffic. Were any of our acquaintance injured in that wreck? It was distressing to receive the news concerning Clayborn Ansel. I wonder that his father should willingly have allowed him to incur such a great risk. Perhaps he did not do so willingly.

You must be very busy now. Am delighted to know that mother and Floy are so much improved, and hope that they will take as good care of themselves as is possible around that busy place, the College. We were surprised and pained to hear of Floy's affliction. Wish she could be with us while she is recuperating, as a little thing like that would seem tame to the small-pox with which some of these Eastern society ladies adorn themselves. Hope she will soon be all right again.

Our days move by very swiftly, and it seems almost impossible to do everything we want to do. I am very far behind with my correspondence, though there are some letters I would like to have the chance to answer. For example, Mrs. Graham. Give her our love and tell her we have not had a line from her since we left Greenville, though we make allowances, knowing that she does not like to write I hope the Grahams are over their little squall of last spring.

I made my first talk in Korean at prayer-meeting last night. Am working hard on this hard language, and it eats great holes in my time, leaving little leisure for anything else. I also helped examine applicants for baptism and the catechumonate on a recent tour to the south, much to my joy. Hope soon to be preaching.

I must get a letter to Jim this week. Give my love to Rhea, and kiss

Ida 2 and Janef.

With a heart full of love from (illegible)

Nov. 17, 1904
Mokpo, Korea

My dear little Sister,

What a smart girl you are! We are so pleased with the lovely things you sent us, and so proud to think we have a sister who can do so many things. You were very generous to send us so many pieces of your work. I have always wanted "Queen Wilhelmina" in burnt wood, and now we have her on one of those dear little boxes. You may be sure that we will think very lovingly of you whenever we look at these pretty things.

They write us that you are making a fine housekeeper too. I wish Mother would lend you to me a while. The Owens expect to go up to Kwangju about the first of next month, and then we will have to keep house for ourselves. I am very glad of it, for I do not like boarding, even with the Owens. We will not have the well trained cook that we had in the summer, so I am afraid Fairman will sigh for the things that "Mother used to make".

We will hardly know what to do with ourselves when we get a house all for our very own. I am afraid we will have to wear bells to keep from getting lost.

It is good news to hear that Mother is so much improved. I am so glad she had such a fine long rest in the mountains. She will have been home a long time before you get this.

This is Stuart's and Moffett's wedding day. How much I would like to be in New Orleans right now though it would be only about five A.M. There never was a wedding we wanted so much to attend as this one. They want us to meet them at Yokohama and come down on the steamer with them to Nagasaki. I suppose they have no idea of the trip they are asking us to take in order to see them three or four days—at least, five days <u>one</u> way, and the Yellow Sea and the Straits of Korea in December are not likely to be very smooth. We will have to postpone the pleasure of seeing them until next summer, when we may go to China.

Mamma likes Mokpo much better than she thought she would, but she does not like the cold wind any better than I did at first. She thinks the views of mountain and sea very beautiful. Just now, there is snow on the distant peaks and it is lovely to look across the water to those snow-capped peaks.

Fairman says that the new station is beautifully situated. There are many mountains around, and trees too. Mr. and Mrs. Bell have been up there for over a week, staying in one of the little Korean houses. Mr. Bell is superintending the building, and, of course, he found it hard to leave his new wife behind. She is the first foreign lady to go up in that part of the country, but the people have not bothered her very much with their sightseeing—coogyenging we call it in Korea.

Fairman is busy this afternoon doing a lot of things about the house and yard. He has made some little talks at prayer meeting in the last few weeks. The Koreans said that he did it very well too. Every morning he goes down to the boy's school and teaches them the catechism and hymns. He is making very fine progress in the language, I think. I am afraid I can never catch up with him now. For <u>diversion</u> we study Chinese characters!

Fairman has just come in and asks me to send his love and tell you that he thinks you are very smart. Tell Floy that I will write to her very soon. We are so delighted to have the new picture of her. It is very good, though not as good as it ought to be, I think. I am going to have her framed and hang her in my "American Beauty" corner. You know we have not a picture of you yet.

Give a great deal of love to all the family for me, and tell Elsie that we still remember how good that cake was she made us. Give her our love too. Give Jenef a kiss for me.

    Affectionately,

      "Sister" Annie


P.S. I wanted to tell you <u>specially</u> how good those pen and ink sketches are.

Nov. 28, 1904

Mokpo, Korea

Dear Mother,

I have not found a chance for the last two weeks to send you the letter I have wished to write, and Annie has not been able to use her eyes lately, one of them being inflamed. We were gladdened by receiving a batch of letters from home last week— two from you of date Oct 10 and 17, one from father, with your enclosed, of date Oct 24, and one from Jim dated Oct 15. It is hard to express the joy it gives to hear, and lately you all have been so good about writing.

I acknowledge that lately I have done very badly along the correspondence line. Have had my hands full of work and many interruptions, besides being now in very crowded quarters. Hope you will all bear with me, and will try to do better later on.

We were very much grieved to learn of Floy's affliction, and have been wanting to send her a letter. Hope she is now all right and that she will not suffer any serious after-results of her distressing facial eruption. Suspect she has stuck too closely at home, without enough physical exercise and social recreation. Give her our best love and say we will write as soon as possible.

It is grateful news that we have of your condition. We have prayed earnestly that you might be speedily restored to health, and trust that our prayers have already been fully answered. Do take care of yourself now and hold all you have gained.

There is not a great deal to tell you about here. Annie and I are busy today getting ready for a trip to Kwangju. She needs a trip and is anxious to see the new station site, and our place. Besides she has never been to the country yet. Hope the weather will be propitious. If we get off, she will have plenty to tell you.

We had a pleasant Thanksgiving. All took dinner at the Owens, fourteen sitting down at the table (two of the children). Among them were Mr. and Mrs. Hopkins (the Customs people), and Mr. Earle, the latest missionary for our work. Mr. and Mrs. Morris, of Seoul, spent part of that day with us, but could not wait for the late dinner. The Morrises were very kind to us in Seoul. It was he who made pictures of the baby. He is assistant manager of the Seoul Electric Ry., and they are good Christians and hence good "mixers" with the missionaries, which unfortunately, can be said of few business men in the Orient. They are usually a pretty godless lot. Hopkins himself is a hard drinker and a godless man, and his wife an Eurasian and essentially heathen, but we have tried to magnify their good points and cultivate them all we can. The results, so far as any apparent religious influence appears, have been inappreciable. They never attend our English service.

Mr. Earle was here a week and we enjoyed his stay. He has been assigned to Kunsan.

During the past week we have held services in the local church every evening, closing with Communion on Sunday (yesterday). Three were baptized and three rec'd into the catechumenate. These results were small as compared with our other groups. For example at Enge recently, Dr. Owen baptized 26 and received about 25 into the catechumenate, doubling the membership. The ports out here are always hard to reach, the chief cause probably being the worthless class of people and the godless example of the resident and visiting Japanese and foreigners. We are quite willing to sacrifice the material comforts of the port to the increased advantage to our work of a residence in the interior. Mrs. Bell recently accompanied Mr. Bell to Kwangju, staying two weeks, and had a delightful trip. She was agreeably surprised at the orderly behavior of the populace, considering the fact that she was the first white woman who had visited in that section.

I am making fair progress on the language. Have begun to speak in public and hope to be able to get along fairly well alone when the other brethren leave. I like my teacher, whom I brought down with me from Seoul. However, Saturday he informed me that he was obliged to go to Seoul on business. This meant that he found it hard to live at Mokpo without his family, which fact I soon ascertained. Have done all I could to induce him to bring them down with him. If he leaves me now, I will feel unspeakably discouraged, as he is the first man I have succeeded in getting who measured up to my ideas. It is so hard to get a Seoul man to leave Seoul. They would rather starve in Seoul than live comfortably elsewhere.

We expect Stuart and Moffett to arrive in Yokohama, Japan, Dec. 16. They will go straight through, and we will not get to see them, much to our disappointment.

Mrs. Wiley continues in good health. She has been blue at times, but this will wear off in time, and I think she will find plenty to do when we go to housekeeping. That will probably be by Dec. 15th, it being expected that the houses at Kwangju will be completed by that date.

Tell Jim I am "laying off" to send him a good long letter. I certainly owe him several of that description, as he has been so kind about writing me.

This letter will reach you about Christmas time. We wish for you one and all a very merry Christmas tide, and all happiness. I entrusted to Annie to fix up something from us as a Christmas reminder, and I think she has attended to it. Christmas seems so far off yet and I have been so rushed that it is hard to realize that it is less than a month off. Don't I wish I could join that family circle! Though we have been out here only a little more than a year, our hearts yearn for you all. Let us hope and pray that we may see one another's faces at no far distant day.

With fondest love, in which Annie joins,

  As ever,

    Your son, Fairman

Dec. 14, 1904
Mokpo, Korea

My dear Jim:

Ever since receiving your good letter of Oct. 14th, I have been intending to send you one in return. The principal reason for my delay in writing, as also for our failure to send any letters home for the last two weeks, has been due to absence from home in the country. On Nov. 29th Annie and I started out for an itinerating trip into the interior, and did not return until Dec. 12th. We went up the river, forty miles by sail boat, then across country by pony and chair twenty miles to Kwangju. Here we spent a good deal of our time with Mr. Bell, who had his good cook with him. We made our plans, on the ground, for the house which we hope will be built there for us during the coming year. Annie is thoroughly pleased with the situation, and we are enthusiastic over the outlook for our work. Kwangju is right in the center of population of our South Chulla Province; and while we will be deprived of the few comforts of civilization that are accessible at Mokpo, still we prefer to be in the situation most favorable for work. As we often say, were we looking for a place to live only, we would go to America!

While at Kwangju we made a side trip of twenty miles across country and return, to a little village where there was a group of believers. Here we joined Dr. Owen and stayed two days, examining forty applicants and receiving thirty into the Church. It is not unusual for a church over here to double its membership every six months or a year.

The weather was simply perfect the whole time, and so balmy that we spent most of the time out of doors. We took a tent along with us and found it a great success. I am the first in the Mission to use one, and I predict that everybody will be at it before long. It weighs nothing hardly, and bamboo poles may be had anywhere. Compared to the filthy, stifling, vermin covered little Korean rooms,—which poor accommodation can often be secured only with the greatest difficulty—a tent is a palace, and CLEAN. I had the opportunity of preaching good deal on this trip, besides putting in some good work on the language. It was simply fine for Annie, giving her first view of the interior and the country people and work, and most of all a fine change of scene, which is so important out here and so hard to get for the ladies.

Coming back, we expected to take the Japanese launch, which has recently begun to ply between Mokpo and Yungpo, the head of navigation on the river. We waited for it at Yungpo half a day, then it arrived in the night. Early in the morning we were informed that it would leave that afternoon. At noon we were informed that it would not leave until next day, owing to the presence of the Japanese Consul, who had some business keeping him over night! That meant that we would probably not get nice accommodations, as he and his party would take possession. So after much dickering I secured a sail-boat, and after the loss of a day and a half on account of depending on Japanese promises, we started for Mokpo at six o'clock in the evening. The boatmen cannot row against the tide, so about one o'clock in the night they cast anchor and went to sleep. About three o'clock I was awakened by a strong wind blowing, and determined to start, tide or no tide. The boatmen swore by heaven and earth that it was a West wind, and determined they couldn't go against the tide, but I kept on until they saw that I wouldn't let them sleep any more anyhow, so they hoisted the sail and made off. We arrived at Mokpo next morning at eight o'clock, breaking the record for a quick trip down, and beating the launch in by twelve hours. Annie has not been so well since her return—tongue is heavily coated and she has come painful ulcers in her mouth. I tell her she ate too much while in the country. We fed her on pigeons, pheasants, ducks, and geese. I killed eight wild pigeons and two pheasants right at Kwangju.

Since our return, we are in the throes of moving. The Bells and Owens go up to Kwangju this week, and we have tried to help them all in our power. When they leave, we will have a big house all to ourselves. Annie begins housekeeping now in real earnest, with a set of raw servants. However, she is so heartily sick of the way we have been camping out for the past year that I think she will not weep many weeps over the prospect, even if she doesn't know anything about cooking. Dr. Nolan will board with us—if he manages to survive the first month or so!

I enjoyed a letter from Floy, which I will answer soon. We are distressed to learn that her face will continue to give her some trouble longer. I begin to realize that the whole family has been through the rubbers since I left. I am thankful, though, that all are alive and kicking.

Jim, I have been very much gratified at the good reports from you and at the manly ring of your good letters. You seem to be hard at it, and to be making the most of your opportunities. And I can say the same of N.B., too. I received a fine letter from him the other day. You must guard your health, for you are not too strong. I rejoice in the good reports from the school, and feel that you are making of this year in quality where you lack in numbers. Mrs. Taylor said, in a sweety letter recently, that you had the nicest looking set of girls yet.

I am very sorry to hear about Jones's eyes. Thought I saw some tendency that way before I left. Hope she will find relief soon. Kiss her for us, and tell her she must be just as sweet and smart as Ida Two.

We haven't had time to think about Christmas here yet, but we wish for you all a very Merry Christmas and all happiness in the coming year. If you haven't already done so, send me a small calendar or two when you receive this, and I will think of you every time I look at it.

With affectionate regards, and love and kisses all around from us both,
Your missionary brother,
J. Fairman Preston

Dec. 31, 1904
Mokpo, Korea

Dear Father and Mother:

I must not let another day slip away before sending you some sort of a letter, as it is the last opportunity I will have this year. I am writing on the spur of the moment, in a scrap of time not long enough for a decent letter.

Annie and I are just beginning to heave a sigh of relief, as we see our home just about assuming signs of order. The Owen and Bells pulled out for Kwangju on the 19th inst., and we have spent all our old moments since fixing up. We have been packed away in two rooms, like sardines, with all our plunder, ever since our arrival on the field. To be able to spread ourselves out in four rooms and a kitchen and a garret and a guest room besides for Mrs. Wiley, is a change rather delightfully sudden.

Annie is now passing through all the threes of the young housekeeper. We employed a likely looking young chap last spring, and have had him hanging around our hosts' kitchens picking up all the scraps of information he could about cooking. He has proved faithful to the hopes reposed in him, for he had done beautifully as a beginner, and gives promise of being an expert one day. It is perfectly restful to see the way in which Annie takes to housekeeping. Nothing seems to ruffle her, and she has things moving smoothly already. Dr. Nolan is boarding with us, and we like him very much. Mrs. Wiley knows but little more about cooking than Annie, but her very presence here is helpful to us both. Occasionally she has spells of the blues, and we have to pitch in and warm up her "cold feet," as we say; but Annie says she has always been subject to these.

I find plenty of work thrown on me in the charge of Mokpo station.

I am now not only taking part in most of the services, but meeting the men twice a week for instruction and singing, besides coaching the leaders of meetings privately. I also plan to take regular monthly trips to the south, visiting my two outstations. Lately it has been so windy that I could not go, owing to the high sea.

Christmas passed off quietly, but pleasantly. I entertained the men on Saturday night, and on Monday afternoon I had the school boys around at my study. We had a lot of games, in which Dr. Nolan assisted me, and then gave them a feast of Korean knick-knacks, of which they are very fond, and a Toorimagi, or outer garment, each to wear to school and church. Annie sent a box of Japanese oranges to each of the church women. Thus we reached them all.

On Monday night we all at Christmas dinner with Miss Straeffer, and she "laid herself out" to give us a good time. Dr. Nolan and I had gone hunting on Saturday and killed the Christmas goose, with much difficulty. One other goose and three ducks was the extent of our bag, the winter having been open thus far and the birds not near Mokpo. However, yesterday I succeeded in purchasing four beautiful pheasants on the street, paying seventy five cents for them, so we are not starving.

Mama Wiley brought Annie a beautiful China closet for a Christmas present. I succeeded in fixing it up for her, and her cut class, etc., make a very handsome appearance in it. Annie is saving father's wedding present for Dining Room furniture, which she will get for her new house at Kwangju. We consider ourselves temporarily located at Mokpo,—still camping out, as it were.

We have just received the sad news of the death of Mr. Clark's only child, after an illness of only three days of malignant Scarlet fever. The Clark's were our next door neighbors at Seoul, and a sturdier baby of sixteen months I never saw. It brings back our own loss very keenly to us.

I have a letter from Stuart and Moffett announcing their safe arrival in Japan, and their letters are jubilant with the echoes of the love song in their hearts. Their affair was mighty sudden and looked to outsiders, perhaps, something like a made-up affair; but all the same it was a case of genuine love, and not at first sight, either. They give me permission to make but one exception in thinking of their wives as the finest on earth. We gave them each an embroidered Japanese screen for a wedding present.

Father, write and tell me how you are coming on with the College this year. I trust all right. Haven't heard anything from the Synodical movement, nor of Mr. Myers' efforts. Is Mr. Boggs still with you?

I received a fine photograph of Rhea recently, mailed at Edgefield, and directed in a girl's handwriting. It looks like he was making progress in that direction. Wish he would settle down.

With our best love, and a kiss all around,

  Affectionately your son,

    J. Fairman

# In 1905

Jan. 26, 1905
Mokpo, Korea

My dear Mother,

The dainty Christmas things came last Saturday, and I want to thank you all for remembering four missionaries with such pretty gifts. Fairman said when he saw the handkerchiefs "Now that's what I call solid comfort." I believe I prefer mine, even if it isn't such solid comfort, but it is well we don't agree on this subject. Thank you very much for the very dainty little handkerchief. That pretty rolled hem is truly a thing of beauty.

Since it may be some weeks before I can write to the girls, I will get you to deliver some messages for me. Tell Floy that I am delighted with the lovely collar, just as much as if I wasn't a missionary, who had given up all the vanities of this world. I am so glad it is blue, for Fairman likes blue.

Please tell Ida that I am so glad to have some "sweetening" for all I brought out with me has lost its strength. It will make me have very sweet thoughts of the sender. And tell Jenef that I think her gift is <u>lovely</u>. It will be an added inspiration to becoming a fine seamstress.

It gives such a <u>glow</u> somehow to get Christmas things from home. Fairman felt so happy with his gifts from home—I wish you could have seen him.

We are so distressed to hear about Jenef's eye, but so glad you found it out in time. Poor little girl, what a trial the treatment must be to her! Fortunately she is bright enough and advanced enough to rest her eyes for a year or two without falling behind. Be sure to let us know how she gets on.

I wonder if I have not written to you since the box of baby things came. I thought I had, but I have no record of it. It was rather sad to receive them after the little boy was gone, but very sweet to have the things Fairman used. The little sleeveholders and pin are <u>very</u> pretty and the little afghan is the prettiest pattern I ever saw. Thank you so much for sending them. I wish our little boy could have used his father's things just <u>once</u>. A good many people sent him things and several of them came too late. We had so much sympathy and so many loving letters that it has drawn us very close to our new friends out here closer than a good many years of ordinary acquaintance could have drawn us. One of the most beautiful letters we had was from Mrs. Sampson of Pantops, and one from Stuart's mother.

We are planning to go to China next summer in July to spend a month or six weeks. Stuart and Moffett will get a house and we will all keep house together. Fairman longs so for those friends of his, that I am determined he shall go if he possibly can.

I must tell you what lovely gifts we got Christmas. Mamma brought us a china closet for our wedding cut glass. Mrs. Owen sent us a beautiful etching already framed in a handsome frame. The Bells gave us some very pretty bamboo things from Japan (trays, pen-holders). Dr. Nolan gave me a cracker jar and Fairman a game bag. Miss Straeffer sent me a pink daisy in bloom and Fairman a box of candy. And the Hopkins gave us a beautiful cushion cover of Japanese silk, with cranes woven and embroidered on it. Mr. Takada of Kobe sent us a set of hand painted fingerbowl doilies. Fairman gave me some beautiful frames of Japanese wood. I have my bridesmaids in them. Tell Floy she looks fine. For my birthday, Fairman gave me an exquisite centerpiece embroidered with wisteria.

It would do you good to see Fairman preaching every Sunday now in Korean. He has classes twice a week and a Sunday School class, besides his study every day and numerous visitors. He has opened a room at the gate and has someone there to preach to the passersby, who will stop in for a few minutes.

I taught my first Sunday School class last Sunday. It made me very happy to be able to do something. I have had to lose so much time from my study, for one reason or another. Now I have three green servants to teach and I don't know anything to teach them! We are getting along very well, however, and are very happy to be housekeeping. I think, on the whole, that Korean servants must be more satisfactory than negroes, unless you can find one of the "befo de wah" variety. The Koreans can learn to do anything very well after being told a few times, and seem to take a good deal of pains. They are far from perfect, however, and I need to spend a good deal of time following them up and correcting them.

I hope you will get your cook again. It must be very provoking to spend a lot of time on a servant and then lose them.

Mamma helps me a great deal, but, of course, she cannot do much talking. She does call my attention to things and shows the boy how to do various things. We have appointed her Secretary and "Clipping Bureau" for the family. Tomorrow we are going to have a sewing woman and Mamma is to direct her. Mamma also does all the darning. She sends her love, and says she appreciates the dainty gift so much. She says she supposes it is your own work, and so she appreciates at all the more.

It is such good news to hear that you are in so much better health. Do take good care of yourself and don't worry. Next summer you must have another long stay in the mountains, so you will be feeling well and strong to enjoy Fairman's visit in 1906.

With very much love for every one of my dear in-laws,
Affectionately,
Annie

Fairman has had letters from Eleanor and Dr. Watkins and we got the pretty little announcement cards.

Feb. 19, 1905
Mokpo, Korea

Dear Father and Mother,

It has been so long since I have sent a letter home that I hardly know where to begin. Probably the best place is to apologize for my late remissness in the correspondence line. I have no excuse whatever. Matters epistolary have been growing more and more difficult since my return from last Annual Meeting, in direct proportion to my increase of duties, until I have come dangerously near cutting out all my correspondence. This will never do, I realize, so will make a more determined effort, in future, to send home something every week, if nothing more than a post card.

I am keeping house tonight while the others, including the Bells, who are here on a visit, have gone to church. I have been laid up since last Monday with a severe cold which bordered very closely on bronchial pneumonia. I have realized my weakness along this line since coming to Korea; but the wretched open winter we have had has caught me at last. Am very much improved and hope to be out tomorrow.

We had quite an exciting experience in our household yesterday morning. At breakfast several of us discovered bits of glass in the canned cherries which were served. After breakfast I questioned the cook, who you know is as yet a raw hand. He explained that the glass jar was hard to open and that he had broken it open with a hammer! Filled with alarm, I suggested to Dr. Nolan to administer an emetic to everybody who had partaken, which was everybody but Mama Wiley and Mrs. Bell. This he did by hypodermic injection, and pretty soon a casual observer might have imagined himself on shipboard in a time of storm! No damage was therefore suffered out of glass. It pretty nearly used me up, though, after five days of sickness.

We have been made happy lately by a genuine work of grace and revival manifested in the Mokpo church. Spontaneous prayer meetings are of almost daily occurrence both among the men and women; many new faces are in evidence among the regular attendants at church, believers have been added, some backsliders reclaimed, idols thrown away, quarrels patched up, etc. etc. I feel that if we could have a week's preaching now by some missionary fluent in the language, there would be a great ingathering.

Annie is now teaching a class in Sunday School and is making fine progress along all lines of Christian work, in spite of her many duties as housekeeper. Her mother is a great comfort, though by reason of her inability to speak to the servants, and the further fact that she knows very little about practical housekeeping, she is not able to take from Annie as much responsibility as you at home might imagine. But as I said, her very presence is a comfort, and she is picking up a surprising number of Korean words, in spite of her age and deafness.

Mother's letter of (illegible) came Monday. We were vexed to learn of the excessive duty demanded, as the Postmaster informed us here there would be no duty. We sent nothing very elaborate just to avoid this very thing. Of course we claim the privilege of taking care of this amount, and I would remit, except I recall a way to square accounts. The four yen (two dollars) I paid out on the Jennie Sutphen papers (notary fee at Seoul), was never remitted to the *Xtion Observer*, as I directed; so father will please "catch" that amount, as the Orientals say, and call things square. I remitted to *Xtion Observer* in full for two years.

We rec'd your Xmas box in fine shape and no duty! Annie has written about this, but I will add a further expression of heartfelt appreciation of the dainty remembrance. Floy must have guessed my thought particularly, as I had lost my last knife. You all certainly overwhelmed us with good things, beginning with Mama Wiley's arrival. I assure you the few trinkets we managed to get off (or rather Annie) at Xmas in no measure expressed what we wished to send; but such were the circumstances of confusion at the season, we had no time for plan or thought adequate. I think we shall fall back on our own country next time. Korea is so poor in everything desirable.

I hope to hear better things from the family health soon. It seems to us all have been particularly unfortunate since we left. You need us there to harp on <u>exercise</u>. Annie catches it along this line, poor child!

Father, write soon, if you haven't already done so before receiving this, and tell me all about the college, and business outlook. Do you think your plan will carry? Strikes me you ought to have put (illegible) in Greenville and struck the people for a few cash yourself, to make it sure. Hope to hear good news.

This life out here is hard to stand up under so far. Takes all the grace obtainable. Pray for us continually, as we do for you,

With love for each one, but many kisses for you both from your faraway children,

  Your aff. son,

    Fairman

Mar. 3, 1905
Mokpo, Korea

Rev. S. R. Preston, D.D.,
Greenville, S.C.

Dear Father:

I received a bill from the Pres. Com. of Pub. for $2.00, and on inquiry as to what the items was, received the enclosed letter. Do you know whether any such book was ever received at Greenville? No mention was ever made of it in any of the letters received from home. If it is lying around home, I would be glad if you would have it returned for me, as I purchased another copy last summer through Mama Wiley, from the Com.

I forgot to mention in my last letter that I am sending you the *Korea Review* this year, which I hope you will enjoy. Prof. Hulbert, the Editor, is a very bright man, and a fine writer. He has asked me to contribute some articles this year, which I would like very much to do, but don't see how I can possibly find the time very soon.

I am also mailing you a copy of the personal reports to our Annual Mission, which were very tardily received from the printers.

I am just back from a four day's trip to my outstations to the south. Was delayed two days by a high sea, which interrupted navigation and prevented my return. This was the first trip I have taken alone, and I got along famously. These itinerations furnish a pleasing break to the monotony of life out here, which I wish Annie could share; but they do break into one's routine of study.

I am doing very poorly in the correspondence line this winter—am in debt to everybody; but have the solace of knowing that I have a good excuse. Never was busier in my life, and think I am developing pretty rapidly in the work.

It has been an age since I have had a letter from you; but then I know what a whirl you are in all the time. Mother's letter to Annie came recently, and it was promptly devoured with relish by all three of us. Mama Wiley said yesterday that she wished to write to you all on one of the weeks that Annie or I couldn't. We are planning it so that you shall hear every week hereafter.

We are all well here and hard at work, as usual. Have been reading some newspapers rec'd today, containing accounts of the Russian invasion. They (illegible)

    Affectionately,

        Fairman

Mar. 27, 1905

Kwangju, Korea

My dear Sis,

While Mrs. Bell has her teacher, I will commence a letter to you, one I have long been wanting to write.

You may be surprised to hear that I am at Kwangju for my health! Dr. Owen came down to Mokpo for a visit and Fairman decided to send me back with him, because he thought I ought to have a rest from Korean and housekeeping. I felt I <u>could</u> not leave at this time, but Fairman worried about it, so that I came.

We had two boats, Dr. Owen with his cook and teacher in one, and Fairman and I had the other. We left Mokpo at night, putting up the tent to make it warm and private. You would be surprised to know how comfortable we can be on one of these dirty old Korean boats. They spread straw mats all over the floor of the deck and we put up our cots and chairs (if we do not forget the chairs), and feel as if we were sailing in our private yacht. The cooking is done on little charcoal stoves (ours are made of old oil tins) and things taste fine. Just imagine bright sunshine on mountain and river, <u>warm</u> sunshine, not hot, and a congenial party of three sitting around an improvised table, eating hot breakfast food, broiled steak, biscuits and steaming hot coffee. That was our breakfast the first morning. Fairman and Dr. Owen had had a hunt on shore to give them an appetite and I had been busy turning the bedroom into the dining room. They saw pheasant and deer, but did not succeed in bringing down anything. Later in the day it was uncomfortably warm, but we could not have an umbrella up, for it interfered with the shooting. By the time we reached Yung Po, Fairman could not complain of my paleness.

The river was alive with game, mostly geese. We had some exciting times, and by the time we got to the end of our river journey, we had about twenty-five or twenty-six geese and one duck.

It was too late to start for Kwangju when we got into Yung Po, so we amused ourselves strolling around there, and spent another night on the boat. About four next morning, we began to stir, but there are so many delays about getting started that it must have been fully seven before Dr. Owen and I started off to Kwangju, leaving Fairman urging his slow boatmen to start back before any more of the tide ran out. I was in Mrs. Owen's chair with four good coolies and Dr. Owen was walking as his horse had not come from Naju. We had a very pleasant trip over. Dr. Owen's horse came on so he did not have to walk, and the sun was not too hot. We got in about one, I think, and went to the Owens.

I have had a fine time, no housekeeping and no language study. We have had some lovely walks, viewing the landscape and planning our yards. The Bells and Owens have done a great deal on their places already and we expect it to be a regular paradise when we get all our grounds fixed up. The view here is much more restful to live with than at Mokpo. There are lots of bamboo groves and pine groves and just now the barley fields are bright green.

I stayed with the Owens until Saturday dinner and then came to the Bells. I brought my Trail along and we have had great times with it. Mrs. Owen is very fond of games and has very little chance to play. We almost never play now at Mokpo for we are so busy. We really have not had relaxation and diversion enough and neither Fairman nor I were feeling very robust. I am ever so much better now, and do not intend to lead quite such a strenuous life again. It is so hard when you want to get through with a lot, to deliberately put it aside and try to relax. At home so many things come along to divert you, but here you must divert yourself.

We are expecting Dr. and Mrs. Daniel from Kunsan and Mr. and Mrs. Dolty of the Philippines (how <u>do</u> you spell it?) and probably Mr. and Mrs. Bell, so we will have some very delightful times this spring. We plan to leave for Chunju and Kunsan about the middle of day, then on to Seoul and Chemulpo and Shanghai. We will spend a few days in Shanghai to see the sights, the dentist and do some shopping, and then to Mokansan, the summer resort of the China missionaries, to be with the Moffetts and Stuarts. I am delighted to think of seeing them and Florence again. We expect to get back about the middle of July and then I am going to can fruits and vegetables for next winter. It will be fine to be at Mokpo during the fruit season.

Mr. Bell says that they expect to raise everything they need up here in their garden and save their salary to travel in Europe! We hope to do likewise.

I thrill with pride when I look at all my pickles and jellies and if could only put up plenty of vegetables I would be charmed with myself.

This pen is not doing very well and I am rather sleepy, so forgive the looks of this.

I have just been longing to hear more about Shannon and Brother. Miriam and Cousin Sallie wrote us such interesting letters and told us more about the children than any one else has done.

You and Marion must have had great times in New York. I would just love to go on a regular old-fashioned shopping tour. I am afraid I could not stand New York, so perhaps it is better I am to have nothing more exciting than Shanghai this year—it is the most important foreign settlement in the Far East, you know. It will probably be very hot when we arrive so our sightseeing will be under difficulties.

Fairman and Dr. Nolan expected to leave Mokpo today, coming up to Yung Po for me, and if the weather is pretty, they will bring Mamma and Miss Straeffer. It is <u>not</u> pretty here but may be at Mokpo. The ladies here want Mamma to come on to Kwangju and I telegraphed her, but don't know how she'll do. Mr. Bell is going to escort me to Yung Po tomorrow and if Mamma wants to, she can come over in the chair which takes me. I hope she will come, for she could not help liking Kwangju.

I am already planning for yours and Marion's visits. Can't you come back with us after we go home next year? A trip across the Pacific would do more for your nerves than any amount of treatments and you would enjoy Seoul and Pyeng Yang and our dry winters, and then you could help me arrange all my furniture which I am going to get then. Begin to save all your spare cash from now on.

**March 28**

Yesterday afternoon I got a telegram saying that they would not leave Mokpo until today and that Mamma would come. I am <u>delighted</u>. It is a beautiful day—warm and bright.

**April 1**

Had a pleasant trip across to Yung Po, but a long wait there. Spent Wednesday night there and saw Mamma start off to Kwangju with Mr. Bell. She asked me to write home and tell you where she was "at". We got in yesterday morning in the wettest rain but have felt no ill effects.

Fairman expected to write you last night, but had to settle up accounts with the cook, and he was too tired to stay up late. I must get this off now, and it is Saturday morning with loads of work, so with much love for you and the children,

    Affectionately,

           Annie

Mar. 27, 1905
Mokpo, Korea

My dear Jim:

I am afraid you have given me up as a "bad job" on the correspondence line. I am willing to share in your bad opinion of me, for I realize that I have been very derelict, and berate myself accordingly. However, I hope that the worst of my rush is over now, and that in future I will be able to do more according to my wishes. If wishes were letters, you would have been embarrassed with many this winter, for I have thought of you often, and have more than once begun a letter to you. I have certainly appreciated your thoughtfulness about writing, and there is no greater pleasure that comes to us than the receipt of one of your always delightful letters.

I awaked up to the realization today that it has been three weeks since I sent a letter home. The explanation is that I have been compelled to go to the country twice in that time, and in consequence am behind with my work. These country trips, while they afford a fine relaxation and variety in the sameness of the life at Mokpo, derange one's plans terribly with respect to "desk duties."

One of these trips was not strictly itinerating. Annie has not been looking well lately—was staying indoors too much and worrying over things in a way that doesn't obtain in this house; so I informed her that she was booked for a trip to Kwangju for at least a week. Neither she nor her mother felt that they could be separated, so it took me a day to convince them that I was boss of the ranch. However, on last Monday I took Annie up the river, accompanied by Dr. Owen. We had a beautiful trip, spending two nights on the river; and Annie had improved wonderfully when I left her at the landing place. Mama Wiley and I have been missing her dreadfully, but are consoled by the thought that she is getting a much needed change and rest. She has been here at Mokpo now three months without getting away; and you cannot realize the strain of this life, and its narrowing tendency, living, as we must do, almost alone. We are planning to go up after her tomorrow, taking Miss Straeffer and Dr. Nolan with us; and I think Mama Wiley will go on over to Kwangju if the weather is pretty enough.

On that trip up the river, the hunting was the best I ever saw on the river. Dr. Owen and I both shot pretty badly half the time, yet we bagged twenty eight geese and five ducks. Annie shot three of the geese. My dog retrieved beautifully, swimming out after the wounded geese and bringing in the dead ones that lay on the shore. She also found and set some pheasants.—But all that has become a very difficult subject on which to talk and write, for yesterday I lost my dog. She was perfectly well when I went to church, and when I returned an hour and a half later, she was lying dead in the yard— poisoned. I investigated the matter thoroly, and was glad to learn that it was not malicious, the poison having been exposed for other dogs. I am in dust and ashes over it, as I had just gotten the dog well trained, and a more intelligent, affectionate creature you never saw. Annie will be heart-broken when she hears of it.

I suppose you have heard something of the tragedy which our Mission narrowly averted in the assault upon Dr. Forsythe, our recently acquired young Doctor, of Chunju. We are relieved to hear that he is now out of danger, and his recovery assured. He went out all alone, and unarmed, to dress the wounds of a country gentlemen in a village about twenty five miles from Chunju, who had been assaulted and robbed. While spending the night at this man's house, the robbers returned, seized and beat Dr. F. into insensibility, inflicting a number of bruises on his body, and several scalp wounds. The most serious of these was a gash two inches long which divided his ear in half and went one inch deep into the mastoid. Here the skull bone is thickest, and this circumstance probably saved his life. The Koreans did what they could for him, and that afternoon (the assault occurred at daybreak) Dr. Daniel and Mr. Harrison, of Kunsan, arrived, and a little later, Mr. Junkin. They moved him to Kunsan, where they made a brave fight for life, and by the goodness of our God, he was spared. This is the first instance on record in Korea where a white man has been attacked by the natives, and in this case it is very likely that the robbers were drunk and thought Forsythe was a soldier who had been secured to protect the place, as they are reported to have said that they had come "to kill that soldier." Of course in the light of developments, it was imprudent for F. to have gone out all alone and unarmed. As it turned out, the lesson has come home to us all, and I suppose that none will ever be caught napping in the future—at least not I. These people are as harmless and kindly disposed a race as you can find on earth—you are far safer here than in South Carolina—and the fact that this is the first instance of the kind since the country was opened up goes to show that violent men are not often run across. So don't you all go to imagining all sorts of wild things, or be at all apprehensive about our personal safety. This message is most especially for mother. We are in no more danger than you are, and feel quite as secure. It occurs to us all that it would have been a "special providence" if Forsythe had carried a revolver on that occasion; but since he didn't, God had some better thing to teach us.

Tell Floy I am ashamed that she has not received her letter yet. I shall write her next, and will not wait three weeks, either. I am positively hungry for a letter from mother. We have received only three letters from home dated this year: the first from you, dated Jan. 1st; one from mother to Annie, dated Jan. 16th; and one from Ida and Jenef. So we evidently need readjustment all around.

I received the beautiful calendar you sent, and certainly appreciate it. It came in fine shape. Am enclosing you some pictures, which you may find interesting. Have been too busy to think of the camera this winter, but must try to pick it up again soon.

We hope to hear some good news of Floy's facial improvement soon. We have sympathized with her deeply in this affliction. Also it was a shock to learn of dear little Jenef's trouble. She must look the picture of a little Boston precocity with her glasses.

I suppose you are not worrying these days about the possibility of a Russian invasion of Korea soon! The Jap's brilliant victories are quite gratifying to us all out here, and quite better than we had expected of them, though most of us have never doubted that they would win out.

Hope father is holding up well under the work and that mother's health continues to improve. We think you all have had a pretty varied experience since we left home. Give Rhea and N.B. my love when you write.

Write soon, and tell me all the news you know.

    Affectionately your brother,
       Fairman

# Date Unknown

(First part of letter missing) find anything when he comes back. He never can do that anyhow and always comes to me for everything from his hat down. Since we moved and put things in new places, I am afraid I cannot claim the title of a good wife, for Mr. Cameron Johnson says she is somebody who knows where things are.

Tell Mother that Fairman is still very bad about sitting up late. The only way I can manage him is to stay up until he goes to bed and then complain the next day about feeling so tired. Then the next time I threaten to sit up, he goes to bed at a reasonable hour.

It is a great temptation to stay up and write some of the letters I want so much to write, or read some of the numerous books I have planned to read. Last night, Mamma and I yielded (you see Korean is working havoc with my English—I can't seem to make it look right, no matter how I spell it) to the temptation and had a fine time with some newspapers from home.

Jim's letter to Fairman came yesterday, and will make him feel very happy when he gets home. He is always disgusted with a mail which does not bring a home letter.

We are so anxious to hear often how you all are—about Jenef's eyes especially. I am so sorry for the little girl to have to be bothered with glasses. It is so good to know that Mother is so much better this winter. I hope you are not having any more trouble with your ear.

It is getting rather late for the hunters to come in tonight—am afraid we won't see them until tomorrow. Mr. and Mrs. Bell and Henry are on their way down, too, and I am expecting them any minute. Mr. Bell is on his way to Seoul and Mrs. Bell will visit Miss Straeffer. It is very cold weather for Mrs. Bell and Henry to be on the river but Mrs. Bell does not seem to mind roughing it.

Until the last two weeks, we had real spring weather, but it is <u>very</u> cold now. I will be glad when Fairman gets back to his own warm room.

I hope you will write to us <u>often</u>—or as often as your busy life will permit, for we enjoy your letters very, very much.

Mamma joins me in love to every one.
   Affectionately,
       Annie

**May 15, 1905**
Kunsan, Korea

Dear Father and Mother,

Don't let the formidable appearance of this letter sheet discourage you. This is the best that the good ship "Mokpo Maru" could produce on demand, and as I don't speak Japanese yet, naturally I couldn't argue the question. We are en route today for Kunsan and Chunju, our other stations which we have never seen as yet, for a week's visit. From Chunju we are planning to go overland a day's journey to the new railroad, thence by rail to Fusan, take boat at Fusan for Japan, and from Japan by S.S. "Minnesota" to Shanghai and up by canal to Hangchow to visit with Stuart and Moffett a month. We both need a rest and change and expect to derive great advantage from the trip.

We have had company for a month past, exactly. First the Bells came down and spent ten days; then Dr. and Mrs. Daniel and Dr. Forsythe, and finally my classmate at Princeton, Paul Dolty and wife, from the Philippines. Mrs. Daniel is accompanying us to Kunsan, and the Doltys go to Seoul, and expect to join us later for Shanghai on their return. We have enjoyed them all greatly, and don't mind the extra strain when we can have such fine company. Dr. Nolan will hold the station open in our absence, occupying our house and using our servants. Dr. Forsythe will stay with him. Dr. F. is improving steadily, but it will be a long time yet before he can launch into hard practice. We hope to keep him at Mokpo most of the summer.

Last month was a full one with us. I took advantage of the beautiful weather and made four trips into the country. The last one was to Chindo, an island about 40 miles square, with a hundred and twenty villages and a magistracy, and lying 50 miles south-west of Mokpo. I took Dr.

Daniel with me. We had the distinction of being the first missionaries who had ever set foot on that island. It proved to be one of the most interesting trips I have yet taken. After preaching in several villages, in one of which work was started, we went to the magistracy. Here I found a young man who had been exiled a year ago on account of liberal views on government. Before leaving Seoul, he had heard the gospel, and secured a Bible and hymn book. He is of high family, and the best educated man I have met. He spent six years studying at Tokio University. It is really a compliment to be banished by this despotic, ignorant government. It is said that the best men in the country are languishing for life on the numerous islands of the Korean archipeligo. Well, I found that this man had been studying his Bible, and was an intelligent, earnest believer. You may imagine how glad he was to see a missionary. He had interested several other exiles, and I confined my efforts to instructing these men. I hope that this opening may mean the evangelization of the island. One of these men was banished six years ago. He was an official of high standing and of course highly educated. This man also is most favorably inclined to Xty, and say he believes. He gave us a unique entertainment the day we left in the shape of a Korean musicale. It was the first attempt at music I had heard the Koreans make. The first was harp, with twine strings, played by a man, and best of all, a song went with it. Considering the extreme rudeness of the instrument, the performance was very creditable, the chief point of interest consisting in banging on the string at the instant a syllable was howled—the Korean's idea of technique. He was followed by a man with a rude two-stringed fiddle (also of twine), and this in turn by some bamboo flutes, the rehearsal winding up with a grand concerted outburst by the whole orchestra. I longed for a phonograph, that I might record the performance for the delectation of American lovers of music! We left highly delighted and full of hope for the outlook. Join me in prayer that God would use this bright young man for great things in His Kingdom.

Last Sunday was Bible Sunday at Mokpo. I preached a special sermon on God's Book and our relation to it, and the brethren made an offering of 33 yang, or seventeen days' work. Next day I proposed to one of our leading men that we ought to have our own colporter for this county. He assented heartily and said the other brethren had also mentioned it. So they met in my guest room that night and subscribed two-thirds of his salary. I gave the other third, we selected the man, and he set out for work Wednesday morning. This effort was over and above what the church has been doing heretofore. Who says the East can't hustle! You see I am at my old tricks of individual support!

Mother's last letter (dated Mar. 25th) came Apr. 28th. No word from home since. We were distressed to know that your health had not been so good lately, and I cannot help feeling a bit uneasy after reading your blue letter. But Annie cheers me up by reminding me how much better you are this year than last, and that you will steadily improve when you get away from the college again. I hope so, and trust to hear soon.

Father asks when we are coming home. Can't tell yet exactly when, but certainly not later than the summer of 1907. From present prospects, we will be in throes of building next summer, making it an inopportune time to leave. Then, too, we could get leave of absence much more easily summer after next. I hope Mamma Wiley will consent to stay until we do go home, though please do not mention this to her people. She seems perfectly satisfied out here with Annie, and is certainly a comfort.

She sends much love. Annie has been compelled to lay aside correspondence for awhile, but will (illegible) write home no doubt. She joins me in love to you all. Wish you could see her. She is sweeter than ever, and runs a house as smoothly as a veteran housekeeper.

Glad to hear that Alice Strong is in College again. Give her my love* and tell her to leave a few prizes for the other girls. A note from Miss Cora received today was enjoyed very much.

With "heaps" of love, and a kiss all around,

    Your affectionate son,

        Fairman

* Regards—He didn't ask my permission so he shall not send love.

* Just continue to send mail to Mokpo.
    Underscore mine (J.F.P)

June 2, 1905
Near Tsingtao, China

Dear Jim,

It is time I was sending a letter home again, and I know you will not object to being selected as recipient. My last letter was sent from Chunju to father and mother. You know we are on our vacation now. Left Mokpo on May 14th and had a delightful visit to Kunsan and Chunju, our stations in North Chulla Province. From Chunju we went overland sixty miles to the new railroad, where we took train for Fusan. Annie and her mother went by chair, four coolies to the chair, and stood the trip remarkably well. We spent the night in a Korean inn—quite above the ordinary as these houses go—giving the ladies their first experience of this kind. The next morning we started at daylight in the pouring rain, which did not let up until the last hour of the twenty miles we traveled that day. I had forgotten my gum-coat and lost my umbrella, so had to ride in the elements with nothing but a jersey next to my skin and a thin coat. Strange to say, none of us suffered any bad effects from the rough experience.

Arriving at Fusan, we found that we had missed our steamer just three hours. We particularly wished to catch that one, because it was the only steamer for Japan which flies the American flag, and times were squally because of the proximity of the Russian fleet. By the next morning all traffic was called off by order of the Consul, so there we were, high and dry. However, our Fusan missionary friends (who are all Princeton men) took us in and gave us a royal time for two days. Of course we were delighted to see that work. As we did not know how long the embargo would be on, there was nothing for it but to go to Seoul and from there try to get a boat to China or Mokpo. The first news which greeted us on our arrival in Seoul Monday night was great naval victory won by Japan in the Korean Straits off Fusan. We had been in Fusan during the battle, but could not hear any of the guns, but could see heavy smoke on the distant horizon, we thought. The victory did not surprise us. Japan has been energetically preparing for this struggle on the water, the stake of which was her national existence. Our friends at Fusan told us that for days previous to the battle, heavy firing could be heard in the direction of Masanpo, the Japanese naval base. The Japanese were at target practice, getting all the angles of fire down to a gnat's eye! As the sequel proved, a heavy sea was running on the day of the battle, which gave the Japs a tremendous advantage with their recent practice at gunnery.

We found Fusan tremendously changed since we came through there a year and a half ago. The Japanese are taking the town. There are said to be more than fifteen thousand living there now. All the Korean hovels along the water front have disappeared, and Japanese houses in their stead. Prices are soaring. I think there is no doubt that Fusan will be the biggest city in Korea next to Seoul. All steamers from every direction touch there, and it is the terminus of the great railroad system which has just been completed through the Korean peninsula. The railroad, of course, has been constructed by the Japs, and impresses you more than ever with the ability of that people. It is one of the finest pieces of engineering I ever saw, and the grading is perfect. Though the road has just been opened, it is far superior to any road in the South of U.S. on which I have traveled. The whole thing, from the railroad ties to the engines and rolling stock, has been brought from the U.S., so that it is in every respect an American railroad. Each car has a buffet, from which meals are served a la carte, European food, and you can get a very nice meal indeed for twenty five cents! We traveled second class, the only difference between that and first class being that in the former the seats are plush and in the latter, leather—all in favor of the second class! From Seoul to Fusan, 300 miles, my ticket cost four dollars and fifteen cents! How is that for cheap traveling?

We fortunately succeeded in catching a German boat (Hamburg-Amerika Linie) from Chemulpo for Shanghai on June 1st. Unfortunately, she goes via. the German concession Tsingtao, which will prolong a two day's sail into five. There are only two other passengers aboard, first-class, so we are enjoying the trip greatly. I have seen so much of boats since I left America that I am beginning to feel as much at home on the water as on land. Of course my work at Mokpo has taken me out in the smaller boats quite frequently.

Of course we are getting quite anxious again to hear from home, as our last letter was dated Mar. 24th, from mother. Hope to receive home mail at Hangchow on our arrival next week. Continue to address all mail to Mokpo, as heretofore, as we will probably be back in Mokpo before you receive this letter.

I suppose you are beginning to breathe freely once more, after the session's hard work. Write me all about things, how you came out, and the prospects. Tell N.B. I will write him the next letter. Vacation will be welcome to him.

Annie and Mama Wiley are both well and enjoying the trip. They send affectionate regards, with me, to each member of the family. We hope that mother's health is much improved by now. Her last letter was a pretty blue one.

Send me some of your good letters this summer.

With much love for yourself and all,

    Affectionately your brother,

        Fairman

June 15, 1905
Moh-kan-san, China

Dear N.B.:

Here I am on the top of a mountain two thousand feet high, drinking pure water, eating good grub, breathing pure air, enjoying my friends, reading, studying, and having a good time generally on the first vacation since my wedding journey. Incidentally I am also writing letters, which has come to be quite a luxury to be indulged in, amid the strenuous life which we have perforce led in Korea. So you may thank the vacation for the realization of the letter which I have been owning you, and have so much wished to write for so long.

Stuart, Moffett and I together have rented a house up here, and with our better halves and Mrs. Wiley, are living together for a few weeks. You can imagine what it means to me to see them again, and to talk over the old times and all the stirring things that have happened since we parted in America. Their wives are very sweet and pretty girls, and we find them quite as congenial as we could wish. I am sorry to say that Stuart's wife is not strong physically, and has had a pretty hard time of it since coming out. This is a trying climate, Hangchow being about the same latitude as Mobile, but the winters are far more severe and trying because of the damp, penetrating cold.

We are enjoying our glimpse of China. Of course, after seeing Japan and having lived over a year in Korea, it it is not as strange to us as you might suppose. Korea is simply little China, but China of several hundred years ago. As compared with the Koreans, the Chinese seem far more prosperous, well-fed and sleek looking—and far dirtier. They have no idea of sanitation, and the smells are "most awful vile." The people are far harder to reach with the Gospel. Temples are in full blast everywhere, and it is hard to turn without being confronted with some leering idol or smell of incense. In Hangchow, a city of some eight hundred thousand people, where we visited for a few days, on our way up, a large industry is the making of paper money and imitation ingots of silver, which the people buy and burn before the idols, in the belief that it becomes the real thing in the spirit world and will buy them off. As in Korea, all worship is inspired by fear—fear of devils, which they try to appease in the most ridiculous ways. The abject fear of the people for devils is most pitiable. But the Chinese impress me as being a fine people, and as a rule kindly and well-disposed. As they come to know the missionaries better, their prejudice and fear is disappearing. In Hongchow, where the missionaries have been located for over thirty years, one can mingle among the people everywhere with perfect safety. We were called "foreign devil" but once and then Mr. Stuart went into the house and upbraided the parents for having such an unmannerly child. They apologized and said they were recent comers. I am told that this term, though it originated as a term of reproach, is often used unconsciously as an ordinary term of address, without meaning any harm, as, e.g., we use "nigger." Moffett told me that only a few weeks ago a man came to Dr. Wilkinson and said, with many bows, "Won't you please, Mr. Foreign Devil, give me some medicine for my wife!" While in Hangchow, I addressed the Christians on Korea, Mr. Stuart interpreting, and they seemed very much stimulated by the account of the wonderful progress of the gospel in Korea. That night I preached in English, a privilege which has come to me every Sunday since leaving Mokpo.

Moh-kan-san is quite a summer resort for missionaries and foreigners, there being about a hundred foreign houses up here. There are good, shady walks and many fine springs of pure water—a great luxury in this country. The mountain is covered with bamboo. This is a source of great wealth to the East, and I wonder that it is not grown in the Southern States of U.S. The variety as we see it here is about six inches in diameter and thirty feet high. It attains its full size and height in just six weeks, and then puts out leaves. By the second season the wood is very hard and ready for the myriad uses to which it is put. As fast as it is cut, it comes up again, so that a bamboo grove is a perennial source of wealth to its owner. One of the unexpected things one learns about it is that the sprout as it comes up is delicious to eat, as our asparagus.

I hope you are having a good rest this summer, after your hard year's work. It makes me very glad to know that you are having the privilege of going to College, and that you are taking advantage of your opportunities. I think that so long as a boy adheres to his Christian principles and sticks to his work, it is a great advantage to go off from home to college. So long as you do this, don't be afraid of being disappointed in your education.

Wish you could see Annie. She is sweeter than ever, and is enjoying her rest. She has not had much time for writing letters, but I am sure that all of you understand the situation. Don't count letters on us, for if you do, you will surely be disappointed; but just write a line whenever you have the opportunity and inclination, and we will do the same. The lesson that all of us must come to learn is that a short note at frequent intervals is better than a long letter at long intervals. The trouble is that when we wait long, we have so much to say that we cannot write a short letter. Witness this epistle!

Much love for you each one from us both, and a big share of it for yourself.

    Your affectionate brother,
        Fairman

June 17, 1905

Mok Kan San, China

My dear Floy,

It seems that an opportunity of writing some letters has really come at last. We are settled on this lovely mountain for about a month of real vacation with the Forward Movement. Needless to say that we are enjoying it. Leighton, Lacy and Fairman have the grandest chats, and Kate, Aline, Florence and I can <u>almost</u> equal them for the amount of chatter.

Fairman needed the rest for he has had none since he came to the East. He is looking ever so much better since he met Lacy in Shanghai. I think he likes the warm weather much better than the Mokpo winds. It was refreshing to see something of civilization once more. I enjoyed the stores of Shanghai, but found that I had almost forgotten how to shop. We had a marvellous amount to do in two days, not only for ourselves but for lots of our friends in Korea. I had the pleasure(?) of selecting hats for other people.

The mixture of fine foreign buildings and Chinese products, foreign ladies in handsome carriages with Chinese coachmen was quite fascinating.

We <u>actually</u> had a <u>drive</u> out to St. John's College, a most beautiful place owned by the Episcopal Church of the U.S.A. There was a meeting of the Shanghai Missionary Association out there and we were invited. The drive was along the most fashionable residence street. The houses were handsome and the grounds were kept in most exquisite order. At the College tea was served on the lawn and then there were addresses in the auditorium. One of them gave a very interesting sketch of the conditions in Shanghai fifteen years ago and the conditions now. I am afraid I enjoyed the tea on the lawn more than the addresses, but don't tell it on me.

We felt very elegant to be driving along in a carriage once more. Mamma was so pleased with the picturesque coachman that I think she would like to buy one to take home. Ours wore a long coat of linen or pongee with a little cape effect. It braided with wide white braid. Of course he had a fine long "pigtail" hanging down and on top of his head a queer little white helmet, like an inverted basin, with blue tassel on it.

Lacy and Kate came down to Shanghai to meet us in the cutest little houseboat. It was so cozy and delightful with only our own little party—just like a private yacht. It is the best way of travelling I have ever seen anywhere—comfortable beds (of course the missionaries have their own mattresses and bed clothes) chairs, tables, and no motion to keep one from reading or writing in perfect comfort.

The sights along the canal are more interesting—everything so much more substantial than in Korea. The bridges are beautiful, and their construction seems marvellous, without a bit of cement. We enjoyed the flat country with groves of trees, after the bare, rugged mountains of Korea.

The Chinese are more prosperous, have more industries and more products than the Koreans, but they are even dirtier, I believe. The smells of a Chinese city cannot be equalled in Korea. Seoul is like roses compared to Hangchow.

I wish we could send you some pictures of the West Lake at Hangchow. I never say anything more beautiful. The lake is surrounded by high hills, many of them with temples and pagodas, on the island are great temples and palaces, some of them in the Imperial yellow, which is a far deeper shade than Turner's Venetian sunsets. We had a row around the lake and went into the Emperor's palace, which has been turned into a great library. There are hundreds of handsome cases but the books were not in sight.

We attended services at the Chinese church near the compound. It is much more like a foreign church than our little churches in Korea. The Mission in China helps to erect the churches, while the Korean Christians build their own.

The missionary homes are larger and more airy than ours, and of course they need to be, in a hot malarious country. We are more than ever of the opinion that Korea has <u>the</u> climate of all the foreign field.

We left Hangchow on Monday, travelling in our cozy little houseboat until early Tuesday morning. Then there about eight miles by chair, part of it <u>straight up</u> almost and very tiring. We arrived about eleven A.M. and had lunch with Mrs. George Hudson. In the afternoon we all pitched in to clean our house and make a place for the night. Our house is beautifully situated right on the top of the ridge with a magnificent view. As there were only rooms enough for the Stuarts, Moffetts, Mamma and Florence in that house, Fairman and I have a nice big bedroom in a house near by.

### June 19.

I see I don't have as much time for writing as I hoped to have. My letter was begun on a very interesting anniversary for Fairman and me. Two years ago we were in Asheville at that <u>very helpful</u> conference. Fairman is ever so much finer than I thought him then. Tell Mother he does <u>everything</u> well.

We are very much pleased with the additions to the Forward Movement—Aline and Kate. I hope we can send you a group picture of the F.M. on the foreign field.

It seems a very long time since we had any home mail. Ours is following us but it seems to be moving at a really Oriental pace and we may not meet it until we return to Korea.

We hope to hear that Mother is in Virginia or at Roan Mountain for a long rest, and that you are still improving. I hope that I will never be so long in writing again. I have hardly had breathing spell since March —lots of company, study, getting ready to leave etc.

It is getting late and I must get out in the air. Next time I will try to write a better letter—this one has been under difficulties.

Give a great deal of love to all from Father to Jenef—and be sure to write us all the family news.

  Affectionately,

    Annie

June 17, 1905
Mok-kan-san, China

My dear Sister Miriam:

Annie gives me permission to write you in cold type. This style of writing is not my preference, I assure you, but is rather an evidence of my eagerness to take advantage of the opportunity, as I lost my pen on the voyage over.

Need I say, in the very beginning, how gratified I am to have the leisure of sending you a letter at last? I have begun one to you on three distinct occasions during the past few months, only to be interrupted before getting fairly started. My last attempt confronted me yesterday, dated May 14th! But I know you understand under what a burden we have been laboring since December, so I'll not say more, except this: while I don't want to get into the postal card habit, hereafter I'll resort to that before allowing such a long period of silence to elapse again.

Well, here we are on the top of a mountain two thousand feet high, far above the malaria and mosquitoes and smells "most awful vile" of the teeming plains of old China. The three great attractions of this place are fresh air, pure water, and good company, things common enough in Salisbury, but positive luxuries in the Far East. Add to this plenty of things good to eat, and opportunity to do what we please, and you can imagine how much this our first vacation means to us. This place is quite a summer resort for the foreigners, there being some one hundred houses, with beautiful walks and tennis grounds, with a view stretching out as far as your eyes will let you see.

Since Mama is with us, I can safely quit to mention anything we have seen of the country, or of the great itinerary we have taken since we left Mokpo on May 14th. She is the best letter writer I know, and can be depended upon to get the topography, ethnology, fauna and flora down to a gnat's eye. She sees things, too, with an eye that never loses its freshness; and while it would take many letters to describe the strange and wonderful things that constantly come under observation, she writes home often, and I know you see most of her letters. We have urged her to send contributions to *The Missionary* and other papers, but as yet she has not complied. I suggest that you might fix up a good article sometimes with excerpts from her letters.

I will confine myself to saying one thing about this country, and that is: I am not at all sorry that our missionary lot was cast in Korea. While materially everything over here is more substantial looking, from a spiritual standpoint it is "hard lines." While antipathy and distrust of the foreigner have decreased amazingly, the masses of the people are still hard to reach, while temples are in full blast, and it is hard to turn without being confronted with some leering idol or evidence of devil-worship. One of the largest industries in Hangchow, which we visited, is the manufacture of paper money and imitation-silver ingots which the people burn, in the belief that it turns to the real thing in the spirit world and buys off the soul of the offerer. In addition, the character system makes reading and writing a gigantic undertaking, while the climate is very trying. And so I say I prefer Korea, not because I fear difficulties or obstacles, for we have our share, but because I have unconsciously come to think in terms of my wife. What is best for her is to me the highest goal. For her sake, I am glad that nowhere in the world can better missionary work be done under more auspicious surroundings than in Korea.

Now you see I have come to a subject on which I can wax eloquent. I mean, of course, Annie. She is a poem, Miriam. The more you read a good poem, you know, the better you like it—it never grows tame.

The more I see and know of Annie, the more I love her. She grows more precious, in geometrical progression, as the days go by. As I think of you all at home, I have never ceased to berate myself for having been the innocent occasion of loss to you; but when I think of myself and the million of people in our Chulla Do parish, who are groping after something better, I not only have no regrets, but feel proud of myself for doing it. Annie is not only all that a wife should be, but a fine missionary. Let me whisper something in your ear: today is the anniversary of our engagement. Just two years ago, in Asheville, she told me that she loved me, and I began to realize something of life's depth and fullness. Of course our thoughts have been turning back, in a particular way to those momentous days, and in particular have my thoughts gone out to you; for in my struggle to win her love, the truest, staunchest friend I had was one who, though she realized what a sacrifice the outcome would be to her, with true sympathy and unselfish devotion counselled us both, "Be true to the leadings of your heart." So how appropriate that I should be writing, on this anniversary, to her whom Annie loves best and whom I love dearly, too, for better reasons still. Well, you have the satisfaction of knowing that Annie is perfectly happy as well as I, and after all, love is the greatest and only thing in the world, isn't it? If she could only have you with her! For you must know that the separation is harder for her than for you, with your friends and society and comforts of dear America. Poor girl! she has a cry over it now and then; only a few days ago I found her with red eyes, and she confessed that it was because she was thinking of you and longing for you. One reason for it is that we have had no letters since leaving Korea a month ago. I hope they will reach us soon, and that they will bring the welcome news that you are all well, and yourself greatly improved in health. You must learn to take things more easily, Miriam.

And let your preacher brother say to you, too, that he hopes you are depending, for your comfort and happiness, not upon the things of this world, which are a poor prop at best, but upon Him who never fails us, here or hereafter. We are always trying to learn afresh this lesson; for only when we are looking at things through His eyes, we find, do we have the highest peace and happiness. I never realized until I came to the foreign field how much I had been depending on people and things for strength and inspiration, and how imperative it is to come to know Jesus Christ for oneself.

Kiss the dear little boys for us and tell them how much we want to see them. Wonder if Nettleton has lost his curls yet?

With affectionate regards, which please share with your good husband, and with love and kisses from Mama and Annie, and messages for the other kin and inquiring friends,

  As ever your other brother,

    J. Fairman Preston

July 17, 1905
near Kobe, Japan
en route to Mokpo S.S. "Tonkin"

My dear Mother,

We are going back to Mokpo now, after a very delightful and refreshing visit in China. We planned it so that we could return via Japan at about the same price as via Tsingtao and Chemulpo, and right glad are we that we did, since the "Tonkin" is the best boat we have ever travelled on (10,000 tons), the fare is fine, and there is a goodly company of fellow missionaries aboard. We are travelling second class, which is better than first class of the trans-Pacific steamer "Doric" on which we made the trip over. We will take the first steamer from Kobe for Korea.

I told you, I believe, about my trip to Soochow, and how much I was pleased with Dr. Wilkinson and the Elizabeth Blake Hospital. It is the finest combination I have seen in the East. Wilkinson is certainly more self-sacrificing than I could be in his voluntary separation from his wife, and to me it seems needless, though of course it is impossible for an outsider to pass correct judgment on such things. He needs her sorely in the very hard position he is in. Before we left the mountain, we saw the Hudsons, with whom we made the journey out, you remember. Hudson is one of the foremost men in the China Mission, and last year did the best work he has ever done yet, baptizing over forty people. Mrs. Hudson is a lovely woman. Altogether, we have every reason to be very proud of our townspeople out here. Annie was as much admired and feted in China as Korea. Leighton and the Hudsons both told me that she shows a development and maturity, since last they saw her, which is beautiful. Naturally I feel peculiarly gratified that all my hopes and predictions for her have been so closely fulfilled, and that she is taking such a high stand as a missionary. I am impatient for you to know her better, as she often expresses her love and admiration for you. Wouldn't it be nice if when we come home your health would permit you to come back with us?

Mrs. J. L. Stuart, Leighton's mother, is about starting home for a year's furlough. Her address will probably be Paducah, Ky, care of Dr. David Stuart, her son. The poor fellow lost his wife, a bride of eight months, and his mother is hastening to him.

You will have learned, ere this, that Dr. W. H. Forsythe (Lexington, Ky) has gone home to regain his strength. You remember he was attacked by robbers in March last. He is a dear friend of ours, and I so much wish he could see you all while he is in America. You might write both these people, inviting them to stop at Greenville whenever the opportunity offers.

Annie told me that she had written you her secret. The dear girl was never looking better nor happier than she is now. I am so glad that she is so soon to be comforted for the little one who has gone home. She is so fond of children and so well fitted to be a mother. A fellow never loves his own mother so well as when the Lord gives him a wife like Annie.

We are glad that you are going away from the College again, and expect to hear of much improved health. I am pretty much in the dark about College affairs, but hope to have a letter soon from Father or Jim. I learned through Dr. Wilkinson that the College is running smoothly and his little daughter devoted to it.

Take care of yourself, dearest, and get well soon. I want to see you more than pen can express. When you receive this, we will be back at Mokpo, hard at work. Give our love to any of the kinfolk you may see, and take a quantity of love and hugs and kisses from you affectionate children over here.

    Lovingly,

               Fairman

Aug. 23, 1905

Mokpo, Korea, Asia

My dear Mrs. Preston,

As Fairman tells me he has not written to his homefolks since we were in Japan, returning from China, this seems an appropriate time for me to get in a few words to you. Doubtless my few words will be spun out to quite a length, for verbosity is one of my failings.

We found the sea trip most refreshing after the intense heat of China. One should never go to that part of the Celestial Kingdom in June or July. I am told that Spring or Fall are the best seasons, preferably October. Our friend Mrs. Hopkins of this place expects to spend Sept in Japan and October in Shanghai. She is such a good friend to these children of ours, often brightening their busy days with little gifts of one kind or another. This morning we have our vases filled with flowers from her garden. She sent some fine peaches too such a variety! & twice she has given us watermelons. She is lamenting at the thought of our removal to Kwangju, & no wonder, for we are the only "foreigners" besides herself and her husband. She was telling us yesterday that Mr. Hopkins has not been out of Korea in twenty-one years. Think of that! He is going to Japan with her.

Despite the heat in China it was a most interesting trip for us, and the companionship of friends at Mokkansan was delightful. I wish you could have seen the Forward Movement trio and their wives enjoying themselves. It was a "Happy Family" truly. Quite a number of families had arrived on the mountain and others were daily expected. It was a treat to us "Koreans" to meet so many "white folks". F. and A. probably wrote you descriptions of the place. It was beautiful & the views so fine, but hot! My! How I longed for some of tonic air and ice cold water of my own Carolina mountains. There are springs of delicious water at some places on the mountain but none near the house where we were staying. You perhaps know that the "Forward Movement" rented the Blain cottage, the Blain being now in North Carolina. Arriving at Kobe we found our favorite steamer, the Ohio, in the harbor, and scheduled to sail the next day at noon. A typhoon prevented however, so we had two nights in Kobe. One day we went around among the shops enjoying the sights. The next morning, in a downpour of rain, we went out a few miles and visited some Japanese friends. We had fine weather for our voyage from Japan to this place. At Fusan F. & A. went ashore and called upon the missionary friends. We had a little mishap by the way which made us appreciate all the more coming safely into port. Our big ship ran upon a mud bank in one of the narrow channels between the islands and there remained for about an hour before released by the high tide. It was not a pleasant experience by any means. Our captain was puzzled and evidently much worried by it. The only explanation given that I've heard is that the strong current there or the storm of a day or two before had caused a shifting of the mud in the bottom of the channel. Dr. Nolan was leaving for Chunju when we arrived at Mokpo. Just a month ago today, going to attend Mrs. Junkin whose confinement was expected about the middle of this month.

Dr. Forsythe of that station has been advised to go to the U.S. for treatment. As he was on the point of starting he received word that his mother was coming out, so he returned to the hospital in Seoul, had some operation performed, and we have heard that he is quite well and has returned to Chunju, so that our Dr. N. is not needed there and we are hoping for his return to us tomorrow. I have not at all liked the idea of being without a Dr. here. Annie suffers much from indigestion. F. has been not quite well for some time but would not relax work until yesterday which he spent in bed. He is up again today and is pouring over catalogs. He and A. have spent much time at this, often until late at night, making out orders for supplies.

There have been many plans made since we came back. At one time it was thought that we would pack immediately and go to Kwangju. Then an urgent invitation came for us to go to Dr. Daniel's at Kunsan, but the latest, and it seems now to be the very best, is for all to go to Seoul early in Sept. Mrs. Daniel, whose confinement is expected about Sept. 2 has already gone there. The Methodist ladies invited her and A. to go and board in their school building, offering the services of a trained nurse from their hospital, with attendance of any physician they might prefer. Mrs. D. & A. had from the first wished to go to Seoul, but could not find a suitable boarding place. We feel that a kind Providence has opened the way for us and I, for one, am most grateful. Dr. Avison is A.'s first choice, but for some reasons, she feels under obligation to have Dr. Nolan. We have confidence in him, but as A. had Dr. A. before of course she felt a desire to employ him again. This arrangement will enable the men of Mokpo and Kunsan to attend the Annual Meetings in Seoul which they could not otherwise have done. In our small band of Southern Presbyterians four babies are expected in the months of August, Sept. & October! Reinforcements you see, and they will receive hearty welcomes from all the members of the Mission, but oh, for some "grown-ups" from the homeland! It is exasperating to think of the superfluity of M.D's over there when we have such a meager supply here. There were three added to the number last fall. Would that there could be as many this year. Chunju is in a state of joyous expectancy, I imagine, as the people there will soon have a "Mother" from the U.S., a bride, and a new baby! You have probably heard that Dr. Mattie Ingold, who has just returned from her furlough in the U.S., is to marry Mr. Tate of our Chunju mission. Dr. Forsythe's mother was to come with her. His sister was expected out this year. I have not heard of any change in her plans.

Can you not help in stirring up some to come over to the aid of these few against the hosts of heathenism? How it would rejoice our hearts to know that a half dozen, a dozen or more were coming to the rescue. Even if some offer, it is said there is no money to send them out. Where is the money? Who is holding it? Fairman feels much encouraged in his work. It does not seem right to abandon this post. Of course the missionaries of Kwangju expected to have an oversight of the work here, but it does not seem far enough advanced to be left without resident missionaries. F. & A. were very anxious to go to Kwangju but there seems doubt now about their going before Spring. The Bells and Owens will move into their new houses this fall, but the Preston house is not yet commenced, tho' some of the material for it has been gotten together. We would be more comfortable here than in temporary quarters there, and there is plenty of work to be done right here.

Fairman wished me to say that he is glad to think of you as at Roan Mt. this summer and we all hope that you may be benefited as much as you were last year, and that Floy will become plump and rosy. We were sorry to know that she was not quite well and that Jamie had been ill. Fairman's latest home news was a letter from his father. A letter of yours, written in May, was received quite recently. It was much travelled, having been forwarded from this place to China and made a tour of that Empire. F. says I may enclose the envelope in this, if he can find it, so that you may see the numerous postmarks. Adele Hutchison's wedding cards also toured China. She was the fifth of the (our) wedding party to marry—Leighton, Lacy, Dr. Alexander & Helen Davis. Helen has a fine boy, born in April. Dr. A. & bride expected to remain abroad until Sept.

We had a visit from an interesting character a few days ago—a highly educated Korean who, for political reasons has been an exile on one of the numerous islands off this coast, for a year. Upon leaving Seoul, some friends gave him a Bible and a hymn book. In his loneliness he studied these until he became a believer in the only true God. He says that he is glad that he was exiled, for if he had remained in Seoul he might never have taken time to study these things, and that it matters little to him now where he goes, for he is happy anywhere. He is a fine looking fellow and an earnest Christian, is teaching school, and making known the glad tidings. Annie is hoping that by some means Fairman may be able to obtain him as a helper. He would make a fine teacher too, of course. It seems to me that he should be sent to the Theological school in Pyeng Yang. Fairman and Dr. Daniel "discovered" him when they were out itinerating last Spring. Two Korean merchants here have professed to believe. One was brought to think seriously on the matter by Dr. Nolan's attendance on his wife who was cured of some illness. Such good work these Christian M.D's can do! This man brought the second one to Christ, and we hope that this may mean the bringing in of many of the better class of Koreans. This church is preparing to send delegates to the meetings in Seoul, the members contributing liberally (for them) to defray the expenses.

My "one year" in Korea is near the close. Long ago it was decided that I must stay one more. Now it is talked that I am not to go home until year after next. Don't let this latest be known to my Salisbury children. It must be broken gently to them. Miriam is continually bewailing my absence. I want her to "save up" and come and take me home.

There has been no oppressing weather here—the evenings and nights delightfully cool.

Remember me to your husband and thank him for his kind message to me in Fairman's letter.

Kindest regards for Jamie. I wish he could come out. Best wishes for Rhea & love for yourself and your daughters.

   Affectionately,
     M. C. Wiley


I ought to have told you of what a thrifty housewife Annie is becoming. She has made about twelve quarts of grape jelly, some grape jam, watermelon rind sweetmeat (?) & sweet pickle cucumbers. If she had other material to work on she would keep at it, I suppose. I never so greatly desired to be a cook, a laundress and several other useful folk as since I came here. A. is determined on becoming an accomplished cook.

Aug. 25, 1905
Mokpo, Korea

My dear child,

The date reminds me that it is only four months until Christmas and the time whirls by at a startling rate. This note is specially to say that Annie is thinking of sending a few little Christmas things to Shanghai to be mailed as the postage is less and no bother about Customs duties. Mrs. Hopkins expects to leave early in September for Japan, spend a month there and go to Shanghai for the month of October and will take the small packages for us. One will be addressed to you and one to Beulah. You are by no means to open them before Christmas. Remember that! Don't let your imaginations soar very high though, for we had not unlimited means at our disposal. Indeed, I was about "dead broke" when I got back to Shanghai from Mokkansan.

Florence Rood enticed us into buying several things from the Hangchow Girls' School, for which we paid very high—could have gotten much finer embroidery in Shanghai for the same price. I wish you and Marion had sent us the wherewithal to purchase some of the beautiful things for you. Annie did most of her Christmas shopping in Japan. When you come over next year to spend the winter with us, bring plenty of N.Y. checks and take me to Japan in "cherry blossom time". The little boys can have such a good time looking at all the toys. The Japanese children look like live dolls, the cutest things.

Fairman made Annie a present of an embroidered silk waist—yellow—not made up. She says she is going to "wait" until she goes home to have it made. The dressmaking in Shanghai was so unsatisfactory. She bought and had made there a dark blue shantung, skirt and loose jacket, and three or four white shirtwaists for which she had the material.

Our situation here is delightful for summer. The nights have never been uncomfortable, warm—generally we require a light quilt or single blanket. There are refreshing breezes through the day and the late afternoons and early mornings are perfectly lovely.

There seems to be doubt about our going to Kwangju this Fall. For some reasons Mokpo is preferable, but Annie and Fairman wished very much to make the move.

Annie and I were to have left for Seoul on Wednesday of this week, but Fairman, who had not been quite well for some time, kept his bed on Tuesday. Then it was thought best to telegraph for Dr. Nolan which was done, and our good little Dr. came post haste. I feel so relieved to have him here. We could not leave Fairman in the condition he was, and he was not willing for Annie to remain here longer without Dr. Nolan, so there seemed nothing to do but send for him. He did not have the pleasure of attending Mrs. Junkin after all. It seems that she miscalculated. Dr. Forsythe is to take charge. His Mother did not come after all. Such a disappointment. She received his letter stating that he was returning home and thought she might pass him on the way. He had her cablegram saying that she was coming, and so did not go. We are hoping that some good will come of it to compensate for the great disappointment.

Sept. 5th is fixed as the date for our going up to Seoul, taking our M.D. with us. He had expected to go directly from Chunju. He tells us that Mr. Tate and Dr. Ingold are to be married in Seoul on the second of September, celebrating Annie's anniversary. It will be a pleasure to meet someone who has been your home since I was.

If you do not like my pencilling, suppose some of you make me a present of a fountain pen. The one that Annie gave me had a leak in it from the first and soon runs dry.

I hope New York did not make M. ill. There has been some time since we had a letter from her.

I saw in some paper that our friend, Mrs. Price of Japan, was attending the Missionary Conference in Asheville. I do want you all to meet her and be very good to her. She was so kind to me.

Do send us some pictures of yourself and the little boys, Mr. Murphy and Mary too. How did Mr. M. enjoy Blowing Rock? I hope you all had the best time possible and are ready to do good work for your old town the coming winter. The following one you will be in Korea (?) We need reinforcements badly. Someone should be ready to occupy this place when we go to Kwangju.

This was to be a brief note and see! Nothing from you later than April 27th, I believe. Shocking!

Mrs. N. sent me such a good letter, told me so many things that I had been wanting to know.

Hugs and kisses for the dear little boys, and much love for all,

from

Mother


Mrs. Hopkins is so kind, comes frequently and sends nice things.

Fairman is up and about. Dr. Nolan says that he will soon have him and Annie put to rights. Indigestion is bothering her yet.

Aug. 27, 1905

Mokpo, Korea

My dear old Sis:

You were so prominent in my dreams last night and have been in my thoughts so much today that I feel I must write you a wee bit.

I hope you are enjoying the cool breezes and beautiful views of Blowing Rock with our good friends the Knoxes. How I would like to be there! Nothing is quite equal, in my opinion, to "Carolina's Mountains". When we come home we must have a little while at Blowing Rock or Montreat. You know I have a very warm spot in my heart for the latter place.

By the way, I see that the Crown Prince of Germany and his bride followed our example, in leaving the train and driving part of the way on their honeymoon—in the summer night.

Mrs. Hopkins has kept us supplied with all the court news about royal weddings and garden parties at Windsor, and all the doings of royalty. My head fairly swam with real lace, diamonds, and silver tissue when I went to bed the other night.

I can't very often indulge in newspapers for there are so many other things to do, but I have been kind of under the weather lately, or the Koreans would say, my body has been troublesome. Dr. Nolan is dosing me—in fact, he has the whole family taking medicine. He was at Chunju and we telegraphed him to come, as Fairman was sick and I was not well enough, in Fairman's opinion, to stay here without a doctor. Naturally I was not going to Seoul and leave my old man sick in bed.

We have been counting up the steamer schedules and think the "Ohio" will be here about the seventh or eighth of September. We like to travel on her better than any other boat, and will probably wait for her. I very much fear that I will have to stay in Seoul until the first of November, and I don't care for the prospect. It seems a very inopportune time for my celebration.

Today has been delightful here—lovely breezes which feel like Fall, and soft lights and shades on mountain and sea. It is far more of a summer resort than the mountain in China, or should be. Not once since we came back to Korea have I felt so warm as I did in China, often on MokkanSan.

I went to church this morning for the first time in two weeks, but feared I could not stay through Sunday School. I did not know my lesson at all, and dreaded to attempt to teach it, but the women were so cordially glad to see me, and I hate to miss any more time than necessary. I stayed and had a fine time. When I commenced teaching, it was like pulling eye teeth to get a woman to answer a question. Now there are six or seven of them who sit with eyes and ears open and respond to every question. Needless to say, it makes it far easier for me. They explain my poor attempts at Korean to the newcomers, who can't understand my dialect.

Mamma has been feeling very sad about Mike. Poor little monk! I guess he will make some friends though and I know he will be treated well.

How are the "Angels"? I am longing to see them. Give them each a good squeeze for me and tell Shan to write to me. Everybody has something good to say of them. I hope that my expected will be as good and sweet as they are. All the women admire Nettleton's picture greatly, and have much to say about his beauty—Bless his big blue eyes!

The boxes which we are going to have Mrs. Hopkins mail for us in Shanghai will be a general mixture, put up according to the boxes we have, the value of a package and Mrs. Hopkins convenience. In your box, we are putting a little "doings" for Mrs. Stinson, nee Crenshaw, as we could send her no wedding present.

Give lots of love to the Knoxes. Tell Bertha her good letter was most refreshing. I hope to write some letters in Seoul as I won't have any housekeeping, but I will have language study and some sewing.

Fairman is off with some of the men and Dr. Nolan doing some street preaching. The work here is most encouraging, one of the largest congregations we ever had this morning.

Fairman would have some sweet messages to send for he is a very ardent admirer of yours. I don't know what Mamma is up to just now. I must go out in the yard and take a little exercise while there is some beauty left in the clouds and sky.

With a heart <u>full</u> of love for you and the Angels.

    Devotedly,

        Nancy


Please tell Beulah that the collar and cuffs arrived safely on Saturday. I will write to her soon, but you can thank her for me now.


P.S. It has occurred to me that maybe I never mentioned the farm matter. Certainly I would <u>not</u> be willing to have it divided into smaller farms and each of us given one. I am willing for it to be sold if we can get a good price for it.

We would like to have Mamma's affairs settled somewhat before she comes home. We have talked to her and I have written to Sam but I don't suppose it made any impression on either one of them. Mamma is impressed enough to write to Sam and tell him she wants a statement of her debts, I believe, and he writes her of N.P.'s bill, Dr. Whitehead, Scott, etc. and, of course, no word of the notes she is on. Her affairs ought to be in a better state after nearly two years out here, but there is no telling. I wish I could have a talk with Brother Willie.

Excuse these blots—my fountain pen will <u>spout</u>.

    Seoul, Korea

Sept. 23, 1905

Dear Mother and Father:

I have waked up lately to the fact that I have not sent a letter home since I left the S.S. Ohio, on my way home to Mokpo the latter part of July—at least I do not recall any. However, both Annie and Mama Wiley have written, I think; so you must forgive, this once, the long interval which has elapsed, and know that it is neither my rule nor intention to allow this to happen again. As you may have guessed, I found a mountain of work, accumulated in my absence of two months, awaiting me on my arrival at Mokpo, which kept my nose to the grindstone until we started for Seoul Sept. 5th. Since that time, meetings the livelong day have been the order—most of them across the city two miles distant, with poor facilities for getting there, and on top of all this, preparation of yearly reports, statistics, etc.

It was rather an unexpected pleasure that we were afforded the privilege of attending Annual meeting this year, as we had thought we would have to stay in Mokpo, on account of our little one's expected arrival. But an offer came to us to stay at the Ewa Hakdang, or Methodist College, where the services of a trained nurse would be available also. We gladly accepted the offer, and here we are. It is a delightful location, and we are thankful for the goodness of our Father both for this provision, and for the privilege of being in Seoul at this most interesting time. We expect the arrival any day now. Annie is in good health and fine spirits, and we trust that all will go well.

This year has proved to be a momentous one in the history of Missions in Korea. As if by common consent, there is a movement for closer union between all Protestant bodies at work in this country, which comprise, outside of Presbyterians (who are already united in a Council), Methodists

North and South. The obliteration of denominational lines before the Koreans, who know nothing as yet of denominational distinctions in doctrine, and the working together in the work of Education, Medical effort, Publication (including all newspapers, S.S. literature, and a common hymnal), and distribution of territory is the idea. The hope is also freely expressed that there will be eventually only one Church of Christ in Korea for the Koreans. Of course no one believes that any of us will ever see organic Church Union for all the missionaries, but is perhaps not Utopian to look forward to one native Church for Korea. A Council of all the evangelical missionaries in Korea has been formed, with advisory powers, which will carry out any matters that may be entrusted to it by all the bodies at work in the country. The whole matter touches the Southern Presbyterians very little as yet. We belong to the Presbyterian Council, and one Presbyterian body in this country will do nothing that all will not do. This year we gave the newly formed General Council power to prepare a common hymnal. The coming year may show still more striking lines of cooperation. Whatever may be said, this spontaneous movement is most remarkable, and coming on top of the greatest about year's work ever seen in Korea in the matter of ingatherings, would seem to be a direct mark of the Holy Spirit's working.

Am sorry that I can't give you the total figures for the Presbyterian work in Korea for one year past, nor even of our Mission. The Presbyterians North report over two thousand baptisms, while our work (South) has grown by leaps. I enclose you the report of our Mokpo-Kwangju Station, and Annie's personal report and mine, from which you will get an idea of what we have been doing. Will give you the total figures for the Mission as soon as they are compiled.

I think there is no doubt that we will move to Kwangju this fall. For many reasons, I would prefer to remain at Mokpo for another year; but it seems to be the consensus of opinion that we ought all to go into the interior at this time. If the Mission so formally decide, I shall move immediately on my arrival at Mokpo. In the meantime, workmen are busy preparing materials for our house, which will probably be ready for occupancy by Spring. We shall occupy the small house which the Owens have lived in for the year past, until our residence is completed. Mama Wiley is planning to be with us another year. She stands the life out here remarkably well for one of her years and affliction, and though she gets depressed quite frequently, seems in the main quite happy with us. It is certainly quite a strong mark of her affection for Annie that she should be willing to stay, as this life is inexpressibly hard on one who is not actively in the work for Koreans.

The sun do move. What do you think? We attended a reception at the American Legation this week given by the Minister to Miss Roosevelt, and the occasion was enlivened by the Imperial Band (Koreans trained to play foreign music, think of it!), refreshments, fire-works and other amusements. R. seems to be all right, and gave me a shake that had in it a suggestion of her distinguished father's strenuousness. The King is laying himself out to give her a good time. A regiment of soldiers met her at the Station, and the city is decorated with Korean and U.S. flags. As the latter are most of them of native manufacture, the colors are interesting, the "azure depth" around the stars ranging from the appropriate color to anything throughout the prism, and occasionally the stars were grouped in the lower corner. But it is good to see the old flag in such profusion. Later, the missionaries gave her a reception, but I didn't have time to go. Fortunately, however, the thing came off.

Now for acknowledging of home letters. Since returning from China, we have received the following: Mother's of May 22nd (which had been following us around!), June 14th from Greenville, and July 19th from

Roan Mt.; Father's of July 12th from Greenville; a card from Jim and a note from Rhea. We are anxiously awaiting further news from home, the last letter being mother's of July 19. Hope the school opened finely, and that prospects are bright. I think of you and pray for you constantly.

We are so thankful that Rhea pulled through all right, and trust that he has at last waked up. The news of Bayless Earle's death came as a great shock to me. He was always so kind to us all. You know before I left home he fixed up my teeth in perfect shape, so that I have not had to have a bit of work done on them since, and many have been the compliments passed by other dentists who have examined that work of his. He was a good friend and kind-hearted man. I hope he was prepared to die.

Must close now. We were so glad that mother had again gone to Roan Mt. Kiss all the "chillun" around, and tell them to write to their busy brother and sister whenever they can.

With a heart full of love from us both, and remembrances from Mama Wiley,

    Affectionately,

        Fairman

Sept. 25, 1905

Seoul, Korea

(EWA HAKTANG, GIRLS' SCHOOL OF W. F. M. SOCIETY, SEOUL, KOREA.)

This is the building in which I am staying. The tower is of the Russian Legation. I sent a long letter to Marion last week with the request that she pass it around the family, so may not write this week, tho' there is much to relate. There were two receptions given Miss Roosevelt last week, one by the American Legation and one by the missionaries. The weather has been perfect since her arrival. I hope she appreciates all that is being done for her. I enjoyed a "baby shower" more than I could have done the other affairs. Will tell you about it sometime. To prevent my forgetting that I am a "pilgrim and a stranger" I have made another move—am in the room marked above, with windows on each side the mark. Mrs. Daniel has been moved to the room S and I occupied. Fairman and Annie have rooms in a cottage which you will see in a book that I am sending. The roof and tower back of it are of the Methodist E. Church. Annie's room in (illegible) of picture, showing two windows.

Love,

Mother

Sept. 26, 1905
Tuesday, 8 P.M.
Seoul, Korea

My dear child:

Another namesake arrived at five minutes past two this afternoon— Miriam Wiley Preston!

Annie had spent yesterday, all day, until seven o'clock or later, at Mr. Reynolds, attending the Annual Meeting of the Southern Presbyterian Mission. She had planned for me to go with her there this morning, but fortunately, as it proved, it was raining. She wanted to go anyway, but Fairman disapproved, so after breakfast she spent the forenoon in my room and Mrs. Daniel's. Went to lunch with me, and afterwards said she would go down to her room as she wished to put away some ironed clothes which had been brought in. That was half past one, and at five minutes past two, her daughter arrived! Fairman went to Annual Meeting in the morning, expecting to return at noon, but Committee business kept him. Receiving a note from Annie saying that he had best come, he went for Dr. Avison and they arrived together about two hours after the "reception". I knew nothing of it until he brought me the news. Dr. Cutler, the lady in charge of the Women's Hospital and Miss Edmunds, a trained nurse, were with her for about half an hour before the baby came. Only a Korean woman was with her before they arrived, one of Miss Edmunds' class of nurses, the same who nursed Mrs. Daniel.

Mrs. Daniel only moved out last Friday. I wrote some of you about the change, Mrs. Daniel now having the room that Annie and I occupied and Fairman and Annie going to the cottage near the hospital. It is really Miss Edmunds private apartments, but she gave it up for Mrs. Daniel's and Annie's use. I have a very pleasant room quite near Dr. and Mrs.

Daniel. They came in to pay me good night visit since I commenced writing this, thinking that I might be feeling anxious about Annie. Their baby girl is not quite four weeks old.

Annie's baby is a fine, plump little thing, said to weigh 7 1/2 pounds. I think she looks like Annie. Fairman would have me go down and take a look at her. I thought best to let Annie be quiet. Fairman said he had hoped for a girl that she might be named for me, so that I would feel that it was worth while coming to Korea.

Annie was out at church Sunday afternoon, had dined with the family with whom Fairman takes his meals, quite near the church. The latter is one of which you see the roof and tower, beyond the cottage, in the picture I sent. I watched Annie as she went down the walk today all alone, for it was raining hard and I thought best not to go out as I've had sciatica so much. She carried an umbrella and was holding up her skirts as she went down the steps of the terrace. I called to her to be careful at a steep place beyond, fearing that she might slip. Dr. Cutler and Miss Edmunds had not then left the lunch table, and were still there when Annie sent for them, so you see the dear child had not long time. I am so thankful that it is well over and pray that all may go well with mother and babe—that this child may ever be a joy to her as she has been to others. The heart has so yearned for one to fill the sad vacancy left by little Rhea.

I forgot to mention that we took a walk after church Sunday, quite a long one.

I did not realize when I mentioned the "baby shower" on my postal that Annie's would come off so soon, but am delighted that it did. Now I hope she will have no more trouble with indigestion. She had told Mrs. Daniel when leaving that she might not see her again soon. It seems that there had been some pains during the day, but she did not intimate to me anything more than the usual indigestion.

I must go to bed now and finish this tomorrow.

The Daniels <u>cabled</u> the news of their baby's birth. We are receiving no mail here, or very little. I had one letter from Willie, that is all, except letters from the Junkin girls in China enclosing one from their mother to me. Their letter was sent direct to Seoul. Fairman left instructions at the Mokpo Post Office for our mail to be forwarded, but it comes not.

It has been decided by the Mission that we remove to Kwangju as soon as possible after our return to Mokpo. Pass this word along the line. Also one other important item—Tell my precious grandchildren there that they need not fear being crowded out of Mamma's heart. It is big enough for all.

I'm anxious to know if anything serious happened to any of my dear ones on the 4th or 5th of September. I had a <u>vision</u> the morning of the 5th.

It seems so long since I heard from any of you.

  Love for all from

      Mother

Sept. 27, 1905
Seoul, Korea

My dear Aunt Miriam:

I am going to send a few lines in Mamma's letter to let you know that I arrived in this world yesterday, shortly after two o'clock. I found friends awaiting me and a name all ready for me Miriam Wiley Preston.

My mother says that I am named for you and Mamma. I hope that you and my little cousins will give me a warm place in your hearts. My father says that I am a "Wiley" and Mamma thinks that I look like my mother. I have been complimented on my good looks by doctors, nurses, and Mrs. Bell.

Mrs. Bell called by this morning to leave a note for my mother and a lovely little white sacque for me. But all these things do not move me. I just lie in my <u>big basket</u> and sleep on. You would think it funny to see me in the basket, which is placed on the floor over <u>the warm spot</u>. The house in which I was received is Korean and has the fire made under the floor.

I hope that you will bring my little cousins to see me before I grow very big.

Dr. Avison wants a little girl very much and he asked this morning if my mother would not trade me for his fine boy, but she seems very much pleased to have <u>me</u>.

I am wearing one of the little shirts that you marked for me. My little brother got here before me, but soon went back to God. He wore the shirts while here and now I have them but they are rather small for me. The dresses that he wore are too small for me around the neck, so you see I am quite a big girl.

Lovingly,

your niece,

Miriam Wiley Preston

Mother asked Mamma to write this for me.

Annie dictates the following: I think there is room in Mamma's heart for another namesake. "A word to the wise is sufficient". She did not sleep very well last night. Dr. Avison has been in and reports her getting on nicely. She has a good nurse.

Oct. 7, 1905
Seoul, Korea

Dear Father and Mother:

I should enclose a snap-shot in this picture, that you may get the full effect of papa's smile. The reason for it, you know, is a fine little daughter, seven and a half pounds in weight, and two weeks old next Tuesday. I was so busy at the time that I made Mama the family Secretary, and had her do all the writing home. She has written twice, I believe; as in the last letter she wanted me to enclose a description of the baby. Dear me! babies are like millinery to me, in that the best I can do in describing is to give you the general effect. I have been anxiously inquiring from disinterested parties if they honestly think the kid is pretty. You see I feel so prejudiced that I would be thinking her pretty no matter what the real truth might be. I am relieved that everybody confirms my candid judgment that she is a beautiful baby, as plump and vigorous as one could wish. She reminds me strongly of the picture of Floy as a baby, which augurs well for her, and indeed we could wish nothing better than that little Miriam should turn out to be as pretty as her aunt Floy. By-the-way, you should get a glimpse of the grand-parent on this side nowadays. She has already taken a new lease on life, and has got busy as a hen with one chicken, as Bailey used to say. I am glad for her sake that God gave us the little darling at this time; for with the deafness, lack of ability to speak the language and consequent inability to participate in our work or even household economy, the life out here has been a very trying one for her. Now her little namesake will keep her hands full, I hope. Doesn't it seem a queer coincidence that I should have a daughter named Miriam? I have always liked the name, ever since I first knew the sweet little cousin in Virginia whose bright, well-written letters helped me so much through my young manhood. Our hearts overflow in gratitude to God for this great gift to us and for his goodness and abundant blessing. He saw fit to take our little Rhea to Himself, but He has sent us another, of His own to brighten and cheer our lives. And yet the mother's heart yearns over the tiny grave overlooking the Han down yonder, and I know she is thinking of him every time she looks at her little girl. He has the first place in our hearts, and always will have, and we expect to see him bye and bye. We have there a grief which God spared you—the loss of your first-born. There is no other love like that love, is there mother?

Annie had a slight set-back a week ago, with high temperature for a day which gave me much concern. Too much excitement around the room. We banished everybody, including her mother, and she got all right at once, and is now all right. Will sit up Tuesday. I have been quite busy editing the matter to be printed for the Mission, including Personal Reports, and in preparation for my written examination on the Language for the second year. The Mission decided that we should move to Kwangju at once; so I am planning to leave Annie here with the Reynolds until she gets strong and run down alone for a couple of weeks to pick up matters, set our house-building going at Kwangju, etc., coming back for my family in about two weeks. I have news that there is a great awakening in Mokpo and much work awaiting me. I have been assigned the same region as formerly for my coming year's field of work; but with residence at Kwangju, this makes my nearest preaching point just sixty miles away. As I will have Language Study and house-building to boot, there is every reason to expect that, if getting busy will keep off melancholy, I should be quite cheerful during the coming year!

I sent you a copy our our Personal Reports, which I had printed separately in advance. From that you will see that we had a great year; but we hope for a bigger and a better one in the year to come. We believe that God is honoring the sacrifices that you made in giving us up for this needy work, and that our coming has not been in vain. We pray that our lives may more and more be used of Him out here to the glory of His name. Stand back of us with your prayers and thus have a partnership in the work. We think of you there, daily, and pray for you. May the Father give you all guidance as to what is best and keep you in health and strength. Whenever I think of you standing there in the College, with all your cares and problems, I long to help you, and almost reproach myself for not being two people, so that I might be in two places at once. But surely you cannot fail of the blessing, since you gave up your first-born, like the true Israelite of old, to the service of the sanctuary. And if you could see the piteous need out here you would never regret it.

I had a letter from Eleanor recently. She is a complete invalid, poor girl, and I have grave fears for her sore affliction. My heart goes out to her in this sore affliction.

We have had no more letters from home since my last letter. I fear our mail is stacked up at Mokpo or miscarried.

With a heart full of love, in which dear Annie joins me, and a kiss all around for the family,

    Your affectionate son,

        Fairman

P.S. Just a private note to tell you a word in connection with the baby's coming. I was two miles and a half across the city at the time, attending our Mission meeting. At two o'clock I received a note from Annie, and came post haste with Dr. Avison. The baby had been born two hours before we arrived! Annie took lunch at the School and went down to her room at about one thirty, and the baby was born at five minutes after two—a labor of about half an hour! There was no time for administering an anaesthetic, or indeed need for it. Fortunately Dr. Mary Cutler, the lady in charge of the hospital, and Miss Edmunds, the trained nurse, were on the spot and took charge of the case beautifully, otherwise there would have been an embarrassing situation. The day was stormy, the rain pouring down in torrents, otherwise Annie would have been attending the Mission Meeting with me, as she had planned to do that day, and had gone the day before! Now who will dare to say that that rain was not providential?

Annie proves a perfect mother, and my heart wells up with pride every time I look at her. She is a dear, dear girl. It would do your heart good to see how she takes hold of missionary work among the women, too. You were right, father, when you said the Lord gave her to me. I don't deserve such a gift, either.

Oct. 11, 1905
Kwangju, Korea

Mrs. Eugene Bell (#2) to Mrs. Wiley

Dear "Mamma and Grandma",

As Mr. Preston's time for departure draws near, I find myself constrained to send a few words of "greeting".

Am glad to hear that the trio, to the third generation, is getting along all right. I want to see all three of you and to become better acquainted with "number three."

Mr. Preston will tell you what progress we are making towards getting fixed up. The little house was so "mussed up", dusty, and musty, and ratty, that we thought we could come up to the big house with as little trouble and more comfort than we could begin all over there. There was no paper on the walls and no paint but we have had most of the walls covered with this white Korean paper and will pretty soon be straight 'til we have to overhaul for another coat of paper.

We found the Owens well and just about settled in their new house. We had supper with them and dinner the next day in our new house, only taking one meal in the little house.

We got some mail last night that had been in the Antu Maru wreck. One of the letters was from you which passed us as we went to Mokpo and the Owens forwarded to Seoul. Mrs. Preston's part was just readable and Mrs. Wiley's a little more clear. One of my letters from Libby I couldn't read at all.

Mother Bull appreciated Mother Wiley's letter ever so much and would have written, but she thought Mother Wiley had probably gone back home when her year was up. She wrote to know where you were and

I have answered her question. She will write right away.

With love for each one of you,

  Your fond friend,

    Margaret W. Bell


Please deliver enclosed to Mrs. Reynolds.


Mama wants me to send you this letter of Mrs. Bell's. She is <u>so</u> sweet. I wish you could really <u>know</u> her. I never knew a person who continued to grow on me as she does.

    A. W. P.

Oct. 21, 1905
Kwangju, Korea

My dear Mrs. Wiley,

We are all rejoicing at the near approach of your coming to Kwangju. You will find it wonderfully interesting to watch the preparation of house site and timbers for the Preston house. The site promises to work out beautifully, the two terraces in front presenting quite an imposing appearance.

Mary (Owen) put in a word the other day for you. She said she wanted Mrs. Wiley to sleep in our front bedroom. We hope you will feel inclined to do so until you have less crowded quarters than the sarang. It will be a privilege to have you with us and we shall be more likely to steal a little time from Miriam if you room up here. Do consider it.

I was so thankful to hear of Mrs. Preston's easy experience and that Miriam is such a fine child. Dr. Owen thinks she has a beautiful name and so do I. We are very eager to see her.

With much love to you all,

I am

  Yours sincerely,

    G. W. Owen


Following note from Mrs. Wiley:

See how kind Mrs. Owen was to invite me to take a room in their new house. All are so good to me.

Mrs. Bell is lovely. She and Mr. Bell with Henry, were to have left today for Kunsan where Mr. Bell was to assist in a training class for Korean Christian workers, but an attack of rheumatism prevented Mr. Bell, and Dr. Owen has gone instead. It is a great disappointment—Mrs.

Bell was looking forward to being with her brother, Mr. Bull and his family.

I am going to order some spectacles from Philadelphia and have the bill sent to you, to be paid by me when I recover from my "break", so, watch out!

Oct. 23, 1905
Seoul, Korea

My dear old Sis:

Ever since the arrival of your namesake, I have been wanting to write to you, and when your nice, interesting letter of August 29 came, I felt I must write immediately. Writing tires me, though, and I have had to write to my old man to cheer him in his loneliness at Mokpo, and that was about all the letter writing I could do.

Mamma wrote you what a fast young lady our daughter was, did she not? She did not give her father and Dr. Avison time to get to her coming-out party. I did not object to her being fast at that time. How these women who have from sixteen to thirty-six hours can stand it, I don't see.

Miriam Wiley is a dear, plump little girl. I believe she is going to look like you and Mamma. Poor Mamma has had to be trained nurse and amah since we moved over here and baby has had a great deal more colic than she had at the hospital. I expected to do most of the nursing myself, but it fairly broke my back, so I have resigned most of the baby lifting to Mamma. For a day or two I felt very much worn out, but I rested up well and am much better now.

Today is lovely. I wish you could see the view of the rugged mountains in the bright October sunlight, which I went out into the yard to enjoy. We are having such a pleasant time with the Reynolds—they are charming people.

### Oct. 24.

Fairman suggests all kinds of things for me to do while I have so much leisure! He does not know, or rather has forgotten, how much time a baby can take up. She usually objects to my writing letters—always wakes up and wants some attention. Poor little Korean! She has the national complaint—<u>windiness</u>. The number of <u>Yankees</u> slain by one so young is really marvellous.

Today she has felt like a much neglected child. The Clark's baby is very ill and they can't get anything to agree with it, so, hearing that I had more milk than my baby needed, they sent to know if I would be willing to let him try. He is out at the Severance Hospital—three miles from Mr. Reynolds and it seemed an undertaking to go out there. However, I felt so anxious to help them that I agreed to go and see if the baby would nurse. He would not take hold, and we spent so much time trying to make him, and then using the breast pump, that I was an hour late getting back, and Miriam was raising an awful fuss. Mamma was quite exhausted.

### November 5. Mokpo

This is doomed to be an awfully long-drawn-out letter. We are back at Mokpo, in a very much torn up house. Fairman packed all our goods and chattels while we were in Seoul, and they are now down at the boat landing, waiting to be taken to Kwangju. We are sleeping in our house and eating at Miss Straeffer's, a most inconvenient arrangement, since we cannot carry the baby back and forth and cannot leave her about the house. If the weather permits, we will leave on Tuesday for Kwangju. For many reasons I hate to leave, principally because Fairman will have charge of this work and will need to be away from home and out in the winter weather so much. There is a wonderful interest among the high class people here now, and Fairman wants to be here often enough to watch the work closely, to take advantage of this interest and to check any dangerous tendencies. I have some good friends among the women too, and I hate to leave them, but I will be glad to be with the Bells and Owens and away from this wind.

There are so many things I want to write about, and I have to write so hurriedly that I fear my letter will be rather jerky.

One thing that I don't want you to mention to anybody, is about Laura Coit coming out to be associated with us in the work. I would like to have her coming as a kind of memorial to John and for that reason would like to have our family raise her salary. I would willingly give $300 or $350. The salary is $550 now but will probably be raised to $650 next year. Would you like to have a part in it, and if so, how much? Do you think Brother Willie and Marion would want to give anything? If we can make the arrangements for her salary, she will come out next year. See what you can do about it but don't tell it outside. She doesn't want it generally known yet.

### November 19. Kwangju

Here we are at last in our little winter quarters. We spent the first week with the Bells in their new house. During that time we were making arrangements for servants and getting our house in order. There were a number of repairs to make and some few alterations. We moved up from the Bells on Wednesday and have been <u>desperately</u> busy ever since. I have not had a chance to stick my head out into this lovely autumn weather, and consequently, I am awfully nervous and stupid.

We can watch the progress on the grading for our house from here and it is most interesting to me. I hope we can get some pictures of the coolies at work. There have been some delays so the house will not be finished before Spring. The Executive Committee is so hard up that if the house is finished then, we will probably have to do it ourselves. Then we <u>have</u> to have some more furniture. At that rate, I don't know when I will scratch up enough money to come home. You will have to pass the hat around among my friends and see how bad they want to see me!

There is a lot of business I wanted to write to you about, but my head is not clear enough to write it tonight. I think the plan for you to buy the home place is fine. I think you ought to have it, for you care so much more for it than Beulah does, and then it would be too expensive for Sam to try to keep up. I will write more on the subject when my head is clearer.

Can't you induce Mr. Orin to send me a statement of my account? I have written him several times but have not yet heard from him. Please ask him to send it as soon as possible.

I wrote you about my "expectations" while we were in China, but you evidently did not receive it.

Thank you ever so much for the things you send by Dr. Ingold. I had the tailor alter the suit slightly and expect to find it very useful. The belt is <u>lovely</u>, but <u>didn't fit</u>. Maybe it will now. The dear little book is a great comfort—I sneak off to my room, read up on a subject such as cleaning irons—and come forth and give instructions just as if I had been cleaning irons all my life. It is a great institution. I am going to arise early in the morning and learn how to do the week's washing.

We have quite a promising looking cook, but he knows absolutely nothing. However, we have had the grandest piece of luck. Mr. Bell's excellent cook has decided to give up cooking and study medicine with Dr. Nolan. He taught a new cook for the Bells and while Dr. Nolan is getting his things in order, he comes up here an hour before each meal and gives our cook lessons. I have to keep pinching myself to see if it is a reality or only a dream. I am learning from him too, for I never want to be so helpless again.

The houseboy was our outside man at Mokpo, and we have given him so many instructions and threatened him with such instant destruction if he falls into the evil habits of our dear departed Tongyungi, that he goes around with an awfully scared expression all the time. My experience with servants at Mokpo has made me fierce—you would not know me for the same easy-going, good-natured person with servants that I used to be. What Tongyungi did not break up or carry off, could be packed in a very small space. I was surprised to find that he had not sold the range. Mr. Murphy would be interested to see the amount of flour that we consumed(?) How is fifty pounds a month for one person? Rather expensive living for missionaries! The month that Dr. Nolan was there alone, he used two 50 lb. bags of flour.

I wish you could see our present quarters. We have the cutest little kitchen and storeroom. I like it fine. Our bedroom has a Korean floor and we put the baby's basket down on the "hot spot" and she sleeps as snug as a kitten. The temperature is the same, night and day and is much better for a baby than one of these wood stoves.

I had a nice long letter from Bess Parker a few days ago. She told me all the news of the cousins. Had you heard of the death of Mrs. Cleaves?

I want to send some flowers to Mrs. Heilig for Albert Sidney's grave. Would you see about getting some for me? I feel so sad to think that such a good friend is gone. I can hardly realize it. He was one of the truest friends we ever had, I believe. I had been thinking of him so much as I looked out the window of the hospital and saw the clear autumn sunlight. We always had such lovely drives in the autumn.

Please kiss those dear little Angels for me and tell them I wish they could see Miriam. Henry Bell is so fond of her and loves to hold her. He is very anxious to have a baby at their house.

When you write, be sure to tell us about the Angels. I love to hear anything about them.

Give lots of love to all my friends and tell them I <u>want</u> to write. Tell them that with all <u>my</u> faults I love them still. I wish you would send this letter to Marion, for I don't know when I will have another minute to write, though I'll try.

Please give my love to Mr. N. P. and tell him to make his arrangements to bring you and the little boys out to make us a visit.

With a heart full of love for my dear old Sis,

  Lovingly,

    Nancy


Miriam sends a kiss to "Auntie".


From J. F. Preston:

Why she didn't include my love, I don't know—perhaps she wanted to keep it all. But there is plenty for you too, dear sis. We think and speak of you often amid these strenuous days. The greatest hardship of the foreign field is separation from loved ones, and we will never get used to that. Pray for us every day and have a share in the work of your missionary.

  Affectionately,

    Fairman


P.S. I meant to tell you of the lovely things one can get in Korea in the way of brass charcoal stoves, brass basins, inlaid chests with beautiful old brass mountings. I saw an exquisite pair of chests, beautifully inlaid with mother-of-pearl, and with the prettiest brass corners and locks, which sold for $45. I wanted them dreadfully, but did not have the money. If you would like one, send me about $25, and I will get Mrs. Reynolds to look up one for you. They are getting rarer and more expensive all the time. As soon as I can scratch up enough money, I am going to buy one, and some brasses.

Mamma wanted me to tell Marion that Dr. Avison's newest boy is named Edward Severance for King Edward and Mr. Severance, who built the hospital. Dr. Avison was born in Yorkshire, England and all the family are very loyal subjects of His Majesty.

Oct. 23, 1905

Mokpo, Korea

Dear Father,

I was delighted to receive yours of Sept. 11th yesterday, containing so much news of your movements and those of the family, and school items. Am so glad to hear of the fine outlook for this year, and hope it will be the best yet. You have everything to encourage you when you review the history of the school, and, I confess, much to discourage you in regard to the health of the family. The physical strain on you all is terrific, and I don't wonder that every year you think of "surrendering". It is particularly unfortunate for mother. You can't know what a trial and sacrifice it is for me to be so far away that none of you can come to us for a quiet rest from the whirl of college life. I long to help you, but feel so far off and out of touch with affairs. But that brings me back to the ever painful subject of the old struggle between love of home and the call of the foreign work. The tremendous sacrifice involved for us all in our being on the foreign field becomes more apparent as the months go by. And yet, I have never felt that we did anything else than what God called us to do. With me, it was simply inability to be a minister of the Gospel and stay at home.

I am glad to write you, too, that that we are being richly blessed in the work. Yesterday was the biggest day in the history of the Mokpo church. I received thirty-seven into the church, baptizing <u>nine</u> and receiving <u>twenty-seven</u> catechumens. We elected an elder and three deacons (whom I will direct in a six months course of study); and last night, after having previously determined to double the size of the church building, the church members subscribed yang 1,157 as a starter. This equivalent to 242 yen, and comparing the scale of wages, equal to about six hundred dollars at home. They will make it yang 2,000, and we will probably add 1,000 more to it. A tremendous awakening is going on here. For a month, the church has been jammed and packed. Yesterday there was not a square foot of floor space that was not occupied, and I estimated the congregation at 400. We are getting the leading people of the place. In addition, the work is opening up in every direction— another county opened up within the last ten days.

You may imagine how loath I am to leave here just at this time. Yet the situation is such as to render our presence in Kwangju almost imperative. Hence, in obedience to instructions from the Mission and station, I am now packing up and will remove to Kwangju next week to live, working all this section from there. How would you like to live sixty miles from your nearest preaching point, with no roads and not even a saddle horse? The work involves a physical hardship simply unthinkable by you at home, and yet, the joy there is in it makes you forget the discomforts. You come to get used to the life too.

Annie and her mother <u>and the baby</u> are still in Seoul. I leave here Friday to bring them down. Hope to have everything about packed and ready to move before going for them. Have never been so lonesome and homesick in my life as since I left Seoul two weeks ago. Everything about the house reminds me of Annie; and then, too, I am foolish about that baby. She is the sweetest thing that ever breathed, of course: probably because she resembles Annie very strongly. Will send you pictures as soon as possible. Annie is supremely happy, and talks, writes and thinks baby only.

I must close now. Dear love for mother and the girls, and you and Jim take some and forward balance to Rhea and "B"; for there is a plenty to go round. My best regards to the Boggs, Miss McFarland and Prof. Hagstrom. I think of them often. Hope Mother and Floy are much improved in health. I enjoyed Ida Two's postal. Excuse this scrawl; it had to be dashed off in a hurry or not at all.

 Affectionately your son,
    J. Fairman Preston

Distressed to hear of Judge John Heffey's death.

Oct., 1905

Part of a letter or description by Mrs. Wiley from Seoul and Mokpo

Dear Miriam:

Koreans ordered to cut their hair and wear dark clothes. Coal balls. Different costumes seen in our ride to Dr. Avison's.

Our move from Ewa Haktang.

Fine rickshaw ride with little Miriam, the day she was one month old, and Annie outside the North-East Gate. Mr. Reynolds accompanying us on his bicycle.

Pleasant walk with Mrs. Reynolds among the pines and along a fine wide street by the palace grounds. Autumn foliage—dark green pines—mountain peaks, clouds and sky.

### Oct. 24, 25, 26, 27

27th—Spent the day at Dr. Avison's—going in a four man chair and Baby Miriam in rickshaw. As usual I was much interested in the street scenes. Many black hats and coats of varied colors, seen in obedience to the order issued by Jap officials.

I did not realize before that there were so many Chinese in Seoul. Such funny little fellows the Chinese boys are.

Poor little Clark baby was very ill that day, and on Sunday he died.

### Saturday, 28th

Faiman arrived.

### Monday, 30th

Mrs. Reynolds gave an afternoon reception to a few friends which proved to be most enjoyable. She is an excellent housekeeper and has a lovely home.

On Tuesday, 31st—We attempted to get baby Miriam's photo—don't know whether the Jap succeeded. Mr. and Mrs. Hall called.

Wednesday, November 1—We bade farewell to our good friends and left on the 11 A.M. train for Chmulpo, going in rickshaws to the station. Arriving at Chemulpo, we went to Stewards where we remained until late afternoon when we went in a sampan to the S.S. Ohio!!! It must have been six o'clock or after before we left the anchorage. Had a fine trip down and arrived at Mokpo between one and two o'clock next afternoon. Mrs. Hopkins came out to meet us and brought ashore in the Customs boat. Mr. Hopkins waited at the landing to give us a cordial welcome. The little port was donning gala attire to honor the Japanese Emperor's birthday on the morrow. At Chemulpo we saw arches of evergreen which had been erected for the welcome home celebration of the Japanese soldiers. They returned the day that Fairman went to Chemulpo. He saw the Variag leaving the harbor that day for Japan. There were only two foreigners beside ourselves on the Ohio, Englishmen who had been to the English mines, one named Page. The weather was fine all the way and until the middle of the forenoon of Friday when the wind commenced blowing a gale and continued all that day and night and next day. It was a <u>cold</u> wind, too. This morning we were surprised to find that a light snow had fallen during the night.

**Thursday**

We took our meals with Miss Straeffer. Friday, Saturday and part of Sunday, her cook gave us meals, Miss Straeffer having left Friday morning. Then cook struck and we camped until Tuesday at noon when we went by urgent invitation, and wound up our week of discomfort most beautifully.

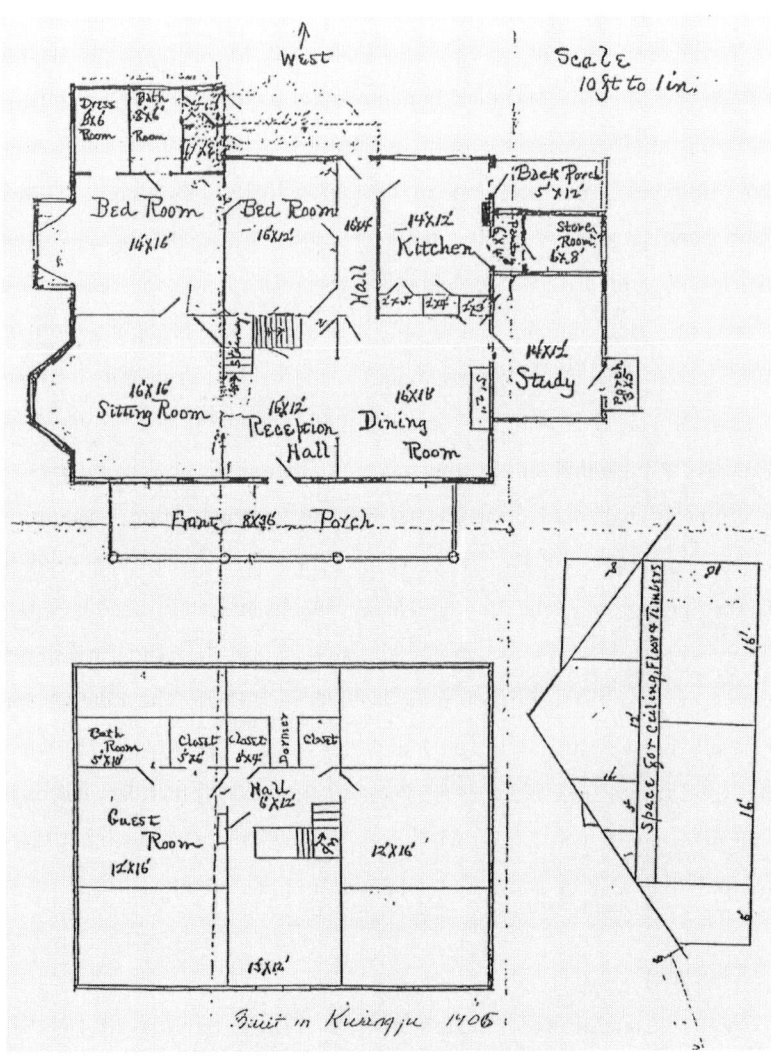

Fairman Preston's Kwangju Home

Nov. 12, 1905
Kwangju, Korea

My dear Parents,

I have been peculiarly thankful of late that my lot was that of a preacher's son, and therefore that the dread ordeal of moving had lost much of its terrors through familiarity. We are here at last, with bag and baggage, safe and sound in the place which is likely to prove our future Korean home.

We have been very much blessed all along the line. Left Seoul Nov. 1st, and after fine voyage on the best boat that plies these waters, and open weather, we came to Mokpo. The very next day it was blowing a hurricane, winding up on Sunday last with a skiff of snow. I had all our things packed, so we enjoyed some days of real missionary hardship as we waited for the weather to settle. The Customs Commissioner and his wife were kindness itself to us, entertaining us the last day we spent in Mokpo.

At length we started, as it happened on the anniversary of the day we arrived at Mokpo two years ago (Nov. 8th). On that morning a fine Japanese launch (steamer) was making its maiden trip up the river, with a number of invited guests aboard, and by special permission we secured passage. At noon a Japanese luncheon was served on deck. The trip to Yungpo, which takes the best part of two days in a Korean boat, was made in four hours. It seemed like a dream, that fine boat, with every comfort, speeding over the route which I had so often travelled so tediously in the open native boats. Annie and Mrs. Wiley were very thankful they had made the trip "in the old days" of missionary hardships.

After a night in a Japanese inn, I started them off by chair for Kwangju, under the escort of Dr. Nolan. The day was perfect, and they arrived in good shape. After a half day's travel with coolies, I followed on horseback, making the trip in four hours thus only eight hours of actual travel were consumed when a year ago it took the best part of three days. So you see old Korea is waking up. The boat above referred to is destined for the Pyeng Yang trade, plying on the Taitong river; but will run between Mokpo and Yungpo until spring. It will make the trip every day or so, and will be a great boon to me, I hope.

Have been working hard since my arrival on our temporary quarters, making a few necessary alterations, and getting things set up. Annie likes Kwangju very much—much better than Mokpo—and of course that makes me happy. It will be a great thing for her to be near Mrs. Owen and Mrs. Bell, both of whom she loves very much. The baby is thriving, sleeps right through the night, waking once for refreshments. I think she is very much like Annie. Her eyes are going to be blue, I guess. Mrs. Owen had a daughter born to her a week ago her third daughter. The Koreans are consoling her! Have seen very little of my daughter yet, have been so on the go since her advent. By the way, mother, Annie's letter to you telling of the baby's expected arrival was evidently lost in the mails. One to her sister on the same subject, mailed at the same time, was also lost. Both mailed in China. Just as soon as we get out of the whirl we are in, will send you some pictures of your grandchild.

The Bells are entertaining us now in their new house, just completed. It is so restful. Today I am resting absolutely. Wish father could enjoy with us some of Mr. Bell's magnificent selery.

We discharged all our servants on leaving Mokpo, and Annie will begin here <u>de novo</u>. They were stealing from us by the wholesale, taking advantage of our preoccupation in the work and Annie's inexperience. Mrs. Wiley knows absolutely nothing about housekeeping, having leaned on her mother and her mother's trained cook all her life; nor does she take very kindly to the incidental hardships of the foreign field. So Annie has resolved to roll up her sleeves and learn all about cooking next. Dear girl, she is looking fine, and is as loyal and loving a wife as one could imagine. She never worries, and goes in for a missionary's life as naturally as if she had been born on the field.

Must close now. My letters have not been as regular and frequent of late as I wish, but as we get settled, will write oftener.

Our house is building and will be ready for occupancy in the early spring.

With love for you and each member of the family from us both, and a kiss from little Miriam.

   Your affectionate son,
       Fairman

**Nov. 26, 1905**
Kwangju, Korea

My dear Mother,

It has been so long since I wrote to you that I don't know where to begin. My first two letters after Miriam arrived were to be to you and Sister. Sister's, begun on the twenty-third of October, was finally sent on the twenty-fourth of November! I had not counted on colic!

After we left the hospital, when the baby was three weeks old, her colic kept getting worse and worse until it was like an all day performance. When I was not trying to ease her pains, I was too worn out for letter writing. Since we left Seoul, we have seen sights! Fairman had packed up all our goods in a wonderfully short time and made arrangements with Miss Straeffer to board us when we came down. After we came to Mokpo, we found that Miss S. had changed her mind—a woman's privilege of course, but rather inconvenient in this case as all our kitchen utensils and groceries were packed up. She said we might use her cook & her utensils and buy anything we needed in Mokpo at the Chinese store, but that she was going off itinerating and could not board us. It was not an inviting prospect to keep house in one house & sleep in another, with a little baby who could not be carried back and forth & could not be left alone. We decided to try it, so unpacked several boxes of groceries and sent them over. Among other things was about a third of a bag of flour. In less than three days that was all gone. Fairman suggested to the cook that it was rather expensive to use as much flour as that, and she was so indignant that she refused to cook for us anymore. Of course, we would not use Miss Straeffer's utensils without her cook so we tried to make bricks without straw. Think of keeping house without dishes, stove, any pots or pans, and no cook!

Mamma was very anxious to have a snapshot of our table, spread with newspapers, two plates, two saucers, and 3 cups for 4 people. We managed to live through five meals in that style and the ones Fairman prepared were quite a success. I had been doing nothing but being waited on for so long, that I was rather too dazed to know what to do. Fairman is much better in emergencies than I am, and I am afraid he is a better housekeeper.

Mrs. Hopkins came to the rescue and invited Mamma and me to come in and stay with her until the launch came up the river. So we all went in for dinner with her on Tuesday and found that she and Mr. Hopkins had moved out of their rooms—a delightful sitting room with bedroom opening off it—for Mamma and me. Fairman and Dr. Nolan had their cots in the parlor. I don't think I ever enjoyed three meals more than the ones with Mrs. Hopkins, after our stormy experiences. She also fixed a fine lunch for us.

There was a beautiful new launch put on the river for the winter, and it made its first trip the day we came up. The forty miles up the river used to take the best part of two days, but we came up in four hours on this launch. The weather was fine, the Hopkins were with us, the baby slept nearly all the time, so it was a most successful trip. There were a number of Japanese gentlemen invited to take the first trip and an elaborate Japanese luncheon was served. There was also coffee, tea, and beer served at intervals. See how well we were treated.

We spent the night with some Japanese at Yungpo. The Japanese are so much cleaner than the Koreans that I don't mind staying in their houses. The next day, we made the twenty miles by chair in six hours. The baby slept nearly all the time, which was fortunate, as it was cold & it is almost impossible to keep her covered up when she is awake and wriggling.

After a week at the Bells, we moved into our winter quarters. Now I am as busy as can be with four new servants, and the baby. I hardly expect to learn much Korean from <u>books</u> the next few months, but I hope to learn much from the live Koreans. I am determined to learn <u>all</u> about housekeeping. I wish you were near enough to be my teacher. Fairman talks about "the way Mother used to do', but I don't mind!

I wish you were near for many reasons. Fairman gets so homesick for you, and, so often, says he would be perfectly satisfied if we were near enough to have you with us frequently. He believes he could cure your nervousness, and I believe he could. He is an excellent doctor and nurse for everybody except himself. He is inclined to overwork, and needs someone to watch him. I am very glad I didn't let him come by himself.

Just now he is off for ten days itinerating, going first to Mokpo and then down to the points on the coast. He will be kept busy this winter with itinerating and house building and language, but I am glad that so much of his work will keep him out-of- doors.

It is very interesting to watch the work on our house site. The grading is about done now and the foundation stones are laid. The carpenters' work will be finished this winter, I think, but plastering cannot be done before Spring. We hope to get in by the first of April. For the present, I am very happy in our little house.

I haven't written very much about the baby for the subject is such a large one to start on. Tell Jenef that I am going to write her all about her little niece.

Mamma sends her love and best Christmas & New Year's wishes. With love for every one of you and the hope that you may have a very happy Christmas.

   Affectionately,
       Annie

We sent off a package of little things for some of you, but Fairman was not going to mail it unless the P.O. would send it by Sample Post. I don't want you to be bothered with duty.

Dec. 17, 1905
Kwangju, Korea

Dearest Mother,

It is twilight of a Glorious Sabbath Day, and my thoughts go out to you. How far off it seems to Greenville and how long it takes a letter to travel! It is almost impossible to carry on a correspondence in regular sequence; but perhaps we shall learn yet to become accustomed to that without losing track of time entirely.

I have tried to spend as quiet a Sunday as possible with "my family". Mr. Bell came in day before yesterday with an attack of rheumatism, so I preached again here today to a big crowd. In the afternoon, I took the baby and went with Annie and Mamma Wiley for an hour's walk on the southern slope of the hill. The snow is lying on the north side, but the sun came out today and it has been like spring.

The baby is growing fast and is sweet as pie. She is a regular Wiley, with little or no resemblance, that I can see, to any of us, so she is well named. I think she looks a good deal like Annie, though her eyes are blue or gray, we can't tell yet just which. We have not yet received the pictures of her taken in Seoul—such are the slow ways of the East! and have been too rushed to prepare Kodak pictures.

This life out here is getting next to me. There are so many things to think about and one must think so far ahead, that it keeps me in a constant whirl. Am sorry to say that I seem to be getting more absent-minded than ever. Annie says it is because I have so many things on hand, that there are so many more opportunities for my characteristic to crop out. Well, it is a blessing we are kept so busy; for that is all that makes life out here endurable. Annie is taking a large hand in housekeeping these days, staying in the kitchen and learning, herself, how to cook. Now that she has the language, this has become possible this winter for the first time. As we look back on the days when we were struggling with this difficult language (and the struggle is still on), and recall how helpless we felt, we are thankful at least to have gotten past the lisping childhood stage.

Annie told me yesterday, for the first time, that she had promised on leaving to make a visit back home in two years time. In view of the present stage of our work, however, it is impossible to leave; so don't count on seeing us next summer. Just now house building is on, and we shall spend all our spare moments for the next year getting our house fixed up. We have been so knocked about from pillar to post since coming out here, that we shall heave a big sigh of relief when we get into our own permanent home.

So Floy wants to come out with us? From our standpoint, it would be delightful to have her. From her standpoint, without the language and unable to get into the work, it would be an interesting and uncertain experiment. We shall see whether she is in earnest. Hope her health is much improved. The baby sends a kiss to her and Aunt Ida Two and Aunt Jenef; also to Uncle N.B. and Uncle Jim II and Uncle Rhea. Last but not least, to her grandmother and grandfather, in all of which her parents join.

(Fairman)

Delighted to see in papers the first opening of the College.

Dec. 28, 1905

Kwangju, Korea

My dear Miriam:

I see, by reference to my list of letters written, that my latest to you was written Nov. 27, your birthday. The days and weeks whirl by so fast that I did not realize it had been so long. I am often reminded of that expression "My days fly faster than a weaver's shuttle".

I sent off little letters to Shannon and Nettleton the sixth of this month and enclosed one for Laura Linn in a letter to Sam the same day. Since then have written to Beulah, your Uncle Will M. and to Willie. It is long since I wrote to Marion, except postals, and she has been very good in writing me, sending postals, papers and [illegible]. The two pictures of Samuel in Mexican costume too were much appreciated. I have acknowledged all of these by postal. I must write to her, tho' I hope that Annie may possibly find time to write to her and to several others to whom she has been indebted for so long.

She is up early and late these days and seldom finds time for a nap. It is entirely too strenuous a life for her and I fear that she will break down at it if it must continue much longer. However, I hope that when the servants get well broken in, she may not have so hard a time. She will beat you at cooking "if you don't watch out". She gave me a "birthday party" the night of the 26th, postponed until then because Dr. Owen and Miss Straeffer were in the country on the 22nd. At last, Miss Straeffer could not attend as she was suffering with headache.

Mr. Bell has been afflicted with sciatica for sometime and it was not thought prudent for him to come out at night, so we had only Mrs. Bell and Henry from that family, with Dr. and Mrs. Owen and Dr. Nolan. Annie had a most ornamental and palatable dish of chicken salad (Tell you good husband that chickens (hens) are <u>thirteen cents apiece</u> here and eggs <u>five cents "a string"</u> there are ten eggs in a string). We had Ollie's fruit cake cut and two whole cakes, one a chocolate layer with chocolate icing, and the other a layer with fruit and nuts, the top icing decorated with blanched almonds. There were candies of different kinds and several other little things. Oh, yes! she had <u>beaten biscuit</u>, too. Her cook is getting his hand in with those. The first course was bouillon and crackers. We had cocoa too! So didn't the little Sis treat me fine? She honored me with the drawn work tablecloth which W. and M. 'moved' should be "laid on the table" and the beautiful centerpiece which Mrs. Kesler sent her. A bouquet of evergreens in a carved work jardiniere stood on that. You should have seen our little cabin in its gala array.

I was not in the best frame for enjoying it, as our baby Miriam was not at her best, was long in getting to sleep and had a big cry before she did go.

I am taking my dinner as I write this at Annie's desk. Fairman is sending it in to Annie and me, from the other room, where he is 'dining' four Korean gentlemen. Annie has a very nice dinner for them, served nicely. She sits near me eating hers from her lap, trying to read "The Letters of a Self-Made Merchant" at the same time. Dr. Owen loaned it to me. Fairman has laughed heartily over it, says it is one of the most original things that he ever read. Our baby, Miriam is napping in her "cody" (cori). Dr. Nolan gave her the funniest little Japanese cap at Christmas. Mrs. Bell thinks that Fairman should take her picture to send you when she is arrayed in her Jap. coat that Mrs. Takada contributed and this cap of many colors. She has been very fortunate as to footwear and sacques, has had several of each given her. Miss Straeffer gave a pair of chamois shoes with pink silk fancy stitches and pink ribbons, with this verse on the card attached:

"I know a romping baby sweet,
Who needs these for her little feet,
When old Jack Frost comes nosing 'bout.
Not one pink toe must he find <u>out</u>.
Since babies have such hungry lips,
I'll warn you not to munch the tips,
Nor suck the strings
Nor any things that naughty girlies do."

Today came such a pretty sacque and stockings from Mrs. Hopkins for her. The latter come quite to her knees I think, and will be good and warm when our little girlie goes "out in the weather". They are crocheted and are a lovely shade of pink.

There are many opinions as to whom our baby resembles, but I am almost sure now that her eyes will never be like her mother's. She is such a strong child and it seems to me, is unusually active for one of her age—three months day before yesterday.

I think I must wind this up and continue in one to Marion. You and she can exchange. Be sure and keep the others posted about us. Lucy M. complains that you did not reply to a letter of inquiry that she sent you. Too bad! I've been referring friends to you and Sam as headquarters for news of us, as we write so often to home folks that we have no time for others. I'm going to write to some others at the beginning of the year, so don't wonder if you do not get letters as frequently for awhile. You will understand.

With every good wish for the New Year from all of us,

Love in abundance—Many squeezes and kisses for the precious little boys,

   Very lovingly,

## Your Mother

What of Mrs. Tom Murphy? We saw of Kate Shelton's marriage and that her mother was in a hospital in Greensboro.

Questions for <u>my girlie</u> to answer—

Who is Mrs. Arthur Harry, and where have the Smoots gone?

How has Mrs. Ann Brown's house been disposed of?

Do you ever see Gowan Livengood? the Richards family?

Have the Hadens's boarders who are congenial for you? Glad that you find Mrs. Wales a pleasant neighbor.

Does Margaret Murdock (forget her married name) live with her parents?

Do remember me to the Hadens, Murdocks and other neighbors of yours who were my friends. Mrs. Rob Ramsey is one of my favorites.

"How cum" your name did not figure in the committees for the Kings Daughters Bazaar?

Is Minnie Crenshaw Simpson still living in the house next to Mr. Watson and does Miss Meek make her home with the Simpsons?

Do you see the Watsons often? Mrs. Harrison and Mrs. McCoy? Love and best New Year's wishes for all of them.

Time and again I have inquired about Maggie. Do get word to her that I have not forgotten her and hope that she remembers a promise she made me to be a good girl. Remember us to Lethetos and Scott.

Did Ollie return from Philadelphia? Hurry up now and answer all these and I'll send you some more.

Be good to those little boys. Tell the little brother that those pictures he sent me were the funniest things I ever saw. How I wish that Mrs. Coit and M. could have had the training of my grandchildren. <u>I don't like graded schools</u>—an old fogy notion of mine, perhaps. Neither am

I favorable to big boarding schools, but I suppose there is a "needs be" for them.

I wish you could get some desirable neighbor to buy that lot back of yours and build a pretty house there. I see that Mr. Shaver is going to put up eight on Jackson St, and that houses are much in demand. If some nicebody would rent part of my big house, it might bring in enough for much needed repairs. I've had no word from Sam nor Beulah since they decided to move—only knew of it from your letter to Annie.

Why do you use such heavy paper for your foreign correspondence? It means ten cents extra postage at this end.

Let us know if you receive the little Christmas doing that Annie sent.

I am going to write Miriam about our Christmas at Mr. Bell's. This is my place card.

All the others like it. Think I'll enclose the card of invitations too. You will review the play of 'hello.' Been A's home. You must come out for Christmas in A's new house next year!!!

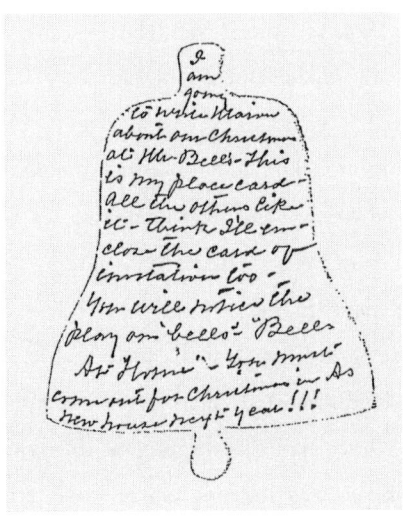

## 송상훈

미국남장로회 한국선교역사 연구자.
순천매산고등학교와 고려대학교 영어교육과를 졸업하고 공군기술고등학교(현, 공군항공과학고등학교)에서 훈육관과 교관으로 군 복무를 하였다. 전역 후 전주기전여고에서 영어 교사로 근무하던 중 전북대학교 영어영문학과에서 석사학위를 받고 박사과정을 수료하였다. 현재 전주신흥고등학교에서 영어 교사로 일하며 전주강림교회에서 장로로 섬기고 있다.
옮긴 책으로는 『사랑을 심는 사람들』(2000, 보이스사), 『기전여학교 교장 랭킨 선교사 편지』(2022, 보고사), 『윌리엄 불 선교사 부부 편지Ⅰ~Ⅱ』(2023, 보고사)가 있고, 쓴 글로는 「전주신흥학교와 기전학교」(『전주 화산의 역사와 문화』, 2025, 전주문화원)가 있다.

내한선교사편지번역총서 21

**존 페어맨 프레스톤 선교사 부부 편지Ⅰ**
**1903~1905**

2025년 7월 23일 초판 1쇄 펴냄

**지은이** 존 페어맨 프레스톤 부부
**옮긴이** 송상훈
**펴낸이** 김흥국
**펴낸곳** 보고사

**책임편집** 김태희
**표지디자인** 김규범

**등록** 1990년 12월 13일 제6-0429호
**주소** 경기도 파주시 회동길 337-15
**전화** 031-955-9797(대표)
**팩스** 02-922-6990
**메일** bogosabooks@naver.com
**홈페이지** http://www.bogosabooks.co.kr

ISBN 979-11-6587-903-7
979-11-6587-265-6 94910 (세트)

ⓒ 송상훈, 2025

정가 36,000원

〈이 번역서는 2020년 대한민국 교육부와 한국연구재단의 지원을 받아 수행된 연구임.
(NRF-2020S1A5C2A02092965)〉

사전 동의 없는 무단 전재 및 복제를 금합니다.
잘못 만들어진 책은 바꾸어 드립니다.